신의 지문

신의 지문
사라진 문명을 찾아서

그레이엄 핸콕

이경덕 옮김

까치

FINGERPRINTS OF THE GODS:
The Evidence of Earth's Lost Civilization

by Graham Hancock

역자 이경덕(李慶德)
한양대학교 철학과를 졸업하고, 일본 도쿄 대학교 대학원에서 철학을 공부했다. 「치즈케익 모양을 한 나의 가난」(파피루스), 「그림으로 보는 황금가지」(까치글방)를 비롯한 10여 종의 번역서가 있다. 현재 번역과 창작을 하고 있다.

신의 지문 : 사라진 문명을 찾아서

저자 / 그레이엄 핸콕
역자 / 이경덕
발행처 / 까치글방
발행인 / 박후영
주소 / 서울시 용산구 서빙고로 67, 파크타워 103동 1003호
전화 / 02 · 735 · 8998, 736 · 7768
팩시밀리 / 02 · 723 · 4591
홈페이지 / www.kachibooks.co.kr
전자우편 / kachibooks@gmail.com
등록번호 / 1-528
등록일 / 1977. 8. 5
초판 1쇄 발행일 / 1996. 7. 10
2판 1쇄 발행일 / 2009. 12. 1
3판 1쇄 발행일 / 2017. 1. 20
    4쇄 발행일 / 2024. 6. 17

값 / 뒤표지에 쓰여 있음

ISBN 978-89-7291-630-7 03380

이 도서의 국립중앙도서관 출판예정도서목록(CIP)은 서지정보유통지원시스템 홈페이지(http://seoji.nl.go.kr)와 국가자료공동목록시스템(http://www.nl.go.kr/kolisnet)에서 이용하실 수 있습니다.(CIP제어번호: CIP2017000303)

함께 해준 산타에게 이 책을 바친다.

감사의 말

이 책 「신의 지문: 사라진 문명을 찾아서(*Fingerprints of the Gods: The Evidence of Earth's Lost Civilization*)」는 동료인 산타 파이아의 관대함, 온화함, 변하지 않는 애정이 없었다면 끝낼 수 없었다. 그녀는 언제나 창조력과 친절과 상상력으로 주위에 있는 사람들을 풍요롭게 해주었다. 이 책에 있는 사진은 모두 그녀가 찍은 것이다.

여섯 명의 나의 아이들 —— 가브리엘, 레일라, 루크, 라비, 숀, 샨티의 지원과 격려에도 감사한다.

부모님인 도널드 핸콕과 무리얼 핸콕은 곤란이 생길 때마다 언제나 커다란 도움을 주었다. 부모님은 숙부인 제임스 매콜리와 함께 집필 중인 원고를 꼼꼼하게 읽고 의견을 말해주셨다. 나의 오랜 친구인 피터 마샬에게도 감사한다. 나는 폭풍과도 같은 수많은 역경을 그와 함께 지나쳐왔다. 로브 가드너, 조지프 야호다와 셰리 야호다, 로엘 오스트라, 조지프 쇼어와 로라 쇼어, 니븐 싱클레어, 콜린 스키너 그리고 클렘 밸런스도 훌륭한 조언을 해주었다.

1992년, 갑자기 미시간 주의 랜싱에 사는 에드 포니스트라는 친구가 기억났다. 에드는 내가 「신의 암호(*The Sign and the Seal*)」를 출판하고 나서 알게 되었다. 그는 마치 수호천사처럼, 미국 내에서의 「신의 지문」과 관련된 자료를 도맡아서 모아주었다. 그는 일처리를 훌륭하게 해냈고, 내가 존재조차 몰랐던 중요한 문헌까지 포함해서 시기 적절한 때에 자료를 보내주었다. 에드는 뛰어난 비평가이기도 했다. 일을 같이 하면서 그의 판단을 신뢰하게 되었고 그를 존경하게 되었다. 산타와 내가 애리조나 주의 호피 족을 찾아갔을 때에는 그가 안내를 맡아주었다.

에드로부터의 첫 편지는 「신의 암호」를 펴낸 후에 세계 각지에서 날아온 편지의 홍수 가운데에 있었다. 처음에는 모든 편지에 답장을 보냈었다. 그러나 그 사이에 집필을 위한 조사에 몰두하게 되었고 답장을 쓸 수 없게 되었다. 무척 미안하게 생각한다. 그러나 보내준 사람들에게 감사의 마음만은 전하고 싶다. 이번에 보내줄 편지에 대해서는 보다 효과적으로 대처할 생각이다. 왜냐하면 그 편지들에는 훌륭한 정보가 많이 포함되어 있기 때문이다······.

이 책을 집필할 때에 마틴 슬래빈, 데이비드 메스티키 그리고 조녀선 데릭 등의 연구자들이 많은 도움을 주었다. 또한 대서양 양쪽에서 이 책의 영어판을 편집해준 하이네만의 톰 웰턴, 그리운의 짐 웨이드, 더블데이 캐나다의 존 피어스에게 감사한다. 나의 저작권 대리인인 빌 해밀턴과 사라 피셔의 변함 없는 지원과 적절한 조언에도 역시 감사한다.

조사를 하면서 친해진, 비슷한 주제를 연구하는 동료들에게도 감사하고 싶다. 영국의 로버트 보발(앞으로 비슷한 주제의 책 두 권을 함께 쓸 예정이다), 미국의 콜린 윌슨, 존 앤서니 웨스트와 루 젠킨스, 캐나다의 랜드 플럼-애스와 로즈 플럼-애스 그리고 폴 윌리엄 로버츠 등이다.

마지막으로 이그나티우스 도넬리, 아르투르 포스난스키, R. A. 슈왈레드 뤼비크, 찰스 햅굿, 조르조 데 산틸라나와 같은 여러 선배들에게 경의를 표한다. 그들은 인류사의 해석에 지독한 오해가 있음을 깨닫고 나서 세상의 반대에도 굴하지 않고 자신의 의견을 용기 있게 주장했다. 그 결과 오늘날 인류사의 변경을 요구하는 기운이 높아지고 있다.

| 제1부 |

서론 : 지도의 불가사의

숨겨진 장소의 지도

제8정찰 기술 비행대대(SAC)

미국 공군

웨스트오버 공군 기지

매사추세츠 주

1960년 7월 6일

용건 : 해군 제독 피리 레이스의 세계지도

수신자 : 찰스 H. 햅굿 교수

킨 주립 대학교

킨, 뉴햄프셔 주

친애하는 햅굿 교수님께

피리 레이스가 1513년에 그린 세계지도의 기묘한 점에 대해서 교수님께서 요청하신 감정 결과가 나왔습니다.

지도 아래쪽은 남극대륙의 퀸 모드 랜드 지역의 프린세스 마르사 해안과 파머 반도를 그린 것이라는 지적이 옳은 듯합니다. 그렇게 보는 것이 가장 논리적이고 이 지도에 대한 가장 정확한 해석이 되겠지요.

이 지도의 상세함은 1949년에 스웨덴과 영국의 남극대륙 조사단이 만년설 위에서 실시한 지진파 측정의 결과와 놀라울 정도로 일치합니다.

그렇다고 하면 이 지도는 퀸 모드 랜드 지역이 얼음으로 뒤덮이기 이전에 작성된 것이 됩니다.

이 지방의 얼음 두께는 현재 1.6킬로미터가 넘습니다.

1513년 당시의 지리적 지식을 생각한다면 어떻게 정보를 얻어서 이 지도를 작성했는지 도저히 이해할 수가 없습니다.

미국 공군 대령

사령관

해럴드 Z. 올메이어

삼성이 담겨 있지 않은 말로 쓰여 있었지만 올메이어의 편지는 충격적이었다.[1] 만약 퀸 모드 랜드 지역의 지도가 얼음으로 뒤덮이기 전에 그려진 것이라면 원본 지도가 작성된 시기는 한참을 거슬러올라가기 때문이다.

정확히 언제 작성된 것일까?

지금까지의 통념으로는 남극대륙이 현재처럼 만년설로 뒤덮인 것은 수백만 년 전의 일이다. 그러나 꼼꼼히 조사해보면 이 통념은 많은 결함을 지니고 있다. 따라서 제독 피리 레이스가 그린 퀸 모드 랜드 지역의 지도는 수백만 년 전의 대륙은 아닌 듯하다. 수백만 년 전에 작성되었다고 하면 누가 이와 같은 지도를 그릴 수 있는 기술을 가지고 있었는지에 대해서 설명해야 하는데, 그것은 매우 어려운 일이다. 예를 들면 기원전 200만 년에 이 지도가 작성되었다고 하면 인류가 탄생하기 전의 일이 되고 만다. 믿을 만한 최근 자료에 의하면, 지도에 그려져 있는 퀸 모드 랜드 지역과 그 부근은 오랫동안 얼음으로 뒤덮여 있지 않았다고 한다. 얼음으로 뒤덮이기 시작한 것은 6,000년 전이다.[2] 이 일에 대해서는 다음 장에서 다루겠다. 그렇다고 해도 지도 작성은 복잡한 **문화적** 활동이기 때문에 6,000년 전에 누가 이와 같은 일을 했는가라는 의문을 해결해야 한다. 6,000년 전이라면 현재의 역사가들이 인정하고 있는 최초의 본격적인 문명이 발달하기 이전이다.

고대의 자료

이 의문을 풀기 전에 역사적으로 그리고 지리적으로 기본적인 사실에 대해서 확인해보자.

1. 피리 레이스의 지도는 날조된 것이 아닌 진본이고, 1513년에 콘스탄티노플에서 작성되었다.[3]

2. 이 지도는 아프리카 서해안, 남아프리카 동해안, 남극대륙의 북해안을 망라하고 있다.

3. 당시 피리 레이스는 남극대륙의 북해안에 관해서 탐험대로부터 정보를 얻을 수 없었다. 남극대륙이 발견된 것은 1818년이다. 그때는 피리 레이스가 지도를 그리고 나서 300년도 더 흐른 뒤이다.[4]

4. 지도에 그려진, 얼음으로 뒤덮이지 않은 퀸 모드 랜드 지역의 해안은 커다란 수수께끼이다. 지질학적 증거에 따르면 얼음이 없는 상태에서 이 지역을 조사하는 것은 기원전 4000년 전에나 가능했기 때문이다.[5]

5. 이런 조사가 가능한 최초 시기를 정확하게 밝힐 수는 없다. 그러나 퀸 모드 랜드 지역의 해안은 만년설로 뒤덮이기까지 적어도 9,000년 동안은 빙결(氷結)하지 않았던 상태인 듯하다.[6]

6. 빙결하지 않았던 기원전 1만3000년부터 기원전 4000년 사이에, 연안을 조사할 수 있었거나 또는 조사할 필요가 있었던 문명의 존재는 역사에 기록되어 있지 않다.[7]

다시 말해서 1818년까지 발견되지 않은 대륙이 그려져 있는 것도 이 피리 레이스의 1513년 지도의 수수께끼이지만, 누가 6,000년 전에 얼지 않

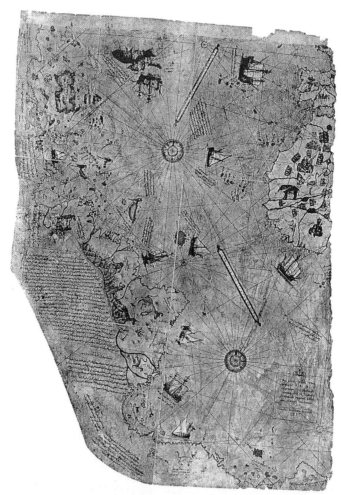

피리 레이스의 지도(원본)

은 상태의 대륙 연안을 그렸는가 하는 것도 진짜 수수께끼이다.

　이것을 어떻게 설명해야 할까? 다행스럽게도 피리 레이스는 이 의문에 대한 회답을 지도 안에 자필로 써놓았다. 그 기록에 의하면 그는 지형을 조사해서 지도를 작성한 것이 아니었다. 오히려 단순한 편집자 겸 모방자로서 많은 지도를 보고 이 지도를 그렸다.[8] 원본 지도들 중에서 몇 개는 남아프리카와 카리브 해까지 도달했던 당시의 탐험가들(크리스토퍼 콜럼버

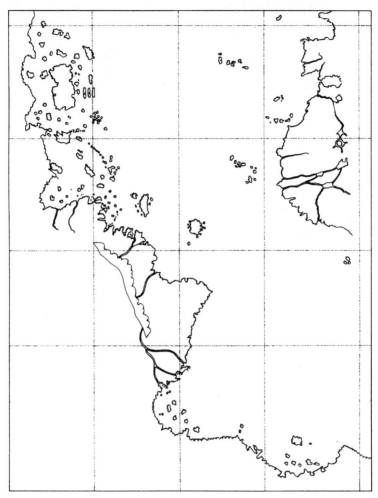

(피리 레이스의 지도를) 상세하게 다시 그린 것

스를 포함해서)이 작성한 것이며, 다른 몇 개는 기원전 4세기나 아니면 그
보다 더 오래 전에 작성된 것들이다.[9]

　피리 레이스는 오래된 지도를 누가 작성했는가에 대해서는 기록해놓지
않았다. 그러나 1963년에 햅굿이 이 문제에 대해서 새로우면서도 매우 시
사적인 견해를 발표했다. 햅굿은 제독 피리 레이스가 사용한 지도 중에서
몇 개는, 특히 기원전 4세기 이전의 지도는 더 이전 시대의 지도를 모사한

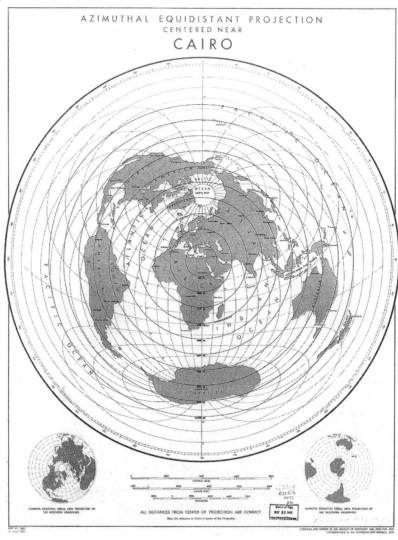

AZIMUTHAL EQUIDISTANT PROJECTION
CENTERED NEAR
CAIRO

미국 공군 지도에서 사용된 투시도법이 피리 레이스의 지도에서 사용되었을 가능성을
보여준다.

것이라고 주장했다. 또한 기원전 4000년 이전에 이미 기술적으로 매우 발
달한 아직 알려지지 않은 문명에 의해서 지구의 상세한 지도가 작성되었
음은 반론의 여지가 없는 명확한 것이라고 단언했다.[10]

정확한 정보가 사람에게서 사람에게로 전달된 듯하다. 지도들은 아직 알려지지 않은 문명의 사람들에 의해서 작성되었고, 아마 고대의 위대한 항해민족이었던 미노아인이나 페니키아인에 의해서 전달되었을 것이다. 이 지도들을 〔이집트의〕 알렉산드리아 도서관에서 수집해서 연구했으며, 그 도서관의 지리학자가 편집했다는 증거가 있다.[11]

핵굿의 견해에 의하면, 편집된 지도와 원본 지도는 알렉산드리아 도서관에서 콘스탄티노플을 비롯한 학술 중심지로 송부되었다. 그러다가 1204년에 베네치아인으로 구성된 제4차 십자군에 의해서 콘스탄티노플이 점령되었고, 그때 지도가 유럽의 탐험가나 선원의 손에 넘어갔다는 것이다.

지도에 그려져 있는 것은 대개 지중해 지역과 흑해 지역인데, 다른 지역의 지도도 남아 있다. 남아 있는 지도 가운데에 아메리카 대륙, 북극해, 남극해의 지도가 있다. 이 사실에서 고대 항해자들이 세계를 돌아다녔다는 것을 알 수 있다. 믿기 어렵겠지만 이 사실은 고대 사람들이 얼음으로 뒤덮이기 전에 남극대륙의 연안을 탐험했다는 증거가 되기도 한다. 뿐만 아니라 이 사실로부터 고대 사람들이 정확히 경도를 계측할 수 있는 항해도구를 가지고 있었다는 것도 알 수 있다. 그 도구는 중세나 근대의 것보다도 더 우수한데, 이와 비슷한 수준의 도구가 만들어진 것은 18세기 후반의 일이다.

이런 사라진 기술의 존재는 먼 옛날에 사라진 문명이 있었다는 많은 가설에 신뢰성을 부여한다. 학자들은 그 증거들을 단순한 신화에 불과하다고 간단히 정리하고 만다. 그러나 여기에 중요한 증거가 있다. 이 증거가 있으므로 과거에 간단하게 정리하고 만 증거들도 다시 한 번 마음을 열고 재검토할 필요가 있다.[12]

핵굿의 과학적 연구에 대해서는 알베르트 아인슈타인이 열렬히 지지했고(이 점에 대해서는 나중에 설명하겠다), 그 후 미국 지리협회의 존 라이트 회장이 "햅굿의 가설은 조사가 필요하다는 경종을 울리고 있다"라고 인정했음에도 불구하고, 고대 지도에 대한 더 이상의 과학적 연구는 이루어지지 않았다. 햅굿은 인류 문명의 시원에 대해서 새로운 공헌을 한 공로로 갈채를 받아야 마땅했지만, 죽을 때까지 대부분의 동시대 학자들로부터 냉대를 받았다. 동시대 학자들은 제대로 논의하지도 않고 "햅굿이 우둔하다고 빈정거렸으며, 주제와 관계없는 사소한 요소를 거론하면서 그를 비난했고, 기본적인 문제와는 마주하려고도 하지 않았다."[13]

시대를 앞서간 사람

고(故) 찰스 햅굿은 미국 뉴햄프셔 주에 있는 킨 대학교에서 역사학을 가르쳤다. 그는 지리학자도 아니었고 고대역사학자도 아니었다. 그럼에도 후세의 사람들은 그를 세계 역사의 기초를 뒤집고 세계 지리의 많은 정설을 바꾼 사람으로 기억할 것이다.

알베르트 아인슈타인은 햅굿의 위대함을 이해한 첫 번째 사람이었다. 아인슈타인으로서는 매우 드문 일이었는데, 1953년에 햅굿이 출판한 책에 그는 다음과 같은 서문을 써주었다. 햅굿이 피리 레이스의 지도에 대해서 연구를 시작하기 몇 년 전의 일이다.

많은 사람들이 새로운 학설을 발표했다며 상담을 하고 싶다는 편지를 보내온다. 그렇지만 그 학설들의 대부분은 과학적 근거가 없다. 그러나 나는 햅굿의 편지를 읽기 시작하자마자 흥분되었다. 그의 학설은 독창적이고, 매우 이해하기 쉬우며, 앞으로 옳다는 것이 증명되면 지구의 역사에 관한 아주 중요한 학설이 될 것이다.[14]

햅굿이 1953년 책에서 주장한 "학설"은 전 지구적인 지질학 이론이다. 이 이론은 왜 남극대륙의 대부분이 기원전 4000년까지 얼음으로 뒤덮여

22

있지 않았는가와 같은 지구과학의 많은 변칙성에 대해서 세련되게 해설하고 있다. 간단하게 정리하면 다음과 같다.

1. 남극대륙이 계속해서 얼음으로 뒤덮여 있었던 것은 아니다. 현재보다 더 따뜻한 시기가 있었다.

2. 당시의 남극대륙이 따뜻했던 이유는 현재보다 3,200킬로미터 북방에 있었기 때문이다. 즉 당시의 남극대륙은 남극권 밖에 있었고 한대에 존재하지 않았다.[15]

3. 대륙이 현재의 남극권 내의 위치로 이동한 것은 "지각이동"이라는 현상 때문이다. 이 현상을 판구조론(plate-tectonics: 지구의 표층부를 구성하고 있는 몇 개의 판의 이동에 의해서 지각변동이 일어난다는 설/역주)이나 "대륙이동설"과 혼동해서는 안 된다. 지각이동은 암석권에 의해서 지구의 표층 전체가 "내부의 부드러운 부분은 그대로 두고 몇 번에 걸쳐 이동한 것이다. 이것은 마치 오렌지 껍질이 알맹이와 떨어져 헐거워지면 껍질 전체의 위치가 한 번에 바뀔 수 있는 것"과 같다.[16]

4. 지각이동에 의해서 남극대륙이 남쪽으로 이동해가는 동안 대륙은 점점 차가워졌다. "수천 년 동안 만년설이 형성되고 확대되면서 지금의 모습이 되었다."[17]

이 과격한 학설을 뒷받침해주는 많은 증거에 대해서는 이 책 제8장에서 다루겠다. 보수적인 지리학자들은 햅굿의 주장을 수용하기를 망설였다(그러나 이 학설을 부정한 사람은 아무도 없다). 이 학설은 많은 문제들을 야기한다.

그 가운데 가장 중요한 것은 지각이동이라는 현상을 일으키는 강력한 힘이 어떻게 생겼느냐 하는 문제이다.

이 점에 관해서는 햅굿의 연구를 정리한 아인슈타인의 설명이 가장 적절할 것이다.

극지권(極地圈)에서는 얼음이 계속 퇴적되는데, 언제나 고르게 퇴적되는 것은 아니다. 지구의 자전이 불균등하게 퇴적된 얼음 덩어리에 작용하는 원심력이 발생해서 그것이 지구의 단단한 지각에 전달된다. 계속 증가되는 원심력은 어느 지점에 도달하면 지구의 내부구조 위를 덮고 있는 지각을 이동시키게 된다.[18]

피리 레이스의 지도는 "지구의 지각이 돌연 남쪽으로 미끌어졌기 때문에 그때까지 얼음이 아니었던 남극대륙의 일부가 얼음으로 뒤덮이게 되었다"라는 이론을 뒷받침하는 많은 증거를 내포하고 있다. 게다가 이 지도는 기원전 4000년 이전에 작성되었으므로 이 지도가 시사하는 인류 문명의 역사는 놀라운 것이다. 왜냐하면 기원전 4000년 전에는 문명이 전혀 존재하지 않았다는 것이 현재의 진실이기 때문이다.

단순화시킨 감이 없지 않지만 현재 학계의 정설은 다음과 같다.

◆ 문명이 처음 발생한 곳은 중동의 비옥한 초승달 지대이다.

◆ 문명의 발달은 기원전 4000년 후에 시작되었으며, 이 시기에 세계에서 가장 오래된 문명(수메르 문명과 이집트 문명)이 등장하여 기원전 3000년경에 전성기에 도달했다. 그때 인더스 문명과 중국 문명이 싹을 틔우고 있었다.

◆ 그로부터 1,500년 정도 후에 각지에서 문명이 동시에 발전했는데, 아메리카 대륙에서는 독자적으로 발전했다.

◆ 아시아, 아프리카, 유럽 등의 구대륙에서는 기원전 3000년경(아메리카 대륙과 같은 신대륙에서는 기원전 1500년경)부터 문명이 보다 세련되고 복잡해졌으며 생산성이 고양되는 방향으로 끊임없이 "진화했다."

◆ 그 결과 모든 고대 문명은 (모든 면에서) 현재의 우리 문명과 비교할 때에 원시적이다(수메르 문명의 천문학자는 하늘을 비과학적으로 두

려워했다고 생각되며, 이집트의 피라미드조차 "원시 기술"로 만들어 졌다고 생각된다).

그러나 피리 레이스의 지도를 증거로 한다면 앞의 것은 모두 모순을 내포하고 있다.

피리 레이스와 그가 가졌던 원본 지도

피리 레이스는 당시 유명한 사람이었고, 역사적으로도 확고한 존재이다. 오스만 제국의 해군 제독으로서 16세기 중반에 많은 해전에서 승리를 거두었다. 또한 제독은 당시에 지리 전문가로 인정받았으며, 항해술에 대한 유명한 책인 「해양의 서(Kitabi Bahriye)」를 저술하기도 했다. 이 책은 에게 해와 지중해의 해안, 항구, 해류, 여울, 상륙지점, 만, 해협에 대해서 상세히 설명하고 있다. 이와 같은 훌륭한 경력을 가진 사람이었지만 상사의 책략에 빠져 1554년 아니면 1555년에 참수당했다.[19]

피리 레이스가 1513년에 베낀 지도의 원본은 콘스탄티노플 제국 도서관에 소장되어 있던 것으로 추측된다. 제독 피리 레이스는 이 도서관에 자유롭게 출입할 수 있었다. 원본 지도들(더욱 오래된 학술 중심지에서 옮겨왔든지, 그 장소에서 베껴왔을 것이다)은 현존하지 않는다. 적어도 지금까지는 발견되지 않았다. 그러나 피리 레이스의 지도는 콘스탄티노플의 오래된 궁전 도서관에서 1929년에 재발견되었다. 가젤의 가죽에 그려진 이 지도는 둥글게 말린 채 먼지가 쌓인 책장에 놓여 있었다.[20]

사라진 문명의 유산?

당혹한 올메이어 대령이 1960년에 햅굿에게 보낸 편지에서 인정했듯이, 피리 레이스의 지도는 남극대륙에 있는 퀸 모드 랜드 지역의 얼음 아래에 있는 지형을 상세히 묘사하고 있다. 그러나 이 지역의 지형은 기원전 4000년이라는 옛날부터 얼음에 뒤덮여 그 모습이 완전히 숨겨져 있었다. 이 지역의 지형이 다시 밝혀진 것은 1949년 영국과 스웨덴의 과학조사단이 철저하게 지진파를 이용한 지형조사를 거행했을 때였다.[21]

이런 희귀한 정보를 다룬 지도 작성자가 피리 레이스뿐이었다면 그가 만든 지도를 중요시 여기는 것은 잘못일 것이다. 예를 들면 "아마 중요한 지도일 거야. 그러나 우연이겠지"라고 말할 수도 있을 것이다. 그러나 있을 수 없다 혹은 이해할 수 없다고 생각할 수 있는 이 지리지식을 소유한 것은 오스만 제국의 제독뿐만이 아니었다. 이 지식의 단편들은 문화에서 문화, 시대에서 시대로 오랜 세월에 걸쳐 전달되었다. 누가 어떻게 이 지식을 보존하고 전달했는지에 대해서는 햅굿이 이미 추측한 이상의 것을 상상한다면 아마 헛수고가 될 것이다. 어떤 장치가 있었는지는 모르지만 많은 지도 작성자들이 이 고대 지도의 비밀을 알고 있었던 것은 사실이다.

이 모든 지도 작성자들은 무의식 중에, 사라진 문명의 풍요로운 과학적 유산의 계승에 참여했던 것일까?

남쪽 대륙에 있는 강

1959년과 1960년 크리스마스 휴가 때, 찰스 햅굿은 미국 워싱턴 DC에 있는 의회 도서관 자료실에서 남극대륙의 지도를 찾고 있었다. 그곳에서 몇 주일 동안 지도 찾기에 몰두하던 햅굿은 몇백 개에 이르는 중세의 지도와 해도에 파묻히고 말았다.

〔햅굿은 이렇게 썼다.〕 나는 가슴을 두근거리게 만드는 예상치 못한 것들을 많이 발견했다. 많은 해도에 남쪽 대륙이 그려져 있었다. 어느 날의 일이었다. 나는 책을 펼친 채 의자에 꼼짝 못하고 앉아 있었다. 1531년에 오론테우스 피나에우스가 그린 세계지도의 남반구 부분을 보았을 때, 진짜 남극대륙을 알려주는 정통적인 지도를 발견했다는 사실을 곧바로 확신할 수 있었다. 대륙의 전체적인 형태는 근대 지도에 묘사되어 있는 남극대륙의 윤곽과 놀라울 정도로 비슷했다. 대륙의 거의 중앙에 있는 남극점은 상당히 정확해 보였다. 연안을 따라 늘어선 산맥은 최근 발견된 남극대륙의 산들과 비슷했다. 그 지도를 누군가가 상상해서 적당히 그린 것이 아니라는 사실만은 명확했다. 산맥은 연안에도 있었지만 내륙에도 있었다. 그 많은 산들로부터 강이 흘러나와 바다에 이르고 있었다. 강의 흐름은 매우 자연스러워서 실제와 다르지 않게 보였다. 이 사실로부터 지도가 처음으로 그려졌을 때에 이 연안지

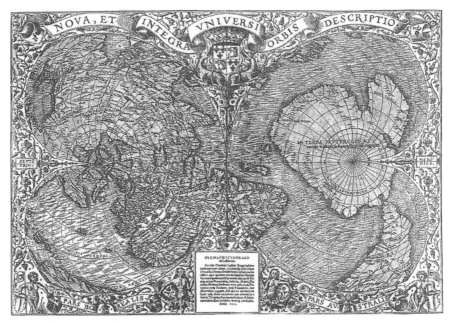

오론테우스 피나에우스의 지도 : 얼음으로 뒤덮이지 않은 해안, 산맥, 강이 그려져 있다.

역이 얼음으로 뒤덮여 있지 않았으리라는 것을 당연히 연상해볼 수 있었다. 반면, 내륙에는 강과 산이 그려져 있지 않아서 이미 얼음으로 뒤덮여 있었다는 것도 추정할 수 있었다.[1]

오론테우스 피나에우스의 지도를 상세히 조사한 햅굿과 매사추세츠 공과대학의 리처드 스트래천 박사의 결론은 이렇다.

1. 이 지도는 다른 도법(圖法)으로 그려진 그전 시대의 원본 지도 몇 개를 모사해서 그린 것이다.[2]

2. 이 지도는 얼음으로 뒤덮이지 않은 시대의 남극대륙의 해안지역을 나타낸다. 그 해안지역은 퀸 모드 랜드, 엔더비 랜드, 윌크스 랜드, 빅토리아 랜드(로스 해의 동해안) 그리고 마리 버드 랜드이다.[3]

3. 피리 레이스의 지도와 마찬가지로 지형의 전체적인 윤곽과 특징은 얼음 아래에 있는 남극대륙의 지형을 지진파로 측정한 결과와 정확

하게 일치한다.[4]

오론테우스 피나에우스의 지도에 대해서 햅굿은 이렇게 결론 지었다. "놀랍게도 남극대륙이 아직 얼음으로 뒤덮이기 전에 인류가 그곳을 방문했다는 사실뿐만 아니라 주거했다는 사실까지 보여준다. 그렇게 되면 그 시기는 먼 옛날로 거슬러올라간다. ……〔실제로〕 오론테우스 피나에우스의 지도를 놓고 추정하면 원본 지도 제작자의 문명은 북반구 최후의 빙하기가 끝났을 때까지 거슬러올라가게 된다."[5]

로스 해

햅굿의 견해를 뒷받침해줄 증거 가운데 하나가 오론테우스 피나에우스의 지도에 그려진 로스 해의 모습이다. 현재는 거대한 비어드모어 빙하와 스콧 빙하가 바다에 맞닿아 있지만, 1531년의 지도에는 그 자리에 넓은 후미와 강이 나타나 있다. 이것들의 존재는 오론테우스 피나에우스가 베낀 원본 지도가 작성되었을 때, 로스 해와 그 만의 해안은 얼음으로 뒤덮여 있지 않았다는 것을 알려준다. "게다가 강에 물이 흘렀다는 것은 내륙도 얼음으로 뒤덮이지 않았다는 것을 시사한다. 현재 만의 해안과 내륙은 1.6킬로미터나 되는 두꺼운 만년설로 뒤덮여 있다. 로스 해에는 몇백 미터나 되는 빙붕(氷棚)이 떠 있다."[6]

지도의 로스 해는 남극대륙이 아직 얼음으로 뒤덮이지 않은 시기, 즉 기원전 4000년 전에 미지의 문명에 의해서 지도가 작성되었다는 견해를 보강해준다. 이 견해는 1949년에 버드 남극 탐험대가 거행한 로스 해의 해저조사에 의해서 더욱 강화된다. 탐험대는 표본을 채집하기 위해서 지하에 삽입하는 코어 튜브를 이용하여 해저의 퇴적물을 채취했다. 그 퇴적물은 몇 개의 서로 다른 시대의 환경을 구별할 수 있는 지층으로 구성되어 있었다. "원생 빙상 해산물(原生氷狀海産物)", "중기 빙상 해산물(中期氷

狀海産物)", "완성 빙상 해산물(完成氷狀海産物)" 등. 그러나 무엇보다도 가장 놀라운 발견이 있었다. "결이 다채로운 퇴적물로 이루어진 지층이 많았는데, 온도가 높은 육지(얼음이 아닌)에서 흘러드는 강에 의해서 퇴적된 것들이었다……."[7]

워싱턴에 있는 카네기 재단의 조사원들은 W. D. 어리 박사가 개발한 이오늄 연대 측정법(바다 속의 세 개의 서로 다른 방사성 원소를 사용해서 조사한다[8])을 사용해서, 오론테우스 피나에우스의 지도가 보여주는 것처럼 퇴적물이 기원전 6000년 전까지 로스 해에 유입되었다는 것을 확인했다. 그때까지 남극대륙에 존재했던 거대한 강이 결이 다채로운 퇴적물을 운반해왔던 것이다. 기원전 4000년경에 "로스 해의 바닥에 빙하기의 퇴적물이 쌓이기 시작했다. ……코어 튜브 조사는 그전에 따뜻한 시기가 오랫동안 계속되었다는 것을 밝혀준다."[9]

메르카토르와 부아슈

피리 레이스와 오론테우스 피나에우스의 지도는 남극대륙의 모습을 보여주고 있는데, 역사적으로 생각하면 당시의 지도 제작자들은 남극대륙을 볼 수 없었을 것이다. 이 두 개의 지도만으로 사라진 문명의 지문(指紋)을 보고 있다고 믿기에는 불충분할 것이다. 그러나 비슷한 지도가 세 개, 네 개, 여섯 개가 존재한다면 그것들을 무시할 수 있을까?

예를 들면, 메르카토르라는 이름으로 널리 알려져 있는 16세기의 저명한 네덜란드의 지도 제작자 헤라르드 크레메르가 제작한 몇 개의 지도가 지니고 있는 역사적 의의가 지금까지도 계속해서 무시되어왔는데, 이 일을 이치에 맞는다고 할 수 있을까? 오늘날에도 사용되고 있는 메르카토르 도법의 작성자로 유명한 수수께끼와 같은 이 사람은(1563년에 갑자기 이집트의 대〔大〕피라미드를 방문했다[10]) "끈기 있게……고대 문헌을 뒤진

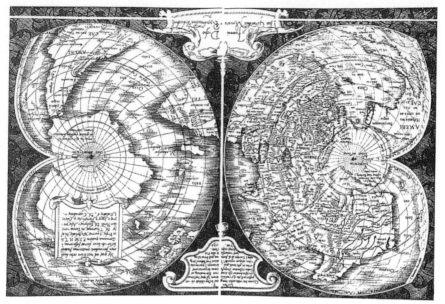

메르카토르의 지도 : 얼음으로 뒤덮이지 않은 산맥과 강이 그려져 있다.

것"으로 알려져 있다. 메르카토르는 오랜 세월 동안 고대의 원본 지도를
열심히 모아서 풍부하고 광범한 참고자료를 수집했다.[11]

1569년에 메르카토르가 발행한 「아틀라스(*Atlas*)」 가운데 오론테우스
피나에우스의 지도가 포함되어 있는 것은 중요한 사실이다. 또한 같은 해
에 메르카토르는 남극대륙 지도도 몇 개 그렸다. 그 지도들에는 당시에 아
직 알려져 있지 않았을 지역도 그려져 있다. 그 지역은 마리 버드 랜드의
다트 곶과 헤라처 곶, 아문센 해, 엘스워스 랜드의 서스턴 섬, 벨링스하우
센 해의 플레처 섬, 알렉산더 I 섬, 남극(파머) 반도, 웨들 해, 노비지아 곶,
퀸 모드 랜드(섬으로 그려져 있다)의 레귤러 산맥, 물리그 호프만 산지(섬
으로 그려져 있다), 프린스 해럴드 해안, 프린스 해럴드 해안의 어귀인 셔
라즈 빙하, 루초 홀름 만의 파다 섬, 엔더비 랜드의 프린스 올라프 해안 등
이다. 햅굿은 "때때로 이 지형들은 오론테우스 피나에우스의 지도보다도
명료하게 그려져 있었다. 이것을 보면 메르카토르가 오론테우스 피나에우

스가 사용한 지도 이외의 원본 지도를 소유하고 있었던 것이 분명하다"라고 말했다.[12]

메르카토르뿐만이 아니었다.

18세기의 프랑스 지리학자 필리프 부아슈도 이 남쪽 대륙이 정식으로 발견되기 꽤 오래 전에 남극대륙의 지도를 펴냈다. 부아슈의 지도에서 흥미로운 특징은 베낀 원본 지도의 작성시기가 메르카토르나 오론테우스 피나에우스의 원본 지도보다 몇천 년 전의 것으로 생각된다는 점이다. 부아슈의 지도는 얼음이 전혀 존재하지 않았던 때의 남극대륙의 모습을 섬뜩할 만큼 정밀하게 보여주고 있다.[13] 이 지도는 얼음 아래에 있는 남극대륙의 지형을 확실히 묘사하고 있는데, 남극대륙이 그런 지형을 지니고 있다는 것은 국제 지구 물리관측년이었던 1958년에 실시한 정밀 지질탐사 전까지는 누구도 알지 못했다.

1958년의 조사는 부아슈가 1737년에 발표한 남극대륙의 지도가 정확하다는 것을 확인했다. 부아슈는 현재에는 존재하지 않는 고대의 원본 지도를 바탕으로 남쪽 대륙을 가로지르는 명료한 수로를 그려놓았다. 이 수로 때문에 남쪽 대륙은 남극 횡단 산맥을 경계로 하여 동서로 두 개의 거대한 육지로 나뉘어 있다.

로스 해와 웨들 해와 벨링스하우센 해를 연결하는 수로는 남극대륙이 얼음으로 뒤덮이지 않았다면 실제로 존재했을 것이다. 국제 지구 물리관측년의 조사에 따르면 남극대륙은 거대한 섬으로 구성된 다도해이고(현재의 세계지도에는 하나의 대륙으로 그려져 있다), 섬과 섬 사이에는 1.6킬로미터가 넘는 두꺼운 얼음이 해면을 덮고 있다.

지도는 언제 작성되었을까?

앞에서도 말했지만, 대부분의 보수적인 지리학자들은 지금 얼음으로 덮여

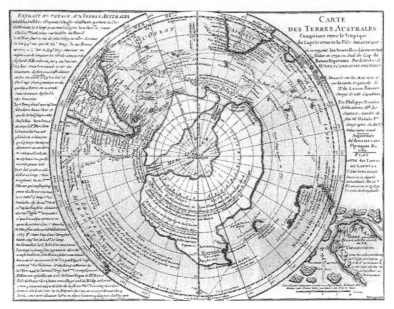

큰 섬이 그려진 부아슈의 지도 : 얼음으로 뒤덮이지 않은 남극대륙의 모습을 보여준다.

있는 남극의 분지가 수로였던 시기는 수백만 년 전이었다고 믿고 있다. 그러나 학술적으로 보면 그렇게 오래된 시기에 진화된 인간은 살지 않았을 터이다. 따라서 남극대륙을 정확하게 그릴 수 있는 인간이 있었을 리 없다. 부아슈의 지도와 국제 지구 물리관측년의 조사는 중요한 문제를 제기한다. 이 증거들은 남극대륙이 얼음으로 뒤덮이기 전에 지도가 작성되었음을 의미하기 때문이다. 학자들은 두 가지의 모순되는 주장에 직면하게 된다.

어느 쪽이 옳을까?

보수적인 지리학자들의 의견에 따라 남극대륙이 얼음으로 뒤덮이지 않았던 때가 수백만 년 전이라고 한다면, 다윈을 비롯한 많은 학자들에 의해서 집적된 인류의 진화에 관한 학설은 틀린 것이 되고 만다. 그러나 진화론이 틀렸다고는 생각하지 않는다. 화석 기록에 따르면 수백만 년 전에는 아직 진화하지 않은 인류의 선조가 존재하고 있었을 뿐이다. 이마가 좁고

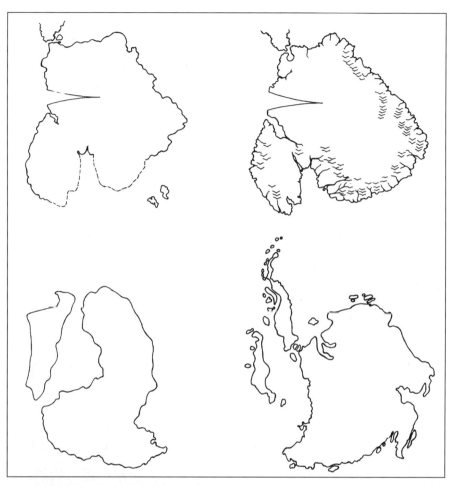

위 왼쪽과 오른쪽 : 메르카토르와 오론테우스 피나에우스의 지도를 다시 그린 것으로 남극
대륙이 점점 얼음으로 뒤덮이고 있음을 보여준다.
아래 왼쪽 : 부아슈의 지도를 다시 그린 것이다.
아래 오른쪽 : 현대의 지진파 측정에 의한 조사에서 밝혀진 얼음 아래에 있는 남극대륙의
지형이다.

발을 질질 끌면서 걷는 원시인이 지도 작성이라는 고도의 지적인 일을 할
수 없었다는 것은 자명한 일이다.

  그렇다고 얼음이 없는 남극대륙의 정밀지도를 우주선을 타고 지구를 찾
아온 우주인이 작성했다고 설명해야 할까? 아니면 햅굿의 "지각이동" 이

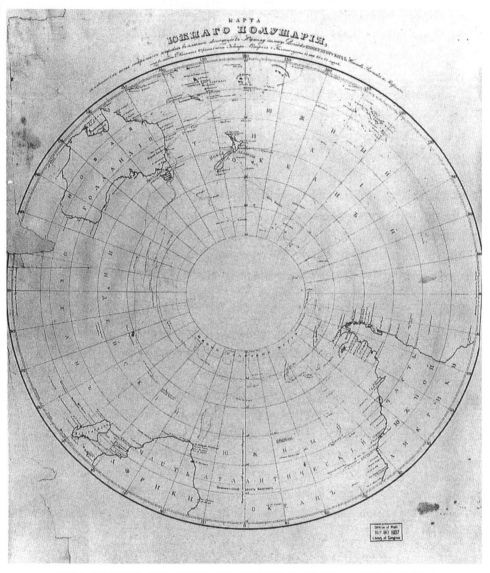

19세기 초의 러시아 지도는 세상이 아직 남극대륙의 존재를 모르고 있었음을 보여준다.
남극대륙은 1818년에 "발견되었다." 그러나 아직 존재 여부도 명확하지 않은 역사 이전
의 고대 문명의 지도 작성자들은 그 당시보다 수천 년 전에 남극대륙의 지도를 그릴 수
있었던 것일까?

론을 머릿속에 떠올려야 할까? 이 이론에 따르면 부아슈가 그린 얼음으로 뒤덮이지 않은 남쪽 대륙은 1만5,000년 전에 존재했던 것이 된다.[14]

남극대륙을 지도에 그릴 수 있는 고도의 문명이 기원전 1만3000년까지 발전했다가 그 후에 소멸했다는 것이 있을 수 있는 일일까? 만약 그런 일이 있었다면 언제 소멸했다는 것일까?

피리 레이스, 오론테우스 피나에우스, 메르카토르, 부아슈의 지도를 합쳐보면 남극대륙은 몇천 년에 걸쳐서 지속적으로 조사되었다는 강한, 그러나 기묘한 인상을 받게 된다. 만년설이 오지로부터 점차 퍼져나가 1,000년마다 증대해왔는데, 모든 해안이 만년설로 뒤덮인 것은 기원전 4000년경이다. 따라서 피리 레이스와 메르카토르의 지도의 원본 지도는 비교적 가까운 시기에 그려진 듯하다. 만년설로 뒤덮이지 않은 것은 남극대륙의 해안뿐이기 때문이나. 한편 오론테우스 피나에우스의 지도의 원본 지도는 훨씬 오래 전에 작성된 것으로 생각된다. 만년설이 대륙의 오지에서만 발견되기 때문이다. 그리고 부아슈가 그린 지도의 원본 지도는 남극대륙에 얼음이 전혀 없었던 때, 따라서 보다 더 오래 전에 그려진 듯하다(기원전 1만3000년경).

남아메리카

기원전 1만3000년에서 기원전 4000년 사이에 세계의 다른 지역도 상세하게 조사되어 지도로 작성되었을까? 이 물음에 대답하기 위해서는 다시 피리 레이스의 지도를 살펴볼 필요가 있다. 피리 레이스의 지도는 남극대륙에만 한정되지 않는다.

◆ 1513년에 그려진 이 지도는 남아메리카에 대해서도 상세히 알고 있었음을 보여준다. 그것도 동해안뿐만이 아니라 당시에 존재조차 알려져 있지 않았던 대륙의 서해안에 있는 안데스 산맥에 대해서 풍부한

지식을 갖추고 있다. 이 지도에는 탐험도 되지 않은 안데스 산맥에 있는 아마존 강의 발원지와 동쪽으로 흐르고 있는 강의 모습이 정확하게 그려져 있다.[15]

◆ 작성시기가 서로 다른 스무 개 이상의 원본 지도를 바탕으로 해서[16] 작성된 피리 레이스의 지도에는 아마존 강이 두 개나 그려져 있다(오스만 제국의 제독은 두 개의 서로 다른 원본 지도를 겹쳐서 베낀 모양이다[17]). 첫 번째 아마존 강의 코스는 파라 강의 입구에서 끝나는데, 그곳에는 중요한 섬인 마라조 섬이 그려져 있지 않다. 햅굿은 이 점에 대해서 원본 지도가 대략 1만5,000년 전의 것이라는 견해를 제시했다. 1만 5,000년 전이라면 파라 강이 주요 강이었거나 아마존 강의 강어귀였을 때 그리고 마라조 섬은 강의 북쪽에 위치하는 본토의 일부였을 때 이다.[18] 다른 아마존 강의 강어귀에는 마라조 섬이 그려져 있다(게다가 놀랍게도 상세하고 정확하다). 그러나 이 섬이 발견된 것은 1543년의 일이다.[19] 이 사실에서도 미지의 문명이 지구의 변화하는 지표를 몇천 년에 걸쳐 지속적으로 조사해왔다는 가능성을 생각할 수 있다. 그렇다고 하면 피리 레이스는 이 문명이 남긴 오래된 지도와 새로운 지도를 원본 지도로서 사용한 것이 된다.

◆ 피리 레이스의 지도에는 오리노코 강과 현재 존재하는 삼각주 지역도 그려져 있지 않다. 햅굿은 "내륙까지 두 개의 후미가 있고 그 앞 끝은 현재의 강어귀에 해당하는 곳(160킬로미터 정도의 내륙)까지 와 있다. 경도와 위도는 정확하다. 따라서 원본 지도가 그려진 시대부터 후미에 퇴적되어서 오늘날의 삼각주가 되었을 가능성이 있다"고 설명했다.[20]

◆ 포클랜드의 여러 섬도 1513년의 지도에 정확한 경도로 그려져 있는데, 이 섬의 존재가 발견된 것은 1592년의 일이다.[21]

◆ 피리 레이스의 지도에는 더욱 오래된 시기의 원본 지도가 사용되었을

가능성이 있다. 피리 레이스의 지도에는 남아메리카 대륙의 동쪽인 대서양에 거대한 섬이 그려져 있는데, 현재 그런 섬은 존재하지 않는다. 그러나 이 "현존하지 않는" 섬의 위치가 중앙 대서양 해령(海嶺)이 있는 장소와 정확하게 일치하는 것은 순전히 우연일까? 브라질의 해안에서 1,100킬로미터 정도 떨어진 바다의 적도에서 약간 북쪽에 해당하는 이 장소에는 현재 세인트 피터 앤드 폴 암초가 물결 사이로 머리를 내밀고 있을 뿐이다.[22] 아니면 사용된 원본 지도가 오늘날보다 해면이 훨씬 낮았던 빙하기에 그려진 것으로서, 당시 이 지역에는 거대한 섬이 모습을 드러내고 있었을지도 모른다.

해수면의 높이와 빙하기

16세기의 다른 지도를 살펴보아도 최후의 빙하기에 정확하게 조사되어 작성된 원본 지도가 존재하는 것처럼 생각된다. 그 하나가 1559년에 오스만 제국의 하지 아메드에 의해서 편집된 지도이다. 이 지도 제작자는 "깜짝 놀랄 만한 원본 지도를 소유하고 있었던 모양이다"라고 햅굿은 말했다.[23]

하지 아메드가 편집한 지도의 가장 기묘하고 놀랄 만한 특징은 알래스카와 시베리아 사이의 1,600킬로미터 정도가 띠 모양의 육지로 연결되어 있다는 점이다. 이와 같은 "육지 다리"는 빙하기가 끝날 무렵에 해면이 높아지고 바다 밑바닥이 가라앉아서 지금은 당연히 존재하지 않지만(현재 베링 해협이 되어 있다), 한때 그런 육지가 존재했음을 알려준다.[24]

해면이 높아진 원인은 기원전 1만 년경에 빙하가 급격하게 녹기 시작하여 북반구의 만년설이 사라졌기 때문이다.[25] 따라서 적어도 하나의 고(古)지도에, 그때까지 남아 있던 빙하가 스페인 남쪽까지 뒤덮여 있는 것은 흥미로운 일이다. 클라우디오스 프톨레마이오스의 유명한 북방지도에도 그당시까지 남아 있던 빙하가 그려져 있다. 2세기에 이 위대한 고전 지리학

자에 의해서 편집된 이 지도는 몇백 년 동안 행방불명이 되었다가 15세기에 재발견되었다.[26]

프톨레마이오스는 고대의 자료가 대량으로 수집되어 있던 알렉산드리아 도서관의 관리자였다.[27] 그는 이 도서관에서 고대의 원본 자료를 참조해서 지도를 편집했다.[28] 프톨레마이오스가 사용한 원본 해도(海圖) 중의 하나가 기원전 1만 년에 작성되었을 가능성이 있음을 인정하면, 어떻게 프톨레마이오스의 지도에 기원전 1만 년 당시의 빙하의 특징이 명료하게 그려져 있는지가 설명된다. "……오늘날의 호수의 윤곽을 보여주는 호수 그리고……빙하에서 호수로 흘러들어가는 빙하의 흐름을 보여주는 조류들……".[29]

프톨레마이오스가 지도를 그린 로마 시대에, 북유럽에 빙하기가 존재했다는 사실을 안 사람은 아무도 없었을 것이다. 15세기에 이 지도가 재발견되었을 때조차 누구도 그와 같은 사실을 몰랐을 것이다. 따라서 프톨레마이오스의 지도에 그려져 있는 빙하와 그 외의 다른 특징들을 조사한 것은 현재 알려져 있는 문명의 사람들이 아니다라고 분명하게 말할 수 있다.

이와 같은 사실이 의미하는 것은 명확하다. 마찬가지로 1487년에 이에우디 이븐 벤 자라가 그린 해도(海圖) "포르톨라노(Portolano)"(중세〔1300-1500년〕의 지중해, 흑해를 중심으로 한 해도/역주)가 시사하는 바도 명확하다.[30] 이 해도 속의 유럽과 북아프리카는 프톨레마이오스가 참고한 원본 지도보다 훨씬 오래된 지도를 참고해서 작성한 것이다. 왜냐하면 이 지도에서는 스웨덴의 남부보다도 훨씬 남쪽까지 만년설로 뒤덮여 있기 때문이다(영국과 동일한 경도까지 와 있다[31]). 또한 지중해와 아드리아 해와 에게 해는 유럽의 만년설이 녹기 전의 모습처럼 보인다.[32] 해면의 높이는 당연히 현재보다 상당히 낮다. 따라서 에게 해를 보면 재미있게도 현존하는 섬보다 많은 섬들이 그려져 있다.[33] 처음에 보면 이상한 인상을 받는다. 그러나 이에우디 이븐 벤 자라가 베낀 원본 지도가 작성된 때로부터 1

만 년에서 1만2,000년 정도의 시간이 흐른 점을 생각하면 이 불일치는 바로 설명된다. 빙하기가 끝날 무렵에 해수면이 상승하면서 많은 섬들이 바다 속에 묻힌 것이다.

다시 한 번 이미 사라진 문명의 지문을 보고 있는 듯하다. 이것은 지구상의 멀리 떨어진 장소로 가서 경탄할 만큼 정밀한 지도를 그릴 수 있는 문명이었다.

3

사라진 과학의 지문

우리는 앞에서 1569년에 작성된 메르카토르의 세계지도가 아직 얼음으로 뒤덮이지 않은 수천 년 전의 남극대륙 해안지역을 상세히 그린 것임을 살펴보았다. 그런데 흥미로운 점은 이 지도에 그려져 있는 남아메리카 서해안의 지형 정밀도가 메르카토르 자신이 역시 그 이전(1538년)에 작성한 지도보다 떨어진다는 것이다.[1]

그 원인은 메르카토르가 1538년에 지도를 작성할 때에는 소유하고 있던 많은 고대 지도들을 기초로 했지만, 1569년 지도는 스페인 탐험가의 계측과 관찰에 의지했기 때문이다. 당시의 스페인 탐험가들은 남아메리카 서해안에 대한 최신 정보를 유럽으로 가지고 왔을 것으로 여겨진다. 따라서 메르카토르가 그 정보에 의지했다고 해서 비난할 수는 없다. 그러나 그 점 때문에 지도의 정밀도가 떨어지고 말았다. 1569년은 아직 경도 측정장치가 발명되지 않았을 때인데, 메르카토르의 1538년 지도의 기초가 된 고대 지도는 작성시에 경도 측정장치가 사용된 것으로 보인다.[2]

경도의 불가사의

경도(經度)의 문제를 생각해보자. 경도는 본초자오선으로부터의 동서의

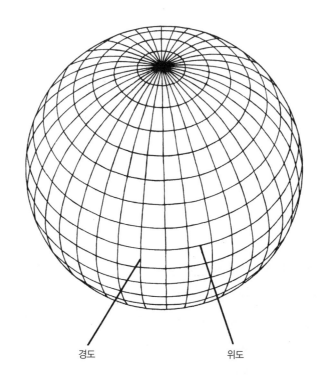

경도   위도

거리로 정의된다. 현재 국제적으로 인정되고 있는 본초자오선은 북극점에서 남극점을 연결하는 가공의 선으로서, 런던의 그리니치 천문대 위를 지나간다. 그래서 그리니치의 경도가 0도이며, 예컨대 뉴욕은 약 서경 74도, 오스트레일리아의 캔버라는 약 동경 150도 위치에 존재하게 된다.

어떻게 지구 표면에 어느 한 점을 정확하게 보여줄 수 있는가 등의 경도에 관한 설명도 상세히 할 수 있을 것이다. 그러나 여기서 문제가 되는 것은 기술적으로 상세한 설명이 아니라, 경도의 불가사의에 관한 지식을 인류가 어떻게 얻어왔는가라는 역사적 사실이다. 그중에서도 가장 중요한 것은 18세기에 획기적인 발견이 있기 전까지는 지도 제작자와 항해사가 경도를 알 수 있는 방법이 없었다는 점이다. 사람들은 위치를 추측했지만 대개의 경우 몇백 킬로미터나 차이가 났다. 왜냐하면 정확히 측정할 수 있는 장치가 없었기 때문이다.

적도의 남과 북의 위도를 측정하는 것은 어렵지 않았다. 간단한 장치를 사용해서 태양과 별의 각도를 알아내면 되었기 때문이다. 그러나 경도를 재는 것은 위치와 시간 모두를 측정할 필요가 있었으므로 더욱 정밀한 장치가 필요했다. 그러나 역사적으로 당시에 그런 장치의 발명은 과학자들 사이에서 무리라고 간주되었다. 그러나 18세기 초반부터 해상 운송이 증가하면서 빨리 장치를 발명해야 한다는 분위기가 조성되었다. 당시의 전문가들은 "경도 측정은 항해하는 사람들의 생명을 보호하고 여객선과 화물선의 안전확보를 위해서 필수적인 일이다. 그러나 정확한 측정은 불가능하다. 신문은 '경도의 발견'이라는 말을 '돼지도 하늘을 날지 모른다'라는 말처럼 빈정거리는 의미로 사용하고 있다"라고 말했다.[3]

특히 필요했던 것은 정확한 시계의 발명이었다. 배로 오랜 항해를 하는 동안 더위와 추위, 습기와 건조함을 견뎌내고 완벽하고 정확하게 시간을 알려줄 수 있는 시계가 필요했다. 아이작 뉴턴은 1714년에 "그런 시계는 아직 제조되지 않았다"라고 영국 정부의 경도 위원회에 보고했다.[4]

사실이 그러했다. 17세기부터 18세기 초반까지 사용된 시계는 매우 조야하게 만들어졌으며, 하루에 15분 정도 오차가 생겼다. 그러나 항해에 사용할 크로노미터에 허용되는 오차는 몇 년에 그 정도여야 했다.[5]

영국의 유능한 시계 제조업자인 존 해리슨이 나중에 크로노미터로 완성한 시계를 제작하기 시작한 것이 1720년대였다. 존 해리슨은 경도 위원회가 "6주일간의 항해를 끝냈을 때 해상 48킬로미터 이내의 오차로 배의 경도를 잴 수 있는 장치의 발명자"에게 주는 2만 파운드의 상금을 노렸다.[6] 이 조건을 충족시키는 크로노미터는 시간의 오차를 하루 3초 이내로 유지해야 했다. 존 해리슨이 이 조건을 충족시키는 크로노미터를 제작한 것은 거의 40년 후였다. 그 사이에 많은 시계들이 만들어져 실험을 거쳤다. 마침내 1761년에 존 해리슨이 제조한 세련된 크로노미터 4호는 자메이카로 가는 영국 정부의 군함 뎁포드 호에 설치되었다. 존 해리슨의 아들 윌리엄도 함께였다. 항해를 시작한 지 9일째 되던 날, 윌리엄이 크로노미터를 사용해서 경도를 측정한 후 "내일 아침 마데이라 제도를 볼 수 있습니다"라고 선장에게 말했다. 선장은 내기에서 5 대 1로 틀리는 쪽에 걸고 그대로 항해를 계속했다. 내기에서 이긴 것은 윌리엄이었다. 두 달 후에 자메이카에 도착했는데, 크로노미터는 5초 정도 오차가 생겼을 뿐이었다.[7]

해리슨의 크로노미터는 경도 위원회가 지정한 것보다 정밀도가 뛰어났다. 그러나 영국 관료의 신속하지 못한 일처리 때문에 해리슨이 2만 파운드의 상금을 손에 쥔 것은 그가 죽기 3년 전인 1776년이었다. 당연한 일이지만 해리슨은 상금을 손에 넣고 난 후에야 설계의 비밀을 공개했다. 이렇게 공개가 늦어졌기 때문에 제임스 쿡 선장이 1768년에 첫 탐사여행을 떠났을 때에는 크로노미터의 혜택을 입지 못했다.[8] 그러나 세 번째 항해 때 (1778-1779년)에는 태평양 제도나 연안의 위도와 경도를 아주 정확하게 지도에 기입했다.[9] 그 결과 "쿡 선장의 노력과 해리슨의 크로노미터 덕분에……항해사는 태평양의 섬을 발견하지 못했다라거나……갑자기 나타난 암초 때문에 조난당했다는 말을 할 수 없게 되었다."[10]

쿡 선장의 태평양 지도는 경도가 정확해서 정밀도가 높은 근대 지도의 선구라고 말할 수 있을 것이다. 그들은 훌륭한 지도를 작성하려면 다음의 세 가지가 반드시 갖추어져야 함을 우리에게 상기시킨다. 위대한 여행, 일급의 수학 실력과 지도 작성기술 그리고 크로노미터.

1770년대에 해리슨의 크로노미터가 일반화되기까지 정교한 크로노미터는 존재하지 않았다. 이 획기적인 발명이 있고 나서야 비로소 지도 제작자는 경도를 정확하게 확정할 수 있었다. 수메르나 고대 이집트, 그리스, 로마 등, 모든 알려져 있는 역사상의 문명은 경도를 측정할 능력이 없었다. 측정이 가능해진 것은 18세기이다. 따라서 근대와 같은 수준의 정밀도로 위도와 경도가 기록되어 있는 고대 지도와 만나는 것은 경이로움을 느끼게 할 뿐만 아니라 많은 의문을 불러일으킨다.

정밀도가 높은 장치

이제까지 말한 것처럼 고도의 지리학적 지식이 반영되어 있는 고대 지도의 경우 위도와 경도의 정밀도가 놀랄 만큼 높다. 이것을 어떻게 설명할 수 있을까?

예를 들면 피리 레이스의 1513년 지도는 남아메리카와 아프리카의 상대적 경도가 정확하다.[11] 그러나 16세기의 과학으로는 이처럼 정확하게 경도를 측정하는 것이 불가능했을 것이다. 그러나 피리 레이스는 아무렇지도 않게 고대 지도를 기초로 했다고 기록해놓았다. 이 지도에 그려져 있는 정확하고 정밀한 경도는 그가 사용한 고대 지도로부터 알았다는 말일까?

또한 1339년의 둘체르트 포르톨라노(Dulcert Portolano)도 흥미를 끈다. 이 해도는 유럽과 북아프리카를 대상으로 하고 있는데, 경도는 완벽하게 정확하고 흑해와 지중해의 경도도 0.5도밖에 차이가 나지 않는다.[12]

햅굿은 둘체르트 포르톨라노의 바탕이 된 원본 지도에 대해서 다음과 같이 말했다. "과학적으로 매우 정밀하게 위도와 경도의 비율을 계산해놓았다. 이것이 가능하기 위해서는 지도 제작자가 아일랜드의 골웨이로부터 러시아 돈 강의 동부지역까지, 많은 장소의 상대적 경도를 알고 있어야만 했다."[13]

1380년의 제노 지도(Zeno Map)[14] 역시 수수께끼이다. 그린란드를 포함하는 북방의 광대한 지역을 그린 지도로, 광범위하게 펼쳐진 지역의 위도와 경도가 "놀라울 정도로 정확하다."[15] 햅굿은 "믿을 수 없는 일이다. 14세기의 사람들이 이 지역의 위도를 정확하게 안다는 것은 불가능한 일인데, 게다가 경도까지 정확하다"라고 말했다.[16]

오론테우스 피나에우스의 세계지도에도 주목할 필요가 있다. 남극대륙의 해안의 위도와 상대적 경도가 매우 정확하다. 대륙 전체의 형태도 정확하게 그려져 있다. 이 지도에 나타나 있는 지리학적 지식은 20세기가 될

때까지 얻을 수 없는 것이다.[17]

이에우디 이븐 벤 자라가 그린 포르톨라노도 상대적 위도와 경도는 매우 정확하다.[18] 지브롤터와 아조프 해 사이의 경도의 오차는 0.5도밖에 나지 않는다. 지도 전체에서도 경도의 오차는 1도 이내이다.[19]

이런 예는 햅굿이 제공한 사회적으로 물의를 빚은 많은 증거들 중에서 일부에 지나지 않는다. 계속해서 거론되는 그의 정성이 담긴 상세한 분석 결과는 우리에게, 18세기에 이르러서야 경도를 측정하는 정확한 장치가 발명되었다는 생각이 자신을 속이는 것에 불과한 것임을 말해준다. 반면 피리 레이스의 지도와 그 외의 지도들은 그런 장치가 재발명된 것에 지나지 않는 것임을 강하게 시사한다. 즉 경도를 측정하는 정확한 장치는 태고부터 존재했는데, 역사에서는 사라진 고도의 문명을 이룬 사람들이 지구를 샅샅이 탐험하거나 지도를 작성하는 데에 그 장치를 사용했던 것이다. 이 지도들은 고도의 문명을 이룬 그들이 정밀도가 뛰어난 공업제품을 설계, 제조할 수 있었을 뿐만 아니라 수학의 거장이기도 했다는 점 역시 시사한다.

사라진 수학자들

이것들을 이해하기 위해서는 먼저 지극히 당연한 사실부터 되새겨보아야 하는데, 그것은 지구가 둥글다는 점이다. 따라서 지구의 지형을 정확히 표현할 수 있는 것은 구체(球體)뿐이다. 구체인 지구의 지도 작성에 필요한 자료를 편평한 종이에 옮기면 어떻게 해도 지형이 일그러지게 된다. 그래서 복잡한 구조의 수학적 장치인 지도 투영장치를 사용해서 편평한 종이에 지도를 그리게 된다.

투영도법에는 여러 종류가 있다. 메르카토르 도법은 오늘날에도 지도 작성시에 사용되고 있는 익숙한 기법이다. 그 외에도 방위도법(方位圖法),

평사도법(平射圖法), 심사도법(心射圖法), 정거방위도법(正距方位圖法), 하트 형 도법 등 여러 가지가 있는데, 더 이상 깊이 다루지는 않겠다. 중요한 것은 뛰어난 이 도법들에 고대에는 존재하지 않았다고 생각되는 고도의 수학이 사용되었다는 점이다[20](특히 기원전 4000년 이전에는 문명이 존재하지 않았다고 간주되고 있으므로, 고도의 수학과 기하학을 발달시키거나 구사할 수 없었을 것이다).

찰스 햅굿은 소유하고 있던 고대 지도를 매사추세츠 공과대학의 리처드 스트래천 교수에게 보내어 분석을 의뢰했다. 결론은 이미 명백한 것이었으나 태고의 원본 지도를 그리기 위해서 어느 정도의 수학적 엄밀함이 필요했는지를 알기 위해서 분석을 실시했다. 1965년 4월 18일에 스트래천 교수로부터 답신이 왔다. 매우 높은 수준의 수학이 사용되었다고 한다. 예를 들면 몇 개의 지도에는 메르카토르 시대보다 훨씬 전이면서도 "메르카토르 도법과 같은 도법"이 사용되었다고 한다. 이 도법은 위도를 확대하는 작업을 포함하고 있으며, 그 복잡함으로부터 추측하건대 삼각좌표 변환법(三角座標變換法)이 사용되었을 것이라고 한다.

고대의 지도 제작자는 뛰어난 수학자이기도 했다라는 결론이 나오는데, 그 근거는 다음과 같다.

1. 대륙의 위치를 결정하기 위해서는 적어도 기하학적인 삼각측량을 실행할 필요가 있다. 막대한 거리(1,600킬로미터 이상의 단위)일 경우에는 지구의 곡면을 고려해서 수정이 필요한데, 그 작업에는 구형삼각법(求刑三角法)에 대한 지식이 필요하다.

2. 대륙 사이의 상호위치를 결정하기 위해서는 지구의 구체에 대한 이해와 구형삼각법에 대한 지식이 필요하다.

3. 이 지식 및 정밀한 위치 측정장치를 가진 문화는 당연히 그 수학기술을 이용해서 지도와 해도를 작성할 수 있다.[21]

스트래천 교수가 받은 인상은 몇 세대에 걸쳐 모사된 고대 지도들이 태고에 기술이 고도로 발달한 신비로운 문명에 의해서 제작되었다는 것이다. 햅굿이 지도의 검사를 의뢰한 미국 공군의 조사 담당관도 이와 같은 생각을 가지고 있었다. 웨스트오버 공군 기지 제8정찰 기술 비행대대 지도 작성부의 로렌조 버로스 부장은 특히 오론테우스 피나에우스의 지도를 엄밀하게 연구했다. 그리고 나서 이 지도의 원본 지도들 가운데 몇 개는 현재의 하트 형 도법과 비슷한 도법으로 그려졌다고 결론 내렸다.

> 원본 지도 작성자는 고도의 수학을 사용했습니다. 또한 남극대륙의 형태를 보면, 구형삼각법을 사용해서 평사도법이나 심사도법과 비슷한 도법으로 작성했습니다.
>
> 교수님과 동료분들이 발견한 것은 정당하기 때문에 지리와 고대 역사에 관한 극히 중요한 문제를 제기하고 있다고 확신합니다······.[22]

햅굿은 또다른 중요한 것을 발견했다. 그것은 중국 지도로서 돌 기둥에 그려져 있던 지도를 1137년에 베낀 것이다.[23] 이 지도도 다른 것과 마찬가지로 경도에 관한 정밀도가 뛰어난 정보를 바탕으로 작성되었으며, 역시 바둑판 형태의 눈금선이 그려져 있고, 구형삼각법을 사용했다. 이 지도는 유럽과 중동의 지도와 차이가 없는데, 그 이유를 그 지도들의 원산지가 같다는 것으로밖에 설명할 수 없는 듯하다.[24]

여기서, 사라진 문명의 과학적 지식의 단편을 다시 만나는 듯하다. 이 사라진 문명은 어떤 면에서는 적어도 우리의 문명과 같은 수준에 도달한 것으로 보이는데, 당시의 지도 작성자들은 "지구 전체를 지도에 나타냈으며, 지금과 같은 수준의 기술을 가지고 비슷한 방법을 사용했다. 수학적 지식도 현대와 차이가 없으며 아마 비슷한 장치를 사용했을 것이다."[25]

중국 지도는 새로운 문제를 제기한다. 그것은 전 세계에 걸쳐 사라진 문명의 유산이 계승되어왔다는 점이다. 도저히 계산할 수 없는 귀중한 유산이다. 그 유산에는 단순히 세련된 지리학적 지식만 있는 것은 아닐 것이다.

유사 이전의 페루에 턱수염을 기른 이방인이 나타나 건설했다는 문명도 그 유산의 일부일까? 페루에서는 지구의 대변동이 있고 난 후의 "암흑시대"에 "비라코차"라고 불리는 수수께끼로 가득찬 턱수염을 기른 이방인이 바다를 건너 찾아와 문명을 부활시켰다고 한다.

나는 페루로 가기로 했다. 무엇인가를 발견할 수 있을지도 모른다는 생각에…….

| 제2부 |

바다의 거품 : 페루와 볼리비아

4
콘도르의 비상

나는 페루 남부에 있는 나스카의 지상 그림 위를 날고 있다.

아래로는 고래, 원숭이 그리고 벌새의 모습이 보인다. 넓은 날개를 펄럭이고 있는 벌새는 보이지 않는 환상의 꽃을 향해서 섬세한 부리를 내밀고 있다. 오른쪽으로 급선회해서 사정 없이 그어놓은 상처의 흔적과도 같은 팬-아메리카 고속도로를 가로질러 기체의 그림자와 함께 그 궤도를 따라가면 멋진 뱀의 머리를 가진 "알카트라즈"와 만나게 된다. 274미터나 되는 이 왜가리는 고대의 기하학자가 만든 것이다. 세스나 기가 원을 그리며 다시 고속도로를 가로지르면, 물고기와 삼각형 도형이 펠리컨의 옆구리에 배치되어 있다. 다시 왼쪽으로 선회하면 거대한 콘도르가 날개를 펼치고 우아한 모습으로 날고 있다.

숨을 죽인 채 바라보고 있는데 갑자기 손을 뻗으면 닿을 듯한 곳에 콘도르가 나타났다. 살아 있는 콘도르였다. 추락한 천사가 상승기류를 타고 천국으로 돌아가는 듯이 보였다. 조종사는 놀라서 침을 삼키며 콘도르의 뒤를 쫓았다. 순간적으로 콘도르의 총명하면서도 무표정해 보이는 눈을 흘끔 볼 수 있었다. 그 눈은 이미 우리를 평가해보니 흥미를 가질 값어치가 없다는 듯한 빛을 발하고 있는 것 같았다. 태고의 신화에서 빠져나온 듯한 콘도르는 갑자기 경멸스럽다는 태도로 비스듬히 뒤로 활강하다가 태양 속으로 사라졌다. 단발 엔진인 세스나 기가 발버둥쳐보았지만 낮은 하늘에 떠 있을 뿐이었다.

비행기 밑으로 두 개의 평행선이 3킬로미터 이상 보이지 않는 곳까지 곧바로 뻗어 있었다. 그 오른쪽에는 거대한 추상적인 형상물이 나란히 자리하고 있었다. 그것들은 너무나 정밀해서 도저히 인간이 만들었다고는 생각할 수 없었다.

이 주변에 사는 사람들의 말로는 인간이 아닌 반신반인(半神半人)인 비라코차[1]가 이것을 만들었다고 한다. 비라코차는 몇천 년 전에 안데스 산맥 여기저기에 지문을 남겨놓았다.

지상 그림의 수수께끼

황량한 남페루의 나스카 고원은 너무 건조해서 사람들이 접근하기 어려운 불모의 대지이다. 그래서 사람이 정착한 적이 없었고 앞으로도 없을 것이다. 사람이 접근하기 어렵다는 점에서는 달의 표면과 거의 다를 바가 없는 곳이다.

거대한 디자인을 즐기는 예술가가 있다면 그 사람에게 이 호방한 고원은 절호의 캔버스로 보일지도 모른다. 320제곱킬로미터의 막힌 곳 없는 광대한 대지에 걸작을 그릴 수 있다면, 사막의 바람 때문에 사라지거나 모래로 뒤덮일 염려를 하지 않아도 될 것이다.

이 고원에도 강한 바람이 분다. 그러나 바람은 지상으로 내려오면 기세가 꺾이고 만다. 작은 돌들이 태양열을 흡수하고 발산하면서 따뜻한 공기를 상승시키기 때문에 강한 바람이 지상에서는 힘을 쓸 수 없다. 게다가 흙에는 석고가 다량 함유되어 있어서 그 성분이 작은 돌들을 지면에 고착시킨다. 매일 아침 피어오르는 안개는 이 효과를 높이는 역할을 한다. 이곳에 무엇인가를 그리면 그 형태가 그대로 남을 가능성이 높다. 비도 거의 오지 않는다. 10년에 한 번꼴로 30분 정도 안개비가 내린다. 나스카는 지구상에서 가장 건조한 지대라고 말해도 좋을 것이다.

따라서 뭔가 거대한 것을 표현하고 싶고, 그것을 영원히 보존하고 싶어하는 예술가에게는 이 편평하고 기묘하며 쓸쓸한 고원이 그야말로 이상적인 장소인 셈이다.

전문가들은 나스카가 얼마나 오래되었는지에 대한 의견을 내놓았다. 그것은 나스카의 지상 그림에 묻혀 있던 도기의 파편과, 주변의 지하에 남아 있는 유기체의 방사성 탄소를 조사한 결과를 근거로 해서 추측한 것이다. 그 결과 기원전 350년에서 기원후 600년 사이에 그려졌을 것이라고 한다.[2] 그러나 지상 그림 자체의 역사에 대해서는 아무런 언급이 없다. 지상 그림은 돌을 제거하고 그린 것이기 때문에 연대를 추측할 수 있는 방법이 없는 것이다. 확실한 것은 적어도 1,400년 전에 그려졌다는 것뿐이다. 그러나 이론적으로는 보다 오래 전에 그려졌을 가능성도 있다. 왜냐하면 발견된 공예품 등은 훗날 사람들이 이곳으로 가져온 것들일 수도 있기 때문이다.

대부분의 지상 그림은 남페루의 북쪽으로 흐르는 잉헤니오 강과 남쪽으로 흐르는 나스카 강 사이에 그려져 있다. 거의 정사각형에 가까운 회갈색 캔버스로서, 맨 위쪽의 중앙에서 오른쪽 아래 방향으로 비스듬하게 팬−아메리카 고속도로가 46킬로미터 이어져 있다. 이곳에 산재해 있는 것은 몇백 개의 다채로운 그림들이다. 그중에서 몇 개는 동물과 새의 그림이다(18종류의 새가 그려져 있다). 그러나 그보다 많은 것은 사다리꼴, 사각형, 삼각형, 직선 등의 기하학적 도형이다. 공중에서 보면 기하학적 도형은 활주로처럼 보인다. 과대망상증에 걸린 토목기사가 장대한 구상을 바탕으로 활주로를 디자인할 수 있는 허가를 받은 것처럼 보인다.

인류가 20세기 초반까지 하늘을 날 수 없었다는 전제를 염두에 둔다면, 나스카의 지상 그림을 다른 별에서 온 우주선의 착륙지라고 생각한 학자

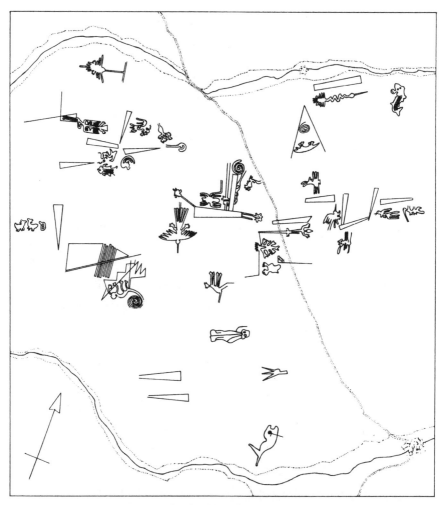

나스카 고원의 지상 그림

가 많았던 것도 무리가 아니다. 그러나 매혹적인 생각임에도 불구하고 나스카는 그런 장소로 적합하지 않다. 예를 들면 몇백 광년이 넘는 우주공간을 지나서 지구에 찾아온 우주인이라면 고도의 기술을 가지고 있었을 것이므로 활주로 따위는 필요하지 않았을 것이다. 하늘을 나는 원반을 수직으로 착륙시키는 것쯤은 충분히 가능했을 것이다.

확실히 지상 그림 중에서 몇 개는 활주로처럼 보이지만, 비행 접시나 다른 어떤 것이 나스카의 지상 그림을 활주로로 사용했다는 증거는 하나도 없다. 지상에서 보는 나스카의 지상 그림은 그저 표면을 깎아놓은 것에 지나지 않는다. 화산활동에서 생긴 검고 작은 돌더미 수천 톤을 제거하여 사막의 황색 모래와 흙을 보이게 했을 뿐이다. 작은 돌더미를 제거한 부분은 깊이가 몇 센티미터에 지나지 않고 부드러워서 바퀴가 달린 비행체가 착륙할 수 있는 지면이 못 된다. 독일 수학자 마리아 라이헤는 반세기 동안 나스카의 지상 그림을 연구해왔는데, 몇 년 전에 우주인의 활주로 설을 짧은 말로 부정했다. "우주인은 부드러운 땅 위에서 꼼짝 못하고 죽었을 것이다."

태고의 우주인을 위한 활주로가 아니라면 나스카의 지상 그림은 무엇을 위해서 만들어진 것일까? 대답할 수 있는 사람은 아무도 없다. 언제 만들어졌는지도 모른다. 이 과거의 진정한 미스터리들을 생각하면 생각할수록 당혹감만 심화될 뿐이다.

동물이나 새의 그림이 활주로의 기하학적 도형보다도 먼저 그려졌다는 것은 분명하다. 왜냐하면 많은 사다리꼴과 직사각형과 직선이 보다 복잡한 그림을 지우고 있거나 교차하고 있기 때문이다. 따라서 오늘날 볼 수 있는 나스카의 지상 그림은 2단계로 만들어진 것이 된다. 게다가 기술 발전의 법칙과 반대로 먼저 그려진 것이 더 높은 수준을 지니고 있다. 동물을 그리는 것이 직선을 긋는 것보다 고도의 기술이 필요하다. 그러나 최초의 예술가와 나중의 예술가 사이에는 어느 정도의 세월이 흘렀을까?

학자들은 대답해주지 않는다. 그저 그 두 개의 문화를 묶어서 "나스카 문화"라고 부르며, 원시부족이 설명할 수 없는 세련된 기술로 자신들을 표현하고 페루에서 사라져버린 후, 몇백 년이 지난 뒤에 후계자인 잉카족이 나타난 것으로 되어 있다.

그렇다면 "원시적인" 나스카 문화의 사람들은 어느 정도나 세련되었을까? 그들이 대지에 거대한 그림을 그리기 위해서는 어느 정도의 지식이 필요했을까? 시카고의 아들러 플라네타륨의 천문학자 필리스 피틀루거 박사는 최소한 그들이 뛰어난 천체 관찰자였을 것이라고 생각한다. 피틀루거 박사는 컴퓨터를 사용해서 나스카와 별자리의 관계를 조사했다. 그 결과 유명한 거미 그림은 거대한 오리온자리를 지상에 그린 것이며, 이 그림에 연결되어 있는 화살표 표시는 오랜 세월에 걸쳐 오리온자리에 있는 세 개의 별들의 적위(赤緯)를 기록한 것이라고 결론 지었다.[3]

피틀루거 박사가 발견한 의미는 앞으로 점점 명확해질 것이다. 또한 거미 그림은 이미 알려져 있는 "리치눌레이"[4]라는 거미를 정확하게 모사한 것이다. 리치눌레이는 세계에서 가장 희귀한 거미로서 아마존 열대 우림의 오지에만 살고 있다.[5] 그렇다면 원시적인 나스카 문화의 예술가들이 안데스 산맥이라는 거대한 장벽을 넘어 먼 땅까지 여행해서 거미의 견본을 가져왔다는 말인가? 그렇지 잃고서야 이렇게 리치눌레이를 상세하고 정확하게 그릴 수 있었겠는가? 심지어 오른쪽 다리 맨 끝에 있는 생식기까지 그려져 있는데, 이 기관은 현미경을 통하지 않고서는 볼 수 없는 부분이다.[6]

나스카에 대한 이런 불가사의는 증가하는 추세이다. 예를 들면, 콘도르 이외의 그림은 나스카에 어울리지 않는 듯이 보인다. 사막의 땅 위에 그려진 고래나 원숭이의 그림은 아마존의 거미와 마찬가지로 어울리지 않는다. 기묘한 모습의 사람 그림도 있다. 인사라도 하는 듯이 오른손을 들고 있고, 발에는 무거워 보이는 장화를 신었으며, 올빼미처럼 둥근 눈으로 앞을 바라보고 있는데, 이런 모습은 역사에 남아 있는 어떤 시대의 문화에도 속하지 않는다. 머리에 빛나는 후광이 둘러진 또다른 사람 역시 독특하다. 이들은 다른 별에서 온 방문자처럼 보인다. 그림의 규모도 기상천외해서 기록해둘 가치가 있다. 벌새의 길이는 50미터, 거미는 45미터, 콘도르는 주둥이에서 꼬리까지 122미터나 된다. 펠리컨도 마찬가지이다. 도마뱀은 꼬리가 팬-아메리카 고속도로에 의해서 나뉘어 있는데 길이가 188미터나 된다. 모든 그림은 거대한 크기로 그려져 있으며, 윤곽은 섬세하게 정성을 다해 그려서 끊어지는 일 없이 하나의 선으로 이루어져 있다.

이와 같은 세심한 배려는 기하학적 도형 그림에서도 발견할 수 있다. 어떤 도형에서는 8킬로미터 이상이나 직선이 그어져 있다. 사막을 가로지르는 로마의 길과 비슷하다. 길은 마른 강바닥에서 끝난다. 솟아오른 바위 위로도 계속 그어놓은 이 선은 완벽한 직선으로 조금의 오차도 없다.

이와 같은 정밀도를 유지하는 것은 어렵기는 하지만 불가능하지는 않다라고 상식적으로 말할 수도 있을 것이다. 그러나 더욱 의문스러운 것은 동물 그림이다. 어떻게 해서 비행기 없이 그처럼 완벽하게 그릴 수 있었을까? 작업자들은 높은 곳에서 작업의 진행상황을 바라볼 수밖에 없었을 것이다. 그러나 모든 그림은 너무 커서 땅 위에서 전체를 보는 것은 불가능하다. 땅 위에서는 그림들이 그저 사막 한 가운데에 있는 불규칙한 일련의 홈들처럼 보일 뿐이다. 수십 미터의 높이에서 보지 않으면 전체의 모습이 보이지 않는다. 그러나 나스카 부근에는 그렇게 볼 수 있을 만한 높은 장소가 없다.

지상 그림을 그린 사람과 지도 작성자

나는 나스카의 지상 그림 위를 비행하면서 도대체 그것이 무엇인지를 이해하려고 노력하고 있다.

조종사인 로돌포 아리아스는 페루 공군 출신이다. 전투기를 조종했던 로돌포에게 작은 세스나 기 따위는 날개 달린 택시와 다름없다. 세스나 기의 유리창은 바로 아래에 있는 매력적인 그림의 사진을 찍을 수 있도록 동료인 산타가 모두 떼어내고 없다. 이번에는 고도를 바꾸어 아래가 어떻게 보이는지를 실험하고 있다. 수십 미터의 높이에서 거미 리치눌레이를 보자 거미가 뒷 다리로 일어나 턱으로 세스나 기를 물어뜯을 듯이 보인다.

150미터의 높이로 올라가자 몇 개의 그림이 한꺼번에 눈에 들어온다. 개와 나무, 기묘한 손, 콘도르와 삼각형, 사다리꼴 도형이다. 500미터까지 상승하자 그때까지 나를 압도하던 동물의 그림들이 작아지면서 이해할 수 없는 거대한 기하학적 도형으로 둘러싸인 듯이 보인다. 그 도형은 더 이상 활주로로 보이지 않고 오히려 거인이 만들어놓은 작은 길 — 처음에는 당혹감을 느끼게 만들었던 다채로운 형상, 각도, 크기가 대지를 교차하는 작은 길 — 처럼 보인다.

땅에서 멀어지는 만큼 시야는 넓어지는데, 조감도가 펼쳐져 있는 것을 바라보면서 문득 이 그림은 설형문자를 나타내는 어떤 수단이 아닐까 하는 생각이 머리를 스친다. 1946년부터 나스카에 살면서 지상 그림을 연구하고 있는 수학자 마리아 라이헤를 떠올려본다. 그녀의 관점은 다음과 같다.

기하학적 도형 그림은 암호문자로 생각된다. 같은 말이 때로는 거대한 문자로 때로는 작은 문자로 쓰여 있다. 지상 그림의 배치를 보면 매우 비슷한 형태가 다양한 크기로 존재하고 있다. 모든 그림들은 어떤 기본 요소가 되는 숫자로 구성되어 있다……[7]

세스나 기가 급상승해서 하늘을 날고 있는 동안, 나스카의 지상 그림에 대한 전모가 밝혀진 것은 20세기에 항공시대가 시작된 후였다는 사실이 우연이 아님을 다시 한 번 생각하게 된다. 16세기 말에 루이스 데 몬존이라는 스페인 행정관이 이 근처를 여행하면서 신비한 "사막 위의 마크"를 목격했다는 기록이 남아 있다. 동시에 루이스 데 몬존은 이 지방의 전승에서 이 마크와 비라코차가 연관이 있다는 것도 기록했다.[8] 그러나 1930년대에 리마와 아레키파 사이에 정기 항공편이 개설되기 전까지는 어느 누구도 남페루에 세계 최대의 그림이 존재한다는 사실을 알지 못했다. 항공 기술의 발달과 함께 사람들은 신과 같은 힘을 가지게 되었고, 하늘을 날며 그때까지 숨어 있던 아름답고 불가사의한 것들을 볼 수 있게 되었다.

로돌포는 세스나 기를 천천히 선회시켜 원숭이 그림 위를 날고 있다. 거대한 원숭이가 이상한 형태의 기하학적 도형과 연결되어 있다. 이 그림을 보면서 느낀 불가사의하고 신비적인 최면술에 걸린 듯한 감정을 말로는 도저히 표현할 수 없다. 원숭이 그림은 매우 복잡하며, 보고 있으면 마음을 빼앗겨 왠지 불길한 생각이 든다. 원숭이 몸의 윤곽은 일필휘지로 그려져 있다. 선은 끊어지는 일 없이 계단을 돌아 피라미드를 넘고, 지그재그로 이어지다가 나선형 꼬리의 미궁을 그린다. 그리고 몇 번이고 급커브를 그리며 방사선 형태로 그려져 있다. 종이 위에 그려졌다고 해도 이것은 상당한 역작이며, 세련된 기교를 사용한 예술작품이라고 할 수 있다. 그러나 나스카 사막(크지 않은 것이 없는 곳)에 있는 원숭이는 길이가 122미터, 폭은 91미터나 된다……

지상 그림을 그린 사람은 지도 작성자이기도 했을까?

왜 그들을 비라코차라고 불렀을까?

5

과거로 인도하는 잉카

공예품, 기념비, 마을, 사원보다 종교적 전승이 훨씬 오래 살아남는다. 고대 이집트의 피라미드 텍스트나 구약성서나 베다 등에 적혀 있는 전승은 인류가 창조한 모든 것 중에서 없애기가 가장 어려운 것들이다. 그것들은 시대를 초월해서 지식을 운반하는 교통수단인 것이다.

페루에 있던 고대 종교의 유산을 마지막에 계승한 것은 잉카족이었다. 1532년에 스페인 사람들은 잉카를 정복하고, 그 후 30년 동안이나 잉카족의 신앙과 우상숭배를 절멸했으며 보물을 빠짐없이 약탈하는 비극적인 사건을 벌였다.[1] 선견지명이 있었던 식민지 초기의 스페인 여행자 몇 명이 잉카의 전승이 모두 사라지기 전에 기록으로 남기려고 온갖 노력을 경주했다.

당시에는 주목받지 못했지만 잉카의 전설은 잉카 시대보다도 수천 년 전의 페루에 위대한 문명이 있었다는 것을 분명하게 말해준다.[2] 그 문명에 대한 강렬한 흔적이 남아 있기 때문인데, 그것에 의하면 문명의 창시자는 비라코차들이며, 이 신비로운 존재들이 나스카의 지상 그림도 그렸다고 전해진다.

"바다의 거품"

스페인 정복자들이 도착했을 때, 잉카 제국의 지배영역은 태평양 연안에서 남아메리카의 안데스 산맥에 이르렀는데, 북쪽으로는 현재의 에콰도르와 맞닿아 있었고, 페루 전역을 포함해서 남쪽으로는 칠레의 중앙을 흐르는 마울레 강까지 이르렀다. 잉카 제국의 넓은 영토를 연결한 것은 광대하고 세련된 도로망이었다. 남북으로 두 개의 간선도로가 뻗어 있었는데, 하나는 해안을 따라 3,600킬로미터에 이르렀으며, 다른 하나는 비슷한 길이로 안데스 산맥을 지나갔다. 이 위대한 두 개의 도로는 포장되어 많은 지선도로와 연결되어 있었다. 게다가 이 도로들에는 현수교와 단단한 바위를 깨뜨려서 만든 터널 등, 흥미로운 설계와 기술이 사용되었다. 이런 도로를 만든 것을 보면, 잉카 제국은 질서 정연하고 규율 잡힌 사회였을 것이다. 그러나 아이러니컬하게도 이 도로는 잉카 제국의 몰락에 큰 역할을 담당했다. 프란시스코 피사로가 거느린 스페인 군이 이 도로를 이용해서 빠른 속도로 잉카 제국의 중심지까지 무자비하게 전진했던 것이다.[3]

잉카 제국의 수도는 쿠스코였다. 쿠스코라는 지명에는 그 지방의 언어인 케추아어로 "지구의 배꼽"이라는 의미가 있다.[4] 전설에 따르면 쿠스코를 개국한 것은 태양신의 아들인 만코 카파크와 마마 오클로이다. 잉카족은 태양신인 "인티"를 최고의 신으로 숭배했다. 인티는 나스카에 있는 지상 그림을 그린 비라코차이며, 그의 이름은 "바다의 거품"이라는 뜻이다.[5]

그리스 신화의 여신 아프로디테가 바다에서 태어났고, 이름이 "거품〔아프로〕에서 만들어졌다"라는 의미를 가진 것은 우연일 것이다.[6] 안데스 지역 사람들은 비라코차를 반드시 남성으로 묘사했다. 비라코차에 관해서 확실하게 알려진 것은 이 정도뿐이다. 스페인은 비라코차의 숭배를 금지시켰는데, 그 숭배가 얼마나 오래 전부터 존재했는지에 대해서는 어느 역사가도 말하지 못한다. 왜냐하면 비라코차 숭배는 언제나 존재했던 것처

럼 보이기 때문이다. 잉카인들은 비라코차를 천지창조의 신으로 받들며
제사를 올렸고, 쿠스코에 거대한 신전을 지었다. 그러나 흔적을 조사해보
면 최고의 신 비라코차는 페루의 긴 역사에 존재했던 모든 문명으로부터
숭배받은 것처럼 보인다.

비라코차의 성채

나스카를 떠난 며칠 후 쿠스코에 도착한 산타와 나는 바로 코리칸차 신전
으로 출발했다. 이 장엄한 신전은 스페인 침입 이전 시대에 비라코차에게
제사를 지내기 위해서 지어진 것이다. 물론 코리칸차가 사라진 지는 오래
이다. 보다 정확하게 말해서 그 후에 지어진 건축물 아래에 묻힌 것은 아니
다. 스페인 사람들은 잉기 신전의 훌륭한 토대와 단단한 벽은 그대로 남겨
두고, 그 위에 장엄한 식민지풍의 사원을 건립했다.

그 사원 입구로 향하면서 예전에 이곳에 서 있었던 700장 이상의 순금
으로 덮인 잉카 신전을 생각했다. 순금 한 장의 무게는 2킬로그램이었다.
게다가 넓은 안뜰은 순금 옥수수가 심어져 있는 밭이었다.[7] 이 사실은 예
루살렘에 있었다고 하는 솔로몬 신전을 연상하게 했다. 솔로몬 신전도 순
금으로 덮여 있었을 뿐만 아니라, 순금의 나무들이 줄지어 서 있는 훌륭한
과수원도 있었다고 전해진다.[8]

비라코차 신전 위에 스페인 사람들이 건립한 산토 도밍고 대사원은
1650년과 1950년의 지진으로 거의 무너졌다가 그때마다 재건되었다. 그
러나 잉카 시대의 토대와 벽은 자연재해에 전혀 영향을 받지 않았다. 그
까닭은 특수한 설계를 바탕으로 다각형의 돌 블록들을 짜맞춘 세련된 시
스템 덕분이었다. 현재 남아 있는 신전의 흔적은 넓은 사각형 안뜰의 중앙
에 있는 팔각형의 회색 주춧돌을 제외하고는 돌 블록들과 전체적인 배치
뿐이다. 안뜰에 있는 팔각형 주춧돌은 예전에는 55킬로그램의 순금으로

덮여 있었다.[9] 안뜰의 양쪽에는 대기실이 있는데, 이것도 잉카 신전의 일부이다. 이 대기실에는 고도의 건축기술이 사용되었다. 벽은 위로 갈수록 가늘어지고, 화강암을 잘게 잘라서 만든 아름답게 활처럼 굽은 곳이 있다.

둥근 돌이 깔려 있는 쿠스코의 좁은 거리를 걸어보았다. 주위를 둘러보고 이전 문화의 흔적 위에 세워진 스페인풍의 건축물이 대사원뿐만은 아니라는 사실을 알아차렸다. 마을 전체가 두 개의 문화로 나뉜 것처럼 보였다. 발코니가 있는 엷은 색의 거대한 식민지풍의 건축물과 윗부분이 보이는 궁전 등은 모두 잉카 시대의 토대 위에 지어졌든지, 아니면 코리칸차에 사용된 것과 동일한 아름다운 다각형의 잉카 시대의 건축물을 차용하고 있었다. 아툰루미요크라는 골목길에 서서, 복잡한 조각 그림 맞추기가 된 벽을 조사해보았다. 벽은 수없이 많은 돌들을 완벽하게 짜맞추어 지은 것이었다. 크기와 형태가 서로 다른 돌들이 경이로울 만큼 다양한 각도로 연결되어 있었다. 각각의 돌 블록을 잘라서 이렇게까지 복잡한 구조물을 만들 수 있는 사람은 몇 세기의 경험을 토대로 한 매우 수준 높은 기술을 보유한 기술자뿐일 것이다. 돌 블록 하나를 조사해보았는데 한 면에 12개의 모서리와 측면들이 있었다. 돌의 접합부에 얇은 종이 끝을 밀어넣어보았지만 실패했다.

턱수염을 기른 이방인

아직 스페인이 페루 문화를 본격적으로 파괴하기 전인 16세기 초경, 코리칸차 신전에는 비라코차의 우상이 세워져 있었던 것으로 보인다. 당시의 문헌인 「페루 토착민의 오랜 관습에 관한 보고서(*Relacion anonyma de los costumbres antiquos de los naturales del Piru*)」에 의하면, 이 우상은 신의 모습을 한 대리석 조각이었다. 이 조각은 "머리카락, 피부색, 모습, 의복, 샌들 등이 그리스도 열두 제자의 한 사람인 성 바르톨로메오와 꼭 닮았다"

고 한다.[10] 비라코차에 대해서 전하는 또다른 예에서는 성 토마와 꼭 닮았다고 한다.[11] 나는 두 사도가 그려진 기독교 문헌의 삽화들을 조사해보았다. 두 사람 모두 말랐고 턱에 수염을 기른 중년의 백인으로서 샌들을 신고 길고 헐렁한 옷을 입고 있었다. 앞으로 상세하게 검토하겠지만 이 모습은 숭배자들이 그린 비라코차의 모습과 동일하다. 따라서 비라코차가 누구이든 갈색 피부에 수염이 별로 없는 아메리카 인디오가 아니라는 것은 확실하다.[12] 진한 수염과 피부색이 하얀 비라코차는 백인을 연상시킨다.

16세기 당시의 잉카 제국 사람들도 그렇게 생각했다. 전설과 종교적 신앙을 통해서 그들은 비라코차의 생김새에 대한 명확한 이미지를 가지고 있었다. 그래서 아마도 그들은 턱수염을 기른 하얀 피부색의 스페인인이 해안에 처음 도착했을 때, 비라코차와 그의 반신반인인 신들이 돌아왔다고 착각했을 것이다.[13] 모든 전설에서 "비라코차는 반드시 돌아온다고 약속했다"라는 말이 전해지고 있기 때문이다. 이 우연의 일치가 피사로에게는 행운이었다. 우수한 잉카 군과의 싸움에서 전략적, 심리적 우위를 점할 수 있었기 때문이다.

그럼 누가 비라코차의 모델일까?

혼란의 시대에 나타난 남자

안데스 지역에 사는 사람들의 고대 전설에는 키가 크고, 턱수염을 길렀으며, 피부색이 하얗고, 외투를 입은 불가사의한 인물이 반드시 등장한다. 그는 제각기 다른 장소에서 여러 가지 이름으로 전해지지만 동일한 특징을 반드시 구비하고 있어서 바로 알아차릴 수 있다. 비라코차, 즉 바다의 거품은 과학과 마술에 능통한 자로서 무서운 병기를 다루며 혼란의 시대에 나타나서 세계질서를 바로잡았다.

이와 비슷한 이야기가 얼마간의 차이는 있지만 안데스 지역의 모든 사람들을 통해서 전해지고 있다. 이 이야기는 지구가 홍수로 물에 잠기고 태양이 사라져서 암흑으로 변한 무서운 시대를 생생하게 묘사하면서 시작된다. 사회는 혼란의 연못으로 가라앉았고 사람들은 고통을 견디고 있었다. 그때의 일이었다.

위엄이 있는 큰 몸집을 가진 백인이 갑자기 남쪽에서 출현했다. 이 자는 위대한 힘을 지니고 있어서 언덕을 계곡으로 만들었고 계곡을 언덕으로 만들었다. 돌에서 물이 솟아나게 만들었다……[1]

이 전설을 기록한 스페인 사람인 초기 연대기 편찬자에 의하면, 이 이야기들은 그가 안데스 산 속을 여행할 때에 인디오들에게서 들은 것이라고 한다.

그들은 아버지에게서 들었다고 한다. 그들의 아버지들은 고대로부터 전해져온 노래에서 배웠다고 한다. ……그들에 의하면 이 자는 좁은 땅 사이를 지나 북쪽으로 향했는데, 도중에 믿을 수 없는 수많은 일을 했으며, 그 후로는 두번 다시 모습을 나타내지 않았다고 한다. 이 자는 사람들에게 어떻게 생활해야 하는지를 보여주었고, 자비와 사랑이 담긴 말을 전했으며, 선행을 베풀었다. 또한 서로에게 상처를 주지 않고 사랑하면서 살아야 하는 것과, 자비로운 마음을 지니도록 설득했다고 한다…….[2]

이 남자에 대한 명칭에는 비라코차 외에 우아라코차, 콘, 콘 티치 또는 콘 틱시, 투누파, 타파크, 투파카, 일라 등이 있다.[3] 그는 과학자였고 도저히 믿을 수 없는 기술을 가진 건축가였으며 조각가이자 기술자이기도 했다. "협곡의 험준한 장소에 대지(臺地)와 밭을 만들었고, 그것을 지탱해주는 벽을 만들었다. 관개수로도 만들었으며……각지에서 여러 가지 많은 일을 했다."[4]

비라코차는 또한 교사이자 치료사로서 곤란한 사람들을 도왔다. "가는 곳마다 병자를 치료하고 맹인의 눈을 개안시켰다"라고 전해진다.[5]

그러나 이 마음씨 착하고 문명을 전파한 "초인"에게는 다른 면도 있었다. 위험에 노출되는 일이 몇 번 있었던 듯한데, 그럴 때에 그는 불을 뿜는 천국의 병기를 사용했다.

교훈을 주고 훌륭한 기적을 행하는 그가 카나스 지방에 나타났다. 카차라는 촌락에 도착했을 때……마을 사람들은 그에게 반항하며 돌을 던지려고 했다. 마을 사람들은 그가 무릎을 굽히고 앉아 손을 하늘로 향하는 것을 보았다. 마치 하늘에 도움을 청하는 것 같았다. 그 순간 인디오들은 하늘에서 불을 보았고, 그 불 속에 갇혔다. 두려움을 느낀 인디오들은 그때까지 죽이려고 했던 그에게 다가가 용서를 빌었다. ……그는 명령을 내려 불을 정지시켰는데, 불에 탄 돌은 코르크처럼 변해서 큰 돌도 들어올릴 수 있을 정도로 가벼워졌다. 그곳에서 떠난 그는 해안으로 가서 외투를 입은 채 바다 속으로 들어간 뒤로는 두번 다시 나타나지 않았다. 그래서 인디오들은 그 사람을 비라코차, 즉 "바다의 거품"이라고 이름 붙였다고 한다.[6]

비라코차의 생김새에 관해서는 모든 전설이 일치한다. 16세기 스페인 사람인 연대기 편찬자 후안 데 베탄소스는 그의 저서 「잉카족 전승대전 (*Suma y Narracion de los Incas*)」에 비라코차는 "턱수염을 기른 키가 큰 남자로, 발뒤꿈치까지 내려오는 하얀 외투에 허리띠를 하고 있었다"라고 기록해놓았다.[7]

멀리 떨어진 곳에 사는 많은 인디오들로부터 수집한 기록에도 동일한 사람을 연상시키는 기록이 있다. 그 가운데 하나가 다음과 같은 것이다.

턱수염을 기른 키가 큰 남자로 긴 외투를 입었다. ……장년기를 지난 나이에 머리카락은 회색이고 몸집은 말랐다. 그는 부하들을 거느리고 다녔고, 원주민들에게 사랑을 이야기하면서 그들을 내 아들들이여, 내 딸들이여라고 불렀다. 그가 지나가는 모든 지역에서 기적이 일어났다. 병자의 손만 잡아도 병이 나았다. 모든 언어로 말할 수 있었는데, 모국어로 말하는 사람보다도 언어 구사력이 뛰어났다. 사람들은 그를 투누파, 타르파카, 비라코차-라파차 또는 파착산이라고 불렀다……[8]

어느 전설에 따르면 투누파-비라코차는 "위엄이 느껴지고 몸집이 큰 백인이었는데, 존경받으며 숭배되었다"라고 한다.[9] 다른 전설은 "그는 위엄 있게 생긴 백인으로, 눈은 파랗고 턱수염을 기르고 있으며, 모자는 쓰지 않고 무릎까지 오는 '쿠스마'라는 옷을 입고 있다"라고 전한다. 또다른 전설에서는 이 사람의 만년을 묘사한 듯이 보이는데, "국가의 문제에 관해서 현명한 조언을 하고……턱수염을 기른 늙은 사람으로, 머리카락은 길고 무릎까지 오는 튜닉을 입었다"라고 되어 있다.[10]

문명화라는 사명

전설이 전하는 비라코차의 모습은 무엇보다도 교사였다. 그가 나타나기 전에는 "사람들이 무질서하게 생활했고, 야만인처럼 벌거벗고 다녔으며, 집도 없이 동굴에서 살다가 식량이 필요할 때에는 동굴에서 멀리 떨어진 시골까지 찾아다녔다"고 한다.[11]

비라코차는 이것들 모두를 변화시켜 후세 사람들이 향수를 품고 있는 잃어버린 황금시대를 구축했다고 한다. 또한 모든 전설에서 공통적으로 찾아볼 수 있는 것은 비라코차가 문명화라는 사명을 수행하는 일에 애정을 가지고 있었다는 것이다. 힘을 사용하지 않고 주의 깊게 지시했으며, 모범을 보여 문화적, 생산적 생활을 할 수 있는 지식과 기술을 가르쳐주었다. 특히 페루에 의학, 야금학, 농업학, 가축학, 문장학(잉카인들이 비라코차에게 배웠지만 나중에 잊어버렸다고 전해진다), 공학과 건축학의 세련된 원리 등, 다채로운 기술을 전수해주었다.

나는 이미 쿠스코에 있는 잉카의 석조건물의 높은 질적 수준에 감명받았다. 그러나 오래된 유적을 조사하는 동안 잉카의 석조건물이라고 전해지는 것이 고고학적으로 반드시 잉카인이 만들었다고 단정할 수 없다는 점을 알아차리고 깜짝 놀랐다. 잉카인은 돌 세공에 뛰어났고, 쿠스코의 많은 유적은 틀림없이 잉카인이 세운 것들이다. 그러나 잉카인이 세웠다고 인정되는 몇 개의 경이로운 건축물들은 보다 이전의 문명에 의해서 세워진 것일지도 모른다. 여러 가지 증거를 놓고 보면 잉카인은 그 건축물들을 보수한 사람이지 건축한 사람은 아닌 듯하다.

이 생각은 잉카 제국 구석구석까지 연결되어 있는 고도로 발달한 도로망에도 적용된다. 독자들도 기억하고 있을 것이다. 두 개의 간선도로가 평행하게 남북으로 뻗어 있는데, 하나는 해안을 따라 뻗어 있고 다른 하나는 안데스 산 속으로 뻗어 있다. 전체 길이 2만4,000킬로미터에 이르는 잉카 제국의 도로망은 스페인인에게 정복되기 전에 잉카 제국에서 빈번하게 사용되었으며, 나는 잉카인이 그 도로 전체를 완성했다고 믿고 있었다. 그러나 지금은 잉카인들이 도로를 유산으로 물려받았을 가능성이 높다고 생각한다. 잉카인의 역할은 이미 존재하는 도로망의 보수와 보존이었던 것이다. 전문가들은 인정하고 싶어하지 않지만 실제로 이 경이로운 도로가 어느 정도로 오래되었고, 누가 건설했는지에 대해서는 아무도 확실하게 추정하지 못한다.[12]

잉카 지역의 전설에 따르면 의문은 더욱 심화된다. 전설은, 도로망은 물론이고 세련된 건축물도 "잉카 시대에 이미 고대의 유산이었을" 뿐만 아니라 수천 년을 거슬러올라가는 태고에 "머리카락이 적갈색인 백인이 만들었다"라고 전하고 있다.[13]

어떤 전설에서는 비라코차에게 두 종류의 "사자(使者)"가 있었다고 한다. "신뢰할 수 있는 병사들인 우아민카(huaminca)"와 "빛나는 사람들인 야우아이판티(hayhuaypanti)"가 그들이다. 그들의 일은 주인이 전하는 말을 "세계의 구석구석까지 하는 것"이었다고 한다.[14]

다른 전설에서는, "콘 틱시가 귀환했다.……많은 수행원들을 데리고……", "콘 틱시는 제자를 소집했다. 그들을 비라코차라고 불렀다", "콘 틱시는 두 명의 비라코차만 남기고 모두에게 동쪽으로 가라고 명령했다……",[15] "콘 틱시 비라코차라는 지배자가 몇 명의 수행원들을 데리고 호수에서 나타났다……",[16] "그러므로 그 비라코차들(viracochas)은 여러 지역을 돌아다녔다. 비라코차(Viracocha)의 명령이었다……"[17] 등의 말이 나온다.

악마의 짓?

사크샤우아만의 고대 성채는 쿠스코의 바로 북쪽에 있다. 우리는 은회색의 두꺼운 구름이 하늘을 뒤덮은 늦은 오후에 그곳을 찾아갔다. 차갑고 음울한 바람이 고산의 툰드라 지대에서 불어왔다. 그 바람을 헤치고 힘겹게 계단을 올라가 거인을 위해서 만들어놓은 듯한 돌 문을 지난 후 지그재그로 된 거대한 벽을 따라 걸었다.

목을 쭉 빼고 커다란 화강암을 올려다보았다. 걷는 도중에 맞닥뜨린 돌이었다. 높이가 3.65미터에 폭이 2.1미터나 되는 돌이었는데, 무게는 100톤이 넘을 듯했다. 그러나 이것은 자연스럽게 생긴 것이 아니라 사람이 만든 것이었다. 돌은 각도가 조화 있게 절단되어 형태를 갖추었으며(밀랍과 접합제로 만든 것 같았다), 다른 거대한 다각형 돌 사이에 끼어서 벽을 이루고 있었다. 다양한 각도를 가진 거대한 돌들이 상하좌우에 있었지만 돌들은 완벽한 균형을 유지하며 훌륭하게 자리잡고 있었다.

주의 깊게 절단된 돌들 중 하나의 높이가 8.53미터, 무게는 대략 361톤이다.[18] 소형 자동차 500대의 무게이다. 그렇다고 하면 근본적인 수많은 의문이 생긴다.

잉카인 혹은 그 이전의 사람들은 어떻게 거인밖에 할 수 없을 듯이 보이는 일을 해냈을까? 어떻게 거대한 돌을 절단하고 정확하게 마무리했을까? 몇십 킬로미터나 떨어진 채석장에서 돌을 어떻게 운반해왔을까? 거대한 돌을 땅 위에서 들어올려 각각의 돌 블록을 맞추어끼운 것 같은데, 무엇을 사용해서 어떤 방법으로 벽을 만들었을까? 잉카인들은 형태가 서로 다른 100톤이 넘는 몇십 개의 돌 블록들을 들어올려 3차원의 조각 그림을 완성할 수 있는 기계는 차치하더라도, 바퀴의 존재조차 알지 못했다.

스페인 식민지 시대 초기에 기록을 남긴 사람들도 이 벽을 보고 나와 마찬가지로 당혹감을 느낀 모양이다. 예를 들면 존경받던 가르실라소 데 라 베가는 16세기에 이 성채를 방문하고는 놀라움의 말을 남겼다.

실제로 보지 않고서는 그 크기를 상상할 수 없을 것이다. 이 석벽을 가까이에서 주의 깊게 관찰한 사람은 너무나 어이가 없어서 마술을 사용해서 공사한 것은 아닐까 하고 생각하게 될 것이다. 혹은 사람이 아닌 악마의 짓이라고 생각할지도 모르겠다. 거대한 돌이 많이 사용되었다. 인디오들은 어떻게 돌을 절단했고, 어떻게 운반했으며, ……어떻게 조각했고, 어떻게 해서 정밀하게 쌓아올릴 수 있었을까? 그들은 쇠와 강철을 몰랐기 때문에 바위를 뚫을 수 없었을 것이고 따라서 돌을 자르거나 다듬는 일도 당연히 불가능했을 것이다. 게다가 운반에 반드시 필요한 마차나 우마차도 그들 세계에는 존재하지 않았다. 돌은 아주 컸고, 운반에 필요한 산길은 험했다…….[19]

가르실라소 데 라 베가는 또다른 재미있는 사실을 기록으로 남겼다. 「잉카에 관한 공식 보고서(*Royal Commentaries of the Incas*)」에서, 역사상 잉카 제국의 왕이 사크샤우아만의 고대 성채를 건설한 선구자의 업적에 도전했던 일을 적어놓은 것이다. 이 도전은 거대한 돌 하나를 몇 킬로미터 떨어진 곳에서 운반해와 성채에 추가하는 것이었다. "2만 명 이상의 인디오들이 산을 넘어 급격한 언덕을 오르락내리락 하면서 돌을 잡아당겼다. ……그런데 어느 낭떠러지에 이르렀을 때에 돌이 사람들의 손에서 벗어나 아래로 떨어져 3,000명이 넘는 사람들을 깔아뭉갰다."[20] 철저하게 잉카의 역사를 조사했지만, 잉카인이 사크샤우아만에서처럼 거대한 돌을 사용해서 무엇을 건축했거나 하려고 했다는 기록은 지금껏 본 적이 없다. 이 기록에 의해서 명확해진 것은 잉카인은 거대한 돌을 다루어본 경험도 없었고 기술도 없었기 때문에, 그들의 시도가 대참사를 일으켰다는 것이다.

이와 같은 사실만으로는 어느 것도 증명되지 않는다. 가르실라소 데 라 베가의 기록은 눈앞에 우뚝 솟아 있는 위대한 성채에 대한 의문을 심화시킬 뿐이었다. 오히려 이 성채는 잉카 시대보다 이전에, 즉 헤아릴 수 없는 오랜 태고에, 뛰어난 기술을 가진 어떤 종족에 의해서 건설된 것은 아닐까라는 생각이 들었다.

도로와 석벽 등이 만들어진 연대를 판단하는 것은 고고학자에게 매우 어려운 일이다. 건축물에는 유기물이 함유되어 있지 않기 때문이다. 이런 경우에 방사성 탄소나 열(熱)루미네슨스 연대 측정법은 도움이 되지 않는다. 염소-36을 사용하여 바위의 노출시간을 측정하는 등의 새로운 연대 측정법이 개발되어 실용화가 기대되고 있지만, 아직 실용단계에 와 있는 것은 아니다. 연대를 판정하는 전문가들의 이야기를 빌리면 이 새로운 방법이 실용화될 때까지는 연대 측정은 대강의 추정이자 주관적인 가정에 불과하다고 한다. 잉카인들이 사크샤우아만의 고대 성채를 빈번하게 사용했다는 것이 알려져 있기 때문에, 성채를 잉카인이 건설했다고 생각하는 것은 그럴싸한 추론이다. 그러나 사용했다고 해서 꼭 잉카인이 건설했다는 보장은 없다. 이 두 명제 사이에는 명백하거나 필연적인 관련이 전혀 없다. 잉카인들이 건축물을 발견하고 그곳에 정착한 것인지도 모른다.

만약 그렇다면, 처음에 누가 건설했을까?

고대 전설에서는 턱수염을 기르고 하얀 피부를 가진 이방인들이자 "빛나는 사람들" 또는 "신뢰할 수 있는 병사들"인 비라코차들이 건축물을 건설했다고 한다.

우리는 여행을 계속하면서 16세기부터 17세기의 스페인 모험가들과 민속학자들이 남긴 것을 지속적으로 연구했다. 그들은 고대 페루의 인디오와 스페인에 정복당하기 전의 전승에 대해서 충실하게 기록해놓았다. 이 전승들의 내용 중에서 가장 주목해야 할 점은 비라코차가 페루를 찾아온 때가 지구를 한 입에 삼켜 인간세계를 파괴해버린 대홍수와 관련이 있음을 되풀이해서 말하고 있다는 점이다.

그렇다면 거인이 있었단 말인가?

아침 6시경에 작은 기차는 덜컹거리며 움직이기 시작해서 천천히 쿠스코 계곡의 급격한 경사면을 오르기 시작했다. 폭이 좁은 선로는 Z형으로 연결되어 있었다. Z형의 첫 수평선로를 천천히 가다가 선로를 바구어 비탈길을 올라갔다. 중간기점에 이르자 다시 선로를 바구어 수평선로를 달리기 시작했다. 이렇게 정지와 전진을 계속하면서 고대 도시가 있는 높은 곳까지 올라갔다. 잉카의 벽과 식민지 궁전, 좁은 거리, 비라코차 신전의 흔적이 남은 곳에 세워진 산토 도밍고 대사원이 분홍색이 섞인 회색 아침 안개 사이로 유령의 성처럼 떠올라 있어서 별천지에 도착한 느낌을 주었다. 요정과 같은 전등이 아직도 거리를 장식하고 있었고, 엷은 안개가 땅 위를 가로지르고 있었으며, 헤아릴 수 없이 많은 조그마한 집들의 굴뚝에서 타일 지붕 위로 아침 식사를 준비하는 연기가 피어올랐다.

마침내 기차는 쿠스코를 등지고 곧바로 서북쪽으로 달리기 시작했다. 목적지는 그때부터 3시간이 걸리는 130킬로미터 떨어진 사라진 잉카의 도시 마추 픽추였다. 독서를 할 생각이었지만 객차의 흔들림에 이끌려 잠이 들고 말았다. 50분 후에 깨어보니, 그림의 세계에 들어온 듯이 느껴졌다. 전경은 밝은 햇살을 받고 있는 편평한 목초지였다. 길고 넓은 계곡을 가로지르는 작은 강 양쪽으로 햇살에 녹은 안개가 닿는 곳마다 반짝거렸다.

시야의 중앙에는 관목이 산재하는 거대한 들판에서 검고 흰 젖소가 풀을 뜯어먹고 있었다. 그 부근에 집이 여기저기 흩어져 있었고, 키가 작은 갈색 피부의 케추아족 인디오가 판초를 입고 발라클라바(안면모)와 색깔이 화려한 털실로 짠 모자를 쓰고 집 밖에 서 있었다. 들판 너머로 전나무와 이국적인 유칼립투스 나무가 뒤덮여 있는 산비탈이 보였다. 대칭을 이루며 하늘로 치솟아 있는 푸른 고산(高山)을 눈으로 쫓아가자, 두 봉우리 사이로 고지가 보였다. 그 뒤에는 하얀 눈으로 덮인 험하고 높은 봉우리가 하늘을 찌를 듯이 서 있었다.

거인을 멸하다

다시 책을 읽으려고 했시만 마음이 내키지 않았다. 잉카와 안데스 인들의 전설에 등장하는 비라코차의 돌연한 출현과 대홍수 사이에 기묘한 관계가 있다고 여겨져서 좀더 상세하게 조사해봐야겠다고 생각했다.

눈 앞에는 호세 데 아코스타 신부가 쓴 「인디오의 자연과 도덕의 역사(*Natural and Moral History of the Indies*)」의 한 구절이 펼쳐져 있었다. 신부는 "이것은 인디오들이 말한 자신들의 기원에 대한 이야기이다"라고 적어놓았다.

인디오들은 대홍수에 대해서 자주 이야기한다. 옛날 이 나라에 대홍수가 일어났다고 한다. ······인디오들의 말에 의하면 대홍수로 대부분의 사람들이 익사했다. 그러나 티티카카 호수에서 한 명의 비라코차가 나타나 티아우아나코에 정착했다. 현재 티아우아나코에는 고대 유적과 기묘한 건축물이 있다. 비라코차는 그곳에서 쿠스코로 이주했고, 인류는 다시 증가하기 시작했다······.[1]

티티카카 호수와 신비한 티아우아나코에 대해서는 나중에 조사하기로 하고, 쿠스코 지역에서 전해져오는 전설을 요약한 글을 읽었다.

최초의 고대 사람들은 죄를 범해서 대홍수로 창조주에게 멸망당했다. ……
대홍수 후 창조주는 인간의 형태로 티티카카 호수에 나타났다. 그는 태양과
달과 별을 창조했다. 그리고 지구상에 인간을 증식시켰다……[2]

다른 신화를 보자.

위대한 창조의 신 비라코차는 사람이 살 수 있는 세계를 만들기로 결심했다.
그래서 처음에 대지와 하늘을 만들었다. 다음에 그곳에서 살 사람들을 만들
었다. 그리고 돌에 거인들의 상을 새긴 후에 생명을 불어넣었다. 처음에는
모든 것이 좋았다. 그러나 점차 시간이 지나면서 거인들이 서로 다투기 시작
하더니 일하기를 거부했다. 비라코차는 그들을 멸망시키기로 마음먹었다.
거인들은 원래대로의 돌로 되돌려지거나 대홍수 때에 익사했다.[3]

매우 비슷한 이야기가 다른 곳에서도 전해진다. 예를 들면, 유대인의 구
약성서이다. 창세기 제6장에는 야훼가 자신의 창조물이 마음에 들지 않아
그것을 파괴했다는 내용이 적혀 있다. 나는 이전부터 대홍수 이전의 잊혀
진 시대에 대해서 말하고 있는 이 문장에 강하게 이끌렸다. 수수께끼로 가
득한 이 문장에는 "이 시대에는 거인이 있었다……"라고 적혀 있다.[4] 성서
에 등장하는 중동의 사막에 묻힌 "거인"은 스페인에 점령당하기 이전의
남아메리카 원주민의 전설에 등장하는 "거인"과 연결되는 것일까? 이 수
수께끼를 더욱 복잡하게 만드는 것은 계속 이어지는 유대와 페루의 전설
이 상세한 점까지 비슷하기 때문이다. 분노한 신은 사악하고 순종하지 않
는 세계에 파괴적인 대홍수를 일으켰다고 묘사되어 있다. 내가 모은 자료
중에 몰리나 신부의 「잉카의 신화와 제사에 관한 보고서(*Relacion de las
fabulas y ritos de los Yagas*)」가 있는데, 역시 대홍수에 대한 기록이 있다.

망코 카파크는 최초의 잉카인이며 최초의 태양의 아들로서 자부심을 가지고 있었다. 태양신에 대한 우상숭배도 망코 카파크로부터 시작되었다. 망코 카파크의 이야기에는 대홍수에 대한 내용이 몇 번이고 등장한다. 대홍수는 모든 인종, 모든 창조물을 멸망시켰다. 세계에서 가장 높은 봉우리까지 삼켜버렸다. 상자에 들어 있던 한 명의 남자와 한 명의 여자를 제외한 모든 생물이 익사했다. 물이 빠졌을 때에 상자는 바람에 이끌려……티아우아나코에 이르렀다. 이곳에서 창조주는 사람들을 번식시키고 나라를 만들기 시작했다…….[5]

스페인 귀족과 인디오 왕실의 여자 사이에서 태어난 가르실라소 데 라 베가에 대해서는 베가 자신이 쓴 「잉카에 관한 공식 보고서」를 통해서 이미 낯이 익다. 베가는 어머니의 민족의 전통에 관해서 가장 신뢰할 수 있는 연대기 편찬사로 알려져 있다. 베가기 언데기를 편찬한 것은 정복이 막 끝난 때인 16세기로, 잉카의 전통이 외국 문화에 의해서 오염되기 전이었다. 그 역시 깊게 믿고 있던 전설을 기록으로 남겼다. "대홍수의 물이 빠졌을 때에 티아우아나코 지방에 한 남자가 나타났다."[6]

그 남자는 비라코차였다. 몸을 외투로 감싼 비라코차는 "위엄 있는 풍모"로 흔들리지 않는 자신감을 지니고 위험한 황야를 걸어갔다. 비라코차는 기적으로 사람들을 치료했으며, 하늘에서 불을 불러올 수 있었다. 인디오들은 그가 어디서 나타났는지 도저히 생각해낼 수 없었을 것이다.

고대의 전승

마추 픽추로 가는 기차가 달리기 시작한 지 2시간이 지나자 풍경이 바뀌었다. 거대한 검은 산맥이 눈앞에 치솟아 있었지만 빛을 반사시키는 눈은 남아 있지 않았다. 음울하고 어두운 협곡의 좁은 길 위를 달리고 있어서인지 공기가 차고 발이 시려웠다. 추위로 몸을 떨면서 독서를 계속했다.

전설이라는 복잡한 거미줄 속에서 하나만은 확실했다. 전설이 서로 보완적일 때도 있고 어긋날 때도 있다는 점이다. 잉카가 몇 세기에 걸쳐 제국을 넓혀가는 중에 각 지역의 문화와 전통을 차용하거나 흡수하면서 이야기를 전했다는 데에는 모든 학자의 견해가 일치한다. 이런 의미에서, 잉카 제국 자체의 기원에 대해서 진행되고 있는 역사적 논쟁의 결과가 어떻든 간에, 잉카가 고대 문화의 신앙형태를 많이 전달하고 있다는 점에서는 논의의 여지가 없다. 잉카 이전의 고대 문화는 해안에도 고원에도 존재했으며, 그 가운데에는 알려진 것도 있고 알려지지 않은 것도 있다.

그러나 페루의 과거에 어떤 문명이 존재했는지를 아는 사람이 있을까? 매년 고고학자들은 새로운 것을 발견하고 이야기는 점점 과거로 거슬러올라간다. 아주 오래 전에 문명을 전달할 사람들이 바다 저쪽에서 나타나 일을 끝내고 다시 사라졌다는 증거를 언젠가 발견할 가능성은 없을까? 전설은 그런 것을 말하고 있는 듯이 생각된다. 대개의 전설에, 신이기도 하고 사람이기도 한 비라코차가 안데스 산맥의 황량한 길을 걸어다니며 가는 곳마다 기적을 행하는 모습이 매우 명료하게 기억되어 있다.

비라코차와 두 명의 제자는 북쪽으로 향했다. ……비라코차는 산길을 여행했고, 제자 가운데 한 사람은 해안을 따라 걸었으며, 다른 제자는 동쪽의 삼림을 여행했다. ……창조주 비라코차는 쿠스코 부근에 있는 우르코스로 가서 인간 사회가 번성하도록 계획했다. 비라코차는 쿠스코를 지나 그대로 북쪽에 있는 에콰도르로 향했다. 그는 해안 마을인 만타에서 사람들을 남겨두고 파도 위를 걸어서 태평양 저쪽으로 사라졌다.[7]

"바다의 거품"을 의미하는 위대한 이방인에 관한 설화의 마지막에는 반드시 마음에 파문을 일으키는 이별 이야기가 나온다.

비라코차는 사람들을 격려하며 앞으로 나아갔다. ……푸에르토 비에호 지방에 도착했을 때, 그는 앞서 보냈던 제자들과 합류했다. 제자들과 합류한 비라코차는 그들을 데리고 바다로 나갔다. 비라코차와 제자들은 육지를 여행하는 것과 마찬가지로 물 위로 걸어갔다.[8]

항상 등장하는 인상적인 이별……그리고 가끔 등장하는 과학이나 마술의 징후이다.

타임 캡슐

기차의 창 밖에서는 여러 가지 일이 벌어지고 있었다. 왼쪽에는 검은 물이 넘실대는 우루밤바 강이 보였다. 아마존 강의 지류로서 잉카족에게는 신성한 강이었다. 기온은 몸으로 확실하게 느낄 수 있을 정도로 올라가 있었다. 기차는 저지대의 계곡 사이로 내려왔다. 도시에서 멀리 떨어진 열대지방이었다. 선로 양쪽은 산의 경사면이었는데, 녹색 밀림에는 나무가 빼곡히 들어차 있었다. 그것을 보면서 이 지역은 자연 장애물에 의해서 보존되었다는 것을 깨달았다. 누군가가 이 험한 길을 넘어서 아무것도 없는 곳에 마추 픽추를 건설하기 위해서 왔다면, 틀림없이 뭔가 강렬한 동기가 있었을 것이다.

그 이유가 무엇이었든 간에 이처럼 멀리 떨어진 장소를 선택함으로써 적어도 하나의 수확은 거둔 셈이다. 마추 픽추는 정복자들과 신부들이 파괴의 화신이 되었던 시기에 발견되지 않았던 것이다. 미국의 젊은 탐험가 하이럼 빙엄에 의해서 마추 픽추가 세계에 소개되고, 겨우 인디오들의 매혹적인 오랜 유산을 존경스런 마음으로 볼 수 있게 된 때는 1911년이다. 이 유적의 발견으로 사람들은 스페인인이 들어오기 전의 페루 문명을 새롭게 조명해보게 되었다. 결과적으로 유적은 약탈자나 관광객들로부터 보호되었으며, 중요한 과거의 수수께끼 덩어리가 보존됨으로써 미래세대의 경탄을 자아내고 있다.

말이 한 마리밖에 없는 마을 아구아 칼리엔테(뜨거운 물이라는 의미)에는 무너져가는 레스토랑과 싸구려 술집이 몇 채 있을 뿐이었다. 그곳을 빠져나가 마추 픽추 푸엔타스 루이나스 역에 다다랐다. 아침 9시 10분이었다. 다시 버스를 타고 30분 정도 구불구불한 비포장 길을 따라 산의 험한 비탈길을 올라갔더니 그곳에 마추 픽추의 유적과 볼품 없는 호텔이 있었다. 호텔은 터무니없이 비쌌지만 방은 지저분했다. 손님은 우리밖에 없었다. 이 지역 게릴라가 마추 픽추 전차를 마지막으로 폭파한 이후 몇 년이 지났지만, 외국인들은 마추 픽추 방문을 단념한 모양이었다.

마추 픽추의 꿈

오후 2시였다. 나는 유적의 높은 남단에 서 있었다. 유적은 내가 서 있는 이끼에 뒤덮인 단구(段丘)에서 북쪽으로 뻗어 있었다. 바퀴 모양으로 산 정상을 둘러싸고 있는 구름 사이로 햇살이 흘러나왔다.

계곡 저 아래로, 마추 픽추의 토대에 해당하는 부분을 신성한 강이 휘감아 흐르고 있었다. 거대한 성 주변에 파놓은 호(濠)처럼 보였다. 높은 지대에서 보는 강은 계곡 경사면의 울창한 밀림이 비쳐 짙은 녹색으로 보였다. 곳곳에서 하얀 거품이 피어올랐고, 물 표면은 반짝반짝 아름답게 빛났다.

유적의 맞은편에 있는 우아나 픽추 산 정상을 바라보았다. 옛날부터 마추 픽추를 소개하는 관광 포스터에 반드시 등장하는 산이다. 놀랍게도 산 정상으로부터 수십 미터 아랫부분이 수평으로 깎여 있었다. 누군가가 그곳까지 올라가서 거의 낭떠러지 가까운 곳에 우아한 정원을 만들어놓은 것이었다. 아마 고대에는 그곳에 갖가지 색깔의 꽃들이 피어 있었을 것이다.

마추 픽추의 유적과 그것을 둘러싸고 있는 환경은 불멸의 조각처럼 생각되었다. 산, 바위, 수목, 돌 그리고 물이 조금씩 모여서 이 예술작품을 만들고 있었다. 가슴이 시릴 정도로 아름다운 장소였다. 이제까지 본 가장

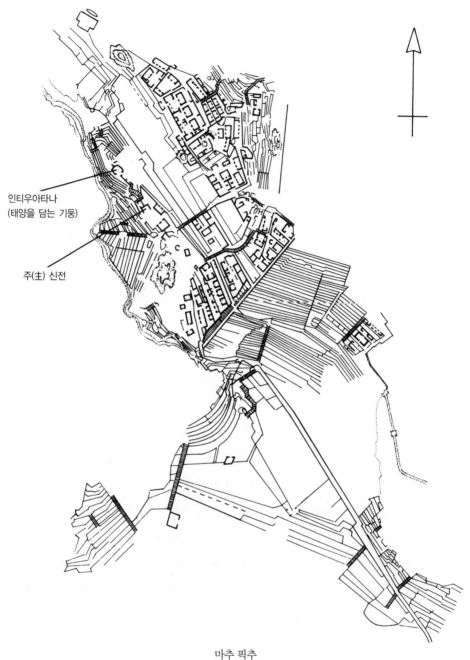

인티우아타나
(태양을 담는 기둥)

주(主) 신전

마추 픽추

아름다운 풍경 가운데 하나였다.

그러나 빛나고는 있지만 역시 유령도시처럼 보였다. 버려진 난파선 마리 셀레스테와 같았다. 집들은 가늘고 긴 고지대에 줄지어 있었다. 규모가 작고 방이 하나밖에 없었으며, 입구가 좁은 통로와 맞닿아 있었다. 건축은 견고하고 기능적이었지만, 화려하다고 말하기는 어려웠다. 그것과는 대조적으로 의식을 거행했을 것으로 생각되는 장소는 고도의 기술을 구사해서 지어져 있었고, 사크샤우아만의 고대 성채를 보았을 때와 마찬가지로 거대한 돌 블록이 사용되어 있었다. 매끄럽게 다듬어진 다각형 돌 하나는 높이가 6미터, 폭이 1.5미터 그리고 두께 1.5미터였다. 무게는 200톤 이상이었다. 고대 건축가들은 어떻게 이 돌들을 이곳까지 운반해왔을까?

그외에도 비슷한 돌들이 많았다. 그것들은 조각 그림과 같은 벽을 이루고 있었고, 다양한 각도로 짜맞추어져 있었다. 세어보니 블록 하나가 33개의 각도로 이루어져 있었는데 각각 인접한 돌의 각도와 완벽하게 맞물려 있었다. 거대한 다각형 돌과 함께 용도에 따라 다듬은 돌이 있었는데, 그 각도는 레이저로 절단한 것처럼 예리했다. 자연석도 군데군데 전체의 도안 속에 포함되어 있었다. 게다가 그곳에는 기묘하고 독특한 장치인 인티우아타나라는 "태양을 담는 기둥"이 있었다. 주목할 만한 이 인공 유물은 회색 수정체의 두꺼운 기반암으로 이루어져 있었다. 복잡한 기하학 형태의 곡선과 각도로 절단되어 있었고, 니치(niche : 장식용으로 벽면을 오목하게 파서 만든 시설/역주)와 버트레스(buttress : 벽을 안정시키기 위하여 벽의 곳곳에 세로로 직각방향으로 돌출하여 장치한 것/역주) 시설이 되어 있었으며, 중앙에는 수직의 모착한 삼지창 모형의 판이 세워져 있었다.

조각 그림 맞추기

마추 픽추는 얼마나 오래되었을까? 학계는 15세기 이전에 건설되었다는 데에 의견일치를 보이고 있다.[9] 그러나 대담한 다른 의견들이 존경받는 많은 학자들로부터 계속 제기되어왔다. 예를 들면, 1930년대에 포츠담 대학의 천문학 교수인 롤프 물러는 설득력 있는 증거를 발견했다. 물러는 마추 픽추의 가장 중요한 특징은 천체의 위치에 맞추어 만들어진 것이라고 제안했다. 그리고 그 제안에 따라 과거 수천 년 동안의 별자리 위치에 대해서 수학적으로 상세히 계산한 결과(세차운동[歲差運動]이라는 현상에 의해서 별자리의 위치는 점점 변한다), 유적은 "기원전 4000년부터 기원전 2000년의 기간" 동안에 완성되었다는 결론이 나온다는 것이다.[10]

종래의 역사학자의 입장에서 보면, 대담하고 선뜻 받아들일 수 없는 가설이다. 만약 롤프 물러가 옳다면, 마추 픽추는 500년 전이 아니라 6,000년 전부터 존재했을 가능성이 생긴다. 그렇게 되면 마추 픽추는 이집트의 대피라미드보나도 오래된 긴축물이 된다. 물론 대피라미드가 기원전 2500년경에 건축되었다는 의견을 인정한다는 전제하에 그렇다.

마추 픽추의 기원에 관해서는 정설에 반대하는 의견이 많다. 반대의견의 대부분은 롤프 물러와 마찬가지로 유적의 일부가 종래의 역사학자들이 주장하는 것보다도 몇천 년 전에 만들어졌다는 것이다.[11]

거대한 다각형 돌이 약간의 오차도 없이 정확하게 벽 속에 박혀 있는 것처럼, 이 반대의견도 다른 조각 그림의 일부와 꼭 들어맞는다. 이것은 인류의 과거라는 조각 그림 맞추기이며, 지금까지는 그 전체 모습을 알 수 없는 것이다. 비라코차도 조각 그림 맞추기의 일부이다. 모든 전설에서 비라코차의 수도는 티아우아나코에 있다. 이 위대한 고대 도시의 유적은 티티카카 호수로부터 남쪽으로 19킬로미터 떨어진 국경 넘어 볼리비아의 콜라오라는 지방에 있다.

내 계산으로는 리마와 라파스를 경유하면 며칠 안에 도착할 수 있을 듯했다.

세계의 지붕에 있는 호수

볼리비아의 수도 라파스는 거대한 분지에 있으며, 지형이 울퉁불퉁하고 해발 3킬로미터의 높이에 있다. 이 움푹 팬 계곡은 태고에 엄청난 물이 아래로 떨어지면서 바위와 자갈이 격류에 휩쓸려내려와 만들어진 곳이다.

이 세상의 마지막을 생각하게 만드는 광경의 라파스는 개성적이지만 다소 싸구려 같은 분위기가 맴돌고 있다. 좁은 도로와 칙칙한 색깔의 집들, 위압적인 대사원이 있고, 야단스럽게 치장한 극장과 햄버거 가게가 밤늦게까지 문을 열고 있다. 이곳에는 변덕스러운 호기심을 자극하는 매력이 있으며, 기묘하게 사람을 흥분시키는 부분이 있다. 그러나 거리는 보행자에게 그다지 유쾌하지 않다. 풀무와 같은 폐를 가지고 있다면 몰라도. 다시 말해서 도시의 중심지가 언덕 급경사 면에 만들어져 있어서 오르락내리락 해야 하는데, 그것은 쉬운 일이 아니다.

라파스 공항은 도시로부터 1,524미터 정도 높은 고지에 있다. 쌀쌀하고 추운 기후와 구불구불한 고지는 이 지역의 특징이다. 리마에서 출발한 비행기가 연착하는 바람에 산타와 나는 한밤중에 라파스 공항에 착륙했다. 바람이 새어 들어오는 공항 로비에서 작은 플라스틱 잔에 들어 있는 코카차를 주었다. 고산병을 예방하기 위해서라고 했다. 늦게까지 힘들게 겨우 겨우 짐을 통관시켰다. 우리는 낡은 미국산 택시를 잡아타고 저 멀리 보이

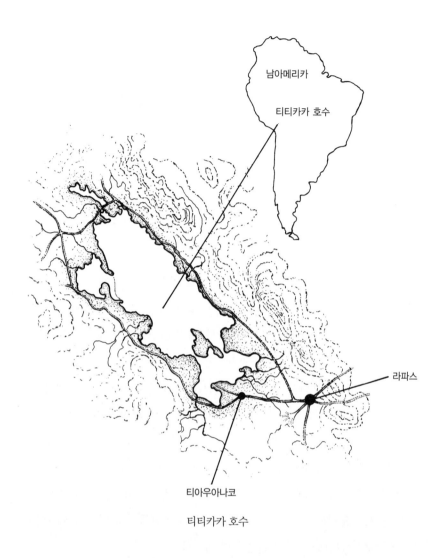

남아메리카

티티카카 호수

라파스

티아우아나코

티티카카 호수

는 도시의 노란 불빛을 향해서 달렸다.

대홍수의 소문

도착한 다음 날 오후 4시에 빌린 지프를 타고 티티카카 호수를 향해서 출발했다. 라파스는 원인 모를 러시아워가 하루 종일 계속되었다. 겨우 정체에서 빠져나와 고층 빌딩과 슬럼가를 뒤로 하고 넓은 수평선이 바라보이는 고원지대에 도착했다.

라파스 근처로는 황량한 교외지대가 이어졌고, 빈민가가 불규칙하게 자리잡고 있었다. 길 끝에는 자동차 수리점과 쓰레기 더미가 계속되었다. 라파스로부터 멀어질수록 집이 줄어들다가 마침내 전혀 인기척이 없는 곳이 나왔다. 아무것도 없는, 나무 한 그루도 없는 기복 있는 사바나 초원 너머로 멀리 눈 덮인 코르디예라 레알 산맥의 봉우리가 보였다. 그 봉우리는 자연의 아름다움과 힘을 느끼게 했다. 이 지역은 눈 위에 떠 있는 마법의 왕국처럼 별천지 같은 분위기를 풍겼다.

최종 목적지는 티아우아나코였지만 그날 밤은 티티카카 호수의 남쪽 곶에 있는 코파카바나라는 마을에서 머무를 생각이었다. 그곳으로 가기 위해서는 항구인 티키네로부터 임시 카페리를 타고 좁은 수역을 가로질러가야 했다. 수역 건너편에 도착해서는 해가 저무는 동안 산자락으로 나 있는 좁고 폭이 일정하지 않은 U자형 커브가 많은 간선도로를 달렸다. 인상적인 파노라마가 눈앞에 펼쳐졌다. 저 아래로는 호수가 짙은 그늘을 이루며 끝없는 바다처럼 펼쳐져 있었고, 그 뒤로는 눈 덮인 높은 산맥의 예리한 봉우리에서 햇살이 눈부시게 비치고 있어서 멋진 조화를 이루었다.

처음부터 티티카카 호수는 특별한 장소처럼 느껴졌다. 해발 3,810미터의 높이에 있는 이 호수에는 페루와 볼리비아의 국경선이 그어져 있었다. 호수의 넓이는 약 8,280제곱킬로미터, 길이는 222킬로미터, 폭은 112킬로미터나 된다. 곳에 따라서 수심이 300미터나 되는 곳도 있는데, 지질학상으로도 많은 수수께끼를 담고 있는 호수이다.

수수께끼와 그 해답이라고 제시되는 것을 살펴보자.

1. 현재는 해발 3,000미터 이상에 위치하고 있지만 티티카카 호수 주변에는 몇천만 개의 조개껍질 화석이 존재한다. 이 사실은 호수 주변이 해저에서 융기했음을 말해준다. 아마 남아메리카 대륙 전체가 융기

했을 때 티티카카 호수도 융기했을 것이다. 이 과정에서 대량의 바닷물과 무수한 바다 생물이 함께 올라와 그대로 안데스 산맥에 남겨졌다.[1] 그런 일이 일어난 것은 적어도 1억 년 전으로 추측된다.[2]

2. 그토록 오래 전에 일어난 일임에도 불구하고 티티카카 호수에는 오늘날에도 "해양생물"[3]이 살고 있다. 다시 말해서, 현재 호수는 바다에서 몇백 킬로미터 떨어져 있는데도 불구하고, 물고기와 갑각류의 대부분은 바다에 서식하는 것과 같은 종류이다(담수계가 아니다). 놀랍게도 어부의 그물에 걸려드는 생물 가운데에는 히포캄푸스(해마)도 있다.[4] 게다가 한 전문가는 이렇게 지적했다. "다양한 종류의 알로케스테스(hyalella inermis 등)와 그 외의 해양생물이 잡히는 것을 생각해보면, 티티카카 호수의 물은 현재보다 염분이 강했음이 틀림없다. 보다 정확하게 말하면 이 호수의 물은 바닷물인 것이다. 대륙이 융기했을 때 바닷물이 그대로 남아 안데스 산맥에 갇힌 것이다."[5]

3. 티티카카 호수의 기원에 대해서 장황하게 설명했는데, 이 "내륙의 바다"와 고원지대는 그 후에 많은 격렬한 변화를 경험했다. 특히 호수의 크기가 극적으로 변화한 것이 특징적이다. 주위 일대에 태고의 해안선 흔적이 확실히 남아 있기 때문에 그 사실을 알 수 있다. 이상하게도 이 해안선 흔적은 수평이 아니라 북쪽에서 남쪽으로 상당히 거리를 두고 경사져 있다. 북쪽 지점의 흔적은 현재의 티티카카 호수보다 90미터나 높고, 643킬로미터 정도 남쪽 지점은 현재보다 83미터나 낮다.[6] 이 사실뿐만 아니라 다른 사실들을 포함해서 지질학자들은 고원이 지금도 조금씩 융기를 계속하고 있다고 말한다. 단지 균형이 맞지 않아 융기가 북쪽은 심하고 남쪽은 그렇지 않다고 한다. 이 과정에서 티티카카 호수 수면의 높이 변화보다 호수를 둘러싼 고원이 변화했다는 것이 중요하다(물론 호수 수면의 높이도 변화하고 있다).[7]

4. 그러나 큰 지질변동에는 긴 시간이 걸린다는 이 추론에는 해결할 수

없는 문제도 있다. 예를 들면, 티아우아나코에는 훌륭한 선착장이 있는 것을 보아 이 도시가 티티카카 호수에 맞닿아 있는 항구도시였다는 사실에 대해서는 의심의 여지가 없다.[8] 그러나 문제는 현재의 티아우아나코의 유적은 호수에서 남쪽으로 19킬로미터 떨어진 곳에 있으며, 현재의 수면에서 30미터나 높은 곳에 있다는 것이다.[9] 따라서 티아우아나코라는 도시가 건설된 다음에, 호수 수면이 급격하게 낮아졌거나 아니면 티아우아나코가 융기한 것이 된다.

5. 어느 쪽이든 대규모의 격심한 지형변화가 일어난 것만은 명백하다. 그 가운데에서도 고원의 해저로부터의 융기는 태고에 일어난 것으로서 인류 문명의 동이 트기 전이었다. 또 하나의 변화는 그렇게까지 오래되지 않은 것으로서, 티아우아나코가 건설된 다음에 일어났다.[10] 그러므로 문제가 되는 것은 "티아우아나코가 언제 건설되었을까?" 이다.

종래의 역사학자들은 티아우아나코의 건설시기가 기원후 500년 전이 될 수는 없다고 추정한다.[11] 물론 다른 연대를 지적하는 이견도 있다. 이 이견은 많은 학자들이 인정하지 않지만, 이 지역에 일어난 지질적 융기의 규모를 생각하면 모순이 없는 것처럼 생각된다. 라파스 대학교의 아르투르 포스난스키 교수와 롤프 물러 교수(마추 픽추 시대의 고증에 대해서도 다른 의견을 주장했다)가 천문학과 수학을 이용해서 계산한 결과에 따르면, 티아우아나코의 건설시기는 상당히 거슬러올라간 기원전 1만5000년경이 된다. 두 사람의 연대학은 티아우아나코가 기원전 11세기에 갑자기 자연의 대변동에 습격받았다는 것도 시사한다.[12]

아르투르 포스난스키 교수와 롤프 물러 교수의 발견에 대해서는 제11장에서 다시 다루겠다. 그들의 연구에 의하면, 안데스 지역 사람들이 이룬 위대한 도시 티아우아나코는 유사 이전의 어둡고 깊은 암흑시대인 마지막 빙하기에 번영한 것이 된다.

과거 그리고 미래의 왕

안데스 산맥을 여행하는 동안 나는 비라코차 전승 중에서 주류에서 벗어
난 흥미로운 이설에 관한 부분을 몇 번이고 되풀이해서 읽었다. 여기서 소
개하는 이설은 티티카카 호수 부근인 콜라오리는 지역에서 전해져오는 전
승으로서, 문명을 일구어낸 투누파라는 영웅이 신처럼 숭배되었다는 것을
그 내용으로 한다.

투누파가 아주 오랜 옛날에 북쪽에서 다섯 명의 제자를 데리고 알티플라노
고원에 나타났다. 그는 위엄이 넘치는 풍모의 백인으로서 턱수염과 파란 눈
을 가지고 있었다. 냉정하고 금욕적이었으며, 술에 취하는 일과 일부다처제
를 금하고, 전쟁을 벌이지 말라고 설교했다.[1]

안데스 산맥을 장거리 여행한 투누파는 평화로운 왕국을 세우고 사람들
에게 문명의 기술을 가르쳤다.[2] 그러던 중에 투누파는 그를 시기하는 공모
자들의 습격을 받아 깊은 상처를 입었다.

그들은 투누파의 신성한 몸을 토토라 풀로 만든 배에 실어 티티카카 호수로
떠내려고 보냈다. 배는 매우 빠른 속도로 사라졌고, 투누파를 살해하려고 뒤
쫓아온 잔혹한 사람들은 깜짝 놀라며 공포로 전율했다. 이 호수에는 조수의

흐름이 없었기 때문이다. 배는 코차마르카 해안에 도착했는데, 현재 그곳에는 데스과데로 강이 흐른다. 인디오들의 전설에서는, 그때까지 그곳에 강이 없었는데 배가 해안에 심하게 부딪쳐서 데스과데로 강이 생겼다고 한다. 그 강의 흐름을 타고 신성한 몸은 멀리 떨어진 아리카 해안까지 표류했다······.[3]

배, 물, 구원

이 이야기와 고대 이집트 신화에 등장하는 죽음과 부활의 신 오시리스의 이야기 사이에는 흥미로운 공통점들이 많다. 이 신화의 신비한 인물에 대해서 그리스 역사가 플루타르크가 상세한 기록을 남겼다.[4] 그 기록에 따르면 오시리스는 사람들에게 문명을 전해주었고, 온갖 유익한 기술을 가르쳤으며, 식인풍습과 사람을 제물로 바치는 풍습을 폐지시켰고, 사람들에게 처음으로 법률이라는 것을 가르쳤다. 오시리스는 이집트를 떠나 세계를 여행했으며, 다른 나라에도 문명의 은혜를 제공했다. 야만인과 대면한 오시리스는 힘을 사용해서 굴복시킨다든가 억지로 법을 따르게 한다든가 하지는 않았다. 대신에 논리적인 논쟁으로 상대를 설득하기 좋아했다. 또한 자신의 가르침을 악기로 반주하는 시와 노래의 형태로 남겼다.

그러나 오시리스가 자리를 비운 사이에 의형제 세트가 거느린 신하 72명이 음모를 획책했다. 오시리스가 이집트로 돌아왔을 때 공모한 신하들은 그를 위해서 연회를 열었다. 연회장에는 훌륭한 목제상자가 놓여 있었고, 신하들은 그 상자에 정확하게 들어가는 손님에게는 금화를 주겠다고 제안했다. 오시리스는 이 상자가 자신의 몸에 정확하게 맞도록 만들어졌다는 것을 알지 못했다. 초대된 손님들이 한 명씩 상자 속에 들어가보았지만 몸에 맞지 않았다. 그러나 오시리스가 상자에 들어가자 너무나 잘 맞았고, 그 때문에 그는 기분 좋게 누워볼 수 있었다. 이것을 보고 있던 세트의 신하들은 상자로 뛰어들어 뚜껑을 닫고 못을 박았다. 상자 틈새에는 녹인

납을 흘려넣어 공기가 들어가지 않도록 했다. 그리고 나서 상자를 나일 강에 밀어넣었다. 상자는 무게 때문에 물속으로 가라앉아야 했다. 그러나 뜬 채로 흘러갔다. 먼 거리를 흘러간 상자는 해안에 도착했다.

이 시점에서 오시리스의 아내인 여신 이시스가 개입했다. 이시스는 온갖 마법을 사용할 수 있었다. 이시스는 마법으로 상자를 비밀스런 장소에 감추었다. 그러나 악당인 세트는 늪지를 뒤져서 상자를 찾아냈다. 그리고 뚜껑을 열어 신성한 사체를 14등분으로 토막낸 후 주위에 뿌렸다.

여신 이시스는 남편을 구출하기 위해서 나섰다. 파피루스 줄기로 만든 배에 타르를 바르고 나일 강으로 가서 사체의 파편을 찾은 이시스는 사체에 강력한 주문을 외워 갈갈이 찢어진 부위들을 하나로 모아 이전의 몸으로 회복시켰다. 그 후 오시리스는 완전한 상태가 되어, 별로 다시 태어나는 과정을 거쳐 죽음의 신이자 저승의 왕이 되었다. 전설에 따르면, 오시리스는 암흑세계로부터 가끔 인간의 형상을 하고 지상으로 돌아온다고 한다.[5]

두 전승 사이에는 분명히 큰 차이가 있다. 그러나 이집트의 오시리스와 남아메리카의 투누파-비라코차 사이에는 다음과 같은 공통점도 있다.

- ◆둘 다 문명을 전파했다.
- ◆둘 다 음모에 빠졌다.
- ◆둘 다 죽었다.
- ◆둘 다 용기 또는 배와 같은 것에 집어넣어졌다.
- ◆둘 다 물에 띄워보내졌다.
- ◆둘 다 강을 표류했다.
- ◆둘 다 마지막에는 바다에 다다랐다.

이런 공통점들을 우연으로 간주하고 무시해야 할까? 아니면 두 전승이 근원적으로 연결되어 있는 것일까?

수리키 섬의 갈대로 만든 배

고원의 차가운 바람을 맞으며 나는 모터가 달린 배의 뱃머리에 앉아 있었다. 배는 시속 20노트의 속도로 티티카카 호수의 얼음처럼 차가운 물 위를 달렸다. 하늘은 맑게 개어 있었고, 해안에 가까운 호수의 수면은 밝은 터키석처럼 녹색이었다. 호수 전체는 동과 은이 섞인 듯한 색으로 반짝였고, 그 반짝임은 영원히 퍼져나갈 듯이 보였다.

전설 중에 갈대로 만든 배 이야기가 나오는데, 그 흔적을 조사할 필요가 있다고 생각했다. 왜냐하면 "토토라 풀로 만든 배"는 옛날부터 이 호수의 교통수단이었기 때문이다. 그러나 최근에는 그런 종류의 배를 만드는 고대의 기술이 쇠퇴하고 있었다. 그래서 여전히 고대의 기술을 사용해서 이 배를 만들고 있는 수리키 섬으로 향했다.

해안과 맞닿아 있는 수리키 섬의 작은 마을에서 두 늙은 인디오가 토토라 풀로 배를 만들고 있었다. 거의 완성된 우아한 공예품은 길이가 4.5미터 정도였다. 중앙이 넓고 양끝은 좁았다. 뱃머리와 고물은 허공을 향해서 높은 곡선을 그리고 있었다.

앉아서 잠시 작업하는 모습을 바라보았다. 양모로 만든 기묘한 챙이 달린 갈색 펠트 모자를 쓴 두 사람 가운데, 더 늙은 기술자가 맨발인 왼쪽 발로 몇 번이고 배의 옆구리를 꽉 누르면서 힘껏 버텼다. 그리고는 지레의 원리를 이용해서 갈대 다발을 띠로 단단하게 묶었다. 늙은 기술자는 때때로 띠로 얼굴의 땀을 닦았는데 그 땀이 띠에 습기를 주어 접착력을 더욱 강하게 했다.

배 주위로 닭이 모여들었고, 때때로 알파카의 새끼들이 조심스럽게 구경하러 왔다. 알파카는 다 쓰러져가는 농가의 뒷뜰에서 마구잡이로 자라고 있는 갈대 사이로 새끼들을 지켜보고 있었다. 계속해서 몇 시간 동안 몇 척의 배를 건조하는 것을 보고 배웠다. 그 광경은 안데스 지역 사람들만이 보여줄 수 있는 것임에 틀림없었다. 그러나 보고 있는 사이에 몇 번이고 다른 시간, 다른 장소에 있는 듯한 기시감(旣視感)에 빠졌다. 수리키 섬에서 만들고 있는 토토라 배는 이집트의 파라오들이 수천 년 동안 나일 강에서 타고 다녔던 파피루스 배와, 만드는 방법에서 만들어진 모습까지 전혀 차이가 없었다. 이집트를 여행할 때 고대 무덤의 벽에 그려져 있는 배의 모습을 몇 번이고 검증해보았었다. 그와 같은 배가 티티카카 호수의 궁벽한 섬에서 선명하게 만들어지는 것을 보면서, 이제까지의 조사에서 이와 같은 우연이 일어날 가능성을 예견했음에도 불구하고 등줄기에 소름이 돋았다. 멀리 떨어진 장소에서 각각 만들어지는 배의 모습이 사소한 부분까지 서로 같은 이유를 만족스럽게 설명할 수 있는 사람은 없다. 그럼에도 불구하고, 고대의 항해에 관해서 잘 알고 있던 어느 전문가는 이 수수께끼에 대해서 이렇게 말했다.

> 둘 다 콤팩트 형으로 양쪽 끝이 높이 올라갔으며, 로프 하나로 갑판에서 배 밑바닥까지 묶어놓았다. ……갈대는 하나하나 세심하게 선체에 감겨 있었고, 배 전체는 완벽한 대칭형과 화려한 유선형을 이루고 있었다. 다발은 강하게 묶여 있어서……마치 금색으로 도장한 통나무배처럼 뱃머리와 고물이 휘어져 보였다.[6]

고대 나일 강의 배와 티티카카 호수의 배(이 지역 인디오들은 "비라코차 사람들"이 이 배를 처음으로 설계했다고 말한다[7])는 이밖에도 공통점이 더 있다. 예를 들면, 둘 다 독특한 두 개의 다리를 벌리고 있는 돛대를 설치했다.[8] 또한 둘 다 무거운 건축자재의 장거리 운송에 사용되었다. 이집트에서는 기자나 룩소르 그리고 아비도스에 있는 신전에 쓰일 오벨리스크와 거대한 돌을 운반하는 데에, 남아메리카에서는 티아우아나코에 있는 수수께끼의 건축물에 쓰일 돌을 운반하는 데에 사용되었다.

아주 오래 전에, 즉 아직 티티카카 호수가 30미터나 수면이 낮아지기 전에, 티아우아나코는 호반에 위치하여 광대하고 신비로운 경치를 한눈에 볼 수 있는 곳이었다. 그러나 비라코차의 수도였던 위대한 항구도시는 이제, 바람이 지나가는 고원의 황량한 언덕에 있는 폐허일 뿐이다.

티아우아나코로 가는 길······

수리키 섬에서 본토로 돌아와 지프로 흙먼지를 날리며 고원을 질주했다. 도중에 푹사라니와 라아라는 도시를 지났다. 아이마라족 인디오들이 보수된 좁은 길을 터벅터벅 걷거나, 해가 잘 드는 작은 광장에 앉아서 평온한 표정을 짓고 있었다.

학자들이 주장하는 것처럼 티아우아나코는 이 사람들의 선조들이 건설하지 않았을까? 아니면 전설이 옳은 것일까? 신과 같은 힘을 가진 이방인들이 아주 오래 전에 이곳에 정착해서 이 고대 도시를 건설한 것일까?

태양의 문이 있는 도시

스페인의 정복 직후, 볼리비아의 티아우아나코 유적을 찾아온 초기의 스페인 여행자들은 건축물의 크기와 신비스러운 분위기에 감명을 받았다. 페드로 시에사 데 레온은 다음과 같은 기록을 남겼다. "원주민에게 이 거대한 유적이 잉카 시대의 것이냐고 물어보자, 그들은 웃으면서 잉카 시대보다 훨씬 전에 지어진 것이라고 했다. 조상 때부터 전해지는 이야기로는 그곳에 보이는 모든 것은 하룻밤에 생겼다고 했다……."[1] 동시대에 찾아온 다른 스페인인은 큰 돌이 기적적으로 땅에서 들어올려졌다는 전설을 기록했다. "큰 돌은 트럼펫 소리와 함께 허공으로 떠올랐다."[2]

역사학자 가르실라소 데 라 베가는 스페인에 의해서 정복된 후 얼마 지나지 않았을 때의 티아우아나코에 대한 이야기를 상세히 기록했다. 당시에는 보물과 부장품이 아직 도굴을 당하지는 않았지만, 오랜 세월이 지나면서 황폐해졌다. 이 유적은 가르실라소 데 라 베가를 경탄시키기에 충분했다.

거대하고 도저히 믿을 수 없는 티아우아나코의 건축물에 대해서 서술하지 않을 수 없다. 이곳에는 고대에 만들어진 높은 인공 언덕이 있는데, 토대는 돌로 되어 있고 지면이 움직이지 않도록 만들어져 있다. 또한 돌을 잘라서 만든 거대한 조각상이 있다. 그 조각상은 태고의 것이라고 해도 믿을 수 있

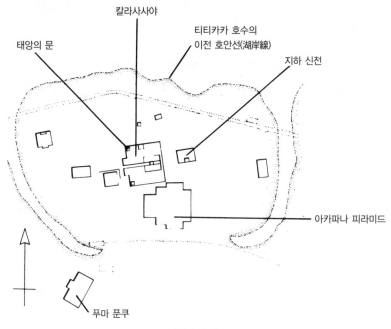

태양의 문
칼라사사야
티티카카 호수의
이전 호안선(湖岸線)
지하 신전
아카파나 피라미드
푸마 푼쿠

티아우아나코

을 정도로 마모되어 있었다. 벽이 있는데 너무나도 커서 인간의 힘으로 어떻게 해서 이 장소로 가져다놓았는지 도저히 상상할 수 없다. 독특한 건축물들이 남아 있는데, 가장 경이로운 것은 몇 개의 돌 문이다. 돌 문은 토대 위에 만들어져 있다. 토대 가운데 큰 것은 길이가 9.1미터, 폭이 4.5미터, 두께가 1.8미터나 된다. 토대와 문은 하나의 돌로 만들어졌다. ……어떻게 그리고 어떤 도구와 장치를 사용해서 이와 같은 거대한 건축물을 만들었는지, …… 어떻게 해서 이 거대한 돌을 여기까지 옮겨왔는지, ……알 수가 없다.[3]

이것은 16세기에 기록한 것이다. 그로부터 400년 이상이 지난 20세기 후반인 지금, 나 역시 가르실라소 데 라 베가와 마찬가지로 당혹감을 느끼고 있다. 티아우아나코 유적은 최근에 이르러 공공연히 도굴되었지만, 그래도 주변에 다루기 곤란한 거대한 하나의 바위로 만들어진 유적이 있어서 인간의 능력을 초월하는 힘으로 이곳이 만들어졌음을 느끼게 된다.

지하 신전

나는 스승에게 가르침을 받는 제자처럼 지하 신전의 바닥에 앉아서 학자들이 이구동성으로 비라코차임에 틀림없다고 인정하는 정체 모를 얼굴을 올려다보았다. 알 수 없는 시대의 알 수 없는 사람의 손에 의해서 붉은 바위의 거대한 기둥에 조각되어 있는 초상이었다. 마모의 정도가 심했지만 평화로운 마음을 지닌 사람의 초상처럼 보였다. 그리고 힘을 가지고 있는 사람의 초상처럼…….

이마는 높고 넓으며 눈은 둥글다. 코는 곧바르고 콧마루는 콧구멍 쪽으로 갈수록 넓어진다. 입술은 두툼하다. 그러나 가장 눈에 잘 띄는 것은 위엄을 느끼게 하는 턱수염이었다. 턱수염 때문에 이마보다 턱이 넓게 보였다. 자세히 보면 조각가가 입 주변의 수염은 깎아버린 사람을 모델로 한 듯했다. 그래서인지 수염은 뺨 중간, 즉 콧구멍과 같은 높이에서 시작되고 있다. 수염은 입언저리로 퍼져나가 턱 주위에서는 과장된 염소 수염이 되어 턱 윤곽을 따라 귀까지 이어진다.

귀의 위아래 그리고 머리 옆에는 동물의 묘한 그림이 조각되어 있다. 보다 정확하게 말해서 묘한 동물의 그림이 조각되어 있다고 말해야 할지도 모르겠다. 왜냐하면 거대하고 꼴이 흉한 태고의 포유동물인 듯한 그 동물은 굵은 꼬리와 곤봉처럼 생긴 다리를 가지고 있기 때문이다.

그외에도 흥미로운 것들이 있었다. 예를 들면 비라코차 석상의 양쪽 팔은 길게 흘러내리는 긴 옷을, 한쪽은 위로 다른 한쪽은 아래로 감고 있다. 이 긴 옷의 양쪽에 새겨져 있는 몸을 비비 꼬고 있는 뱀은 바닥 근처에서 어깨까지 나선을 그리며 기어오르고 있다. 이 멋진 디자인(원본은 화려한 옷에 수가 놓여 있었을 것이다)에 넋을 잃은 채 내 마음속에 떠올린 비라코차는 마법사, 마술사 또는 턱수염을 기른 예언자 멀린(아서 왕을 섬긴 예언자, 마술사/역주)이었으며, 독특하고도 멋진 옷을 입고 하늘에서 불을 불러오고 있었다.

비라코차의 석상이 서 있는 "신전"은 천정이 없고 거대한 직사각형 저수지와 같은 형태로 만들어졌다. 깊이는 지면에서 1.8미터이다. 바닥은 길이가 12미터, 폭이 9미터로 단단하고 편평하게 자갈이 깔려 있다. 강고한 옆 벽은 크기를 다르게 자른 돌 블록들을 정밀하게 쌓아올려 만든 것이다. 돌들은 모르타르(mortar : 벽돌, 블록, 석재 접합제 / 역주) 없이 세밀하게 쌓여 있다. 군데군데에 거칠게 깎은 길이가 긴 돌기둥들이 있다. 남쪽 벽에는 계단이 있어서, 이 유적에 들어올 때 그곳으로 내려왔다.

비라코차 석상을 몇 번이고 돌면서 살펴보았다. 햇살을 받아 따뜻해진 돌 기둥에 손을 대고 석상이 만들어진 목적을 상상하려고도 해보았다. 석상의 높이는 아마 2미터 정도 될 듯했고 남쪽을 향하고 있다. 등은 티티카카 호수를 향하고 있다(옛날에는 호수까지의 거리가 200여 미터밖에 되지 않았다).[4] 중앙에 있는 석상 저 뒤편으로 두 개의 작은 석상이 서 있다. 이 것은 아마 비라코차의 전설에 등장하는 제자들일 것이다. 세 개의 석상은 수직으로 서 있었고 땅 위로 선명한 그림자가 드리워져 있었다. 내가 석상을 응시하고 있는 동안 태양이 정점을 지나고 있었기 때문이다.

다시 바닥에 앉아서 천천히 신전 안을 둘러보았다. 비라코차는 오케스트라의 지휘자처럼 군림하고 있었다. 그때 눈에 띄는 것이 있었다. 그것은 벽을 따라 매우 다양하게 돌에 조각한 몇십 개의 사람 머리였다. 머리들은 완전한 형태를 이루어 벽에서 입체적으로 튀어나와 있었다. 이 머리들의 기능에 대해서는 학자들 사이에서도 의견이 분분하다.

피라미드

지하 신전 바닥에서 서쪽을 보면 넓은 벽이 보였다. 그 벽에 거대하고 두꺼운 바위로 만든 기하학적 형태의 훌륭한 문이 있었다. 오후의 태양이 만들어내는 문의 그림자가 거인 조각상에 걸려 있었다. 벽으로 둘러싸인 칼라사사야 광장은 퍼레이드를 할 수 있을 만큼 넓었다. 칼라사사야는 아이마라 어로 "돌이 수직으로 서 있는 장소"라는 의미이다.[5] 그곳에 있는 거인상은 가르실라소 데 라 베가가 말한 마모된 태고의 조각들 가운데 하나이다.

칼라사사야 광장을 보러 갈 생각이었지만, 남쪽에 있는 인공 언덕에 더마음이 끌렸다. 높이가 15미터인 언덕은 사원에서 계단을 올라가면 바로눈 앞에 솟아 있었다. 가르실라소 데 라 베가도 서술해놓은 이 언덕은 아카파나 피라미드로 알려져 있다. 이집트의 기자에 있는 피라미드와 마찬가지로 이 피라미드 역시 동서남북의 방위를 정확하게 제시하고 있다. 그러나 이집트의 피라미드와 달리 토대가 다소 불규칙적이다. 한 변이 거의210미터나 되는 건축물로서, 티아우아나코의 중요한 대형 건축물 가운데하나이다.

피라미드의 주위를 둘러보며 시간을 보내고 난 뒤, 인공 언덕을 향해서가기 시작했다. 원래 이 언덕은 사방이 직선이었으며, 표면이 안산암(安山岩) 돌 블록들로 뒤덮인 계단 모양의 피라미드였다. 그러나 스페인인이 정복하고 몇 세기가 흐르면서 이 장소는 건설업자의 채석장이 되고 말았다.멀리 라파스에서까지 업자들이 찾아왔다. 그 결과 피라미드를 덮고 있던돌 블록들은 현재 10퍼센트밖에 남아 있지 않다.

이름 모를 해적들이 가지고 간 실마리와 증거는 어떤 것일까? 나는 훼손된 경사면을 타고 올라가 도착한 피라미드의 정상에서, 이 피라미드의참된 역할이 영원히 판명되지 않을 것임을 직감적으로 느꼈다. 확실한 것은 의식이나 복식을 위한 건축물은 아니었다는 것뿐이다. 어쩌면 소수의사람만이 이해할 수 있는 "장치"나 기계였을지도 모른다. 고고학자들은언덕의 내부 깊은 곳에서 돌 블록으로 만든 복잡한 지그재그 형태의 수로를 발견했다. 수로는 세밀한 부분까지 정확한 각도에 따라 서로 연결되어 있었다(오차범위 5밀리미터). 이 건축물의 최상부에는 큰 저수장치가 있어서 그곳에서 물이 대량으로 흘러내렸다. 수로는 점점 낮아져 피라미드를 둘러싸고 있는 호(濠) 속으로 흘러가다가 마지막에는 피라미드의 남쪽 토대로 흘러들어갔다.[6]

이 수로는 뛰어난 기술자가 막대한 시간을 들여 세심하게 신경쓰면서 끈기 있게 만든 것이었다. 그렇다면 아카파나 피라미드는 뭔가 중요한 목적에서 건설된 것이라고 추측할 수 있다. 많은 고고학자들은 이 수로의 목적이 비와 강에 대한 신앙과 관계가 있을 것으로 추론했다. 다시 말해서 물의 힘과 격류에 대한 원시적인 숭배라고 주장했다.

불길한 추론도 있었다. 이 피라미드의 알려지지 않은 "기술"은 사람들을 멸망으로 이끄는 기술이라는 것이다. 이 추론에 따르면 아카파나라는 이름은 여전히 이 지역에서 사용되는 고대 아이마라어의 아케(Hake)와 아파나(Apana)에서 유래한다. "아케는 '사람들'을 의미하고 아파나는 (아마 물에 의한) '멸망'을 의미한다. 즉 아카파나는 사람들이 멸망하는 곳이다……."[7]

다른 학자는 이 수력학 시스템의 특징을 주의 깊게 조사한 결과를 가지고 또다른 추론을 내놓았다. 수력은 무엇인가를 만드는 데에 사용했다는 것이다. 예를 들면 흐르는 물을 사용해서 광석을 세척한 것은 아닐까라고 추론했다.[8]

태양의 문

수수께끼의 피라미드 서쪽 벽에서 남서쪽 끝에 위치하고 있는 칼라사사야 광장으로 향했다. 그곳에 이르자 왜 이 지방을 "돌이 수직으로 서 있는 장소"라고 불렀는지 이해할 수 있었다. 말 그대로였다. 두꺼운 사다리꼴 블록으로 만들어진 벽 쪽에 일정한 간격으로 거대한 단검처럼 생긴 바위가 줄지어 서 있었다. 단검의 높이는 3.65미터 정도로, 손잡이 쪽이 알티플라노 고원의 붉은 대지에 꽂혀 있었다. 그리고 거대한 방어벽이 세워져 있었다. 46제곱미터의 넓이를 에워싸고 있었으며, 지상으로부터의 높이는 지하 신전이 파고들어간 깊이의 두 배였다.

그렇다면 칼라사사야는 요새였을까? 그렇지 않았다. 현재 학자들은 대부분 칼라사사야가 정교한 천체 관측소로서 기능했다는 주장에 동의한다. 요새로서 적을 방어하는 곳이 아니라, 추분과 춘분, 하지와 동지 등의 다채로운 계절 변화를 수학적으로 정밀하게 산출하는 장소였다는 것이다. 벽에 있는 몇 가지의 부속물(그리고 벽 자체도)이 특정한 별자리 그룹과 대응되며, 춘하추동의 태양이 뜨고 지는 출몰 방위각의 계산이 가능하도록 설계되어 있다고 한다.[9] 또한 칼라사사야를 조사한 사람들에 의하면, 이 대지의 북서쪽에 서 있는 유명한 "태양의 문"은 세계적인 예술품일 뿐만 아니라, 문의 돌에는 정밀하고 정확한 달력이 조각되어 있다고 한다.

조각과 친밀해질수록, 달력의 기묘한 설계와 도안이 예술가의 착상에서 비롯되었으리라는 생각은 엷어진다. 이 그림 문자는 깊은 의미를 가지고 있으며, 과학자의 관찰과 계산에 의한 웅장한 기록인 것이다. ……달력은 이런 식으로 설계되고 그려질 수밖에 없었다.[10]

사전조사를 하고 나서 "태양의 문"과 칼라사사야 전체에 특별한 관심이 생겼다. 왜냐하면 다음 장에서 해설할 천문학과 태양 운행의 조정 계산에 의해서 칼라사사야가 최초로 건설된 시기를 계산할 수 있었기 때문이다. 논쟁의 소지가 많은 숫자이지만, 이 계산에 따르면 칼라사사야는 기원전 1만5000년에 건설되었다. 지금으로부터 약 1만7,000년 전이다.

태고의 암시

대작 「티아우아나코 : 아메리카인들의 요람(*Tiahuanaco : the Cradle of American Man*)」에서, 고(故) 아르투르 포스난스키 교수(권위 있는 독일계 볼리비아인 학자로서, 50년간 유적을 연구했다)는 자신의 천문고고학적 계산방식을 설명함으로써 티아우아나코의 기원에 관한 학계의 정설을 뒤엎었다. 그는 "칼라사사야가 건설된 시기의 황도경사(黃道傾斜)와 오늘날의 황도경사의 차이를 이용해서 연대를 계산했다"라고 했다.[1]

"황도경사"란 정확하게 무엇이고, 왜 티아우아나코의 건설시기가 1만 7,000년 전이 되는가?

사전을 보면 "황도경사는 하늘의 적도면과 황도면이 이루는 각도로서, 현재는 23도 27분"이라고 정의되어 있다.[2]

이 애매모호한 천문학상의 정의를 보다 명료하게 하기 위해서, 지구를 우주라는 대양을 순항하는 배라고 보면 이해하기 쉬워진다. 모든 배는(그것이 지구이든 요트이든) 파도에 따라 조금씩 옆으로 흔들린다. 그 흔들리는 배에 타고 있다고 상상해보자. 갑판에 서서 바다를 바라본다. 파도의 정점에서는 배가 올라가고 시야가 넓어질 것이다. 그러나 배가 아래로 내려가면 시야가 좁아진다. 이 과정은 일정하다. 수학적이고, 규칙적으로 똑딱거리는 메트로놈의 리듬과도 같다. 그것은 매우 안정적이고 거의 알아차릴 수 없는 흔들림으로 영원히 수평선과 여러분의 시야와의 사이 각도를 왔다갔다 할 것이다.

그럼 다시 한 번 지구를 보도록 하자. 누구나 알고 있듯이, 우주에 떠 있는 아름답고 푸른 지구의 자전축은 태양의 주위를 도는 궤도와 수직이 아니라 약간 경사져 있다. 따라서 지구의 적도와 "천구의 적도"(지구상의 적도를 천구로 확대한 것이라고 상상하면 된다)는 태양의 주위를 도는 궤도 사이에 약간의 차이가 생기게 된다. 그 각도의 오차가 황도경사가 된다. 그러나 지구는 배이고 옆으로 흔들리고 있어서, 경사각도는 주기적으로 변하게 되고 또 변하는 데에 매우 긴 시간이 걸린다. 이 주기는 4만1,000년이고, 정밀한 스위스산 크로노그래프(시간을 도형적으로 기록하는 장치/역주)의 그래프 위에서 경사각도는 22도 1분과 24도 5분 사이에서 변화한다.[3] 수시로 변하는 경사각도나 과거의 모든 각도(역사상 언제의 각도라도)는 몇 개의 방정식으로 계산할 수 있다. 그것들은 그래프 위에서 곡선으로 표시된다(1911년 파리 천체력 국제회의에서 처음으로 이 그래프가 사용되었다). 이 그래프에 따라 각도를 맞추어보면 한치의 오차도 없이 정확한 역사적 시기를 표시할 수 있다.

포스난스키가 칼라사사야의 건설시기를 추정할 수 있었던 것은 경사주기가 태양의 일출과 일몰의 방위각을 몇 세기에 걸쳐서 조금씩 변화시키고 있기 때문이다.[4] 포스난스키는 태양의 표준 방위각과 차이가 나는 몇 개의 건축물을 조사해서 조준을 보충, 수정하여 칼라사사야가 건설된 때의 황도경사가 23도 8분 48초라는 것을 논리적으로 증명했다. 이 각도를 천체력 국제회의의 그래프에서 찾아보면 건설시기는 기원전 1만5000년이 된다.[5]

물론 대개의 보수적인 역사학자나 고고학자는 티아우아나코의 건설시기가 태고로 거슬러올라가는 것을 달가워하지 않는다. 제8장에서 서술한 것처럼 그들은 기원후 500년이라는 무난한 시기로 추정하고 싶어한다. 그러나 1927-1930년에 몇 명의 다른 전문분야의 과학자들이 포스난스키의 "천문학적, 고고학적 조사"를 주도면밀하게 검증했다. 이 막강한 과학자들은 안데스 지역의 다른 많은 고고학적 유적도 조사했다. 이들은 한스 루덴도르프 박사(포츠담 천문대 소장), 바티칸 천문대의 프리드리히 베커 박사 그리고 역시 천문학자들인 본 대학교의 아르놀트 콜슈터 교수와 포츠담 천체 물리학 연구소 소장인 롤프 뮬러 박사였다.[6]

과학자들은 3년간의 연구 결과 포스난스키의 의견이 기본적으로 옳다는 결론을 내렸다. 그러나 포스난스키의 발견이 당시에 우세하던 역사관에 어떤 영향을 미칠지에 대해서는 관여하려고 하지 않았다. 그저 티아우아나코의 다채로운 건축물의 천문학적 위치에 대한 조사 결과를 발표했을 뿐이다. 그 가운데에서 가장 중요한 의미를 지닌 것은 천체를 관측해서 얻은 칼라사사야의 건설시기가 매우 오래되었다 ─ 기원후 500년보다 훨씬 더 오래 전이다 ─ 는 결론이었다. 포스난스키가 말한 기원전 1만5000년이라는 숫자가 가능성의 범위 내에 충분히 포함된다는 것이었다.[7]

티아우아나코가 역사의 여명기 이전에 번영했다면, 과연 어떤 사람들이 무슨 목적으로 건설했을까?

물고기 복장

칼라사사야 내부에는 두 개의 거대한 석상이 있다. 그중의 하나는 엘 프라일레(수도사)라는 별명이 붙었고 남서쪽에 서 있다. 나머지 하나는 동쪽 끝 중앙에 있는 거인으로서, 지하 신전에서 본 석상이다.

붉은 사암(砂岩)에 조각된 엘 프라일레는 마모가 심해서 만들어진 시기를 추정할 수 없다. 높이는 2미터 정도이고 엄숙한 큰 눈과 입을 가진 인간다운 모습으로 묘사되어 있다. 오른손에는 칼 같은 것을 단단히 붙잡고 있는데, 생김새가 인도네시아 단검처럼 곡선 형태이다. 왼손에는 양장본의 책과 같은 것을 가지고 있다. "책" 위로 뭔가 도구 같은 것이 나와 있는데 칼집 같은 것에 꽂혀 있다.

허리 아래로는 물고기 비늘로 덮힌 옷을 입고 있는 것처럼 보인다. 이 생각을 뒷받침이라도 해주듯이 조각가는 고도로 양식화된 물고기 머리 형태로 비늘 하나하나를 만들었다. 포스난스키는 이 모양이 분명히 일반적인 물고기를 의미한다고 해석했다.[8] 따라서 엘 프라일레는 상상 속의 존재이거나 아니면 "인어"를 상징하는 듯하다. 또한 이 조각상은 커다란 갑각류의 모습이 조각된 허리띠를 차고 있다. 그렇다면 이런 추정이 옳을 가능성은 상당히 높아진다. 이것은 무엇을 의미할까?

나는 암흑으로 덮여 있는 문제에 빛을 던져주는 듯한 이 지역의 전설을 알아냈다. 매우 오래된 이 전설은 "물고기의 꼬리를 가진 출루아와 우만투아라는 호수의 신"에 관한 것이다.[9] 이 전설과 인어상은 남아메리카로부터 멀리 떨어진 메소포타미아의 신화와 기묘하게 부합된다. 메소포타미아의 신화에는 수륙양생(水陸兩生)하는 이성을 소유한 존재에 대한 기묘한 이야기가 자주 등장하는데, 그는 역사가 시작되기 얼마 전에 수메르 지역을 방문했다고 한다. 수륙양생하는 무리의 지도자는 오안네스(또는 우안)라고 불렸다.[10] 고대 칼데아인인 베로수스는 다음과 같이 기록해놓았다.

〔오안네스의〕 몸은 물고기처럼 생겼다. 물고기 머리의 아래에는 다른 머리가 있고, 그 아래에는 인간과 동일한 다리도 있었지만 물고기의 지느러미도 달려 있었다. 목소리와 하는 말이 모두 또렷했으며 인간의 것과 동일했다. 오안네스의 초상화는 현재에도 남아 있다. 해가 지면 바다에 뛰어들어 깊은 해저에서 밤을 보냈다. 오안네스는 수륙양생했다.[11]

베로수스의 기록에 따르면 오안네스는 특히 문명 전달자였다.

아시리아의 물고기 복장을 한 인간의 부조

낮에는 사람들과 대화를 나누었다. 그러나 식사는 하지 않았다. 사람들에게 문자와 과학, 온갖 예술에 대한 이해를 심화시키기도 했다. 집을 짓는 방법도 가르쳐주었고, 사원을 짓게 했고, 법률을 정해주었으며, 기하학의 원리를 설명해주었다. 씨앗을 구별하는 방법과 과일을 채취하는 방법도 알려주었다. 간단히 말해서, 인류를 인간으로 만들어주었고 예의에 관한 모든 것을 가르쳐주었다. 그의 가르침은 극히 보편적이어서 추가하거나 개량할 필요가 없었다…….[12]

오안네스의 모습을 현존하는 바빌로니아와 아시리아의 부조에서 보았지만, 그것은 명확하게 물고기 복장을 한 인간이었다. 복장의 도안으로 주로 물고기의 비늘이 사용되었는데, 남아메리카의 엘 프라일레가 입고 있는 것과 꼭같았다. 또 하나의 서로 비슷한 점은 바빌로니아의 조각도 양손에 기묘한 물건을 들고 있다는 것이었다. 기억이 옳다면(나중에 확인했는데 옳았다), 엘 프라일레가 들고 있는 것과 동일하지는 않지만 주목받을 만큼 충분히 닮은 것이었다.[13]

칼라사사야의 또다른 위대한 "우상"은 광장의 동쪽 끝에 있었다. 문을 향하고 있는데, 단단한 회색 안산암 한 덩어리로 중후하게 제작되었으며, 높이는 2.7미터나 된다. 폭이 넓은 머리 부분은 튼튼한 어깨 위에 자리잡았고, 두꺼운 콘크리트 판자와 같은 얼굴은 무표정하게 먼 곳을 바라보고 있다. 관(冠)이거나, 머리띠 같은 것을 머리에 둘렀고, 머리는 등 뒤에서 보면 단정하게 땋아 수직으로 내린 고수머리를 하고 있다.

석상 표면의 대부분에 조각과 장식이 되어 있어서 문신을 새긴 것처럼 보였다. 엘 프라일레와 마찬가지로 몸 아랫부분의 옷은 물고기의 비늘 도안으로 덮여 있다. 역시 마찬가지로 양손에는 각각 정체를 알 수 없는 물건을 들고 있는데, 왼손에 들고 있는 것은 책이 아니라 칼집처럼 보였다. 칼집 위에는 포크 모양의 것이 밖으로 나와 있다. 오른손의 물건은 거의 원통형인데, 손으로 쥐고 있는 가운뎃부분이 좁고 어깨 근처와 아랫부분은 넓어지며 다시 윗부분이 가늘어지는 모양을 하고 있다. 그것은 몇 부분으로 나뉘어 있고 부품이 첨가되어 있는 것처럼 보이는데, 도무지 무엇인지 추측할 수 없었다.

멸종한 종(種)의 이미지

물고기 복장을 한 석상을 지나서 칼라사사야의 북서쪽에 있는 태양의 문에 도착했다.

이 문은 회색이 섞인 녹색 안산암 덩어리로, 폭 3.8미터, 높이 3미터, 두께 45센티미터에 무게는 10톤 정도로 추정된다.[14] 파리의 개선문과 비슷하다고 생각하면 되는데 크기는 조금 더 작다. 태양의 문은 두 가지의 보이지 않는 차원, 즉 무(無)와 허(虛)를 연결하는 문처럼 보인다. 문의 돌 세공이 뛰어나서 전문가들은 "아메리카 고고학의 불가사의 가운데 하나"로 인정한다.[15] 가장 불가사의한 것은 "캘린더 프리즈(calendar frieze)"라고 부르는 조각인데 문 꼭대기의 동쪽 정면에 조각되어 있다.

중앙 상부의 높은 곳에는 학자들이 비라코차가 틀림없다고 인정하는 상이 조각되어 작은 벽을 압도하고 있다.[16] 이 상은 하늘에서 불을 내리게 하는 비라코차의 무서운 면을 표현하고 있는 듯하다. 그러나 온화한 아버지와 같은 표정도 함께 지니고 있다. 뺨에 동정의 눈물이 흐르고 있기 때문이다. 그러나 표정은 엄격하고 단호하다. 왕관은 당당한 위엄을 풍기고, 양손에는 벼락 화살을 쥐고 있다.[17] 20세기의 가장 저명한 신화학자 중의 한 사람인 조지프 캠벨은 "이 상은 태양의 문에서 우주로 흘러나가는 은혜의 에너지가 모두를 멸망하게 하는 벼락의 불멸의 에너지와 같다는 것을 표현하고 있다……"고 해석했다.[18]

좌우를 둘러보며 천천히 캘린더 프리즈의 나머지를 연구해보았다. 균형이 매우 잘 잡혀 있고, 3개의 단에 8개씩 모두 24개의 인물상이 새겨져 있다. 그것은 중앙에 높이 자리하고 있는 신의 상 좌우에 각각 배치되어 있다. 이 캘린더를 구성하고 있는 인물상에 대해서 많은 사람들이 설명하려고 했지만, 설득력 있는 견해는 지금까지 나오지 않고 있다.[19] 확실하게 말할 수 있는 것은 인물상이 창백하고 마치 만화 같은 독특한 분위기를 지니고 있으며, 일렬로 늘어서서 비라코차가 있는 쪽을 향하고 있는 모습이 차갑고 수학적이며 기계적이라는 것이다. 새의 가면을 쓰고 있는 상도 있다. 날카로운 코를 가지고 있는 상도 있다. 그리고 모든 인물상들이 높은 자리에 있는 신이 가지고 있는 것과 같은 도구를 제각각 손에 들고 있다.

캘린더 프리즈 아래쪽은 "뇌문(雷紋)" 문양으로 넘쳐나고 있다. 기하학적인 계단 모양의 피라미드가 연속적으로 새겨져 있고, 서로 뒤집혀 있거나 오른쪽이 위로 온 깃도 있다. 이깃도 역시 캘린디의 기능을 가지고 있다고 생각된다. 오른쪽에서 세 번째 피라미드에는 코끼리의 머리와 귀, 상아, 코가 분명하게 조각되어 있다(왼쪽에서 세 번째 피라미드에도 같은 것이 있는데 선명하지 않다). 이것은 매우 기묘하다. 왜냐하면 신대륙 어디에도 코끼리가 존재하지 않기 때문이다. 그러나 나중에 조사해보고 유사 이전의 태고에 남아메리카 대륙에도 코끼리가 존재했음을 알게 되었다. 그 코끼리는 쿠비에로니우스(*Cuvieronius*)라고 부르는 장비류(長鼻類)로서 상아와 긴 코를 가지고 있었다. 특히 안데스 산맥의 남쪽 지역에 많이 살았는데, 기원전 1만 년경에 갑자기 전멸했다.[20] 이 코끼리들과 태양의 문에 묘사되어 있는 "코끼리들"은 매우 비슷하다.[21]

가까이 다가가서 면밀하게 코끼리를 관찰했다. 자세히 보니 그것은 볏을 가진 두 마리의 콘도르가 목과 목을 맞대고 있는 모습이었다(콘도르의 볏이 코끼리의 "귀"를, 목의 윗부분이 "상아"를 구성하고 있다). 그러나 이 두 마리의 콘도르는 어떻게 보아도 코끼리로 보였다. 그 이유 중의 하나는 티아우아나코의 조각들이 독특한 시각적인 속임수를 가끔 사용했

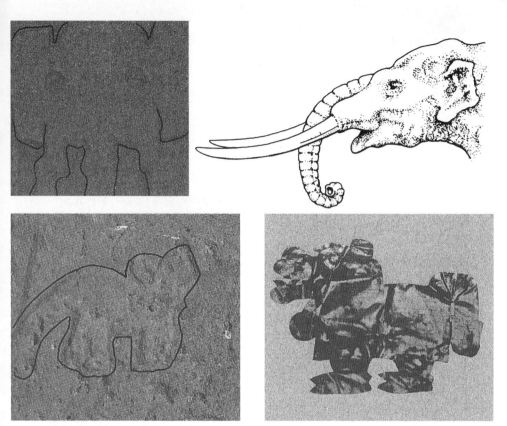

위 왼쪽 : 티아우아나코의 태양의 문에 새겨져 있는, 상아가 있는 코끼리와 비슷한 동물의 세부. 위 오른쪽 : 쿠비에로니우스의 모습을 생물학적으로 재현한 것. 남아메리카의 장비류로서 티아우아나코 근처에 살았는데 기원전 1만 년경에 멸종되었다. 가운데 왼쪽 : 정체불명의 동물인데 톡소돈일 가능성도 있다. 지하 신전에 있는 비라코차 조각상의 측면에 새겨져 있다. 가운데 오른쪽 : 티아우아나코의 톡소돈을 표현한 것일 수 있다. 위로 치켜올라간 콧구멍이 오늘날 물속에서 사는 하마와 비슷한 동물을 연상시킨다. 톡소돈도 거의 물속에서 살았다고 전해진다. 아래 : 톡소돈의 모습을 재현한 것. 남아메리카에 살았던 동물로서 기원전 11세기에 멸종되었다.

기 때문이다. 그들의 섬세하고 이 세상의 것이 아닌 듯한 그림은 어떤 것을 묘사한 것 같다고 생각하고 자세히 들여다보면 다른 것을 묘사한 경우가 자주 있다. 분명히 인간의 얼굴에 붙어 있는 귀라고 생각했는데 새의 날개인 경우도 있다. 마찬가지로 훌륭하게 장식되어 있는 왕관은 물고기와 콘도르의 머리를 교대로 그려서 구성한 것이기도 하고, 눈썹이 새의 목과 머리로 그려져 있기도 하며, 슬리퍼의 앞이 동물의 머리로 그려져 있기도 하다. 따라서 콘도르의 머리로 만들어진 코끼리도 눈의 착각이라고 여길 필요가 없다. 오히려 창의성이 돋보이는 이런 구성은 이 작은 벽의 예술적 특징과 멋지게 일치하고 있다.

태양의 문에는 많은 종류의 동물상들이 새겨져 있는데, 그중에는 멸종된 동물들도 포함되어 있다. 조사단계에서 나는 몇 명의 관찰자들이 분명히 새저저 있다고 지적한 동물이 있음을 알게 되었다. 그것이 바로 톡소돈(Toxodon)이다.[22] 이것은 발가락이 세 개인 수륙양생의 포유류로서 대략 신장이 2.7미터, 어깨의 높이가 1.5미터 정도나 된다. 땅딸하고 키가 작은 코뿔소나 하마와 많이 닮았다.[23] 쿠비에로니우스와 마찬가지로 톡소돈도 플라이오세 후기(160만 년 전)에 남아메리카에서 번성하다가 대략 1만 2,000년 전인 홍적세(洪積世) 막바지에 멸종되었다.[24]

나는 이 동물상이 티아우아나코의 기원이 홍적세의 막바지(1만2,000년 전)였음을 증명하는 천문고고학적인 증거라고 생각한다. 더 나아가 이 동물상은 티아우아나코의 기원이 겨우 1,500년 전이라는 정통적 연대학자들의 견해를 무너뜨리기도 한다. 왜냐하면 이 동물상은 살아 있는 톡소돈을 모델로 했을 것이기 때문이다. 그러므로 태양의 문 작은 벽에 46개가 넘는 **톡소돈의 머리**가 새겨져 있다는 사실은 매우 중요한 문제이다.[25] 더군다나 톡소돈은 티아우아나코에서 나온 도기의 파편에서도 발견되고 있다. 더욱 확신을 주는 것은 톡소돈의 입체적 조각이 몇 개 발견되었다는 사실이다.[26] 또한 이미 멸종된 다른 동물의 초상도 발견되었다. 그중에는 낮에 움직이는 사지동물(四肢動物)인 셸리도테리움(*Shelidoterium*)과 지금의 말보다 몸집이 크고 발가락이 세 개인 마크라우케니아(*Macrauchenia*)가 있다.[27]

티아우아나코는 과거의 기묘한 동물들이 그려져 있는 그림책과 같다. 17세기에 멸종된, 인도양의 날지 않는 새인 도도보다 훨씬 오래 전에 멸종된 동물들이 영구히 기록이 보존되는 돌에 그려져 있는 것이다.

그러나 이 기록 만들기는 어느 날 갑자기 중지되었고, 그 일에 어둠이 내려앉았다. 이 사실 역시 태양의 문에 기록되어 있다. 창작활동은 중단되었고, 예술작품은 미완성인 채로 남게 되었다. 작은 벽이 완성되지 않은 것은, 포스난스키의 말을 빌리면, "마지막 마무리를 하고 있는 중에 정을 손에서 영원히 놓게 만든"[28] 뭔가 두려운 일이 조각가에게 갑자기 발생했기 때문이다.

12

비라코차의 최후

제10장에서 티아우아나코는 애초에 티티카카 호수의 항구도시로서 건설되었다는 것과, 그때의 호수가 현재보다 넓었을 뿐만 아니라 30미터나 더 깊었다는 것을 살펴보았다. 부두와 제방과 같은 거대한 항만시설이 남아 있기 때문에 항구였다는 사실에는 의심의 여지가 없다(옛날 호수였던 자리에 버려진 돌 조각도 남아 있다).[1] 포스난스키의 비정통적인 계산에 의하면, 티아우아나코가 항구로서 번성했던 것은 기원전 1만5000년쯤으로, 같은 시기에 칼라사사야가 건설되었고 그 후 5,000년 동안 번영했다. 이 5,000년 동안 티티카카 호수의 위치는 전혀 변하지 않았다.[2]

이 시기에 항구도시의 주요 항만시설은 칼라사사야로부터 남서쪽으로 수백 미터 떨어진 장소에 위치하고 있었는데, 현재에는 "푸마 푼쿠"(퓨마의 문)라고 부른다. 그곳을 발굴한 포스난스키는 인공적으로 만들어진 두 개의 부두가 있는 것을 확인했다. "거대한 부두 또는 제방……이곳에 수백 척의 배가 무거운 화물을 동시에 내릴 수 있었을 것이다."[3]

제방을 만드는 데에 사용한 블록이 지금도 현장에 남아 있는데, 하나의 무게가 440톤 정도이다.[4] 이곳에는 그외에도 100톤에서 150톤이 넘는 블록들이 많이 굴러다니고 있다.[5] 또한 많은 거대한 바위들이 I 형태의 연결용 금속으로 고정되어 있었던 흔적이 확실하게 남아 있다. 남아메리카 전

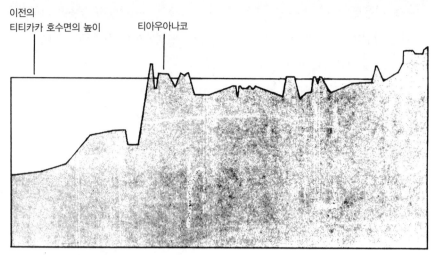

이전의
티티카카 호수면의 높이

티아우아나코

1만2,000년 전에 티티카카 호수는 현재보다 30미터 정도 깊었기 때문에 티아우아나코는 당시에 섬이었을 것이다.

체에서 연결용 금속을 사용한 기술은 티아우아나코에서만 찾아볼 수 있다.[6] 이것과 비슷한 연결용 금속을 본 적이 있는데, 상(上)이집트(Upper Egypt : 카이로 남쪽 멤피스 부근을 경계로 할 때 그 이남의 하곡 지대/역주)의 나일 강에 있는 엘레판티네 섬의 유적에서였다.[7]

많은 돌에 새겨진 십자인(十字印)도 많은 것을 시사한다. 특히 푸마 푼쿠의 북쪽에서는 얼마든지 볼 수 있다. 이중의 십자인은 견고하고 회색 빛이 나는 바위에 완벽한 균형과 조화를 이루며 명료하게 새겨져 있다. 보수적인 연대학자들도 이 십자인이 1,500년도 더 된 것이라고 인정한다. 따라서 적어도 이 십자인을 새긴 이들은 기독교를 전혀 모르는 사람들이었다. 처음 스페인 선교사가 알티플라노 고원에 나타나기 1,000년도 전의 일이기 때문이다.

그렇다면 기독교도는 어디에서 십자를 손에 넣었을까? 예수 그리스도가 매달린 나무의 형태에서 따왔을까? 그러나 보다 오랜 기원을 가지고 있을지도 모른다. 예를 들면, 고대 이집트인도 십자와 매우 비슷한 상형문자를 사용했다. 이 상형문자가 생명······삶의 호흡······영원한 생명을 나타내는 것일까?[8] 십자는 이집트에서 기원한 것일까? 아니면 다른 장소에서 보다 오래 전부터 존재했던 것은 아닐까?

나는 이와 같은 생각을 차례로 상기하면서 천천히 푸마 푼쿠 주변을 걸었다. 주위는 수백 미터의 직사각형으로 생겼고, 낮은 피라미드 형태의 언덕이 있었으며, 그 언덕 대부분이 키가 큰 잡초로 뒤덮여 있었다. 몇십 개의 블록들의 잔해가 성냥을 뿌려놓은 것처럼 한쪽에 어지럽게 널려 있었다. 포스난스키는 이것을 기원전 11세기에 자연의 대재해가 티아우아나코를 습격한 흔적이라고 주장했다.

돌연한 대변동은 지진이었고, 화산이 분출하는 중에 티티카카 호수의 물이 흘러넘쳤다. ······홍수의 원인으로 북쪽의 보다 높은 곳에 있던 제방의 붕괴도 생각해볼 수 있다. 제방이 붕괴되어 티티카카 호수로 물이 흘러들어갔고, 그것이 격류가 되어 밀려들었을지도 모른다.[9]

포스난스키는 티아우아나코가 궤멸한 것은 홍수 때문이었다는 증거에 대해서 다음과 같이 말했다.

해저생물인 팔루데스트리나 쿨미네아, 팔루데스트리나 안데콜라, 안시루스 티티카센시스, 플라노르비스 티티카센시스 등이 충적층에서 대홍수로 죽은 사람들의 유골······또한 다양한 톱미노의 뼈, 현재의 보가스의 친족인 물고기들과 뒤섞인 채 발견되었다. 인간의 유골도 같은 충적층에 함께 존재했다······.[10]

게다가 인간과 동물의 뼈가 누운 채로 발견되었다.

대혼란의 무질서 속에서, 세공된 돌, 도구, 농기구, 그 외의 모든 것들 가운데 인간과 동물의 뼈가 누운 채로 발견되었다. 이 모든 것들은 옮겨지고 부서지면서 한곳에 퇴적되었다. 누구라도 이 부근을 2미터만 파보면, 파괴적인 물의 힘과 지층의 격심한 움직임에 의해서 다양한 뼈와 도기, 보석, 도구, 농기구 등이 뒤섞여 퇴적되어 있는 것을 볼 수 있을 것이다. ……퇴적된 들판 일대는 충적토와 티티카카 호수의 조개가 섞인 해저의 모래로 덮여 있고, 파괴된 장석(長石)과 화산재는 벽으로 둘러싸인 곳에 퇴적되어 있다…….[11]

비참한 대재해가 티아우아나코에 일격을 가했던 것이다. 포스난스키의 견해가 옳다면 이 재해가 발생한 시기는 지금으로부터 1만2,000년도 더 되었다. 그 후에 물이 빠지고 나서도 "고원의 문화는 다시 발전하지 못하고 전면적으로 쇠퇴했다."[12]

고투와 포기

티아우아나코를 삼킨 티티카카 호수의 홍수를 일으킨 지진 후에도 많은 대변동이 있었기 때문에 이 지방의 쇠퇴는 가속적으로 진행되었다. 처음에 팽창하고 넘쳐 흘렀던 티티카카 호수의 물은 오히려 천천히 줄어들기 시작했다. 세월이 지나면서 호수는 몇 센티미터씩 낮아져 위대한 도시로부터 멀어졌다. 경제적으로 매우 중요한 역할을 담당하던 호수는 무자비하게 도시를 떠나갔다.

동시에 티아우아나코 주변의 기온이 저하되어 농작물 재배가 이전에 비해서 힘들어졌다는 점도 밝혀졌다.[13] 옥수수는 충분히 익지 않았고 감자조차 만족스럽게 성장하지 못했다.[14]

예전에 일어난 다양한 사건들을 모두 짜맞추는 것은 매우 어려운 일이지만, "지진에 의해서 티아우아나코에 홍수가 덮친 후에 안정된 시기가 있었던 것으로 보인다."[15] 그로부터 천천히 그리고 분명하게 "기후가 악화되었고, 결국 안데스 산맥 사람들은 보다 생활이 편한 곳을 찾아서 이동했다."[16]

그러나 지역 전승에서 "비라코차 사람들"로 전해지는 고도의 문명을 이루었던 티아우아나코 거주민들은 고투를 거듭하다가 떠난 듯하다. 알티플라노 고원 곳곳에, 고도의 과학적인 실험이 실행되었음을 알려주는 불가사의한 흔적이 남아 있다. 악화되는 기후에 대응하려고 고심했던 것이다. 최근 조사에 의하면 태고에 **누군가**가 고지대에서 성장하는 식물과 감자와 같은 농작물이 지닌 독의 화학적 특성에 관해서 놀랄 만큼 상세한 분석을 했다는 것이 판명되었다. 그리고 동시에 해독기술이 개발되어, 독은 있지만 영양가가 높은 식물을 무해하게 먹을 수 있었다고 한다.[17] 그러나 워싱턴 대학교의 인류학 조교수 데이비드 브라우먼은 "어떻게 해독기술이 개발되었는지는 아직도 해명할 수 없다"라고 말했다.[18]

또한 태고에 일 수 없는 **누군가**가 물이 빠진 후에 드러난 호수바닥에 대단한 공을 들여서 땅을 일구었다고 한다. 그렇게 일군 땅은 교대로 한쪽은 높고 한쪽은 낮은 파도 모양을 하고 있다. 이 기복양식과 낮은 운하가 무엇인지를 바르게 이해할 수 있게 된 것은 1960년대였다. 이 장소를 인디오들은 "와루 와아루"라고 부르는데, 오늘날에도 그 기복상태를 확실하게 알 수 있다. 와루 와아루는 태고에 완성된 복잡한 농업용 관개로, 그 능력은 "근대의 농업기술보다 앞선 것"이다.[19]

근래에 들어, 누군가가 일군 땅의 몇 군데가 고고학자와 농업학자에 의해서 복구되었다. 이곳에서 실험적으로 재배된 감자는 가장 생산성이 높은 농장의 세 배에 해당하는 수확을 거두었다. 또한 어느 추운 시기에 강한 서리가 내렸지만 "실험농장에는 거의 영향이 없었다." 다음 해에는 파괴적인 가뭄이 기승을 부렸지만 이곳에서 자라는 작물은 별 탈 없이 자랐다. "그 후에 홍수가 발생해서 주위의 농지는 물에 잠겼지만 일구어놓은 이곳은 침수되지 않았다." 이름도 모르는 태고의 문명이 개발한 이 단순하지만 효과적인 농업기술은 볼리비아의 농촌에서 대성공을 거두어 세계의 개발기관과 정부기관의 주목을 받았고, 현재 세계 몇몇 곳에서 이 기술을 응용한 시험재배가 이루어지고 있다.[20]

인공언어

티아우아나코 및 비라코차의 또 하나의 유산은 이 지역의 아이마라 인디오들이 사용하고 있는 언어이다. 일부 학자들은 이 언어가 세계에서 가장 오래된 언어라고 주장한다.[21]

1960년대에 볼리비아의 컴퓨터 과학자 이반 구스만 데 로야스는 우연히 아이마라어가 단순히 오래되었을 뿐만이 아니라, 매우 정교하고 교묘하게 디자인된 "인공언어"일지도 모른다는 중대한 발견을 했다. 특히 주목할 것은 아이마라어의 인공적 구문법이다. 애매한 부분이 전혀 없이 엄격하게 구성된 이 구문은 현재의 "자연스럽게 만들어진" 구문으로는 도저히 도달할 수 없는 수준이라고 한다.[22] 합성되고 고도로 조직화된 구조이기 때문에, 아이마라어는 컴퓨터에서 다른 언어의 번역에 사용되는 알고리듬으로 간단히 변환될 수 있다. "아이마라 알고리듬은 중개언어로 사용될 수 있다. 어떤 언어로 쓰인 자료를 아이마라어로 교환하면 다른 많은 언어로 간단하게 변환시킬 수 있다."[23]

티아우아나코 주변에서 컴퓨터에 적합한 구문을 가진 인공언어를 사용하고 있는 것은 우연일까? 아니면 아이마라어는 전설에서 말하는 비라코차의 고도의 문명이 남긴 유산일까? 만약 그렇다면 다른 유산도 남아 있지 않을까? 오래되어 사라진 지혜의 파편은 어디에 뿌려져 있을까? 아마도 그 파편은 스페인에 정복되기 전에 1만 년 정도 이 지역에서 발달하고 번영한 다양한 문명에 영향을 주지 않았을까? 나스카의 지상 그림을 그릴 수 있었던 것과, 잉카인들의 선조들이 마추 픽추와 사크사우아만에 있는 고대 성채의 "불가능한" 벽을 건설할 수 있었던 것도 그 파편 때문에 가능했던 것은 아닐까?

멕시코

마음에서 떨쳐버릴 수 없는 이미지는 많은 전설을 통해서 전해지고 있는, 비라코차 사람들이 태평양의 "물 위를 걸었다" 또는 바다로 "기적처럼 사라졌다"와 같은 것이었다.

그들은 어디로 사라졌을까? 어떤 목적에서 사라졌을까? 그리고 왜 패배를 인정하고 사라지기 전에 티아우아나코 주변에 머물기 위해서 불굴의 노력을 기울였을까? 그곳에서 무엇을 달성하려고 했으며, 그것이 그토록 중요한 것이었을까?

몇 주일 동안 알티플라노 고원 지대를 조사하기 위해서 라파스와 티아우아나코를 왕복했다. 그리고 나서 깨달은 것은 별천지 같은 유적에서도, 도서관에서도 더 이상의 답을 얻을 수 없다는 사실이었다. 볼리비아에서는 발자취가 끊어지고 말았다.

다시 그들의 발자취를 발견한 것은 3,200킬로미터 북쪽에 있는 멕시코에 도착했을 때였다.

| 제3부 |

깃털 달린 뱀 : 중앙 아메리카

인류 생존을 위한 피와 인류 종말의 날

멕시코 유카탄 주의 치첸 이트사

나의 등 뒤에 30미터나 되는 높이로 우뚝 솟아 있는 완벽한 지구라트 (ziggurat : 고대의 네모 반듯한 계단 모양의 성탑/역주)는 쿠쿨칸의 신전이었다. 네 개의 계단은 각각 91칸이어서 정상의 계단까지 합치면 전체 계단은 정확히 365칸이 된다. 이것은 태양력의 1년 날수와 동일하다. 또한 이 고대 신전의 기하학적 디자인과 방위는 스위스 시계와 맞먹는 정밀도를 지니고 있으며, 극적이고 수수께끼에 싸여 있는 어떤 목적을 수행하기 위해서 설계되었다. 그 목적은 춘분과 추분에 시계처럼 정확한 형태를 갖추고 있는 삼각형의 빛과 그림자를 이용해서, 북쪽 계단에서 거대한 뱀이 꿈틀거리고 있는 듯이 보이게 하기 위한 것이다. 매번 이 환영은 정확히 3시간 22분간 지속된다.[1]

쿠쿨칸 신전을 떠나 동쪽을 향해서 걸어갔다. 눈앞에는 하얀 돌기둥이 나무처럼 죽 늘어서 있었다. 옛날에는 이 기둥 위에 거대한 지붕이 얹혀 있었을 것이다. 중앙 아메리카 사람들은 건축에서 기둥을 사용할 줄 몰랐다는 잘못된 생각이 일반화되어 있는데 눈앞에 펼쳐져 있는 광경은 그것을 확실히 부정하고 있었다. 태양은 구름 한점 없는 투명한 허공을 지나 땅 위로 강렬한 빛을 사정없이 던지고 있었다. 기둥의 깊은 그림자가 자아내는

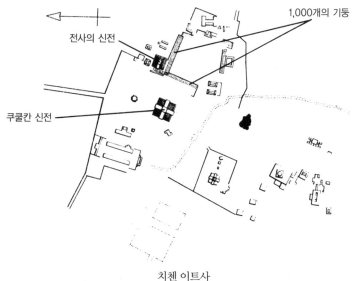

치첸 이트사

시원함은 매력적이었다. 기둥 앞을 지나자마자 급경사 계단이 나왔는데, 그 계단 끝에 전사(戰士)의 신전이 있었다.

신전의 계단을 올라감에 따라 점점 거대한 상이 다가왔다. 차크몰의 우상이었다. 절반은 누워 있고 절반은 앉아 있는 이 상은 기묘한 긴장감을 풍기면서 무엇인가를 기다리고 있는 것처럼 보였다. 무릎을 세워 두꺼운 장딴지와 허벅지를 붙이고 발목은 엉덩이에 닿아 있다. 팔꿈치는 지면에 대고, 배 위로 양손을 모아 빈 접시를 받치고 있다. 등은 어색한 각도로 고정되어 이제부터 일어나려는 듯이 보였다. 만약 일어난다면 2미터 50센티미터 정도는 될 것 같았다. 이 조각상은 뒤로 몸을 젖히고 있었는데 강렬하고 냉혹한 에너지를 느끼게 했다. 정면에서 본 이 조각상은 얇은 입술에, 원재료인 돌처럼 무자비하고 엄격하며 무관심한 표정을 짓고 있었다. 눈은 서쪽을 향해 있었는데, 이 방위는 전통적으로 암흑, 죽음, 검은색을 의미한다.[2]

조금 답답한 마음으로 계단을 계속 올라갔다. 스페인이 정복하기 전에 이 지방 일대에서 사람을 제물로 바치는 풍습이 빈번하게 거행되었다는,

도저히 잊을 수 없는 사실이 마음속에 자리잡고 있었기 때문이다. 차크몰이 배 위에 들고 있는 접시는 제물이 아직 살아 있을 때 잘라낸 신선한 심장을 두는 곳이다. 16세기에 어느 스페인인이 "희생자의 심장을 끄집어낼 때"로 시작하는 다음과 같은 기록을 남겼다.

> 그들은 대단한 규모로……희생자를 돌 위에 눕히고 네 명이 팔과 다리를 벌리게 하고 위에서 눌렀다. 그러자 손에 칼을 든 집행자가 나타나 뛰어난 기술로 젖꼭지 아래 늑골 사이로 칼을 넣었다. 그리고 그 자리에 손을 넣어 굶주린 호랑이처럼 심장을 움켜쥐고 접시 위에 얹었다…….[3]

어떤 문화가 이토록 악령에 사로잡힌 듯한 행위를 축복하고 보호 육성할 수 있었단 말인가? 1,200년 전에 만들어진 치첸 이트사의 유적은 마야족과 톨텍족의 요소가 섞인 혼합사회의 산물이었다. 잔혹하고 야만스러운 의식에 중독된 것은 이 사회만의 특징은 아니었다. 오히려 그 반대로 멕시코에서 번성한 위대한 토착문명 모두가 인간학살의 의식에 열렬했다.

도살장

타바스코 주의 비야에르모사

나는 선 채로 유아제물의 제단을 보았다. 이 의식은 올멕 문화가 잉태한 것이다. 올멕 문화는 중앙 아메리카에서 "어머니 문화"라고 불리는 3,000년 이상의 역사를 가진 문화이다. 약 1.2미터 두께의 강한 화강암으로 만들어진 제단에는 흥미로운 머리 장식을 한 네 명의 남자가 부조되어 있었다. 네 명은 모두 건강하고 토실토실하게 살이 찐 아기를 안고 있었는데, 아기의 얼굴에는 두려움에 질린 표정이 선명하게 드러나 있었다. 제단 뒤쪽에는 아무런 장식이 없었다. 앞에는 다른 남자가 그려져 있었다. 이 남자는 누군가에게 바치려는 듯이 죽은 아기의 축 늘어진 몸을 두 손으로 받쳐들고 있었다.

올멕 문화는 알려진 고대 멕시코 문명 가운데 가장 오래된 문명이다. 이 문명이 번영했을 때에는 이미 사람을 제물로 바치는 습관이 정착되어 있었다. 그때로부터 2,500년 후인 스페인 정복기에, 인간을 제물로 바치는 오래 되고 뿌리 깊은 풍습을 이어받은 것은 아스텍족이었다(그외에도 있지만).

아스텍인들은 광신적인 열의를 가지고 의식을 거행했다.

기록에 따르면 아스텍 왕조에서 가장 강력한 권력을 자랑하는 제8대 황제 아위소틀은 "아스텍 제국의 수도 테노치티틀란에 우이칠로포크틀리 신전을 세울 때 죄수를 4열로 세워서 축하했는데, 죄수들은 며칠 동안 각지에서 데리고 온 사람들이었다. 이때 한 번의 의식에서 8만여 명의 사람들을 제물로 비쳤다."[4]

아스텍인들은 제물로 바친 사람의 가죽을 벗겨서 몸에 걸치기를 좋아했다. 스페인 신부 베르나르디노 데 사아군은 스페인 정복 직후에 이와 같은 의식에 참석했다.

종교행사에 참가한 사람들은 포로의 가죽을 벗겼다. 그리고 나서 벌거벗은 몸에 기름을 바르고 벗긴 가죽을 뒤집어썼다. 보기에도 끔찍한 모습을 한 남자들이 피와 기름을 흘리면서 도시를 뛰어다니고 사람들을 공포의 도가니로 몰아넣었다. 두 번째 날의 의식에서도 전사의 가족들은 잔인한 축하연에 참가했다.[5]

스페인의 연대기 편찬자인 디에고 데 두란 역시 대량 살상의 현장을 참관했다. 이때 희생자의 수는 대단히 많아서 신전에서 피가 흘러넘쳤는데 "계단 아래까지 흘러내려 엉겨붙었으며 그것을 보고 공포에 떨지 않은 사람이 없었다"라고 기록했다.[6] 16세기 초반 아스텍 제국의 희생자는 더욱 증가해서 그 숫자가 매년 25만 명에 이르렀을 것으로 추정된다.[7]

이렇게 조울증에 걸린 것처럼 사람의 목숨을 빼앗은 것은 무엇 때문이었을까? 아스텍인들의 말을 들어보면 제물을 바쳐서 세계의 종말이 오는 것을 늦추려고 했다고 한다.[8]

제5태양의 아이들

멕시코에서 그 이전의 문화를 누렸던 사람들과 마찬가지로 아스텍인들도 우주에 대주기(大週期)가 있다고 생각했다. 신관(神官)들은 인간이 창조되고 난 뒤에 바로 그런 주기 또는 "네 번의 태양"이 있었다는 것을 당연하다는 듯이 서술해놓았다. 스페인이 정복한 시기는 다섯 번째의 태양에 해당되었다. 그리고 현재의 인류도 아직 다섯 번째 태양의 시대에 살고 있다. 이것은 「바티칸 라틴 고사본(*Vaticano-Latin Codex*)」으로 알려져 있는 진귀한 아스텍 문헌에 적혀 있다.

제1태양인 마틀라크틀리 아틀(Matlactli Atl)은 4,008년 동안 계속되었다. 당시의 사람들은 아트시트신틀리라고 부르는 수생 메이즈(옥수수 열매/역주)를 먹고 살았다. 이 시대에는 거인이 살고 있었다. ……첫 번째 태양은 마틀라크틀리 아틀(열 물[十水]이라는 의미)에 의해서 물로 멸망되었다. 이것은 아파치오우알리스틀리(대홍수라는 의미)라고 불렸는데 불멸의 비라는 마술 때문이었다. 사람들은 물고기로 변했다. 어떤 사람들은 한 쌍의 남녀만이 물가의 큰 나무의 보호를 받아 살아남았다고 한다. 또한 남녀 일곱 쌍이 동굴 속에서 물이 빠지기를 기다려 살아남았다는 이야기도 있다. 그들은 다시 세계에 인간의 숫자를 늘렸고 각각 제 나라에서 신으로 숭배되었다…….

제2태양 에에코아틀(Ehecoatl)은 4,010년 동안 계속되었다. 당시의 사람들은 아코트신틀리라고 부르는 야생과일을 먹고 살았다. 이 태양은 에에코아틀(바람의 뱀이라는 의미)에 의해서 멸망했다. 사람들은 원숭이로 변했지만……한 쌍의 남녀가 바위를 잡고 멸망에서 벗어났다.

제3태양 틀레이키야우일로(Tleyquiyahuillo)는 4,081년 동안 계속되었다. 제2의 태양으로부터 살아남은 남녀 후예들은 트신코아콕이라고 부르는 과일을 먹고 살았다. 제3의 태양은 불에 의해서 멸망했다…….

제4태양 트손틀리릭(Tzontlilic)은 5,026년 동안 계속되었다. ……사람들은 피와 불의 홍수 속에서 기아로 죽어갔다…….[9]

스페인 정복자의 파괴를 면한 또 하나의 "문화의 기록"이 있다. 그것은 아스텍 왕조의 제6대 황제 악사야카틀이 만들도록 한 "태양의 돌(Sun Stone)"이다. 이 거대한 기념비는 1479년에 견고한 현무암을 잘라 만든 것이다. 무게는 24.5톤이다. 동심원 모양이 연속적으로 조각되어 있는데 가가 기호와 같은 문자로 문장이 쓰여 있다. 고사본과 마찬가지로 세계는 이미 네 개의 시기, 즉 네 개의 태양이 끝났다고 적혀 있다. 최초의 가장 오래된 시기는 재규어의 신 오셀로토나티우로 상징되어 있다. "이 시기에는 신에 의해서 창조된 거인이 살고 있었는데 최후에 재규어에게 잡아먹히고 말았다." 제2태양은 뱀의 머리로 상징되는 에에코아틀로서 공기의 신이다. "인간은 이 시기의 종말에 강한 바람과 태풍으로 멸망했으며 원숭이로 모습이 바뀌었다." 제3태양의 상징은 비와 하늘에 있는 불의 우두머리이다. "이 시기는 하늘에서 내리는 불의 비와 화산에 의해서 모든 것이 멸망했다. 모든 집은 파괴되었다. 사람들은 새로 변하여 대재해에서 살아남았다." 제4태양은 물의 여신 찰치우틀리쿠에의 머리로 상징된다. "파괴는 호우와 홍수에 의한 것이었다. 산맥은 사라지고 사람들은 물고기로 변했다."[10]

제5태양, 즉 현재의 상징은 태양신 토나티우 그 자체의 얼굴이다. 태양신의 혀는 칼처럼 묘사되어 흑요석으로 만들었고, 입 밖으로 나와 있어서 인간의 피와 심장에 굶주려 있다는 것을 알리고 있다. 얼굴의 많은 주름은

노령이라는 것을 나타낸다. 또한 얼굴은 올린(Ollin)이라는, 운동을 나타내는 상징 속에 있다.[11]

제5태양이 "운동의 태양"이라고 불리는 것은 왜일까? 그것은 "그때에는 지구가 움직이고 그 때문에 인류는 멸망할 것이다"라고 노인들이 말하기 때문이다.[12]

그렇다면 이 파국은 언제 찾아올 것인가? 아스텍의 신관들은 곧바로라고 말했다. 그들은 제5태양이 이미 나이를 많이 먹어서 주기의 마지막에 와 있다고 믿었다(그러므로 토나티우의 얼굴에 주름이 있었다). 고대 중앙 아메리카의 전승에서는 이 시기의 시작을 태고라고 보는데, 기독교의 달력에서는 기원전 4세기경이라고 본다.[13] 그러나 그 종말의 시기를 계산하는 방법은 아스텍 문명 시대에 잊혀지고 말았다.[14] 그 후로는 이 필수적인 정보가 없었기 때문에 빈번하게 인간을 제물로 바쳐서 불가피한 파국을 조금이라도 늦추려고 했다. 실제로 아스텍인들은 스스로를 신이 선택한 민족이라고 믿었다. 성스러운 사명을 부여받았기 때문에 전쟁을 일으켜 그 포로의 피를 토나티우에게 바쳐서 조금이라도 제5태양의 수명을 연장해야 한다고 굳게 믿었던 것이다.[15]

아메리카 선사학의 권위자인 스튜어트 피델은 이 일에 대해서 다음과 같이 정리하고 있다. "아스텍인들은 이미 네 번이나 멸망한 인류를 생존시키기 위해서는 신에게 인간의 심장과 피를 항상 바쳐야 한다고 믿고 있었다."[16] 이 신앙은 놀라울 정도로 변화없이 그대로 중앙 아메리카의 모든 위대한 문명에 전달되었다. 그러나 고대인들 중에는 아스텍인들과 달리 제5태양이 끝나는 날을 정확하게 계산한 사람들도 있었다.

빛을 가져온 사람

올멕 시대의 유산으로는 어둡고 위협적인 조각만 남아 있을 뿐 문서는 남아 있지 않다. 그러나 신대륙에 태어난 가장 위대한 문명으로 알려져 있는 마야 문명은 풍부한 역(曆)의 기록을 남겨놓았다. 마야의 비문을 현재 사용하고 있는 양력(洋曆)에 대입하면 흥미로운 사실을 알게 된다. 그 비문에 의하면 제5태양이 끝나는 날이 2012년 12월 23일이다.[17]

20세기 후반의 합리적이고 지성적인 풍토에서는 인류 종말의 날에 대한 예언을 진지하게 다루는 것은 시대의 흐름에 어긋난다. 대개의 사람들은 인류 종말의 날은 미신을 굳게 믿는 사람들이 만들어내는 일이기 때문에 무시해도 상관없다고 생각한다. 그러나 나는 멕시코를 여행하면서 고대 역사에 관한 이야기에는 귀를 기울일 필요가 있지 않을까 하는 직감의 목소리가 가끔 들려와 고민하기도 했다. 만약 이야기를 후세에 전한 사람들이, 우리가 이제까지 믿어왔던 미신을 굳게 믿는 야만인이 아니었다면 어떻게 될 것인가? 그들은 우리가 알지 못하는 것을 알고 있었던 것은 아닐까? 좀더 확실하게 말해서 제5태양의 마지막 날이 옳다면 어떻게 할 것인가? 다시 말해서 마야의 현인이 예언했듯이 참혹한 지구의 대재해가 지구의 내부 깊숙이에서 시작된 것은 아닐까?

나는 페루와 볼리비아에서도 잉카인들이 시간의 계산에 마음을 빼앗겼다는 것을 알 수 있었다. 멕시코의 마야인들 역시 억누르기 어려운 욕망에 쫓기고 있었다는 것을 발견했다. 세계가 끝나는 날을 계산한 마야인들은 거의 대부분의 것을 숫자와 세월의 흐름 그리고 대사건의 발생에 초점을 맞추고 있는 듯하다. 그들은 대사건 발생의 배후에 있는 숫자를 바르게 이해할 수 있다면 대사건의 발생시기를 바르게 예측할 수 있다고 믿게 되었다.[18] 중앙 아메리카의 전승에는 인류가 멸망한다는 예측이 생생하게 묘사되어 있는데, 나는 그것을 무시할 수 없다고 느끼기 시작했다. 거인과 홍수가 나오는 이야기는 멀리 떨어진 안데스 지역의 전승과 기분 나쁠 정도로 비슷하다.

동시에 나는 또 하나의 관련사항에 대해서도 추적하고 싶었다. 바로 틱

수염이 있는 하얀 피부를 가진 케찰코아틀이다. 이 신인(神人)은 태고에 바다에서 멕시코로 건너왔다고 믿어지는 존재이다. 케찰코아틀은 마야가 인류 종말의 날을 계산하는 데에 사용한 고도의 수학과 달력을 만드는 공식을 발명했다고 전해진다.[19] 케찰코아틀은 "암흑의 시대"에 티아우아나코로 건너와 광명과 문화를 전파한 안데스 지역의 하얀 피부를 가진 신 비라코차와 놀랄 정도로 비슷하다.

뱀의 사람들

오랫동안 고대 안데스 지역의 턱수염을 기른 신 비라코차의 전승에 젖어 있던 나는 고대 멕시코의 주신(主神) 케찰코아틀에 대해서 전해지는 전승이 비라코차의 전승과 매우 비슷하다는 것을 일아사렸다.

예를 들면, 스페인이 정복하기 전의 멕시코 신화를 모은 스페인 연대기 편찬자 후안 데 토르케마다는 "케찰코아틀은 피부가 희고 붉은색이 감도는 얼굴에 긴 턱수염을 길렀다"라고 기록했다. 다른 기록자는 "백인이고 키가 크며 긴 속눈썹, 큰 눈, 긴 머리카락 그리고 덥수룩한 턱수염을 가지고 있었다"라고 기록했다.[1] 또다른 기록도 있다.

불가사의한 사람이었다. ……백인으로 체격이 좋고 이마가 넓으며 눈이 커다랗고 턱수염이 멋지게 늘어졌다. 발까지 덮는 길고 하얀 겉옷을 입고 있었다. 과일과 꽃 이외의 제물은 비난했으며 평화의 신으로 알려졌다. ……전쟁 이야기가 나오면 손가락으로 귀를 막았다고 전해진다.[2]

중앙 아메리카의 전승은 특히 인상적인데, 이런 것도 있다.

이 지혜로운 지도자는 바다에서 왔는데 그 배는 노를 젓지 않아도 달렸다. 지도자는 키가 크고 턱수염을 기른 백인으로서 사람들에게 불을 사용해서 요리하는 방법을 가르쳤다. 또한 집을 짓는 방법도 가르쳤고, 한 쌍의 남녀가 남편과 아내로서 함께 생활하는 것도 가르쳤다. 끊임없이 싸우는 당시의 사람들에게 그는 평화롭게 사는 법을 가르쳤다.[3]

비라코차의 멕시코 판 쌍둥이

비라코차가 안데스 지역을 여행할 때 많은 이름을 사용했다는 사실을 독자들도 기억하고 있을 것이다. 케찰코아틀도 마찬가지였다. 중앙 아메리카의 일부 지방, 특히 키체 마야족 사이에서는 구쿠마츠로 불렸다. 다른 장소, 예를 들면, 치첸 이트사에서는 쿠쿨칸으로 불렸다. 그러나 이 말들을 번역하면 모두 깃털(날개) 달린 뱀이라는 뜻이 된다. 케찰코아틀의 의미도 마찬가지이다.[4]

중앙 아메리카, 특히 마야에서는 케찰코아틀과 매우 비슷한 신인들이 등장하는데 그중의 한 명이 보탄이다. 그는 위대한 문명을 전파한 사람으로 간주되었으며 역시 하얀 피부에 턱수염을 기르고 긴 겉옷을 입고 있었다. 학자들은 이 이름을 번역하지는 못했지만 그의 상징 역시 케찰코아틀과 마찬가지로 뱀이었다.[5] 또다른 관련인물은 이차마나이다. 마야의 치료의 신인데 턱수염을 기르고 긴 겉옷을 입었다. 상징은 방울뱀이다.[6]

이것들 모두에서 알 수 있는 것은 많은 학자들이 인정하고 있듯이, 정복시기에 스페인 연대기 편찬자가 수집해서 전한 멕시코 전설은 매우 오랫동안 입으로 전해진 것이어서 혼란스럽고 서로 뒤섞여 있다는 점이다. 그러나 이 이야기들의 배후에는 분명한 역사적 사실이 있는 모양이다. 마야 연구의 일인자인 실바너스 그리스월드 몰리는 다음과 같은 결론을 내리고 있다.

위대한 신 쿠쿨칸 또는 깃털 달린 뱀은 아스텍의 신 케찰코아틀의 마야 판이다. 이 멕시코 신은 빛과 학습과 문화의 신이었다. 마야의 신은 위대하고 조직력이 뛰어났으며, 도시를 만들고 법률을 정하고 달력에 대해서 가르쳤다. 이 신이 행한 업적 및 생애는 너무나 인간적이어서 역사상에 실재했던 것으로 생각된다. 뛰어난 법률을 제정하고 조직력이 뛰어났던 그는 죽은 뒤에도 오랫동안 이야기로 전해지다가 결국 신격화되었을 것이다.[7]

모든 전설은 케찰코아틀, 쿠쿨칸, 구쿠마츠, 보탄, 이차마나가 아주 먼 곳에서("동쪽 바다"를 건너서) 나타났다는 점에서 일치한다. 또한 그들은 인간들이 슬퍼하는 가운데 왔던 방향으로 다시 배를 타고 떠났다.[8] 전설에 의하면 반드시 다시 돌아오겠다고 말했다고 한다.[9] 비라코차의 이야기와 차이가 없다. 이것을 우연으로 치부하는 것은 잘못일 것이다. 게다가 안데스 지역에서는 비라코차가 태평양의 파도를 넘어 사라진 것은 기적적인 사건이었디고 전승되이었다. 힌편 케칠코아틀이 맥시코에서 사라지는 모습에도 기묘한 분위기가 감돌고 있다. 케찰코아틀은 "뱀의 뗏목"을 타고 사라진 것으로 되어 있다.[10]

마야와 멕시코의 신화에 역사적 사실이 뒷받침되었다는 몰리의 생각은 옳다고 볼 수 있다. 이 전승들이 표현하고 있는 것은 턱수염을 기른, 피부가 하얀 케찰코아틀(쿠쿨칸이라고 해도 좋다)이라고 불리는 외국인이 한 명이 아닌 여러 명이었다는 것이다. 그들은 같은 장소에서 왔으며 인디오들과는 분명하게 차이가 나는 인종에 속해 있었던 듯하다(턱수염과 하얀 피부 등을 볼 때). 이들은 서로 "가족관계"였다고도 생각되고,[11] 모두 뱀으로 상징된 조금씩 다른 신이었다고도 생각된다. 케찰코아틀, 쿠쿨칸, 이차마나의 경우는 멕시코와 마야의 많은 전승 속에서 제자 또는 조수를 거느린 모습으로 묘사되고 있다.

고대 마야의 종교서적인 「칠람 발람의 서(*Books of Chilam Balam*)」에 적혀 있는 신화에는 "유카탄에 처음으로 정착한 것은 '뱀의 사람들'이었다. 그들은 동쪽에서 배를 타고 나타났으며, 지도자는 '동쪽의 뱀'이라는 의미의 이차마나로서 그의 손에 닿기만 해도 병이 나았으며, 그는 죽은 사람을 살려내는 일도 할 수 있었다"라고 쓰여 있다.[12]

다른 전승에서는 "쿠쿨칸은 19명의 동료와 함께였다. 그 가운데 두 사람은 물고기의 신이고 두 사람은 농업의 신이며 한 사람은 벼락의 신이었다. ……그들은 유카탄에 10년간 머물렀다. 쿠쿨칸은 훌륭한 법률을 제정했고, 태양이 뜨는 방향으로 배를 타고 떠났다"라고 전한다.[13]

스페인의 연대기 편찬자 라스 카사스는 이렇게 전했다. "원주민에 의하면 태고에 멕시코에 온 사람들은 20명이었다고 한다. 그들의 우두머리를 쿠쿨칸이라고 불렀다. ……그들은 늘어진 겉옷을 입었고 샌들을 신었다. 또한 턱수염을 길렀으며 대머리였다. ……쿠쿨칸은 사람들에게 평화를 말했으며 중요한 건축물을 많이 지었다……."[14]

또한 후안 데 토르케마다는 케찰코아틀과 함께 멕시코에 온 이방인들의 전승에 대해서 다음과 같이 기록했다.

그들은 세련된 몸놀림에 좋은 옷을 입고 있었다. 검은 천으로 만든 긴 겉옷은 앞이 터져 있었고 모자는 쓰지 않았다. 옷의 목 부분은 깊이 파였으며 소매는 짧아서 팔꿈치에도 미치지 못했다. 케찰코아틀의 제자들은 많은 지식과 모든 일에 뛰어난 기술을 가지고 있었다.[15]

전승에 따르면, 케찰코아틀은 턱수염을 기르고 피부가 하얀 안데스 지역의 비라코차와 마찬가지로 멕시코에 문명을 구축하는 데에 필요한 모든 기술과 문화를 전파해서 황금시대를 열었다고 한다.[16] 즉 케찰코아틀은 중앙 아메리카에 문자를 전파했으며 달력을 발명했다. 또한 건축의 대가이기도 해서 사람들에게 돌을 쌓는 방법과 건축의 비술을 가르쳤다. 수학, 야금학, 천문학의 아버지로서 "지구를 계측했다." 게다가 생산성이 높은 농업을 장려해서 고대인의 생명의 양식이었던 옥수수를 발견하여 보급시켰다. 그리고 위대한 의사 및 약의 대가로서 치료사와 점쟁이를 보호하고

"식물의 특성에 관한 비술을 사람들에게 가르쳤다." 법률을 제정한 사람으로서 숭배되었고, 장인(匠人)의 보호자였으며, 모든 예술을 후원했다.

세련된 문화를 가진 사람의 모습에서 예상할 수 있듯이 멕시코에서 케찰코아틀이 지배했던 시대에는 인간을 제물로 바치는 끔찍한 의식이 금지되었다. 케찰코아틀이 사라진 후에 피를 뿌리는 의식은 더욱 맹렬하게 재개되었다. 그러나 중앙 아메리카의 역사상 가장 열렬하게 인간을 제물로 바치는 의식을 거행한 아스텍족조차 "케찰코아틀의 시대"에 대한 향수를 가지고 있었다. 전설에 의하면, "케찰코아틀은 살아 있는 것을 다치게 해서는 안 된다고 가르친 교사였다. 사람이 아닌 새나 나비를 바치도록 가르쳤다"고 한다.[17]

우주적 투쟁

왜 케찰코아틀은 떠났을까? 무엇이 잘못되었을까?

멕시코의 전설은 이런 물음에 답하고 있다. 계발적이고 자비심 많은 깃털 달린 뱀에 의한 지배는 밤과 암흑의 신 테스카틸포카("연기를 내뿜는 거울"이라는 의미)에 의해서 종말을 맞게 되었다. 이 신의 일파는 인간제물을 요구했다. 고대 멕시코에서 광명과 암흑의 세력 다툼은 결국 암흑의 승리로 막을 내렸…….

이 싸움의 무대는 특별히 역사가 오래된 곳이 아닌 현재의 툴라(Tula)라고 알려져 있다. 이곳의 역사는 잘해야 1,000년 정도일 것으로 추정된다. 그러나 이 전설은 보다 오래된 시대와 연결되는 듯한 느낌이 든다. 당시에 그 장소는 톨란(Tollan)으로 알려져 있었다. 모든 전승에 공통적으로 등장하는 이야기는 테스카틸포카가 케찰코아틀을 격파한 장소는 톨란이며 격파당한 케찰코아틀은 멕시코를 떠났다는 것이다.

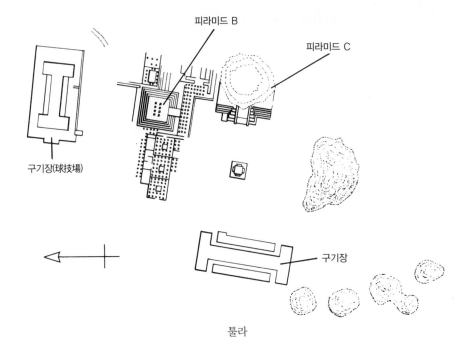

피라미드 B

피라미드 C

구기장(球技場)

구기장

툴라

불의 뱀

이달고 주의 툴라

나는 상상력이 부족한 듯한 이름이 붙은 피라미드 B의 편평한 정상에 앉아 있었다. 늦은 오후의 햇살이 투명한 하늘에서 내리쬐고 있었다. 남쪽을 향하고 앉아서 주위를 둘러보았다.

피라미드 토대의 북쪽과 동쪽 벽에는 인간의 심장을 탐내고 있는 재규어와 독수리가 묘사되어 있었다. 내 뒤로 네 개의 기둥과 2.7미터나 되는 화강암으로 만든 무서운 우상 네 개가 서 있었다. 내 앞으로 왼쪽에는 현재 발굴 중인 높이 12미터의 피라미드 C가 있었다. 선인장으로 뒤덮인 이 고분에서 좀 떨어진 곳에는 아직 고고학자들이 손대지 않은 고분들이 몇 개 있었다. 오른쪽에는 긴 I형 운동장이 있었다. 고대에 끔찍한 경기를 거행하던 곳이었다. 두 팀 또는 두 사람이 운동장에 들어가서 고무 공을 서로 빼앗기 위해서 싸웠다. 패자는 목이 잘렸다.

내 뒤에 서 있는 우상들은 엄숙하고, 위협적인 분위기를 풍겼다. 나는 자리에서 일어나 그것들을 더 잘 보기 위해서 가까이 다가갔다. 제작자는 차갑고 무자비한 표정을 우상에 불어넣었다. 휘어진 코와 움푹 꺼진 눈은 동정심과 감정이 없는 듯이 보였다. 그러나 잔인한 겉모습보다 흥미를 끄는 것은 그들이 손에 쥐고 있는 물체였다. 고고학자들은 그 물체가 무엇인지 모른다고 인정하면서도 추측은 했다. 이 추측이 정설이 되어 지금은 우상이 오른손에 들고 있는 것은 창을 던지는 도구인 아틀-아틀스(atl-atls)이고, 왼손에 들고 있는 것은 "창이나 화살, 향낭(香囊)"이라고 간주되고 있다.[18] 실제로 보면 창 던지는 도구나 창, 화살, 향낭 따위로는 보이지 않았지만 괘념하지 않는 모양이다.

산타가 찍은 사진을 보면 독자들도 이 기묘한 물체에 대해서 나름대로의 인상을 가지게 될 것이라고 생각한다. 이 물체를 주의 깊게 관찰하면서 나는 그것이 금속제 장치를 나타내는 것이라고 느꼈다. 오른손의 장치는 칼집 모양의 케이스나 손 보호대로부터 나와 있는 듯한데 마름모꼴 모양에 아래쪽이 곡선을 이루고 있다. 왼손의 장치는 기계나 무기처럼 보였다.

이것을 보면서 고대 멕시코의 신이 시우코아틀, 즉 불의 뱀이라는 무기를 가지고 있었다는 전설들을 생각해보았다.[19] 그 무기는 불꽃 같은 광선을 내뿜어서 사람의 몸을 뚫거나 절단할 수 있다고 했다.[20] 툴라의 우상이 가지고 있는 것이 그 "불의 뱀"일까? 그런데 불의 뱀은 과연 무엇일까?

그것이 무엇이든 간에 둘 다 고도의 기술을 구사해서 만든 장치처럼 보였다. 또한 둘 다 티아우아나코에 있는 칼라사사야의 우상이 가지고 있던 불가사의한 물체를 떠올리게 했다.

뱀의 성지

산타와 내가 툴라(톨란)에 온 것은 이곳이 케찰코아틀과 그의 적인 연기를 내뿜는 거울의 신 테스카틸포카와 관계가 깊은 장소이기 때문이었다.[21] 불로불사하고 우주에 편재하는 전지전능한 신 테스카틸포카는 전설에서 밤, 암흑, 신성한 재규어와 연관되어 있다.[22] 그는 "보이지 않고 무자비하며 인간들 앞에는 날아다니는 그림자나 무서운 괴물의 모습으로 나타났다."[23] 번쩍거리며 빛을 발하는 해골의 모습으로 자주 묘사되는 이 신은 자신의 이름을 의미하기도 하는 불가사의한 물체인 연기를 내뿜는 거울을 가지고 있었다고 한다. 이 거울을 사용해서 사람들과 신들의 활동을 멀리에서 관찰했던 것이다. 학자들은 그 거울이 수정점(水晶占)을 치는 데에 사용하는 원시적인 흑요석이라고 해석한다. "흑요석은 멕시코인에게 특별히 신성한 것이었다. 신관이 제물을 바치기 위해서 사용하는 칼도 흑요석으로 만들었다. 베르날 디아스(스페인 연대기 편찬자)에 의하면 멕시코인은 흑요석을 '테스카트'라고 불렀다. 이 돌로 거울도 만들었는데 그 거울은 마술사들이 점을 치는 도구로 사용했다고 한다."[24]

암흑과 탐욕스러운 사악함을 대표하는 세력인 테스카틸포카는 케찰코아틀과 매우 오랜 세월 동안 전쟁을 계속했다고 전설은 말한다.[25] 때로는 한쪽이 우세했고, 때로는 다른 쪽의 세력이 우세했다. 이 대규모 전쟁은 악이 선을 멸망시키고 톨란에서 케찰코아틀이 쫓겨나는 것으로 결말을 맺고 있다.[26] 그 후 테스카틸포카의 악몽과도 같은 신앙에 따라 중앙 아메리카 전역에서 다시 인간을 제물로 바치는 의식이 거행되었다.

이미 말한 것처럼 케찰코아틀은 해안으로 도망쳐 뱀의 뗏목을 타고 사라지고 말았다. 어떤 전설에 의하면 "은과 조개 껍데기로 만든 집은 태우고, 보물은 묻고, 빛나는 새로 변한 제자들의 선도를 받으며 동쪽 바다로 항해했다"고 한다.[27]

이 통렬한 여행의 출발지가 된 곳은 코아트스코알코스라는 곳이었는데, 이 지명은 "뱀의 성지"라는 의미이다.[28] 이별할 때 케찰코아틀은 제자들에게 다시 돌아와서 테스카틸포카 일파를 전복시키고, 신들이 인간의 피를 요구하는 대신 "꽃을 제물로 받는" 시대의 막을 열겠다고 약속했다고 한다.[29]

15

멕시코의 바벨탑

툴라에서 남동쪽으로 차를 달려 멕시코시티를 우회했다. 무질서하게 달리는 고속도로로 들어가서 수도의 끝을 바라보았다. 멕시코시티의 악명 높은 대기오염은 눈에서 눈물이 나고, 폐를 마비시킬 정도였다. 그곳에서 소나무로 덮여 있는 산들을 넘어 눈이 쌓여 있는 포포카테페틀 산을 지나 마침내 들판과 목장 속으로 가로수가 줄지어 서 있는 도로를 달렸다.

큰 광장이 있는 인구 1만1,000명의 차분한 도시 촐룰라에 도착한 것은 오후 늦어서였다. 동쪽으로 핸들을 돌려 좁은 길을 달리다가 선로를 지나 "인공 산"인 틀라치우알테페틀의 그림자에서 차를 세웠다. 우리는 이 산을 보기 위해서 온 것이었다.

한때는 평화를 사랑하는 케찰코아틀을 숭배하는 종파의 성지였던 이곳에는 현재 화려하게 장식된 가톨릭 교회가 세워져 있었다. 이 대(大)건축물은 고대 세계에서 최대이면서 가장 야심적인 기술계획의 산물이었다. 토대의 크기는 45에이커에 이르며 높이는 64미터나 된다. 이집트 대피라미드의 세 배나 되는 크기이다.[1] 세월이 지난 탓에 윤곽이 분명하지 않았고 경사면에는 잡초가 무성하게 자라고 있었다. 그러나 여전히 그것은 옛날에 네 군데의 급경사 "계단"이 하늘을 향해서 뻗어 있는 위압적인 지구라트였음을 느끼게 했다. 토대의 한 변은 500미터로 당당한 위엄을 자랑

141

했고, 비록 일부가 더럽혀져 있었지만 아름다움은 그대로 남아 있었다.

과거라는 것은 그것이 건조하고 먼지로 뒤덮인 것일지라도 좀처럼 침묵하지 않고, 귀를 기울이는 사람에게는 정열적으로 이야기를 들려준다. 나는 이 장소에서 그런 정열을 느꼈다. 이 지구라트는, 스페인의 정복자 에르난 코르테스가 흡사 길을 가는 사람이 해바라기 꽃을 잘라내듯이 닥치는 대로 만발한 멕시코 문화를 잘라내던 시기에, 정신적으로 그리고 육체적으로 퇴폐를 계속하는 멕시코 원주민의 모습을 목격해왔다.[2] 순례의 중심지인 촐룰라가 정복되었을 때 이 도시의 인구는 10만 명 정도였다. 고대로부터 계속된 전통과 생활양식을 단절시키기 위해서는 "인공 산"의 위엄을 깨뜨릴 필요가 있었다. 그렇게 하기 위해서 선택된 것이 지구라트의 정상에 있는 신전을 파괴하고 모독한 다음 그 자리에 교회를 세우는 작업이었다.

코르테스 일행은 소수였고 촐룰라 사람들은 다수였다. 그러나 스페인 군대는 도시로 진군해가기 위한 좋은 조건을 갖추고 있었다. 턱수염을 기르고 하얀 피부에 빛나는 갑옷과 투구를 몸에 걸친 스페인인들은 예언을 성취하러 온 것처럼 보였다. 케찰코아틀(깃털 달린 뱀)이 "동쪽 바다에서" 부하를 거느리고 돌아온다고 하지 않았던가?[3]

순진하고 신앙심이 깊은 촐룰라 원주민들은 **정복자들**을 지구라트 정상에 있는 신전의 안뜰로 안내했다. 신전에서는 쾌활하고 발랄한 처녀들이 춤과 노래로 그들을 환영했고, 시종들이 빵과 호화로운 음식으로 그들을 대접했다.

이 행사에 참가했던 스페인 연대기 편찬자는 그 후에 일어난 일을 기록했다. 마음속이 숭배로 가득 차 있던 도시의 지도자들은 "행복한 얼굴로 무기도 없이 백인들이 무엇인가 말하기를 기대하며 모여들었다." 자신들이 찾아온 목적을 주민들이 알아차리지 못한 것을 안 스페인인들은 안뜰로 통하는 문을 잠그고 보초를 세운 다음 칼을 뽑아들고 지도자들을 죽이기 시작했다.[4] 이 학살로 6,000여 명이 살해되었는데,[5] 그 흉폭성은 아스텍인 들의 피에 물든 의식과 비교해도 전혀 손색이 없었다. "촐룰라 원주민들은 허를 찔렸다. 화살과 방패는 사용할 수 없었다. 경고도 없이 살해되었다. 배신을 당해서 살해된 것이다."[6]

내 생각에 이것은 아이러니컬했다. 페루와 멕시코의 정복자들은 하얀 피부와 턱수염을 가진 신이 돌아온다는 전설로부터 동일하게 도움을 받았 던 것이다. 그 신이 신격화된 인간이라면 그는 고도의 문명을 가지고 사람 들의 모범이 될 수 있었을 것이다. 아니면 페루와 멕시코에 나타난 것은 같은 배경을 가진 다른 사람들이었는지도 모른다. 한 사람은 멕시코에 나 타나서 케찰코아틀이라고 불렸고, 다른 한 사람은 페루에서 활약하며 비 라코차라고 불렸던 것이다. 스페인인들이 표면적으로 그 옛날의 하얀 피 부에 턱수염을 기른 이방인과 비슷했기 때문에 원래는 굳게 닫혀 있어야 할 많은 문이 활짝 열렸다. 그러나 현명하고 자비로운 전임자와는 달리 안 데스 지역의 피사로와 중앙 아메리카의 코르테스는 먹이를 찾아 헤매는 이리와도 같았다. 그들은 획득한 땅과 사람들과 문화를 먹어치웠고 대부 분을 파괴했다…….

과거를 위한 눈물

스페인인들의 눈은 무지와 편견과 탐욕으로 빛나고 있었기 때문에 멕시코 에 도착했을 때 인류의 귀중한 유산을 소멸시키고 말았다. 따라서 중앙 아 메리카에서 번영했던 뛰어난 문명의 상세한 지식을 얻을 수 없게 되었다.

예를 들면, 믹스텍족의 수도였던 아치오틀란의 성지에 안치되어 있던 빛나는 "우상"의 배후에 있는 참된 역사는 무엇이란 말인가? 이 흥미로운 우상에 대해서는 16세기에 이 우상을 본 부르고아 신부의 기록에서 알 수 있다.

우상을 구성하는 소재는 훌륭한 가치가 있는 것이었다. 그것은 에메랄드로 크기는 굵은 후추 꼬투리 정도였다. 그곳에는 작은 새가 뛰어난 기교로 조각되어 있었다. 또한 작은 뱀이 똬리를 틀고 있는 모습도 정교하게 조각되어 있었는데 당장이라도 새에게 덤벼들 것처럼 보였다.

이 보석은 투명도가 높고 촛불에 비쳐도 안쪽에서 강한 빛을 발산했다. 매우 오래된 보석이었다. 그러나 그것을 숭배하고 신앙의 대상으로 삼았던 전통에 대해서 전해주는 것은 아무것도 남아 있지 않다.[7]

오늘날 이 "오래된 보석"을 조사해볼 수 있다면 어떤 것을 알 수 있을까? 또한 어느 정도 오래된 보석일까? 그것은 알아낼 도리가 없다. 왜냐하면 아치오틀란에 부임한 최초의 선교사인 베니토 신부가 인디오들에게서 보석을 빼앗았기 때문이나. "신부는 그것을 갈아서 부수었다. 어느 스페인인이 금화 3,000두카트를 지불하겠다고 했지만 신부는 갈아서 부순 가루를 물에 녹여 땅 위에 뿌렸다. 그리고 나서 그 위를 밟고 서 있었다……."[8]

그외에도 멕시코의 과거가 보존되어 있는 지식의 보고를 없앤 전형적인 예로 아스텍 제국의 황제 몬테수마가 코르테스에게 보낸 두 개의 선물이 있다. 그것은 원형 달력으로서 차 바퀴 정도의 크기였다. 하나는 순은으로 만든 것이었고, 다른 하나는 순금으로 만든 것이었다. 이 달력에는 중요한 정보가 될지도 모를 아름다운 상형문자가 정성스럽게 조각되어 있었다. 그러나 코르테스는 그 자리에서 선물을 녹여 주괴(鑄塊)로 만들고 말았다.[9]

광신적인 수도사들은 중앙 아메리카 곳곳에 있던, 고대로부터 축적된 지식의 보고를 조직적으로 철저하게 수집해서 한곳에 모아놓고 불을 질렀다. 예를 들면, 1562년 7월 마니(현재 유카탄 주의 메리다에서 조금 남쪽에 위치한 도시)의 광장에서 디에고 데 란다 신부는 수천 점에 이르는 마야의 사본 그리고 그림 이야기와 상형문자가 조각되어 있는 사슴 가죽들을 불태웠다. 또한 신부는 헤아릴 수 없을 정도로 많은 우상과 제단을 파괴했다. 신부는 "이것들은 악마가 만든 것이다. 악마가 기독교를 수용하지 못하도록 인디오들을 유혹해서 꾸민 짓이다……"라고 말했다.[10] 신부는 어디에서나 이 이론을 내세웠다.

> 인디오의 문자로 쓰여 있는 다량의 책이 발견되었다. 그러나 그것들은 악마의 기만과 미신으로 가득 차 있었기 때문에 전부 불태웠다. 원주민들은 슬퍼했고 깊은 상처를 입은 듯이 보였다.[11]

그러나 아픔을 느낀 이들은 "원주민"뿐만이 아니었다. 그 이후로 과거의 진실을 탐구하는 사람이라면 누구나 같은 아픔을 느꼈다.

다른 많은 "신의 사자들"은 디에고 데 란다 신부보다 더 무자비하게 뛰어난 솜씨로 자신의 일을 수행했다. 그들은 스페인의 악마적인 사업에 참가해서 중앙 아메리카의 기억의 보고를 소멸시켰다. 그 가운데서도 가장 악명 높은 사람은 멕시코의 주교 후안 데 수마라가였다. 그는 2만 개의 우상과 500개의 신전을 파괴했다고 자부했다. 1530년 11월 후안 데 수마라가 주교는 기독교에 귀의한 상류계급의 아스텍인들을 한자리에 모아놓고 태워죽였다. 이유는 그들이 "비의 신"을 다시 믿었기 때문이다. 또한 텍스코코 도시의 광장에서는 정복자들이 11년 동안 아스텍인들로부터 강제적으로 수집한 천문학의 서류, 그림, 사본, 상형문자로 쓰인 문서 등을 쌓아놓고 태워서 거대한 불기둥을 만들었다.[12] 이 때문에 더 이상 찾을 수 없는 지식과 역사가 연기가 되어 사라졌고, 인류가 기억을 상실한 역사의 일부를 되찾을 수 있는 기회가 영원히 사라지고 말았다.

중앙 아메리카의 고대인들이 기록한 것 가운데 무엇이 남아 있단 말인가? 비참하게도 스페인인들 덕분에 20여 개의 사본과 두루마리가 남아 있을 뿐이다.[13]

우리는 전설을 통해서 수도사들이 재로 만든 서류 가운데 "태고에 관한 기록"이 포함되어 있었다는 것을 알고 있다.[14]

사라진 기록에는 어떤 것이 적혀 있었을까? 어떤 비밀이 숨겨져 있었던 것일까?

기묘한 모습을 한 거대한 남자들

정복자들이 미친 듯이 책을 불태우고 있을 때 몇 명의 스페인인들은 "아스텍 문명 이전에 멕시코에는 위대한 문명이 존재했다"라는 것을 깨달았다.[15] 기묘하게도 이 사실을 깨달은 사람들 가운데 한 명이 디에고 데 란다 신부였다. "바울로가 다마스쿠스로 가는 길에서 경험한" 것과 같은 일이 미니에서의 시건 후에 신부에게도 일어난 모양이었다. 그는 그때까지 파괴한 고대의 지혜를 보존하기로 결심하고 유카탄 원주민의 전승과 이야기를 끈기 있게 수집하기 시작했다.[16]

베르나르디노 데 사아군은 프란체스코 수도회의 수도사였는데, 현대에 가장 큰 은혜를 안겨준 연대기 편찬자이다. 뛰어난 언어적 재능을 지닌 사아군은 "가장 학식 있고 나이가 많은 원주민들을 찾아내서 아스텍의 그림문자로 아스텍의 역사와 종교, 전설에 대해서 확실하게 기술하게 해서" 그 내용을 기록했다.[17] 이 방법으로 베르나르디노 데 사아군은 고대 멕시코의 고고학, 신화학, 사회역사의 상세한 정보를 수집할 수 있었다. 그는 훗날 그 정보를 12권의 책으로 남겼다. 이 책은 스페인 당국의 탄압을 받아서 거의 훼손되었지만, 다행스럽게도 한 권은 보존되었다.

디에고 데 두란 역시 프란체스코 수도회의 수도사였는데 원주민의 전승에 대한 양심적인 기록자였다. 그 역시 사라진 과거의 지식을 회복시키려고 부단히 노력했다. 그는 1585년에 급속하게 변해가는 촐룰라를 찾아갔다. 그곳에서 백 살이 넘는, 도시에서 가장 존경받는 노인에게 면접조사를 실시했다. 노인은 위대한 지구라트가 어떻게 만들어졌는지를 이야기해주었다.

처음 아직 태양의 빛이 창조되기 전에 촐룰라는 암흑으로 둘러싸여 있었다. 언덕도 산도 없었으며 편평한 땅은 거의 물에 잠겨 있었다. 나무도 없었고 창조된 것은 아무것도 없었다. 동쪽 하늘에 태양이 떠올라 햇살을 비추기 시작하자 기묘한 모습을 한 거대한 남자들이 나타나서 이 땅을 지배했다. 태양의 빛과 아름다움에 매료된 거대한 남자들은 하늘에까지 이르는 매우 높은 탑을 쌓기로 했다. 탑을 쌓기 위한 재료를 모두 모은 후에 접착력이 매우 강한 흙과 역청을 사용해서 곧바로 탑을 건설하기 시작했다. ……가능한 한 높이 쌓아올렸기 때문에 탑은 하늘에 이르렀다. 천국의 신이 분노하여 하늘의 주민들에게 말했다. "지상의 사람들이 태양의 빛과 아름다움에 매료되어 하늘을 향해서 거대한 탑을 만들고 있는 것을 보았겠지? 내려가서 그들을 혼란스럽게 만들어라. 육체를 가진 지상의 사람들이 우리와 섞여서는 안 된다." 곧바로 하늘의 주민들이 전광석화처럼 내려와서 건축물을 파괴하고 건축가들을 분열시켜 지구의 구석구석으로 내쫓았다.[18]

이 이야기는 성서 속에 나오는 바벨탑 이야기(고대 메소포타미아 전승의 개작)와 너무 비슷하다. 그래서 나는 촐룰라를 방문했던 것이다.

중앙 아메리카의 이야기와 중동의 이야기 사이에 분명히 밀접한 관계와 유사성이 있다는 것은 부정할 수 없다. 그러나 큰 차이점도 있어서 그것 역시 무시할 수 없다. 두 이야기의 유사성으로 미루어보아 콜럼버스의 미대륙 발견 이전에 중앙 아메리카와 중동 사이에 어떤 문화적 접촉이 있었다는 것도 생각해볼 수 있다. 그러나 유사점과 차이점의 발생을 좀더 간단하게 설명할 수도 있다. 예를 들면, 두 개의 전설은 각각 떨어진 곳에서 수천 년에 걸쳐 발전해왔는데, 원래는 태고에 같은 선조들로부터 이어받은 것이라고 생각할 수도 있는 것이다.

나머지

창세기에는 "천국에 이르는 탑"에 대해서 이렇게 적고 있다.[*]

온 세상이 한 가지 말을 쓰고 있었다. 물론 낱말도 같았다. 사람들은 동쪽에서 옮아 오다가 시날 지방 한 들판에 이르러 거기 자리를 잡고 의논하였다. "어서 벽돌을 빚어 불에 단단히 구워 내자." 이리하여 사람들은 돌 대신에 벽돌을 쓰고, 흙 대신에 역청을 쓰게 되었다. 또 사람들은 의논하였다. "어서 도시를 세우고 그 가운데 꼭대기가 하늘에 닿게 탑을 쌓아 우리 이름을 날려 사방으로 흩어지지 않도록 하자."

야훼께서 땅에 내려 오시어 사람들이 이렇게 세운 도시와 탑을 보시고 생각하셨다. "사람들이 한 종족이라 말이 같아서 안 되겠구나. 이것은 사람들이 하려는 일의 시작에 지나지 않겠지. 앞으로 하려고만 하면 못할 일이 없겠구나. 당장 땅에 내려가서 사람들이 쓰는 말을 뒤섞어 놓아 서로 알아듣지 못하게 해야겠다." 야훼께서는 사람들을 거기에서 온 땅으로 흩으셨다. 그리하여 사람들은 도시를 세우던 일을 그만두었다. 야훼께서 온 세상의 말을 거기에서 뒤섞어 놓아 사람들을 온 땅에 흩으셨다고 해서 그 도시의 이름을 바벨이라고 불렀다.[19]

이 이야기에서 가장 흥미로운 것은 바벨탑을 세운 고대인들이 비록 언어와 문명은 망각의 늪에 묻었지만 자신들의 이름이 잊혀지지 않도록 영구히 남을 기념비를 세웠다는 점이다. 촐룰라의 건축물을 만든 사람들도 같은 생각을 했던 것일까?

멕시코에서 2,000년 전에 만들어졌다고 고고학자들이 인정하는 유적의 수는 몇 개 되지 않는다. 촐룰라도 당연히 그 가운데 하나이다. 이 건축물이

---

[*] 이 책에서 성서를 인용한 모든 부분은 공동번역 성서에 따른 것임/역주.

언제 건축되기 시작했는지에 대해서 확신을 가지고 말할 수 있는 사람은 아무도 없다. 이 주위가 발전한 것은 기원전 3000년경인데, 그 수천 년 전에 다른 고대 건축물이 이 장소에 지어졌고, 그 위에 현재의 위대한 케찰코아틀의 지구라트가 세워졌을 것으로 생각된다.

중앙 아메리카에는 태고의 문명이 아직도 땅속에 묻힌 채 발견되기를 기다리고 있을 가능성이 있다. 흥미를 끄는 그 가능성을 보다 확고하게 해주는 선례가 있다. 예를 들면, 멕시코시티의 대학 캠퍼스 바로 남쪽에서 쿠에르나바카로 향하는 도로 샛길에는 나선형 계단을 가진 매우 복잡한 피라미드 유적이 있다(네 개의 회랑과 중앙 계단이 있다). 이 유적은 용암에 매몰되어 있다가 1920년대에 그 일부가 발굴되었다. 지질학자들이 용암이 덮친 시기를 엄밀하게 조사했다. 그 결과를 보고 모두 깜짝 놀랐다. 이 유적의 3분의 2를 완전히 덮고 있는 용암(그 주변 일대의 사방 96킬로미터를 덮고 있다)은 적어도 7,000년 전에 발생한 화산폭발에 의해서 분출되었다는 것이었다.[20]

이 지질학상의 증거는 역사학자나 고고학자를 침묵하게 만들었다. 그들은 그토록 오래 전에 멕시코에 피라미드를 건설할 수 있는 문명이 있었다고는 믿지 않았던 것이다. 지리학 협회의 부탁을 받고 이 유적을 발굴한 미국의 고고학자 바이런 커밍스는 피라미드의 상하 지층을 조사(화산의 폭발 전과 후의 지층을 조사)한 결과 이 유적이 "아메리카 대륙에서 발굴된 가장 오래된 신전"이라고 확신하기에 이르렀다. 고고학자인 커밍스는 지질학자보다 더 깊이 파고들었으며, 이 신전은 "8,500년 전에 황폐화되었다"고 단호히 말했다.[21]

피라미드 위의 피라미드

촐룰라의 피라미드 내부에 들어가면 인공 산 속에 들어왔다는 느낌을 떨칠 수가 없다. 9.6킬로미터의 길이로 뚫려 있다는 터널은 그리 오래된 것이 아니었다. 이 터널은 고고학자들이 남겨놓은 것이다. 그들은 이곳을 1931년부터 자금이 떨어진 1966년까지 열심히 팠다. 태고의 공기가 이 거대한 건축물 전체에서 좁고 천장이 낮은 통로로 흘러드는 것처럼 느껴졌다. 차갑고 축축한 통로는 별천지로 유혹하는 듯이 비밀스러운 암흑에 싸여 있었다.

우리는 회중전등을 따라 피라미드의 깊숙한 곳까지 들어갔다. 고고학적 조사에 의해서 이 피라미드는 하나의 왕조가 건설한 것이 아니라는 사실이 판명되었다(이집트의 기자에 있는 피라미드와 동일하다고 생각된다). 아무리 낮추어잡아도 2,000년 내지 그 이상의 오랜 기간 동안 몇 번이고 개축되었을 것이다. 다시 말해서 이 피라미드는 공동계획에 의해서 많은 서로 다른 문화와 서로 다른 시대의 노동력을 들여 건설한 것이다. 즉 멕시코 문명에 동이 튼 이래로 촐룰라의 땅은 올멕, 테오티우아칸, 톨텍, 사포텍, 믹스텍, 촐룰라, 아스텍 등의 서로 다른 문화가 지배해왔다.[22]

처음에 누가 건설을 시작했는지는 명확하지 않지만, 최초의 중요 건축물은 원추형 피라미드로서 양동이를 뒤집어 엎어놓은 듯한 형태였기 때문에 신전이 건설된 정상은 편평했던 것으로 알려져 있다. 오랜 세월이 지난 다음에 그 피라미드의 위에 비슷한 구조의 두 번째 피라미드가 건설되었다. 두 번째 피라미드는 기와와 단단한 돌로 만들어졌는데 신전의 높이는 주위의 평원보다 60미터 위였다. 그 후 1,500년 동안 너댓 개의 문명이 이 기념비의 최종적인 외관 형성에 공헌했다. 그 사이에 밑바닥은 넓어졌지만 높이는 유지되었다. 이렇듯 흡사 처음부터 계획되었던 것처럼 촐룰라의 인공 산은 현재의 사면 계단식 지구라트가 되었다. 현재 한 변의 길이는 457미터에 이르는데 이집트 기자에 있는 대피라미드의 두 배에 해당한다. 체적은 300만 세제곱미터라고 계산되었다.[23] 이것은 어떤 전문가의 간결한 말 그대로 "지구에서 건설된 최대의 건축물"인 것이다.[24]

왜일까?

왜 이렇게 대규모의 공사를 한 것일까?

중앙 아메리카 사람들은 이 건축물을 통해서 어떤 이름을 남기고 싶었던 것일까?

나는 그물처럼 뻗어 있는 복도와 통로를 걸으면서, 롬(loam : 모래와 점토로 된 흙/역주) 냄새가 나는 차가운 공기를 마시면서, 나를 덮쳐누르는 피라미드의 무게를 불쾌할 정도로 의식했다. 세계 최대의 이 건축물은 중앙 아메리카의 신인(神人)에게 바치기 위해서 이곳에 지어졌다. 그러나 그 신인에 대해서는 거의 아무것도 알려진 바가 없다.

케찰코아틀과 그 제자들의 진실된 모습을 찾는 길이 깊은 어둠 속에 막히고 만 것은 정복자들과 가톨릭 교회의 횡포 때문이었다. 그들은 촐룰라의 고대 신전을 파괴하고 모독했으며, 우상과 제단과 달력을 부수었고, 사본과 그림, 상형문자 두루마리를 불태웠다. 과거의 목소리를 완전히 침묵하게 만드는 데에 거의 성공했던 것이다. 그러나 전설은 어떤 심상에 대한 또렷한 모습과 강렬한 이미지를 제공한다. 바로 피라미드를 최초로 건설한 사람들로 전해지는 "기묘한 모습의 거대한 남자들"에 대한 기억이다.

16

뱀의 성지

촐룰라에서 동쪽으로 풍요로운 도시 푸에블라를 지나 오리사바, 코르도바를 거쳐 멕시코 만에 맞닿아 있는 베라크루스로 향했다. 도중에 안개에 휩싸인 시에라 마드레 오리엔탈 산맥을 넘었는데 공기는 희박하고 차가웠다. 그곳으로부터 해안을 향해 내려가서 열대평원으로 들어갔다. 팜과 바나나 나무가 줄지어 서 있는 농원이 눈에 들어왔다. 우리는 멕시코에서 가장 오래되고 가장 신비적인 문명인 올멕의 중심지로 향하고 있었다. 올멕은 "고무 사람들"이라는 의미이다.

기원전 2000년까지 거슬러올라가는 올멕 문화는 아스텍 제국이 융성하기 1,500년 전에 이미 존재하고 있었다. 아스텍인은 올멕 문화를 계승하고 보존했다. 멕시코 연안의 고무 산지에 살았다고 생각되는 사람들에게 올멕이라는 이름을 붙인 것도 아스텍인들이었다.[1] 이 지역은 서쪽으로는 지금의 베라크루스, 동쪽으로는 시우다드 델 카르멘까지를 포함한다. 아스텍인은 올멕인이 만든 고대의 의식도구를 많이 발견했는데 이유는 모르지만 그것을 수집해서 아스텍 신전의 중요한 보물로 여겼다.[2]

지도를 보면 코아트사코알코스 강이 파란 선으로 그려져 있는데 이 강은 멕시코 만으로 흘러든다. 이 강은 전설적인 문명인 올멕의 중앙을 흐르고 있다. 그러나 한때 고무 나무가 번식했던 이곳은 현재 석유산업이 한창

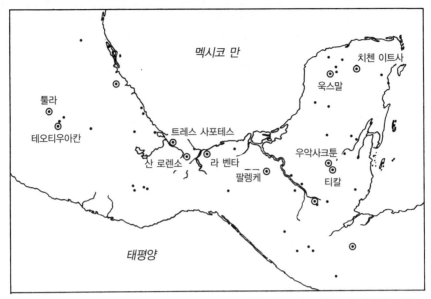

멕시코 만 연안에 있는 올멕 문화의 유적인 트레스 사포테스, 산 로렌소, 라 벤타와 그외의 중앙 아메리카 유적

이며, 열대의 낙원에서 단테의 「신곡(*La Divina Commedia*)」의 지옥편을 연상하게 하는 풍경으로 변모되었다. 1973년 석유 붐 이후, 그때까지 풍요롭지는 않았어도 편안했던 코아트사코알코스의 거리는 에어컨이 달린 호텔이 건설되고 교통과 석유정제의 중심지로 팽창하여 인구도 50만 명을 넘어서게 되었다. 도시는 공업으로 황폐해진 불모의 땅이 되고 말았고, 스페인인의 약탈을 피한 고고학상의 중요한 유적 등도 석유산업의 탐욕스러운 개발로 파괴되었다. 따라서 이 지역에서 중요한 사건이 있었다는 흥미로운 전설을 알게 되어도 그것을 확실한 증거로 확인하는 일은 불가능해졌다.

나는 코아트사코알코스의 의미가 "뱀의 성지"라는 것을 기억해냈다. 아주 옛날에 케찰코아틀과 그의 동료들이 처음으로 멕시코에 상륙한 곳이 이곳이었다고 전해진다. 바다를 건너온 배의 "옆구리는 뱀의 비늘처럼 빛났다"고 한다.[3] 게다가 케찰코아틀이 중앙 아메리카에서 뱀의 뗏목을 타고 떠난 곳도 이곳이었다고 한다. 뱀의 성지는 올멕의 조국을 나타내는데에도 어울리는 이름이라는 생각이 들었다. 올멕의 조국에는 코아트사코알코스뿐만 아니라 개발에 의해서 파괴되지 않은 몇 군데의 다른 지역이 있다.

먼저 꼽을 수 있는 것이 코아트사코알코스 서쪽에 있는 트레스 사포테스, 산 로렌소, 라 벤타이다. 라 벤타의 남쪽과 동쪽 지역에서는 특징 있는 올멕의 조각이 다수 출토되었다. 조각은 모두 현무암을 잘라 만든 한 덩어리로 되어 있고 매우 단단하다. 어느 것은 거대한 머리로 무게가 30톤이나 되는 것도 있다. 또 어느 것은 사람들이 만나는 장면이 조각된 커다란 석판인데 인디오들과는 다른 모습의 두 종족이 묘사되어 있다.

누가 그토록 뛰어난 예술품을 남겼든지 간에 그것들은 세련되고 조직적이며, 풍요롭고 기술적으로 빌진한 문명사회의 신물임에는 틀림없다. 문제는 예술품 이외에는 아무것도 남아 있지 않다는 것이다. 예술품만으로 문명의 정확한 기원을 추정하는 것은 어려운 일이다. 확실한 것은 올멕인(고고학자들은 아스텍인의 명명을 기꺼이 수용했다)은 기원전 1500년경에 존재했는데 그 당시에 그들의 세련된 문화는 이미 꽃을 피웠다는 점이다.

산티아고 툭스틀라

알바라도 항구에서 밤을 보내고 다음 날 다시 동쪽으로 향했다. 멕시코 만을 가끔 바라보면서 풍요로운 언덕과 계곡 사이로 구불구불 이어져 있는 길을 달려 내륙으로 향했다. 붉은색 나무가 줄지어 있는 푸른 목초지를 빠져나가자 풀로 뒤덮인 분지 위로 작은 마을이 나타났다. 곳곳에 개인 소유의 정원이 있고 돼지가 천천히 걸어다니며 먹이를 찾고 있었다. 언덕 정상에 이르자 시야가 탁 트였다. 눈앞에는 들판과 숲이 펼쳐져 있고 시야를 막고 있는 것은 아침 안개와 멀리 어렴풋이 보이는 산맥뿐이었다.

몇 킬로미터 정도 분지로 내려가자 그 아래에 식민지풍 도시 산티아고 툭스틀라가 있었다. 현란하게 장식된 가게, 붉은 타일의 지붕, 노란색 밀짚 모자, 코코넛 나무, 바나나 나무 그리고 아이들까지 색깔이 화려한 복장을 하고 있어서 도시는 원색으로 가득 차 있었다. 몇 군데의 카페는 가게 위에 스피커를 달아 음악을 틀어놓았다. 소칼로라는 중앙 광장의 공기는 습기를 머금고 있었고, 밝은 색의 눈동자를 가진 열대 새가 날개를 치면서 노래를 부르고 있었다. 이 광장의 중앙에는 나무 그늘이 진 작은 공원이 있었는데, 그 공원 한가운데에는 마법의 부적 같은 거대한 회색 돌이 있었다. 3미터가 넘는 이 돌은 헬멧을 쓴 아프리카인의 머리 조각상이다. 큰 입술과 곧은 코에 눈은 조용히 감겨 있고 턱은 지면에 닿아 있다. 이 머리 조각상의 표정에서 우울함과 강한 인내 그리고 엄숙함이 느껴졌다.

이것이 올멕의 최초의 불가사의이다. 2,000년 전의 오래된 기념비적인 조각상이지만 확실히 흑인의 풍모를 지니고 있다.

2,000년 전의 신대륙에는 아프리카 흑인이 없었을 것이다. 그들이 신대륙에 온 것은 스페인인의 정복 후에 꽤 오랜 시간이 지나서 노예무역이 시작되고부터였다. 그러나 고고인류학에서는 빙하기 후반에 많은 사람들이 아메리카 대륙으로 건너왔는데, 그중에 흑인들이 있었음을 확증하고 있다. 이런 이동이 있었던 때는 기원전 1만5000년경이다.[4]

이 머리 조각상은 "코바타"라고 불리는데, 머리 조각상이 발견된 땅 주인의 이름을 딴 것이다. 이제까지 멕시코에서 발굴된 16개의 조각상들 가운데 소칼로에 있는 이 거대한 머리 조각상이 가장 크다. 이것은 그리스도가 태어나기 얼마 전에 조각된 것으로 추정되며, 무게는 30톤이 넘는다.

트레스 사포테스

산티아고 툭스틀라에서 남서쪽으로 나무가 무성한 황야를 지나 250킬로미터를 달려 트레스 사포테스에 도착했다. 이곳은 후기 올멕 문화의 중심지로서 기원전 500년부터 기원후 100년경까지 번영했던 것으로 추정된다. 현재는 옥수수 밭에 작은 언덕이 존재할 뿐이지만, 1939년부터 1940년까지 미국의 고고학자 매튜 스털링은 이곳을 철저하게 발굴했다.

내 기억으로 당시의 교조주의 역사학자들은 마야 문명이야말로 중앙 아메리카에서 가장 오래되었다고 집요하게 주장했다. 그 근거로 마야의 점과 선으로 표시된 역법체계(曆法體系)(최근 해독되었다)에 의해서 막대한 수의 기념비에 새겨진 연대를 정확히 알 수 있다는 것을 들었다. 마야에서 발견된 가장 오래된 연대는 양력으로 환산하면 기원후 228년이다.[5] 따라서 스털링이 트레스 사포테스에서 발굴한 비석에 더욱 오래된 연대가 기록되어 있다는 사실은 학계에 충격을 주었다. 마야 력에 사용된 것과 동일한 점과 선의 기호가 있었는데, 이것을 양력으로 환산하면 기원선 32년 9월 3일이다.[6]

더욱 충격적이었던 것은 트레스 사포테스는 마야의 유적이 아니라는 점이었다. 전혀 달랐다. 그것은 의문의 여지없이 올멕의 것이었다. 따라서 역법을 발명한 것은 마야가 아니라 올멕이며 중앙 아메리카의 "어머니 문화"도 마야가 아니라 올멕인 것이다. 머리 끝까지 피가 치솟은 마야 전문가들은 격렬하게 반대했지만, 스털링이 트레스 사포테스의 발굴을 계속함에 따라 진실은 점점 명확하게 드러났다. 올멕은 마야보다 훨씬 더 오래되었다. 당시의 올멕인들은 현명하고 문명화된 고도의 기술을 가진 사람들로서 점과 선의 역법체계를 발명한 듯하다. 이 역법은 기원전 3114년 8월 13일이라는 정체 모를 날짜로 시작해서 세계의 종말을 기원후 2012년으로 예측하고 있다.

트레스 사포테스에서 역법 비석을 발견한 스털링은 그 부근에서 거대한 머리 조각상도 발굴했다. 그 머리 조각상 앞에 앉아보았다. 기원전 100년경에 제작된 것으로 여겨지는[7] 이 머리는 약 2미터 정도의 높이에 둘레가

6미터 정도이고, 무게는 10톤을 넘는다. 산티아고 툭스틀라에 있는 머리와 마찬가지로 이것 역시 틀림없는 아프리카 흑인이 헬멧을 꽉 끼게 쓰고 있는데 긴 끈이 턱까지 늘어져 있다. 귓불에는 구멍이 뚫려 있고 귀 장식물이 매달려 있다. 흑인의 두드러진 특징은 코의 양 측면에 깊이 패여 있는 주름이 고랑져 있다는 것과 아래를 향해서 곡선을 그리고 있는 두꺼운 입술 위로 얼굴 전체가 앞쪽으로 튀어나와 있다는 것이다. 경계하는 듯이 뜨고 있는 아몬드 모양의 눈은 차가운 느낌을 주었다. 기묘한 헬멧 아래에 있는 굵은 눈썹은 찌푸리고 있어서 화를 내는 것처럼 보였다.

스털링은 이 발견에 놀라서 다음과 같이 기록했다.

> 머리 조각상에는 오직 머리밖에 없었다. 하나의 거대한 현무암 덩어리에 조각되어 세공되지 않은 석판 위에 얹혀 있었다. 주위의 흙을 제거하자 경이로운 모습이 드러났다. 그 거대함에도 불구하고 세공은 세밀하고 명확했으며 완벽한 균형을 이루고 있었다. 토착적인 아메리카 조각상으로는 보기 드문 형태로서 매우 사실적인 느낌을 준다. 얼굴 생김새는 독특하고 흑인의 특징을 많이 지니고 있다……[8]

그 후에 바로 이 미국인 고고학자는 트레스 사포테스에서 두 번째의 충격적인 발견을 했다. 그것은 아이의 장난감으로서 작은 바퀴가 달려 있는 개였다.[9] 이 귀여운 공예품은 그때까지의 고고학적 견해를 뒤엎었다. 왜냐하면 정복자가 나타날 때까지 중앙 아메리카의 문명은 바퀴를 몰랐다는 것이 당시의 정설이었기 때문이다. "바퀴 달린 개 장난감"은 적어도 중앙 아메리카 최초의 문명인 올멕이 바퀴의 원리를 알고 있었다는 것을 증명한다. 만약 올멕인들이 바퀴의 원리를 알고 있었다면 아이의 장난감에만 응용하지는 않았을 것이다.

올멕의 수수께끼

트레스 사포테스 다음으로 찾아간 곳은 산 로렌소였다. 코아트사코알코스의 남서쪽에 있는 산 로렌소는 올멕의 땅인 동시에 케찰코아틀의 전설에 나오는 "뱀의 성지"이기도 하다. 고고학자들이 탄소 연대 측정법을 사용해서 올멕에서 가장 오래된 유적(기원전 1500년경)이라고 인정한 곳이 바로 산 로렌소이다.[1] 그러나 올멕 문화는 기원전 1500년경에 이미 발전을 거둔 뒤였던 듯싶다. 또한 산 로렌소에서 올멕 문화가 발전했다는 증거는 아무것도 없다.[2]

여기에 수수께끼가 숨어 있다.

올멕은 중요한 문명을 건설하고 거창한 공사를 시행했으며 거대한 바위를 조각해서 운반했다(하나의 바위로 만들어진 머리 조각상은 무게가 20톤 이상인데, 툭스틀라 산맥의 채석장에서부터 96킬로미터나 되는 거리를 육상으로 운반했다).[3] 만약 고대의 산 로렌소에서가 아니라면 어디에서 기술이 개발되고 사회 조직이 생겨나고 발전되어 세련된 문화를 이루었을까?

이상하게도 고고학자들이 필사적인 노력을 기울였음에도 불구하고 올멕 문화의 "발전단계"를 보여주는 유품은 멕시코 어디에서도 발견되지 않았다(당연히 신대륙 어디에서도 발견되지 않았다). 거대한 흑인의 머리를

조각한, 그 예술적 표현이 특징적인 사람들이 어디에서 왔는지 전혀 알 수 없는 것이다.[4]

산 로렌소

우리가 산 로렌소에 도착한 것은 오후 늦게였다. 중앙 아메리카 역사의 여명기에 올멕인은 높이가 30미터나 되는 인공 언덕을 만들었다. 언덕은 전체 길이가 1,220미터, 폭이 610미터나 되는 거대한 구조물의 일부였다. 우리는 가장 높은 언덕에 올라가보았는데 지금은 잘 익은 열대과일로 뒤덮여 있었다. 우리는 정상에서 몇 킬로미터에 이르는 그 지방을 둘러보았다. 주위에는 작은 언덕이 많았고 깊은 웅덩이도 몇 개 있었다. 웅덩이는 고고학자인 마이클 코우가 1966년에 이 유적을 발굴할 때 남긴 것이다.

마이클 코우 팀은 많은 발견을 했다. 그 가운데 하나가 20개가 넘는 저수지였다. 그것들은 현무암으로 만든 수로망으로서 매우 훌륭하게 설계되어 연결되어 있었다. 그 망의 일부는 높은 곳에 설치되어 있는데, 그 웅덩이가 발견되었을 때에도 강한 비가 내리자 3,000년 전과 마찬가지로 물이 급류가 되어 흘렀다. 배수설비의 주요 선(line)은 동쪽에서 서쪽으로 뻗어 있었다. 그 본선에는 고도의 기술로 만든 지선이 연결되어 있었다.[5] 고고학자들은 정교하게 만들어진 수문과 수로망의 목적이 무엇인지 모르겠다고 인정했다.[6]

해명되지 않은 수수께끼는 이것뿐만이 아니다. 의도적으로 특수하게 배치한 무덤이 발견되었다. 그곳에는 현재 "올멕의 머리"라고 부르는 흑인의 얼굴을 한 5개의 거대한 조각상이 있다. 분명히 당시의 의례를 따라서 만들어 매장했을 이 특이한 무덤에서는 60개 이상의 귀중한 조각상과 공예품이 발견되었다. 그 가운데에는 비취로 만든 악기와 정교하게 만들어진 작은 조각상이 있었다. 또한 작은 조각상 가운데 몇 개는 매장 전에 동일하게 손발이 모두 잘려 있었다.

　산 로렌소에 조각상이 묻혀 있는 상황도 수수께끼이고 조각상의 제작연대를 추정하는 것도 곤란하다. 이 매장품들이 묻힌 지층에서 숯이 발견되었지만 사정은 변하지 않았다. 돌과 달리 생성연대를 조사할 수 있는 숯은 기원전 1200년경의 것이라고 판명되었다.[7] 그러나 이 사실이 조각상이 기원전 1200년에 만들어졌다는 것을 의미하지는 않는다. 물론 가능성은 있다. 그러나 조각상은 그보다 수백 년 전 또는 수천 년 전에 만들어졌을 가능성도 있다. 내재된 아름다움을 지닌 이 훌륭한 예술품들은 말로 형용하기 어려운 신비한 힘을 느끼게 했다. 이것들이 산 로렌소에 묻히기 전에 다른 많은 문화에 의해서 숭배되고 보존되었을 가능성도 있다. 발견된 숯은 조각상이 적어도 기원전 1200년에는 이미 만들어져 있었다는 것을 증명하는 데에 불과할 뿐, 조각상의 제작연대를 한정하지는 못한다.

라 벤타

태양이 지고 있을 무렵에 우리는 산 로렌소를 떠났다. 다음 목적지는 산 로렌소에서 동쪽으로 150킬로미터 떨어진 타바스코 주의 비야에르모사였다. 그곳으로 가기 위해서는 아카유칸에서 비야에르모사로 통하는 간선도로를 지나야 했다. 이 도로는 코아트사코알코스 항구 옆을 지난다. 항구 주변에는 거대한 철탑이 세워져 있었고, 초근대적인 현수교가 놓여 있는 것이 보였다. 한가로운 시골인 산 로렌소에서 코아트사코알코스 주변의 마마자국 같아 보이는 공업지대로 들어가자 너무나도 분위기가 달라 충격을 받았다. 곰곰이 생각해보니, 산 로렌소에 올멕의 고대 유적이 남아 있는 이유는 석유가 아직 발견되지 않았기 때문이었다.

　그러나 라 벤타에서는 석유가 발견되었다 — 때문에 고고학은 영원한 손실을 입었다…….

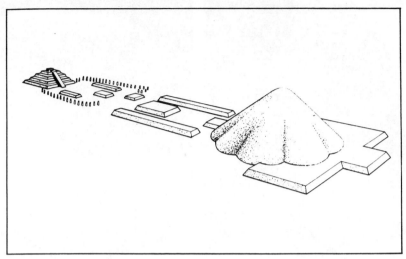
라 벤타의 복원도 : 기묘한 원추형 피라미드가 주위를 압도하고 있다.

우리는 라 벤타를 지나고 있었다.

고속도로에서 북쪽으로 작은 도로를 따라 들어가자 나트륨 등이 불을 밝히고 있는 도시가 있었다. 깜깜한 어둠 속에서 반짝거리는 전경이 마치 핵폭탄이 떨어진 현장처럼 보였다. 1940년대부터 이곳은 석유산업이 융성하면서 대대적으로 "개발"되었다. 그 결과 귀중한 피라미드가 있던 장소는 활주로에 의해서 둘로 나누어졌으며, 올멕의 천문 관측자들이 별을 관측했던 하늘은 불꽃을 내뿜는 굴뚝 때문에 어두운 회색빛을 띠게 되었다. 슬프게도 개발업자의 불도저는 제대로 발굴이 이루어지기도 전에 흥미진진한 많은 것을 담고 있던 땅을 편평하게 만들고 말았다. 그 결과 많은 고대의 유적은 전혀 탐사되지 않았고,[8] 유적을 만든 사람들에 대해서 아무것도 알 수 없게 되었다.

트레스 사포테스를 발굴한 매튜 스털링은 석유자본에 의한 개발 전에 라 벤타에서도 발굴작업을 했다. 탄소 연대 측정법에 의해서 올멕인이 기원전 1500년에서 기원전 1100년 사이에 이 지역에 정착해서 — 유적은 토날라 강 동쪽 습지에 있는 섬에 있다 — 기원전 400년경까지 산 것으로 추정되었

위 왼쪽: 이집트에 있는 스핑크스의 옆 얼굴. 위 오른쪽: 멕시코 라 벤타에 있는 올멕의 머리 조각상의 옆 얼굴. 아래 왼쪽: 앞에서 본 스핑크스의 얼굴. 아래 오른쪽: 앞에서 본 올멕의 머리 조각상의 얼굴. 맞은편 위: 스핑크스를 연상시키는 멕시코의 산 로렌소에 있는 조각상. 유사점이 많은 고대 중앙 아메리카 문화와 고대 이집트 문화는 태고에 멀리 떨어진 지역에 각각 영향을 줄 수 있었던 미확인된 제3의 문명으로부터 발생하지 않았을까?

가운데 : 멕시코의 욱스말에 있는 두 푸마의 조각상.

아래 : 고대 이집트의 두 사자를 상징하는 것으로서 어제와 오늘의 사자의 신 아케루를 묘사한 것이다 (아케루의 상형문자는 ᨏᨏ 이다). 두 지역의 종교는 공통된 이미지와 사상을 많이 가지고 있다. 파치(p'achi)라는 말은 고대 중앙 아메리카에서 "인간 제물"을 의미했는데, 직역하면 "입을 연다"는 의미이다. 고대 이집트의 기묘한 장례의식도 "입을 연다"라고 부른다. 또한 두 지역에서는 죽은 왕의 영혼이 별이 되어 태어난다고 믿었다.

다.[9] 기원전 400년경에 도시건설은 갑자기 중단되었고 건축물은 파괴되었으며, 몇 개의 거대한 머리 조각상과 작은 조각상이 산 로렌소와 마찬가지로 특이한 무덤에 매장되었다. 라 벤타의 무덤은 세심한 주의를 기울여서 엄밀하게 만들어졌다. 몇천 개가 넘는 작고 파란 타일로 선이 그어지고 다채로운 색을 가진 흙으로 이루어진 층에 묻혀 있었다.[10] 어느 장소에서는 약 425세제곱미터의 흙을 파내고 구덩이를 만들었다. 바닥에는 뱀 무늬의 돌 블록을 깔고 다시 흙을 덮기도 했다. 세 개의 모자이크 형의 포장도로도 발견되었는데 그 위에는 흙과 햇볕에 말린 기와층이 교대로 깔려 있었다.[11]

라 벤타의 중요한 피라미드는 유적의 남쪽 끝에 있었다. 하늘에서 보면 거의 원형으로 보이지만 실제로는 원추형이고 벽면에는 10개의 수직 고랑이 있다. 높이는 30미터, 지름이 60미터 정도로 체적은 거의 8,500세제곱미터라고 한다. 모든 기준에서 볼 때 기대한 유적이다. 나머지 유적은 500미터 정도 계속되는데 정확하게 북쪽에서 서쪽으로 8도 만큼 기울어진 방향의 직선상에 위치하고 있다. 이 축을 중심으로 해서 몇 개의 작은 피라미드, 광장, 대지(臺地), 언덕이 규칙적으로 배열되어 있다. 전체 넓이는 7.7제곱킬로미터이다.

라 벤타에는 뭔가 위화감을 느끼게 하는 기묘함이 있었다. 이 유적의 본래 목적이 무엇인지는 확실히 밝혀지지 않았다. 고고학자들은 "의식의 중심"이라고 말하는데, 아마 그럴 것이다. 그러나 정직한 사람들이라면 이 유적이 그 외에도 몇 가지의 다른 역할을 담당했을 가능성이 있다는 점을 인정할 것이다. 사실 올멕의 사회조직, 의식, 신앙에 대해서 알려진 것은 전혀 없다. 올멕인들이 어떤 언어를 사용했는지도 모른다. 어떤 전통을 아이들에게 전했는지도 분명하지 않다. 어느 인종에 속하는지도 모른다. 멕시코 연안은 습도가 매우 높아서 올멕인의 뼈가 한조각도 남아 있지 않다.[12] 우리는 그들에게 이름을 부여하고 여러 가지 견해를 짜내고 있지만 현실적으로는 흐릿하게 알고 있을 뿐이다.

올멕인이 남긴 것으로 추정되는 거대한 머리 조각상의 모델이 그들 자신일지도 모르지만, 제작자는 올멕인이 아닐 가능성도 있다. 아주 먼 옛날 이미 잊혀진 사람들의 작품일지도 모른다. 올멕의 것이라고 여겨지는 거대한 머리 조각상과 훌륭한 조각상은 선조들로부터 보물로 이어받은 것이 아니라, 몇천 년에 걸쳐서 산 로렌소나 라 벤타에 피라미드와 언덕을 건설할 수 있는 문화에서 전승된 것이 아닌가 하는 생각이 들었다.

만약 그렇다면 누구를 "올멕"이라고 부르는 것일까? 언덕을 만든 사람들? 아니면 머리 조각상의 모델이 된 흑인의 특징을 가진 강하고 인상적인 사람들?

다행스럽게도 라 벤타에 있는 세 개의 거대한 머리 조각상을 포함하여 50여 개의 올멕의 기념비적인 조각상이 구제되었다. 이 지역의 시인이며 역사가인 카를로스 펠리세르 카마라는 페멕스 사(社)가 석유채굴을 위해서 유적을 파괴한다는 사실을 알고 강력하게 저항했다. 타바스코 주(라 벤타를 포함한)의 정치가를 끈덕지게 물고 늘어진 카마라는 라 벤타의 귀중한 발굴물을 주의 수도인 비야에르모사의 교외에 있는 공원으로 옮기는 데에 성공했다.

발굴물 가운데에는 아주 소중한 문화기록이 남아 있는데 — 혹은 사라진 문명이 남긴 문화기록의 보고라고 해도 좋다 — 이 기록에 적혀 있는 언어를 읽을 수 있는 사람은 아직 없다.

데우스 에스 마키나[*]

타바스코 주의 비야에르모사

나는 정교한 부조를 보고 있었다. 고고학자들이 라 벤타에서 발견한 "뱀

---

* "기계장치의 신"이라는 의미/역주.

속의 남자"라고 부르는 부조이다. 전문가의 의견에 따르면, "머리에 장식을 하고, 향낭을 손에 들고, 깃털 달린 뱀에 둘러싸인 올멕인의 모습"이라고 한다.[13]

부조는 견고한 화강암 판에 새겨져 있었다. 폭은 1.2미터, 높이는 1.5미터이다. 남자가 발을 앞으로 뻗고 앉아 있는데 자전거의 페달이라도 밟으려는 것처럼 보였다. 남자는 오른손에 작은 양동이 모양의 물건을 들고 있고, 왼손은 레버를 위로 올리거나 아래로 내리려는 듯이 보였다. "머리 장식"의 겉모습은 기묘하고 복잡했다. 의식적(儀式的)인 것이라기보다 기능적인 것으로 보였다. 무엇을 하는 것인지는 알 수 없었다. "머리 장식" 위에 있는 조작판과 같은 것에는 두 개의 X형 십자가 새겨져 있었다.

부조에 새겨져 있는 또다른 주인공을 보았다. "깃털 달린 뱀"이었다. 모습이 확실하게 묘시되어 있었다. 깃털(날개) 달린 뱀은 오래 전부터 케찰코아틀의 상징이었다. 따라서 올멕도 틀림없이 숭배했을 것이다(적어도 존재는 알고 있었을 것이다). 학자들도 이 견해에 반대하지 않는다.[14] 일반적으로 케찰코아틀에 대한 신앙은 극히 오래되었고, 그 기원은 중앙 아메리카의 역사가 시작되기 전으로 거슬러올라가며, 역사가 시작되고부터 많은 문명에서 숭배받았다는 견해가 인정되고 있다.

그러나 부조에 새겨진 "깃털 달린 뱀"은 다른 것과는 구별되는 특히 개성적인 겉모습을 지니고 있었다. 단순한 종교적 상징으로는 생각할 수 없었다. 어딘가 경직되어 있고 구조적이어서 거의 기계의 일부로 보였다.

고대 비밀의 속삭임

나는 그날 오후 늦게 올멕의 머리 조각상이 드리우는 큰 그림자 밑에서 더위를 피했다. 라 벤타에서 운반해온 것으로 카를로스 펠리세르 카마라가 구출한 것들 가운데 하나이다. 이 머리 조각상의 모델은 늙은이로 코가 넓고, 입술이 두꺼웠다. 입술을 약간 벌리고 있어서 튼튼해 보이는 사각형의 이빨이 엿보였다. 표정은 태고의 강한 인내력과 지혜를 풍기고 있고 눈은 두려움 없이 영원을 바라보고 있어서, 이집트 기자에 있는 스핑크스를 연상하게 했다.

조각가가 어느 인종 내의 각각 다른 특징들을 모두 조합해서 창작하는 것은 거의 불가능에 가까운 일이다. 따라서 어느 인종의 특징을 정확하게 묘사한 이 조각은 실제의 한 인물을 모델로 택했을 가능성이 매우 높다고 할 수 있다.

이 거대한 머리 조각상 주위를 몇 번이고 둘러보았다. 둘레는 약 6.6미터, 무게는 19.8톤, 높이는 거의 2.4미터에 이르렀다. 한 덩어리의 강한 현무암을 깎아서 만들었고, 어느 한 인종의 특징이 조합되어 있는 것만은 명확한 사실이었다. 산티아고 툭스틀라와 트레스 사포테스에서 본 다른 머리 조각상과 마찬가지로 흑인계에 속하는 사람을 명백히 표현하고 있음이 분명하다.

독자들도 이 책에 수록되어 있는 사진을 검토하면 확인할 수 있을 것이다. 내 견해는 다음과 같다. 먼저 올멕의 머리 조각상은 흑인계에 속하는, 실존 인물의 인종적 특징을 정확하게 묘사한 것이다. 그 흑인은 카리스마적이고 힘이 느껴지는 아프리카인으로서 3,000년 전에 중앙 아메리카에 있었다고 생각되는데, 학자들은 아직 이 점에 대해서는 설명하지 못하고 있다. 뿐만 아니라 이 머리 조각상이 3,000년 전에 제작된 것인지도 확실하지 않다. 동일한 구덩이에서 발견된 숯으로 추측한 연대는 단순히 숯의 연대를 알려주는 데에 불과하다. 머리 조각상의 제작연대를 판정하는 일은 훨씬 더 어려운 일이다.

이런 것들을 생각하면서 나는 라 벤타의 불가사의하고 훌륭한 유적을 천천히 걸었다. 그것들은 태고의 비밀을 속삭이고 있었다. ……기계 속의 인간에 대한 비밀……흑인 머리 조각상의 비밀……그리고 전설을 되살려

내는 비밀을 말이다. 나는 라 벤타의 조각상들 가운데 흑인이 아니고 키가
크고 몸이 말랐으며 코가 긴, 그래서 어떻게 보아도 백인종으로 생각되는
남자의 조각상을 발견했는데 그것은 신화 속의 케찰코아틀이 육체를 가지
고 되살아난 듯한 인상을 주었다. 그 남자는 직모(直毛)의 머리카락에 턱
수염을 길렀으며 늘어진 겉옷을 몸에 걸치고 있었다……

눈길을 끄는 이방인

미국 고고학자 매튜 스털링은 1940년대에 라 벤타를 발굴했는데 놀랄 만큼 많은 발견을 했다. 그 가운데 가장 놀라운 것은 턱수염을 기른 남자가 조각된 비석일 것이다.

앞에서도 말했지만 고대 올멕의 유적은 북쪽에서 8도 정도 서쪽으로 위치해 있다. 이 직선의 남쪽 끝에 높이 약 30미터의 원추형 피라미드가 서 있다. 그 주위로 높이 30센티미터 정도의 연석(緣石)과 같은 것이 넓은 사각형 부지를 에워싸고 있다. 부지의 넓이는 보통 도시의 한 블록의 4분의 1 정도이다. 고고학자들이 이 연석을 발굴하기 시작했을 때 놀랍게도 연석들이 기둥의 상부를 형성하고 있다는 사실을 발견했다. 발굴을 계속하면서 지층은 정연하게 퇴적되어 있었고 기둥의 높이는 3미터에 이른다는 사실이 밝혀졌다. 기둥은 600개나 있었는데 서로 밀접하게 세워져 있어서 견고한 방호 울타리를 형성하고 있었다. 단단한 현무암을 깎아서 만든 이 기둥은 라 벤타에서 96킬로미터 떨어진 곳에서 운반해온 것이다. 기둥 하나의 무게는 2톤 가량이다.

왜 이런 어려운 작업을 했을까? 방호 울타리 속에 무엇을 만들려고 했을까?

연석으로 둘러싸인 부지 중앙에는 발굴이 시작되기 전부터 거대한 바위의 앞 끝이 지상으로 삐죽 나와 있었다. 그 높이는 연석보다도 1.2미터 더 높고 "급경사"를 이루며 앞으로 기울어져 있었다. 이 돌은 조각으로 덮여 있었다. 이 돌의 보이지 않는 부분은 고대 방호 울타리를 묻어둔 2.7미터 정도의 땅 속에 있었다.

스털링과 그의 팀은 이틀간의 작업으로 거대한 돌을 파내는 데에 성공했다. 밝은 곳으로 나온 이 바위는 당당한 비석으로 높이가 4.2미터, 폭이 2.1미터, 두께가 거의 91센티미터였다. 비석에는 키가 큰 두 사람이 대면하고 있는 장면이 조각되어 있는데, 두 사람 모두 세련된 겉옷으로 몸을 감싸고 있었고 앞 끝이 위로 향한 화려한 신발을 신고 있었다. 침식된 탓인지, 고의로 훼손된 탓인지(올멕의 유적에는 이런 것이 많다) 한 사람의 얼굴은 전혀 보이지 않았다. 그러나 다른 한 사람의 얼굴은 온전했다. 묘사되어 있는 것은 분명히 백인 남자로 높은 코에 길고 풍성한 수염을 가지고 있었다. 이것을 보고 곤혹스러움을 느낀 고고학자들은 이것에 "엉클 샘"이라는 이름을 붙였다.[1]

나는 20톤이나 되는 비석의 주위를 천천히 걸었다. 걸어가면서 이 비석이 3,000년 동안 땅속에 묻혀 있었다는 것을 생각했다. 비석이 햇살을 받은 것은 50년밖에 되지 않았다. 이 비석의 운명은 어떻게 될 것인가? 이 장소에서 다시 앞으로 3,000년 동안 사람들에게 외경심을 불러일으키는 대상으로 남아서 미래세대의 사람들이 멍하니 우러러보게 만들 것인가? 아니면 앞으로 3,000년 동안 환경이 변해서 다시 땅속으로 묻혀 은폐되고 말 것인가?

그 어느 쪽도 아닐 것이다. 올멕인이 도입한 것으로 여겨지는 중앙 아메리카의 역법체계가 있는데, 이 역법에 관해서는 올멕의 후계자인 마야인들이 더 유명하다. 이 역법과 마야인의 말을 종합해보면, 인류에게 남아 있는 시간은 3,000년이라고 한다. "제5태양"은 이미 지나치게 소모되어서 2012년 크리스마스 이틀 전에 대지진으로 인류는 멸종할 것이라고 한다.

나는 주의를 다시 비석으로 돌렸다. 명확한 것은 두 가지이다. 하나는 묘사되어 있는 두 사람의 대면 광경이 무슨 이유 때문인지는 모르지만 올멕인에게 매우 중요했다는 것이다. 그 이유는 이 비석 자체의 거대함과, 이 비석을 넣기 위해서 만든 방호 울타리 기둥의 거대함에서 상상할 수 있다. 또 하나는 흑인의 머리 조각상과 마찬가지로 턱수염을 기른 백인 남자의 부조도 실재했던 사람을 모델로 해서 조각했다는 것이다. 예술가가 창작했다고 생각하기에는 인종적인 특징이 사실과 너무나 가깝기 때문이다.

라 벤타의 잔존하는 비석에서 발견된 두 백인의 부조에도 동일한 생각을 적용할 수 있었다. 한 사람은 91센티미터의 원형(圓形)에 가까운 석판에 부조되어 있는데 꽉 끼는 바지를 입고 있는 것처럼 보이고 앵글로 색슨의 얼굴을 하고 있다. 턱수염은 아래로 늘어뜨리고 머리에는 매우 흥미로운 헐렁한 모자를 쓰고 있다. 왼손에는 깃발이나 무기와 같은 것을 들고 있고 오른손은 가슴 언저리에 대고 있는데 아무것도 들고 있지 않아 보인다. 가는 허리에는 화려한 천을 두르고 있다. 다른 한 명의 백인은 좁은 기둥 벽에 조각되어 있는데 역시 턱수염을 기르고 비슷한 복장을 하고 있다.

눈길을 끄는 이 이방인들은 누구일까? 중앙 아메리카에서 무슨 일을 했을까? 언제 왔을까? 습기가 많은 고무 정글에 살고 있던 다른 이방인, 즉 거대한 머리 조각상의 모델이 된 사람들과는 어떤 관계였을까?

몇 명의 과격한 연구자들은 1492년까지 신대륙이 고립되어 있었다는 정설을 부정하며 이 문제에 대한 해답을 제공했다. 턱수염을 기르고 몸이 마른 사람들은 지중해에서 온 페니키아인이라고 한다. 그들은 헤라클레스의 기둥(Pillars of Heracles : 지브롤터 해협의 동쪽 끝에 있는 두 개의 바위산/역주)을 넘어 대서양을 횡단해서 기원전 2000년 이전에 신대륙까지 항해했다는 것이다. 이 가설의 주창자들은 흑인 머리 조각상의 모델이 페니키아인들이 대서양으로 출발하기 전에 서아프리카에서 붙잡은 "노예"였을 것이라고 제안했다.[2]

그러나 라 벤타의 조각상들에 새겨진 독특한 사람들에 대해서 생각하면 할수록 이들의 주장은 납득하기 어려워진다. 아마 페니키아인들과 그외의 구대륙 사람들은 콜럼버스보다 먼저 대서양을 횡단했을 것이다. 그 증거도 많이 있다. 그것은 이 책에서 다루는 범위를 넘어서는 문제이다.[3] 문제는 고대 세계의 곳곳에 수공작품이라는 독특한 족적을 남긴[4] 페니키아인이 중앙 아메리카의 올멕 유적에는 아무것도 남기지 않았다는 것이다. 흑인 조각상에는 물론이고 턱수염을 기른 백인의 부조에도 페니키아인다운 양식이나 수공작품처럼 그들의 특징을 보여주는 것은 아무것도 없다.[5] 양식이라는 점에서 보면 이 힘이 넘치는 예술품은 어느 문화나 전통, 장르에도 속하지 않는 듯하다. 그것들은 신대륙이나 구대륙 어디에도 속하지 않는 것 같다.

뿌리가 없는 듯이 보인다. ……그러나 그런 일은 있을 수 없다. 모든 예술표현은 어딘가에 뿌리를 두고 있기 때문이다.

제3자의 가설

납득할 수 있는 설명은 "제3자의 가설"이라는 이론이 아닐까 하는 생각이 문득 들었다. 이것은 수많은 이집트 학자들이 이집트 문명과 그 연대에 관한 많은 수수께끼를 설명하기 위해서 채용한 이론이다.

고고학적 증거가 제시하는 것을 보면, 보통 인류사회는 무슨 일이든 시간에 따라 진보해가는데 고대 이집트 문명이나 올멕 문명은 갑자기 사회형태를 온전히 갖추고 출현했다. 원시에서 고도로 발전한 사회로의 이행기간이 너무나 짧아서 역사라고 볼 수가 없다. 수백 년 혹은 수천 년이 걸려야 할 기술적 진화가 거의 하룻밤 만에 일어나 그 사이에 있어야 할 과정이 아무것도 발견되지 않는 것이다.

예를 들면, 기원전 3500년경 이집트 왕조가 시작되기 전에 발견된 유적에는 문자가 새겨진 흔적이 전혀 없다. 그런데 이상하게도 이 시대가 지난 직후의 고대 이집트의 많은 유적들에서 갑자기 상형문자가 완벽한 형태로 등장한다. 사물이나 움직임을 나타내는 그림 문자가 아니라 처음부터 복잡하고 치밀하게 구성된 문자였다. 소리만을 전달하는 기호도 있고 수학부호의 복잡한 구조도 갖추고 있다. 초기의 상형문자라고 여겨지는 것도 이미 형태와 쓰는 방식이 완성되어 있었다. 또한 제1왕조의 초기에 필기체가 일반적으로 사용되고 있었다는 것도 분명하다.[6]

경이로운 사실은 단순함에서 세련됨으로의 진화 흔적이 어느 곳에서도 발견되지 않는다는 것이다. 이것은 수학, 의학, 천문학, 건축 그리고 이집트의 놀라울 정도로 풍부하고 복잡한 종교와 신화의 구조에도 동일하게 적용된다(정밀한 「사자의 서〔*Book of the Dead*〕」의 중심이 되는 내용도 이집트 왕조시대의 초반에 존재했다).[7]

대다수의 이집트학 연구자들은 이집트 문명이 초기부터 세련되어 있었다는 함의에 대해서는 고찰하지 않는다. 그러나 보다 대담한 많은 사상가들의 의견을 들어보면 이런 함의는 놀랄 만한 것이다. 초기 이집트 왕조 전문가인 존 앤서니 웨스트는 다음과 같이 말했다.

어떻게 복잡한 문명이 갑자기 성숙한 모습으로 출현할 수 있었을까? 1905년에 만들어진 자동차와 현대의 자동차를 비교해보면 "발전과정"이 분명하게 드러난다. 그러나 이집트에서는 그렇지 않다. 처음부터 모든 것이 완성되어 있었다.

이 수수께끼에 대한 대답은 너무나 명백하다. 그러나 일반적으로 널리 알려진 현대의 생각과는 다르기 때문에 거의 고려되지 않는다. 이집트 문명은 "발전"한 것이 아니라 유산을 물려받은 것이다.[8]

오랜 세월 동안 이집트학회를 이끌어왔던 주류학자들에게 존 앤서니 웨스트의 존재는 눈엣가시였다. 그러나 주류학자들 중에서도 이집트 문명의 갑작스러운 출현에 대해서 이해하기 힘들다고 고백하는 학자가 있었다. 월터 에머리는 런던 대학교의 이집트학 교수였는데 다음과 같이 문제를 요약했다.

그리스도가 태어나기 약 3,400년 전에 이집트에서는 대변동이 일어났다. 신석기시대의 부족문화에서 갑자기 조직화된 왕조시대로 돌입했다.

동시에 문자가 등장하고, 거대한 건축물이 건조되고, 예술과 공예가 믿을 수 없는 수준에 이르렀다. 이것들은 모두 세련된 문명이 창출한 것이었다. 그리고 비교적 짧은 기간에 완성되었다. 왜냐하면 문자와 건축기술의 근본적인 변화의 배경에는 거의, 아니 전혀 그 발전의 토대가 되는 것이 존재하지 않은 것처럼 보이기 때문이다.[9]

이것을 설명하는 방법 가운데 하나는 이집트인이 고대의 다른 문명으로부터 갑자기 많은 지식을 배웠다고 생각하는 것이다. 그렇게 되면 메소포타미아의 유프라테스 강 하류 유역에 있었던 수메르 문명이 가장 먼저 후보로 떠오를 것이다. 이집트 문명과 수메르 문명 사이에 기본적인 차이가 있기는 하지만, 건축기술이나 건축양식이 비슷해서 어떤 연관성이 있는 것처럼 보이기 때문이다.[10] 그러나 그 유사성이 그다지 강하지 않기 때문에 한쪽의 사회가 다른 한쪽의 사회에 직접적으로 영향을 미칠 만큼 밀접한 관계가 있었다고 생각하기에는 무리가 있다. 반면 에머리 교수는 다음과 같이 기록하고 있다.

우리가 받은 인상은 두 문명 사이에 간접적인 연관이 있다는 것이다. 아마 제3자가 있어서 유프라테스 강과 나일 강 유역에 영향을 미친 듯하다. 대부분의 현대 학자들은 아직 알려지지 않은 가정의 지역으로부터 이 두 지역으로의 이주가 있었다는 가능성을 무시하려고 한다. 그러나 이미 고도의 문명을 발전시킨 제3자가 그 문명을 각각 개별적으로 이집트와 메소포타미아에 전

했다고 하면, 두 개의 문명 사이의 공통점 및 근본적인 차이점을 가장 잘 설명할 수 있다.[11]

이 이론은 많은 수수께끼에 빛을 던져주었는데, 그 하나는 이집트인과 메소포타미아의 수메르인이 사실상 동일한 달의 신을 숭배했다는 점이다. 이 신은 양쪽 지역에서 신들 가운데 가장 오래된 신이기도 하다(이집트인은 토트(Thoth)라고 불렀고, 수메르인은 신(Sin)이라고 불렀다).[12] 저명한 이집트학자인 월리스 버지 경은 "두 신이 너무나 닮아서 도저히 우연의 일치라고 볼 수는 없다. 이집트인이 수메르인에게서 빌려왔다거나, 수메르인이 이집트인에게서 빌려왔다는 것은 잘못이다. 아마 양쪽 지역의 지식계급이 아주 오래된 어느 하나의 원천에서 이 신학체계를 차용한 것이 틀림없다"라고 말했다.[13]

여기서 의문이 생긴다. 이집트학자인 버지와 에머리 교수가 언급한 "아주 오래된 어느 하나의 원천", "아직 알려지지 않은 가정의 지역", 이미 고도의 문명을 발전시킨 "제3자"라는 것은 무엇을 의미할까? 또한 제3자가 이집트와 메소포타미아에 고도의 문명을 유산으로 남겼다면 중앙 아메리카에도 그 유산을 남기지 않았을까?

멕시코 문명의 "시작"이 중동보다 나중이었다고 말하는 것으로는 충분하지 않다. 양쪽 지역이 최초의 문명충격을 받은 것은 같은 시기였지만 그 후의 결과가 완전히 달라졌을 가능성이 있다.

이 각본에 의하면 문명을 전파한 사람들은 이집트와 수메르에서 대성공을 거두었고 오랫동안 지속된 위대한 문명을 창조했다. 그런데 멕시코에서는(페루도 마찬가지라고 생각된다) 심각한 좌절을 맛보았다 — 거대한 머리 조각상과 턱수염을 기른 남자의 부조가 만들어진 것을 보면 처음에는 순조로웠지만 그 후로 급격하게 전락한 듯하다. 그 후에도 문명의 등불은 사라지지 않고 이어졌지만 기원전 1500년경의 "올멕의 시대"까지 그 기운을 회복하지 못했던 것 같다. 그때까지의 위대한 조각상들은 거대한 영혼의 힘이 남아 있는 고대 유적과 함께 고색창연해졌고, 문명의 기원도 잊혀졌으며, 거인과 문명을 전파한 턱수염을 기른 사람들은 신화 속에 묻히게 되었다.

만약 그렇다면 지금까지 본 흑인 머리 조각상의 커다란 눈과, 얼굴 윤곽이 확실한 모난 백인 "엉클 샘"의 얼굴은 생각했던 것보다 훨씬 과거의 것이 된다. 이 위대한 조각상들에 남아 있는 것이 태고에 사라진 문명의 서로 다른 인종이었다는 것도 충분히 가능한 일이 된다.

"제3자의 가설" 이론을 중앙 아메리카에 적용시키면 다음과 같은 것이 된다. 즉 고대 멕시코 문명은 외부의 영향 없이 생겨난 것이 아니다. 그렇다고 구대륙의 어딘가로부터 그러한 영향을 받은 것도 아니다. 오히려 구대륙과 신대륙에 존재했던 몇몇 문화는 양쪽 모두 훨씬 더 과거에 존재한 제3자의 영향을 받아 지식이라는 유산을 계승한 것이다.

비야에르모사에서 오악사카로

나는 비야에르모사를 떠나기 전에 올멕 및 마야 문화 조사 센터를 방문했다. 그곳의 연구원에게 이 주변에 올멕의 다른 중요한 유적이 있는지를 묻고 싶었기 때문이다. 놀랍게도 그들은 그곳에서 멀리 떨어진 장소로 가야 한다고 조언을 했다. 남서쪽으로 몇백 킬로미터나 떨어진 곳에 있는 오악사카 주의 몬테 알반에서 고고학자들이 "올멕다운" 공예품과 올멕인을 표현했다고 여겨지는 많은 부조품들을 발굴했다고 한다.

산타와 나는 비야에르모사의 북동쪽에 위치한 유카탄 반도로 갈 생각이었다. 몬테 알반에 가기 위해서는 한참을 돌아가야 했다. 그렇지만 몬테 알반에 가기로 결심했다. 올멕에 대해서 다른 무엇인가를 알 수 있을지도 모른다고 생각했기 때문이다. 뿐만 아니라 웅대한 산맥을 넘어 오악사카가 있는 숨겨진 계곡의 중심으로 들어가면 뛰어난 경관을 만나게 될 터였다.

서쪽으로 차를 달려 라 벤타 유적을 지나 코아트사코알코스를 다시 빠져나간 다음 사율라와 로마 보니타를 지나 도로가 교차하는 도시인 툭스테펙에 도착했다. 석유산업 때문에 상처투성이가 된 오염된 교외를 지나 길고 완만한 언덕과 푸른색이 무성한 들판을 거쳐 곡식이 풍요롭게 영글어가고 있는 밭 사이를 달리는 여행이었다.

툭스테펙에서 산맥이 시작되는데 그곳에서 남쪽으로 방향을 돌려 고속도로 175번을 따라 오악사카로 향했다. 지도를 보니 우리는 비야에르모사와 오악사카의 중간지점까지 와 있었다. 그러나 복잡하고 끝없는 지그재그 커브 길 때문에 신경이 날카로워지고 근육이 긴장되었다. 좁고 휘어진 험한 오르막길은 구름 속에 묻혀 보이지 않았는데 그 광경이 마치 천국으로 올라가는 계단처럼 보였다. 차를 달리면서 고도에 적응하여 자라고 있는 고산식물을 볼 수 있었다. 식물들은 좁은 환경에 맞추어 자라고 있었다. 그러나 구름을 넘어서자 눈에 익은 식물들이 거대한 모습으로 우거져 있었다. 그것은 존 윈덤의 트리피드(triffid : 머리가 셋 달리고 인간을 공격하는 공상의 괴수식물/역주) 같아서 현실과 유리된 낯선 광경처럼 보였다. 700킬로미터 거리인 비야에르모사부터 오악사카까지 열두 시간 정도 걸렸다. 여행이 끝날 무렵에는, 계속되는 커브 길 때문에 핸들을 꽉 쥐고 있었던 탓인지 손에 물집이 잡히고 눈은 푹 꺼져 있었다. 고속도로 175번을 따라 자라고 있는 트리피드가 잦은 각격으로 이어졌다.

오악사카는 환각을 일으키는 마법의 버섯과 마리화나, D. H 로렌스(로렌스는 1920년대에 이곳에서 「깃털 달린 뱀〔The Plumed Serpent〕」의 일부를 집필했다)로 유명한 도시이다. 아직도 자유분방한 분위기가 남아 있어서 바와 카페, 둥근 돌로 포장된 좁은 길, 낡은 건물 그리고 넓은 광장을 메우고 있는 사람들의 활기가 밤 늦게까지 잔물결을 일으킨다.

우리가 투숙한 호텔은 도시에 있는 세 개의 광장 가운데 한 광장과 맞닿은 곳에 있는 라스 골론드리나스였다. 침대는 안락했다. 밤하늘에는 많은 별이 반짝거리고 있었다. 피곤했지만 잠은 오지 않았다.

　잠이 달아난 것은 문명을 전파한 사람……턱수염을 기른 신과 그의 일행에 대한 생각 때문이다. 그들은 멕시코와 페루에서 실패에 직면한 듯했다. 전설이 그것을 암시한다. 그러나 실패를 암시하는 것이 전설만은 아니라는 사실을 다음 날 아침 몬테 알반에 도착해서 알게 되었다.

저승으로의 모험, 별로의 여행

"제3자의 가설" 이론은 고대 이집트와 고대 메소포타미아의 두 문명이 태고에 살았던 선조들로부터 동일한 문명의 유산을 계승했다고 가정해봄으로써, 두 문명이 서로 공통점을 가지고 있음에도 불구하고 근본적으로 차이가 나는 이유를 설명해준다. 그러나 이 이론은 태고의 문명이 어디에 있었으며, 어떤 특징을 가지고 있었고, 언제 번영했는지에 대해서는 언급하고 있지 않다. 마치 우주의 블랙홀처럼 볼 수가 없다. 그러나 눈으로 볼 수 있는 그 존재를 통해서 수메르 문명과 이집트 문명을 추측해볼 수는 있다.

신비에 싸여 있는 동일한 인류의 선조들이 멕시코에도 영향을 미쳤다는 가설이 성립될 수 있을까? 만약 가능하다면 멕시코의 고대 문명과 수메르나 이집트의 고대 문명 사이에 문화적으로 유사점이 있을 것이다. 물론 차이점 또한 있을 것이다. 유사 이래로 멀리 떨어진 지역에서 오랜 시간 동안 제각기 다른 진화를 해왔기 때문이다. 그러나 수메르와 이집트의 문화적 차이는 크지 않을 것이다. 유사 이래로 두 문명 사이에는 지속적인 교류가 있었기 때문이다. 한편 중동의 두 문명과 멀리 떨어진 중앙 아메리카의 문명 사이에는 차이가 크게 날 것이다. 콜럼버스가 1492년 신대륙을 "발견하기" 전에 중앙 아메리카와의 접촉이 있었다고 해도 그것은 거의 미미하고 우연에 지나지 않았을 것이다.

죽은 사람을 먹는 존재, 지상괴물, 별의 왕, 난쟁이들

이집트인들은 무슨 이유에서인지는 모르지만 매우 흥미롭게도 난쟁이들을 특별히 좋아하고 숭배했다.[1] 그것은 고대 중앙 아메리카의 올멕인들도 마찬가지였다.[2] 이집트인과 올멕인은 난쟁이가 신들과 직접 관계가 있다고 생각했다.[3] 또한 난쟁이는 춤을 추는 사람으로 생각되었는데 예술작품에도 그렇게 묘사되어 있다.[4]

4,500년 전에 이집트 초기 왕조가 존재했던 헬리오폴리스에서는 전지전능한 "9신"(九神, Ennead : 이집트 신화에 나오는 아홉 신/역주)이 신관들의 숭배를 받았다.[5] 마찬가지로 중앙 아메리카에서도 아스텍인과 마야인이 전능한 아홉 명의 신들을 믿었다.[6]

멕시코와 과테말라에 살고 있었던 고대 키제 마야족의 성스러운 책 「포폴 부(Popol Vuh)」에는 "별로 환생하는" 신앙에 대한 기술이 몇 군데 나온다. 죽은 사람이 별이 되어 다시 태어난다는 것이다. 쌍둥이 영웅이었던 우나푸와 스발랑케는 살해된 다음 "빛에 싸여 순식간에 하늘로 올라갔다. 그때 천국과 지상이 환하게 밝아졌다. 그들은 하늘에서 살게 되었던 것이다."[7] 동시에 함께 살해된 쌍둥이 영웅의 동료 400명도 "다시 우나푸와 스발랑케의 동료가 되어 하늘의 별로 태어났다."[8]

앞에서 이미 살펴본 것처럼 신왕(神王)인 케찰코아틀에 대한 전승의 대부분은 문명을 전파한 교사로서의 위업에 초점이 맞추어져 있었다. 그럼에도 불구하고 고대 멕시코의 숭배자들은 케찰코아틀의 육신이 죽어서 나중에 별로 다시 태어났다고도 믿었다.[9]

따라서 지금으로부터 4,000년 전의 이집트의 피라미드 시대에도 죽은 왕이 별로 다시 태어난다는 종교관이 있었다는 것은 우리의 흥미를 끈다.[10] 이집트인들은 의식을 거행하면서 죽은 왕이 빨리 천국에서 다시 태어나기를 기원했다. "왕이시여, 위대한 별이 되어 오리온의 친구로, 오리온과 함께 여행하시옵소서……."[11] 우리는 전에 오리온 별자리와 조우한 적이 있었다. 나스카 고원에서였다. 다시 그 오리온 별자리를 만나게 될 것이다…….

고대 이집트의 「사자의 서」에 대해서 생각해보자. 그 내용의 일부는 이집트 문명만큼이나 오래된 것으로서 영혼을 위한 여행 안내서이다. 다시 말해서 죽은 사람이 위험한 사후의 세계에 어떻게 대처해야 하는지, 신화에 등장하는 몇몇 생물로 다시 태어나려면 어떻게 해야 하는지 그리고 저승세계의 여러 단계를 통과하는 데에 필요한 말은 무엇인지 등에 대해서 알려주고 있다.[12]

고대 중앙 아메리카의 사람들도 죽은 뒤에 닥쳐올 재난에 대해서 같은 생각을 가지고 있었다. 이것은 우연일까? 중앙 아메리카에서는 저승이 9층으로 이루어져 있다고 믿었다. 죽은 사람은 4년 동안 저승의 9층을 여행하면서 곤란과 위험을 극복한다.[13] 각 층에는 그 내용을 바로 알 수 있도록 다음과 같은 이름이 붙어 있다. "산들이 충돌하는 장소", "화살이 날아다니는 장소", "칼의 산" 등. 또한 두 문명의 사람들은 죽은 사람이 작은 배를 타고 저승세계를 여행한다고 생각했다. 배의 노를 젓는 신이 있어서 죽은 사람의 영혼을 다음 단계로 옮겨준다는 것이다.[14] 8세기에 마야 도시인 티칼을 지배했던 통치자 더블 콤의 무덤에서는 죽은 사람의 여행 광경이 묘사된 그림이 발견되었다.[15] 이와 비슷한 이미지는 상이집트 왕가의 계곡에서도 많이 발견되었다. 대표적인 것이 제18왕조의 투트모세 3세의 무덤이다.[16] 죽은 파라오가 탈 작은 배와 더블 콤의 무덤에 있는 카누 양쪽에 개 또는 개 머리를 가진 신, 새 또는 새 머리를 가진 신, 원숭이 또는 원숭이 머리를 가진 신이 동승하고 있는 것은 우연에 불과할까?[17]

고대 멕시코인들이 믿었던 저승의 7층은 테오코욜쿠알로야, 즉 "야수가 심장을 탐욕스럽게 먹는 장소"라고 불렀다.[18]

고대 이집트의 저승세계에는 "심판의 공간"이 있는데, 이 점 역시 거의 비슷한 상징으로 사용되고 있다. 이 또한 우연일까? 이 중대한 고비에서 심장이 깃털과 함께 저울에 올려진다. 만약 심장이 죄 때문에 무거우면 균형이 무너진다. 신 토트는 심판의 내용을 팔레트에 기록하고 심장은 곧바로 무서운 야수가 탐욕스럽게 먹어치운다. 악어와 사자의 모습을 섞어놓은 야수는 "죽은 사람을 먹는 존재"라고 불렸다.[19]

마지막으로 피라미드 시대의 이집트로 다시 눈을 돌려보자. 파라오는 저승세계의 심판을 받지 않고 별로 다시 태어날 수 있었다. 의식을 거행하며 바치는 기원은 재생과정의 한 단계이다. 여기서 중요한 것은 "입을 연다"라고 알려진 의식이다. 이 의식은 파라오가 죽으면 반드시 거행하는 것으로서, 고고학자들은 왕조가 시작되기 전부터 존재했던 의식이라고 믿고 있다.[20] 지위가 높은 신관과 네 명의 보좌관이 참가해서 의식에 사용되는 절단용 도구인 페센크헤프를 사용하여 죽은 왕, 즉 신왕(神王)의 "입을 연다." 그들은 그것을 왕이 천국에서 부활하는 데에 필요한 의식이라고 생각했다. 현존하는 부조와 인물묘사의 그림 등을 보면 이 의식 중에 절단 도구를 사용하여 미라화된 사체에 강렬한 물리적 충격을 가한 것이 틀림없다.[21] 최근에 발견된 증거를 보면 기자의 대피라미드의 한 방이 이러한 의식에 사용되었을 것으로 추측된다.[22]

비슷한 의식이 기묘하게 왜곡된 형태로 멕시코에도 존재했다. 우리는 정복자들이 도착하기 전까지 그곳에 인간을 제물로 바치는 의식이 널리 퍼져 있었다는 것을 앞에서 살펴보았다. 인간을 제물로 바치는 의식이 거행된 곳은 피라미드였고, 의식은 신관과 네 명의 보좌관에 의해서 거행되었으며 절단기구, 즉 제물용 칼을 사용해서 희생자에게 물리적 타격을 가했던 것은 우연일까? 또한 희생자의 영혼은 저승세계를 거치지 않고 바로 천국으로 들어간다고 믿은 것도 우연일까?[23]

이처럼 "우연"이 많아지면 당연히 어딘가에 연결점이 있지 않을까 생각하게 된다. 고대 중앙 아메리카에서 "제물"을 나타내는 말은 파치(p'achi)

인데 "입을 연다"라는 의미이다. 이것을 알고 나면 연결점이 있다는 인상은 더욱 강해진다.[24]

따라서 지리적으로 멀리 떨어져 있는 서로 다른 두 지역의 역사에서 발견된 것은 경이로운 우연의 일치가 아니라 태고에 대한 공통된 기억이 약간 형태를 바꾼 것이 아닐까? 이집트의 "입을 여는" 의식이 멕시코에 직접 영향을 미친 것도 아니고 그 반대도 아닐 것이다. 두 의식에는 근본적인 차이가 있기 때문에 직접적인 영향을 받았을 가능성은 없다. 그러나 두 의식의 유사성이 공통된 선조들로부터 계승한 유산의 흔적일 가능성은 있다. 중앙 아메리카 사람들은 유산을 자기 나름대로 취급했고, 이집트 사람들 역시 그랬을 것이다. 그러나 몇 개의 공통된 상징과 이름만은 양쪽에다 남아 있다.

이집트와 중앙 아메리카의 어렴풋한 연관에 대해서 더 이상 깊이 들어가지 말자. 그러나 더 나아가기 전에 그 비슷한 "연관"이 정복자가 찾아오기 전의 멕시코 신앙체계와 메소포타미아의 수메르 신앙체계 사이에서도 발견된다는 사실을 지적해두고 싶다. 이 증거는 양쪽이 서로 직접적인 영향을 받았다기보다는 공통된 선조들의 문명을 계승했다는 사실을 보여준다.

오안네스의 예를 살펴보자.

"오안네스" — 수메르 우안(Uan)의 그리스식 이름 — 는 제2부에서 서술했던 수륙양생하는 존재이다. 그는 예술과 기술 등을 메소포타미아에 전파했다고 여겨진다.[25] 5,000년 전의 전설을 보면 우안은 해저에 살며 매일 아침 페르시아 만으로 나와 인류를 교화하고 문명을 전파했다.[26] 마야에 우아나(uaana)라는 말이 있는데, 이 말은 "물속에 집을 가진 자"를 의미한다.[27] 이것은 우연일까?

수메르의 바다의 여신 티아마트를 보자. 이 여신은 원시적 혼란을 일으킬 수 있는 힘을 가지고 있어서 항상 탐욕스러운 괴물로 묘사된다. 메소포타미아의 전승에 의하면 티아마트는 다른 신들에게 반항해서 대파괴를 일

삼았는데, 결국 하늘의 영웅 마르두크(Marduk : 원래는 바빌로니아의 수호
신이었으나 수메르의 주신 엔릴과 합체하여 모든 신화의 주인공이 됨/역
주)에게 멸망되었다.

여신 티아마트는 입을 벌리고 마르두크를 삼키려고 했다.

마르두크가 흉악한 바람을 일으켜서 여신은 입을 닫아야만 했다.

강렬한 바람은 여신의 배를 가득 채우고 여신의 심장을 움켜쥐었다.

여신은 입을 크게 벌렸다.

마르두크는 화살을 쏘아 여신의 배를 뚫었다.

여신의 몸 속을 찢고 심장을 잘라냈다.

마르두크는 여신을 무기력하게 만들고 그녀의 생명을 파괴했다.

마르두크는 여신을 넘어뜨리고 그 위에 올라탔다.[28]

이런 행동 뒤에 무엇을 할 것인가?

마르두크는 적의 거대한 시체를 보고 숙고한 끝에 "예술적인 행위를 하
기로 결심했다."[29] 그는 마음속에 세계 창조라는 원대한 계획을 품고 있었
다. 먼저 티아마트의 두개골을 떼어내고 동맥을 잘랐다. 다음에 "말린 물
고기처럼" 몸을 두 개로 나누어 하나는 하늘의 지붕으로 삼고 다른 하나로
는 땅을 만들었다. 여신의 젖가슴으로 산을 만들었고, 침으로 구름을, 여신
의 눈에서 흘러나오는 눈물로 티그리스와 유프라테스 강을 만들었다.[30]

이 낯설고 폭력적인 전설은 매우 오래된 것이다.

중앙 아메리카의 고대 문명에도 이 이야기의 개정판이 있다. 중앙 아메
리카에서는 창조의 신으로 다시 태어난 케찰코아틀이 마르두크의 역할을
맡았다. 또한 여신 티아마트의 역할은 시팍틀리라는 "거대한 지상괴물"이
맡았다. 케찰코아틀은 "원시의 바다를 헤엄치고 있는 시팍틀리의 손발을
잡아 몸을 둘로 쪼개어 하나는 하늘, 하나는 땅을 만들었다. 머리카락과
피부로 풀과 꽃과 목초를 만들고, 눈으로 우물과 샘을 만들고, 어깨로 산

을 만들었다."[31]

수메르와 멕시코 신화에 서로 부합되는 면이 있는 것은 우연일까? 아니면 사라진 문명의 지문이 남아 있는 것일까? 만약 그렇다면 선조문명의 영웅들의 얼굴이 돌에 조각되어 유산으로 몇천 년 동안 계승되어온 것은 아닐까? 그것들은 모두 지상에 모습을 드러낸 적도 있었고 땅속에 매몰된 시기도 있었는데, 현대의 고고학자들이 그것들을 발굴해서 "올멕의 머리"나 "엉클 샘"이라고 이름을 붙인 것은 아닐까?

몬테 알반에서도 영웅들의 얼굴이 등장한다. 그러나 이곳에서는 슬픈 이야기가 전해지는 듯하다.

몬테 알반 : 위대한 사람들의 몰락

몬테 알반 유적은 만들어진 지 3,000년 정도 되었다고 한다.[32] 거대한 언덕을 인공적으로 편평하게 깎아서 건설한 이곳에서는 오악사카가 눈 아래로 내려다보인다. 직사각형의 거대한 광장은 몇 개의 피라미드와 다른 건물에 둘러싸여 있으며 그 각각의 건물들은 기하학적 위치관계를 유지하고 있다. 균형 잡히고 질서 정연한 모습에서 조화로움이 풍겨나오는 듯하다.

비야에르모사를 떠나기 전에 만났던 올멕 및 마야 문화 조사 센터에 근무하는 연구원의 조언에 따라 먼저 몬테 알반의 남서쪽 끝으로 가보았다. 그곳에는 멀리 떨어져 있는 비야에르모사에서 보고 온 조각들이 낮은 피라미드 옆에 줄지어 늘어서 있었다. 그것들은 수십 개에 달하는 비석에 조각되어 있었는데, 함께 살다가 함께 죽은 흑인과 백인의 모습이 묘사되어 있었다.

만약 위대한 문명이 역사에서 모습을 감추었고, 이 조각들이 그 문명에 관한 무엇인가를 우리에게 말하고 있다면 그것은 인종의 평등이라는 메시지일 것이다. 라 벤타의 자부심이 강하고 카리스마가 느껴지는 흑인 머리

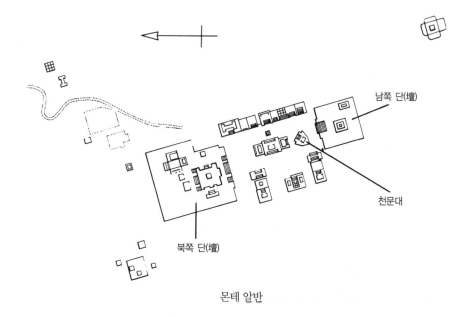

남쪽 단(壇)

천문대

북쪽 단(壇)

몬테 알반

조각상을 본 사람이라면 그 조각상의 모델이 노예였다고는 생각하지 않을 것이다. 마찬가지로 얼굴이 가늘고 턱수염을 기른 사람도 누구에게 무릎을 꿇지는 않았을 것으로 보인다. 그들은 자부심이 강한 사람이었음에 틀림없다.

그러나 몬테 알반의 비석에 조각된 이 위대한 사람들은 몰락한 것처럼 보인다. 이 비석을 조각한 사람도 라 벤타의 조각가와는 달라 보인다. 조각의 기술수준이 상당히 떨어지기 때문이다. 그 조각가가 누구이든 또 기술수준이 낮든 높든, 그들이 묘사하려고 했던 것은 라 벤타에서 본 흑인과 턱수염을 기른 백인들이다. 라 벤타의 조각에는 강인한 힘, 활력이 표현되어 있다. 그러나 몬테 알반의 위대한 사람들은 죽은 것처럼 보인다. 모두 벌거벗고 있고, 대다수가 거세를 당했으며, 어떤 이들은 마치 구타를 피하려는 듯이 태아처럼 몸을 웅크리고 있다. 또 아무렇게나 손발을 뻗고 누워 있는 이들도 있다.

고고학자들은 이 비석에 조각되어 있는 것이 "전쟁에서 포로가 된 죄수

의 시체"라고 했다.[33]

어떤 죄수를 말하는 것일까? 어디에서 왔을까?

장소는 콜럼버스가 도착하기 수천 년 전의 신대륙인 중앙 아메리카이다. 그렇다면 전쟁의 희생자 가운데 인디오들은 한명도 없고, 모두 구대륙의 인종인 것은 이상하지 않은가?

이유는 모르지만 정통파 학자들은 이 사실에 대해서 의문을 품지 않는 듯하다. 그들도 이 조각들이 오래된 것이라고(기원전 1000년에서 기원전 600년 사이로 추정하고 있다[34]) 인정했으면서도 말이다. 다른 유적과 마찬가지로 이 비석의 제작연대는 주위에 있는 유기물을 통해서 추정한 것이므로 조각 그 자체의 연대는 아니다. 그것은 화강암 비석에 조각되어 있기 때문에 정확한 연대를 추정하기는 어렵다.

유산

아직 판독되지 않은 정교한 상형문자로 이루어진 문장이 몬테 알반에서 발견되었다.[35] 그 대부분은 백인과 흑인이 조잡하게 묘사되어 있는 비석에 새겨져 있었다. 전문가들은 이 상형문자가 "멕시코에서 가장 오래된 것"이라고 인정했다.[36] 또한 이곳에 살았던 사람들은 뛰어난 건축가였고 이상할 만큼 천문학에 관심이 많았다. 이곳에는 화살촉처럼 생긴 기묘한 형태를 한 천문대가 있는데 주축에서 45도 각도로 비스듬히 누워 있다(주축은 경선〔經線〕과 몇 도 차이가 난다).[37] 이 천문대 안으로 기다시피 해서 들어가자 그 안에 하늘을 다른 각도에서 볼 수 있도록 작고 좁은 터널과 경사가 급한 계단이 만들어져 있었다.[38]

몬테 알반 사람들은 트레스 사포테스 사람들과 마찬가지로 선과 점으로 계산하는 수학지식을 가지고 있었다는 증거를 명확히 남겨놓았다.[39] 또한 그들은 경이로운 역법도 사용했는데,[40] 그것은 올멕이 도입해서 후에 마야가 계승한 것이었다.[41] 이 역법이 나타내는 세계 종말일은 2012년 12월 23일이다.

만약 역법과 시간에 관한 관심이 태고에 사라진 문명의 흔적이라고 한다면, 마야는 가장 충실하고 탁월한 유산의 상속자라는 말이 된다. 고고학자인 에릭 톰슨이 1950년에 말한 것처럼 "마야 종교에서 최고의 불가사의는 시간이다. 마야인들은 인류 역사상 유례를 찾아볼 수 없을 정도로 시간에 대한 의식이 높았다."[42]

중앙 아메리카를 계속 여행하는 동안 나는 이 불가사의하고 무서운 수수께끼의 미로 속으로 점점 빠져드는 것을 느꼈다.

최초의 인간들의 아이들

치아파스 주의 팔렝케

석양이 지고 있었다. 나는 마야의 비명(碑銘)의 신전 북동쪽 아래에 앉아 정글이 암흑 속으로 잠겨들고 있는 북쪽을 응시하고 있었다. 정글 너머로 는 홍수 때면 물에 잠기는 우수마신타 평원이 보였다.

이 신전은 세 개의 방으로 이루어져 있고, 높이가 30미터나 되는 9단으로 이루어진 피라미드 위에 세워져 있다. 또렷하고 조화를 이룬 이 건축물의 선은 우아하면서도 연약함이 느껴지지는 않았다. 나는 견고하게 지어진 이 신전에서 강인함과 영원함을 느꼈다. 그것은 순수한 기하학과 상상력의 산물이었다.

오른쪽으로는 궁전이 보였다. 피라미드 형식의 넓은 직사각형 토대가 있고 주위에 4층 탑이 서 있는 것이 눈에 띄었다. 이 탑은 마야의 신관들이 천체 관측소로 사용했을 것이다.

주위를 둘러보자 앵무새와 마코 앵무새가 밝은 색 날개를 파닥이며 나무 꼭대기를 날아다니고 있었고, 훌륭한 건축물들이 삼림에 절반쯤 가려서 보이지 않았다. 그 건축물들은 잎 모양의 십자가 신전, 태양의 신전, 수(數)의 신전, 사자의 신전 등으로 불리는데 모두 고고학자들이 붙인 이름이다. 마야인들이 믿고 있었던 것, 중요시 여겼던 것, 태고부터 기억하고

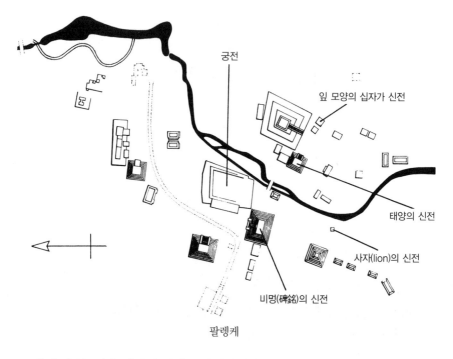

궁전

잎 모양의 십자가 신전

태양의 신전

사자(lion)의 신전

비명(碑銘)의 신전

팔렝케

있던 것 등, 많은 것들이 이미 돌이킬 수 없이 상실되었다. 마야의 날짜 기록을 해독하는 법은 이미 오래 전에 밝혀졌지만, 복잡한 상형문자는 이제 겨우 판독이 시작되었을 뿐이다.

　자리에서 일어나 계단을 올라가서 신전 중앙에 있는 방으로 들어갔다. 방 뒤쪽 벽에는 커다란 회색 석판이 두 개 있고, 그곳에는 620개의 마야 그림 문자가 서양 장기판 위에 놓인 말처럼 조각되어 있었다. 그것들은 괴물과 인간의 얼굴, 신화에 등장하는 몸부림치며 괴로워하는 동물의 모습 등을 하고 있었다.

　이 그림 문자는 무엇을 말하는 것일까? 아직은 아무도 모른다. 그림 문자와 음성을 나타내는 상징이 혼합적으로 구성된 비명은 아직 완전하게 해독되지 않았기 때문이다. 그러나 그중에서 많은 그림 문자들이 유사 이전의 태고에 살았던 사람들과 신에 대해서 말하고 있다는 것은 틀림이 없는 듯하다.[1]

파칼의 무덤

상형문자판 왼쪽으로 신전의 바닥에는 거대한 포석이 드러나 있는데 그곳에는 가파른 내부계단이 아래로 이어져 있다. 이 계단은 피라미드 속에 감추어진 방과 연결되어 있는데 그 방에는 파칼 왕의 무덤이 자리하고 있다. 계단은 잘 손질된 석회암 블록으로 만들어졌다. 계단은 좁고 미끄러웠으며 축축한 습기가 느껴졌다. 나는 암흑 속에서 회중전등을 비추면서 몸을 남쪽 벽에 바싹 붙인 채 게걸음으로 신중하게 계단을 내려갔다.

이 축축한 계단은 683년에 입구가 닫힌 후로 1952년 6월 멕시코의 고고학자 알베르토 루스가 신전 바닥을 들어올릴 때까지는 비밀스러운 장소였다. 두 번째 무덤 역시 1994년 팔렝케에서 발견되었는데,[2] 알베르토 루스는 신대륙에서 이와 같은 형태의 피라미드를 최초로 발견한 사람이라는 영예를 안았다. 계단에는 건축자가 고의로 채워놓은 잡석이 가득했다. 고고학자가 그 잡석을 모두 치우고 계단 아래에 도달하기까지는 4년이나 걸렸다.

계단 아래에는 대들보로 지탱되는 천장이 둥근 좁은 방이 있었다. 알베르토 루스가 안으로 들어가자 바닥에는 제물로 바쳐진, 곰팡이로 뒤덮인 젊은 사람들의 시체가 대여섯 구 놓여 있었다. 구석에서는 큰 삼각형의 석판이 발견되었다. 잡석을 치운 루스는 구석에서 훌륭한 무덤을 발견했다. 그는 그 광경을 "넓은 방이 얼음으로 만들어져 있는 것처럼 보였다. 아름답게 치장한 석굴처럼 벽과 천장 표면은 거울처럼 매끄럽게 가공되어 있었다. 또 버려진 예배당처럼도 보이기도 했는데, 둥근 천장으로부터 종유석이 커튼처럼 늘어져 있었고, 바닥에는 양초 촛농과 같은 두꺼운 석순이 자라고 있었다"라고 묘사했다.[3]

둥근 천장의 이 방은 길이가 9미터, 높이가 7미터나 되었다. 벽에는 회반죽으로 저승세계의 지배자들의 모습이 부조되어 있었다. 암흑을 지배하는 9신들이다. 중앙에는 9신들에게 보호를 받는 거대한 석관이 있는데 무게가 5톤이나 되는 석판이 뚜껑으로 덮여 있었다. 그 석판에는 많은 조각이 새겨져 있었다. 석관 안에는 비취 장식품을 몸에 두른 키 큰 사람의 해골이 누워 있었는데 200개의 비취로 만들어진 가면이 두개골 전면에 덮여 있었다. 이 관의 주인은 7세기에 팔렝케를 지배했던 파칼 왕의 유해로 추정되었다. 비명에는 왕이 80세에 죽었다고 적혀 있는데, 고고학자들은 석관에서 발견한 비취로 뒤덮인 유해가 그 절반 나이에 해당한다고 추정했다.[4]

계단을 끝까지 내려가보니 그곳은 신전의 바닥에서 26미터나 아래에 위치하고 있었다. 제물로 바쳐진 희생자들이 누워 있는 방을 빠져나가 곧바로 파칼의 무덤을 바라보았다. 공기 중에 축축하고 하얀 곰팡이가 떠돌고 있었으며 기온은 몸서리칠 만큼 싸늘했다. 바닥에 설치된 석관은 독특한 형태로 만들어져 있었다. 발을 놓는 부분이 매우 넓어서 이집트의 미라를 넣는 관과 비슷하게 생겼다. 미라의 관은 나무로 만들었고, 발이 놓이는 부분에 넓은 토대를 만들었는데 그것은 관을 수직으로 세워두는 경우가 많았기 때문이다. 그러나 파칼의 관은 돌로 만들어졌고 수평으로 눕히는 수밖에는 달리 방법이 없었을 것이다. 그렇다면 마야의 기술자들은 아무짝에도 쓸모없이 왜 토대를 넓힌 것일까? 그들은 디자인의 존재 이유는 이미 잊었지만, 그저 태고의 디자인을 맹목적으로 흉내낸 것은 아닐까?[5] 죽음 뒤의 시련에 대한 믿음과 마찬가지로 파칼의 석관은 고대 이집트와 중앙 아메리카의 고대 문화를 연결하는, 즉 공통으로 물려받은 유산의 존재를 암시하는 것은 아닐까?

직사각형으로 생긴 석관의 뚜껑은 두께가 25센티미터, 폭이 91센티미터, 길이가 3.8미터이다. 이 돌 뚜껑 역시 훌륭한 조각이 새겨져 있는, 고대 이집트인들이 같은 목적에서 사용한 블록과 비슷해서 태고에 원류를 두고 있는 것처럼 보였다. 이 관을 이집트 왕가의 계곡으로 가지고 가도 위화감이 느껴지지 않을 것 같았다. 그러나 석관의 뚜껑에 조각된 광경이 지금껏 이집트에서 발굴된 것과 전혀 다르다는 근본적인 차이가 하나 있다. 뚜껑에 전등 빛을 비추자, 단정히 깎은 머리에 꽉 끼는 듯한 옷을 입고 있으며 옷의 소맷부리와 바지 밑단을 정교하게 장식한 남자가 나타났다. 그는 등과 허벅지를 지탱해주는 의자에 편한 자세로 앉아 머리는 뒤로 젖혀 안락하게 베개 비슷한 것을 벤 채 앞쪽을 응시하는 모습이었다. 두 손은 레버와 조종장치를 조작하고 있는 듯이 보였고, 두 다리는 느슨하게 무릎을 세우고 있었다.

이것이 마야의 파칼 왕일까?

만약 그렇다면 어째서 기계 같은 것을 조작하고 있는 것일까? 마야에는 기계가 존재하지 않았다고 한다. 바퀴조차도 발견되지 않았다고 한다. 이 부조에 대해서 한 전문가는 "남자의 영혼이 죽음의 영역으로 이행하는 중이다"라고 말했고,[6] 또다른 전문가는 "지상괴물의 입 속으로 등부터 넘어지고 있는 중이다"라고 말했다.[7] 그러나 그보다는 의자 옆의 판자에 대갈못과 튜브, 그밖의 기계부품처럼 보이는 것이 있는 점으로 미루어보아 파칼이 기대고 있는 것은 하나의 기계장치처럼 보였다.

제17장에서 설명한 올멕의 부조 "뱀 속의 남자"처럼 이 부조도 어떤 기술제품을 소박한 터치로 그린 것처럼 생각되었다. "뱀 속의 남자"는 라 벤타에 있고, 그곳에서는 백인이 분명한 사람의 조각상이 발견되었다. 파칼의 무덤은 라 벤타에서 발견된 어떤 보물보다 적어도 1,000년은 늦게 만들어진 것이다. 그럼에도 불구하고 작은 비취 조각상이 석관 속에서 발견되었다. 유골 옆에 있던 그 조각상은 유골보다 훨씬 오래된 것처럼 보였다. 그 조각상은 늙은 백인을 조각한 것으로 긴 외투를 걸치고 턱수염을 길렀다.[8]

마술사의 피라미드

유카탄 주의 욱스말

태풍의 분위기가 느껴지는 오후, 나는 팔렝케에서 북쪽으로 700킬로미터

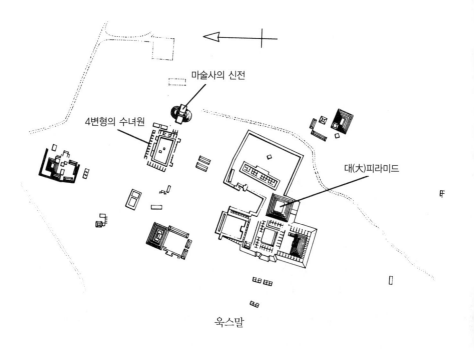

마술사의 신전

4변형의 수녀원

대(大)피라미드

욱스말

떨어진 곳에 있는 피라미드의 계단을 오르기 시작했다. 경사가 가팔랐다. 토대는 사각형보다 타원형에 가까운 형태였다. 길이 73미터, 폭 36.5미터, 높이 36.5미터로 평원에 솟아 있는 피라미드보다 훨씬 높았다.

사람들은 마술사의 성처럼 보이는 이 피라미드를 옛날부터 "마술사의 피라미드" 또는 "난쟁이의 집"이라고 불렀다. 이 이름들은 초자연적인 힘을 가진 난쟁이가 하룻밤 만에 피라미드를 지었다는 마야의 전설에서 유래한다.[9]

위로 올라갈수록 계단의 폭이 점점 좁아졌다. 본능적으로 몸을 구부려서 피라미드에 바싹 대었다. 검은 구름이 소용돌이치는 성난 하늘을 보았다. 새가 이리저리 날아다니며 날카로운 소리를 지르고 있었다. 새들은 닥쳐오는 재해로부터 도망치려는 듯이 보였다. 몇 시간 전에 태양을 덮었던 두꺼운 구름은 강한 바람에 휩쓸려 당장이라도 폭발할 듯했다.

마술사의 피라미드는 뛰어난 건축과 높은 석공기술 때문에 중앙 아메리카에서도 유명한 곳이다. 또한 초자연적인 힘을 가진 난쟁이와 결부되어 있는 것은 결코 특이한 일이 아니다. 마야의 전설에 의하면 "그들에게 건설은 간단했다"고 하며 "피리만 불면 큰 돌이 움직였다"고 한다.[10]

독자들도 기억하겠지만 이와 비슷한 전승이 안데스의 불가사의한 도시 티아우아나코에도 있었다. 거대한 돌이 "트럼펫 소리와 함께 허공으로 옮겨졌다."[11]

따라서 중앙 아메리카와 그곳에서 멀리 떨어진 안데스 지역 양쪽에서 거대한 돌이 기적적으로 허공을 날아다닐 때에는 기묘한 소리가 들려왔다는 셈이 된다.

이것은 무엇을 의미하는 것일까? 우연히 동일한 환상이 물리적으로 멀리 떨어진 장소에서 독자적으로 생겨났단 말인가? 별로 설득력이 없다. 다른 가능성도 생각해볼 수 있다. 즉 "기적적인" 힘으로 거대한 돌을 간단하게 들어올리는 태고의 건설기술에 대한 기억이 이와 같은 이야기의 형태로 보존되었을 수도 있다. 이집트에도 거의 비슷한 전설이 남아 있는데, 역시 관계가 있는 것일까? 이집트의 전승에 의하면, 마술사가 "길이 200큐빗(cubit: 고대 이집트 등에서 사용된 길이의 단위. 1큐빗은 팔꿈치에서 가운뎃손가락 끝까지의 길이, 약 45-50센티미터/역주), 폭 50큐빗의 거대한 돌 블록"을 공중으로 들어올렸다고 하지 않은가?[12]

계단 옆에는 19세기의 탐험가 존 로이드 스티븐스가 "조각된 모자이크의 일종"이라고 묘사한 풍부한 장식이 있었다.[13] 이상하게도 마술사의 피라미드가 건축된 것은 스페인 정복자들이 찾아오기 몇백 년 전인데, 모자이크 모양 속에 가장 자주 나타나는 상징은 기독교의 십자가와 그 모양이 비슷하다. 확실히 기독교의 십자가라고 말할 수 있는 것도 두 종류가 있다. 하나는 12세기에서 13세기에 조직된 성당 기사단과 십자군 병사들이 즐겨 사용한 끝이 넓은 십자가이고, 다른 하나는 X형의 성 안드레 십자가이다.

마침내 마술사의 피라미드 정상에 있는 신전에 도착했다. 신전은 천장이 둥근 하나의 작은 방이 구성의 전부였다. 천장에는 많은 박쥐가 거꾸로 매달려 있었다. 새나 구름과 마찬가지로 강한 태풍이 오는 것을 알아차리고 초조한 모양이었다. 털이 덥수룩한 박쥐는 거꾸로 매달려 작은 날개를 되풀이해서 접었다 폈다 하고 있었다.

나는 방을 둘러싸고 있는 높은 단에 앉아서 쉬었다. 그곳에서 내려다보니 더욱 많은 십자가 모양이 보였다. 이 고대의 기괴한 건축물 곳곳에 십자가 모양이 있었다.

십자가 모양을 보면서 안데스의 도시 티아우아나코의 푸마 푼쿠라는 건축물 주변 여기저기에 있는 거대한 돌 블록에 새겨져 있던 십자인을 생각했다.[14] 라 벤타의 올멕 조각 "뱀 속의 남자"에도 두 개의 성 안드레 십자가가 새겨져 있었다. 물론 그리스도의 탄생보다 훨씬 전에 조각된 것이다. 그리고 욱스말에 있는 마아 유직인 마술사의 피라미드에서 다시 십자와 마주친 것이다.

턱수염을 기른 남자…….

뱀…….

십자가…….

세 가지의 이 독특한 상징이 매우 다른 문화, 멀리 떨어진 역사 속에서 우연히 등장할 확률은 얼마나 될까? 왜 이 상징들이 세련된 예술품과 건축물에 새겨져 있을까?

예언의 과학

내가 보고 있는 기호와 초상은 긴 암흑시대에 중앙 아메리카에 (아마 다른 지역에도) 문명의 등불을 밝히려고 한 어느 종파나 비밀결사가 남긴 것은 아닐까 하는 생각이 들었다. 이런 생각이 든 것은 이번이 처음은 아니다. 특히 주목해야 할 것은 턱수염을 기른 남자나 깃털 달린 뱀 그리고 십자가는 언제 어디서나 높은 기술을 가진 미지의 문명이 미개의 문명과 만나는 장면에서 등장한다는 사실이다. 또한 이 사건은 너무나 오래되어 거의 잊혀진 듯하다.

올멕이 갑자기 등장한 것은 역사가 시작되기 전인, 안개에 싸여 있는 기원전 1500년경이라는 생각이 다시 들었다. 고고학적 증거에서 보면 올멕은 처음부터 거대한 머리 조각상과 턱수염을 기른 남자가 조각된 비석을 숭배했던 것처럼 보인다. 놀라울 뿐인 이 조각들은 사라진 문명이 남긴 거대한 유산의 일부가 아닐까 하는 생각이 점점 강해졌다. 유산이 중앙 아메리카인에게 계승된 것은 기원전 2000년보다 몇천 년 전이고, 안전을 위해서 이 유산은 지혜로운 비밀종파 예를 들면, 케찰코아틀 종파에 맡겨진 것은 아닐까?

많은 유산이 사라지고 말았다. 그러나 팔렝케나 욱스말의 유적을 남긴 마야족은 수수께끼의 석상보다 훨씬 불가사의하고 훌륭한 유산을 계승했다. 이 유산은 그것이 태고에 존재했던 고도의 문명으로부터 계승되었다는 것을 강력하게 시사한다. 다음 장에서는 고대에 별을 관찰한 사람들의 신비적인 과학에 대해서 서술하겠다. 이 과학은 시간과 계측과 예측의 과학이며 예언의 과학이기도 하다. 마야는 과거부터 이어져온 이 과학을 거의 완전한 형태로 보존하고 있었다. 그 가운데에는 세계를 멸망시킨 무서운 홍수의 기억도 있었다. 그것은 특별한 경험을 바탕으로 한 고도의 지식이었다. 마야인들이 가지고 있던 그 지식을 현대인들은 아주 최근에 와서야 알게 되었다……

세계의 종말을 계산하는 컴퓨터

마야인들은 자신들이 소유하고 있던 고도의 지식이 어디에서 왔는지를 알고 있었다. 케찰코아틀이 창조한 "최초의 인간들"로부터 물려받았던 것이다. 그들의 이름은 발람 키체(부드럽게 웃고 있는 재규어), 빌람 아카브(밤의 재규어), 마우쿠타(고귀한 이름), 이키 발람(달 속의 재규어)이었다.[1] 「포폴 부」에 의하면 이 선조들은 다음과 같았다고 한다.

선조들은 재능을 타고났다. 순식간에 아주 먼 곳까지 그리고 뭐든지 볼 수 있었으며, 모르는 것이 없었다. 그 자리에 앉아서 먼 곳에 감추어져 있는 것도 알아냈다. 뛰어난 것은 그들의 지혜였다. 그들의 시야는 삼림, 바위, 호수, 바다, 산맥, 계곡을 뛰어넘었다. 그들은 진실로 존경할 가치가 있는 사람들이었다. 그들은 모든 것을 알고 있었고 모든 장소를 조사했다. 하늘의 천장의 네 모서리도 조사했고, 지구의 둥근 표면도 조사했다.[2]

이 종족은 그들이 수행한 일 때문에 다른 힘 센 신들의 질투를 받았다. 신들은 "우리의 창조물이 모든 것을 아는 것은 좋지 않아. 어쩌면 우리와 같은 능력을 가지게 될지도 몰라. 그들의 창조주인 우리처럼 멀리 그리고 모든 것을 보고, 모든 것을 알게 된다면……그들도 신이 되지 않겠어?" 라고 생각했다.[3]

그런 일은 허용될 수 없는 것이었다. 신들은 잠시 생각한 후에 명령을 내리고 행동을 개시했다.

그들의 눈이 먼 곳을 보지 못하도록 하자. 지구의 일부분밖에 볼 수 없도록 제한하자. ……그래서 신들은 그들의 눈에 안개를 불어넣어 거울에 김을 쐰 것처럼 부옇게 만들었다. 그들의 시야는 가려지고 더 이상 먼 곳을 보지 못하게 되었다. 확실한 것 이외에는 볼 수 없게 되었다. 이렇게 해서 최초의 인간들은 그들이 지닌 모든 지혜와 지식을 빼앗겼다.[4]

구약성서에 친숙한 사람들이라면 기억할 수 있겠지만 아담과 이브가 에덴 동산에서 추방된 것도 신이 앞의 신들과 비슷한 불안을 느꼈기 때문이다. 최초의 인간이 선악과를 먹은 후에, 다음과 같은 일이 일어났다.

야훼 하느님께서는 "이제 이 사람이 우리들처럼 선과 악을 알게 되었으니, 손을 내밀어 생명나무 열매까지 따먹고 끝없이 살게 되어서는 안 되겠다"고 생각하시고 〔그들을〕 에덴 동산에서 내쫓으시었다……[5]

학자들은 「포폴 부」가 정복자들이 도착하기 전까지의 전승을 순수하게 계승한 책이라고 인정하고 있다.[6] 따라서 이 전승이 구약성서의 창세기 이야기와 비슷한 것은 이상한 일이다. 지금까지 신대륙과 구대륙 사이에 유사한 것이 많다고 지적했는데 앞의 것도 서로간에 직접적인 영향이 있었다고는 생각하기 어렵다. 오히려 동일한 사건을 나름대로 해석했다고 생각된다. 예를 들면 이렇다.

- ◆ 성서의 에덴 동산은 「포폴 부」에 나오는 "최초의 인간들"이 마치 "신처럼" 누렸던 지극히 충만한 지식을 비유한 듯하다.
- ◆ 이 지식의 본질은 "모든 것을 보고" "모든 것을 아는" 능력이다. 이것은 아담과 이브가 "선악과 나무"에 열린 금단의 열매를 먹고 얻은 능력과 동일한 것이 아닐까?

◆마지막으로 아담과 이브가 에덴 동산에서 쫓겨난 것처럼 「포폴 부」에 나오는 네 명의 최초의 인간들도 "멀리 보는" 능력을 빼앗겼다. 그 후에 "그들의 시야는 가려지고 먼 곳을 보지 못하게 되었다."

「포폴 부」나 창세기는 인류가 신의 은총을 잃게 된 이야기를 다루고 있다. 두 이야기는 "지식"과 깊게 연관되어 있다. 이 지식은 뛰어난 것이어서 이것을 가진 사람은 신과 같은 힘을 얻게 된다.

성서에서는 이 지식을 단순히 "선악의 지식"이라고 부르며 그 이상의 언급은 없다. 그러나 「포폴 부」에는 보다 풍부한 정보가 담겨 있다. 이 책에 의하면, 최초의 인간들이 가졌던 지식은 "먼 곳에 감추어져 있는 것을 아는" 능력이고, 그들은 천문학자로서 "모든 장소를 조사했는데 하늘의 천장의 네 모서리도 조사했다"고 하며 또한 지리학자로서 "지구의 둥근 표면도 조사했다"고 한나.[7]

지리와 깊은 연관이 있는 것이 지도이다. 제1부에서 사라진 문명의 지도 작성자가 먼 옛날에 정확히 세계지도를 작성했을 것으로 추정할 수 있는 증거를 제시했었다. 그렇다면 「포폴 부」에 등장하는 최초의 인간들이 지리지식을 가지고 있었을지도 모른다는 이야기는 미지의 문명에 대한 기억이 혼동되어 전해진 것은 아닐까?

「포폴 부」에 나오는 최초의 인간들이 "지구의 둥근 표면을 조사했을" 뿐만 아니라 "하늘의 천장"도 조사한 것은 우연일까?[8] 또한 치밀하고 창의적이며 세련되고 매우 정확한 역법을 바탕으로 하여 고도의 수학적 계산을 이용한 마야 사회의 위대한 천체관측도 우연일까?

장소에 어울리지 않는 지식

1954년에 중앙 아메리카 고고학의 권위자 에릭 톰슨은 마야 문명이 남긴 업적의 심층에 있는 많은 수수께끼에 대해서 고백한 적이 있다. 고대 마야인들은 다른 분야에서는 보통 수준인데 유독 천문과 역법에 대한 지식만은 매우 뛰어나서 그 사이의 균형이 지나치게 맞지 않았다. "정신적 급변이라고 할까, 마야의 지식인들은 천체도를 그릴 능력은 있었으면서 어째서 바퀴의 원리는 발견하지 못했을까? 영원한 세월을 눈에 보이는 형태로 표현하고자 하는, 충분히 문명화되지 못한 사람들이라면 거둘 수 없는 업적은 남겼으면서 어째서 내물려쌓은 천장에 만족하고 한걸음 전진한 아치 형태의 천장은 만들지 못했을까? 백만 단위까지도 계산했으면서 어째서 한 자루의 옥수수를 계량하는 방법은 알지 못했을까?"[9]

이 의문들에 대한 해답은 톰슨이 생각했던 것보다 간단하다. 천문학, 시간에 관한 깊은 이해, 오랜 기간의 산술적 계산은 정신적 급변으로 생겨난 것이 아니다. 마야보다 뛰어난 문명으로부터 계승한 매우 독자적인 지식 체계의 일부인 것이다. 이런 유산상속이 있었다고 한다면 톰슨이 모순이라고 느낀 모든 것을 설명할 수 있을 뿐만 아니라 이론의 여지가 없게 된다. 마야가 올멕으로부터 역법을 유산으로 상속받은 것에 대해서는 이미 앞에서 말했다(1,000년 정도 앞선 올멕도 동일한 역법체계를 사용하고 있었다). 여기서 문제가 되는 것은 올멕이 누구로부터 유산을 계승했을까 하는 점이다. 이와 같은 고도의 역법체계를 만들 수 있는 문명은 과연 어느 정도의 기술수준 또는 과학적 발전단계에 있었을까?

태양년(태양이 황도상의 춘분점을 지나 다시 춘분점으로 돌아오기까지의 기간/역주)을 예로 들어보자. 현대 사회는 1582년 유럽에서 도입한 그레고리우스 력(曆)을 그대로 사용하고 있다. 이것은 당시의 과학지식을 총동원해서 만든 것이다. 그전에 사용되었던 율리우스 력은 1태양년을 365.25일로 계산했다. 교황 그레고리우스 13세에 의해서 개정된 그레고리우스 력은 보다 정확하게 365.2425일로 계산했다. 그러나 1582년 이후 과학의 발달과 함께 1태양년이 정확하게 365.2422일이라는 것이 밝혀졌다. 따라서 그레고리우스 력은 0.0003일 차이가 나는 셈이다. 16세기 당시로는 상당히 정밀했다고 말할 수 있을 것이다.

그러나 16세기보다 훨씬 이전에 만들어졌고, 언제 만들어졌는지도 모르는, 그래서 태고의 안개 속에 가려진 마야 력은 그레고리우스 력보다 더 정확했다. 마야 력에 의하면, 1태양년은 365.2420일로 0.0002일의 오차밖에 나지 않는다.[10]

또한 마야인은 달의 공전주기, 즉 달이 지구를 한 바퀴 도는 시간도 정확하게 알고 있었다. 그들은 달의 공전주기를 29.528395일로 계산했다. 현대의 최신 과학은 29.530588일로 계산했다. 따라서 마야인의 계산은 매우 정확했다.[11] 마야의 신관은 월식과 일식을 예상할 수 있는 매우 정확한 표를 가지고 있어서 월식과 일식이 일어나는 때는 달의 궤도와 태양의 궤도가 교차하는 지점에서 ±18일 이내라는 것도 알고 있었다.[12] 마야인은 뛰어난 수학자였다. 그들은 계량직 계산을 하는 진보된 기술을 소유하고 있었다. 그것을 실행하기 위해서 체스 판과 비슷한 장치를 사용했는데, 현대 사회에서는 19세기에 들어와서 비로소 발견(재발견?)한 방법이다.[13] 또한 추상적인 영(0)의 개념을 완벽하게 이해하고 사용했으며,[14] 자릿수를 이용한 수의 표현방식도 알고 있었다.

이것들은 다음과 같은 톰슨의 견해처럼 비법의 영역에 속한다.

영의 개념과 자릿수의 개념은 우리 문화에 깊게 뿌리박혀 있으며 매우 편리한 것이다. 따라서 이와 같은 개념의 발견이 늦어진 것은 이해하기 어렵다. 고대 그리스나 로마의 위대한 수학자들은 영과 자릿수의 개념을 전혀 알아차리지 못했다. 로마 숫자로 1848을 쓰려면 MDCCCXLVIII이라는 열한 글자가 필요했다. 로마인들이 복잡하고 까다로운 방법을 사용하고 있을 때, 마야인들은 우리와 매우 비슷한 숫자 표시법을 사용하고 있었다.[15]

다른 분야에서는 평범했던 중앙 아메리카의 부족이, 과학사가인 오토 노이게바우어가 "인류의 발명 중에서 가장 창조력이 풍부한 것 중의 하

나"라고 극찬한 일을 성취했다는 것은 매우 기묘한 일이 아닐 수 없다.[16]

타자의 과학?

이제 금성의 문제로 눈을 돌려보자. 금성은 케찰코아틀(혹은 마야 방언으로 "깃털 달린 뱀"을 나타내는 구쿠마츠나 쿠쿨칸)과 동일시되었는데, 고대 중앙 아메리카 사람들에게는 매우 상징적인 중요성을 가진 별이었다.[17]

고대 그리스인과는 달리 고대 이집트인처럼 마야인도 금성이 "새벽별"이면서 "저녁별"이라는 사실을 알고 있었으며,[18] 그외에도 금성에 대한 여러 가지 것들을 알고 있었다. "회합주기(會合週期, synodical revolution)"라는 것은 지구에서 볼 때 행성이 태양의 둘레를 돌아 같은 장소로 돌아오는 데에 걸리는 기간을 가리키는 말이다. 금성의 경우는 태양을 일주하는 데에 224.7일이 걸리고, 지구는 회전하면서 바깥측에서 금성의 뒤를 쫓아간다. 둘 다 움직이고 있기 때문에 지구에서 볼 때 금성이 같은 장소로 되돌아오는 데에는 거의 584일이 걸린다.

마야가 계승한 정교한 역법체계를 누가 발명했는지는 몰라도 어쨌든 그 발명자들은 앞의 사실을 모두 알고 있었으며 다른 연결주기와 통합하는 독창적인 방법도 개발했다. 게다가 그들은 그 주기를 산출한 수학을 통해서 584일이라는 것은 근사치이며 금성의 움직임이 불규칙적이라는 것도 알고 있었다. 따라서 그들은 오랜 시간의 관측을 통해서 오늘날 과학에서 말하는 금성의 **평균** 회합주기를 산출했을 것이다.[19] 그 결과 산출된 숫자는 583.92일이다. 이 숫자는 마야 력에 여러 가지 복잡한 형태로 반영되어 있다.[20] 예를 들면, 마야의 "성년(聖年)"(촐킨[tzolkin])이라고도 부른다. 1년이 260일이며 열세 달로 나뉘어 한 달은 20일이다)과 조화를 이루게 하기 위해서 역은 금성의 61년마다 4일씩 수정을 하게 되어 있다. 또한 매번 다섯 번째 사이클 동안에는 57번째 주기의 끝에 8일을 수정하게 되어 있다. 이렇게 처리하면 촐킨과 금성의 회합주기는 밀접하게 맞물리게 되는데 오차는 놀랄 만큼 작다. 6,000년 동안 단 하루가 차이 날 뿐이다.[21] 더욱 경이로운 것은 이 역법을 사용해서 더욱 정밀하게 계산된 조정을 하면 금성 주기와 촐킨이 조화를 이룰 뿐만 아니라 태양년과의 관계도 정확해진다는 점이다. 마야 력은 이런 일이 가능했기 때문에 거의 오차 없이 사용되어왔던 것이다.[22]

절반 정도밖에 문명화되지 않았던 마야가 왜 이토록 정밀도가 뛰어난 기술을 필요로 했을까? 역시 태고에 존재했던 고도의 문명이 필요로 했던 역법체계를 그대로 상속받은 것은 아니었을까?

"장기 계산법(Long Count)"이라고 부르는 시스템은 마야 력에서 최고로 손꼽힌다. 이 시스템에 의한 날짜 계산은 마야인들이 과거를 수용하는 방법을 잘 반영한다. 즉 세계는 대주기(Great Cycle)에 의해서 파멸과 재창조를 되풀이한다는 믿음이 표현되어 있다. 마야에 의하면, 현재의 대주기는 기원전 3114년 8월 13일에 해당하는 4아하우(Ahau) 8쿰쿠(Cumku)의 암흑 속에서 시작되었다고 한다.[23] 앞에서도 말했지만 이 대주기는 2012년 12월 23일인 4아하우(Ahau) 3칸킨(Kankin)에 끝난다고 한다. 장기 계산법의 기능은 현재의 대주기가 시작되고부터의 시간경과를 기록하는 것이다. 남겨진 5125년에서 1년씩 줄여가는 것이다.[24]

장기 계산법을 하늘의 가산기(加算機)라고 생각하면 이해하기가 쉬울 것이다. 증가하는 우주에 대한 부채를 정기적으로 계산해가며, 그 숫자가 5125에 도달하면 모든 부채를 갚는 것이다.

적어도 마야인들은 그렇게 생각했다.

장기 계산법의 계산은 지금 우리가 쓰고 있는 숫자를 사용해서는 실행할 수 없다. 마야에는 독특한 표기방식이 있었다. 그것은 올멕으로부터 계승한 것인데 올멕이 누구로부터 계승했는지는 아무도 모른다. 이 표기방식은 점(1 또는 20의 배수를 표시한다)과 선(5 또는 20×5의 배수를 표시한다)과 영(0)을 의미하는 조개 그림 문자를 사용한다. 시간의 길이는 하루(킨〔kin〕), 20일의 기간(우이날〔uinal〕), 360일로 "계산된 1년"(툰〔tun〕), 20툰의 기간(카툰〔katun〕으로 알려져 있다), 20카툰의 기간(박툰〔bactun〕으로 알려져 있다)으로 표시된다. 또한 8,000툰의 기간(픽툰〔pictun〕)과 16만 툰의 기간(칼라브툰〔calabtun〕)도 있으며 훨씬 큰 수의 계산도 가능하다.[25]

이 사실에서 밝혀졌듯이 마야인들은 대주기 속에서 살고 있었다. 또한 그들은 참혹한 끝이 있다는 것을 믿었으면서도, 동시에 시간은 사람들의 생명과 문명에 관계없이 불가사의한 주기와 함께 영속한다고 믿었다. 톰슨은 이 문제에 관해서 위대한 업적을 남겼다.

마야의 체계에서 시간이라는 도로는 아주 먼 과거까지 뻗어 있어서 인간의 감각으로는 이해하기 어렵다. 그러나 마야인들은 두려움 없이 출발점까지 되돌아갔다. 과거로 돌아가면 각각의 단계에서 새로운 견해가 생겨난다. 수백 년이 1,000년이 되고 다시 몇십만 년이 되고, …… 끝없는 추구는 영원의 과거 속으로 깊이 들어간다. 과테말라의 키리가에 있는 한 비석에는 9,000만 년 전의 날짜가 계산되어 있다. 다른 비석에는 3억 년 전의 날짜가 기록되어 있다. 이 날짜들은 실제로 계산한 것인데 달과 일까지 정확하게 기록되어 있다. 그것은 우리가 우리 식으로 과거의 부활절이 몇 월 몇 일이었는지를 계산하는 것과 동일하다. 그들의 두뇌는 이와 같은 천문학적 숫자까지 산출할 수 있었다…….[26]

다른 분야에서는 평범했던 문명이 어떻게 이런 천문학의 "선구자"가 될 수 있었단 말인가? 마야의 건축기술도 일정 수준에 도달해 있었다. 그러나 그들이 남긴 것 가운데 천문학과 건축을 제외하고는 오랜 세월을 인식할 수 있는 능력(혹은 필요성)을 드러내는 것은 전혀 찾아볼 수 없다.

서구의 대부분의 지식인들이, 세계가 기원전 4004년에 창조되었다는 어서 대주교의 견해를 파기하고 보다 오랜 역사가 있다고 인정한 것은 200년 전의 일이다.[27] 요컨대, 고대 마야는 오랜 지질연대와 광대한 지구의 기원에 대해서 정확히 이해하고 있었는 데에 반해, 영국을 비롯한 유럽과 미국에서는 다윈이 진화론을 발표하기 전까지는 아무도 그것을 이해하지 못했다.

마야는 어떻게 몇백만 년이라는 숫자를 가볍게 다룰 수 있었을까? 문화발전의 갑작스러운 변화 때문이었을까? 아니면 역법적이고 수학적인 도구를 상속받았기 때문에 세련된 지식을 발전시킬 수 있었던 것일까? 만약 상속이 있었다면 마야 력을 발명한 사람들은 컴퓨터 같은 역법을 사용해서 무엇을 하려고 했을까? 무엇 때문에 설계했을까? 어느 전문가의 말처럼 단순히 "지적인 도전, 위대한 수수께끼"를 풀기 위해서 이 복잡한 것을 생각해냈을까?[28] 아니면 좀더 실용적이고 중요한 목적을 가지고 있었을까?

지금까지 본 것처럼 마야 사회뿐만 아니라 중앙 아메리카의 모든 고대 문화는 언제나 세계의 종말을 계산하고 있었으며, 가능한 한 그 종말이 연기되기를 바랐다. 이것이야말로 불가사의한 역법의 역할이자 목적이 아닐까? 또한 이 역법이 끔찍하고 엄청난 지각 대변동을 예측한 것은 아닐까?

신들의 도시

중앙 아메리카의 대부분의 전설은 세계의 제4시대가 겪은 비참한 최후를 전한다. 대홍수가 일어난 후에 하늘에서는 태양이 사라졌고, 대기는 불길한 암흑으로 휩싸였다고 한다.

신들은 테오티우아칸〔신들의 장소〕에 모여 누가 다음 태양이 될 것인지를 놓고 고민했다. 암흑 속에서 보이는 것은 대혼란에 충격받아 흔들리고 있는 성스러운 불꽃〔세계의 시초를 위해서 생명을 바친 신 우에우에테오틀의 화신〕뿐이었다. "누군가가 불꽃 속으로 몸을 던져 희생해야 한다. 그래야만 비로소 태양이 생길 것이다"라고 신들은 외쳤다.[1]

두 명의 신(나나우아친과 텍시스테카틀)이 몸을 바쳐 희생하기로 했다. 한 신은 성스러운 불꽃의 중앙에서 타올랐고, 다른 한 신은 불꽃의 가장자리에서 천천히 타올랐다. "신들은 오랫동안 기다렸다. 마침내 하늘이 새벽녘처럼 붉어지기 시작했다. 동쪽에서 거대하고 둥근 모습이 떠올랐다. 생명의 원천인 태양이 불타오르고 있었다."[2]

이러한 극적인 우주 재생의 순간에 케찰코아틀이 태어났다. 그의 사명은 제5시대를 맞이하는 인류사회에 공헌하는 것이었다. 따라서 그는 인간의 모습을 하고 있었다. 턱수염을 기른 백인 형상이 마치 비라코차와 쌍둥

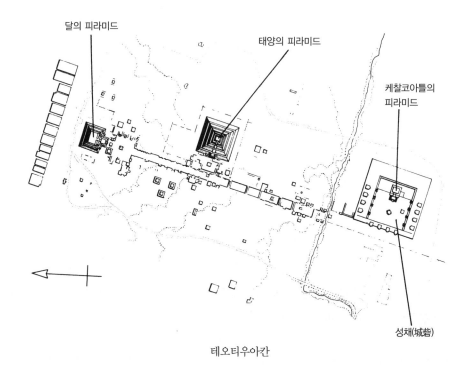

달의 피라미드

태양의 피라미드

케찰코아틀의
피라미드

성채(城砦)

테오티우아칸

이 같은 모습이었다.

안데스에서 비라코차의 도시는 티아우아나코였다. 중앙 아메리카에서 케찰코아틀의 도시는 제5태양이 생긴 신들의 도시 테오티우아칸이었다.[3]

성채, 신전 그리고 하늘의 지도

멕시코시티에서 북동쪽으로 50킬로미터 떨어진 테오티우아칸

통풍이 잘 되는 성채의 안쪽에 서서 북쪽을 바라보았다. 아침 안개에 덮여 있는 태양의 피라미드와 달의 피라미드가 보였다. 산들로 둘러싸인 회색 빛이 감도는 녹색 관목지대 사이로 이 거대한 두 건축물이 유적의 조화로운 일부가 되어 "죽은 자의 길"이라고 부르는 길을 따라서 나란히 서 있었다. 성채는 완벽하게 직선이면서 4킬로미터가 넘는 죽은 자의 길 중간에 위치하고 있었다. 달의 피라미드는 이 길의 북쪽 끝에 있었고, 태양의 피라미드는 그곳에서 조금 떨어진 동쪽에 있었다.

이와 같이 기하학적인 유적이라면 당연히 동서남북을 축으로 해서 건축물이 자리하고 있을 것으로 생각될 것이다. 따라서 테오티우아칸 유적의 건설자가 의식적으로 죽은 자의 길을 15도 30분 정도 북동쪽으로 기울여 설계한 것은 놀라운 일이다. 왜 이렇게 색다른 방위를 선택했는가에 대한 설이 몇 가지 있지만 그중 어느 것도 설득력이 없다. 그러나 많은 학자들이 이 방위에 천문학적인 의미가 담겨 있을 것이라고 생각하기 시작했다. 한 전문가는 죽은 자의 길이 "설계할 당시에 플레이아데스 성단(황소자리의 일곱 별/역주)의 방향에 맞추어졌다"라고 생각했다.[4] 다른 전문가 제럴드 호킨스 교수는 "시리우스-플레이아데스 축"에 어떤 역할이 있었던 것은 아닐까 하고 추측했다.[5] 또한 스탠스베리 하거(브루클린 예술과학 연구소의 문화인류학 학장)는 "죽은 자의 길이 은하수를 의미하는 것은 아닐까"라는 의견을 제시했다.[6]

하거 학장은 피라미드의 여러 곳에 특별한 행성이나 항성이 묘사되어 있는 것과, 인공 산이나 여러 건축물이 위성처럼 죽은 자의 길 주위에 산재하고 있는 것을 보고 많은 것을 추측했다. 하거 학장의 전체적인 요지는 테오티우아칸이 일종의 "하늘의 지도"라는 것이다. "그곳은 신들과 죽은 자의 영혼이 산다는 하늘 세계를 지상에 재현했다."[7]

멕시코에 살던 미국 기술자 휴 할러스턴 주니어는 하거 학장의 통찰을 바탕으로 해서 1960-1970년대에 현지조사를 실시했다. 그는 테오티우아칸을 중심으로 광범위한 수학적 조사를 했다. 할러스턴은 그가 발견한 사실을 1974년 10월에 국제 아메리카 고고학 연구자 회의에서 보고했다.[8] 그의 논문은 대담하고 혁신적이었는데, 특히 흥미를 끈 것은 유적의 동쪽 끝에 자리하고 있는 성채와 케찰코아틀 신전에 관한 정보였다.

케찰코아틀 신전이 중앙 아메리카에서 가장 보존상태가 좋은 고고학적 기념비라는 사실은 학자들도 인정하고 있었다.[9] 왜냐하면 태고의 신전은 그 일부가 서쪽 언덕 안에 묻혀 있었기 때문이다. 이 언덕을 파고들어가자 6단으로 이루어진 화려한 피라미드가 모습을 드러냈다. 내가 보고 있던 신전은 높이가 22미터, 토대는 7,620제곱미터였다.

태고에 최초로 신전이 건립되었을 때 사용된 다양한 색채 도료의 흔적이 아직 남아 있는 있는 이 신전은 아름답고 기묘한 모습을 하고 있었다. 이 신전에서 가장 눈에 띄는 조각의 주제는 거대한 뱀의 머리이다. 이것은 평면 블록으로 쌓아올린 장대한 중앙 계단 양옆에서 입체적으로 튀어나와 있다. 쭉 내밀고 있는 뱀의 턱은 묘하게도 인간의 것처럼 생겼다. 큰 이빨이 나 있고 윗턱에는 팔자수염이 있다. 뱀의 두꺼운 목 둘레에는 정교하게 만들어진 깃털이 달려 있다. 이것은 틀림없는 케찰코아틀의 상징이다.[10]

할리스턴의 조사에서 밝혀진 깃은 죽은 자의 길(그리고 그 연장선상)의 주위에 서 있는 주요 건축물 사이에 복잡한 수학적 연관이 있다는 것이다. 이 수학적 연관은 의외의 것을 표현하고 있다. 테오티우아칸의 유적은 태양계를 정확하게 축소한 것인 듯하다. 케찰코아틀 신전의 중심을 태양이라고 하면, 죽은 자의 길을 따라 서 있는 건축물들은 정확히 행성과 소행성의 궤도 위치를 반영하고 있는 것이다. 즉 목성, 토성("태양"의 피라미드에 해당된다), 천왕성("달"의 피라미드에 해당된다), 해왕성, 명왕성(아직 발굴되지는 않았지만 몇 킬로미터 떨어진 곳에 있다고 생각된다) 등의 위치를 가리킨다.[11]

이 상관관계가 우연이 아니라고 한다면 적어도 테오티우아칸에는 고도로 발달한 천문 관측학이 존재했다는 말이 된다. 현대 과학이 이와 비슷한 수준에 도달한 것은 비교적 최근이다. 천왕성의 존재는 1787년까지 알려지지 않았고, 해왕성은 1846년 그리고 명왕성은 1930년까지 발견되지 않았다. 테오티우아칸의 주요 건축물(성채, 죽은 자의 길, 태양과 달의 피라미드를 포함해서)이 건축된 시기는 가장 보수적인 견해에 따른다고 해도,

적어도 그리스도 탄생시기까지 거슬러올라간다.[12] 현재 알려져 있는 문명은 그것이 구대륙이든 신대륙이든 상관없이 행성에 관한 지식을 전혀 가지고 있지 않았다. 따라서 행성궤도 간의 거리와 그것의 태양으로부터의 거리 등에 관한 정확한 정보는 어느 누구도 가지고 있지 않았던 지식이다.

이집트와 멕시코 ― 또다른 우연?

테오티우아칸의 피라미드와 죽은 자의 길에 대한 연구가 끝난 후 스탠스베리 하거 학장은 다음과 같은 결론을 내렸다. "테오티우아칸을 주요 중심의 하나로 삼은 천체도(天體圖)에 강한 관심을 가진 천문학 종파의 중요성, 세련미 그리고 그들이 고대 아메리카에 공헌한 정도에 대해서 우리는 아직 모르고 있다."[13]

그러나 그것이 단순히 천문학 "종파"였을까? 그보다는 과학이라고 부를 수 있는 그 무엇에 가까운 것이 아니었을까? 그리고 종파든 과학이든, 이 과학이 다른 고대 세계에도 "폭넓게 공헌했다"는 증거가 많이 있음에도 불구하고 천문학이 보급된 곳을 아메리카 대륙으로 국한시켜야 할까?

예를 들면, 고고 천문학자들이 최첨단 컴퓨터의 항성지도 작성 프로그램을 사용해서 조사한 것에 따르면, 세계적으로 유명한 이집트 기자에 있는 세 개의 피라미드는 오리온자리를 구성하는 세 개의 별과 대응하는 장소에 위치하고 있다고 한다.[14] 고대 이집트 신관들이 나일 강의 서안 모래 위에 그린 하늘의 지도는 거기서 그치지 않았다. 그들의 전체적인 구상에 대해서는 제6부와 제7부에서 상세하게 다룰 것이다. 그들은 자연적으로 생긴 나일 강도 은하수를 나타내기 위해서 설계된 것으로 보았다.[15]

"천체도"가 이집트와 멕시코의 중요한 유적에 내재되어 있다고 해서, 그 건축물들이 종교적 기능을 가지고 있지 않았다고 주장할 의도는 없다. 오히려 무슨 목적에서 만들었는지는 접어둔다고 해도, 테오티우아칸과 기자 대지의 건축물들이 각각 사회에서 중요한 종교적 역할을 담당했던 것만은 틀림없다.

16세기에 베르나르디노 데 사아군 신부가 중앙 아메리카에서 수집한 전승은 태고에 테오티우아칸이 담당했던 종교적 역할 가운데 하나를 웅변적으로 묘사한다. 그 전설에 의하면 테오티우아칸을 신들의 도시라고 부르게 된 것은 "왕이 죽어서 이곳에 묻히면 사라지지 않고 신이 된다"라는 이유 때문이었다.[16] 다시 말해서 테오티우아칸은 "인간이 신이 되는 장소"였던 것이다.[17] 또한 "신이 되는 길을 얻은 자의 장소"[18]라든지 "신이 만들어지는 장소"[19]라고도 알려져 있다.

기자 대지에 있는 세 개의 피라미드가 지닌 종교적 역할도 테오티우아칸의 피라미드와 동일한데 이 점 역시 우연일까? 세계에서 가장 오래되고 이치에 맞는 피라미드 텍스트의 고대 상형문자에 의하면, 기대한 건축물 속에서 거행한 의식의 최종목적은 죽은 파라오를 환생시키는 것이었다. 즉 "하늘의 문을 열고 길을 만들어" 파라오가 "신의 반열에 오르도록" 하는 것이었다.[20]

피라미드를 통해서 "인간을 신으로 만들" 수 있다는 생각은(아마 추상적인 의미라고 생각되지만) 너무나 독특하고 특이해서 고대 이집트와 멕시코에서 나름대로 독립적으로 발전했다고 생각하기는 어렵다. 또한 성스러운 장소를 천체도에 대응시킨 것도 마찬가지이다.

기자와 마찬가지로 테오티우아칸에도 세 개의 중요한 피라미드가 세워져 있다. 케찰코아틀 신전 피라미드, 태양의 피라미드, 달의 피라미드이다. 이 피라미드들의 배치 역시 길을 축으로 해서 좌우대칭일 뿐만 아니라, 기자와 마찬가지로 두 개의 피라미드는 병렬로 나란하게 배치되어 있고, 세 번째 피라미드는 의식적으로 어긋나게 배치되어 있다. 마지막으로 기자의 대피라미드는 카프레 왕의 피라미드보다 높은 건축물임에도 불구하고 그 정상의 높이는 서로 동일하다. 마찬가지로 테오티우아칸에서도 태양의 피라미드와 달의 피라미드의 높이는 동일한데 태양의 피라미드가 건축물로는 더 높다. 동일한 높이를 가지고 있는 이유는 양쪽 모두 같다. 대피라미드는 카프레 왕의 피라미드보다 낮은 지대에 있고, 태양의 피라미드 역시 달의 피라미드보다 낮은 지대에 지어져 있기 때문이다.[21]

이것들 모두가 우연에 불과할까? 태고의 이집트와 멕시코 사이에 어떤 관계가 있었다고 보는 것이 논리적이지 않을까?

제18장과 제19장에서 설명한 이유 때문에, 알려져 있는 역사의 범위 내에서는 두 문명 사이에 직접적이고 일상적인 접촉이 있었다고 생각할 수 없다. 그러나 마야의 역법과 고대 남극대륙의 지도와 마찬가지로 이것들 역시 사라진 문명으로부터 계승한 유산일 가능성이 있다는 사실에 마음을 열어둘 필요가 있다고 생각한다. 이집트의 피라미드와 테오티우아칸의 유적은 사라진 문명의 기술력, 지리적 지식, 천체 관측학(아마도 종교관)을 반영한 것일지도 모른다. 마야의 「포폴 부」에 나오는 것처럼 그들은 "모든 장소를 조사하고 하늘의 천장의 네 모서리도 조사했으며 지구의 둥근 표면도 조사했을지도" 모른다.

학자들은 기자의 피라미드가 지어진 것이 4,500년 전이라는 데에 의견 일치를 보이고 있다.[22] 그러나 테오티우아칸에 대해서는 의견이 분분하다. 죽은 자의 길, 케찰코아틀 신전, 태양의 피라미드와 달의 피라미드의 제작 연대는 명확하지 않다.[23] 그러나 대다수의 학자들은 기원전 100년에서 기원후 600년 사이에 테오티우아칸이 번영한 것으로 추정한다. 그러나 다른 학자들은 그것보다 훨씬 전인 기원전 1500년에서 기원전 1000년 사이에 전성기를 맞이했다고 강력하게 주장한다. 또다른 학자들은 지질상태를 볼 때 시틀리 화산이 분화하기 전인 기원전 4000년경으로 거슬러올라가야 한다고 주장한다.[24]

이처럼 테오티우아칸의 연대에 대해서도 의견이 분분한 상태이기 때문에, 스페인 정복자들이 도착하기 전에 지어진 아메리카 대륙 최대의 도시를 누가 세웠는가에 대해서 누구 하나 명확하게 말하지 못한다고 해서 놀랄 필요는 없다.[25] 확실한 것은 아스텍인들이 제국건설에 착수한 12세기경에 이 불가사의한 도시를 우연히 발견했다는 것뿐이다. 당시 이 거대한 건축물의 제작연대는 상상을 초월한 것이었기 때문에 인간이 만들었다기보다는 자연의 일부처럼 보였을 것이다.[26] 그러나 그것에 관한 이야기는 세대에서 세대로 전설을 통해서 전해졌다. 그 전설에 따르면 테오티우아칸은 거인들이 지었으며,[27] 그 목적은 인간들을 신으로 환생시키는 것이었다고 한다.

잊혀진 지혜의 실마리

나는 케찰코아틀 신전을 뒤로 하고 서쪽 방향으로 성채를 가로질러 갔다.

이 거대한 공간이 성채였다는 고고학적 증거는 아무것도 없다. 뿐만 아니라 이 장소에는 군사적인 기능이나 방어적인 기능도 전혀 갖추어져 있지 않다. 성채는 테오티우아칸의 모든 건물과 마찬가지로 치밀하게 설계하여 대단한 노력을 기울여 만든 건축물이지만 그 목적에 대해서는 학자들도 명확하게 밝히지 못하고 있다.[28] 피라미드에 태양과 달의 이름(원래 건축주가 뭐라고 불렀는지는 명확하지 않다)을 붙인 아스텍인들도 이 건축물에는 이름을 붙이지 못했다. 그래서 스페인인들이 성채라고 불렀던 것이다. 36에이커나 되는 광장이 높이가 7미터가 넘고 한 변의 길이가 457미터에 이르는 거대하고 두꺼운 벽으로 둘러싸여 있었기 때문에, 성채라고 여긴 스페인인들의 발상은 당연한 것이었다고 할 수 있다.[29]

성채를 걷는 사이에 광장의 서쪽 구석에 이르렀다. 급경사 계단을 올라가자 두꺼운 벽의 위였다. 그곳에서 북쪽으로 방향을 바꾸어 죽은 자의 길로 향했다. 이 웅대하고 훌륭한 큰 길은 죽은 자의 길이라는 이름으로 불리지만 테오티우아칸인들(그들이 누구인지 명확하지 않지만)이 사용한 이름은 아니다. 스페인어로 "죽은 자의 길"이라는 이름이 붙은 것은 아스텍인들이 그렇게 부른 데에서 기인한다. 그것은 큰 길 양쪽에 있는 많은 언덕을 무덤으로 추측해서 붙인 이름에 지나지 않았다(그러나 그것은 잘못이었다).[30]

죽은 자의 길이 하늘의 은하수를 표현한 것일 가능성에 대해서는 앞에서 이미 설명했다. 흥미로운 것은 미국인 알프레드 E. 슐렘머의 연구이다. 슐렘머는 휴 할러스턴 주니어와 마찬가지로 기술자였는데 전문분야는 지진예측이었다.[31] 슐렘머는 1971년 10월 멕시코시티에서 개최된 제11회 미국 화학 기술자 회의에서 논문을 발표했다.

슐렘머의 의견에 의하면, 죽은 자의 길은 길이 아니라 물이 가득 저장된, 빛을 반사하는 물 웅덩이로서 줄지어 있었다는 것이다. 물은 북쪽 끝에 있는 달의 피라미드에서 흘러들어와 몇 개의 수문을 통과해서 성채까지 흘러갔다고 한다.

멀리 달의 피라미드가 있는 북쪽 방향으로 걸어가면서 나는 이 이론에 설득력이 있다는 것을 실감했다. 먼저 "길"은 일정한 간격으로 높은 벽이 가로막고 있었으며 그 벽 아래에는 훌륭하게 만들어진 수문이 확실히 보였다. 달의 피라미드가 있는 장소는 성채 앞보다 30미터나 높았기 때문에 북쪽에서 남쪽으로 물이 흘러들 수 있었을 것이다. 높은 벽 칸막이가 있는 곳에서 간단히 물을 저장할 수 있었을 것이며, 따라서 그것은 빛을 반사하는 웅덩이로 사용되었을 가능성이 있다. 만약 실제로 그랬다면 타지 마할과 전설의 샬리마르 정원보다도 장대한 광경을 연출했을 것이다. 또한 테오티우아칸 지도 작성계획(워싱턴 DC에 있는 미국 과학재단으로부터 재정원조를 받았으며 로체스터 대학교의 르네 밀론 교수가 지휘했다)의 조사 결과에 의하면, 이 고대 도시에는 "주의 깊게 배치된 운하와 지류로 흐르는 수로 시스템이 있었다. 테오티우아칸에는 수로의 네트워크가 형성된 인공 하천이, 현재는 16킬로미터나 떨어져 있지만 고대에는 보다 가까웠

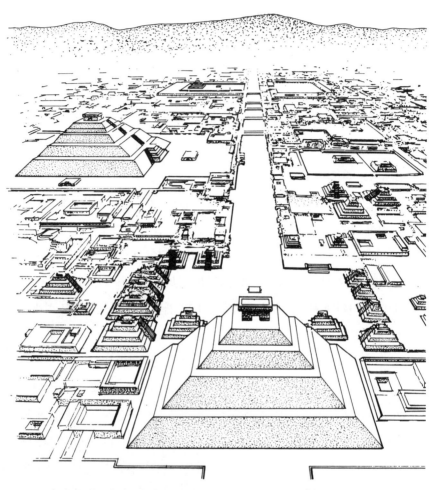

테오티우아칸의 복원도 : 달의 피라미드 뒤로 죽은 자의 길이 내려다보인다. 죽은 자의 길 왼쪽으로 보이는 것이 태양의 피라미드이다. 그리고 멀리 보이는 것이 성벽으로 에워싸 인 케찰코아틀의 피라미드 신전이다.

을 [텍스코코 호수]까지 직선으로 연결되어 있었다."[32]

이 수력 시스템이 무엇을 하기 위해서 만들어졌는지에 대해서는 다양한 학설이 제기되었다. 알프레드 E. 슐렘머의 주장에 의하면, 그가 확인한 수로에는 실용적인 목적이 있었다고 한다. 즉 수력 시스템은 "오랜 세월 동 안 사용되어온 지진 관측계기로서 지금은 이해할 수 없는 고대 과학"의 일부였다고 한다.[33] 그의 지적에 따르면 멀리서 일어난 지진은 "수면 위에 물결을 일으킨다." 그리고 주의 깊게 배치된, 빛을 반사하는 죽은 자의 길의 물 웅덩이는 "테오티우아칸인이 세계에서 일어난 지진의 강도와 장소를 파악하고 다음에 어디에서 지진이 일어날 것인지를 예측하기 위해서 설계되었다"고 한다.[34]

물론 슐렘머의 이론이 옳은지 그른지 증명할 수는 없다. 그러나 멕시코 신화에 지진과 홍수에 대한 이야기가 자주 등장하는 것과, 마야 력에서 알 수 있듯이 태고의 사람들이 미래에 일어날 사건을 예측하는 데에 열중하는 경향이 있었다는 것을 생각하면, 미국인 기술자의 강인한 결론을 무시할 수만은 없다. 만약 슐렘머가 옳아서 고대 테오티우아칸인들이 진동의 반향에 관한 지식을 가지고 지진을 예측했다면, 그들은 뛰어난 과학을 소유하고 있었다는 말이 된다. 뿐만 아니라 하거나 할러스턴의 견해가 옳아서 테오티우아칸의 기하학적 배치에 태양계의 구도가 반영되어 있다고 하면 이 도시는 뛰어난 과학적 지식을 가진, 아직 발견되지 않은 문명에 의해서 건설되었다는 말이 된다.

나는 죽은 자의 길을 따라 북쪽을 향해서 걷다가 방향을 바꾸어 동쪽에 있는 태양의 피라미드로 향했다. 그러나 이 거대한 유적에 가기 전에 폐허가 된 파티오(patio : 스페인과 남아메리카의 건축에서 위쪽이 트인 건물 내의 안뜰/역주) 유적을 보고 가기로 했다. 이 파티오는 고대 "신전"의 흔적이 남아 있는 곳으로 그 돌바닥 위에는 난해한 수수께끼가 감추어져 있다.

태양과 달과 죽은 자의 길

어떤 고고학적 발견은 반향을 일으키고, 또 어떤 발견은 여러 가지 사정 때문에 반향을 일으키지 못한다. 반향을 일으키지 못한 부류에 들어가는 것이 테오티우아칸에서 발견된 운모일 것이다. 1906년 태양의 피라미드를 조사했을 때, 피라미드 상부에서 다량의 운모로 이루어진 두꺼운 층이 발견되었다. 이 발견은 평가를 받지 못했고 그 후에도 연구가 이루어지지 못했다. 운모는 시장가치로 인해서 발굴되자마자 바로 매각되었기 때문이다. 이 범죄행위를 저지른 것은 멕시코 정부로부터 마모된 피라미드의 복원을 의뢰받은 레오폴도 바르트레스였다.[1]

최근에 테오티우아칸의 다른 장소("운모〔雲母〕의 신전")에서도 운모가 발견되었는데, 역시 전혀 화제가 되지 않았다. 이것은 약탈당하지 않고 그대로 남아 있었기 때문에 화제가 되지 않은 점이 더욱 이상했다.[2]

운모의 신전은 태양의 피라미드 서면에서 남쪽으로 300미터쯤 떨어진 곳에 있는 한 파티오 건축물들 중의 하나이다. 이곳에서 바이킹 재단으로부터 원조를 받은 고고학자들이 무거운 바위로 만든 바닥 밑에 있는 두 장의 두꺼운 운모를 발견했다. 운모는 이 물질을 다룰 줄 아는 태고의 사람들이 어떤 목적을 가지고 주의 깊게 잘라서 깔아놓은 것이었다. 그것은 8.4제곱미터의 넓이에 2층으로 이루어져 있었고 서로 바싹 붙어 있었다.[3]

운모에는 다양한 종류가 있는데 각각이 함유하고 있는 금속의 성분은 서로 다르다. 즉 운모가 발견된 바위의 구성물에 따라 변하는 것이다. 전형적인 운모에는 칼륨과 알루미늄이 포함되어 있고, 각각 분량은 다르지만 제1철, 제2철, 마그네슘, 리튬, 망간, 티타늄 등도 함유되어 있다. 테오티우아칸의 운모의 신전에서 발견된 운모는 3,200킬로미터 떨어진 브라질에서만 생산되는 종류의 것이었다.[4] 그 지역에서 채굴할 수 있는 운모를 사용하면 싸고 번거롭지 않았을 텐데, 굳이 멀리에서 구해온 것은 신전 건축자가 특별히 이 운모를 필요로 했기 때문일 것이다.

운모는 일반적으로 바닥재로 쓰이지 않는다. 따라서 바닥 아래에 운모를 깔고 숨긴 것은 기괴한 일이다. 아메리카 대륙의 유적을 비롯해서 세계 어느 곳의 고대 유적에서도 운모가 깔려 있는 건축물은 아직 발견되지 않았다.[5]

바르트레스가 1906년에 태양의 피라미드에서 발굴하여 들고 나온 그 큰 운모의 목적은 고사하고 정확한 위치도 확실하지 않은 것은 안타까운 일이다. 운모의 신전의 손상되지 않은 2층 운모는 장식이 아니라 나름대로 어떤 역할을 가지고 있었던 것처럼 보인다. 운모는 여러 가지 과학기술에 응용할 수 있는 특성을 가지고 있다. 근대 산업에서는 축전기나 전기의 절연체, 내화물로서 가치가 높다. 또한 고속 중성자에 대한 부전도성이 있어서 핵반응을 일으킬 때에 감속재로 사용된다.

사라진 과거로부터의 메시지

테오티우아칸, 태양의 피라미드

나는 60미터가 넘는 돌 계단을 올라가 피라미드의 정상에 도착해서 하늘을 우러러보았다. 5월 19일의 한낮이었다. 태양은 바로 머리 위에 있었는데 같은 일이 7월 25일에도 일어날 것이었다. 5월 19일과 7월 25일은 피

라미드의 서면이 태양이 지는 방향과 정확히 일치하는 날인데 이것은 우연이 아니다.[6]

보다 흥미롭고 역시 의식적으로 만든 효과는 밤낮의 길이가 같아지는 3월 20일과 9월 22일에 일어난다. 이때 태양광선은 남쪽에서 북쪽으로 내리쬐는데, 한낮이 되면 완벽한 직선 그림자가 서면의 아래 단에 생겼다가 점점 사라진다. 완벽한 그림자가 만들어졌다가 완전히 사라져 밝아질 때까지는 정확히 66.6초가 걸린다. 이것은 피라미드가 만들어진 이후 매년 정확하게 일어났고 앞으로도 이 거대한 건축물이 무너질 때까지 계속될 것이다.[7]

이것은 피라미드가 적어도 춘분이나 추분을 정확히 알려주는 "영원한 시계"의 기능을 수행해왔음을 의미한다. 또한 마야인처럼 시간의 경과와 계측에 몰두한 사람들에게 필요한 기능을 제공했다는 의미도 된다. 또 하나 알 수 있는 것은 테오티우아칸을 지은 뛰어난 건축가가 천문학과 지리학에 관한 상당한 지식을 가지고 있었다는 사실이다. 그 지식을 바탕으로 태양의 피라미드의 방위를 정밀하게 계산해서 춘분과 추분에 앞에서 언급한 효과가 의도한 대로 일어나도록 만든 것이다.

이것은 고도의 계획이며 건축기술이다. 몇천 년의 세월을 견뎠고, 20세기 초반에 자칭 복원 기술자인 레오폴도 바르트레스에 의해서 피라미드의 외벽이 전면적으로 개조되었을 때에도 설계자가 의도한 효과는 줄어들지 않았다. 멕시코의 부패한 독재자 포르피리오 디아스의 혐오스러운 추종자였던 바르트레스는 이 거대한 건축물이 왜 지어졌는지를 찾을 수 있는 실마리를 훔쳤을 뿐만 아니라, 이 피라미드의 남면, 북면, 동면에 있었던 돌로 된 외벽과 모르타르와 벽토를 깊이 6미터 이상이나 제거했다. 이것은 비참한 결과를 초래했다. 외벽 아래에 있던 어도비 점토가 강한 비에 씻겨 내려가서 건축물 전체가 붕괴되기 시작했던 것이다. 서둘러 응급처치를 해서 붕괴는 막았지만 태양의 피라미드 원래의 겉모습은 없어지고 말았다.

현대의 고고학적 견지에서 말하면 이것은 도저히 용서할 수 없는 범죄였다. 동시에 많은 조각과 비문, 부조가 6미터 두께의 외벽과 함께 제거되었으므로 우리는 그것들의 의미를 알 수 없게 되었다. 바르트레스의 흉악한 파괴행위에 의한 피해는 여기서 그치지 않는다. 이 태양의 피라미드를 만든 건축자들이 건축물의 주요 공간에 의식적으로 많은 과학적 자료를 남겨놓았다는 놀랄 만한 증거가 있다. 손상되지 않은 피라미드 서면(이곳에서는 지금도 춘분과 추분 현상을 관찰할 수 있다)에서 이러한 증거가 수집되었다. 그러나 바르트레스가 제멋대로 외벽의 형태를 바꾼 덕분에 다른 세 면에서는 더 이상의 정보를 얻을 수 없게 되었다. 피라미드의 원래의 형태와 크기를 훼손함으로써 복원 기술자는 테오티우아칸이 후세에 전할 수 있는 귀중한 재산을 파괴하고 말았던 것이다.

끝없는 숫자

파이(π)로 알려져 있는 원주율은 고도의 수학에 꼭 필요한 것이다. 3.14를 조금 넘는 이 숫자는 원의 지름과 원주와의 비율을 가리킨다. 다시 말해서 지름이 30센티미터인 원의 원주는 30센티미터×3.14=94센티미터가 된다. 또한 원의 지름은 반지름의 두 배이니까 반지름을 알면 원주도 알 수 있다. 이 경우에 반지름에 2파이를 곱하면 된다. 다시 한 번 지름이 30센티미터인 원을 생각해보자. 반지름은 15센티미터이니까 원주의 길이는 15센티미터×2×3.14=94센티미터가 된다. 마찬가지로 반지름이 25센티미터인 원의 원주는 157센티미터(25센티미터×2×3.14)가 된다. 또한 반지름이 18센티미터인 원의 원주는 113센티미터(18센티미터×2×3.14)가 된다.

파이를 사용하는 공식은 아무리 큰 원이라고 해도 또한 아무리 작은 원이라고 해도, 모든 구체와 반구체에 적용된다. 이것은 비교적 단순하게 보이지만 파이의 발견은 수학의 세계에 대혁명을 초래했다. 인류의 역사가 시작되고부터 파이를 발견하기까지는 상당한 시간이 걸렸다. 정설에 따르면 기원전 3세기에 아르키메데스가 인류 가운데 최초로 정확하게 파이를 3.14로 산출해냈다고 한다.[8] 학자들은 유럽인이 도착한 16세기 이전에 신대륙의 수학자들이 파이에 가까운 숫자를 알지 못했을 것이라고 말한다. 그런데 기자의 대피라미드(아르키메데스가 태어나기 2,000년도 더 전에 세워졌다)와 테오티우아칸의 태양의 피라미드(스페인인이 도착하기 아주 오래 전에 세워졌다) 모두가 파이의 수치를 사용해서 설계되었다는 사실이 발견되면서 혼란이 야기되었다. 이 두 건축물은 비슷하게 파이를 사용했으며, 대서양을 사이에 두고 양쪽에 존재한 태고의 건축자들은 이 탁월한 숫자 파이를 잘 알고 있었던 것 같다.

양쪽 피라미드의 기하학적인 주요 요소는 지상에서 정상까지의 높이와, 시상의 건축물 변의 길이이다. 대피리미드는 원레의 높이(146.73미터[9])와 변의 길이(921.46미터[10])의 비율이 원의 반지름과 원주의 비율과 동일하다. 즉 2파이이다.[11] 따라서 피라미드의 높이에 2파이를 곱하면(반지름으로 원주를 산출하듯이) 피라미드 한 변의 길이가 된다(146.73미터×2×3.14=921.46미터). 거꾸로 지상의 변의 길이로 계산해도 정확한 높이를 알 수 있게 된다(921.46미터÷2÷3.140=146.73미터).

수학적으로 정밀한 이런 상호관계가 우연히 생겼다고는 생각할 수 없다. 대피라미드의 설계자는 파이에 대해서 잘 알고 있었으며, 의식적으로 이 수치를 건축물에 사용했을 것이다.

다음으로 테오티우아칸의 태양의 피라미드를 살펴보자. 경사면의 각도는 43.5도이다[12](대피라미드는 52도이다[13]). 멕시코의 유적은 완만한 경사를 이루고 있는데 그 까닭은 토대의 변의 길이가 893.91미터[14]로 이집트의 대피라미드와 별 다른 차이는 없지만 정상의 높이가 조금 낮기 때문이다(바르트레스에 의해서 "복원"되기 전에는 71.17미터[15]였다).

이 숫자로는 대피라미드의 2파이 공식을 사용할 수 없다. 그러나 4파이

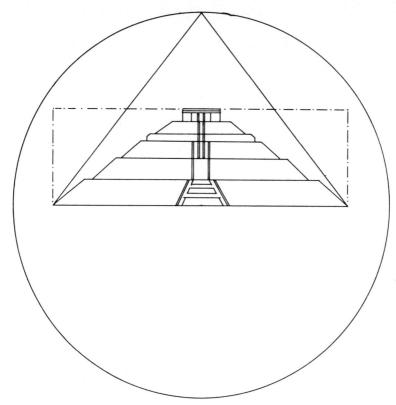

태양의 피라미드의 높이×4π = 토대 밑변의 길이
기자의 대피라미드의 높이×2π = 토대 밑변의 길이

공식은 사용할 수 있다. 따라서 태양의 피라미드의 높이(71.17미터)에 4파이를 곱하면 정확히 변의 길이가 된다. 71.17미터×4×3.14 = 893.89미터(893.91미터와의 오차는 2센티미터 정도)가 되는 것이다.

테오티우아칸의 파이 공식 사용도 이집트 유적과 마찬가지로 우연이라고 생각하기에는 무리가 있다. 또한 두 건축물에 파이 공식이 사용되었다는 것은(대서양 양쪽에 있는 다른 피라미드에는 이 공식이 사용되지 않았다) 고대에 고도의 수학적 지식이 존재했다는 사실뿐만 아니라 양쪽에 공통의 목적이 있었다는 것을 시사한다.

대피라미드의 높이와 변의 비율을 2파이로 맞추기 위해서는 경사를 52

도라는 귀찮고 어려운 각도로 건축해야만 했다. 또한 태양의 피라미드의 높이와 변의 비율을 4파이로 하기 위해서는 43.5도라는 보통과 다른 각도로 건축해야만 했다. 특별한 이유가 있었을 것이다. 달리 은폐된 의미가 없었다면 고대의 이집트인이나 멕시코인은 쉽게 45도의 각도로 건축했을 것이다(지름을 반으로 나누면 쉽게 각도를 얻을 수 있다).

대서양 양쪽에서 파이 공식을 이용하여 두 개의 위대한 피라미드를 건설한 사람들의 공통된 목적은 무엇이었을까? 이 피라미드들이 건설되었을 당시 멕시코 문명과 이집트 문명은 서로 접촉이 없었던 듯하다. 따라서 둘 다 더욱 오래된 시대에 존재했던 동일한 문명으로부터 동일한 개념을 유산으로 계승했다고 생각하는 것이 논리적이지 않을까?

대피라미드와 태양의 피라미드에 공통된 개념이 구체(球體)는 아닐까? 피라미드가 3차원의 입체이기 때문이다(반면 원은 2차원이나). 3차원의 평면을 가진 입체로서 구체를 표현하려고 했다면, 어째서 고생스럽게 파이 공식을 정확하게 채용했는지를 이해할 수 있게 된다. 이 유적을 건설한 사람의 의도는 단순한 구체가 아니라 특별한 구체에 초점을 맞춘 듯하다. 그것은 지구이다.

정통파 고고학자들이 태고에 살았던 사람들이 지구의 크기와 형태를 정확하게 알고 있었다는 사실을 인정하기까지는 아직 시간이 더 필요한 듯하다. 그러나 미국인 과학사 교수이자 고대 계측기술의 권위자인 리비오 카툴로 스텍치니 교수의 계산에 의하면, 이 깜짝 놀랄 만한 지식이 고대에 존재했다는 것에 대해서는 의심의 여지가 없다.[16] 스텍치니 교수의 결론은 주로 이집트 유적에서 도출한 것인데 일반적으로 이견의 여지가 없는 수학과 천문학 자료에서 도출되었기 때문에 특별히 인상적이다.[17] 스텍치니 교수의 결론 및 그 기초가 된 자료에 대해서는 제7부에서 다루겠다. 여기서는 스텍치니 교수의 짧은 말을 인용하겠다. 이 말이 현재 우리가 직면해 있는 불가사의에 빛을 던져줄지도 모르기 때문이다.

1. 남페루에 있는 나스카의 지상 그림 중의 하나인 거미 그림. 시카고의 아들러 플라네타륨의 천문학자 필리스 피틀루가 박사의 최신 연구에 의하면, 이 거미 그림은 오리온자리를 지상에 그린 것이라고 한다(이집트의 기자에 있는 피라미드와 동일. 제6부와 제7부를 참조). 이와 같이 별자리를 반영한 고대 유적은 세계 각지에 있으며, 특히 오리온자리의 세 별을 그린 것이 많다(나스카에서는 거미 몸의 잘룩한 부분이 세 별에 해당된다). 이것은 태고에 사라진 문명으로부터 물려받은 과학 유산의 일부가 아닐까?

위 : 2. 나스카의 원숭이 그림. 아래 : 3. 벌새 그림. 지상 그림은 모두 일필휘지로 그려져 있고 너무나 커서 하늘에서 내려다보지 않으면 전체를 볼 수 없다.

위 : 4. 마추 픽추의 풍경. 사람의 주거지에서 멀리 떨어져 있는 이 유적은 천문학적 조사 결과 잉카 문명 보다 몇 천 년 전의 것으로 추측된다. 잉카인들은 이 장소를 훗날 발견하고 이용만 했을지도 모른다. 아래 : 5-6. 쿠스코 와 마추 픽추 지역의 돌로 만든 "조각 그림". 고고학자들은 이것도 잉카 제국의 건축양식이라고 결론 내렸는데 제7부의 사진 66, 67, 68과 비교해보기 바란다.

위 : 7. 마추 픽추의 인티우아타나("태양을 담는 기둥"). 아래 : 8-9. 사크샤우아만의 고대 성채의 거석 앞에 서 있는 저자가 난쟁이처럼 보인다. 돌 하나는 자동차 500대의 무게이다. 거대한 고대 성채와 마추 픽추는 잉카 제국이 건설한 것이 아니라, 그보다 몇천 년 전에 누군가가 건설한 것으로 생각된다. 사진 9와 제7부의 사진 65를 비교해보기 바란다.

위 : 10-11. 볼리비아의 티아우아나코. 칼라사사야의 중요한 두 "우상"은 각각 손에 용도를 알 수 없는 도구 같은 것을 들고 있다. 아래 : 12. 북쪽에서 본 칼라사사야의 풍경. 천문학적으로 계산하면 이 거대한 석조물은 기원전 1만5000년에 황도의 일출 방위각에 맞추어 건축되었다고 한다.

위: 13. 티아우아나코의 "태양의 문"을 서쪽에서 본 모습. 한 덩어리의 안산암으로 만들어졌고 무게는 10톤 이상이다. 아래: 14. 몇몇 연구자들은 태양의 문 동쪽에 있는 "캘린더 프리즈"에 고도의 과학지식이 기록되어 있다고 믿는다.

위 오른쪽 : 15. 티아우아나코의 지하 신전에 있는 턱수염을 기른 사람의 석상. 안데스에 문명을 전파했다고 신화에 등장하는 비라코차의 석상일 것으로 추정되고 있다.

위 왼쪽 : 16. 티아우아나코의 비석. 턱수염을 기른 머리 부분의 옆 모습이 조각상의 오른쪽 팔과 벨트 부분에 조각되어 있다. 이 비석과 비라코차의 기둥에 새겨져 있는 인물이 남아메리카의 원주민이라고는 생각할 수 없다.

오른쪽 : 17. 돌 블록에 남겨진, I형 연결용 금속을 사용했다고 생각되는 흔적. 이와 같은 석공기술은 이곳을 제외한 남아메리카 어디에서도 발견되지 않았다. 그러나 고대 이집트에서는 4,000년 전에 사용되었다.

아래 : 18. 십자가 상징은 그리스도 탄생 몇천 년 전에 티아우아나코에서 이미 사용되었다.

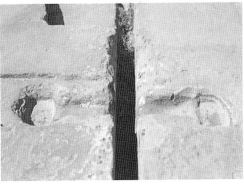

위 : 19. 티티카카 호수의 수리키 섬에서는 아직도 갈대로 배를 만들고 있다. 피라미드 시대의 이집트에서도 이것보다 크거나 비슷한 형태의 배가 나일 강에서 사용되었다(제6부의 사진 53, 54, 55를 참조).

아래 : 20. 티티카카 호수 위에서 노를 젓고 있다. 예전에 티아우아나코는 내륙에 있는 거대한 호수와 맞닿아 있는 호반의 도시였지만, 그 후에 호수면이 30미터나 낮아지면서 해안선이 20킬로미터나 북쪽으로 이동했다. 지질학자는 이처럼 수위가 낮아지는 데에 1만 년 정도 걸릴 것으로 추정하고 있다.

21. 멕시코 유가탄 주의 북부에 있는 치첸 이트사. 앞쪽에 있는 것이 차크몰의 우상이다. 전통적으로 죽음을 상
징하는 서쪽을 바라보고 있다. 우상 뒤에 있는 신전에는 높이가 낮은 기둥으로 떠받쳐진 제단이 있다. 우상이 배
앞에 들고 있는 접시는 인간 제물의 몸에서 꺼낸 신선한 심장을 두는 장소이다. 마야인들은 이와 같은 의식을
통해서 세계의 종말이 오는 것을 늦출 수 있다고 믿었다.

위:22. 치첸 이트사에 있는 쿠쿨칸 신전. 고도의 측량기술을 구사해서 지은 계단식 피라미드로서, 시계처럼 정확하게 춘분과 추분에 빛과 그림자의 특별한 효과가 나타난다. 즉 춘분과 추분에는 거대한 뱀이 북쪽 계단에서 몸을 뒤틀고 있는 것처럼 보인다.

아래:23-24. 라 벤타의 유아를 제물로 바쳤던 제단의 북쪽 모습과 정면 모습. 올멕 문화의 유적으로 간주된다. 올멕은 중앙 아메리카에서 가장 오래된 문화로 여겨지며, 중앙 아메리카의 "어머니 문화"로 불린다.

맞은편:25-26-27-28. 다양한 "올멕의 머리". 무게가 60톤이나 되는 것도 있다. 아메리카 원주민과는 인종적인 특징이 다르다.

29-30-31-32. 확실히 흑인의 특징을 지닌 올
멕의 머리와 함께 출토된 비석. 턱수염을 기른
백인처럼 보인다(라 벤타와 몬테 알반에서 출
토). 중앙 아메리카의 케찰코아틀(안데스 지역
의 비라코차)은 키가 크고 피부가 희며 턱수염
을 길렀다고 전해진다.

위:33. 라 벤타의 올멕 유적에서 발견된 "뱀 속의 남자". 머리 장식에 새겨져 있는 "X"형의 십자가가 눈길을 끄는데 이것은 그리스도 시대 이전의 십자가와 비슷하다. 또한 뱀의 상징을 곳곳에서 찾아볼 수 있다. 안데스의 티아우아나코와 이집트를 예로 들 수 있다. 남자가 앉아 있는 "깃털 달린 뱀"의 내부가 기계처럼 보이는 것도 눈길을 끈다.

아래:34. 비명(碑銘)의 신전. 마야 문명의 흔적이 남아 있는 팔렝케의 우아한 계단식 피라미드이다.

맞은편 위 왼쪽 : 35. 비명의 신전 안에 있는 매장실. 팔렝케의 지배자 파칼 왕의 묘로 간주되고 있다.

맞은편 위 오른쪽 : 36. 석관의 두껑에 있는 비명의 탁본. 여기서도 흥미로운 기계적 디자인을 볼 수 있다. 남자가 어떤 장치 속에 앉아 있는 것처럼 보인다.

맞은편 아래 왼쪽 : 37. 멕시코의 툴라에 있는 피라미드 대지 위의 우상이다.

맞은편 아래 오른쪽 : 38. 툴라에 있는 우상 모두가 손에 쥐고 있는 무기처럼 보이는 것. 중앙 아메리카의 전설에는 시우코아틀(불의 뱀)이라고 부르는 무기가 등장하는데 인간의 몸을 뚫고 절단할 수 있었다고 한다.

위 : 39. 욱스말의 마술사의 피라미드. 마야의 전승에서는 난쟁이가 초능력을 사용하여 36미터 높이의 이 건물을 하룻밤만에 지었다고 한다.

위 : 40. 멕시코시티에서 온 관광객들이 테오티우아칸의 달의 피라미드 정상에 모여 죽은 자의 길이라고 부르는, 천체에 맞추어 배치된 거대한 축을 이루고 있는 길을 내려다보고 있다. 길의 왼쪽(동쪽)에 보이는 것이 거대한 태양의 피라미드이다. 테오티우아칸을 건설한 문명은 역사에서 모습을 감추고 말았다.

아래 : 41. 케찰코아틀 신전에서 본 태양의 피라미드(앞)와 달의 피라미드(뒤)이다.

대피라미드의 기본적인 생각은 지구의 북반구를 표현하려고 한 것이다. 반구는 지도에 나와 있듯이 편평한 면으로 나타나 있다. 대피라미드는 네 개의 삼각면으로 만들어져 있다. 정점은 북극점을 표시하고 토대의 변은 적도를 의미한다. 따라서 토대의 변이 높이의 2파이인 것이다. 대피라미드는 북반구를 4만3,200분의 1로 줄여놓은 것이다.[18]

제7부에서는 왜 이 축척이 선택되었는지를 검토하겠다.

수학적인 도시

나는 죽은 자의 길 북쪽으로 솟아 있는 달의 피라미드를 향해서 걸어갔다. 이 피라미드는 다행스럽게도 복원 기술자에 의해서 파괴되지 않고 원래대로 4단식 지구라트의 형태를 유지하고 있었다. 태양의 피라미드도 4단식 지구라트였는데 바르트레스의 변덕으로 원래의 3단과 4단 사이에 다섯 번째 단이 만들어졌다.

그러나 태양의 피라미드에는 바르트레스가 약탈할 수 없었던 원래의 모습이 남아 있었다. 그것은 지하통로로서 서면 아래에 있는 천연동굴로 이어져 있다. 이 통로는 1971년에 우연히 발견되었으며, 그 후 철저한 조사가 이루어졌다. 높이가 2.1미터인 이 통로는 동쪽으로 90미터 이상 나 있는데 거의 피라미드의 기하학적인 중심부에까지 이어져 있다.[19] 그곳에는 제2의 넓은 동굴이 있다. 동굴은 인공적으로 네잎 클로버와 같은 형태로 확장되었으며, "잎들"은 방으로 만들어졌는데 둘레가 약 18미터이다. 그곳에는 아름답게 조각된 석판과 잘 다듬어진 거울 등의 다양한 공예품이 있었다. 또한 바위에 새겨 만든 파이프를 연결한 복잡한 배수 시스템이 갖추어져 있었다.[20]

이 배수 시스템은 특히 수수께끼였는데, 피라미드 내에는 알려진 수원지가 없었기 때문이다.[21] 그러나 방수로(放水路)가 있다는 것은 고대에 물이, 그것도 상당한 양의 물이 존재했다는 것을 알려준다. 이 사실은 죽은 자의 길에 물을 저장했던 높은 벽과 수문이 성채의 북쪽에 있었다는 것과, 슐렘머의 빛을 반사하는 물 웅덩이와 지진 예측이론을 생각하게 한다.

생각하면 할수록 테오티우아칸에서 중요한 존재는 물이 아니었을까 하는 생각이 들었다. 그러나 나는 아침에 케찰코아틀 신전을 방문했을 때, 그곳에 깃털 달린 뱀의 조각뿐만 아니라 물과 분명한 관계가 있는, 파도나 다수의 아름다운 조개껍질 조각들이 있었다는 것을 알아차리지 못했다. 이러한 이미지를 마음속에 떠올리면서 달의 피라미드의 토대를 이루고 있는 넓은 광장까지 걸었다. 이 광장이 물로 가득 차 있는 모습을 상상해보았다. 깊이는 3미터쯤 될 것이다. 그것은 위대하고 장엄하며, 강력하고 평화로워 보였을 것이다.

멀리 떨어져 있는 안데스의 티아우아나코에 있는 아카파나 피라미드 역시 물에 둘러싸여 있었다. 그곳에서는 물이 중심적인 존재였다. 테오티우아칸도 동일하다는 것을 지금 깨달았다.

달의 피라미드에 올라가보았다. 태양의 피라미드보다 좀 작았다. 실제로는 절반 이하의 크기였다. 달의 피라미드를 짓는 데에는 100만 톤의 돌과 흙이 소요된 데에 비해서 태양의 피라미드에는 250만 톤이 소요되었다. 이 두 유적을 합하면 350만 톤의 돌과 흙이 사용되었다. 이 정도의 재료를 취급하기 위해서는 적어도 1만5,000명 정도의 노동력이 필요했을 것으로 추정된다. 이 많은 사람이 공사에 동원되었다고 해도 30년은 걸렸을 것이다.[22]

이 부근에서 인부를 모으는 것은 가능한 일이었을 것이다. "테오티우아칸 지도 작성계획"의 조사 결과에 의하면 전성기 때 테오티우아칸의 인구는 20만 명 정도였다고 한다. 카이사르 시대의 로마보다 훨씬 큰 도시였던 것이다. 또한 앞의 조사에서, 현재 발견된 주요 유적이 고대 테오티우아칸의 일부에 지나지 않는다는 것도 밝혀졌다. 이 도시는 전성기 때 면적이 31제곱킬로미터였고, 5만여 명이 2,000개의 아파트 형 거주지에 살았으며, 600개의 보조적 성격을 지닌 피라미드와 신전이 있었다고 한다. 또한 500개의 "공장"이 있어서 도기와 작은 조각상, 보석, 조개, 석판, 현무암, 돌 등을 전문적으로 세공했다고 한다.[23]

달의 피라미드 정상 부근에 서서 천천히 주위를 둘러보았다. 완만한 남쪽 평원 가운데에 테오티우아칸의 전체 모습이 펼쳐져 있었다. 그것은 역사가 시작되기 전에 미지의 건축가에 의해서 설계된 기하학적인 도시였다. 동쪽으로 화살처럼 곧바로 뻗은 죽은 자의 길 너머 태양의 피라미드가 보였다. 태고에 계획된 수학적 메시지를 출력해서 대지에 영원히 조각해놓은 듯이 보였다. 그 메시지는 우리의 주의를 지구의 형상으로 돌리라고 지시하는 듯했다. 테오티우아칸을 건설한 문명은 의식적으로 복잡한 정보를 부호화해서 내구성이 강한 유적에 수학적 언어로 남겨놓았다는 느낌이 들었다.

수학적 언어란 무엇인가?

인류의 문명에 어떤 극적인 변화와 변용이 생긴다고 해도 원의 반지름에 2파이를 곱하면 원주를 정확하게 얻을 수 있다. 다시 말해서 수학적 언어는 실용성면에서 사용되어왔다. 즉 대화에 사용하는 말과 달리 수학적 부호는 언제나 해독할 수 있다. 우리와 무관한 몇천 년 후의 사람들도 해독할 수 있는 것이다.

이번이 처음은 아니지만 나는 인류의 영원한 이야기가 잊혀진 것은 아닐까라는, 아찔한 가능성에 우리가 직면했음을 느꼈다. 달의 피라미드 정상에서 수학적인 도시를 바라보면서 인류는 심한 건망증에 걸린 것은 아닐까라고도 생각했다. 암흑의 시대를 "유사 이전"이라고 간단하게 망각하고 있는데, 이 유사 이전에야말로 놀랄 만한 진실이 은폐되어 있는 것은 아닐까?

그렇다면 유사 이전이란 무엇인가? 잊혀진 시대, 기록이 남아 있지 않은 시대가 아닌가? 유사 이전은 우리들의 선조가 살았던 시대로서 이미 우리의 기억에서 사라져 안개 속으로 모습을 감춘 시대가 틀림없다. 희미한 윤곽밖에 남아 있지 않은 시대에 수학적으로 부호화된 천문학과 측지학(測地學)의 수수께끼가 테오티우아칸의 유적과 함께 남아 있는 것일까? 이와 동일한 시대에, 거대한 올멕의 조각상이 만들어지고, 마야인이 선조들로부터 계승한 이해할 수 없을 정도로 정확한 역법이 생겼을까? 나스카의 불가사의한 지상 그림도 이때의 것일까? 안데스의 도시 티아우아나코도? 그외에 유래를 알 수 없는 많은 불가사의한 것들도 마찬가지일까?

이것은 마치 악몽이 계속되는 꿈을 꾸다가 갑자기 역사의 햇살을 받으며 눈을 떴지만 아직 몽롱한 꿈의 여운이 채 가시지 않는 것과도 같다……

| 제4부 |

신화의 불가사의 1 : 기억을 상실한 인류

꿈의 메아리

태고로부터 전승되어온 몇 개의 위대한 신화를 보면 인류는 세계적인 대변동을 생생하게 기억하고 있는 듯하다.

이 신화들은 어디에서 왔을까?

서로 관계도 없는 문화에서 잉태한 이 이야기들은 줄거리가 매우 비슷한데 왜 그럴까? 왜 공통된 상징이 등장할까? 왜 등장인물이 비슷하고 구상도 동일할까? 만약 그것들이 기억이라면 신화가 시사하는 세계적인 재해의 역사적 기록은 어디에 있는 것일까?

아니면 신화 자체가 역사적인 기록일까? 이름 모를 천재에 의해서 교묘하게 정리된 불멸의 신화는 정보를 기록하는 매체로서 역사가 시작되기 전부터 전승되어온 것일까?

그리고 방주가 물 위로 떠올랐다

고대 수메르에는 영원한 생명을 얻은 길가메시라는 왕이 있었다. 길가메시의 업적이 알려지게 된 것은 메소포타미아의 신화와 전승이 도자기로 만든 서판(書板)에 설형문자로 기록되어 있었기 때문이다. 몇천 개의 서판이 현대 이라크의 사막에서 출토되었는데, 그중 몇 개는 기원전 3000년에서 기원전 2000년경에 기록된 것이다. 이 서판들은 사라진 문명의 독특한 모습을 오늘날에 전해주고 있으며, 동시에 그 시대보다 훨씬 오래 전에 일어난 사건에 대한 기억을 정리해놓고 있다. 그것은 거대하고 끔찍한 대홍수로 인해서 사라진 시대에 대한 기억이다.

길가메시의 업적을 세계에 알리려고 한다. 이 사람은 뭐든지 알고 있었다. 세계의 모든 나라를 알고 있는 왕이었다. 현명하고, 불가사의하고 비밀스러운 것을 알고 있었으며, 홍수가 일어나기 전의 일에 대해서 말했다. 그는 긴 여행을 떠났다가 지치고 피곤한 모습으로 돌아와 쉬었으며 돌에 모든 이야기를 새겼다.[1]

길가메시가 돌아와서 들려준 이야기는 우트나피쉬팀이라는 왕이 그에게 해준 것이었다. 우트나피쉬팀은 그때로부터 몇천 년 전의 왕으로서 대홍수 때에 살아남아서 인류를 존속시키고 살아 있는 모든 종자를 보존한 대가로 불사의 몸을 얻었다.

우트나피쉬팀은 아주 오래 전에는 신들도 땅에 살고 있었다고 말했다. 그 신들은 공기의 신 아누, 하늘의 주신 엔릴, 전쟁과 사랑의 여신 이슈타르, 인류의 친구이며 보호자인 물의 신 에아 등이었다.

당시의 세계는 인구증가로 인해서 사람들로 넘치고 있었다. 세계는 야생의 황소처럼 소리를 질러댔고 위대한 신들은 싸우는 소리에 잠을 깼다. 엔릴은 싸우는 소리를 듣고 신들의 회의에서 말했다. "인간들의 소란스러움을 더 이상 참을 수가 없어. 소음 때문에 잠을 잘 수 없다니까." 그래서 신들은 인류를 멸망시키기로 했다.[2]

그러나 물의 신 에아는 우트나피쉬팀을 가엾게 여겼다. 그래서 대재해가 닥칠 것임을 우트나피쉬팀 왕의 가족이 살고 있는 집의 갈대벽 너머로 알리고 왕과 가족들이 살아남을 수 있도록 배를 건조하라고 지시했다.

232

집을 허물고 배를 만들어라. 소유물은 어찌되어도 좋으니까 살아남을 것만을 생각하라. 세속적인 것은 버리고 영혼을 구원하라. ……집을 허물어라. 제대로 된 배를 만들어라 — 폭과 길이가 조화로운 배이다. 살아 있는 모든 종자를 배에 실어라.[3]

아슬아슬하게 우트나피쉬팀은 지시받은 대로 배를 만들고 "가지고 있는 모든 것을 싣고 모든 생물의 종자를 실었다."

친구와 친척을 배에 태우고, 가축을 싣고, 교외의 야생동물도 실었다. 모든 기술자도 태웠다. ……마침내 때가 왔다. 새벽빛과 함께 하늘 한쪽에서 검은 구름이 몰려왔다. 태풍의 신 아다드가 타고 있는 곳에서는 뇌성이 터져나왔다. ……태풍의 신이 낮을 암흑으로 만들고 접시를 깨는 것처럼 땅을 갈랐을 때 절망에 싸인 망연자실한 신음 소리가 하늘까지 이르렀다…….

　첫 번째 날은 폭풍우가 광폭하게 불고 홍수가 발생했다. ……아무도 자신의 동료를 찾을 수가 없었다. 사람과 하늘을 구별할 수도 없었다. 신들조차 홍수를 두려워했다. 신들은 하늘에서 사라지고 하늘의 신 아누만이 하늘 한 구석에 웅크리고 앉아 있었다. 신들은 겁쟁이처럼 쭈그리고 앉아 있었는데 이슈타르가 주위를 향해서 외쳤다. "물고기처럼 바다에 가라앉기 위해서 인간을 창조했단 말인가?"[4]

우트나피쉬팀은 계속 말했다.

엿새 동안 바람이 불고, 급류가 흐르고, 폭풍우와 홍수가 세계를 덮었다. 홍수와 폭풍우는 전투를 하는 군대처럼 미쳐서 날뛰었다. 7일째 아침이 되자 남쪽에서 폭풍이 잠잠해지고 바다는 평온해졌으며 홍수도 멈추었다. 세계를 둘러보았지만 침묵만이 존재할 뿐이었다. 바다의 표면은 어디나 지붕처럼 편평했다. 인류는 모두 흙으로 돌아간 것이다. ……배의 천장문을 열자 햇살이 얼굴에 닿았다. 나는 허리를 굽히고 그 자리에 앉아서 울었다. 눈물이 뺨을 타고 흘러 바닥으로 떨어졌다. 사방은 모두 물로 뒤덮여 있었다. ……70킬로미터 정도 앞에 산이 보였다. 그곳에 배를 댔다. 배는 니시르 산에 도착하자 꼼짝도 하지 않았다. ……7일째 되는 날 석양 무렵에 비둘기를 날려보냈다. 비둘기는 날아갔다가 머무를 곳이 없어서 그대로 돌아왔다. 다음에 제비를 날려보냈지만 역시 머무를 곳이 없어서 돌아왔다. 까마귀를 날려보냈다. 까마귀는 물이 빠진 곳을 찾았고 먹이를 먹었으며 주위를 날다가 울음소리를 내고는 날아가서 돌아오지 않았다.[5]

우트나피쉬팀은 상륙해도 안전하다는 것을 깨달았다.

산 정상에서 신께 술을 바쳤다. ……나무와 줄기 식물, 삼나무, 월계수를 쌓아올렸다. ……신들은 달콤한 향기를 맡고 제물 위로 파리떼처럼 모여들었다…….[6]

이런 기록이 고대 수메르에서만 전해오는 것은 아니다. 지금으로부터 5,000년 전의 서판(書板)이나 3,000년도 되지 않은 서판에서도 노아와 비슷한 우트나피쉬팀이 등장하는데 지수드라, 지수트로스, 아트라하시스 등의 다양한 이름을 가지고 있다. 그러나 이들이 우트나피쉬팀과 동일인물이라는 것은 바로 알 수 있다. 왜냐하면 그들 모두가 자비심이 많은 신으로부터 사전에 경고를 받고 세계적인 홍수 속에서 방주를 타고 살아남아 그 자손들이 세계로 퍼져나갔기 때문이다.

메소포타미아의 홍수 신화와 성서의 유명한 노아의 홍수 이야기는 많은 유사점을 가지고 있다[7](주 참조). 학자들은 유사성에 대해서 끝없는 논쟁을 계속하고 있다. 그러나 중요한 것은 각각의 영향력의 범위 내에서 동일한 전승을 보존해왔고 후손에게 전달했다는 점이다. 그 전승은 지구 전체에 일어난 대재해와 인류의 파멸을 눈에 보이는 듯이 생생하게 묘사하고 있다.

중앙 아메리카

동일한 메시지가 니시르 산과 아라라트 산(노아의 방주가 도착한 곳/역주)에서 멀리 떨어져 있는 멕시코에도 전해지고 있다. 스페인 정복자가 찾아오기 오래 전에 문화적, 지리적으로 유대교의 영향력이 미칠 수 없는 곳에서 대홍수의 이야기가 전해지고 있는 것이다. 제3부에서 살펴본 대로 이 대홍수는 제4태양의 종말에 지구 전체를 덮어버렸던 홍수라고 전해진다. "파괴는 호우와 홍수에 의한 것이었다. 산맥은 물에 잠기고 사람들은 물고기로 변했다……."[8]

아스텍인의 신화에 의하면 살아남은 사람은 두 명뿐이었다고 한다. 콕스콕스틀리라는 남자와 그의 아내인 소치케찰인데 두 사람은 신으로부터 사전에 대재해가 일어날 것이라는 경고를 들었다. 그들은 신의 지시에 따라 거대한 배를 만들어서 재난을 피하고 높은 산 꼭대기에 도착했다. 그곳에서 땅 위로 내려와 많은 아이들을 낳았다. 그러나 아이들은 비둘기가 나무 위에 앉아서 말을 알려줄 때까지는 말을 할 수 없었다. 이 말들은 각각 달라서 아이들은 서로 이해할 수 없었다.[9]

중앙 아메리카의 메초아카네섹스족의 전승은 깜짝 놀랄 만큼 「창세기」와 메소포타미아의 전승과 비슷하다. 이 전승에서 신 테스카틸포카는 인류를 홍수로 파멸시키기로 결심했다. 그러나 테스피와 그의 가족들은 큰 배에 태워서 살려주었다. 이 배에는 인류의 생존을 위해서 필요한 동물, 새, 곡식과 종자 등이 실려 있었다. 배는 수면에 노출된 산의 정상에 도착했다. 신 테스카틸포카가 물을 빼려고 했기 때문이다. 상륙해도 좋을지 조사하기 위해서 테스피는 콘도르를 날려보냈다. 지구상에 흩어져 있는 시체를 먹은 콘도르는 돌아오지 않았다. 다음에 다른 새들을 날려보냈는데 오직 벌새만 잎 달린 나무를 물고 돌아왔다. 땅이 다시 모습을 드러냈다는 그 표시를 보고 테스피와 그의 가족은 배에서 내려 인구를 증가시켜서 땅

위에 넘치게 했다.[10]

신들이 인간들을 못마땅하게 여겨서 대홍수를 일으켰다는 인류의 기억은 「포폴 부」에도 나온다. 이 고대 문헌에 따르면 위대한 신(Great God)은 이 세상의 처음에 인류를 창조하기로 결심했다. 신이 실험 삼아 만든 그들은 "나무로 만든 인간으로서 인간과 모습이 같았으며 말도 할 수 있었다." 그러나 신은 창조물이 마음에 들지 않았다. 왜냐하면 "창조주를 기억하지 않았기" 때문이다.

그래서 하늘의 중심에서 홍수가 발생했다. 대홍수가 일어나서 나무 인간들 위로 쏟아져내렸다. ……무거운 물이 하늘에서 떨어졌다. ……지상은 어두워졌고 검은 비가 밤낮없이 계속해서 내렸다. ……나무 인간들은 전멸했고, 파괴되었고, 부서졌으며, 죽음을 당했다.[11]

그러나 모두가 죽은 것은 아니었다. 아스텍족과 메초아카네섹스족의 전승과 마찬가지로 유카탄 반도와 과테말라의 마야족의 전승에도 노아와 같은 사람과 그의 아내가 등장한다. "위대한 아버지와 위대한 어머니"라고 불리는 부부가 대홍수에서 살아남아 인구를 증가시키고 인류의 시조가 되었다고 한다.[12]

남아메리카

남아메리카로 가면 콜롬비아의 중앙에 있는 치브차족의 전승이 있다. 그들의 신화에 의하면, 옛날에는 법률, 농업, 종교도 없었고 인간들은 야만스러운 생활을 하고 있었다. 그곳에 어느 날 나이를 먹은 다른 인종의 사람이 나타났다. 짙은 턱수염을 길렀으며 이름은 보치카라고 했다. 보치카는 치브차족에게 작은 집을 짓는 방법을 알려주었고, 사람들이 사회를 이루어 함께 사는 법을 일러주었다.

나중에 나타난 보치카의 아내는 매우 아름다웠는데 이름이 치아라고 했다. 그러나 치아는 사악한 여자로서 보치카가 사람들을 위해서 일하는 것을 방해했다. 치아는 직접적으로는 보치카의 힘을 당해내지 못했기 때문에 마술을 사용해서 대홍수를 일으켜 많은 사람을 죽였다. 보치카는 분노해서 치아를 땅에서 하늘로 추방했다. 치아는 하늘의 달이 되어 밤을 밝히는 일을 하게 되었다. 보치카는 물을 빼내고 산으로 도망쳐서 살아남은 사람들을 도왔다. 그 후 보치카는 사람들에게 법률과 농업을 가르치고, 계절마다 태양을 숭배하는 축제를 거행하여 제물을 바치고 성지를 순례하도록 가르쳤다. 그 다음에 두 명의 추장에게 지배권을 물려주고 남은 삶을 조용히 묵상하며 보냈다. 보치카는 하늘로 올라가서 신이 되었다.[13]

더욱 남쪽으로 내려가면 에콰도르의 인디오 부족인 카나리오족도 고대의 홍수 이야기를 전승하고 있다. 이 이야기에서는 두 명의 형제가 높은 산 정상에 올라 대홍수를 피했다. 물이 불어남에 따라 산도 높아져서 그들은 재난에서 살아남게 되었다.[14]

브라질의 투피남바족은 그들이 발견되었을 때, 문명을 전파해준 사람 또는 창조의 영웅들을 숭배하고 있었다. 그 가운데 첫 번째 영웅은 모난(고대라는 의미)으로서 그는 인류의 시조로 전해지며 홍수와 불로 세계를 멸망시켰다······.[15]

제2부에서 이미 살펴본 대로 페루에도 홍수 전설이 많이 남아 있다. 대표적인 것은 어느 인디오가 라마에게 홍수가 일어날 것이라는 경고를 듣고 라마와 함께 빌카코토라고 부르는 높은 산으로 도망친 이야기이다.

남자와 라마가 산 정상에 이르자 이미 모든 종류의 새와 동물이 그곳으로 피난을 와 있었다. 바다가 높아지면서 평원을 덮었고 빌카코토 산만 남았다. 그러나 그 산으로도 물이 차오르기 시작해서 동물들은 좁은 곳으로 쫓겨 들어갔다. ······5일이 지나자 물이 빠지기 시작했고 바다는 제자리로 돌아갔다. 그러나 인류는 한 명을 제외하고 모두 빠져 죽었다. 이 남자야말로 지구 상의 모든 인류의 선조이다.[16]

스페인 정복자들이 찾아오기 전 칠레의 아라우칸족의 전승에 의하면, 대홍수에서 아주 극소수의 인디오만이 살아남았다고 한다. 살아남은 사람들은 테그테그 산("천둥소리", "광채"라는 의미)으로 피난을 떠났는데 이 산에 있는 세 개의 봉우리만이 겨우 물 위에 떠 있었다고 한다.[17]

좀더 남쪽에 있는 티에라 델 푸에고의 야마나족의 전설에 따르면, "달의 여자가 홍수를 일으켰다. 격변의 시기였다. 달은 인간을 미워했다. ……거의 대부분의 인간이 죽었고 물로 뒤덮이지 않은 다섯 개의 산 정상으로 대피한 자들만 살아남았다."[18]

티에라 델 푸에고의 페우엔제족의 이야기에 의하면 대홍수와 함께 오랫동안 암흑의 날이 계속되었다고 한다. "태양과 달이 하늘에서 떨어져 오랜 세월 동안 빛을 잃었다. 마침내 두 마리의 거대한 콘도르가 태양과 달을 하늘로 옮겼다."[19]

북아메리카

아메리카 대륙의 북쪽 알래스카에 사는 에스키모인들도 무서운 홍수와 지진 이야기를 전하고 있다. 홍수가 급격히 땅을 덮쳐서 카누로 도망치거나 높은 산 정상으로 도망친 극소수의 사람들만이 살아남았다고 한다.[20]

캘리포니아 남부 루이세뇨족도 비슷한 전승을 가지고 있다. 역시 홍수가 산맥을 덮어 대부분의 사람들이 죽었다고 한다. 극소수의 사람만이 높은 봉우리로 피해서 살아남았고 다른 세계는 모두 바닷속으로 잠겼다고 한다. 살아남은 사람들은 홍수가 끝날 때까지 산봉우리에 피해 있었다.[21]

좀더 북쪽의 후론족 사이에도 비슷한 홍수 신화가 남아 있다.[22] 알공킨족의 일족인 몬타네족의 전설에서도, 미차보 혹은 위대한 하레가 홍수가 끝난 뒤에 갈가마귀, 수달, 사향쥐의 도움으로 세계를 재건했다.[23]

19세기의 권위 있는 책인 「다코타족의 역사(*History of the Dakotas*)」에서, 저자 린드는 잃어버린 원주민의 전승을 그대로 기록해놓았다. 그 가운데 이로쿼이족의 신화에 대해서 기록해놓은 것이 있다. "바다와 물이 순식간에 땅으로 몰려왔다. 모든 사람들이 생명을 잃었다." 치카소족은 세계가 물로 멸망했다고 한다. "그러나 한 가족과 모든 종류의 동물 한 쌍이 살아남았다." 수족도 마른 땅이 사라지고 살아 있는 사람들이 모두 사라졌다는 이야기를 전하고 있다.[24]

어디를 보아도 물

신화 속에 남아 있는 인류의 대홍수에 대한 기억은 어디까지 퍼져 있는 것일까?

광범위한 지역에 퍼져 있다. 세계에는 500편 이상의 홍수 전설이 퍼져 있는데, 그 가운데 86편의 전설(아시아 20, 유럽 3, 아프리카 7, 아메리카 46, 오스트레일리아와 태평양 10)을 조사한 리처드 안드레 박사에 의하면, 86편 중에서 62편은 메소포타미아나 유대의 전설과 직접적인 연관이 없다고 한다.[25]

예를 들면 중국을 방문한 최초의 유럽인 가운데 한 팀인 초기 예수회 학자들은 중국 황실 도서관에 들어갈 수 있는 허가를 받았다. 그곳에는 고대로부터 전해진 "모든 지식"을 망라했다는 4,320권으로 된 방대한 책이 있었다. 그 책에는 많은 전승이 기록되어 있었는데, 그것에 따르면 "인류가 신에게 반항했기 때문에 우주의 체계가 혼란스러워졌다"고 한다. "행성은 궤도를 바꾸었고 하늘은 북쪽을 향해서 낮아졌다. 태양과 달과 별은 운행을 바꾸었다. 땅이 갈라지고 거친 바닷물이 육지를 덮었다."[26]

말레이시아의 열대우림에 사는 츄옹족은 세계를 제7의 땅이라고 부르는데, 그것은 때때로 뒤집어져서 모든 것이 홍수로 파괴된다고 믿고 있다. 그러나 창조신 토한의 힘으로 전에는 제7의 땅 밑에 있었던 새 평지에서 산과 계곡과 들판이 만들어진다. 그곳에서 새로운 나무가 자라고 새로운 인류가 태어난다고 한다.[27]

라오스와 태국 북방의 홍수 신화에 의하면 옛날 하늘의 왕국에는 덴 왕이 살고, 땅에는 세 명의 위대한 사람인 푸 렌 슝과 쿤 칸과 쿤 켓이 살고 있었다고 한다. 어느 날 덴 왕은 사람들에게 경의의 표시로 식사를 하기 전에 그 일부를 자신에게 바치라고 명령했다. 사람들이 이 명령을 거절하자 분노한 덴 왕은 홍수를 일으켜 지상을 파멸시켰다. 그때 세 명의 위대한 사람들은 뗏목을 만들어서 그 위에 작은 집을 짓고 많은 여자와 아이를 태우고 출발했다. 이렇게 해서 그들과 그의 후손들은 홍수에서 살아남을 수 있었다.[28]

마찬가지로 미얀마의 카렌족도 세계를 뒤덮은 대홍수의 전승을 전하고 있는데 두 명의 형제가 뗏목을 타고 홍수를 피했다고 한다.[29] 대홍수는 베트남 신화에도 등장한다. 베트남에서는 한 형제와 한 자매가 거대한 나무 상자 속에 숨어서 홍수를 피했는데 그 상자에는 모든 동물이 한 쌍씩 들어 있었다고 한다.[30]

오스트레일리아의 원주민, 특히 북쪽의 열대 연안에 사는 사람들은 자신들의 기원을 경관과 사회를 바꾸어놓은 대홍수에서 찾고 있다. 또한 다른 많은 부족은 홍수를 일으킨 것은 거대한 뱀인 유를룽구르(무지개와 관계 있는 존재)라고 전한다.[31]

일본의 전승에서는 오세아니아의 섬들이 홍수가 끝난 뒤에 생겼다고 한다.[32] 오세아니아에도 신화가 있다. 하와이 원주민들은 세계가 대홍수로 멸망한 다음 탄갈로아라는 신에 의해서 재건되었다고 이야기한다. 사모아인들은 세계가 물로 넘쳐서 인류가 거의 멸망한 때가 있었는데, 그때 두 명의 인간이 배를 타고 바다로 나가서 살아남았으며 그들이 떠돌다가 도착한 곳이 사모아 제도라고 믿고 있다.[33]

그리스, 인도 그리고 이집트

지구의 다른 편에 있는 그리스의 신화에도 대홍수의 기억이 짙게 남아 있다. 그러나 중앙 아메리카와 마찬가지로 대홍수는 독립된 사건으로 기록되어 있지 않고 세계의 파괴와 재생이라는 일련의 이야기 속에 한 부분으로 등장한다. 아스텍과 마야의 전승은 태양의 시대가 연속했다고 서술해놓았다(현재는 마지막인 제5태양의 시대에 해당한다). 동일한 고대 그리스의 전승이 기원전 8세기에 헤시오도스에 의해서 수집되어 기록으로 남아 있다. 그 기록에 의하면 지금 시대 이전에 이 땅 위에는 다른 인종에 의해서 건설된 네 개의 시대가 있었다. 이전에 존재했던 시대는 각각 나중에 등장하는 시대보다 뛰어났다. 또한 각각의 시대는 일정한 시기가 되면 자연의 대재해로 "사라졌다."

최초의 시대에 창조된 것은 "황금의 종족"으로 "신처럼 살았고, 걱정도 없었으며, 문제와 고뇌도 없었다. ……늙지 않는 육체를 가지고 있었고 연회를 열어 흥청거리며 마셨다. ……그들이 죽은 것은 잠을 너무 많이 잤기 때문이었다." 세월이 지나자 제우스의 명령으로 황금의 종족은 "지구의 바닥으로 가라앉았다." 다음에 "은의 종족"이 나타났다가 "동의 종족"으로 바뀌었다. 그로부터 "영웅의 종족"이 창조되었다가 "철의 종족"이 창조되었다. 이 다섯 번째 종족이 현재의 인류이다.[34]

특히 흥미를 자아내는 것은 "동의 종족"이 겪은 운명이다. 신화에 의하면 그들은 "거인의 힘과 강한 다리에 강한 손을 가졌다."[35] 반항적인 타이탄족의 거인 프로메테우스가 오늘날의 인간에게 불을 주는 잘못을 저질렀기 때문에 그들은 신들의 왕인 제우스에 의해서 사멸당했다.[36] 복수심에 불타는 신이 지상을 단번에 쓸어버리기 위해서 사용한 것이 파괴적인 홍수였다.

프로메테우스가 인간 여자를 임신시켜 그 여자가 아들을 낳은 이야기는 널리 알려져 있다. 프로메테우스의 아들인 데우칼리온은 테살리아 지방(그리스 중동부)의 프티아 국을 지배했고 피라를 아내로 맞이했다. "붉은색이 도는 금발"이라는 뜻의 피라는 에피메테우스와 판도라 사이에 태어난 딸이었다. 제우스가 "동의 종족"을 멸망시키려는 중대한 결정을 내렸을 때 데우칼리온은 프로메테우스로부터 사전에 충고를 듣고 나무 상자를 만들어 "필요한 모든 것"을 안에 넣고 피라와 함께 그 속으로 들어갔다. 신들의 왕 제우스는 하늘에서 큰 비를 내리게 해서 육지의 대부분을 물에 잠기게 만들었다. 이 대홍수로 높은 산 정상으로 도망간 소수의 사람들을 제외하고 인류는 모두 멸망했다. "이때에 테살리아 지방의 산들이 산산이 부서지고 나라 전체가 수에즈 해협에서 펠로폰네소스 반도까지 물에 잠기지 않은 곳이 없었다."

데우칼리온과 피라는 상자 속에서 9일 동안 표류하다가 마지막에 그리스 중부에 위치한 파르나소스 산에 도착했다. 비가 그친 다음 두 사람은 땅으로 내려와서 신에게 제물을 바쳤다. 제우스는 그 제물을 받고 사자 헤르메스를 데우칼리온에게 보내서 원하는 것이 무엇인지를 물었다. 데우칼리온은 인류를 원한다고 했다. 제우스는 두 사람에게 어깨 너머로 돌을 던지라고 명령했다. 그대로 하자 데우칼리온이 던진 돌은 남자가 되었고 피라가 던진 돌은 여자가 되었다.[37]

유대인이 노아를 선조로 생각하는 것처럼 고대 그리스인은 데우칼리온을 선조로 여겼고 많은 도시와 신전을 건설한 존재로 여겼다.[38]

3,000년 전에 인도의 베다족은 데우칼리온과 비슷한 사람을 숭배하고 있었다. 어느 날의 일이었다.

마누라고 부르는 현명한 남자가 목욕을 하고 있을 때 작은 물고기가 나타나서 살려달라고 애원했다. 남자는 애처롭게 생각하여 용기에 물고기를 넣어두었다. 그러나 다음 날이 되자 물고기는 깜짝 놀랄 만큼 자랐기 때문에 남자는 그 물고기를 호수로 데리고 갔다. 그러나 얼마 지나지 않아 호수도 물고기에게 너무 작았다. "바다에 풀어줘. 그러면 좀 편해질 거야"라고 물고기가 말했다. (사실 물고기는 비슈누 신의 화신이었다.) 그리고 나서 마누에게 대홍수가 닥쳐올 것을 알려주었다. 비슈누 신은 마누에게 큰 배를 주고 살아 있는 모든 것을 한 쌍씩 싣고, 모든 식물의 종자를 실은 다음 배에 타라고 명령했다.[39]

마누가 명령받은 것을 실행하자 그와 동시에 대양이 높아지며 모든 것을 물로 덮었고 물고기의 형태를 한 신 비슈누 이외에는 아무것도 보이지 않게 되었다. 물고기는 황금 비늘에 거대한 뿔을 하나 가지고 있었다. 마누는 물고기의 뿔에 배를 단단히 묶어두었다. 비슈누는 배를 끌고 넘쳐나는 물을 지나서 마침내 "북(北)의 산" 정상에 배를 댔다.[40]

물고기가 말했다. "너를 구해주었다. 배를 나무에 묶어라. 그렇게 하면 산에 있는 동안 물에 휩쓸려가지 않을 것이다. 그러나 물이 빠지면 배에서 내려와라." 마누는 물이 빠질 때 산을 내려왔다. 대홍수는 모든 살아 있는 것을 휩쓸었고 남은 것은 마누뿐이었다.[41]

마누는 홍수에서 살아남은 동물과 식물과 함께 새로운 세계를 만들기 시작했다. 1년 후에 물속에서 "마누의 딸"이라는 이름을 가진 여자가 나타났다. 두 사람은 결혼해서 아이를 낳았고 현재 인류의 선조가 되었다.[42]

마지막으로 고대 이집트의 전승을 살펴보자. 역시 대홍수를 언급하고 있다. 예를 들면 파라오 세티 1세의 묘에서 발견된 장례식에 관한 문서에는 죄 많은 인류가 홍수로 멸망했다는 내용이 적혀 있다.[43] 이 대재해의 원인에 관하여 「사자의 서」의 CLXXV장에서 달의 신 토트가 다음과 같이 말하고 있다.

그들은 다투고, 싸우고, 불화가 계속되었고, 악행을 저질렀으며, 적대심을 가졌고, 살인을 행하며, 문제를 일으키고, 탄압을 자행했다. ……그래서 나의 창조물을 전멸시키기로 결심했다. 지상은 사나운 홍수로 물의 지옥이 될 것이고 원시시대로 돌아갈 것이다.[44]

불가사의의 궤적

지구를 한 바퀴 돌아 토트의 말까지 살펴보고 다시 수메르와 성서의 홍수 이야기로 돌아왔다. 「창세기」는 "그들이 땅을 폭력으로 얼룩지게 했기 때문이다"라고 한다.

신이 땅을 보자 어찌된 셈인지 땅이 부정과 타락으로 얼룩져 있었다. 모든 사람이 그의 길을 부정과 타락으로 물들였기 때문이다. 그래서 야훼 하느님은 노아에게 말했다. "나는 모든 사람을 없애기로 결심했다. 그들이 땅을 폭력으로 얼룩지게 했기 때문이다. 나는 그들을 땅과 함께 멸망시키겠다."[45]

데우칼리온의 홍수, 마누의 홍수 그리고 아스텍의 "제4태양"을 멸망시킨 홍수와 마찬가지로 성서 속에 나오는 홍수도 한 시대의 종말을 고하는 것이었다. 새로운 시대가 도래하고, 뒤를 이어 노아의 자손들이 번영했다. 그러나 이 새로운 시대에도 대재해가 초래할 종말이 도래하게 되어 있다. 옛날 노래에서처럼 "신은 노아에게 무지개를 주었다. 더 이상 물은 없다. 다음은 불이다."

신약성서의 「베드로의 둘째 편지」 제3장에는 이 세계가 붕괴된다는 예언이 나온다.

무엇보다도 먼저 여러분이 알아두어야 할 것은 이것입니다. 곧 마지막 시대에 자기들의 욕정을 따라 사는 자들이 나타나서 여러분을 조롱하며 "그리스도가 다시 온다는 약속은 어떻게 되었는가? 그 약속을 기다리던 선배들도 죽었고 모든 것이 창조 이래 조금도 달라진 것이 없지 않으냐?"고 말할 것입니다. 그들은 아득한 옛날에 하느님의 말씀으로 하늘과 땅이 창조되었다는 사실을 일부러 외면하고 있습니다. 하느님의 말씀에 의해서 땅이 물에서 나왔고 또 물에 의해서 이루어졌습니다. 그리고 물에 잠겨서 옛날의 세계는 멸망해버렸습니다. 사실 하늘과 땅은 지금도 하느님의 같은 말씀에 의해서 그대로 남아 있습니다. 그러나 하늘과 땅은 하느님을 배반하는 자들이 멸망당할 심판의 날까지만 보존되었다가 불에 타버리고 말 것입니다. ……그러나 주님의 날은 도둑처럼 갑자기 올 것입니다. 그날에 하늘은 요란한 소리를 내면서 사라지고 천체는 타서 녹아버리고 땅과 그 위에 있는 모든 것은 없어지고 말 것입니다.[46]

성서는 이 땅에 두 개의 세계가 존재한다고 말한다. 현재의 세계는 두 번째로 마지막 세계라고 한다. 다른 여러 지역의 문화에도 다른 횟수의 붕괴와 창조의 기록이 남아 있다. 예를 들면 중국에서는 잃어버린 세계의 연대를 "기(紀)"라고 부르며 공자의 시대까지 열 번의 기가 있었다고 한다. 각각의 기가 끝날 때에는 "자연이 격심하게 움직이고, 바다는 높아지며 산들이 지면에서 튀어나오고, 강은 방향을 바꾸며 인간과 그 외의 모든 것을 멸망시켜 고대의 흔적은 사라지고 말았다……."[47]

불교의 경전에 의하면 "일곱 개의 태양"이 있었는데 각각 물과 불, 바람에 의해서 멸망되었다고 한다.[48] 현재의 "제7태양"의 종말에는 "땅이 불꽃으로 둘러싸인다"고 한다.[49] 오스트레일리아의 사라와크와 사바 원주민의 전승에 의하면 하늘이 "낮아지고 제6태양이 사라지고, ……현재는 제7태양이 빛을 보내고 있다"고 한다.[50] 마찬가지로 시빌레의 책에서는 "아홉 개의 태양이 아홉 개의 시대를 의미하고 앞으로 여덟 번째와 아홉 번째의 두 시대가 도래할 것이다"라고 예언하고 있다.[51]

대서양의 반대쪽에서는 애리조나 주에 거주하는 호피 인디언(아스텍족과 먼 친척[52])이 과거에 있었던 세 개의 "태양"에 대해서 기록해놓았는데 매번 모두가 전멸했지만 인류는 다시 부흥했다. 아스텍의 우주학에서는 현재의 "태양" 전에 네 개의 태양이 있었다고 한다. 신화 속에서 몇 번의 붕괴가 있었고 몇 번의 창조가 있었는가라는 횟수는 서로 다르지만 고대로부터의 전승이 매우 비슷하다는 것은 확실하다. 세계 여러 지역의 전승은 몇 번이고 계속된 대재해의 기록인 듯하다. 많은 경우가 시와 같은 언어나 비유 또는 상징으로 표현되어 있기 때문에 연속해서 일어난 지각의 대변동이 어떤 것이었는지는 애매하다. 두 가지의 재해가 동시에 일어났다는 기록(대부분은 대홍수와 지진이지만 때로는 불과 암흑까지 일어났다)이 많다.

이것들은 혼란스러운 인상을 제공하는 원인이 된다. 그러나 호피족의 신화는 매우 명쾌하고 단순하다. 그들의 이야기는 다음과 같다.

최초의 세계는 인류의 잘못 때문에 하늘과 지하에서 나온 불이 모든 것을 태워서 파괴되었다. 두 번째 세계는 지구의 축이 뒤집어져 모두가 얼음으로 뒤덮였다. 세 번째 세계는 세계적인 홍수로 끝났다. 현재는 네 번째 세계이다. 이 시대의 운명은 사람들이 창조주의 계획대로 행동하는가 그렇지 않은가에 따라서 결정된다.[53]

우리는 불가사의를 추적하고 있다. 창조주의 계획을 알아내지 못할지도 모르지만 세계가 붕괴한다는 점에서 일치하고 있는 신화의 불가사의에 관해서는 판단이 가능할지도 모른다.

이 신화들을 통해서 고대인은 직접적으로 현대인에게 말을 걸고 있다. 그들은 무엇을 말하고 싶은 것일까?

종말론의 다양한 가면

북아메리카의 호피 인디언과 마찬가지로 이슬람교에 귀의하기 전의 이란의 아베스타계 아리아인도 현대에 이르기까지 세 번의 창조의 시대가 이전에 있었다고 믿고 있다. 최초의 시대에 살았던 사람들은 순수하고 죄가 없었으며 키가 컸고 장수를 누렸다. 그러나 그 시대가 끝날 무렵 악마가 성스러운 신 아후라 마즈다에게 싸움을 걸어 재난이 잇달아 일어났다. 제2시대에 악마는 성공하지 못했다. 제3시대에는 선과 악이 완벽한 균형을 이루었다. 제4시대(현재)에는 악이 승리하기 시작해서 그 후로 변함없이 악이 세상에 군림하고 있다.[1]

제4시대의 마지막이 곧 도래할 것으로 예측되었는데, 여기서 흥미를 끄는 것은 제1시대의 종말에 있었던 재난이다. 그것은 홍수가 아니었다. 그러나 세계 각지의 홍수 전승과 매우 비슷해서 어떤 연관이 있다는 것을 느끼게 한다.

「아베스타(*Avesta*)」 경전(조로아스터교의 경전/역주)은 지상이 낙원이었던 먼 옛날로 우리를 이끈다. 이란인의 선조가 전설의 에어야나 바에조에 살았을 때이다. 에어야나 바에조는 성스러운 신 아후라 마즈다가 처음 만든 나라로서 제1시대에 번영했다. 이곳은 아리아인의 고향이며 신화가 탄생한 곳이다.

그 시대의 에어야나 바에조는 온난하고 풍요로운 땅으로 여름이 일곱 달이고 겨울은 다섯 달이었다. 야생생물과 곡식이 풍부하고 목초지에는 작은 강이 흐르고 있었다. 그런데 풍요로운 정원 같은 이곳이 사람이 살 수 없을 정도로 황폐해졌다. 악마인 안그라 마이뉴가 습격해온 탓에 겨울이 열 달로 늘어나고 여름은 두 달로 줄어들었다.

나 아후라 마즈다가 최초로 만든 나라는 에어야나 바에조였다. ……그러나 악의 화신 안그라 마이뉴가 강한 뱀과 눈을 만들었다. 겨울이 열 달로 늘어나고 여름이 두 달로 줄어들자 물과 흙과 나무는 차가워졌다. ……모든 것이 눈에 깊이 파묻혔다. 최악의 재난이었다……[2]

에이야나 바에조에 급격한 기후변화가 생겼다는 것에 독자들도 동의할 것이라고 생각된다. 아베스타 경전은 이 점에 대해서 의문의 여지를 남기지 않았다. 아베스타 경전에는 앞의 이야기 전에 천상의 신들이 회의하는 장면이 묘사되어 있다. 아후라 마즈다가 주최한 이 회의에는 "에어야나 바에조에서 명망 높은 양치기인 공정한 이마"가 다른 훌륭한 사람들과 함께 참가했다.

성서의 홍수 전승과 이상하리만치 부합되기 시작하는 부분이 여기서부터이다. 아후라 마즈다는 공정한 이마를 만났을 때 악마가 저지르려고 하는 재앙에 대해서 충고한다.

아후라 마즈다는 이마에게 말했다. "공정한 이마야. ……얼마 지나지 않아 세계에 치명적인 겨울이 닥쳐올 것이다. 맹렬하고 파괴적인 서리의 습격을 받게 될 것이다. 악마의 겨울이 오면 폭설이 쏟아져 쌓이고…….

그리고 세 종류의 짐승들은 전멸할 것이다. 미개의 땅에 사는 짐승, 산 정상 가까이에 사는 짐승 그리고 아직 깊은 계곡에 몸을 숨기고 사는 짐승이 그들이다.

바르〔지하실 또는 지하 저장소〕를 승마장 크기로 지어라. 그곳에 모든 종류의 짐승들을 넣어라. 큰 짐승과 작은 짐승, 가축, 낙타, 인간과 개, 새를 넣고 그리고 타오르는 불꽃을 가지고 들어가라.[3]

그곳에 물이 흐르도록 하라. 숲에는 새를 살게 하고, 물이 흘러가는 곳에는 마르지 않는 푸른 풀을 자라게 하라. 그곳에 모든 식물을 심고, 향내가 나고 과즙이 풍부한 과일 나무를 심어라. 그 짐승들과 식물들은 바르에 있는 동안 죽지 않을 것이다. 그러나 기형적으로 생긴 생물, 무익한 생물, 미친 사람, 사악한 사람, 야비한 사람, 한을 품은 사람, 질투심이 강한 사람, 이가 고르게 나지 않은 사람, 문둥병 환자는 들어가게 해서는 안 된다⋯⋯."[4]

크기는 논외로 하고 이마의 신이 바르를 만들게 한 것과 노아의 신이 방주를 만들게 한 것의 차이는 하나밖에 없다. 방주는 세계를 물에 잠기게 해서 모든 생물을 멸망시킬 무섭고 파괴적인 대홍수로부터 살아남기 위해서 만들어졌다. 반면 바르는 세계를 얼음과 눈의 무포로 뒤덮어 모든 생물을 멸망시킬 무섭고 파괴적인 "겨울"로부터 살아남기 위해서 만들어졌다.

조로아스터교의 또다른 경전인 「분다히슨(Bundahishn)」 경전(처음에 쓰인 「아베스타」 경전에 있었는데 지금은 사라지고 없는 태고의 자료가 포함되어 있는 것으로 추정된다)은 더욱 상세하게 에어야나 바에조를 압도한 빙결(氷結)의 대재해에 대해서 서술하고 있다. 악마 안그라 마이뉴는 "맹렬하고 파괴적인 서리"를 내리게 하고 "하늘을 공격해서 혼란시켰다"고 한다.[5] 분다히슨 경전에 의하면 이 공격으로 악마는 "하늘의 3분의 1을 지배하게 되었고 암흑을 확장했으며 얼음으로 지표를 덮었다"고 한다.[6]

말로 표현할 수 없는 추위, 불, 지진 그리고 하늘의 혼란

이란의 아베스타계 아리아인은 어딘지 모르는 먼 고향으로부터 서아시아로 이주해왔다고 알려져 있다.[7] 그들의 전승에는 이상하게도 대홍수와 공통점이 있는 대재해의 이야기가 있지만, 그들이 태고로부터 전해지는 전승을 지닌 유일한 존재는 아니다. 신의 경고와 함께 세계의 붕괴로부터 소수의 사람이 구제되는 이야기는 세계 각지에 존재한다. 대개의 재해는 홍수이지만 갑자기 얼음의 세계로 변하는 이야기도 있다.

예를 들면 남아메리카의 그란 차코 지역(남아메리카 중남부, 안데스 산맥과 파라과이 강 사이에 펼쳐진 평원)의 인디오인 토바족은 아직도 고대 신화를 이야기하는데, 그 신화에 따르면 "혹독한 추위"가 급습했다고 한다. 반신반인인 영웅 아신이 닥쳐올 추위에 대해서 경고했다.

아신은 가능한 한 나무를 많이 모으고 오두막을 두꺼운 짚으로 덮으라고 말했다. 준비가 모두 끝나자 아신과 다른 사람들은 집 안에 처박혀 시간이 가기를 기다렸다. "혹독한 추위"가 닥쳐오자 추위에 몸이 언 사람들이 땔감을 얻으러 아신을 찾아왔다. 아신은 엄격하게 친구에게만 타다 남은 땔감을 주었다. 사람들은 점점 밤새도록 울었다. 한밤중에는 아이, 어른, 남자, 여자 할 것 없이 모두 얼어죽고 말았다. ……이 얼음과 진눈깨비의 시대는 오랫동안 지속되었고 모든 불은 꺼졌다. 서리 기둥은 가죽처럼 두꺼웠다.[8]

아베스타계 아리아인의 전승과 비슷하게, "혹독한 추위"와 함께 깊은 암흑이 닥쳐온 모양이다. 토바족의 한 노인이 말했다. "재난이 닥쳐온 것은 지상이 사람으로 메워졌기 때문에 바꾸지 않으면 안 되었고, 따라서 인류를 구하기 위해서는 인구를 줄여야 했다. ……긴 암흑시기에 태양은 모습을 감추고 사람들은 배고픔으로 고통스러워했다. 먹을 것이 사라지자 아이를 먹었다. 그러나 결국 모두 죽고 말았다……."[9]

마야의 「포폴 부」에 의하면 홍수가 발생했을 때 "많은 양의 우박과 검은 비가 내렸고, 안개가 발생해서 믿을 수 없을 정도로 추웠다"고 한다.[10] 또한 "구름이 덮이고 세상이 옅은 어둠 속에 파묻혔다. ……태양과 달은 모습을 감추었다"고도 한다.[11] 마야의 다른 전승에 의하면 인류가 이 기묘하고 비참한 경험을 한 것은 "태고의 일이었다. 지상은 어두워졌고. 태양은 빛을 발하고 있다가 갑자기 어두워졌다.[12] ······홍수가 일어나고부터 26년이 지난 후 태양이 돌아왔다"고 한다.[13]

독자들도 기억하고 있을 것으로 생각하는데, 대홍수와 대재해의 신화에는 암흑의 징후뿐만 아니라 하늘의 변화에 관한 언급도 나온다. 예를 들면 남아메리카 대륙의 남쪽 끝에 있는 티에라 델 푸에고 지방의 전설에서는 태양과 달이 "하늘에서 떨어졌다"고 한다.[14] 또한 중국에서는 "행성은 궤도를 바꾸고, 태양과 달과 별은 움직임을 바꾸었다"고 한다.[15] 잉카인들은 "태고의 하늘이 땅에 싸움을 걸어 안데스가 갈라졌다"고 믿고 있다.[16] 북멕시코의 타라우마라족은 세계 붕괴의 전설을 전하는데, 그 전설에 따르면 태양의 궤도가 바뀌었다고 한다.[17] 아프리카 콩고의 남부지방의 신화에 의하면 "아주 오래 전에 태양이 달과 만나서 진흙을 던졌다. 그래서 달이 어두워졌는데 동시에 대홍수가 일어났다······"고 한다.[18] 캘리포니아의 인디언인 카토족은 간단하게 "하늘이 떨어졌다"고 한다.[19] 또한 고대 그리스 로마 신화에서는 데우칼리온의 홍수가 일어나기 전에 무서운 천체 변동이 있었다.[20] 이 사건들은 파에톤의 이야기에 상징적으로 묘사되어 있다. 태양의 신 헬리오스의 아들 파에톤은 아버지 마차의 고삐를 쥐게 되었지만, 그 마차의 궤도를 유지하지 못했다.

"고삐가 익숙하지 않은 자의 손에 있다는 것을 느낀 말들은 그 자리에 멈춰 서거나 좌우로 달리며 궤도에서 벗어났다. 지상은 경악했다. 영광의 태양이 그때까지의 안정된 궤도를 벗어나 머리 위를 이리저리 달리면서 유성처럼 거칠게 떨어지기 시작했기 때문이다."[21]

여기서 세계 각지의 대재해의 전설과 관련하여 하늘의 이변이 왜 일어났는지에 대해서 추측하는 것은 접어두자. 현재 단계에서는 이런 전승이 이란의 「아베스타」 경전에 묘사되어 있는 파괴적인 겨울과 빙원(氷原)의 확대를 동반한 "하늘의 이변"과 비슷하다는 점을 지적하는 것만으로도 충분할 것이다.[22] 그 외에도 연관된 사건이 일어났다. 예를 들면 홍수의 전후에 불이 발생했다. 태양의 신의 아들 파에톤이 겪은 모험의 경우에는 "풀이 마르고 곡물이 탔으며, 나무는 불에 타서 연기를 내뿜었고, 벌거숭이 땅은 갈라지고 무너졌으며, 바위는 열 때문에 까맣게 변해서 파열되어 가루가 되었다."[23]

화산활동과 지진 역시 홍수와 함께 발생한 것으로 기록되어 있는데, 이런 이야기는 아메리카에 특히 많이 남아 있다. 칠레 남부의 인디오인 아라우칸족은 "홍수는 화산폭발의 결과로 발생했으며 격렬한 지진을 동반했다"고 분명하게 전한다.[24] 과테말라의 서부 고원인 산티아고 치말테낭고에 사는 밤 마야족은 세계 붕괴를 초래한 원인의 하나라고 하는 "불타는 검은색 물질의 홍수"를 기억하고 있다.[25] 아르헨티나의 그란 차코에 사는 마타코 인디오들은 "홍수와 함께 남쪽에서 검은 구름이 밀려와 하늘을 덮었다. 벼락이 치고 천둥 소리가 들려왔다. 하늘에서 떨어지는 것은 비가 아니었다. 불인 듯했다……"라고 이야기한다.[26]

태양을 쫓아간 괴물

다른 문화보다 태고의 기억이 신화 속에 더 깊이 뿌리 내리고 있다고 여겨지는 고대 문화가 있다. 독일과 스칸디나비아에 살았던 튜튼족이 대표적인 예이다. 튜튼족의 문화는 고대 스칸디나비아의 음유시인들과 현인들의 노래를 통해서 알려져 있다. 그들이 노래하는 내용은 학자들이 추정하는 것보다 훨씬 오래 전이라고 생각되는데, 거기서도 익숙한 이미지를 만날 수 있다. 기묘하고 추상적인 표현과 우화적인 수법으로 대규모의 끔찍한 대재해에 대해서 말하고 있다.

동쪽에 있는 먼 삼림에서 나이를 먹은 거인이 어린 이리들을 세계로 불러들였다. 이리들의 아비는 펜리르(이리 모습의 큰 괴물)였다. 이 괴물들 중의 한 마리가 태양을 쫓아가 손에 넣으려고 했다. 오랫동안의 추적은 헛수고로 끝났다. 그러나 매년 이리는 강해졌고 마침내 태양에 도달했다. 태양의 빛은 점점 줄어들기 시작했다. 태양은 피로 물든 것처럼 붉어졌다가 마침내 완전히 사라졌다.

그 후 세계에 끔찍한 겨울이 닥쳤다. 지평선 저쪽에서 눈보라가 몰아쳐왔다. 곳곳에서 전쟁이 발발했다. 형제간에 서로 죽이는 일이 일어났으며 아이들은 핏줄을 소중히 여기지 않게 되었다. 이 시대의 인간은 이리와 다를 것이 없었다. 서로를 없애려고 했다. 세계는 얼마 지나지 않아 공허한 나락의 밑바닥으로 가라앉았다.

그러는 동안 아주 오랜 옛날에 신들에 의해서 쇠사슬에 묶였던 펜리르가 쇠사슬을 끊고 도망쳤다. 펜리르가 몸부림을 치자 세계가 격렬하게 움직였다. 물푸레 나무인 이그드라실[지구의 축으로 간주된다]도 뿌리부터 나뭇가지까지 흔들렸다. 산들은 무너져내리고 정상에서 기슭까지 갈라졌다. 산속의 땅 밑에 살던 난쟁이들은 입구를 찾았지만 평소에 사용하던 입구가 사라지고 말았다.

신으로부터 버림받은 인간은 살던 곳에서 쫓겨났고 인류는 땅 표면에서 한꺼번에 사라졌다. 육지의 형태가 무너졌다. 별은 하늘에서 표류하다가 공허하게 갈라진 땅 사이로 떨어졌다. 오랜 여로에 지친 제비가 파도 사이로 떨어지는 것 같았다.

거인 수르트는 땅 전체를 불로 둘러쌌다. 우주는 거대한 용광로에 다름 아니었다. 불은 갈라진 바위틈에서 솟구쳤다. 가는 곳마다 증기가 소리를 내며 뿜어져나왔다. 모든 생물, 모든 식물의 생명이 소멸했다. 남은 것은 벌거벗은 땅뿐이었다. 하늘과 마찬가지로 땅도 갈라져 깊은 균열투성이였다.

다음에 모든 강과 바닷물이 넘쳐 홍수가 일어났다. 가는 곳마다 파도와 파도가 맞부딪쳤다. 늘어난 물은 모든 것 위로 천천히 퍼져나갔다. 육지는 바다 속으로 가라앉았다…….

그러나 돌연한 대재해에 모든 사람이 죽은 것은 아니다. 물푸레 나무 이그드라실 안에 숨어 있던 사람들은 죽음을 면하고 다시 시작되는 시대의 시조가 되었다. 이그드라실 속까지는 우주의 대화재에 의한 맹렬한 불꽃도 이르지 못했던 것이다. 이 성스러운 영역의 자양물은 아침 안개뿐이었다.

이렇게 해서 태고의 시대가 붕괴하고 새로운 세계가 시작되었다. 서서히 육지가 파도 사이로 모습을 드러내기 시작했다. 산들은 다시 높아졌고 그곳에서 급류가 흘러내렸다.[27]

튜튼족의 신화가 이야기하는 새로운 세계는 현재의 세계를 가리킨다. 말할 필요도 없지만, 아스텍과 마야의 제5대양의 시대와 마찬가지로 이 시대는 아주 오래 전에 시작되었기 때문에 조금도 새롭지 않다. 또한 제4태양의 시대에 대한 중앙 아메리카의 많은 홍수 전설 중에 한 쌍의 남녀가 노아처럼 방주가 아닌 물푸레 나무 이그드라실 같은 큰 나무에 들어가 살아남은 이야기가 등장하는 것은 우연일까? "제4태양은 홍수에 의해서 끝났다. 산들은 사라졌다. ……두 사람이 살아남았다. 왜냐하면 신들 가운데 어떤 신이 매우 큰 나무에 구멍을 파고 하늘이 떨어지면 나무 속에 몸을 숨기라고 미리 지시했기 때문이다. 두 사람은 시킨대로 해서 목숨을 건졌다. 그들의 자손은 다시 번창했고 세계로 퍼져나갔다."[28]

이상한 일이다. 동일한 상징적인 언어가 멀리 떨어진 여러 곳의 많은 고대 전승 속에서 전해지고 있다. 우리는 지금 다른 문화를 묶어주는 광범위한 잠재의식하에 있는 텔레파시에 대한 이야기를 하고 있는 것일까? 아니면 세계 각지에 존재하는 이 위대한 신화들이 어떤 목적을 가진 현명한 사람들에 의해서 창작된 것일까? 이 가당치도 않는 두 가지 견해 중에서 어느 쪽이 진실에 가까운 것일까? 혹 신화의 불가사의에 대한 제3의 설이 따로 있는 것은 아닐까?

　이 문제에 관해서는 나중에 다시 다루겠다. 그런데 많은 신화에 등장하는 불과 얼음, 홍수와 화산의 분화 그리고 지진에 의한 종말의 이야기에서 우리가 결론 내릴 수 있는 것은 무엇일까? 지워버리기 어려운 이 이야기들에서는 생생한 현장감이 느껴진다. 왜일까? 인류가 겪었을지도 모르는 그러나 완전히 잊어버렸거나 명확하게 기억해낼 수 없는 과거를 이야기해주기 때문일까?

지구의 긴 겨울에 태어난 인류

"역사"란 인류가 확실하게 기억하고 있는 시대를 의미하며, 그 기간 동안 인류 전체가 한꺼번에 파멸의 위기에 직면한 적은 없다. 그동안 여러 시기에 여러 장소에서 다양한 자연재해가 발생했다. 그러나 과거 5,000년 동안 인류 전체가 절멸할 수 있는 위기와 조우한 적은 한번도 없다.

이런 상태가 한결같이 지속되었을까? 먼 과거로 거슬러올라가보면 우리의 선조들이 절멸당할 위기에 처한 적이 있었던 것은 아닐까? 종말론적인 위대한 신화의 무대는 바로 그런 시대가 아닐까? 학자들은 일반적으로 신화를 고대 시인이 만들어낸 이야기라고 말한다. 그러나 학자들이 틀렸다면 어떻게 될까? 실제로 가공할 자연의 대재해가 연속해서 일어났고, 태고에 살았던 선조들은 거의 절멸당했고, 살아남은 소수의 사람들은 지구상의 여기저기에 산재하고 있었기 때문에 서로 연락도 할 수 없었던 것은 아닐까?

신화의 세계가 신데렐라의 구두처럼 꼭 들어맞는 시대는 없었을까? 그 시대를 탐구하기 위해서 문명을 가진 인류가 태어나기 전까지 조사할 필요는 없을 것이다. 또한 호모 하빌리스, 호모 에렉투스, 호모 사피엔스, 호모 사피엔스 네안데르탈렌시스까지 거론할 필요도 없다. 흥미를 가져야 할 것은 호모 사피엔스 사피엔스, 즉 현대 인류뿐이다.

지금의 인류가 언제부터 존재했는지에 대해서는 의견이 분분하다. 어떤 학자는 10만 년 전의 유골이 "완전히 문명화된" 인류의 것이라고 주장한다. 다른 학자는 4만 년에서 3만5,000년 정도 전부터 존재했다고 주장한다. 또다른 학자는 그 중간인 5만 년 전부터라고 주장하기도 한다. 그러나 그 누구도 정확히 알지는 못한다. 어떤 학자는 "언제 호모 사피엔스 사피엔스라고 부르는 종족이 완전히 문명화된 인간의 모습으로 나타났는지는 원시인류학의 최대 수수께끼 가운데 하나"라고 말한다.[1]

　　350만 년에 걸친 진화과정을 몇 개의 화석이 보여준다. 그 첫 번째 기록은 작은 두 다리로 걸어다닌 원시인(루시라는 별명이 있다)으로부터 시작된다. 이 원시인의 유골은 1974년에 서아프리카의 그레이트 리프트 밸리(에티오피아)에서 발견되었다. 두뇌의 용적이 400cc(현대인 용적의 3분의 1도 안 되는)인 루시는 엄밀하게 말하면 인류가 아니었다. 그렇다고 원숭이도 아니었으며, 인류가 지닌 특징을 구비하고 있었다. 서서 걸어다녔으며 골반, 어금니가 인간의 것과 비슷했다. 이와 같은 사실을 포함한 다양한 이유 때문에 루시 종족은 오스트랄로피테쿠스 아파렌시스라는 종족으로 구별되었고, 많은 원시인류학자들로부터 직립 인류의 선조로 인정받고 있다.[2]

　　200만 년 전쯤부터 현대 인류의 시작인 호모(Home) 부류의 호모 하빌리스가 두개골과 뼈의 화석을 남기기 시작했다. 이 종족이 시간에 따라 진화해온 과정은 확실한 형태로 남아 있다. 그들은 보다 "날씬해졌고" 세련되었다. 또한 두뇌가 커졌고 다양한 능력을 가지게 되었다. 호모 하빌리스와 중첩되는 시대에 살았던 호모 에렉투스는 호모 하빌리스의 후계자로서 두뇌의 용적은 900cc(호모 하빌리스는 700cc)였다.[3] 그로부터 100만 년 정도 후인 40만 년전까지는 현존하는 화석으로 판단할 때 큰 진화는 이루어지지 않았다. 호모 에렉투스는 생존의 갈림길을 넘어 서서히 인간들의 천국을 만들기 시작했다. 그로부터 서서히— 아주 서서히— 원시인류학자들이 지칭하는 "사피엔스(Sapiens) 단계"가 출현했다.

언제부터 "사피엔스"의 형태로 이행되기 시작했는지는 정확히 말하기 어렵다. 어떤 사람은 두뇌의 확대와 두개골이 단단해지는 등의 변화가 시작된 것이 40만 년 전이라고 말한다. 그러나 유감스럽게도 남아 있는 화석이 너무나 적어서 어떤 일이 일어났는지 확실히 말할 수 없다.[4]

확실한 것은 40만 년 전에는 이야기를 만들거나 신화를 만들 수 있는 호모 사피엔스 사피엔스가 출현하지 않았다는 점이다. 인간은 호모 에렉투스로부터 진화해왔다는 것이 정설이 되었다.[5] 확실히 원시적인 종족은 40만년 전에서 10만 년 전 사이에 존재하기 시작했다. 앞에서 말한 것처럼 학자에 따라서는 이 시기가 끝날 무렵 호모 사피엔스 사피엔스라는 유인원과 구분되는 최초의 인류가 등장했다고 주장한다. 그러나 그 유골들은 모두 부분적이어서 그들의 주장은 널리 인정되지 않고 있다. 기원전 11만 3000년경의 문명인의 것으로 추측되는 오래된 두개골의 일부가 발견되었다.[6] 호모 사피엔스 네안데르탈렌시스가 처음으로 등장한 때이다. 이 특징적인 종족은 네안데르탈인으로 널리 알려져 있다.

키가 크고, 근육이 묵직하며, 뺨이 넓고, 얼굴이 튀어나온 네안데르탈인은 인류보다도 큰 두뇌(1,400cc, 인류는 1,360cc)를 가지고 있었다.[7] 두뇌가 컸다는 사실에서 알 수 있듯이, 그들은 "지적이고 섬세하며 지략이 풍부한 생물"이었다.[8] 화석의 기록을 보면 네안데르탈인은 대략 10만 년 전부터 4만 년 전까지 지구상에 군림한 듯하다. 기간이 길고 수수께끼에 싸여 있는 이 시기에 호모 사피엔스 사피엔스가 대두했고 이들은 4만 년 전부터 화석을 남기기 시작했다. 그들은 의심할 여지 없이 문명화된 인간들이었다. 그리고 3만5,000년 전경에 완전히 네안데르탈인을 대신하게 된다.[9]

정리하면, 우리와 같은 인류, 즉 수염을 깎고 현대인이 입는 옷을 입고 거리를 활보해도 아무도 이상하게 느끼지 않을 인종은 11만5,000년 전에 출현했을 가능성도 있지만, 5만 년 전에 출현했을 가능성이 높다. 따라서 지금까지 살펴본 신화에 등장했던 대재해가 인류가 경험한 지각 대변동이 일어난 시대의 이야기라면, 지각 대변동은 적어도 11만5,000년 전에, 그보다 가능성이 높게는 5만 년 전에 일어났다는 말이 된다.

신데렐라의 구두

지질학과 인류학이 기묘하게 부합되고 있다. 마지막 빙하기가 시작되고 진전된 시기가 문명화된 인류가 발생하고 급격하게 증가한 시기에 중첩되기 때문이다. 더욱 기묘한 점은 지질학과 인류학이 서로에 대해서 알고 있는 것이 매우 적다는 사실이다.

북아메리카에서는 마지막 빙하기를 위스콘신 빙기라고 부르며(위스콘신 주에서 돌의 퇴적물이 연구되었기 때문에), 그 시작을 지질학자들은 11만 5,000년 전으로 추정했다.[10] 그 이후로 만년설은 확대와 축소를 되풀이했다. 만년설이 가장 빠른 속도로 퍼진 것은 6만 년 전에서 1만7,000년 전 사이이다. 빙하가 확대된 전성기를 타즈웰 증진기라고 부르며, 그 시기는 기원전 1만5,000년경이다.[11] 그러나 기원전 1만3,000년경에 수백만 제곱킬로미터의 얼음이 녹기 시작했는데 그 이유는 분명하지 않다. 기원전 8000년경에 위스콘신 빙기는 완전히 끝나게 된다.[12]

빙하기는 지구 전체에서 일어나서 북반구와 남반구 모두에 영향을 미쳤다. 기후와 지질적인 상황은 지구의 모든 지역이 비슷했다(동아시아, 오스트레일리아, 뉴질랜드, 남아프리카 등). 유럽도 스칸디나비아와 스코틀랜드에서부터 영국, 덴마크, 폴란드, 러시아, 독일의 대부분, 스위스 전역, 오스트리아, 이탈리아, 프랑스에 이르기까지 대부분 지역이 빙하로 뒤덮여 있었다.[13](전문용어로 뷔름(Wurm) 빙기라고 부르는 유럽의 빙하기는 아메리카 대륙보다 조금 늦은 7만 년 전경에 시작되었는데 전성기는 거의 같은 시기인 1만7,000년 전경이었다. 그 후 같은 시기에 쇠퇴가 시작되어 같은 시기에 끝이 났다.[14]

빙하기의 주요 단계를 연대기적으로 살펴보자.

1. 6만 년 전에는 뷔름 빙기와 위스콘신 빙기를 비롯해서 그 외의 빙기가 진행 중이었다.
2. 1만7,000년 전쯤 빙원은 신대륙과 구대륙에서 전성기를 맞이했다.
3. 그 후 7,000년에 걸쳐 얼음이 녹았다.

호모 사피엔스 사피엔스가 대두한 것은 지질적으로나 기후적으로나 길고 거친 시기였을 것으로 추정된다. 이 시대의 특징은 혹독한 빙결과 홍수였다. 얼음이 집요하게 확대되어가는 몇천 년 동안 인류의 선조들은 두려움과 공포를 느꼈을 것이다. 그리고 마지막 7,000년 동안은 넓은 지역에서 급격하게 얼음이 녹았기 때문에 더욱 비참했을 것이다.

이 공포의 시대를 살았던 사람들의 사회적, 종교적, 과학적, 지적 발전 단계에 대해서 서둘러 결론을 내릴 필요는 없다. 당시의 사람들이 모두 원시적인 동굴에서 살았을 것이라는 일반적인 고정관념은 틀렸을 수도 있다. 실제로 그들에 대해서 알려진 것이 아무것도 없기 때문이다. 확실하게 말할 수 있는 것은 그 당시의 사람들이 육체적으로나 심리적으로 우리와 전혀 다를 것이 없는 인간이었다는 것뿐이다.

그들은 거칠고 황량한 시대에 몇 번이나 절멸의 위기에 처했을까? 또한 학자들이 역사적 가치가 전혀 없다고 말하는 위대한 대재해의 신화가, 사실은 실제로 일어난 것을 목격한 사람들이 남긴 정확한 기록을 내포하고 있는 것은 아닐까? 다음 장에서는 신화가 신데렐라의 구두처럼 꼭 맞는 시대에 대해서 살펴보겠다. 그 시대는 마지막 빙하기였던 것으로 생각된다.

지표는 암흑으로 뒤덮이고 검은 비가 내리기 시작했다

마지막 빙하기에 지구상의 모든 생물에게 무서운 힘이 덮쳐왔다. 그 힘이 인간에게 어떤 영향을 미쳤는지는 당시의 다른 큰 동물들이 받은 피해에 관한 확실한 증거를 통해서 추측해볼 수 있다. 그 증거들의 대부분은 수수께끼를 내포하고 있다. 남아메리카를 방문한 찰스 다윈도 수수께끼를 발견했다.

이 동물들의 멸종에 나만큼 놀란 사람은 없을 것이다. 라 플라타(아르헨티나 동부)에서 말의 이빨을 발견했는데, 마스토돈(코끼리와 유사한 고생물/역주)과 메가테리움(가장 큰 육상 느림보류의 고생물/역주), 톡소돈과 그 외의 멸종된 동물들과 함께 묻혀 있었다. 이 동물들은 비교적 최근까지 공존했던 동물들이다. 나는 경악할 따름이었다. 스페인인들이 남아메리카에 데리고 온 말은 야생화되어 놀랄 만큼 빠른 속도로 번식했다. 그러나 옛날 말이 최근에 이르러 매우 양호한 환경에서 멸종한 이유는 무엇일까?[1]

대답은 당연히 빙하기였다. 빙하기에 아메리카의 원생마뿐만 아니라 그 외의 번영을 누리던 많은 포유동물들이 멸종했다. 멸종한 것은 신대륙의 동물만이 아니다(멸종 원인과 시기는 서로 다르다). 그러나 대부분의 동물들이 빙하기의 마지막 7,000년의 기간인 기원전 1만5000년에서 기원전

8000년 사이에 멸종했다.[2]

우리는 이 단계에서 동물들을 멸종시킨 빙원의 확대와 쇠퇴에 관해서, 기후와 지진과 지질 등의 특징에 관해서 더 이상 파고들 필요가 없을 것이다. 합리적으로 생각하면 해일과 지진, 세찬 폭우, 돌연한 빙원의 발전과 쇠퇴가 동물들의 멸종에 큰 역할을 했다는 것을 추측할 수 있다. 그러나 중요한 것은 당시 무슨 일이 있었는지는 모르지만 마지막 빙하기의 혼란한 시기에 다량의 동물이 멸종했다는 명확한 사실이다.

찰스 다윈은 이 혼란이 "지구의 구조 전체"를 틀림없이 흔들어놓았다고 「일지(Journal)」 속에서 결론 내렸다.[3] 예를 들면 신대륙에서는 기원전 1만5000년에서 기원전 8000년 사이에 70여 종의 대형 포유동물이 멸종했다. 이 가운데에는 북아메리카 특유의 장비류((長鼻類, 코끼리, 맘모스 등) 일곱 종류가 포함되어 있다.[4] 이 기간에 4,000만 미리 이상의 동물이 목숨을 잃었다. 긴 세월 동안 계속해서 죽은 것이 아니라 기원전 1만1000년에서 기원전 9000년 사이의 2,000년 만에 대량 멸종이 일어났다.[5] 이 기간 이전의 30만 년 동안에는 20여 종만이 멸종했다.[6]

동물의 멸종이 이 기간에 집중되어 있는 것은 유럽과 아시아도 마찬가지이다. 멀리 떨어진 오스트레일리아도 예외가 아니어서 이 짧은 기간 내에 17종류 이상의 척추동물(포유류가 아닌 것도 포함)이 멸종했다.[7]

알래스카와 시베리아 : 돌연한 빙결

알래스카와 시베리아의 북방지역은 기원전 1만3000년부터 기원전 1만1000년경에 걸쳐 죽음을 동반한 대혼란에 빠진 듯하다. 북극권의 가장자리에서는 대규모의 천재지변이 일어난 흔적이 남아 있고, 그곳에서 헤아릴 수 없을 정도로 많은 거대한 동물들의 유체가 발견되었다. 유체의 대부분에는 아직도 살이 붙어 있고, 놀랄 만큼 많은 맘모스의 상아는 거의 완벽한 상태로 보존되어 있다. 양쪽 지역에서 맘모스의 유체는 썰매를 끄는 개의 먹이가 되고 있으며, 페어뱅크스(알래스카 주 중동부의 도시/역주)의 레스토랑에서는 맘모스 스테이크를 메뉴로 내놓고 있다.[8] 어느 전문가는 "몇백, 몇천의 동물이 죽음과 동시에 냉동되었다. 그렇지 않았다면 살과 상아는 부패했을 것이다. ……뭔가 대단한 힘이 작용해서 이런 파국을 초래한 것이다"라고 말했다.[9]

북극권 생물학 연구소의 데일 거스리 박사는 기원전 1만1000년 전의 알래스카에는 많은 종류의 동물이 서식하고 있었다는 매우 흥미로운 사실을 지적했다.

송곳니가 사브르(펜싱 경기에서 쓰는 검/역주)처럼 발달한 호랑이, 낙타, 말, 코뿔소, 당나귀, 거대한 뿔을 가진 사슴, 사자, 족제비, 사이가(시베리아 초원지대에 살았던 양/역주) 등이 살고 있었다는 것이 밝혀졌기 때문에, 이 동물들이 어떤 환경에서 살았을지를 생각해보아야 한다. 현재 살고 있는 동물들과 전혀 다르고 다채로운 동물들이 살았다는 것은 당연히 의문을 품게 만든다. 환경도 동물들과 마찬가지로 전혀 달랐던 것은 아닐까?[10]

유체가 퇴적되어 있었던 알래스카의 검은 진흙은 매우 고운 암회색의 모래와 같다. 다량으로 냉동된 동물에 대해서 뉴멕시코 대학교의 히븐 교수는 다음과 같이 말했다.

동물들의 변형된 유체와 나무의 일부가 얼음 덩어리와 토탄과 이끼 층에 섞여 있다. ……들소, 말, 이리, 곰, 사자……. 이 동물들이 함께 매장되어 있다. 모두 강력한 힘에 의해서 압도된 듯하다. 동물과 인간의 유체가 이처럼 겹쳐 있는 것은 자연적으로는 일어날 수 없는 일이다.[11]

다양한 층에서, "땅속 깊은 곳에서 당시의 상태 그대로 얼어 있는 석기가 발견되었다. 빙하기의 동물상(動物相)도 발견되었다. 따라서 동물들이 멸종했을 때에 인류는 알래스카에 살고 있었다.”[12]

알래스카의 검은 진흙에는 아래와 같은 것들이 남아 있다.

전대미문의 천재지변이 일어난 흔적이 있다. 맘모스와 들소가 찢겨지고 뒤틀려 있었다. 흡사 분노한 신의 거친 손에 의해서 이루어진 듯하다. 어느 곳에는 맘모스의 앞다리와 어깨가 있다. 근육과 발톱과 털이 아직 붙어 있는 거메진 뼈 근처에는 들소의 목과 두개골이 있다. 척추에는 인대와 힘줄이 붙어 있다. 뿔을 덮고 있는 키틴 질도 보존되어 있다. 칼을 비롯한 예리한 물건을 사용한 흔적은 전혀 없다[인간이 관계되었다는 흔적이 없다]. 동물들은 단순히 찢겨져서 짚이나 끈에 묶인 것처럼 한곳에 날려온 것이다. 그러나 동물들의 무게는 몇 톤이나 된다. 뼈가 산처럼 쌓여 있는 곳에는 나무도 있는데 뒤틀리고 부러진 채 뼈와 서로 뒤엉켜 있다. 이것들 위에 검은 진흙이 덮이고 얼어붙었다.[13]

시베리아에서도 상황은 비슷했다. 같은 시기에 지질적인 혼란으로 극적인 기후변화를 경험한 것이다. 시베리아의 맘모스 무덤은 로마 시대에 상아를 얻기 위해서 파헤쳤는데, 20세기 초까지 평균 10년마다 4만 개 정도를 파낸 것으로 추정된다.[14]

대량 멸종이 발생한 배경에는 불가사의한 요소가 작용했을 것이다. 양모와 같은 털과 두꺼운 피부를 가진 맘모스는 추위에 적응할 수 있었을 것으로 생각된다. 따라서 시베리아에 유체가 있다고 해서 이상할 것은 없다. 그러나 설명하기 어려운 점은 인간이 함께 죽어 있다는 것이다.[15] 뿐만 아니라 추위에 적응할 수 없어 보이는 동물들이 함께 멸종했다는 것이다.

시베리아 북부 평원에는 코뿔소와 영양, 말, 들소와 같은 많은 초식동물이 살고 있었다. 또한 호랑이처럼 그 동물들을 먹이로 하는 다양한 육식동물도 번식하고 있었다. 대부분의 동물들은 맘모스와 마찬가지로 시베리아의 북부

위쪽까지 서식하고 있었다. 북극해의 연안과 더 북쪽에 있는 랴호프 제도와 뉴시베리아 제도 등, 북극점과 매우 가까운 곳에서도 서식하고 있었다.[16]

연구자들은 기원전 1만1000년 전에, 즉 대재해가 일어나기 전에 시베리아에 살았던 34종류의 동물 가운데 28종류 이상이 온난한 기후가 아니면 살 수 없다는 것을 확인했다.[17] 34종류의 동물 가운데에는 맘모스와 거대한 사슴, 하이에나, 사자 등이 포함되어 있다. 대규모의 멸종을 둘러싼 가장 큰 수수께끼는 북으로 올라갈수록 맘모스를 비롯한 다른 동물의 유체가 증가한다는 사실이다.[18] 오늘날의 지리상태나 기후상태에서 판단하면 거꾸로 뒤집힌 것이다. 예를 들면 뉴시베리아 제도의 일부는 북극권 안에 들어가 있다. 그러나 이 지역을 최초로 탐험한 사람은 섬이 맘모스의 뼈와 상아로 뒤덮여 있다고 기록했다.[19] 19세기의 프랑스 동물학자 조르주 퀴비에가 말한 것처럼, "동물들이 얼어붙어 있는 곳은 원래 얼음이 없었다. 그 동물들은 추운 환경에서는 살 수 없기 때문이다. 동물들이 목숨을 잃었을 때에 그들이 살고 있던 장소가 얼어붙은 것이다"라고 보는 것이 유일한 논리적인 결론이다.[20]

기원전 11세기에 시베리아가 돌연히 빙결했음을 알려주는 흔적은 많이 남아 있다. 뉴시베리아 제도를 조사한 북극권 탐험가 에두아르 폰 톨 남작은 "사브르 모양의 송곳니를 가진 호랑이와, 세워놓으면 27미터나 되는 과일 나무를 발견했다. 나무는 열매와 뿌리가 달린 채로 영구 동토층에 양호한 상태로 보존되어 있었다. 가지에는 푸른 잎과 잘 익은 과일이 달려 있었다. ……현재 이 섬에서 자라고 있는 나무는 높이 2.5센티미터밖에 되지 않는 버드나무뿐이다."[21]

시베리아에 혹독한 추위가 닥쳐왔고 대변동이 일어났음을 시사해주는 것은 멸종된 동물들이 죽기 전에 먹은 음식물이다. "맘모스는 극심한 추위 속에서 대량으로 갑자기 죽었다. 죽음이 너무나 갑작스러웠기 때문에 음식물이 소화될 시간이 없었다. ……풀, 초롱꽃, 미나리아재비, 부드러운 사초, 야생콩이 몸속에서 발견되었는데 식도와 위에 원래의 모습으로 남아 있었다."[22]

　말할 필요도 없지만 그런 식물은 현재 시베리아에서 자라지 않는다. 따라서 그런 식물이 자랐다는 것은 기원전 1만1000년의 시베리아는 쾌적한 기후의 풍요로운 땅이었고 보다 따뜻했음을 의미한다.[23] 세계의 다른 지역이 마지막 빙하기를 끝내려고 하는 시기에 낙원이었던 장소가 왜 죽음의 겨울을 맞이하게 된 것일까? 이 의문은 제8부에서 살펴보겠다. 그러나 확실한 것은 1만3,000년 전에서 1만2,000년 전 사이에 시베리아에 파괴적인 빙결이 무서운 기세로 발생한 후에 이 땅은 영원히 얼음으로 뒤덮여 있다는 것이다. 여름이 일곱 달이나 되었던 곳이 거의 하룻밤만에 열 달 동안 얼음과 눈으로 덮이는 겨울의 땅으로 변하고 만 「아베스타」의 전승과 이상하게도 일치한다.[24]

한꺼번에 폭발한 1,000개의 크라카타우 화산

천재지변을 다룬 신화의 대부분은 내용 속에 혹독한 추위의 시대, 어두운 하늘의 시대, 검게 탄 재 같은 비가 내린 시대에 대해서 말하고 있다. 시베리아, 유콘, 알래스카에 펼쳐져 있는 광막한 죽음의 활 모양 지역은 몇백 년 동안 그 상태로 지속되었을 것이다. "진흙 속과 뼈, 상아가 쌓여 있는 곳에는 화산재도 퇴적되어 있다. 〔동물이 멸종될 때〕 화산이 분화했던 것이 분명하다."[25]

　위스콘신 빙기가 쇠퇴하는 중에 화산분화가 다발적으로 발생한 흔적이 많이 남아 있다.[26] 얼어붙은 알래스카의 검은 진흙 지대에서 남쪽으로 멀리 떨어져 있는 로스엔젤레스의 유명한 라 브레아 타르 갱(坑)에는 몇천을 헤아리는 유사 이전의 동식물이 함께 묻혀 있었다. 발굴된 동물은 들소,

말, 낙타, 나무늘보, 맘모스, 마스토돈 등인데, 그 가운데 사브르 모양의 송곳니를 가진 호랑이는 700마리 이상 묻혀 있었다.[27] 관절이 부러진 인간의 해골도 발견되었다. 해골은 역청탄에 매몰되어 있었는데 멸종된 독수리 뼈와 함께 묻혀 있었다. 일반적으로 말해서 라 브레아의 유물("부서지고, 으깨지고, 변형된 여러 동물들의 유해"[28])은 갑자기 습격한 대규모의 끔찍한 화산분화를 웅변적으로 말해주는 것이다.[29]

마지막 빙하기의 전형적인 새와 포유류의 유해가 캘리포니아에 있는 두 군데의 천연 아스팔트 속에서 발굴되었다(카핀테리아와 매키트릭). 산 페드로 계곡에서는 마스토돈의 해골이 발견되었는데 선 채로 화산재와 돌 속에 묻혀 있었다. 콜로라도 주의 빙기 호수인 플로리스탄 호수와 오리건 주의 존 데이 분지에서 출토된 화석은 화산재 속에서 발굴되었다.[30]

이처럼 거대한 묘지를 만든 강력한 화산분화는 위스콘신 빙기가 끝나려는 즈음에 다발적으로 발생했지만, 빙하기 전체에도 정기적으로 발생했다. 그것은 북아메리카뿐만 아니라 중앙 아메리카, 남아메리카, 북대서양, 아시아 대륙, 일본에서도 발생했다.[31]

광범위한 지역에서 발생한 화산분화가 당시의 기묘하고 끔찍한 시대를 살고 있던 인류에게 어떤 의미가 있었는지 상상하는 것은 어려운 일이다. 그러나 1980년에 세인트 헬렌스 산이 분화해서 꽃양배추 모양의 토사 구름과 연기와 재가 대기권 밖으로 뿜어져나간 장면을 기억하는 사람은, 이와 같은 폭발이 많이 일어나면(여러 지역에서 오랜 세월 동안 연속해서 일어나면) 분화가 일어난 지방이 파괴되는 것은 물론이고, 지구 전체의 기후가 심하게 악화된다는 사실을 이해할 수 있을 것이다.

세인트 헬렌스 산은 1세제곱킬로미터 분량의 바위를 뿜어냈다고 추정되는데 빙하기의 화산분화와 비교하면 그 규모는 너무나 작다.[32] 빙하기의 분화와 비슷한 사례는 1883년의 인도네시아 크라카타우 화산의 분화이다. 맹렬했던 이때의 분화는 3만6,000명의 인명을 앗아갔고, 4,800킬로미터 떨어진 장소에서도 폭발 소리를 들을 수 있었다고 한다. 진원지인 순다 해협에서 해일이 발생해서 자바 해와 인도양 연안에는 30미터가 넘는 높은 파도가 밀려들었다. 증기선은 몇 킬로미터 이상 내륙으로 밀려갔고 동아프리카 연안과 남북 아메리카의 서해안에도 높은 파도가 덮쳐왔다. 18세제곱킬로미터 분량의 바위와 다량의 재, 먼지가 날려서 초고층 대기권까지 밀려올라갔다. 그 결과로 지구의 하늘은 2년 이상이나 눈에 보일 정도로 어두워졌으며 석양은 매우 붉었다. 그 기간 동안 지구의 평균 기온은 크게 떨어졌다. 왜냐하면 화산재가 하늘을 덮고 태양광선을 우주로 반사했기 때문이다.[33]

빙하기의 특징인 활발한 화산활동의 경우 하나가 아닌 많은 크라카타우 화산이 폭발했다고 생각해야 한다. 연속된 폭발로 나타난 첫 번째 결과는 빙결상태의 신선이었다. 뿜어올라간 화산재가 태양광선을 차단해서 평소에도 낮았던 기온이 더욱 급강하했다. 화산분화는 막대한 양의 이산화탄소를 대기 중에 내뿜는다. 이산화탄소는 "온실 가스"이다. 따라서 화산활동이 진정된 시기에는 지구의 온난화 현상이 나타난다. 많은 전문가들은 빙하가 발달하거나 쇠퇴하는 이유를 이 화산활동에 의한 기후변동에서 찾고 있다.[34]

세계적인 홍수

지질학자들은 기원전 8000년에 위스콘신 빙기와 뷔름 빙기가 쇠퇴했다는 데에 의견 일치를 보이고 있다. 빙하기가 끝난 것이다. 그러나 그 이전의 7,000년 동안에 상상을 초월하는 엄청난 규모의 기후와 지질의 대변동이 있었다. 대변동에 의한 대재해와 불운한 참화 속에서 살아남은 인류는 공포와 혼란 속에서 살았을 것이다. 때로는 대변동이 진정될 때도 있었을 것이다. 그럴 때면 모든 최악의 상황이 끝났기를 기원했을 것이다. 대변동이 진정된 기간에 거대한 빙하가 녹기 시작하면서 파괴적인 홍수가 차례로 일어난 것이 틀림없다. 게다가 지각의 일부가 수억 톤에 달하는 얼음의 무게 때문에 지구 내부의 취약한 곳으로 파고들었을 것이고, 얼음이 녹기 시작하면서 지각이 부풀어올라 메아리치는 굉음과 함께 대규모의 지진이 발생했을 것이다.

어느 시기에는 그 변동이 격렬했다. 대개의 동물이 멸종한 것은 기원전 1만1000년에서 기원전 9000년 사이였다. 이때 기후가 급격히 변했는데 그 원인은 아직 밝혀지지 않았다.[35] (지질학자인 존 임브리는 "1만1,000년 전에 기후혁명이 일어났다"는 표현을 사용했다.[36]) 이 시기에 퇴적물이 증가했고,[37] 바다의 온도가 급격히 상승했다. 대서양의 해면은 섭씨 6-10도 정도 상승했다.[38]

많은 동물이 멸종한 또 하나의 혼란시기는 기원전 1만5000년에서 기원전 1만3000년 사이였다. 앞 장에서 타즈웰 증진기에 빙하가 전성기에 달한 것이 대략 1만7,000년 전이고 그 이후 오랜 기간에 걸친 극적인 용해가 시작되었음을 살펴보았다. 그 결과 2,000년도 채 못 되는 기간 동안 북아메리카와 유럽의 수백만 제곱킬로미터의 땅이 빙하에서 벗어났다.

그러나 이상하게도, 알래스카의 서부, 캐나다의 유콘 지역, 시베리아의 대부분, 뉴시베리아 제도(현재 세계에서 가장 추운 지역)에는 빙하기가 끝나기 직전까지 얼음이 존재하지 않았다. 지금과 같은 기후가 된 것은 겨우 1만2,000년 전이다. 그것도 매우 급격한 변화였다. 맘모스와 그 외의 거대한 동물들이 일상생활을 하던 도중에 갑자기 냉동되고 말았던 것이다.[39]

다른 지역의 형편은 제각각이다. 유럽의 대부분은 3킬로미터 이상의 두꺼운 얼음으로 뒤덮여 있었다.[40] 북아메리카도 비슷한 상태였다. 만년설은 허드슨 만 주위를 중심으로 캐나다 동부 전체와 뉴잉글랜드 주, 미국 중서부의 대부분을 덮고 있었다. 만년설의 남쪽 끝은 미시시피 계곡에 있는 신시내티의 남쪽 37도선까지 와 있었는데 북극과 적도의 중간을 넘어

서고 있었다.[41]

전성기인 1만7,000년 전에 북반구를 덮고 있던 얼음의 분량은 대략 2,500만세제곱킬로미터에 이르렀다고 계산된다. 그러나 앞에서 살펴본 대로 남반구의 넓은 지역도 만년설이 덮여 있었다. 많은 만년설이 만들어지기 위해서는 많은 물이 필요한데 그것들은 바다와 대양의 물이었다. 따라서 당시의 해면은 현재보다 120미터 정도나 낮았다.[42]

이때 기후의 진자는 정반대쪽으로 난폭하게 흔들렸다. 엄청난 만년설이 갑자기, 그것도 광범위하게 녹기 시작했는데, 그것은 "기적과도 같은 일"로 묘사된다.[43] 이 따스한 기후를 맞이한 시기를 유럽에서는 볼링 기(期)라고 부르고, 북아메리카에서는 브래디 아간빙기(亞間氷期)라고 부른다. 두 지역에서는 아래와 같은 일이 벌어졌다.

4만 년 동안 덮여 있던 만년설이 2,000년 만에 거의 녹고 말았다. 이 현상이 일반적으로 설명하는 것처럼 빙하기의 기후가 서서히 변했기 때문에 일어난 현상이 아닌 것은 틀림없다. 얼음이 급격하게 녹은 것은 환경에 어떤 이상이 발생했다는 것을 시사한다. 이 이상이 처음에 일어난 것은 1만6,500년 정도 전이다. 그 후 2,000년 동안 빙하의 4분의 3이 녹았다. 그러나 [이 극적인 변화의 대부분은] 1,000년이나 그보다 짧은 기간에 집중되어 발생했다.[44]

이러한 변동으로 생긴 첫 번째 결과는 해면의 높이가 상승한 일이다. 100미터 정도 상승했을 것이다.[45] 섬과 육교(대륙과 대륙 또는 섬을 연결하는 띠 모양의 육지/역주)가 사라지고 대륙의 연안 중에 낮은 곳은 물에 잠겼다. 그곳에 때때로 해일이 덮쳐와서 높은 지대도 바닷물에 휩쓸렸다. 파도가 몰고 온 물은 빠졌지만 파도가 할퀴고 간 흔적은 남았다.

미국에서는 "빙하기의 해양생물이 미시시피 강의 동쪽에서도 발견되는데, 장소에 따라서는 깊이가 60미터도 넘는 곳에서 발견된다."[46] 빙하기의 퇴적물이 묻힌 미시간 주의 늪지에서는 두 마리의 고래 뼈가 발견되었다.

조지아 주에서는 49미터 깊이에서 해양 퇴적물이 발견되었고, 플로리다 주 북부에서는 73미터의 깊이에서 발견되었다. 텍사스 주는 위스콘신 빙기가 영향을 미치지 않은 곳이지만 빙하기의 육상 포유동물의 유체가 바다의 퇴적물 속에서 발견되었다. 캐나다의 북동부와 북극해 연안의 해양 퇴적물 속에서 해마, 바다표범을 비롯하여 적어도 다섯 종류의 고래가 발견되었다. 북아메리카의 태평양 연안 다수에서는 "320킬로미터 이상의 내륙"까지 빙하기 해양생물의 유해가 발견되고 있다.[47] 온타리오 호수의 북쪽에서 발견된 고래 뼈는 표고 134미터의 높이에 있었다. 버몬트 주에서는 152미터에서, 퀘벡 주의 몬트리올 군도에서는 표고 182미터의 높이에서 발견되었다.[48]

세계 각지에서 볼 수 있는 홍수 신화에는 인간과 동물이 바다의 수면이 높아져 높은 산의 정상으로 피하는 이야기가 되풀이해서 등장한다. 화석의 기록을 보면 이것은 실제로 일어난 사건이라고 말할 수 있다. 얼음이 녹았을 때에 대피한 산이 충분히 높지 않았기 때문에 대피한 사람들이 피해를 입기도 했다. 예를 들면 프랑스 중부에 고립되어 있는 언덕의 바위틈은 "뼈의 각력암(角礫岩)"이라고 부르는 뼈로 만들어진 바위로 메워져 있다. 그 뼈는 맘모스와 털이 있는 코뿔소를 비롯한 동물들의 것이다. 부르고뉴 지방의 제나이 산의 표고 435미터의 정상은 "맘모스, 순록, 말과 그 외의 동물들의 뼈로" 뒤덮여 있다.[49] 또한 지브롤터의 바위 산에서는 "동물들의 뼈와 함께 구석기시대 사람의 어금니와 부싯돌"이 발견되었다.[50]

하마의 유골도 맘모스, 코뿔소, 말, 곰, 들소, 원숭이, 사자의 뼈와 함께 영국해협에 있는 채널 제도의 플리머스 부근에서 발견되었다.[51] 시칠리아 섬의 팔레르모 주 부근의 언덕에서도 "떼죽음의 흔적인 엄청난 수의 하마의 뼈들"이 발견되었다.[52] 옥스퍼드 대학교의 지질학 교수였던 조지프 프레스트위치는 이런 사실을 바탕으로 유럽 중부와 영국 그리고 코르시카 섬과 사르데냐 섬과 시칠리아 섬 같은 지중해의 여러 섬들이 빙원이 녹은 시기에 몇 번이고 물에 잠겼었다고 결론을 내렸다.

　　물이 증가하자 동물들은 자연히 언덕으로 모여들었다. 이 일은 물에 완전히 포위당할 때까지 계속되었다. ……그들은 한 장소로 모여들어 동굴 속으로 도망쳐 들어갔다. 그러나 그곳도 수몰되었기 때문에 모두 죽고 말았다. …… 언덕의 큰 바위와 바위 파편들이 물의 흐름에 휩쓸려 내려오면서 동물의 뼈를 가루로 만들었다. ……초기의 몇몇 인류 사회도 이 대재해로 피해를 입었을 것이다.[53]

　　같은 시기 중국에서도 비슷한 홍수가 일어났다고 생각된다. 베이징 근처의 동굴에서는 인간의 해골이 맘모스 및 들소의 뼈와 함께 발견되었다.[54] 많은 전문가들은 "시베리아에서 맘모스의 쓰러진 유해가 부러진 나무와 함께 발견되는 것은 큰 해일에 의해서 삼림이 뿌리째 뽑히고 그 때문에 일어난 진흙 홍수에 의해서 대학살이 진행된 후에 묻혔기 때문이다. 극지에서는 이 진흙이 급속하게 얼어붙었다는 증거가 오늘날까지 영구 동토층에 남아 있다"라고 말하고 있다.[55]

　　남아메리카 전역에서도 빙하기의 화석이 발굴된다. "그곳에는 육식동물과 초식동물이 무차별하게 인간의 뼈와 뒤섞여 있다. 특히 중요한 것은 광범위한 지역에서 육상생물과 해양생물이 무질서하게 뒤엉켜서 같은 지질층에 묘지를 이루고 있다는 점이다."[56]

　　북아메리카도 홍수로 타격을 입었다. 대규모의 위스콘신 빙하가 녹기 시작하자 놀랄 만큼 빠른 속도로 거대한 호수가 순간적으로 만들어져서 동물들을 수장시켰는데, 수백 년 후에는 완전히 물이 빠졌다. 예를 들면 신대륙에 만들어진 최대의 빙하호수인 아가시 호수는 어느 순간에 28만 4,900제곱킬로미터 넓이의 호수가 되어 캐나다의 매니토바 주, 온타리오 주, 서스캐처원 주와 미국의 다코타 주, 미네소타 주의 대부분을 덮었다.[57] 그러나 이 상태는 1,000년 이상 지속되지 않았다. 해빙과 홍수가 갑자기

발생했다가 평온한 상태가 된 것이다.[58]

신뢰할 수 있는 증거

지금까지 신대륙에 사람이 처음으로 도착한 것은 1만1,000년 전경으로 믿어져왔다. 그러나 최근의 발견으로 그 시기가 더 오래되었음이 알려졌다. 캐나다의 연구자들이 알래스카의 유콘 주에 있는 올드 크로 분지에서 기원전 2만5000년경의 석기를 발견했다.[59] 남아메리카에서(남단의 페루와 티에라 델 푸에고까지)는 인간의 유골과 공예품이 발견되었는데 그것들은 기원전 1만2000년경의 것이고, 기원전 1만9000년에서 기원전 2만3000년 사이의 것으로 보이는 사람의 해골과 공예품도 발견되었다.[60] 이 사실을 염두에 두고 "아메리카 대륙에 사람들이 살기 시작한 시기는 적어도 3만 5,000년 전이라고 보는 것이 가장 논리적이지만, 그 이후에 이주해온 사람들도 있었을 것이다."[61]

빙하기에 걸어서 시베리아에서부터 베링 육교를 건너 새로 이주해온 아메리카인들은 1만7,000년 전에서 1만 년 전 사이쯤에 간이 오그라드는 상황에 직면했을 것이다. 그 당시에 위스콘신 빙하가 갑자기 맹렬한 기세로 녹기 시작하여, 전대미문의 기후와 지질적 혼란 속에서 해면이 106미터나 상승했다. 이 7,000년 동안 인간이 경험한 것은 지진, 화산분화, 대홍수였다. 때로는 평온한 시기도 있었지만 신대륙에 살았던 사람들의 일상생활은 이 대재해들에 의해서 지배되었을 것이다. 그래서 신화의 대부분이 확신을 가지고, 화재와 홍수, 암흑의 시대 그리고 태양의 창조와 붕괴를 이야기하는 것이다.

더욱이 신대륙의 신화도 이 점에 관해서는 구대륙의 신화와 거의 차이를 보이지 않는다. 세계의 모든 지역에서 공통된 이야기가 존재한다. 그 이야기들은 "엄청난 대홍수", "혹독한 추위", "대변동의 시기"를 다루고 있다. 같은 경험이 몇 번이고 상세하게 되풀이되어 전해지는 것을 이해할 수 있다. 빙하기와 그 후유증은 세계적인 사건이었기 때문이다. 더욱 흥미를 끄는 것은 같은 상징적 주제가 몇 번이고 등장한다는 사실이다. 인격이 훌륭한 사람과 그의 가족이 있어서 신의 경고를 받아 생물의 종자를 보존하고, 배나 추위에 견딜 수 있는 장소 또는 나무 속에 숨겨진 집에 숨어 있다가 홍수가 끝난 뒤에 새를 보내어 육지를 찾는다.

또한 많은 신화에 케찰코아틀과 비라코차 같은 인물이 등장하는 것도 이상하지 않은가? 홍수가 끝난 뒤에 찾아온 암흑의 시대에 나타나 겨우겨우 살아남은 사람들에게 건축학과 천문학, 과학, 법을 가르쳐주었다.

이 문명을 전파한 영웅은 누구일까? 유치한 상상의 산물일까? 아니면 신일까? 만약 인간이라면 세월을 초월하여 지식을 전달하는 매개체로 변형시켜가는 중에 어떤 식으로든 신화에 첨삭될 수 있지 않았을까?

기발한 생각이라고 느낄지도 모르겠다. 그러나 제5부에서 살펴본 것처럼, 어떤 신화에는 놀랄 만큼 정확한 천문학적 정보와 과학적 내용이 옛부터 모든 지역에서 전해져오는 홍수 이야기처럼 몇 번이고 되풀이해서 나온다.

이 과학적인 내용들은 어디에서 나온 것일까?

| 제5부 |

신화의 불가사의 2 : 세차운동의 암호

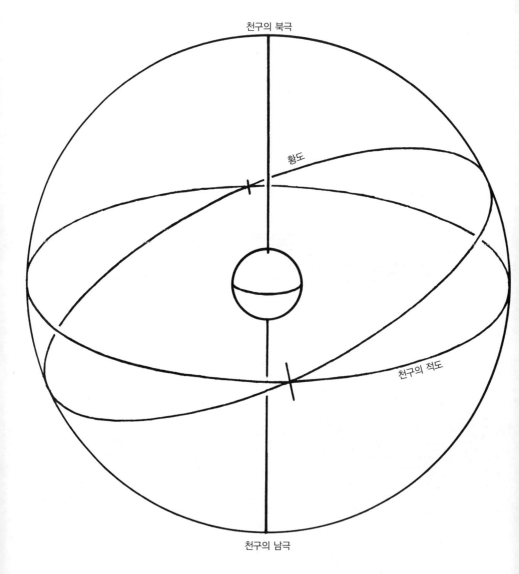

천구

28
하늘의 기계

현대의 독자는 천체의 구조에 관한 문장을 동화처럼 즐겁게 읽을 수 있을 것이라고는 생각하지 않는다. 그러나 신화라면 쉽게 이해할 수 있다고 말한다. 왜냐하면 "과학"이란 한 장 길이의 연립방정식과 같은 것이라고 여기기 때문이다.

또한 사람들은 가치 있는 지식이 옛부터 일상언어로 표현되어 있을 것이라고는 생각하지 않는다. 그러나 피라미드나 야금기술 등 고대 문명이 이룩한 것을 보면 지적인 사람들이 진지하게 무대 뒤에서 활동했고 기술적인 전문용어를 잘 구사했으리라고 생각할 수 있지 않을까…….[1]

이 글은 매사추세츠 공과대학에서 과학사를 가르쳤던 고(故) 조르조 데 산틸라나 교수가 쓴 것이다. 다음 장부터는 산틸라나의 고대 신화에 관한 혁명적인 연구에 대해서 살펴볼 것이다. 그러나 산틸라나의 주장은 간단히 말해서 다음과 같은 것이다. "먼 옛날에 진지하고 지적인 사람들이 고도의 천문학적 전문용어를 신화의 언어 뒤쪽에 숨기는 방법을 고안했다."

산틸라나는 옳을까? 만약 옳다면 그 진지하고 지적인 사람들은 누구일까? 그들은 고대의 천문학자이고 과학자이며 유사 이전의 세계를 무대로 활약한 사람들이었다는 말이 된다.

먼저 몇 개의 기초적인 사항을 확인해보자.

거친 하늘의 춤

지구가 한 번 회전하는데 24시간 걸리고 적도의 둘레는 4만68.04킬로미터이다. 적도 위에 가만히 서 있는 사람은 실제로는 움직이고 있으며 지구와 함께 회전하는 속도는 시속 1,609킬로미터 이상이다.[2] 또한 우주로 나가 북극을 내려다보면 지구는 시계반대 방향으로 자전하고 있다.

지구는 자전을 하면서 태양의 주위를 공전하고 있다(이 역시 시계반대 방향). 공전궤도는 약간 타원형으로 완전한 원은 아니다. 공전궤도를 도는 속노는 매우 빨라서 시속 10만7,160킬로미터 성도이다. 이것은 평균적인 운전자가 6년간 운전해야 주파할 수 있는 거리이다. 숫자의 자릿수를 줄여보자. 지구는 어떤 탄환보다도 빨리 우주를 날고 있으며 매초 29.7킬로미터를 간다. 이 문장을 읽는 사이에도 지구의 공전궤도를 약 885킬로미터나 여행하고 있는 셈이다.[3]

우리도 한 바퀴 도는 데 1년이 걸리는 엄청난 궤도 경주에 참가하고 있다. 그러나 경주가 진행되고 있음을 보여주는 유일한 증거는 서서히 진행되는 계절의 변화밖에 없다. 계절의 변화에는 불가사의한 메커니즘이 작용해서 봄, 여름, 가을, 겨울이 지구의 거의 전지역을 찾아가고 매년 변함없이 규칙적으로 순환하고 있다.

지축은 공전궤도면에 대해서 기울어져 있다(수직에서 약 23.5도). 계절의 변화를 생기게 하는 이 기울기가 6개월 동안 북반구 전체를 태양에서 멀게 만든다(그 사이 남반구는 여름을 만끽한다). 또한 남은 6개월 동안 남반구 전체를 태양에서 멀게 만든다(그 사이 북반구는 여름을 만끽한다). 계절이 존재하는 것은 태양광선이 지표의 어느 지점에 닿는 각도가 1년 내내 변하고 그 지점의 일사시간이 변하기 때문이다.

지구의 기울기는 전문용어로 "황도경사(黃道傾斜)"라고 부른다. 또한 지구의 공전궤도를 바깥으로 확대해서 천구(天球)에 큰 원을 그린 것을 "황도"라고 부른다. 천문학자는 "천구의 적도"라는 말을 사용하기도 하는데 그것은 지구의 적도를 천구에 확대한 것이기 때문이다. 천구의 적도는 현재 약 23.5도 정도 황도에 기울어져 있다. 지축이 수직에 23.5도 기울어져 있기 때문이다. 이 각도, 즉 전문용어로 "황도경사"는 불변이 아니다. 그 반대로(안데스의 도시 티아우아나코의 연대 측정에 관해서 제11장에서 본 것처럼) 항상 매우 천천히 진동하고 있다. 이 진동은 변화의 폭이 3도보다 조금 작아서 수직에 가장 가까이 다가섰을 때가 22.1도이고 가장 기울어졌을 때가 24.5도이다. 1주기, 즉 22.1도에서 24.5도가 되고 다시 24.5도에서 22.1도로 돌아오는 데에는 거의 4만1,000년의 시간이 걸린다.[4]

따라서 우리의 덧없는 행성은 흔들리면서 회전하고 공전궤도를 따라 돌고 있다. 공전궤도를 도는 데 1년이 걸리고, 자전하는 데 하루가 걸리고, 흔들림은 4만1,000년 주기이다. 거친 하늘의 춤은 날고, 뛰고, 돌진하면서 영원히 계속된다. 또한 거기에 서로 끌어당기는 힘이 존재하고 있다. 한쪽은 태양을 향해서 뛰어들려고 하고 다른 한쪽은 바깥의 암흑세계로 도망치려고 한다.

깊이 숨겨진 영향

지구는 태양의 인력권 안에 존재하며, 태양의 인력권은 24조 킬로미터 이상 우주에 퍼져 있고 가장 가까운 항성까지도 거의 도달하고 있다.[5] 따라서 태양이 지구를 끌어당기는 힘은 강력하다. 또한 다른 행성들의 인력도 지구에 영향을 미치고 있다. 각 행성의 인력은 태양을 도는 궤도에서 지구를 바깥쪽으로 벗어나게 하려는 작용을 한다. 그러나 행성의 크기는 제각

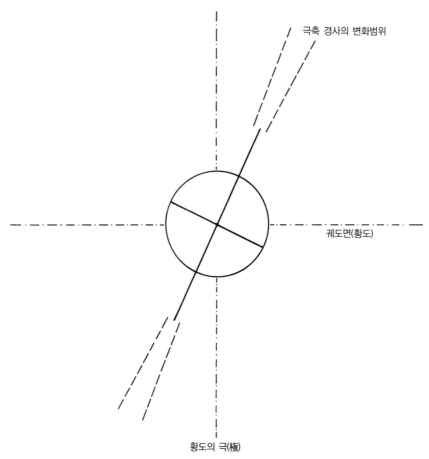

극축 경사의 변화범위

궤도면(황도)

황도의 극(極)

황도경사는 4만1,000년에 걸쳐 22.1도에서 24.5도 사이를 진동한다.

각 다르고 태양의 주위를 서로 다른 속도로 회전하고 있다. 따라서 시간이 경과하면 각 행성의 인력의 영향으로 시간의 경과와 함께 복잡하지만 예측 가능한 변화가 일어난다. 거기에 맞추어서 지구 공전궤도의 형태도 항상 변한다. 공전궤도는 타원형이어서 그런 변화는 공전궤도의 늘어나는 정도에 영향을 주는데, 이것을 전문용어로 "이심율(離心率)"이라고 부른다. 공전궤도의 이심율은 최소일 때는 영의 근사치가 되고(이때 궤도는 둥근 원에 가깝다), 최대일 때는 약 6퍼센트로 이때의 공전궤도는 가장 길게

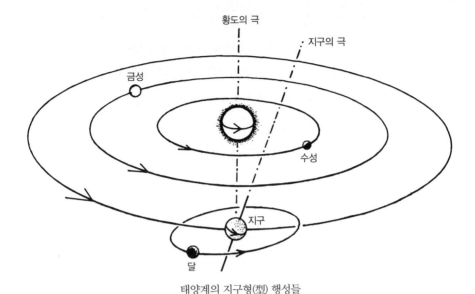

태양계의 지구형(型) 행성들

늘인 형태의 타원형이 된다.[6]

  행성의 영향은 다른 형태로도 나타난다. 예를 들면 목성과 토성, 화성이 일직선으로 놓이게 될 때 이유는 알 수 없지만 단파 무선 주파수가 방해를 받는다고 알려져 있다.[7] 또한 아래와 같은 사실도 밝혀졌다.

목성과 토성, 화성의 공전궤도의 위치와 지구의 고층대기에서 일어나는 격심한 전기적 장애 사이에는 기묘하고 예측할 수 없는 연관이 있다. 각 행성과 태양은 우주에서 전기적 균형의 메커니즘을 공유하고 있는데 이 메커니즘은 태양계의 중심에서 약 16억 킬로미터 이상까지 작용하는 것으로 추측된다. 이와 같은 전기적 균형은 현재의 천체물리학 이론으로는 설명할 수 없다.[8]

  이 기사를 실은 「뉴욕 타임스(*New York Times*)」는 더 이상의 사실에 대해서는 파고들지 않았다. 기사를 쓴 기자는 자신의 기사가 베로수스가 기록한 것과 얼마나 비슷했는지 아마 모를 것이다. 베로수스는 기원전 3세기의 칼데아의 역사가, 천문학자, 예언자로 다양한 현상의 징후를 깊이 있게 연구했는데 그 징후들은 세계의 최종 파괴를 예언하고 있다고 믿었다. 베로수스의 결론을 보도록 하자. "나 베로수스는 벨루스어를 전달하는 사람으로서 단언한다. 계승된 땅의 모든 것은 불에 탈 것이다. 그것이 일어나는 때는 다섯 개의 행성이 모여 일렬로 늘어서 흡사 하나의 직선이 행성들을 꿰뚫는 것처럼 보일 때이다."[9]

다섯 개의 행성이 일렬로 서게 되면 강력한 인력이 발생할 것으로 예측되는데, 이 현상은 2000년 5월 5일에 발생한다. 이때 지구에서 보면 해왕성, 천왕성, 금성, 수성, 화성이 태양의 반대편에 정렬해서 우주에서 줄다리기를 하는 듯한 배치가 된다.[10] 현대 점성술사들이 말하는 것도 살펴보자. 점성술사들은 마야 문명이 다섯 번째 태양의 종말을 표시한 날짜를 계산해서 작성해본 결과 그날의 행성들은 매우 특이하게 배치된다고 한다. 너무나 특이한 배치이기 때문에 "4만5,200년에 한 번밖에 일어나지 않는다. ……이 특이한 배치에서 특이한 영향이 발생할 것이 예상된다"고 한다.[11]

건전한 정신을 가진 사람이라면 이런 주장을 심각하게 받아들이지는 않을 것이다. 그러나 부정할 수 없는 것은 아직 충분히 해명되지 않은 복잡한 역학관계가 태양계 속에서 작용하고 있다는 점이다. 그 가운데에서도 지구의 위성, 즉 달의 영향은 특히 강하다. 예를 들면 지진이 일어나기 쉬운 시기는 보름달일 때, 지구가 태양과 달의 사이에 있을 때, 초승달일 때, 달이 태양과 지구 사이에 있을 때, 달이 지진이 일어날 수 있는 곳의 자오선을 가로지를 때, 달이 궤도상에서 지구에 가장 가깝게 접근했을 때 등이다.[12] 달이 지구에 가장 접근했을 때(전문용어로 "근지점〔近地點〕"에 있을 때)에 달의 인력은 6퍼센트 정도 증가한다. 이 현상은 27과 3분의 1일에 한 번씩 발생한다. 이때 달의 인력은 바다뿐만 아니라 지구의 얇은 지각 속에 갇혀 있는 뜨거운 마그마에도 영향을 미친다. 얇은 지각은 벌꿀이 가득 들어 있는 회전하는 종이 봉지에 비교할 수 있다. 그 봉지가 "적도에서 자전속도로 시속 1,609킬로미터, 공전속도로는 시속 10만7,160킬로미터 이상으로 움직이고 있다."[13]

변형된 행성의 동요

이와 같은 회전은 당연히 거대한 원심력을 만들어내고 아이작 뉴턴 경이 17세기에 보여준 것처럼 "종이 봉지"인 지구는 적도에서 바깥쪽으로 부풀고 북극, 남극에서는 부풀지 않고 편평한 형태가 된다. 그 결과 지구는 완전한 구형에서 조금 일그러지게 되는데, 정확하게 말하면 "편구(扁球)"이다. 적도의 반지름(6,377.068킬로미터)은 극의 반지름(6,355.422킬로미터)보다 약 22킬로미터 정도 길다.[14]

수십억 년 이상 편평한 극과 부푼 적도는 인력의 영향을 받으면서 상호작용을 해왔다. 어떤 전문가는 "지구가 편평해졌기 때문에 달의 인력은 지축을 달의 궤도 방향과 수직이 되도록 당기는 경향이 있다. 영향력은 달보다 작지만 태양에 대해서도 동일하게 적용할 수 있다"고 설명한다.[15]

동시에 적도 부근이 부풀어서, 즉 적도 주위에 있는 여분의 덩어리는 자이로스코프[回轉儀]의 바깥바퀴처럼 작용해서 지축을 안정시킨다.[16]

태양과 달의 인력에 의해서 지축이 크게 변하는 것을 이 행성 규모의 자이로스코프 효과가 항상 막고 있다. 그러나 태양과 달의 인력이 강하고 그것에 의해서 지축의 "세차운동"이 일어난다. 이것은 지축이 자전의 방향과는 반대로 시계방향으로 천천히 회전하는 것을 말한다.

이 중요한 움직임은 태양계 속에서도 지구에만 있는 특유한 것이다. 팽이를 돌려본 경험이 있는 사람이라면 이 움직임을 쉽게 이해할 수 있을 것이다. 팽이는 일종의 자이로스코프이다. 방해를 받지 않고 회전하는 동안 팽이는 직립한다. 그러나 팽이의 축이 수직에서 벗어나는 순간 다른 하나의 움직임이 시작된다. 그것은 원래의 회전방향과는 거꾸로 천천히 움직이는 회전이다. 이 회전이 세차운동(歲差運動)이며 축이 향하는 방향을 바꾸지만 새로운 각도는 일정하게 유지된다.

조금 다르게 접근해보자. 이 현상을 좀더 확실하게 이해하는 데 도움이 될 것이다.

1. 지구가 우주에 떠 있고 수직에서 약 23.5도로 기울어서 지축을 중심으로 24시간을 주기로 한 바퀴 돌고 있는 모습을 머릿속에 그린다.

2. 이 지축은 묵직하고 강한 굴대로 지구의 중심을 관통하여 북극과 남극에서 나와 바깥으로 향해서 양쪽으로 뻗어 있다.

3. 여러분이 거인이 되어 태양계에 일을 하러 왔다고 상상하자.

4. 기울어진 지구에 가까이 다가간다(여러분은 크기 때문에 지구는 물레방아의 바퀴 정도로밖에 보이지 않는다).

5. 손을 내밀어서 남극과 북극에서 나온 지축의 양쪽을 잡는다.

6. 한쪽 끝을 밀고 한쪽 끝은 잡아당겨서 지구에 또 하나의 다른 회전을 천천히 하도록 만든다.

7. 지구는 여러분이 도착했을 때 이미 자전하고 있었다.

8. 여러분의 일은 지축의 자전에는 관여하지 않고 다른 움직임을 더하는 것이다. 그것은 천천히 시계방향으로 움직이는 것, 즉 지축의 세차운동이다.

9. 이 임무를 수행하기 위해서 지축의 굴대의 북쪽 끝을, 천구의 북반구에 그려져 있는 큰 원을 따라 밀어줄 필요가 있다. 동시에 남쪽 끝을, 천구의 남반부에 그려진 동일한 커다란 원을 따라 당길 필요가 있다. 여기에는 두 손과 두 어깨를 사용해서 페달을 천천히 돌리는 것과 같은 움직임이 필요할 것이다.

10. 그러나 주의해야만 한다. 지구라는 "물레방아 바퀴"는 보기보다 무겁다. 굉장히 무겁기 때문에 지축의 양쪽 끝을 세차운동의 1주기만큼 돌리는 데에 2만5,776년이 걸린다(1주기가 되면 지축의 양쪽 끝

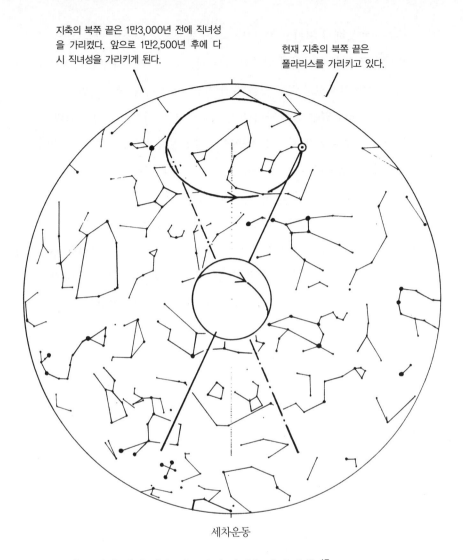

지축의 북쪽 끝은 1만3,000년 전에 직녀성을 가리켰다. 앞으로 1만2,500년 후에 다시 직녀성을 가리키게 된다.

현재 지축의 북쪽 끝은 폴라리스를 가리키고 있다.

세차운동

이 돌리기 전과 같은 천구상의 지점을 가리킨다).[17]

11. 그런데 일을 시작했으니까 말인데, 이 일은 절대로 그만둘 수 없다. 세차운동의 1주기가 끝나면 새롭게 시작해야 한다. 다음에서 다음으로, 영원히 계속된다.

12. 원한다면 다음과 같이 생각할 수도 있다. 이것은 태양계의 기본적인 메커니즘으로 신의 의지에 의한 명령의 하나라고 말이다.

지축을 하늘에서 천천히 회전시키는 이 과정에서 지축의 남쪽 끝은 천구의 남반구 극점 가까이의 위도에 있는 서로 다른 별을 차례로 가리키고 (물론 때로는 아무것도 없는 곳을 가리킨다), 한편 북쪽 끝은 북반구 극점 가까이의 위도에 있는 별을 차례로 가리키게 된다. 이것은 극점 주위의 별을 둘러싼 일종의 의자 빼앗기 게임이다. 이 모든 운동들을 초래하는 것이 지축의 세차운동이다. 이 세차운동은 거대한 인력과 자이로스코프의 원리에 의해서 발생한다. 그것은 규칙적이고 예측 가능해서 문명의 이기를 사용하면 간단하게 계산할 수 있다. 예를 들면 현재 북극성은 작은곰자리의 알파 별(폴라리스로 알려져 있다)이다. 그러나 컴퓨터로 계산하면 기원전 3000년의 북극성은 용자리의 알파 별이었고, 그리스 시대에는 작은곰자리의 베타 별이었으며, 기원후 1만4000년에는 직녀성이 될 것이라고 확실하게 말할 수 있다.[18]

과거의 위대한 비밀

지구의 움직임과 우주의 자리매김에 대한 기초적인 자료를 몇 가지 확인해보자.

- ◆ 지구는 수직에 대해서 23.5도 기울어져 있으며, 4만1,000년에 걸쳐 23.5도에서 1.5도 정도의 가감이 생긴다.
- ◆ 지축의 세차운동이 1주기를 끝내는 데에 2만5,776년이 걸린다.[19]
- ◆ 지구가 한 번 자전하는 데에 24시간이 걸린다.
- ◆ 지구가 한 번 공전하는 데에 365일(실제로는 365.2422일)이 걸린다.
- ◆ 계절에 가장 큰 영향을 미치는 것은 공전궤도상의 여러 지점에서 태양광선이 지구에 닿는 각도이다.

또 하나 확인해둘 일은 계절의 시작을 알려주는 네 개의 중요한 천문학적 순간이다. 고대인에게는 매우 큰 중요성을 지니고 있었던 이 순간(혹은

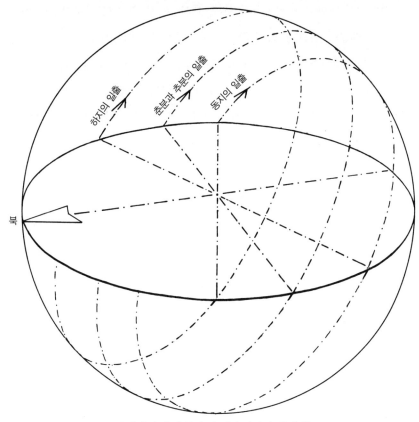

하지의 일출 춘분과 추분의 일출 동지의 일출

북

분점(춘분점, 추분점)과 지점(하지점, 동지점)

방위점)들은 각각 동지(점), 하지(점), 춘분(점), 추분(점)이다. 북반구에서 해가 가장 짧은 날인 동지는 12월 21일이고, 가장 긴 날인 하지는 6월 21일이다. 한편 남반구에서는 이와 정반대이다. 겨울은 6월 21일에 시작되고 여름은 12월 21일에 시작된다.

이와 대조적으로 춘분, 추분은 1년 가운데 지구상의 어느 지점에서도 밤과 낮의 길이가 같은 날이다. 그러나 북반구에서는 봄의 시작을 나타내는 날(3월 20일)이 남반구에서는 가을의 시작을 나타내고, 북반구에서 가을의 시작을 나타내는 날(9월 22일)은 남반구에서는 봄의 시작을 나타낸다.

미묘하게 변화하는 계절처럼 춘분, 추분, 하지, 동지도 지구가 기울어져 있기 때문에 생긴다. 북반구의 하지는 공전궤도 위에서 북극이 태양에 가장 가까이 다가가 있는 때이다. 6개월 후의 동지는 북극이 태양에서 가장 멀리 떨어져 있는 때가 된다. 또한 춘분과 추분에는 밤과 낮의 길이가 지구상 어디에서도 동일한데, 그 시점이 지구의 기울어진 지축이 태양에 대해서 바로 옆을 향할 때라는 것은 논리적으로 명확하다.

그럼 하늘의 장치가 자아내는 기묘하고 아름다운 현상을 보도록 하자.

이 현상은 "분점세차(세차운동)"로 알려져 있다. 이 현상은 정밀하게 반복해서 되풀이되는 수학적 특징을 지니고 있기 때문에 정확하게 예측할 수 있다. 그러나 관찰하기가 매우 어렵고 정확하게 측정하는 것은 더욱 어렵기 때문에 정교한 장치가 필요하다.

여기에 과거의 위대한 불가사의 중의 하나를 풀 수 있는 실마리가 있을 것이다.

고대 암호 속의 첫 번째 실마리

지구의 공전궤도를 바깥으로 확대해서 천구상에 그린 커다란 원의 궤도를 황도라고 부른다. 황도를 둘러싸고 남북으로 약 7도의 폭으로 확대되어 있는 별띠가 있는데 이것이 황도 12궁이다. 황도 12궁은 양자리, 황소자리, 쌍둥이자리, 게자리, 사자자리, 처녀자리, 천칭자리, 전갈자리, 궁수자리, 염소자리, 물병자리, 물고기자리로 이루어져 있다. 이 별자리들의 크기, 형태, 배치는 다양하다. 그러나 황도를 감싸는 별자리들의 간격은 거의 비슷하고 매일 되풀이되는 일출과 일몰처럼 우주의 질서가 존재한다는 것을 느끼게 한다.

쉽게 이해하기 위해서 다음과 같이 하면 좋겠다. (1)백지의 한가운데에 점을 찍는다. (2)점 주변에 반지름이 1센티미터인 원을 그린다. (3)원 바깥쪽에 또 하나의 큰 원을 그린다.

점은 태양을 의미하고 두 개의 동심원 가운데 작은 원은 지구의 공전궤도를 의미하며 커다란 원은 황도의 가장자리를 의미한다. 따라서 커다란 원 주위에 12등분하는 선을 그려보자. 간격은 비슷하게 배치해야 한다. 황도 12궁을 나타내기 위해서이다. 원은 360도이기 때문에 각 별자리는 황도를 따라 30도를 점유하게 된다. 점은 태양이고 두 개의 동심원 가운데 안쪽 원은 지구의 공전궤도이다. 이미 살펴본 대로 지구는 이 궤도를 시계

반대방향으로 서쪽에서 동쪽으로 돌며 24시간마다 지축의 주위를 한 바퀴 돈다(이것도 서쪽에서 동쪽을 향해서).

이 두 가지 움직임에서 두 가지 착각이 생긴다.

1. 매일 지구가 서쪽에서 동쪽으로 자전함에 따라 태양(물론 부동점)은 지구 상공을 동쪽에서 서쪽으로 "움직이는" 것처럼 보인다.

2. 자전하고 있는 지구가 공전궤도를 여행함에 따라 대충 말하면 30일 마다 태양도 천천히 황도 12궁(이것도 부동점)을 차례로 "지나가는" 것처럼 보인다. 이 경우 역시 동쪽에서 서쪽으로 "움직이고" 있는 것 처럼 보인다.

다른 말로 하면 1년 내내(아까 그린 그림에서 지구의 공전궤도를 나타 내는 안쪽 원의 어느 점에서도) 태양은 지구의 관찰자와 황도 12궁 중의 히나 시이에 존재한다. 해가 뜨기 전에 일어나 태양이 뜨는 동쪽 하늘을 보 면 반드시 별자리가 보인다.

고대 세계를 살았던 인류가 오염되지 않은 맑은 하늘에서 이와 같은 규 칙적인 하늘의 움직임을 보고 얼마나 안도감을 느꼈을지 이해가 된다. 또 한 1년 동안의 네 개의 방위점(춘분점, 추분점, 하지점, 동지점)에 중요성 을 부여한 것도 이해할 수 있다. 특히 네 방위점과 황도대의 별자리와의 연 관도 중요한 것으로 간주되었다. 그러나 이 모든 것들 가운데 가장 중요한 것은 춘분(추분) 날 아침에 태양이 떠오를 때 그곳에 보이는 별자리였다. 고대인들은 지축의 세차운동 때문에 이 별자리가 변한다는 것을 알고 있었 다. 또한 태양이 "거처로 삼는" 또는 태양을 "옮기는" 것을 별자리의 명예 로 여겼고, 매우 천천히 도는 주기에 따라 황도대의 각 별자리가 순서대로 이 명예를 차지한다는 것도 알고 있었다.

조르조 데 산틸라나는 말했다. "춘분에 태양이 어느 별자리에 있는가는 세차운동의 주기 속에서 '지금이 어느 때인가'를 보여주는 지표가 되었다. 실제로 이 주기는 매우 길기 때문에 태양은 황도대에 있는 한 별자리에 거

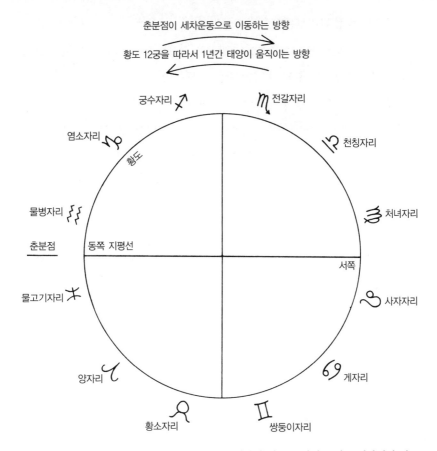

춘분점이 세차운동으로 이동하는 방향

황도 12궁을 따라서 1년간 태양이 움직이는 방향

궁수자리　전갈자리

염소자리　천칭자리

황도

물병자리　처녀자리

춘분점　동쪽 지평선　서쪽

물고기자리　사자자리

양자리　게자리

황소자리　쌍둥이자리

지구가 공전궤도를 따라 1년간 움직이는 동안, 태양이 떠오를 때에 보이는 별자리가 달마다 변한다 : 물병자리 → 물고기자리 → 양자리 → 황소자리 → 쌍둥이자리 → 게자리 → 사자자리……. 현재 춘분에 태양은 정동에서 물고기자리와 물병자리 사이에서 떠오른다. 세차운동으로 인해서 춘분점은 해마다 황도 12궁을 따라 천천히 움직인다. 즉 2,160년마다 하나의 별자리를 지나게 되고 1주기를 마치는 데에 2만5,920년이 걸린다. 이 "세차운동의 방향"은 1년간 태양이 움직이는 방향과 반대방향이다. 즉 사자자리 → 게자리 → 쌍둥이자리 → 황소자리 → 양자리 → 물고기자리 → 물병자리의 순서로 움직인다. 예를 들면 "사자자리 시대"의 태양이 사자자리를 배경으로 해서 뜨는 2,160년의 기간은 기원전 1만970년–기원전 8810년이었다. 현재는 점성학상 "물고기자리 시대"의 끝무렵에 해당되며 물병자리의 "새로운 시대"로 진입하려는 중이다. 전승에 의하면 시대가 바뀌는 전환기에는 불길한 일이 일어난다고 한다.

의 2,200년 정도 머무른다."[1]

지축에서 일어나는 세차운동의 **방향**은 시계방향(즉 동쪽에서 서쪽으로)으로 지구가 1년에 걸쳐 태양의 주위를 도는 방향과 반대이다. 이 결과로 우주에서 부동의 황도 12궁과의 관계에서 보면 춘분점은 "황도를 따라서 움직이고 그 방향은 태양이 1년에 걸쳐서 도는 방향과는 반대가 된다. 즉 황도 12궁의 순서와는 반대가 된다(물병자리-물고기자리-양자리-황소자리가 아니라 황소자리-양자리-물고기자리-물병자리)."[2]

한마디로 이것은 "세차운동"을 의미한다. 또한 뮤지컬 「헤어(Hair)」에 나오는 "물병자리 시대의 새벽"이라는 유명한 대사는 그 전 과거 약 2,000년 동안 매년 춘분이 되면 태양이 물고기자리에서 떠올랐었다는 사실을 가리키고 있다. 그러나 물고기자리의 시대는 끝이 나고 곧이어 춘분의 태양은 물고기자리를 떠나 물병자리를 등에 지고 떠오르기 시작할 것이다.

2만5,776년의 주기를 가진 이 세차운동은 광막한 하늘 속의 괴물들이 하늘을 둘러싸고 끝없는 여행을 계속하게 하는 원동력이다. 그러나 세차운동이 정확히 어떻게 춘분점을 물고기자리에서 물병자리로 움직이고, 황도대를 따라서 계속 움직이게 하는지를 알아야 할 필요가 있다.

분점(춘분점, 추분점)은 1년에 두 번밖에 일어나지 않는다는 것을 기억하자. 분점은 기울어진 지축이 태양에 대해서 바로 옆을 향할 때에만 일어난다. 이때 태양은 지구 어디서나 정동(正東)에서 떠오르기 때문에 밤과 낮의 길이가 동일하다. 지축은 천천히 그러나 확실하게 공전하는 방향과는 반대로 세차운동을 하기 때문에 지축이 태양에 대해 바로 옆을 향하는 지점에 올 때가 1년마다 공전궤도 위에서 아주 조금씩 빨라지게 된다. 이 변화는 매우 작기 때문에 거의 알아차릴 수 없다(황도의 각도로 하면 1도의 이동이다. 이것은 지평선을 향해서 들어올린 새끼손가락의 폭에 해당되는 이동에 상당하는데 여기에 걸리는 시간은 거의 72년이다). 그러나 산틸라나가 지적한 것처럼 이처럼 미세한 변화도 2,200년이 지나면 30도가 되어 황도대의 별자리 하나를 지나게 된다. 그리고 2만6,000년 정도에서 그 각도는 360도가 되어 세차운동의 1주기가 완료된다.

고대인들은 언제 세차운동을 파악했을까?

이 질문에 대한 대답에는 과거의 위대한 비밀과 불가사의가 숨겨져 있다. 이 불가사의를 풀고 비밀을 알기 전에 "공식적인" 정보를 알고 있을 필요가 있다. 「브리태니커 백과사전(*Encyclopaedia Britannica*)」은 역사정보의 창고로 매우 뛰어나서 비교 대상이 없을 정도이다. 아래는 세차운동의 발견자라고 인정받고 있는 히파르코스라는 학자에 대해서 기술한 내용이다.

히파르코스(비티니아 왕국의 니케아에서 태어나서 기원전 127년 이후 로도스에서 죽었다)는 그리스의 천문학자, 수학자로 세차운동을 발견했다.……
이 주목할 만한 발견은 끈기 있는 관측의 결과이며 예리한 이성으로 이룩한 일이다. 히파르코스는 별의 위치를 관측해서 그 결과를 그 보다 150년 전에 알렉산드리아의 티모카리스에서 실시한 것과 또 더 오래 전에 바빌로니아에서 실시한 것과 비교했다. 그는 관측 결과 사이의 황경(黃經)이 다르다는 것과 그 차이는 관측 오차라고 하기에는 너무 크다는 것을 발견했다. 그래서 히파르코스는 세차운동이라는 것을 제시하고 1년에 변화하는 크기로 45초(秒) 또는 46초(초는 원호〔圓號〕의 단위)라고 계산했다. 이것은 현재 받아들여지는 50.274초와 근사한 수치이다……[3]

먼저 용어를 설명하겠다. 초(秒)는 원호상의 각도를 나타내는 가장 작은 단위이다. 원호의 1분(分)은 60초, 1도는 60분 그리고 지구가 태양을 도는 공전궤도는 360도이다. 1년의 변화량인 50.274초는 1도의 60분의 1보다 작은 거리이며 춘분점의 태양이 황도를 따라 1도 이동하는 데에 대개 72년(사람의 평생에 해당하는 시간)이 걸린다. 이 달팽이의 걸음 같은 변화를 검출하기 위해서는 필연적으로 관측상의 곤란이 뒤따르고 그 때문에 기원전 2세기에 히파르코스가 산출한 것이 「브리태니커 백과사전」에 "주목할 만한 발견"이라고 적혀 있는 것이다.

그러나 이것이 재발견이라면 주목할 만한 발견이라고 할 수 있을까? 만약 측정하기 어려운 세차운동이 히파르코스 전의 몇천 년 전에 발견된 것이라면 이 그리스인의 수학적, 천문학적 업적이 그 정도로 빛을 발할 수 있었을까? 혹은 거의 2만6,000년에 이르는 하늘의 주기가 과학적 사고가 시작되었다고 여기는 시대보다 훨씬 오래 전에 정밀한 과학적 조사의 대상이었다고 하면 어떨까?

이 물음과 연관된 그럴듯한 증거는 많이 존재하지만 확실히 입증된 것으로 수용하기는 힘들 것이다. 우리 역시 수용하지 말자. 히파르코스가 45초 또는 46초라는 숫자를 1년 동안의 세차운동의 크기로 제시했다는 것은 이미 살펴보았다. 이것보다 정확한 숫자가 히파르코스의 것보다 훨씬 오래된 정보자료에 기록되어 있는 것을 발견하기 전까지는 이 그리스의 천문학자를 세차운동의 발견자로 인정하자.

물론 정보자료가 될 만한 것은 얼마든지 있다. 그러나 지금 단계에서는 이야기를 간결하게 하기 위해서 보편적인 신화에 한해 조사하도록 하자. 이미 신화의 일부는 상세하게 조사했으며(제4부에서 설명한 홍수와 대변동의 전승) 이 신화들이 흥미로운 특징을 가지고 있다는 사실도 앞에서 살펴보았다.

1. 의심할 여지없이 이 신화들은 상당히 오래되었다. 메소포타미아의 홍수 신화를 예로 들면, 어떤 것은 수메르인의 역사에서 가장 오래된 지층에서 출토된 서판에 적혀 있으며, 이것은 기원전 3000년경의 것이다. 이 서판들은 기록이 시작된 최초의 시대에서 전해진 것으로 세계를 파괴한 홍수 신화는 의심할 여지없이 그 당시에도 이미 오래 전의 것이었다. 따라서 역사의 새벽보다 훨씬 오래된 기원에 뿌리를 두고

있는데 어느 정도 오래되었는지는 모른다. 세계 각 지역에 퍼져 있는 태고에 대한 전승의 기원은 놔두고라도 신화가 탄생한 시기를 확정할 수 있었던 학자는 지금까지 단 한 명도 없다. 그러나 신화와 전승은 항상 존재했고 인류 문화의 일부이다.

2. 신화가 매우 오래되었다는 예감은 환상에 그치지 않고 사실일 가능성이 높다. 이미 살펴본 대로 대변동에 관한 많은 신화에는 빙하기의 종반에 인류가 경험한 것에 대한 증언이 포함되어 있는 듯하다. 따라서 논리적으로 이 이야기들이 우리도 속해 있는 호모 사피엔스 사피엔스가 출현한 5만 년 전에 만들어졌을 가능성도 있지만, 지질학적인 증거는 그 기원에 대해서 보다 새로운 내용을 시사하고 있으며, 그것을 토대로 추산해본다면 기원전 1만5000년부터 기원전 8000년 사이인 듯하다. 인류의 전체 경험에서 신화가 웅변적으로 묘사하고 있듯이 이 시대에만 급격한 기후의 변화가 일어났다.

3. 빙하기와 그 거친 종말은 지구 규모의 현상이었다. 따라서 세계의 각 지역에 분포하고 있는 다채로운 문화 속에 전해지는 대변동의 전승이 매우 비슷하고 공통된 특징을 지니고 있는 것은 놀랄 일이 아니다.

4. 놀랄 만한 일은 신화가 공통의 경험을 묘사하고 있을 뿐만 아니라 공통의 상징언어라고 생각되는 것을 가지고 있다는 사실이다. 동일한 "문학적인 소재"가 자주 나타나고, 동일한 양식의 "각본", 낯익은 등장인물 그리고 동일한 줄거리가 등장한다.

산틸라나 교수에 의하면 이러한 통일성에는 인도하는 손이 작용하고 있다고 한다. 고대 신화에 관한 독창적인 논문인 「햄릿의 맷돌(*Hamlet's Mill*)」은 산틸라나 교수가 헤르타 폰 데헨트(프랑크푸르트 대학교의 역사학 교수)와 공동으로 집필한 것인데 거기에 다음과 같은 주장이 있다.

보편성이라는 것은 어떤 정해진 의도와 결부되어 있는 경우에는 하나의 시험 수단이 된다. 중국에서 발견된 것이 바빌로니아의 점성술에서도 발견되었다고 하자. 그것이 일반적이지 않은 이미지로 자연발생에 의해서 독립적으로 출현한 것이라고 주장할 수 없다면 거기에는 연관성이 내포되어 있다고 가정할 필요가 있다. 음악의 기원을 예로 들어보자. 오르페우스와 그의 고통으로 가득찬 죽음은 몇 번에 걸쳐서 여러 장소에서 독자적으로 생긴 시적인 창조일지도 모른다. 그러나 등장인물이 칠현금이 아니라 피리를 분다든가, 어처구니없는 이유로 산 채로 껍질이 벗겨진다든가, 몇 개의 대륙에서 이야기의 종말이 같다고 했을 때에는 어떤 연관이 있다고 느끼게 된다. 왜냐하면 그와 같은 이야기가 연속적으로 발생할 가능성이 없기 때문이다. 혹은 피리 부는 남자가 독일 하멜린의 신화와 콜럼버스가 도착하기 전의 멕시코 고대 신화에 등장하고, 두 경우에 예를 들면 붉은색이라는 특징이 있는 경우 우연의 일치라고 할 수 없다. ……마찬가지로 108과 9×13이라는 숫자가 베다(바라몬교의 종교문헌/역주)와 앙코르 와트, 바빌론, 헤라클레이토스의 불길한 말, 북유럽의 발할라 신화 등에 자주 등장한다면 이것도 우연이라고 할 수 없다…….[4]

대재난에 대한 보편적인 신화가 많은데 이것 역시 우연일까? 우연이 아닐 가능성은 있을까? 신화들을 결부시키는 것은 지구 규모의 영향을 미친 고대의 인도하는 손(아직 누군지 모른다)일까? 만약 그렇다고 한다면 제1부에서 본 마지막 빙하기의 중간이나 후에 매우 정밀하고 기술적으로 뛰어난 일련의 세계지도를 그린 것이 같은 손이라고 할 수 있을까? 그 동일한 손은 다른 보편적인 신화에도 그림자 같은 지문을 남겨놓은 것이 아닐까? 그 신화들이 표현하고 있는 것은 신들의 죽음과 재생, 지구와 하늘이 그 둘레를 도는 거대한 나무들, 소용돌이, 우유나 크림을 휘저어서 버터를 만드는 교유기(攪乳器), 송곳, 그 외에 회전시켜서 가는 도구들이다.

산틸라나와 폰 데헨트에 의하면 이와 같은 이미지는 모두 천체의 움직임과 관련이 있고,[5] 고대의 세련된 전문용어와 천문학, 수학과 연관이 있다고 한다.[6] "이 용어들은 토속신앙이나 숭배와는 무관하며 숫자, 움직임, 측정, 전체의 틀, 개요, 수의 구조와 기하학에 관계된 것이다."[7]

이와 같은 말은 어디에서 왔을까? 논문 「햄릿의 맷돌」은 뛰어나기는 하지만 의식적으로 애매한 학문적 미궁으로 빠져들었고 솔직한 대답을 하지 않았다. 그러나 여기저기에 망설이고 있는 듯한 암시가 드러나 있다. 예를 들면 저자가 해독했다고 믿고 있는 과학적 언어, 또는 "암호"가 "경외심을 불러일으킬 정도로 오래된 것"이라고 서술했다.[8] 다른 곳에서는 이것이 어느 정도나 오래되었는지를 정확하게 밝혔는데 적어도 "베르길리우스(2,000년 전의 로마 시인)의 시대보다 6,000년 전",[9] 즉 8,000년 이상된 것이라는 말이 된다.

역사에 이름을 남긴 어떤 문명이 세련된 전문용어를 8,000년 이전에 발전시킬 수가 있었을까? 이 물음에 대한 대답은 "그 어느 것도 아니다"이다. 솔직히 인정하면 고도의 기술을 가진 문명이 유사 이전에 존재했다는 것을 추측할 수 있을 뿐이다. 산틸라나와 폰 데헨트는 중요한 부분에 이르면 애매하게 얼버무린다. 어떤 문명의 유산에 대해서 말하고 있지만 그것은 "도저히 믿을 수 없는 고대 문명"의 것이고 "세계가 숫자와 길이, 무게에 따라 창조된 것을 이해한 최초의 문명"의 것이라고 말했을 뿐이다.[10]

그 유산은 명확하게 과학적 사고 및 수학적 성격을 지닌 복잡한 정보와 관계가 있는데, 너무나도 오랜 시간의 경과로 인해서 사라지고 만 부분이 많다.

그리스인이 문명의 무대에 등장했을 때에는 이미 몇 세기 분량의 먼지가 이 세계에 퍼져 있는 위대한 고대 유적에 묻어 있었다. 그러나 그 유적 가운데 몇 개는 이미 해독할 수 없게 된 전통적인 의식과 신화와 옛날 이야기 속에 남아 있었다. 이것들은 사라진 전체의 단편으로서 애가 탈 만큼 관심을 끈다. 동양화의 특징인 "안개 덮인 풍경"을 생각나게 한다. 그곳에는 바위가 있고, 오두막이 있고, 나뭇가지가 있고 그리고 나머지는 상상에 맡긴다. 만약 암호의 비밀이 밝혀지고 당시 사람들이 가지고 있던 기술을 이해할 수 있게 되어도 태고에 살았던 선조들의 생각은 알 수 없을 것이다. 처음부터 상징 속에 은폐되고 이 상징을 고안한 독창적이고 체계적이었던 이성은 영원히 사라지고 말았기 때문이다.[11]

앞의 두 명의 저명한 과학사 교수들은 대서양을 사이에 두고 유명한 대학교에서 학생들을 가르치고 있다. 그들은 암호화된 과학적 언어의 흔적을 발견했다고 주장했다. 또한 그 언어는 현재 세계에서 가장 오래되었다고 인정받는 문명보다 몇천 년 이전의 것이라고 말했다. 게다가 무슨 일에도 조심스러운 산틸라나와 폰 데헨트가 "암호화된 과학적 언어의 일부를 해독했다"라고 말했다.[12]

이것은 두 명의 진지한 학자들로서는 놀랄 만한 발언이다.

우주의 나무와 신의 맷돌

산틸라나 교수와 폰 데헨트 교수는 매우 뛰어난 역작인 「햄릿의 맷돌」 속에서 많은 증거를 제시하며 기묘한 현상이 존재한다는 것을 보여주었다. 이유는 모르지만 어느 순간 세계의 고대 신화 가운데 몇 개가 선택되어 세차운동에 관한 복잡한 기술적 자료를 전달할 수단으로 준비되었다고 말했다. 이 경이로운 논문의 중요성에 대해서 고대 계측술 분야의 어느 전문가는 이 논문이 일제사격에서 처음 나온 총소리로 "인류 문명의 발전에 관한 현재의 인식에 코페르니쿠스적 혁명을 초래했다"고 말했다.[1]

「햄릿의 맷돌」은 1969년에 출판되었다. 이미 4반세기 이전의 일이다. 따라서 혁명은 일어나야 했다. 그러나 그동안 이 책은 일반 대중에게 읽히지 못했고, 고대를 전문적으로 연구하는 학자들도 거의 이해하지 못했다. 이 논문에 문제점이나 약점이 있어서가 아니다. 오히려 코넬 대학교에서 정치학을 가르치는 마틴 베르날 교수가 말한 것처럼 "대부분의 고고학자, 이집트학자, 고대 역사학자들에게는 산틸라나가 제시한 전문적인 주장을 반론하는 데에 필요한 시간과 힘, 기술이 없었기" 때문이다.[2]

이 논문은 주로 광범위한 고대 신화 속에서 "세차운동의 메시지"가 되풀이되어 전해지고 있음을 다룬다. 또한 이상하게도 이 신화들 속에 드러나는 중요한 이미지와 상징의 하나인 "하늘의 혼란"이 제24장과 제25장에서 이미 살펴본 대로 세계적인 대변동을 다룬 고대의 전승 속에도 묘사되어 있다.

북유럽의 신화를 예로 들면 이리 펜리르는 신에 의해서 단단한 쇠사슬에 묶여 있었음에도 불구하고 쇠사슬을 끊고 도망쳤다. "펜리르가 몸부림을 치자 세계가 격렬하게 움직였다. 이그드라실 나무는 뿌리부터 나뭇가지까지 흔들렸다. 산은 무너져내리고 정상에서 기슭까지 갈라졌다. …… 대지는 형태를 잃기 시작했다. 별들은 이미 하늘을 떠돌고 있었다."

산틸라나와 폰 데헨트는 친숙한 주제인 대재해의 이야기를 다룬 이 신화에 그것과는 거리가 먼 세차운동의 주제가 삽입되어 있다고 보았다. 지상에서는 대재해가 일어났다. 그 규모는 노아의 홍수조차 사소해 보일 정도였다. 한편 불길한 변화가 하늘에서 일어나 하늘을 떠돌던 별이 "허공으로 떨어졌다"고 한다.[3]

이런 하늘의 이미지는 몇 번이고 되풀이되는데 세계 각 지역의 신화에서도 그다지 차이를 느낄 수 없다. 「햄릿의 맷돌」에서는 이런 이미지를 가진 이야기는 "자연스럽게 생길 수 있는 종류의 이야기가 아니다"라고 주장하고 있다.[4] 또한 괴물 이리인 펜리르와 이그드라실 나무의 흔들림에 대한 북유럽의 전설은 세계의 종말까지 치닫는다. 그때 최고신인 발할라가 힘을 발휘하여 세계의 "질서"를 위해서 신들의 마지막 싸움에 참가한다. 이 싸움은 종말론적 최후를 맞이하며 끝이 난다.

500개의 문과 40개의 문이
발할라의 벽에 있을 것이다.
800명의 전사가 각각의 문에서 나와서
이리와의 싸움에 나선다.[5]

거의 무의식적으로 이 시는 발할라의 전사들의 숫자를 헤아리게 만든다. 그리고 눈길은 바로 전사의 합계(540×800=432,000)로 향한다. 이

합계는 제31장에서 보게 될 것인데, 세차운동의 현상을 설명하기 위해서 사용한 숫자이다. 나는 이것이 우연히 북유럽의 신화에 삽입되었다고 생각하지 않는다. 특히 "하늘의 혼란"이 격심하여 별들이 정위치에서 벗어나 떠돌고 있었다는 것을 구체적으로 언급한 점에서 더욱 그렇다.

뭐가 뭔지를 이해하기 위해서는 산틸라나와 폰 데헨트가 우연히 발견했다고 주장하는 고대 "메시지"의 기본적인 이미지를 파악할 필요가 있다. 먼저 빛나는 돔인 천구를 거대하고 복잡한 기계로 바꿔놓자. 다음에 물레방아 바퀴와 휘저어 섞는 기구, 소용돌이, 손으로 돌리는 맷돌처럼 이 기계를 영원히 계속해서 돌린다(이 움직임은 언제나 태양에 의해서 측정된다. 태양은 황도대의 한 별자리에서 떠오르고 계속해서 다른 별자리로 옮기는데 이것은 1년 내내 계속된다).

공전궤도상의 중요한 지점은 춘분점, 추분점, 하지점, 동지점이다. 각각의 지점에서 태양은 다른 별자리를 배경으로 떠오른다(따라서 만약 지금이 춘분이고 태양이 물고기자리에서 떠오른다면 추분에는 처녀자리에서 떠오르고 동지에는 쌍둥이자리, 하지에는 사수자리에서 떠오른다). 태양은 과거 2,000여 년 동안 변함없이 이 순서를 지켜왔다. 그러나 세차운동에 의해서 얼마 지나지 않으면 춘분점은 물고기자리에서 물병자리로 이동한다. 그와 동시에 다른 세 지점에서의 별자리도 변하게 된다(처녀자리, 쌍둥이자리, 사수자리의 순서에서 사자자리, 황소자리, 전갈자리의 순서로). 흡사 하늘의 거대한 메커니즘이 기어를 육중하게 바꾸는 듯하다.

산틸라나와 폰 데헨트의 설명에 의하면 두 사람이 해독한 고대의 과학적 언어에서 이그드라실은 물레방아의 굴대처럼 "세계의 축을 표현하고 있다." 이 축은 바깥쪽으로 뻗어서(북반구의 사람이 보면) 천구의 북극에 다다른다.

이것을 보고 직감적으로 느낀 것은 곧게 서 있는 기둥이었다. 그러나 이것은 너무 단순한 생각일 것이다. 신화의 문맥에서는 축을 분석적으로 떼내어 생각하기보다는 전체로서 연결되어 있는 틀 속에서 고려해보아야 한다. ……반지름이 자동적으로 원을 연상하게 만드는 것처럼 축은 천구면의 두 개의 큰 원을 연상하게 할 것이다. 천구면의 두 개의 큰 원은 춘분점과 동지점을 나타내는 분점경선(分點經線)과 지점경선(至點經線)이다.[6]

분점경선과 지점경선은 두 개의 큰 원으로 천구의 북극과 교차하고 황도와 만난다. 황도와 만나는 점이 각각 춘분점, 추분점, 하지점, 동지점이 된다. 분점경선은 지구의 공전궤도상의 두 개의 분점(즉 지구가 3월 20일 및 9월 22일에 있는 장소)을 연결하고, 지점경선은 두 개의 지점(지구가 6월 21일 및 12월 21일에 있는 장소)을 연결한다. 다시 말해서 "극축의 회전이 하늘에서 함께 이동해가는 큰 원과 분리되어서는 안 된다. 큰 원의 틀은 축과 함께 생각되고 있는" 것이다.[7]

산틸라나와 폰 데헨트는 신화는 신앙이 아니라 비유임을 확신했다. 축에 매달려 있는 두 개의 교차하는 큰 원이 테두리를 이루고 있다는 견해는 고대인의 우주에 대한 구상이 아니라고 주장했다. 그것은 우주에 대한 구상이라기보다는 "사고의 도구"이며, 암호를 해독할 수 있는 총명한 사람들에게 초점을 맞춰서 발견하기 어려운 천문학적 사실인 세차운동에 눈을 돌리게 하기 위해서 만들어졌다고 한다.

고대 세계의 전체 신화에서 발견되는 것은 다양하게 변장한 사고의 도구라고 한다.

맷돌의 노예들

중앙 아메리카에서 한 예를 살펴볼 수 있는데(여기서는 세차운동에 관한 신화와 대재해에 관한 신화가 상징적으로 흥미롭게 삽입되어 있다), 여기서 16세기에 디에고 데 란다가 정리한 것을 인용하겠다.

여기 사람들[마야족]이 숭배해온 많은 신들 가운데 바카브라는 이름을 가진 네 명의 신이 있다. 네 신은 형제로 창조주가 세계를 만들었을 때 세계의 네 구석에 배치되어 하늘이 떨어지지 않도록 지탱하는 역할을 맡았다. 또한 이들은 세계가 대홍수로 파괴되었을 때에 도망쳤다고 전해진다.[8]

산틸라나와 폰 데헨트에 의하면 마야의 천문학자인 신관들은 단순히 지구가 편평하고 네 모서리를 가졌다고 믿었던 것이 아니라고 말한다. 네 명의 바카브는 기교적인 비유로서 세차운동이라는 현상에 초점을 두려는 의도가 있었다고 한다. 즉 바카브는 점성학적인 연대에 대응되는 체계를 나타내는 것이다. 네 명의 바카브는 분점경선과 지점경선을 의미하고 네 개의 별자리를 연결한다. 춘분, 추분, 하지, 동지 때의 태양은 이 네 개의 별자리를 배경으로 해서 떠오르고 2,200년 정도 그것이 계속된다.

물론 천구의 기어가 바뀔 때 옛 시대가 몰락하고 새로운 시대가 시작된다. 여기까지는 당연히 세차운동에 관한 것이다. 그러나 여기서 눈길을 끄는 것은 지구 규모로 발생한 재난과의 명확한 연관이다. 이 경우는 홍수의 재난인데 바카브들은 살아남았다. 치첸 이차에서 발견된 부조는 바카브를 표현한 것인데, 그들은 수염이 있고 유럽인의 풍모를 지녔다.[9]

여하튼 바카브의 이미지는("하늘의 네 모서리", "사각의 대지" 등 오해하기 쉬운 말과 연결되어 있다) 세차운동을 위한 사고의 도구로 만들어진 많은 것들 가운데 하나에 지나지 않는다. 그 전형은 산틸라나가 논문에 「햄릿의 맷돌」이라는 제목을 붙인 것처럼 "맷돌"이다.

셰익스피어가 낳은 햄릿은 "시인이 만든, 우리들 가운데 최초의 불행한 지식인"으로, 전설상의 존재로서의 과거를 감추고 있다. 오랫동안 전해진 신화에서 그 모습은 이미 정해져 있었다.[10] 햄릿은 여러 가지 모습으로 등장하는데 어느 것을 보아도 기묘하다는 생각이 들 정도로 계속해서 그 이미지가 유지된다. 아이슬랜드의 전설에 등장하는 사람 가운데 암로디(때로는 암레스) 역시 "우울하고 높은 지성을 지니고 있다. 암로디도 아버지의 원수를 갚아야 하는 사명을 지닌 아들이었다. 그러나 피할 수 없는 진실을 말하는 사람으로 사명이 완수되면 굴복해야 하는 남모르는 운명을 지닌 사람이었다……."[11]

고대 북유럽인의 소박하고 활기찬 이미지로 암로디는 우화적인 물레방아 또는 손으로 돌리는 맷돌을 가진, 돈과 평화와 풍요로움을 창조한 사람으로 묘사되었다. 많은 전승에서 두 명의 처녀 거인(펜야와 멘야)이 거대하고 기묘한 장치를 돌리도록 명령을 받는다. 그 맷돌은 사람 중에 어느 누구의 힘으로도 움직일 수 없었다. 그러나 이변이 일어나 두 거인은 밤낮을 가리지 않고 일하게 되었다.

> 맷돌 작업대 앞에 끌려나가
> 회색 돌을 돌린다.
> 휴식과 안락도 없이
> 맷돌의 삐걱거리는 소리에 귀를 기울이고 있다.
> 이리의 먼 울음소리처럼
> 그녀들이 부르는 노랫소리가
> 정적을 깬다.
> "곡식 저장통은 낮게, 돌은 가볍게!"
> 그녀들은 계속해서 돌려야 한다.[12]

마음속에 분노와 반항으로 가득찬 펜야와 멘야는 모두가 잠들기를 기다렸다가 맷돌을 난폭하게 돌리기 시작했다. 결국 큰 버팀대는 쇠로 덮여 있었음에도 불구하고 갈갈이 찢어지고 말았다.[13] 그 후에 이야기는 혼란스럽게 전개된다. 미싱거라는 바다의 왕이 맷돌을 훔쳐 두 처녀 거인과 함께 배에 실었다. 미싱거는 두 사람에게 맷돌을 다시 돌리도록 명령했는데 이번에는 소금을 갈았다. 한밤중에 두 사람은 미싱거에게 소금에 질리지 않았 냐고 물었지만 미싱거는 맷돌을 계속해서 돌리라고 명령했다. 두 사람은 다시 맷돌을 돌리기 시작했는데 얼마 지나지 않아 배가 가라앉고 말았다.

거대한 버팀대는 곡식 저장통에서 벗어났고
쇠로 만든 리벳은 깨졌다.
나무 손잡이는 떨리기 시작했고
곡식 저장통은 부서졌다.[14]

맷돌은 바다 속에 가라앉아서도 계속 돌면서 바위와 모래를 만들어냈고 거대한 소용돌이를 일으켰다. 이것이 메일스트럼(노르웨이 북서 해안의 큰 소용돌이/역주)이다.[15]

이와 같은 이미지는 세차운동을 의미한다고 산틸라나와 폰 데헨트는 단정적으로 말했다.[16] 맷돌의 축과 "쇠로 만든 버팀대"는 아래의 것을 나타낸다.

천구의 좌표를 나타내고 있으며 세계의 햇수의 틀을 표현하고 있다. 이 틀이 세계의 햇수를 정의하고 있는 것이다. 왜냐하면 극축과 분지경선은 보이지 않는 일부분이기 때문에 한 부분이 움직이면 틀 전체의 상태가 흐트러지게 된다. 그렇게 되면 새로운 북극성과 거기에 대응하는 분지경선이 쓸모없어 진 장치를 대치하게 된다.[17]

또한 거대한 소용돌이는 다음에 나오는 것을 나타낸다.

소용돌이는 고대의 우화에 자주 등장한다. 「오디세이아(*Odysseia*)」에서는 메시나 해협의 카리브디스로 등장하고, 인도양과 태평양의 다른 문화에도 등장한다. 이상하게도 소용돌이와 함께 가지가 무성한 무화과나무가 등장해서 배가 가라앉으면 주인공이 그 가지를 붙잡는 에피소드는 인도의 사트

야브라타와 통가의 케이에서도 나온다. 이와 같이 여러 전설에서 세밀한 부분까지 일치하는 이야기가 되풀이되어 전해지고 있는 것은 이 이야기들이 자유롭게 창작된 것이 아님을 의미한다. 이와 같은 이야기는 태고로부터 전해지는 우주의 구조에 관한 문장인 것이다.[18]

호메로스의 「오디세이아」(3,000년 이전의 그리스 신화를 모아놓은 것)에도 소용돌이 이야기가 나오지만 놀랄 일은 아니다. 아이슬랜드의 전설에 나오는 거대한 맷돌이 여기에도 나오기 때문이다(그것도 비슷한 상황에서). 그것은 결전이 있는 전날 밤의 일이다. 오디세우스는 복수를 결심하고 이타카 섬에 상륙해서 아테네 여신의 마법의 주문으로 모습을 숨겼다. 오디세우스는 제우스에게 시련을 앞에 두고 용기를 북돋을 수 있는 신호를 얻고자 기원했다.

곧바로 제우스는 빛나는 올림포스에서 벼락을 쳤다. 오디세우스는 기뻤다. 게다가 맷돌을 돌리는 여자가 집에서 예언을 했다. 그곳에는 양치기들의 맷돌이 있었다. 그 맷돌은 손으로 돌리는 것인데 두 명의 여자가 일에 열중하며 남자들의 활력이 될 보리와 밀을 갈고 있었다. 모두 잠들어 조용했다. 모두 자기에게 할당된 곡물을 다 갈았기 때문이다. 그러나 한 사람만은 잠들지 않았는데 가장 약한 처녀였다. 그 처녀는 맷돌을 멈추고 중얼거렸다. "오디세우스의 적이 오늘 베푸는 연회가 마지막이기를. 그들의 식사를 만들기 위한 밀을 가는 무자비한 노동 때문에 내 무릎이 약해졌습니다. 이것이 그들에게 최후의 저녁 식사가 될 수 있기를!"[19]

산틸라나와 폰 데헨트에 의하면 "하늘의 천체가 맷돌처럼 돌아서 계속해서 불꽃을 일으키는"[20] 우화는 성서의 "가자에 사는 눈먼 남자가 노예와 함께 맷돌을 갈았다"는 삼손의 이야기에도 등장하는데 이것은 우연이 아니라고 한다.[21] 삼손을 붙잡은 잔혹한 사람들은 사원에 삼손을 풀어놓고 조롱했다. 그러나 삼손이 마지막 힘을 다해서 대사원의 중심 기둥을 붙잡자 건물 전체가 무너져내리고 모든 사람이 죽었다.[22] 펜야와 멘야와 마찬가지로 삼손도 복수를 했다.

이 주제는 여러 곳에서 모습을 드러낸다. 일본,[23] 중앙 아메리카,[24] 뉴질랜드 마오리족의 전설,[25] 핀란드의 신화에서도 발견할 수 있다. 핀란드의 신화에서는 햄릿과 삼손에 해당하는 존재로 쿨레르보라는 사람이 나오고 맷돌은 "삼포(Sampo)"라는 독특한 이름을 가지고 있다. 펜야와 멘야의 맷돌처럼 삼포는 도둑 맞고 배에 실린다. 또한 마지막에 산산이 부서지고 만다.[26]

"삼포"라는 말은 산스크리트어로 "기둥"이라는 의미의 스캄바에서 나왔다.[27] 그리고 북인도 지방에 가장 오래된 문학의 하나인 「아타르바베다(Atharvaveda)」 가운데 스캄바에 바치는 찬가가 있다.

대지도 대기도 하늘도 스캄바가 지탱하고 있다. 불, 달, 태양, 바람도 스캄바가 고정시키고 있다. 스캄바는 하늘과 땅을 받치고 있다. 스캄바는 모든 대기를 받치고 있다. 스캄바는 6개의 방위를 받치고 있다. 모든 존재는 스캄바의 일부분이다.(「아타르바베다」 10 : 7)

「아타르바베다」의 번역자인 휘트니는 당혹스러웠다. "스캄바, 고정, 버팀목, 받치다, 기둥 등의 말은 이상하게도 찬가에서 우주의 구조를 나타내는 말로 사용되고 있다."[28] 그러나 우주의 맷돌과 소용돌이, 세계의 나무 등을 연결하는 여러 개념을 알게 되면 고대 베다인들의 말이 이와 같이 사용되었다고 해서 기묘하게 생각되지 않는다. 다른 모든 비유와 마찬가지로 여기서 암시하는 것은 세계의 햇수의 틀이다. 그것은 하늘의 메커니즘으로 2,000년 동안 태양은 동일한 네 방위점에서 떠오르다가 천구의 좌표가 움직이면 새로운 네 개의 별자리를 향하고 몇천 년 동안 계속된다.

이것이 맷돌이 부서지는 이유이며 거대한 버팀대가 곡식 저장통에서 날아가고, 쇠로 만든 리벳이 부서지고, 축이 되는 나무가 부러지는 이유이다. 세차운동은 이 이미지들과 맞아떨어진다. 세차운동으로 인해서 오랜 세월에 걸쳐 천구 전체의 안정된 좌표가 변화하거나 파괴되기 때문이다.

길을 여는 자들

이 모든 것들에 공통적으로 존재하는 놀라운 사실은 맷돌(항상 우주의 움직임의 비유로 등장한다)이 집요하다는 생각이 들 만큼 끊임없이 얼굴을 내민다는 것이다. 세계 각지에서 이야기의 맥락이 혼란스러운 경우에도 맷돌은 등장한다. 산틸라나와 폰 데헨트의 주장에 의하면 이야기의 맥락이 사라진 경우에도 그다지 문제가 되지 않는다고 한다. "신화를 지식을 싣는 도구로 사용할 때 얻을 수 있는 이점은 이야기를 전달하는 사람들의 이해력과 관계없이 전하고자 하는 지식을 모두 담을 수 있다는 것이다."[29] 다른 말로 하면 오랜 세월 동안 이야기가 전달되는 과정에서 이야기가 줄거리에서 벗어날 수도 있지만 중심 이미지는 살아남기 때문에 전혀 상관이 없다는 것이다.

이와 같은 예(본질적인 이미지와 정보는 남아 있는)를 미국의 체로키족의 전승에서 찾아볼 수 있다. 체로키족은 하늘의 강(은하수)에 "개가 달리는 길"이라는 이름을 붙여놓았다. 체로키족의 전승에 의하면, 고대에 "남쪽 사람들은 옥수수를 맷돌에 갈았는데" 자주 도둑을 맞았다. 결국 주인이 도둑놈을 잡았는데 그것은 개였다. 개는 "북쪽에 있는 자기 집을 향해 짖으며 도망쳤고" 달리면서 입에서 가루를 떨어뜨려 하얀 흔적을 남겨놓았다. 그것이 현재의 은하수로 체로키족은 오늘날까지도 "개가 달리는 곳"이라고 부르고 있다.[30]

중앙 아메리카의 많은 케찰코아틀 신화 가운데 하나는 제4태양의 시대를 마감시키고 모든 것을 파괴한 대홍수가 끝난 뒤 케찰코아틀이 인류를 재생시키는 중요한 역할을 맡았다고 한다. 케찰코아틀은 개의 머리를 가진 소로틀과 함께 지하로 내려가 대홍수 때 죽은 사람들의 뼈를 찾아다녔다. 케찰코아틀은 죽음의 신 미클란테추틀리를 속이고 뼈를 손에 넣고 그 뼈를 타모안찬이라는 곳으로 가지고 갔다. 그곳에서 뼈를 옥수수처럼 맷돌로 곱게 갈아서 가루로 만들었다. 케찰코아틀은 가루 위에 피를 떨어뜨려 지금의 인간들의 육체를 만들었다.[31]

산틸라나와 폰 데헨트는 형태가 바뀐 위의 두 가지 맷돌 이야기에서 개와 관련된 인물이 등장하는 것은 우연이 아니라고 말한다. 핀란드의 햄릿인 쿨레르보도 역시 "검은 개 무스티"를 데리고 다녔다.[32] 또한 오디세우스가 이타카의 영지에 돌아왔을 때 처음으로 그를 알아본 것은 충실한 개였다.[33] 그리고 교회의 주일학교에 가본 적이 있는 사람은 기억하고 있겠지만 삼손의 이야기에 여우(정확히 말하면 300마리[34])가 등장하는데 여우는 개과에 속한다. 암레스(햄릿) 이야기의 덴마크 판에는 "암레스는 나아갔다. 그곳에 이리가 나타나 암레스가 가는 덤불 속의 길을 가로질러 갔다"고 적혀 있다.[35] 쿨레르보의 이야기의 다른 판에는 주인공이(이상하게도) "에스토니아로 보내져 담 아래에서 짖게 되었는데, 그는 1년 동안 계속 짖었다……"라고 한다.[36]

산틸라나와 폰 데헨트는 "개가 등장하는 경향"이 모두 의도적으로 만들어진 것이라고 확신했다. 그들은 아직 해독되지 않은 고대의 암호가 일관되게 메시지를 보내오고 있는 것이라고 주장했다. 그들은 이외에도 개의 상징이 등장하는 예를 많이 들었는데 그것은 "형태 구조를 지닌 표시"의 일부라고 한다. 또한 그 표시는 세차운동에 관한 과학적 정보가 고대 신화에 존재하고 있을 가능성을 보여주는 것이라고 한다.[37] 그 표시는 독자적인 의미를 지니고 있을 수도 있고 전해지는 이야기에 확실한 주제가 들어 있음을 듣는 사람에게 환기시키기 위한 것일지도 모른다. 혹은 "길을 여는 자들"로 만들어졌을지도 모른다. "길을 여는 자들"은 초보자가 하나의 신화에서 다른 신화로 과학적 정보의 흔적을 찾아갈 수 있도록 만들어놓은 것이다.

따라서 주목해야 할 것은 비록 맷돌과 소용돌이는 나오지 않지만 그리스 신화의 위대한 사냥꾼인 오리온이 개를 기르는 주인이었다는 사실이다. 오리온이 처녀의 여신 아르테미스를 강탈하려고 했을 때 아르테미스는 땅에서 전갈을 불러내어 오리온과 개를 살해했다. 오리온은 하늘로 올라가 별자리가 되었다. 오리온이 기르던 개는 시리우스가 되었다.[38]

고대 이집트에서도 시리우스를 개로 여겼으며,[39] 동시에 오리온자리를 오시리스 신과 연관지어 생각했다.[40] 또한 고대 이집트에서는 충실한 하늘의 개가 분명한 개성을 가지고 등장한다. 그것은 자칼의 머리를 가진 우푸아우트라는 신으로 이름의 의미는 "길을 여는 자"이다.[41] 만약 이 길을 여는 자를 따라 이집트에 가서 눈을 오리온사리로 향하게 해서 오시리스의 강력한 신화의 세계로 들어가면 친숙한 상징에 둘러싸이게 된다.

독자들은 오시리스가 신화 속에서 책략의 희생자가 되었다는 것을 기억할 것이다. 책략을 꾸민 사람들은 오시리스를 상자에 넣어 나일 강으로 흘려보냈다. 이 점에서 오시리스는 우트나피쉬팀과 노아, 콕스콕스틀리 그리고 대홍수의 이야기에 등장하는 다른 모든 주인공과 비슷하다고 할 수 있지 않을까? 위의 주인공들은 모두 방주(또는 상자, 궤)에 들어가 홍수 때 수면을 떠다녔다.

또 하나의 친숙한 요소는 세차운동의 고전적인 이미지인 세계의 나무와 기둥이 등장한다는 것이다. 신화는 오시리스가 상자에 갇힌 채 바다로 떠내려가 비블로스에 도착했다고 전하고 있다. 파도가 오시리스를 한 위성류(渭城柳) 나무의 가지 사이로 운반했는데 이 나무는 급속도로 거대하게 자라나 오시리스는 줄기 속에 갇히고 말았다.[42] 왕은 그 위성류 나무를 매우 숭배했는데 오시리스가 들어 있는 부분을 잘라내어 궁전의 기둥으로 사용했다. 나중에 오시리스의 아내인 이시스가 기둥에서 남편의 몸을 꺼

내 이집트로 데리고 가서 재생시켰다.[43]

　오시리스의 신화 역시 열쇠가 되는 숫자를 내포하고 있다. 우연인지, 계획된 것인지 그 숫자들은 세차운동의 "과학"으로 접근하는 길을 제공한다. 자세한 것은 다음 장에서 살펴보자.

31
오시리스 숫자

시카고 대학교의 동양연구소에서 이집트학을 배운 고고천문학자인 제인 B. 셀러스는 겨울은 메인 주의 포틀랜드에서 보내고 여름은 리플레이 넥에서 보낸다. 리플레이 넥은 19세기 분위기를 풍기는 고립된 지역으로 바위가 솟아 있는 메인 주의 해안선을 따라 "동쪽"으로 깊숙이 들어간 곳에 있다. 셀러스에 의하면 "그곳의 밤하늘은 사막보다 맑고, 피라미드 텍스트를 읽다가 밖에 나가서 갈매기를 상대로 큰 소리를 질러도 아무도 신경 쓰지 않는다……"고 한다.[1]

산틸라나와 폰 데헨트가 「햄릿의 맷돌」에서 제시한 학설을 검증한 몇 안 되는 학자들 중 한 사람인 셀러스는 고대 이집트와 그들의 종교를 올바르게 연구하기 위해서는 천문학, 특히 세차운동의 개념을 도입할 필요가 있다고 주장한 것으로 유명하다.[2] 셀러스는 이렇게 말했다. "대부분의 고고학자는 세차운동을 이해하지 못한다. 이는 고대 신화와 신, 신전의 배치에 관한 결론에 악영향을 미친다. 세차운동은 천문학자에게는 확고한 사실이다. 고대 인류에 관한 분야에서 활동하는 사람은 세차운동을 이해할 책임이 있다."[3]

셀러스는 최근의 저서 「고대 이집트에서의 신들의 죽음(*The Death of Gods in Ancient Egypt*)」에서 웅변을 하듯이 자신의 학설을 전개하고 있다. 그것에 따르면 오시리스의 신화는 몇 개의 중요한 숫자를 의도적으로 암호화했다고 한다. 이야기에서 없어도 상관없는 숫자는 "영원의 계산법"을 나타내며, 그 숫자에 의해서 놀랄 정도로 정확한 값을 얻을 수 있다. 그것은 다음과 같다.

1. 지축의 세차운동에 의해서 춘분의 일출 위치가 황도를 따라(별자리를 배경으로 해서) "1도" 이동하는 데 필요한 시간.
2. 태양이 황도대의 별자리 하나를, 즉 "30도"를 지나는 데 필요한 시간.
3. 태양이 황도대의 별자리 두 개(합계 "60도")를 지나는 데 필요한 시간.
4. "대복귀"가 일어나는 데 필요한 시간.[4] 즉 태양이 황도를 따라 "360도" 이동하는 세차운동의 1주기, 또는 "그레이트 이어 (Great Year)"

대복귀를 계산한다

셀러스가 제시한 오시리스 신화에 나오는 세차운동의 숫자는 360, 72, 30, 12이다. 이 숫자들의 대부분이 여러 등장인물의 삶을 상세하게 설명하는 부분에서 나온다. 마침 이전에 대영박물관에서 고대 이집트 실장을 지낸 E. A. 월리스 버지가 이 점에 대해서 정리해놓은 것이 있다.

여신 누트는 태양신인 라의 아내였는데 신(神) 게브의 사랑을 받았다. 라는 아내의 밀애장면을 목격하고 아내를 저주하면서 어느 해, 어느 달에도 아이를 낳을 수 없다고 선고했다. 그 당시에 신 토트도 누트를 사랑하고 있었기 때문에 "달"과 내기를 해서 "달"로부터 5일이라는 시간을 땄다. 토트는 이 5일을 당시의 1년 날수였던〔강조되어 있다〕 360일에 보탰다. 이 5일의 첫 번째 날에 오시리스가 태어났다. 그리고 오시리스가 태어났을 때 불가사의한 목소리가 들려왔다. 그 목소리는 창조신이 태어났다는 것을 선언했다.[5]

이 신화의 다른 곳에서는 1년 360일이 "각각 30일씩 12개월"로 계산한 것이라고 한다.[6] 그리고 셀러스의 관찰에 의하면 일반적으로 "간단한 암산을 하게 만들거나 숫자에 주의를 기울이게 하는 말이 쓰였다"고 한다.[7]

지금까지 셀러스가 말한 세차운동에 관한 숫자 가운데 세 가지가 나왔다. 그것은 360, 12, 30이다. 네 번째의 숫자는 이 문장의 뒤에 나오는데 아주 중요하다. 제9장에서 본 것처럼 세트라는 악신은 동료와 함께 오시리스를 죽이려는 음모를 획책했다. 공모자들의 숫자는 72였다.

셀러스는 이 마지막 숫자를 가지고 이제 고대 컴퓨터 프로그램을 작동시킬 수 있게 되었다고 한다.

12 = 황도대에 있는 별자리의 수.

30 = 황도대의 각각의 별자리가 황도를 따라 점유하고 있는 각도.

72 = 태양이 세차운동에 의해서 황도를 따라 1도 이동하는 데 필요한 햇수.

360 = 황도의 전체 각도.

72×30=2,160(태양이 황도를 따라 30도 이동하는 데 필요한 햇수. 즉 황도대에 있는 12개의 별자리 가운데 하나를 완전히 통과하는 데 필요한 햇수).

2,160×12(또는 360×72)=25,920(세차운동의 1주기에 걸리는 햇수. 또는 "그레이트 이어"의 햇수. 따라서 "대복귀"가 일어나는 데 필요한 햇수)

다른 숫자와 다른 조합에 의해서도 나타난다. 예를 들면, 다음과 같다.

36 = 태양이 세차운동에 의해사 황도를 따라 0.5도 이동하는 데 필요한 햇수.

4,320 = 태양이 세차운동에 의해서 60도(즉 황도대의 별자리 둘)를 이동하는 데 필요한 햇수.

이 숫자들은 세차운동을 의미하는 암호의 기본 요소로 고대 신화와 성스러운 건축물에 기분 나쁠 정도로 계속해서 나타난다고 셀러스는 말했다. 심원한 수비학(數秘學 : 태어난 날의 숫자, 이름의 글자수 등으로 운세를 점친다/역주)에서 자주 볼 수 있듯이 이 암호는 소수점을 왼쪽, 오른쪽으로 자유롭게 이동할 수 있고 세차운동에 관계하는 기본적인 숫자로 모든 조합, 순열, 곱셈, 나눗셈, 분수를 사용할 수 있다.

이 암호 가운데 중요한 숫자는 72이다. 72는 36을 더해서 108이 된다. 또한 108에 100을 곱해서 1만800이 되거나 108을 2로 나누어 54가 되기도 하고 때로는 54에 10을 곱해서 540으로 나타난다(혹은 5만4,000, 54만, 540만 등). 또 하나의 중요한 숫자는 2,160이다(분점이 황도대의 별자리 하나를 이동하는 데 필요한 햇수). 때때로 10이나 10의 배수가 곱해지거나(21만6,000, 216만 등), 2를 곱해서 4,320, 4만3,200, 43만2,000, 432만 등으로 무한히 계속된다.

히파르코스보다 정확

만약 셀러스의 "이 숫자들을 산출한 계산법이 오시리스 신화에 의도적으로 암호화되어 삽입되었고 세차운동에 대한 정보를 전달하고 있다"는 가설이 옳다고 하면 우리는 흥미로운 사실과 마주치게 된다. 먼저 이 숫자들이 정말로 세차운동을 의미하는 것이라면 시대에 맞지 않는다. 이 숫자들이 내포하고 있는 과학은 고도의 것으로 현재 알려져 있는 어느 고대 문명도 계산할 수 없었던 것이다.

이 숫자들은 신화 속에 나타나는데 신화는 이집트에서 문자를 쓰기 시작한 때에 기록되었다는 것을 잊어서는 안 된다(실제로 기원전 2450년경의 피라미드 텍스트 속에서 발견된 오시리스 이야기의 문맥으로 판단하건대, 그 내용이 기록될 당시보다 이미 아주 오래 전의 것임을 알 수 있다[8]).

세차운동의 발견자로 알려진 히파르코스는 기원전 2세기의 사람이다. 히파르코스는 1년간의 세차운동의 움직임으로 45초 또는 46초라는 값을 제시했다. 이 값을 수용하면 황도를 따라 1도를 움직이는 데에 80년(1년에 45초로 했을 때), 또는 78.26년이 걸린다(1년에 46초가 걸린다고 했을 때). 20세기의 과학에서 산출한 정확한 값은 71.6년이다.[9] 만약 셸러스의 가설이 옳다면 "오시리스의 숫자"는 72년이라는 값을 제시하고 있고, 히파르코스의 값보다 **훨씬** 정확하다. 사실 이야기라는 한계 때문에 72라는 숫자를 바꾸기는 어렵다. 고대 신화를 만든 사람이 정확한 숫자를 알고 있었다고 해도 71.6명의 공모자를 이야기에 삽입시키기는 불가능했을 것이다. 그러나 72명이라고 하면 문제없이 수용된다.

반올림한 숫자를 끌어들인 오시리스 신화에는 세차운동에 의해서 황도대의 별자리 하나를 완전히 지나가는 데에 필요한 시간으로 2,160년이라는 값이 나온다. 오늘날의 계산에 의한 올바른 값은 2,148년이다.[10] 그런데 히파르코스의 계산으로는 2,400년 또는 2,347.8년이 된다. 마지막으로 오시리스의 신화에서는 황도 12궁을 돌아 세차운동의 1주기를 마치는 데 2만5,920년이라는 값이 나온다. 히파르코스의 경우는 2만8,800년 또는 2만8,173.6년이라는 값이 나온다. 오늘날의 정확한 계산은 2만5,776년이다.[11] 히파르코스가 계산한 대복귀의 결과와는 약 3,000년의 오차가 생긴다. 오시리스의 계산과는 144년의 차이가 생긴다. 그러나 충분히 만족할 만한 수치라고 할 수 있을 것이다. 왜냐하면 이야기라는 한계 때문에 정확한 숫자인 71.6을 반올림해서 다루기 쉬운 72라는 숫자를 사용했기 때문이다.

그러나 이것은 셸러스의 가설이 옳다는 전제를 바탕으로 한 것이다. 360, 72, 30, 12라는 숫자가 오시리스 신화에 삽입된 것은 우연이 아니라 세차운동을 이해하고 정확히 측정한 사람들에 의해서 의도적으로 삽입되었다는 가설이다.

과연 셸러스는 옳을까?

퇴폐의 시기

세차운동의 계산을 삽입한 신화는 오시리스 신화뿐만이 아니다. 연관이 있는 숫자가 여러 가지 형태, 배수, 조합을 통해서 고대 세계의 각 지역에서 얼굴을 내밀고 있다.

그 가운데 하나가 제30장에 나온 북유럽의 신화로 43만2,000명의 전사가 발할라에서 "이리"와 싸우기 위해서 출전한다. 이 신화를 돌이켜 생각해보면 "세차운동의 숫자"의 몇 가지 순열이 포함되어 있다는 것을 알아차릴 수 있다.

마찬가지로 제24장에서 살펴본 대로 세계적인 대변동에 대해서 설명해놓은 고대 중국의 장문의 전승이 전해지는데 그 권수는 정확히 4,320권이었다.

그곳에서 몇천 킬로미터 떨어진 바빌로니아의 역사가 베로수스(기원전 3세기)가 홍수가 일어나기 전에 수메르를 지배했던 신화의 왕이 43만2,000년 동안 군림하고 있었다고 서술한 것은 우연의 일치일까? 게다가 베로수스가 "창조 때부터 세계적인 대재해가 일어나기까지의 기간"을 216만 년이라고 한 것도 우연일까?[12]

마야족과 같은 고대 아메리카 인디오의 신화에도 72와 2,160, 4,320이라는 숫자가 내포되어 있을까? 그것은 밝혀지지 않을 것이다. 정복자들과 열광적인 수도사들이 중앙 아메리카의 전승과 유산을 대부분 파괴했고 그래서 연구의 대상이 될 만한 것들이 거의 남아 있지 않기 때문이다.

그러나 연관이 있는 숫자가 마야 력의 장기 계산법에 빈번하게 등장하고 있다는 것은 말할 수 있다. 이 마야 력에 대해서는 제21장에서 상세하게 설명했다. 세차운동 계산에 필요한 숫자가 그곳에 등장하는데 다음과 같은 공식으로 표시되어 있다.

1카툰=7,200일, 1툰=360일, 2툰=720일, 5바크툰=72만 일, 5카툰=

우주의 바다를 휘젓고 있는 그림: 고대 신화에 나오는 세차운동을 위한 몇 개의 "사고의 도구들" 중 하나이다.

3만6,000일, 6카툰＝4만3,200일, 6툰＝2,160일, 15카툰＝216만 일.[13]

셀러스의 "암호"는 신화에만 한정되지 않은 모양이다. 캄보디아의 정글에 있는 앙코르 와트의 사원들은 세차운동을 상징할 목적으로 건축된 듯하다. 그곳에는 다섯 개의 문이 있고 각각의 문에서 길이 나 있는데, 그

길은 유적 전체를 에워싸는 악어가 득실거리는 못을 넘어 뻗어 있다. 그 길 양쪽에는 거대한 석상이 줄지어 서 있는데 길 하나에 108개, 한쪽에 54개(전부 540개)의 석상은 모두 나가라고 부르는 거대한 뱀을 들고 있다. 산틸라나와 데헨트가 「햄릿의 맷돌」에서 지적했듯이 석상은 뱀을 "들고" 있는 것이 아니라 "당기고" 있으며, 540개의 석상은 "우주의 바다를 휘젓고 있는" 모습을 의미한다. 따라서 앙코르 와트 전체는 세차운동의 개념을 표현하는 "거대한 모델로 힌두인의 공상과 부조리를 배경으로 해서 만들어진" 것이다.[14]

자바의 유명한 보로부두르 사원에 대해서도 동일한 주장을 펼 수 있다. 그곳에는 종과 비슷한 형태의 72개의 불탑이 있다. 레바논의 바알베크에 있는 거석들도 마찬가지일 것이다. 그것은 세계 최대의 잘라낸 돌 블럭이라고 생각된다. 로마와 그리스 시대의 건축물보다 훨씬 오래된 "트릴리티온"이라고 부르는 것을 구성하는 세 개의 돌은 5층 건물의 높이로 무게는 각각 600톤 이상이다. 네 번째의 거석은 길이가 약 24미터에 무게가 1,100톤이나 나간다. 완벽한 형태로 절단된 이 거석은 몇 킬로미터나 떨어진 채석장에서 운반수단은 알 수 없으나 바알베크까지 운반해온 것이다. 또한 이 거석들은 장대한 사원의 옹벽에 상당하는 높은 곳에 교묘하게 배치되어 있다. 그리고 그 사원은 거대한 크기와 높이를 지닌 54개의 기둥에 둘러싸여 있다.[15]

인도 아대륙(亞大陸)(오리온자리는 칼 푸루슈로 알려져 있고 그 의미는 시간인(時間人)이다[16])에서는 셀러스가 말한 오시리스의 숫자가 여러 가지 형태로 표현되어 있어서 우연으로 간주하기가 점점 어려워진다. 인도의 불의 제단인 아그니카야나에는 1만800개의 벽돌이 있다. 또한 1만800개의 연으로 구성된 「리그베다(Rigveda)」는 네 개의 베다 가운데 가장 오래된 것으로 인도 신화의 풍요로운 보고이다. 각각의 연(4행 이상으로 운이 있는 시구/역주)은 40개의 음절로 구성되는데 그 결과 전체 문장들은

43만2,000음절로 구성되어 있다.[17] 그 이상도 그 이하도 아니다. 그리고 「리그베다」의 1장 64절(전형적인 연)에는 "12개의 바퀴살이 있는 바퀴에 아그니의 720명의 아이들이 살고 있었다"라고 기록되어 있다.[18]

유대인의 카발라에서는 72명의 천사가 나오는데 그 천사들을 통해서 세피로스(신의 힘)에 다가갈 수 있고 신의 힘을 불러낼 수 있었다. 그것을 위해서는 천사의 이름과 숫자를 알고 있어야만 했다.[19] 장미십자회(17-18 세기에 신비적 교의를 신봉하고 연금 마법술을 행한 비밀결사/역주)의 전설은 108년(72+36)의 주기에 대해서 말하고 있다. 이 주기에 따라 비밀결사는 사회에 영향을 미칠 행동을 취한다.[20] 마찬가지로 72라는 숫자와 그 순열 및 약수는 삼합회(18세기 중국의 대표적인 비밀결사로 반청조 운동을 했다/역주)로 알려진 중국의 비밀결사에 큰 중요성을 가지고 있었다. 오래된 의식에서 입회를 원하는 사람은 돈을 내게 되어 있었다. 그 내역을 보면 "옷을 만드는 데 360경화, 기부금에 108경화, 지도비에 72경화, 배반자를 제거하는 데 36경화"로 정해져 있다.[21] 이 경화(옛날 중국에서 널리 사용되었던 청동 경화. 가운데 사각형 구멍이 뚫려 있다)는 지금은 유통되지 않지만 숫자는 오랜 옛날부터 의식을 통해서 계승되었고 지금도 남아 있다. 현재 싱가포르에서는 삼합회에 입회하기 위해서 돈을 지불해야 하는데 그 금액은 경제적 상황에 따라서 정해진다. 그 돈은 일정한 금액의 배수로 구성되어야 한다. 그 기초가 되는 금액이 1.80달러, 3.60달러, 7.20달러, 10.80달러, 18달러, 36달러, 108달러, 360달러, 720달러, 1,080달러 등이다.[22]

모든 비밀결사 가운데 가장 불가사의하고 매우 고풍스러운 것은 의심의 여지없이 홍수전(19세기 중반 청 왕조에 대립해서 태평천국을 건설했다. 기독교와 민간신앙을 혼합한 교의를 전파한 교조/역주)이 거느린 상제회일 것이다. 일부 학자는 상제회를 가리켜 "중국의 오랜 종교의 보고"라고 말했다.[23] 상제회에 입회하기 위한 의식에서 신참자는 다음과 같은 문답

시험을 치르게 된다.

> 물음: 걸어올 때 무엇을 보았는가?
>
> 대답: 붉은 대나무 사발을 두 개 보았습니다.
>
> 물음: 몇 그루의 대나무가 자라고 있는지 알고 있는가?
>
> 대답: 하나의 사발에는 36그루, 다른 하나는 72그루, 합쳐서 108그루의 대나
> 무가 있었습니다.
>
> 물음: 그것을 쓰기 위해서 집으로 가져갔는가?
>
> 대답: 예. 108그루의 대나무를 집으로 가지고 갔습니다.
>
> 물음: 어떻게 그것을 증명할 것인가?
>
> 대답: 시로 증명하겠습니다.
>
> 물음: 그 시는 어떤 것인가?
>
> 대답: 광동(廣東)의 붉은 대나무는 세계에서도 귀한 것.
>
> 　　 36그루와 72그루가 자라고 있지.
>
> 　　 누가 이 의미를 알 수 있을까?
>
> 　　 일을 시작하면 그 비밀을 알게 된다네.

이 문장들은 호기심을 자극하는 분위기를 지녔는데 상제회가 보여주는 과묵한 행동에 의해서 그 분위기는 한층 심화된다. 이 조직은 중세 유럽의 성당기사단(및 현대의 프리메이슨)과 비슷한 점이 많지만 그 문제는 이 책에서 다룰 성격의 것이 아니다.[24] 한자 홍(洪)이 물과 많다라는 의미를 나타내는 부분으로 이루어진 글자로 범람, 즉 홍수를 뜻한다는 점은 더욱 우리의 호기심을 자극한다.

마지막으로 인도로 돌아가 「푸라나(*Puranas*)」로 알려진 성스러운 경전의 내용을 살펴보자. 푸라나는 유가라고 부르는 네 개의 "땅의 시대"에 대해서 말하고 있다. 네 유가를 합하면 1만2,000년의 "성년(聖年)"의 길이에 해당한다고 한다. "성년"의 네 시대를 순서대로 표시하면, 크리타 유가

= 4,800년, 트레타 유가=3,600년, 다프파라 유가=2,400년, 칼리 유가=
1,200년이다.[25]

「푸라나」는 "인간의 1년은 신의 하루와 같다"라고 말한다.[26] 또한 오시리스 신화와 동일하게 신과 인간의 햇수는 360에 기초한다. 따라서 신의 1년은 인간의 360년에 해당된다.[27]

따라서 칼리 유가는 인간의 43만2,000년의 길이를 가지게 된다.[28] 1마하유가, 혹은 대시대(네 개의 유가를 합친 1만2,000성년)은 인간의 432만년에 해당된다. 1,000마하유가(1칼파 혹은 1브라흐마의 날)은 통상적인 햇수로 말하면 43억2,000만 년이다.[29] 여기서도 기초적인 세차운동의 계산을 위한 숫자가 등장한다. 또한 만반타라(인류의 시조, 마누의 시대)라는 단위가 있다. 경전에는 "1만반타라의 기간에 네 개의 유가를 합한 기간이 약 71회 성과한다"고 직혀 있다.[30] 여기서 독자들은 세차운동으로 인해서 황도를 따라 1도 움직이는 데 71.6년 걸린다는 사실을 머릿속에 떠올렸을 것이다. 이 숫자는 내림이 가능한데 그렇게 하면 인도의 "약 71"이 된다. 이것은 고대 이집트에서 72로 올림한 것과 동일하다.

그런데 43만2,000년에 해당되는 칼리 유가는 우리의 시대이다. 경전에 따르면 "칼리의 시대에 퇴폐가 심해지고 인류는 멸망에 가까워진다"고 한다.[31]

개와 숙부와 복수

우리를 이 퇴폐의 시기로 이끈 것은 개였다.

우리는 시리우스를 따라서 여기까지 왔는데 이 별은 이집트 상공에 떠 있는 오리온자리의 발치에 있다. 앞에서 이미 살펴본 대로 오리온은 이집트에서 죽음과 재생의 신 오시리스였고 오시리스의 숫자는—우연일지도 모른다— 12, 30, 72, 360이다. 그러나 이 숫자들과 세차운동의 다른 중요한 정수가 서로 관계가 없는 듯이 보이는 세계의 각 지역의 신화 속에 등장하고, 또한 오래 남는 전달수단인 역법 체계와 건축물 같은 것에 계속해서 나타난다는 사실을 과연 우연으로만 설명할 수 있을까?

산틸라나와 폰 데헨트, 제인 셀러스 그리고 점차로 많은 학자들이 우연일 가능성을 부정하고 있으며, 세부적인 부분까지 관통하는 일관성은 인도하는 손의 존재를 보여주는 것이라고 주장하고 있다.

만약 그들의 주장이 잘못되었다면 다른 설명을 찾아낼 필요가 있다. 즉 어떻게 우연히도 상호 관계성을 지닌 특정한 숫자들(명백한 역할은 세차운동을 설명하는 것뿐이다)이 광범위하게 인류의 문화에 기록되어 있는지를 설명해야 할 것이다.

그러나 만약 그들이 틀리지 않았다면 어떻게 해야 할까? 인도하는 손이 정말로 무대 뒤에서 작용했던 것일까?

산틸라나와 폰 데헨트의 신화와 불가사의의 세계에 들어가면 인도하는 손의 영향을 희미하게 느낄 수 있을지도 모른다. ……개를 생각해보자. ……또는 자칼, 이리, 여우를. 개와 비슷한 존재가 이 신화에서 저 신화로 가만히 건너뛰는 모습은 기묘한 일이 아닐 수 없다. 우리를 자극하고 당혹감을 느끼게 하면서 계속해서 앞으로 앞으로 나아가게 한다.

실제로 암로디의 맷돌에서 이집트의 오시리스 신화까지 우리는 이 개의 뒤를 따라왔다. 고대로부터 전해진 이야기의 구상을 따른다면(셀러스, 산틸라나, 폰 데헨트가 옳다고 할 때) 처음에 천구의 모습을 마음속에 또렷하게 그리도록 만들었고, 다음에 기계적인 모델을 제시해서 세차운동이 미치는 천구 전체에 대한 큰 변동을 머릿속에 그릴 수 있도록 도와주었다. 마지막에는 시리우스가 길을 열어서 세차운동의 값을 정확하게 산출할 수 있는 숫자를 제공했다.

영원히 오리온의 발치에 머물러 있는 시리우스가 오리시스 주위의, 개와 연관되는 유일한 존재는 아니다. 제11장에서 본 것처럼 이시스(오시리스의 아내이며 여동생[32])는 남편이 세트(이시스와 남매이자 오시리스의 동생)에게 살해된 다음 남편의 시체를 찾아다녔다. 고대의 전승에 의하면 이때 개가 도와주었다고 한다(전승에 따라서는 자칼이 되기도 한다).[33] 또한 이집트 역사의 전(全) 시대의 신화적이고 종교적인 문헌은 자칼의 머리를 한 아누비스가 오시리스가 죽은 뒤 그 영혼을 데리고 황천으로 가는 길을 안내했다고 한다.[34] (현존하는 그림에서 아누비스의 겉모습은 길을 여는 자인 우푸아우트와 동일하다.)

마지막으로 오시리스도 세트와의 마지막 싸움에서 아들 호루스를 돕기 위해서 황천에서 이리의 모습을 하고 돌아왔다고 전해진다.[35]

이런 종류의 자료를 조사하고 있다 보면 고대의 지성에 의해서 조종당하고 있다는 기분 나쁜 느낌이 들 때가 있다. 이 지성은 광막한 시간의 벽을 뛰어넘어 우리와 접촉하는 방법을 빌건해서 어려운 문제를 내놓고 신화의 말을 풀도록 등을 떠밀고 있는 것처럼 느껴진다.

몇 번이고 되풀이해서 나타나는 것이 개뿐이라면 이런 이상한 직감을 무시할 수 있을 것이다. 개가 나타나는 현상은 우연일 가능성이 높을 수도 있다. 그러나 개뿐이 아니다.

서로 매우 다른 두 개의 신화, 즉 오시리스 신화와 암로디의 맷돌 신화(둘 다 세차운동에 관한 정확하고 과학적인 자료를 내포하고 있다고 생각된다)에는 또다른 연관이 있다. 가족 관계가 그것이다. 암로디(암레스, 햄릿)는 살해당한 아버지의 아들이며 모반자를 함정에 빠뜨려 살해함으로써 복수를 한다. 또한 모반자는 언제나 아버지의 형제인데 햄릿의 경우도 모반자는 숙부이다.[36]

이것은 오시리스 신화의 줄거리와 다름이 없다. 오시리스와 세트는 형제이다.[37] 세트는 오시리스를 죽인다. 그리고 오시리스의 아들 호루스는 숙부에게 복수한다.[38]

햄릿적인 등장인물은 대개 여동생과 근친상간적인 관계를 가진다.[39] 핀란드의 햄릿인 쿨레르보의 경우에 마음을 강하게 울리는 장면이 있다. 쿨레르보가 긴 여행에서 돌아오는 도중에 숲속에서 딸기를 따는 처녀를 만난다. 두 사람은 잠자리를 같이 한다. 그러나 나중에 두 사람이 남매라는 것을 알게 된다. 여동생은 그 자리에서 물속으로 몸을 던진다. 그 후 쿨레르보는 언제나 발치에 따라다니는 "검은 개 무스티"와 함께 숲속을 방황하다가 결국 칼로 자신의 몸을 찌른다.[40]

오시리스 신화에는 자살이 등장하지는 않지만 오시리스와 여동생 이시스는 근친상간의 관계를 가진다. 둘 사이에서 아버지의 적에게 복수를 하는 아들인 호루스가 태어난다.

이쯤에서 다시 한 번 물어도 좋을 것이다. 무슨 일이 일어났던 것일까? 왜 이처럼 명확한 연관이 존재하는 것일까? 왜 이 신화들은 겉모습이 다른 소재를 다루고 있음에도 불구하고 나름대로의 방법으로 세차운동이라는 현상에 빛을 비추고 있는 것일까? 왜 이 신화들에서 개가 뛰어다니고, 근친상간의 경향을 지닌 사람들이 등장하고, 형제를 살해하고, 복수를 하는 것일까? 이렇게 많은 동일한 구조가 우연히 생겨서 완전히 서로 다른 문맥 속에 계속해서 등장했다고 한다면, 아무리 회의주의를 신봉한다고 하더라도 그 정도를 넘어섰다고 볼 수 있다.

그러나 만약 우연이 아니라면 도대체 누가 이토록 정교하고 기발한 연관성을 만들어냈을까? 이 수수께끼의 작가와 디자이너는 누구이고 어떤 동기를 가지고 있었던 것일까?

무엇인가를 말하고 있는 과학자

그들이 누구든 간에 현명했다는 것만은 틀림없다. 또한 그들은 세차운동에 의한 아주 작은 움직임을 관찰해서 거기에 소요되는 시간을 고도로 발전한 현재의 기술을 통해서 얻은 값과 놀랄 만큼 근사치로 계산할 수 있는 정도의 지성을 소유하고 있었다.

따라서 그들은 고도의 문명을 누렸던 사람들이다. 실제로 과학자라는 이름에 어울리는 사람들이다. 또한 그들은 아주 먼 옛날에 살았던 사람들이다. 왜냐하면 공통된 유산인 세차운동의 신화가 대서양을 마주한 양쪽에서 창조되어 퍼진 시기는 "유사 이전"이라고 확신을 가지고 말할 수 있기 때문이다. 한편 증거에서 알 수 있듯이 역사라고 부르는 것이 약 5,000년 전에 시작되었고, 신화는 이미 "늙어서 비틀거리며 걷고 있었던" 것이다.[41]

고대의 이야기가 가지고 있는 장점은 영원히 사용할 수 있고 저작권에 관계없이 번안할 수 있다는 것이다. 그 때문에 이야기는 지적인 카멜레온처럼 미묘함과 애매함을 가지게 되고 환경에 따라서 그 색깔을 변화시킬 수 있는 능력을 가지게 된다. 고대의 이야기는 서로 다른 시대에 서로 다른 대륙에서 다양한 형태로 모습을 바꾸어 전해져왔는데 그 본질적인 상징은 변하지 않고 처음에 입력된 세차운동의 자료는 계속해서 전달되었다.

무엇 때문일까?

다음 장에서 보게 되겠지만, 유장한 세차운동의 주기는 하늘의 겉모습만 변화시킨 것이 아니다. 이 하늘의 현상은 지축의 흔들림에서 발생하며 지구에 직접적인 영향을 미친다. 실제로 세차운동은 빙하기의 돌연한 시작과 쇠퇴에 깊은 관계가 있는 듯이 보인다.

아직 태어나지 않은 세대에게 하는 말

고대 세계의 많은 신화들이 대재해를 눈앞에서 본 것처럼 묘사하는 것은 이해할 만하다. 인류는 마지막 빙하기에서 살아남았다. 홍수와 혹독한 추위, 대규모의 화산활동, 파괴적인 지진에 대한 전승은 기원전 1만5000년부터 기원전 8000년 사이에 일어난 급격한 빙하의 용해와 그 기간의 거친 대변동에 뿌리를 두고 있는 듯하다. 빙원의 후퇴와 그 결과로 초래된 90미터에서 120미터에 이르는 해면의 상승은 역사시대가 시작되기 불과 몇천년 전에 일어났다. 따라서 모든 고대 문명이 선조들을 위협했던 대홍수에 대한 선명한 기억을 가지고 있는 것은 그리 놀랄 일이 아니다.

설명하기 어려운 것은 대홍수 신화 속에 기묘하지만 확실히 지성을 가진 인도하는 손의 그림자가 드리워져 있다.[1] 이 고대의 이야기들은 너무나 비슷하기 때문에 모두가 같은 "저자"에 의해서 "쓰인" 것이 아닐까 하는 의심이 생길 정도이다.

이 저자는 이제까지 살펴본 많은 신화 속에서 전해지는 불가사의한 신 또는 초인과 어떤 연관이 있는 것일까? 그 신과 초인은 무서운 대재해로 세계가 파괴된 직후에 나타나 동요하고 의기소침해하는 생존자에게 안락함과 문명이라는 선물을 안겨주었다.

피부색이 하얗고 수염을 기른 사람이 신화에 자주 등장하는데 오시리스는 이 보편적인 사람의 이집트 판이다. 오시리스가 마지막으로 행한 것 가운데 하나가 나일 강 유역에 사는 원시적인 사람들의 식인풍습을 없앤 것이었다.[2] 중앙 아메리카의 비라코차는 대홍수가 끝나고 얼마 지나지 않아 문명을 전파하는 활동을 시작했다. 케찰코아틀은 네 번째의 태양이 파괴적인 대홍수에 의해서 사라진 후에 멕시코에서 옥수수를 발견하고 곡물을 전했으며 수학과 천문학과 세련된 문화를 전달했다.

이 신화들은 마지막 빙하기에 살아남은 구석기의 부족들과 동시대를 빠져나온 정체를 알 수 없는 높은 지성을 가진 문명인과의 우연한 만남을 묘사하고 있는 것일까?

아니면 고도의 문명을 가진 사람들이 신화를 매개로 교신을 시도했던 것일까?

시간의 병 속에 들어 있는 메시지

갈릴레오는 말했다.

세계에는 다양하고 훌륭한 발명들이 있지만 깊은 사고를 누군가에게 전달하는 방법을 생각해낸 사람은 가장 높은 이성을 가진 사람이다. 때와 장소가 크게 떨어져 있음에도 불구하고 인도에 있는 사람과 말하고, 아직 태어나지 않은 사람과 말하고, 그것도 천 년 혹은 만 년 후에 태어날 사람과 이야기를 나눈다. 이것은 종이 위에서 24개의 작은 기호를 다양하게 조합시키는 것만으로 가능하다. 이것이야말로 인류가 창출한 모든 뛰어난 발명의 증인(證印)이다.[3]

산틸라나, 폰 데헨트, 제인 셀러스 등의 학자들이 발견한 "세차운동의 메시지"가 만약 사라진 문명에 의한 의도적인 교신의 시도였다면 어째서 문서의 형태로 남기지 않았을까? 문서로 남기는 것이 신화 속에 암호화하는 것보다 간단하지 않았을까? 분명히 그럴 것이다.

그러나 몇천 년 후에 문서로 남긴 메시지가 파괴되거나 마모된다면 어떻게 할 것인가? 또는 메시지를 기록하는 데에 사용한 언어가 완전히 망각된다면 어떻게 할 것인가(인더스 문명의 수수께끼 같은 문헌은 반세기가 넘도록 엄밀하게 연구를 했지만 아직도 해독되지 않았다)? 그렇다고 한다면 미래를 위해서 남겨놓은 유산은 전혀 가치가 없게 된다. 어느 누구도 그것을 이해할 수가 없기 때문이다.

따라서 메시지를 전달하려고 했던 사람은 **보편적인 언어**를 찾게 되었을 것이다. 어느 시대에도 비록 천 년, 만 년이 지나도 기술이 고도로 발전한 사회라면 이해할 수 있는 언어를 찾았을 것이다. 수학도 그런 언어 가운데 하나이다. 그렇다고 한다면 테오티우아칸의 도시는 영원한 언어인 수학으로 쓰인 사라진 문명의 명함일지도 모른다.

지구의 형태와 크기, 지리적인 정확한 위치를 측정한 측지자료는 앞으로 몇만 년이 지나도 유효할 것이다. 이것은 지도라는 수단을 이용해서 아주 알기 쉬운 형태로 표현할 수 있다고 생각된다(혹은 이집트의 대피라미드처럼 거대한 측지적 기념비의 건설이다. 이것은 다음 장에서 살펴보겠다).

태양계에서 "변하지 않는" 또다른 언어는 시간이다. 규칙적인 시간이 자벌레의 꿈틀거림과도 같은 세차운동의 규칙적인 움직임으로 측정된다. 현재 또는 1만 년 후에도 72 ; 2,160 ; 4,320 ; 2만5,920이라는 숫자 메시지는 어느 정도 수학적 발전을 이룩한 사회라면, 또한 태양이 움직이지 않는 별들을 배경으로 해서 황도를 따라 거의 알아차릴 수 없을 정도의 움직임(71.6년에 1도, 2,148년에 30도)을 측정할 수 있는 문명이라면 곧바로 이해할 수 있을 것이다.

어떤 상호관계가 존재한다는 느낌은 다른 것에 의해서도 강해진다. 「리그베다」에 기록되어 있는 연의 수처럼 정확하지는 않지만 연관이 느껴진다. 세계적인 대홍수와 세차운동에 대한 신화들 사이에는 문체의 연관이 있으며 공통된 상징도 많이 나타난다. 이 두 가지 종류의 신화에는 세세한 부분까지 연관성이 있으며 의식적인 계획의 존재를 보여주는 지문이 남아 있는 듯하다. 따라서 당연히 세차운동과 세계적인 대재해 사이에 중요한 연관이 있는지 없는지를 밝혀내고 싶다.

고통의 맷돌

천문학과 지질학적 성질로 얽힌 몇 개의 다른 메커니즘이 서로 연관되어 있으며 모든 것이 해명되지는 않았지만 세차운동의 주기가 빙하기의 시작 그리고 종말과 강한 관계를 맺고 있다는 것은 사실이다.

빙하기가 발생하기 위해서는 몇 가지 요인이 동시에 일어나야 하기 때문에 하나의 천문적 시대의 이행이 모든 빙하기에 관계하지는 않을 것이라고 생각된다. 그러나 오랜 시간에 걸쳐서 주기적으로 세차운동이 빙하의 진행과 쇠퇴에 영향을 미친 것이 확실하다고 여겨진다. 현대 과학에서 이 사실에 대한 지식을 확립한 것은 1970년대 후반의 일이다.[4] 그러나 신화 속의 증거는 마지막 빙하기에 존재했던 확인되지 않은 문명이 1970년대 후반의 과학과 같은 수준의 지식을 가지고 있었음을 강하게 시사한다. 그 증거는 신화가 묘사하는 홍수와 불과 얼음에 의한 끔찍한 대재해가 황도에 커다란 원을 그리는 하늘의 육중한 움직임과 인과적으로 연관되어 있다는 것이다. 산틸라나와 폰 데헨트의 말에 의하면 "신의 맷돌이 천천히 돌고 그 결과로 고통이 생긴다는 생각은 고대인에게 그다지 낯선 것은 아니었다"고 한다.[5]

이미 살펴본 대로 세 가지 요인이 빙하기의 진행과 쇠퇴에 깊이 관여한 것으로 알려져 있다(물론 돌연한 추위 및 해빙에 이어서 일어난 대변동을 포함해서). 이 요인들은 모두 지구의 궤도 변동과 관계가 있다고 한다. 그

요인들을 살펴보자.

1. 황도경사(지축의 기울어진 각도. 천구의 적도와 황도 사이의 각도). 이미 살펴본 대로 황도경사는 끝없이 긴 시간 동안 22.1도(지축이 수직에 가장 가깝게 다가갈 때)에서 24.5도(지축이 수직에서 가장 멀어질 때)까지 변화한다.

2. 공전궤도의 이심율(타원형인 지구의 공전궤도가 어느 정도 가늘고 길게 연장되는가)

3. 지축의 세차운동. 이것에 의해서 지구의 공전궤도상에 있는 네 개의 방위점(춘분점, 추분점, 하지점, 동지점)이 궤도를 따라 공전방향과 반대쪽으로 매우 천천히 이동한다.

더 이상 들어가면 기술적이고 전문적인 과학의 영역으로 진입하게 되므로 이 책의 범위를 훨씬 넘어서게 된다. 상세한 정보를 원하는 독자는 전미과학기금에 의한 클라이맵(CLIMAP) 계획과 J. D. 헤이스 교수와 존 임브리 교수가 쓴 「지구의 공전궤도의 변동 : 빙하기의 페이스메이커(*Variations in the Earth's Orbit : Pacemaker of the Ice Ages*)」(주 4 참조)라는 논문을 읽으면 된다.

간단히 설명하면 헤이스, 임브리를 비롯한 다른 학자들은 빙하기의 시작을 예측할 수 있음을 입증했다. 빙하기가 시작되기 위해서는 아래와 같은 하늘의 조건이 동시에 갖춰져야 한다. (1) 최대의 이심율. 이때 지구는 "원일점(遠日點)"(지구가 태양에서 가장 멀어진 지점)에 위치하여 평소보다 몇백만 킬로미터 정도 태양으로부터 멀어진다. (2) 최소의 황도경사. 이때 지축 및 북극과 남극의 위치는 평소보다 수직에 가깝다. (3) 분점세차(세차운동). 세차운동의 긴 주기가 계속되는 동안 지구가 "근일점(近日點)"(지구가 태양에 가장 가까운 지점)에 이를 때에 북반구나 남반구에 겨울이 시작되려고 하고 원일점에 있을 때에 여름이 되는데 비교적 추운 여름이 된다. 그 결과 겨울에 형성된 얼음이 다음 여름 동안 녹지 않게 되고

그로 인해서 빙하기가 시작될 수 있는 조건이 갖추어지게 된다.[6]

공전궤도의 형태가 변하기 때문에 "수광(受光) 태양 에너지"(지구가 받는 태양광선의 양과 강도)가 시대와 경도에 따라 달라지고 빙하기를 일으키는 중요한 요인이 된다.

고대 신화의 작성자들은 무서운 위험을 경고하려고 했던 것은 아닐까? 그들은 세계적인 대재해의 고통을 천천히 회전하는 하늘의 맷돌과 복잡하게 연관짓고 있다.

이 의문은 다시 살펴보게 될 것이다. 그러나 여기서 공전궤도의 형태가 지구의 기후에 중대한 영향을 미쳤다는 분명한 사실과 미확인된 문명의 과학자들이 우리에게 세차운동의 정확한 측정 결과를 시간의 벽을 넘어서 보내고 있음을 안 것만으로도 충분할 것이다.

그들이 하는 말에 귀를 기울일지 말지는 전적으로 우리의 몫이다.

| 제6부 |

기자로의 초대 : 이집트 1

방위

이집트의 기자, 1993년 3월 16일, 오전 3시 30분

산타와 나는 아무도 없는 호텔 로비를 빠져나와 도로에 주차해놓은 흰색 피아트에 올라탔다. 운전사는 마르고 초조해 보이는 이집트인이었는데 이름은 알리였다. 그는 우리를 피라미드로 데려갔다가 해가 뜨기 전에 다시 데리고 나와야 했다. 그는 대(大)피라미드의 수위에게 미리 말해놓았다고 했다. 알리가 불안해한 것은 자칫하면 우리가 국외로 추방되고 자신은 여섯 달 동안 교도소에 갇힐 가능성이 있기 때문이었다.

그러나 문제되는 일은 없었다. 아침에 알리가 모습을 드러낸 것이다. 나는 그 전날 알리에게 150달러를 지불했었다. 알리는 그것을 이집트 화폐로 환전해서 수위들에게 나누어주었다. 그 대신 우리가 대피라미드에 올라가도 경비원들은 못 본 척하기로 했다.

피라미드에서 800미터 떨어진 곳에 차를 세워두고 그곳에서부터 걸어갔다. 나즐레-엘-사만 마을을 덮치려는 듯이 우뚝 솟아 있는 제방을 따라가니 유적의 북면에 도달했다. 우리 세 사람은 경비원의 전등이 미치지 못하는 부드러운 모래 위를 말없이 걸었다. 흥분되면서도 불안했다. 뇌물이 유효할지 어떨지에 대해서는 알리도 확신하지 못했다.

잠시 벽 그림자에 몸을 감추고 서 있었다. 암흑 속에 서 있는 거대한 피라미드에 가려 남쪽 하늘의 별이 보이지 않았다. 북서쪽에서 순찰대가 다가왔다. 추위를 견디기 위해서 모포를 뒤집어쓴 세 명의 경비원들이 손에 산탄총을 들고 있었다. 그들은 15미터 정도 떨어진 곳에 멈춰 서서 담배에 불을 붙였다. 알리는 그대로 있으라고 내게 신호를 보내고 혼자서 그들에게 다가갔다. 몇 분 동안이었지만 심각한 말들이 오고갔다. 알리가 마침내 그림자 밖으로 나오라는 손짓을 했다.

"문제가 생겼어요. 이곳 책임자〔키가 작고 수염을 깎지 않은 기분 나쁜 남자였다〕가 30달러를 더 내지 않으면 허가를 해주지 않겠다고 하는데, 어떻게 할까요?"라고 알리가 말했다. 나는 지갑에서 30달러를 꺼내 알리에게 건네주었다. 알리는 그것을 반으로 접어 책임자에게 주었다. 책임자는 돈을 가슴에 달린 주머니에 넣고 우리에게 악수를 청했다. 모두 그와 악수를 했다.

알리가 말했다. "됐어요, 갑시다."

설명할 수 없을 정도의 정밀도

경비원은 대피라미드의 북면을 따라 서쪽으로 순찰을 계속했고, 우리는 북동쪽 모서리를 돌아 서면으로 움직였다.

나는 유적의 방위를 조사하는 습관이 완전히 몸에 배었다. 대피라미드의 북면은 거의 완벽하게 정북을 향하고 있다. 동면도 거의 완벽하게 정동을 향하고 있으며, 남면과 서면도 각각 정남과 정서를 향하고 있다. 평균 오차는 원호로 3분밖에 되지 않는다(남면은 2분 이하).[1] 이 정도의 정밀도는 어느 시대의 어떤 건물이라고 해도 믿기 어렵고 이해하기 어려운 것이다. 특히 이 피라미드의 건축 시기로 추정되는 4,500년 전의 이집트를 생각해보면, 초자연적인 기술이라고 할 수 있다.

원호 3분은 0.015퍼센트라는 극히 미세한 오차이다. 어떤 건축가와 피

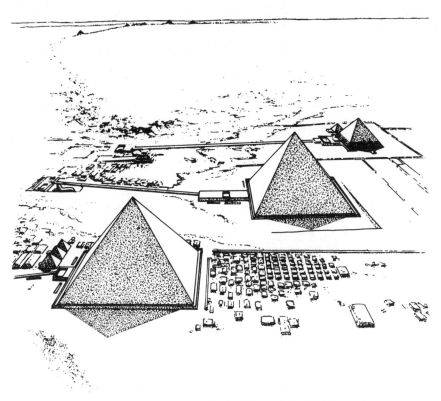

북쪽에서 남쪽으로 바라본 기자. 앞쪽에 있는 것이 대피라미드이다.

라미드에 대해서 이야기를 나누었는데, 그는 왜 이와 같은 정밀도가 필요했는지 이해할 수 없다고 말했다. 실제로 건축하는 사람이 볼 때, 이러한 정밀도를 달성하기 위해서 소요되는 비용과 시간과 곤란함은 완성된 결과를 놓고 보면 계산이 맞지 않는 일이라는 것이다. 예를 들면, 토대의 정밀도가 2–3도 어긋나도(1퍼센트의 오차) 육안으로는 식별할 수 없다. 반면 0.015퍼센트 이내의 오차를 유지하려면 까무러칠 정도로 많은 일을 해야만 한다.

　따라서 인류 역사의 새벽에 피라미드를 건설한 고대의 위대한 건축가들에게는 동서남북의 방위를 엄밀하게 유지해야 할 강렬한 동기가 있었던 것이 분명하다. 또한 초인적인 정확함으로 목적을 달성한 이들은 뛰어난 기술, 고도의 지식을 가진 유능한 사람들이었을 것이고, 정밀한 측량도구와 설계도구를 가지고 있었을 것이다. 예를 들면 밑변의 네 변의 길이가 거의 동일하다. 이 정도의 오차는 현대의 건축가들이 보통의 사무실 빌딩을 지을 때 요구되는 것보다 훨씬 작다. 그러나 대피라미드는 사무실 빌딩이 아니다. 인류가 만든 가장 오래된 최대의 건축물 가운데 하나이다. 북쪽 변의 길이는 230.25미터, 서쪽 변은 230.35미터, 동쪽 변은 230.39미터, 남쪽 변은 230.45미터이다.[2] 가장 긴 변과 가장 짧은 변이 20센티미터밖에 차이가 나지 않는다. 따라서 오차는 각 변의 길이의 1퍼센트 이하이다.

숫자를 나열하는 것만으로는 공학적으로 이 숫자를 얻기 위해서 필요한 고도의 기술과 과도한 작업량을 이해하기 어렵다. 학자들은 피라미드를 건설한 사람들이 어떻게 그런 수준 높은 정밀도를 유지했는지 설명하지 못한다.[3]

그러나 더욱 흥미로운 것은 "왜 그들이 이와 같이 높은 정밀도를 지닌 건축물을 지을 필요가 있었는가"라는 점이다. 0.1퍼센트의 오차가 아니라 1-2퍼센트의 오차가 났다고 해도 품질은 변하지 않고 일은 편해진다. 그런데 왜 그렇게 하지 않았을까? 왜 의도적으로 모든 점에서 어려운 일에 도전했을까? 4,500년 전에 만들어진 "원시적인" 돌 유적이라고 인정받는 피라미드를 만든 사람들은 왜 망상에 사로잡힌 것처럼 기계시대의 정밀도에 집착했을까?

역사의 블랙홀

처음부터 대피라미드에 올라갈 생각이었다. 그러나 대피라미드 등정은 1983년 이후 엄격하게 금지되었다. 분별 없는 관광객이 굴러떨어져 목숨을 잃는 사고를 당하자 이집트 정부는 등정을 금지시키지 않을 수 없었다. 그러나 생각해보면 우리도 충분히 분별 없는 짓을 하고 있었다(그것도 밤에 오르려고 했다). 기본적으로는 정당하다고 생각되는 금지령을 위반하는 것은 괴로운 일이었다. 그러나 피라미드에 강렬한 흥미를 느끼며 모든 것을 배우고 싶다는 마음에 나는 상식을 넘어서고 말았다.

북동쪽 모서리에서 경비원과 헤어지고 난 뒤 살금살금 동면을 따라 남쪽을 향해서 걸었다.

대피라미드와 동쪽 가까운 곳에 있는 "보조적인" 작은 피라미드들 사이에 뒤틀리고 부서진 포장도로의 돌들이 짙은 어둠으로 에워싸여 있었다. 그곳에는 세 개의 깊고 좁은 바위로 만든 갱(坑)이 있었는데 거대한 묘지처럼 보였다. 이곳을 발굴했던 고고학자가 이 갱을 발견했을 때, 그곳에는 아무것도 없었다. 그 갱은 유선형으로 생긴 고성능 배를 넣어두려고 만든 곳처럼 보였다.

피라미드 동면의 절반 지점까지 왔을 때 다른 두 명의 경비원들을 만났다. 한 사람은 여든이 넘어 보이는 노인이었고, 다른 한 사람은 열여덟 살정도 된 여드름이 난 젊은이었다. 알리가 지불한 돈으로는 부족하니 50이집트 파운드를 더 내라고 말했다. 나는 바로 돈을 꺼내어 그들에게 주었다. 금액은 아무래도 상관없었다. 체포되기 전에 빨리 올라갔다 내려와야겠다는 생각뿐이었다.

동쪽 모서리에 닿은 것은 오전 4시 15분을 조금 넘어서였다.

현대의 빌딩이나 집이라고 해도 완벽한 90도 각도를 가진 건물은 매우 적다. 1도 정도는 어긋나 있는 것이 보통이다. 물론 그 정도는 구조적인 면에 영향을 주지 않는다. 그 정도의 오차를 알아차릴 수 있는 사람도 없다. 그러나 대피라미드의 경우, 고대의 건축가는 오차를 거의 0에 가깝게 지었다. 피라미드 기저의 각도는 직각이 아니지만, 남동쪽 모서리는 89도 56분 27초, 북동쪽 모서리는 90도 3분 2초, 남서쪽 모서리는 90도 0분 33초, 북서쪽 모서리는 89도 59분 58초로서 정밀도가 무척 높다.[4]

물론 이것은 간단한 문제가 아니다. 대피라미드에 관한 것은 모두 설명하기 어려운 것들뿐이다. 현대의 최고 수준과 동일한 건축기술을 단 1,000

년 만에 발전시킬 수 있었단 말인가? 게다가 이집트에서 이와 같은 기술이 발전했다는 기록은 어디에도 남아 있지 않다. 건축학사에서, 기자에 있는 대피라미드와 그 주위의 유적은 아무것도 상세히 알려진 것이 없어서 밑바닥 없는 블랙홀에서 갑자기 튀어나온 것과 같다.

사막의 배

얼굴에 땀이 흐르기 시작한 알리는 피라미드를 오르기 전에 왜 우리를 데리고 피라미드 주변을 돌아다니는지 설명해주지 않았다. 이제 남면을 따라 서쪽으로 걷기 시작했다. 이곳에는 배를 넣을 수 있을 듯한 갱이 두 개 뚫려 있었다. 하나는 아직 발굴되지 않았지만, 섬유광학을 응용한 카메라를 넣어 조사해보았더니 길이 30미터가 넘는 대형 목조선을 넣을 수 있을 정도의 크기였다. 다른 갱은 1950년대에 발굴되었다. 이 속에는 바다를 건널 수도 있는, 길이 43미터 정도의 큰 배가 있었다.[5] 현재 이 배는 피라미드의 남쪽에 있는, 근대에 지은 추한 현대 건축물인 선박 박물관에 보관되어 있다.

삼나무로 만들어진 이 아름다운 배는 건조되고부터 4,500년이 지난 현재에도 완벽한 상태를 유지하고 있다. 배수량이 약 40톤인 이 배는 전문가에 의하면 기상천외하게 설계된 것이라고 한다. "원양항해에 적합한 배의 특징을 지니고 있다. 뱃머리와 고물이 위를 향해서 올라가 있는데 그 높이는 바이킹의 배보다 훨씬 더 높다. 이것은 나일 강의 잔물결이 아니라 원양의 높은 파도를 이겨내기 위한 것이다."[6]

다른 전문가는 세심하고 교묘하게 설계된 이 기묘한 피라미드의 배를 보고 "원양을 항해하는 배로서 콜럼버스가 손에 넣을 수 있었던 배보다 훨씬 뛰어나다"고 말했다.[7] 더욱이 전문가들의 일치된 견해에 의하면, "원양에서 항해한 오랜 경험과 전통을 이어온 사회의 조선업자만이" 이러한

배를 건조할 수 있었다.[8]

이집트의 3,000년 역사 초기에 누가 이 배를 건조했을까? 육지로 둘러싸인 나일 강 유역에서 밭을 일구고 있었다면 "원양에서 항해한 오랜 경험과 전통"의 축적은 불가능했다. 이 배의 건조자들은 언제 어디서 경험을 쌓았을까?

수수께끼는 하나 더 있다. 고대 이집트인들은 여러 가지 축소품을 만드는 데에 뛰어나서 많은 상징모형을 제작했다.[9] 이집트학자들의 말처럼 앞에서 말한 배가 죽은 파라오가 천국으로 갈 수 있도록 만든 영적인 배라고 한다면, 왜 이처럼 크고 훌륭한 성능을 가진 배를 묻는 귀찮은 일을 했는지 이해하기 어렵다.[10] 그런 목적이라면 보다 작은 배에, 굳이 여러 척이 아닌 한 척으로도 충분했을 것이다. 그러므로 이 거대한 배에 전혀 다른 목적이 있었다고 생각하는 것이 논리적이다. 아니면 생각지도 못한 상징적인 의미가 있을지도……

마침내 남면의 중간쯤에 도착했다. 이곳에서야 왜 그토록 먼 길을 걸어야 했는지 이해할 수 있었다. 목적은 동서남북에 있는 각각의 경비원들에게 적당히 돈을 쥐어주는 것이었다. 그때까지 북면에서 30달러, 동면에서 50이집트 파운드 그리고 남면에서 50이집트 파운드를 지불했다. 전날 알리는 경비원들에게 미리 뇌물을 나누어주었을 텐데 말이다.

엄한 목소리로 물었다. "알리, 언제 피라미드에 올라갈 거야?"

알리가 대답했다. "이제 바로예요. 그레이엄 씨." 자신감에 넘쳐 걷기 시작한 그는 어두운 앞쪽을 손으로 가리키며 "남서쪽 모서리로 올라가죠"라고 말했다.

34

불멸의 저택

여러분은 신경이 날카로워진 채 언제 체포될지도 모른다는 공포에 떨면서 밤에 피라미드에 올라가본 적이 있습니까?

밤에 피라미드를 오르는 일은 매우 힘들었다. 상대가 대피라미드인 탓도 있었을 것이다. 정상의 9.44미터가 없어져 전체 높이는 137.16미터였다.[1] 돌이 203단으로 쌓여 있고, 한 단의 높이는 평균 68센티미터였다.[2]

그러나 올라가기 시작하면서 바로, 평균치라는 것은 안심할 수 없는 것임을 깨달았다. 단의 높이는 차이가 컸다. 무릎까지밖에 오지 않는 것이 있는가 하면, 가슴 높이에 이르는 것도 있어서 오르기가 쉽지 않았다. 또한 단과 단 사이에 발을 디디게 되어 있는 발판의 폭이 매우 좁았다. 많은 발판들이 발의 폭 정도밖에 되지 않았다. 게다가 거대한 석회암은 아래에서 볼 때에는 견고하게 보였는데, 실제로는 쉽게 부서지면서 바로 무너져 내렸다.

30단 정도 올라간 후에 산타와 나는 우리의 생각이 얼마나 어처구니 없는 것이었는지를 깨달았다. 근육이 아파왔고, 무릎과 손가락은 경직되었으며, 곳곳이 상처투성이였다. 그러나 아직 7분의 1정도밖에 올라오지 못했다. 정상까지는 아직 170단 이상을 더 올라가야 했다. 또다른 불안은 눈이 어지러울 정도로 급경사가 눈 아래에 펼쳐져 있다는 것이었다. 남서쪽 모서리라는 것을 알려주는 윤곽을 따라 아래를 보자, 너무 높은 곳까지 올라왔다는 생각에 놀라서 순간적으로 눈앞이 캄캄해지고 아래로 굴러떨어질 듯한 느낌이 머릿속을 스치고 지나갔다. 잭과 질처럼 거꾸로 떨어져 거대한 돌 층에 몸을 부딪치고 땅바닥에서 두개골이 부서질 것이다.

알리는 잠시 숨을 돌리게 해주고는 올라가자고 신호했다. 그리고 나서 남서쪽 모서리를 따라 곧바로 위쪽의 암흑 속으로 모습을 감추었다.

그 뒤를 불안에 떨며 나와 산타가 쫓았다.

시간과 작업

35번째 단은 특히 오르기 힘들었다. 이제까지 만난 어떤 돌보다도 컸는데 (토대에 있는 돌을 제외하고), 무게가 10톤에서 15톤 정도였다.[3] 이것은 공학적인 논리와 상식을 바탕으로 생각하면 모순이었다. 상식대로라면 피라미드의 위로 올라갈수록 돌의 크기와 무게가 줄어들어야 했다. 1단에서 18단까지는 이 상식을 지키고 있었다. 지상에서 가까운 곳에 있는 돌의 높이가 약 1.4미터였던 것이 17번째 단에서 58센티미터로 낮아진 것이다. 그런데 갑자기 19번째 단부터 석단의 높이가 91센티미터가 되었다. 높이뿐만이 아니라 폭과 안쪽까지의 발판 길이도 늘어났다. 1단에서 18단까지의 돌의 무게는 2 내지 6톤 정도여서 다루기 쉬운 크기이지만, 그 위로 올라가면 10 내지 15톤으로 매우 무거워져서 다루기도 어려워진다.[4] 이 거대한 돌들은 채석장에서 절단된 견고한 석회암으로 공중으로 30미터 이상 들어올려져 정확한 위치에 놓였을 것이다.

이 일을 능률적으로 시행한 건설자들은 강철과도 같은 신경을 지닌 사람들로서 산양의 가벼운 몸놀림과 사자의 강인함을 겸비하고 있었을 것이다. 또한 잘 훈련된 그들은 토목에 자신을 가지고 있었음에 틀림없다. 차가운 새벽 바람이 귀를 스치며 "공중으로 날릴 거야"라고 속삭였다. 이처럼 높고(더 높은 곳도 있다) 위험한 곳에서 평형감각을 유지하며 작업한 사람들은 무엇을 느꼈을까? 그들은 가장 작은 돌이라고 하더라도 자동차 두 대의 무게가 나가는, 헤아릴 수 없이 많은 석회암들을 들어올리고 움직여서 정확히 배치했다.

피라미드를 완성시키기 위해서 어느 정도의 시간이 걸렸을까? 몇 명이나 작업에 투입되었을까? 이집트학자들의 일치된 견해에 의하면 20년 동안 10만 명이 투입되었다고 한다.[5] 그러나 1년 내내 일을 한 것은 아니고 1년에 3개월로 한정되었다고 한다. 나일 강이 범람해서 농사를 지을 수 없을 때에만 건설작업이 시행되었던 것이다.[6]

피라미드를 올라가면서 이것들이 무엇을 의미하는지 생각해보았다. 건설자들이 걱정해야 했던 것은 몇만 개에 이르는 15톤 이상의 돌뿐만이 아니었다. 무게가 2.5톤이나 되는 넷만 개의 "평균 크기"의 돌들을 작업상까지 운반해야 하는 문제도 있었다. 피라미드는 230만 개의 돌로 지어졌을 것으로 추정된다.[7] 만약 기술자들이 1년 365일 동안 하루 10시간씩 일했다고 해도, 10년 동안에 피라미드를 완성시키기 위해서는 1시간에 31개의 돌을 배치할 필요가 있었다(2분당 1개). 따라서 만약 건설에 소요된 작업기간이 1년에 3개월로 한정되었다면 의문은 더욱 심화된다. 1분에 4개, 1시간에 240개나 되는 돌을 쌓아야 했기 때문이다.

이와 같은 각본은 당연히 공사 관리자에게 악몽이었을 것이다. 예를 들면 채석장의 석공과 피라미드의 석공 사이에는 믿을 수 없을 정도의 면밀한 연락이 필요했을 것이다. 현장에 필요한 돌들을 적시에 운반해와야 했기 때문이다. 게다가 사고라도 일어나면 비참한 일이 벌어진다. 만약 2.5톤의 돌이 175번째 단에서 떨어진다면 어떻게 될까?

물리적인 면에서나 관리면에서 볼 때, 피라미드 건축은 매우 곤란한 작업이었을 것이다. 또한 피라미드 특유의 기하학적 구조의 문제도 있다. 즉 피라미드의 정점은 네 변의 중앙에 있어야 한다. 그런데 네 면의 경사각도가 조금이라도 어긋나면 정점에서는 큰 오차가 생기고 만다. 따라서 지상에서 수십 미터나 되는 모든 단은 믿을 수 없을 정도로 정밀하게 배치되어야만 한다. 더구나 거대한 돌들은 사람이 깔려 죽을 만큼 무겁다.

만연된 가설

이와 같은 일은 어떻게 진행되었을까?

이 질문에 대답하기 위해서 30개도 넘는 가설이 난무하고 있다. 그러나 이집트학자들의 대다수는 경사로를 사용했다는 견해를 지지하고 있다. 예를 들면 영국박물관의 고대 이집트 실장을 역임했던 I. E. S. 에드워즈 교수의 의견이 전형적인데, 그는 다음과 같이 단언했다. "고대 이집트인들이 무거운 것을 들어올리는 방법은 하나밖에 없었다. 그것은 지상에서 필요한 높이까지 벽돌과 흙으로 경사로를 만드는 것이다."[8]

옥스퍼드 대학교에서 이집트학을 가르치는 존 베인즈 교수는 에드워즈 교수의 분석에 찬성하면서 다음과 같은 의견을 덧붙였다. "피라미드의 높이가 높아짐에 따라, 기울기를 일정하게 유지하고(1 대 10) 경사로가 붕괴되지 않도록 하기 위해서 경사로도 길어졌으며 토대의 폭도 넓어졌다. 아마도 각기 다른 면에 몇 개의 경사로를 만들었을 것이다."[9]

대피라미드의 정점까지는 1 대 10의 기울기여서, 경사로를 만들었다면, 그 경사로는 길이가 1,467미터에 대피라미드 본체의 세 배나 되는 크기여야 했다(경사로의 부피는 800만 세제곱미터로 그리고 피라미드의 부피는 260만 세제곱미터로 추정된다).[10] 이 이상 경사가 가파르면 무거운 것을 끌어당길 수 없다.[11] 반대로 경사를 완만하게 하면 경사로는 우스꽝스럽게 거대해져서 균형을 유지할 수 없게 된다.

더욱더 심각한 문제는 높이 147미터, 길이 1,467미터의 경사로는 에드워즈 교수를 비롯한 이집트학자들의 말처럼 "벽돌과 흙"으로는 만들 수 없다는 것이다. 현대의 공사 전문가와 건축가가 이미 증명한 사실이다. 경사로는 피라미드에 사용된 석회암보다도 견고하지 않으면 자체의 무게 때문에 무너지고 만다.[12]

따라서 이 방법은 전혀 무의미하다(만약 석회암을 사용했다면 작업이 끝난 후에 800만 세제곱미터의 남은 돌을 어디로 옮겼단 말인가?). 그래서 다른 이집트학자들은 나선형 경사로가 사용되었다는 주장을 제시했다. 피라미드의 측면에 진흙으로 만든 벽돌을 사용해서 경사로를 만들었다는 것이다. 이 방법이라면 재료의 양은 확실하게 줄어든다. 그러나 이 방법으로도 정상에 도달하는 것은 불가능하다.[13] 나선형 경사로가 사용되었다면 그 경사로는 피라미드의 모서리에서 급격하게 휘어져야 했을 것이다. 그러나 거대한 돌을 끌어당기면서 회전시키는 것은 지극히 어려운 일이다. 또한 벽돌은 그렇게 몇 번 사용하는 동안에 부서져 가루가 되고 말았을 것이다. 무엇보다도 이 방식의 가장 큰 문제는 다른 곳에 있다. 즉 나선형 경사로가 피라미드를 덮게 되어 건축가는 건설 중에 정밀도를 조사할 수 없었을 것이다.[14]

그러나 피라미드 건설자들은 정밀도를 확인했으며, 완성할 때까지 그 정밀도를 유지했다. 그것은 정확하게 네 변의 중앙에 위치한 피라미드의 정점을 보아도 알 수 있다. 경사면의 각도와 변의 각도도 정확하고, 돌 역시 정확한 장소에 놓여 있으며, 각각의 단은 거의 수평으로 완벽에 가깝게 좌우대칭을 이루고 있고, 방위도 거의 정확하다. 그래서 고대의 건축 대가들에게 이 정도의 정밀도를 유지하는 것은 사소한 일에 불과한 듯이 보인다. 대피라미드의 척도에는 수학적 게임이 삽입되어 있다. 그 하나는 제23장에서 살펴본 대로 원주율(π)을 높이와 변의 길이에 대응시킨 것이다.[15] 또한 까닭은 알 수 없지만 대피라미드는 북위 30도에서 약간 어긋나서 29도 58분 51초에 있다. 이 점에 대해서 스코틀랜드의 옛 천문대장은 정확히 30도에 존재하지 않는 것은 잘못이 아니라고 말했다.

만약 설계자가 대피라미드의 밑변의 위치에서 누군가가 하늘의 극점을 볼 것이라고 미리 상정했다면, 대기 중에서 빛이 굴절할 것을 계산에 넣어 대피라미드의 건설 위치를 북위 30도가 아닌 29도 58분 22초로 해야 했을 것이다.[16]

실제 위치는 29도 58분 51초이다. 이 견해가 옳다면 그 오차는 극히 작다. 따라서 측량과 측지 기술이 매우 뛰어났다는 것이 다시 한 번 입증된다.

경외심을 느끼며 계속해서 대피라미드를 올라갔다. 거대한 44번째 단과 45번째 단을 넘었다. 46번째 단을 올랐을 때 아래 광장에서 아라비아어로 화난 목소리가 들려왔다. 내려다보니 터번을 머리에 두르고 긴 소매의 아라비아 옷을 바람에 펄럭이며 한 남자가 서 있었다. 거리가 멀었지만, 남자는 산탄총으로 우리를 겨누고 있었다.

수호자와 환상

피라미드의 서면을 지키는 경비원이었다. 서면의 경비원은 다른 면의 경비원과 달리 아직 추가의 뇌물을 받지 못했다.

알리가 땀을 흘리는 것을 보아서는 심각한 상황인 듯했다. 경비원은 "체포해야겠어, 당장 내려와"라고 명령했다. 알리가 "뇌물을 주면 체포하지는 않을 거에요"라고 말했다.

내가 신음하듯이 대답했다. "100이집트 파운드를 주겠다고 해."

"너무 많아요. 다른 녀석들이 화를 낼테니까 50이집트 파운드를 주겠다고 말할께요." 알리가 말했다.

아라비아어로 이야기가 오고갔다. 피라미드 남서쪽 모서리의 위와 아래에서 몇 분 동안 경비원과 알리는 이야기를 계속했다. 그때가 새벽 4시 40

분이었다. 휘파람 소리가 들렸다. 곧이어 남면의 경비원이 나타나서 서면의 경비원과 합세했고, 두 명이 더 모여들었다.

힘든 모양이라고 생각한 순간 알리는 웃는 얼굴로 우리를 바라보았다. 안심한 표정이었다. "내려와서 추가로 50파운드를 주기로 했어요. 올라가도 좋지만 상사에게 발각되면 도울 수가 없다고 하는대요."

침묵 속에 10분 정도 힘들게 올라가 100번째 단에 이르렀다. 절반쯤 온 셈이었다. 지상으로부터 76미터의 높이였다. 어깨 너머로 남서쪽을 보았다. 일생에 한 번 볼까말까한 압도적인 아름다움과 힘을 느끼게 하는 광경이 펼쳐져 있었다. 질주하는 두꺼운 구름에서 빠져나온 초승달은 남서쪽 낮은 하늘에 떠서 유령처럼 창백한 광선을 이웃한 제2피라미드의 북면과 남면으로 보내고 있었다. 제2피라미드는 제4왕조의 파라오인 카프레 왕이 지은 것으로 알려져 있다. 대피라미드의 뒤를 이어 두 번째로 큰 제2피라미드(높이가 조금 낮고 토대도 한 변이 15미터 정도 짧다)는 창백한 달빛을 받아 내부에서 등을 켜고 있는 듯이 보였다. 그 뒤로 조금 어긋나서 가장 작은 제3피라미드가 보였다. 멘카우레 왕이 지었다고 전해지는 이 피라미드는 한 변이 108미터, 높이가 65.5미터이다.[17]

순간적으로 어둡게 빛나는 하늘을 날고 있는 듯한 환상에 사로잡혔다. 천국이라는 큰 배의 뱃머리에 서서 뒤를 바라보자 두 척의 배가 전투체제를 갖추고 일렬로 뒤따르고 있었다.

이 호위 피라미드 함대는 어디로 가는 것일까? 이 뛰어난 건축물은 이집트학자들의 주장처럼 과대망상에 빠진 파라오가 만든 것일까? 아니면 영원의 시간과 공간을 뛰어넘어 뭔가를 전달하려고 한 불가사의한 사람들에 의해서 설계된 것일까?

남쪽 하늘은 카프레 왕의 거대한 피라미드에 의해서 일부분이 가려져 있었다. 서쪽 하늘에서는 하늘의 북극점부터 회전하는 지구의 윤곽까지, 모든 것이 보였다. 오른쪽으로는 멀리 작은곰자리에 있는 북극성이 보였다. 수평선 가까이, 정서에서 북쪽으로 10도 정도 떨어진 곳에 사자자리의 레굴루스 별이 지고 있었다.

이집트의 하늘 아래에서

150번째 단을 올라갔을 때 알리가 머리를 숙이라는 신호를 했다. 북서쪽 모서리 방향에서 순찰차가 나타나 대피라미드 서면을 따라 달렸다. 파란 전등이 천천히 점멸하고 있었다. 우리는 순찰차가 지나갈 때까지 석단의 그늘에 조용히 몸을 숨기고 있다가 다시 오르기 시작했다. 새로운 긴박감 에 가능한 한 빨리 정상에 도착하기 위해서 서둘렀다. 정상은 새벽의 어슴 푸레한 안개 바로 위에 얼굴을 내밀고 있었을 것이다.

5분 정도 열심히 올라가 위를 보았지만 피라미드의 정상은 아직도 멀리 있었다. 헉헉거리고 땀을 뻘뻘 흘리면서 다시 올라갔다. 위를 바라보았다. 정상까지는 여전히 먼 듯했다. 전설에 나오는 웨일스 산의 정상처럼 느껴 졌다. 그처럼 몇 번이고 실망하다가 거의 체념하고는 눈을 들어보니 어느 새 정상이었다. 별이 반짝이고 있었다. 높이가 137미터나 되는 피라미드 의 정상은 보기 드문 전망대였다. 북쪽과 서쪽에는 나일 강 유역에 불규칙 하게 펼쳐진 카이로 시가 가로놓여 있었다. 고층 빌딩이 난립했고, 전통적 인 편평한 지붕들은 좁고 어두운 도로로 구획지어져 있었다. 무수한 첨탑 들이 여기저기 흩어져 있었고, 그 사이로 이슬람 사원이 보였다. 이 광경 전체를 덮고 있는 눈부시게 반사된 가로등의 막 때문에 카이로 사람들은 별이 아름답게 반짝이는 하늘을 볼 수 없을 터였다. 그러나 그 막으로 인 해서 녹색과 빨간색, 파란색, 노란색 등이 곳곳에서 빛나고 있는 도시는 요정의 나라처럼 보였다.

전기로 만들어진 신비로운 신기루를, 고대 세계의 수수께끼 가운데 하 나인 피라미드의 정상에서 바라볼 수 있다는 것은 그야말로 영광이었다.

알라딘의 마법의 양탄자를 타고 카이로 상공을 날고 있는 기분이었다.

그러나 이집트 대피라미드의 203번째 단은 양탄자가 아니었다! 정상은 가슴 높이까지 오는 수백 개의 석회암으로 구성되어 있었다. 정상의 한 변의 길이는 9미터밖에 되지 않지만(밑변은 230미터), 돌 하나의 무게는 5톤이다. 이 단은 완전한 수평이 아니었다. 몇 개의 돌이 없어지고 파손되었다. 또한 아랫단의 돌이 절반 정도 쌓여 남쪽 끝이 올라가 있었다. 정상의 중앙에는 삼각형 발판이 만들어져 있고, 그 중앙에 세워진 9.4미터 높이의 굵은 기둥이 피라미드의 원래 높이인 146.7미터를 채우고 있었다.[18] 그 아래에 있는 석회암에는 몇 세기에 걸쳐서 이곳을 찾았던 관광객들이 남긴 서명이 어지럽게 적혀 있었다.[19]

끝까지 올라가는 데에 30분 정도 걸렸다. 오전 5시. 아침 예배 시간이었다. 카이로 첨탑들의 발코니에서 일제히 사람들에게 기도를 재촉하고 신의 위대함과 연민과 자비를 재확인하는 목소리들이 들려왔다. 뒤를 보자 카프레 왕의 피라미드 정상 부분에 해당하는 22개의 단이 달빛 바다를 떠도는 빙산의 머리처럼 떠 있었다. 윗부분에는 겉을 덧입힌 돌이 아직도 남아 있었다.

이 마법의 장소에 오랫동안 머물 수 없다는 것을 생각하며, 앉아서 하늘을 바라보았다. 사막의 서쪽 끝에 있던 레굴루스 별은 이미 지고 없었다. 사자자리의 사자 몸도 지고 있었다. 처녀자리와 천칭자리 역시 하늘 아래쪽으로 떨어지고 있었다. 큰곰자리와 작은곰자리는 천구의 극 둘레를 영원한 궤도를 따라 천천히 움직이고 있었다.

나일 강을 가로질러 남동쪽을 보자 초승달이 은하수 부근에서 유령처럼 창백한 빛을 발하고 있었다. 은하수를 따라 남쪽으로 시선을 향하자 직경이 태양의 300배인 초거성(超巨星) 안타레스의 지배를 받는 전갈자리가 아름답게 빛나고 있었다. 카이로 북동쪽 상공에 백조자리가 하늘을 향해 하고 있었고, 꼬리 부분에는 하얀 초거성인 데네브가 빛나고 있었다. 이 별은 1,800광년의 거리를 두고 우주공간에 떠 있다. 마지막으로 북쪽 하늘을 보았다. 용자리가 몇 개의 주극성을 따라 똬리를 틀고 있었다. 정말로 4,500년 전에 제4왕조의 파라오인 쿠푸에 의해서 피라미드가 건설되었다면, 그 당시에는 천구의 북극에 가장 가까웠던 별자리인 용자리의 별 하나가 북극성의 역할을 맡고 있었을 것이다. 바로 용자리의 알파 별인 투밴이다. 그러나 그로부터 몇천 년이 지난 지금, 무정한 하늘의 맷돌인 지구의 축과 회전에 의해서 현재의 북극성은 작은곰자리의 폴라리스 별이다.[20]

손을 베고 바닥에 누워 하늘의 천정(天頂)을 바라보았다. 매끄럽고 차가운 돌 위에서 쉬는 동안 엄청난 중량을 지닌 거대한 피라미드의 활력이 몸으로 전해져오는 것을 느꼈다.

거인일지도 모른다는 생각

13.1에이커의 토지를 점유하고 600만 톤의 무게를 가진 대피라미드는 런던의 구(舊)시가지에 있는 빌딩을 모두 합한 것보다도 무겁다.[21] 그리고 앞에서 살펴본 대로 230만 개의 석회암과 화강암으로 이루어져 있다. 예전에는 그 위에 22에이커에 걸쳐 반사경과 같은 외벽이 덮혀 있었다. 훌륭한 솜씨로 겉을 덧입힌 외벽은 11만5,000개 정도의 돌들로 이루어졌으며, 돌 하나의 무게는 10톤 정도로 추정된다. 원래 피라미드의 네 면은 모두 겉이 돌로 덧입혀져 있었다.[22]

1301년에 발생한 대지진으로 건물이 파괴되자, 사람들은 카이로의 건축자재로 쓰려고 대부분의 돌들을 가져가고 말았다.[23] 그러나 19세기의 위대한 고고학자인 W. M. 플린더스 피트리가 이곳을 찾아왔을 때만 해도 상당 부분이 남아 있었다고 한다. 덧입혀진 돌을 상세하게 연구한 페트리는 너무나 정교한 접합부를 보고 경탄했다. 오차는 1센티미터의 50분의 1 이하였고, 돌과 돌 사이는 주의 깊게 접착되어 예리한 칼날도 들어가지 않았다. "그 돌들을 그냥 정확히 쌓는 것만 해도 까다로운 일일 텐데, 하물며 그 맞물리는 곳에 접착제를 넣는다는 것은 거의 불가능해 보인다. 그것은 최고의 안경사가 에이커 단위의 렌즈를 가지고 작업하는 것에 비교할 수 있다."[24]

대피라미드에서 "거의 불가능하다"고 생각되는 것이 이 덧입혀진 돌뿐만은 아니다. 동서남북의 각 벽면이 정확하게 면하고 있는 것도 "거의 불가능한"일이다. 정확히 90도의 각도를 지닌 모서리도 마찬가지이다. 네 개의 거대한 측면을 완벽하게 좌우대칭으로 만드는 것도 거의 불가능한 일이다. 뿐만 아니라 200만 개 이상의 거대한 돌을 공중으로 높이 쌓아올리는 일도 거의 불가능하다.

따라서 이 훌륭한 기념비를 설계한 사람들과 건설에 성공한 건축가, 기술자, 석공이 누구인지는 모르지만, "키가 30미터나 되는 사람들인 깃 같다"라고 근대 이집트학의 시조인 장-프랑수아 샹폴리옹이 말했다. 샹폴리옹은 사정을 정확히 꿰뚫고 있었지만 후계자들은 그렇지 못했다. 그들은 피라미드를 건설한 사람들이 상당한 지적 수준을 가지고 있었다는 것 외에는 생각하지 못했다. 그들과 비교하면 "유럽에 사는 우리는 난쟁이에 불과하다"라고 샹폴리옹은 덧붙였다.[25]

단순히 왕의 무덤에 지나지 않을까?

대피라미드를 내려오는 것은 오르는 것보다 더 고문처럼 느껴졌다. 체력적인 면에서는 중력에 저항하지 않아도 되기 때문에 편했지만, 굴러떨어질 가능성은 훨씬 더 높았다. 하늘을 올려다보며 오르는 것보다 땅을 내려다보며 내려오는 것이 더 어려웠다. 토대에 있는 거대한 돌을 목표로 해서 주의 깊게 길을 골라서 내려왔다. 마지막 발판의 불안정한 돌 사이를 조심스럽게 디디면서 내 몸이 개미처럼 작아졌다는 생각이 들었다.

다 내려왔을 때 밤은 물러나 있었고, 창백한 햇살이 하늘에서 쏟아지고 있었다. 서면의 경비에게 50이집트 파운드를 지불하고, 큰 승리를 거둔 듯한 환희와 해방감에 젖어 의기양양하게 대피라미드에서 물러나 남서쪽으로 몇백 미터 떨어진 곳에 있는 카프레 왕의 피라미드로 향했다.

쿠푸, 카프레, 멘카우레……케오프스, 케프렌, 미케리노스. 이름을 이집트식으로 부르건 그리스식으로 부르건, 제4왕조(기원전 2575-기원전 2467년)의 세 명의 파라오가 기자의 피라미드를 건설했다는 사실은 바뀌지 않는다.

이것은 그리스의 역사가 헤로도토스가 고대 이집트의 여행 안내서에 대피라미드는 쿠푸 왕에 의해서 건설되었다는 해설을 적어놓은 이후부터 사실로 받아들여졌다. 헤로도토스는 현존하는 피라미드에 관한 가장 오래된

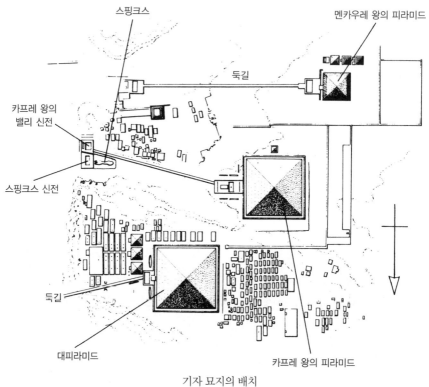

스핑크스

멘카우레 왕의 피라미드

둑길

카프레 왕의
밸리 신전

스핑크스 신전

둑길

대피라미드

카프레 왕의 피라미드

기자 묘지의 배치

문헌 속에 다음과 같이 기록했다.

케오프스는 50년 동안 통치했다고 전해진다. 케오프스가 붕어한 후 형제인 케프렌이 왕이 되었다. 케프렌도 피라미드를 만들었다. 그것은 케오프스의 피라미드보다 12미터 정도 낮았다. 그러나 그 외에는 동일한 크기였다. 케프렌 왕은 56년 동안 나라를 통치했다. ……그 후 케오프스의 아들인 미케리노스가 왕위를 계승했다. ……미케리노스는 아버지보다 작은 피라미드를 남겼다.[1]

헤로도토스가 피라미드를 본 것은 기원전 5세기경으로, 완공된 지 2,000년 이상이 경과한 후였다. 그럼에도 불구하고 헤로도토스의 증언은 그 후의 역사적 판단의 기준이 되었다. 대개의 사람들은 전혀 의문을 제기하지 않고 아직도 그리스 역사가의 기록을 그대로 수용하고 있다. 단순한 풍문에 지나지 않았던 설이 현재에 와서 대피라미드는 쿠푸 왕, 제2피라미드는 카프레 왕, 제3피라미드는 멘카우레 왕이 건설했다는 이론의 여지 없는 근거로 받아들여지고 있다.

알맹이가 빠진 불가사의

산타와 나는 알리와 헤어진 후 계속해서 사막을 걸었다. 제2피라미드의 남서쪽 모서리를 돌면서 정상을 올려다보았다. 정상 부근의 22번째 단에 는 덧입혀진 돌이 남아 있었다. 또한 토대로부터, 거대한 석회암으로 만들 어진 단 몇 개는 "바닥 면적"이 수 에이커에 달했는데, 기어오르기에는 너무 높아 보였다. 대략 돌 하나의 길이는 6미터, 두께가 1.8미터였다. 나 중에 안 사실이지만 이 거대한 바위 덩어리는 무게가 200톤이나 되고, 독 특한 석조기술로 만들어졌으며, 기자 일대의 여러 곳에서 운반해온 것이 었다.

제2피라미드는 상암(床岩)을 편평하게 잘라서 그 위에 건설했는데, 북 쪽과 서쪽은 참호처럼 되어 있다. 깊은 곳은 깊이가 4미터나 된다. 제2피 라미드의 서면을 따라 참호 옆을 걸어가다가 보면 400미터쯤 떨어진 사막 에 상당히 작은 제3피라미드가 보인다.

쿠푸……카프레……멘카우레……. 정통파 이집트학자들에 따르면 피 라미드는 세 파라오의 무덤으로 건설되었다고 한다. 그 이외의 목적은 없 다는 것이 정설이다. 그러나 그렇게 단정지으면 설명할 수 없는 것이 많 다. 예를 들면 1818년에 유럽 탐험가인 조반니 벨초니가 카프레 왕의 피 라미드 내부에서 넓은 현실(玄室)을 발견했는데 속은 비어 있었다. 그저 비어 있는 것이 아니라 휑하고 간결했다. 잘 다듬은 화강암 석관이 바닥에 묻혀 있었지만 그 속도 비어 있었다. 관뚜껑은 둘로 쪼개져 근처에 떨어져 있었다.[2] 이것을 어떻게 설명할 수 있을까?

이집트학자들의 대답은 명확하다. 옛날 그것도 카프레 왕이 죽고 나서 몇백 년이 지나지 않았을 때, 도굴범이 현실로 들어가서 파라오의 미라를 포함하여 모든 것을 훔쳐갔다는 것이다.

산타와 내가 찾아가고 있던 멘카우레 왕이 만들었다는 작은 제3피라미드에도 비슷한 일이 일어났던 모양이다. 이 피라미드의 내부에 처음 발을 들여놓은 유럽인은 영국의 하워드 바이스 대령이었다. 대령은 1837년에 매장실을 발견했다. 그러나 바이스가 발견한 현무암으로 만든 비어 있는 석관과 인간의 형태를 한 목제 관 뚜껑과 뼈 몇 개는 당연히 멘카우레 왕의 유물이라고 생각되었다. 그러나 분석 결과 뼈와 뚜껑이 초기 기독교 시대의 것임이 판명되었다. 즉 피라미드 시대로부터 2,500년이 지난 후에 누군가가 침입해서 매장한 것이다(고대 이집드 역사에시 자주 있는 일이다). 현무암으로 만든 석관은 멘카우레 왕의 것이었는지도 모른다. 그러나 안타깝게도 그 석관을 누구도 조사할 수 없게 되었다. 바이스가 석관을 배에 실어 영국으로 옮기던 도중에 배가 스페인의 난바다에서 침몰하고 말았기 때문이다.[3] 결국 바이스도 비어 있는 석관을 발견한 이후로 왕의 미라는 도굴범들이 훔쳐간 것으로 여겨지게 되었다.

쿠푸 왕의 유체도 없었지만 비슷한 추측이 나왔다. 학자들의 일치된 견해는 영국박물관의 조지 하트의 말에서 잘 드러난다. "쿠푸 왕이 매장된 후 500년도 지나지 않아 도굴범이 대피라미드에 침입해서 보물을 훔친 것이 틀림없다."[4] 이 견해에 의하면 도굴범이 기원전 2000년경 아니면 그 이후에 침입한 것이 된다. 쿠푸 왕이 기원전 2528년에 사망한 것으로 추정되기 때문이다.[5] 또한 이 분야의 권위자인 I. E. S. 에드워즈 교수에 의하면 매장된 보물은 왕의 방에서 가져온 것이라고 한다. "그리고 왕의 방 서쪽에 있는 현무암으로 만든 석관에는 왕의 유체가 들어 있었다. 아마 나무 관이 그 속에 있었을 것이다."[6]

이것이 근대 정통파 내지 주류파 이집트학자들의 견해이며, 모든 대학에서 아무런 의심 없이 역사적 사실로 가르치고 있는 내용이다.[7]

그러나 사실이 아니라면 어떻게 할 것인가?

석관에는 아무것도 없었다

쿠푸 왕의 미라가 발견되지 않았다는 수수께끼는 9세기에 카이로의 지배자로 이슬람 교도인 칼리프 알―마문의 기록에서 시작된다. 그는 석공들을 데리고, 보물을 발견하면 나눠주겠다는 약속으로 사기를 고양시킨 뒤 피라미드의 북면에 굴을 뚫기 시작했다. 행운이 겹쳐서, 현대 고고학자들이 "마문의 굴"이라고 부르는 피라미드 내부에 있는 통로에 도달했다. 그것은 폐쇄된 북면의 입구에서 내려오는 "밑으로 내려가는 통로"였다(고대에 입구의 위치가 알려져 있었지만 마문의 시대에는 완전히 잊혀졌다). 작업 도중에 공성 망치와 착암기가 내는 진동으로 아래로 내려가는 통로의 천장 일부가 무너지는 행운이 있었다. 조사해보니 그곳에 피라미드 내부로 올라가는 통로가 있었다.

그러나 문제가 있었다. 거대하고 견고한 현무암들이 입구를 막고 있던 것이다. 이 바위들은 분명히 피라미드가 건설되었을 때 한꺼번에 통로를 막기 위해서 가져다놓은 것으로 생각된다. 아래로 내려가는 통로의 가장 낮은 위치에 있는 출구가 좁았기 때문에 현무암이 고정되어 있었다.[8] 석공들은 이 바위를 부수거나 자를 수 없었다. 그래서 통로 주위를 감싸고 있는 비교적 부드러운 석회암에 구멍을 내어 위로 올라가는 길을 찾기로 했다. 몇 주일의 난공사 끝에 통로의 상부로 올라가는 길이 뚫렸다. 거대한 장벽을 피할 수 있는 우회로가 처음으로 만들어져 앞으로 나아갈 수 있게 되었다.

이것이 시사하는 점은 명확하다. 그때까지 도굴범들은 그곳에 도달할

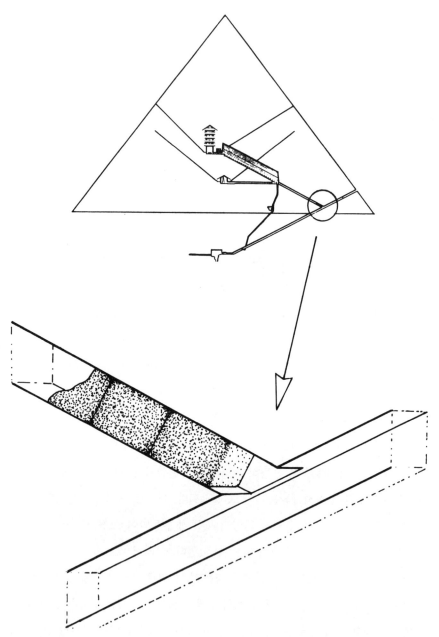

대피라미드 : 올라가는 길을 막고 있는 마개와 입구

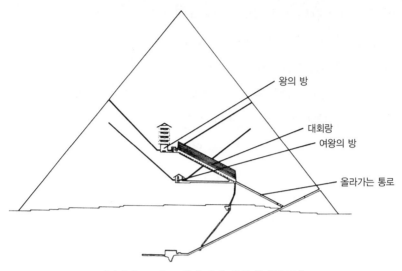

대피라미드 : 통로, 환기 구멍, 방의 상세한 모습

수 없었기 때문에 피라미드 내부는 처녀지에 다름 아니었다는 것이다. 석공들은 거대한 황금과 보석을 기대했을 것이다. 마문 역시 최초로 방에 뛰어들어갈 생각이었지만, 이유는 달랐다. 기록에 의하면 그가 피라미드를 조사하게 된 동기는 이미 풍족했던 개인재산을 늘리기 위해서가 아니었다. 그는 태고의 문명이 가지고 있던 지혜와 기술의 창고가 유적에 묻혀 있다고 믿고 있었던 것이다. 오랜 세월 동안 전해져온 전승에 의하면, 피라미드의 건설자는 이 창고에 "철제품과 녹슬지 않는 무기, 휠 수는 있지만 깨지지 않는 유리, 불가사의한 주문……"을 넣었다고 한다.[9]

그러나 마문과 석공들은 아무것도 발견하지 못했다. 세속적인 보물도 없었고, 첨단 무기도, 시대에 어울리지 않는 비닐 소재의 제품도, 철제품도, 녹슬지 않는 무기도……. 아무것도 없었다. 불가사의한 주문도 발견되지 않았다.

"여왕의 방"이라는 오해를 불러일으킬 수 있는 이름이 붙은 방(올라가는 통로에서 갈라져 있는 수평통로로 들어서면 그 끝에 있다)도 비어 있었을 뿐만 아니라 기하학적으로 수수하게 만들어진 방에 지나지 않았다.[10]

더욱 실망스럽게 왕의 방(아랍인들은 당당하게 대회랑을 기어올라 그곳에 도착했다)에서도 아무것도 발견되지 않았다. 그곳에 있었던 가구는 인간의 몸이 들어갈 만한 현무암으로 만든 큰 석관뿐이었다. 별다른 의미도 없이 "석관"이라고 불린 이 살풍경한 돌 상자는 가까이 다가간 마문과 그의 부하들에게 낭패감을 주었다. 피라미드 안의 다른 모든 것과 마찬가지로 뚜껑도 없었고 안은 비어 있었다.[11]

대피라미드의 매장물은 정확하게 언제, 어떻게 사라졌을까? 이집트학자들의 말처럼 쿠푸 왕 사후 500년이 지난 시기에 도굴당한 것일까? 최근 발견된 여러 가지 증거들이 말하는 것처럼, 피라미드의 내부는 피라미드가 밀폐된 당시부터 비어 있었던 것은 아닐까? 마문과 그의 부하들보다 올라가는 통로의 상부에 먼저 도달한 사람은 없었다. 올라가는 통로의 입구를 막고 있는 현무암을 제거한 사람 역시 없었다.

상식적으로 생각해볼 때 그들보다 먼저 침입한 존재가 있을 가능성은 없다. 물론 다른 입구가 있었다면 이야기가 달라지지만 말이다.

갱 속의 통로

다른 입구가 있었다.

막혀 있는 올라가는 통로의 입구가 발견된 지점에서 아래로 60미터 내려간 곳에 입구가 밀폐된 비밀스러운 수갱이 있었다. 이 수갱은 기자 대지의 깊숙한 곳까지 들어가 있었다. 막혀 있던 올라가는 통로 위를 지나는 수갱을 마문이 발견했다면 상당히 편했을 것이다. 그러나 그는 올라가는 통로의 입구를 막고 있는 장애물을 처리하는 데에 주력하느라고 내려가는 통로의 앞을 조사하지 않았다(그 대신 피라미드를 팔 때 나온 돌을 그곳에 쌓아두었다).[12]

그러나 내려가는 통로의 앞은 예전에 조사되어 있었고 어떤 곳인지 잘 알려져 있었다. 그리스-로마의 지리학자인 스트라보는 지하에 있는 큰 방에 대해서 명쾌한 설명을 남겼다(피라미드의 정상에서 180미터나 아래에 위치하고 있다).[13] 이 지하 방에는 로마 군이 이집트를 점령한 당시의 낙서 등이 남아 있어서 예전에 사람들이 빈번하게 찾아왔다는 것을 알려준다. 그러나 서면에서 내려가는 통로의 3분의 2 정도 되는 곳에 있었던 비밀 입구는 교묘하게 은폐되어 19세기가 될 때까지 발견되지 않았다.[14]

그 출입구는 좁은 우물과 같은 수갱과 연결되어 있다. 수갱의 전체 길이는 49미터 정도이다. 기반 속을 거의 세로로 관통해서 대피라미드의 내부에 있는 석회암을 20단 정도 지나 대회랑 바로 앞에서 중요한 통로와 연결되어 있다. 이 기묘한 수갱이 어떤 목적에서 만들어졌는지는 알려져 있지 않다(비록 몇 명의 학자들이 대담한 추측을 하기는 했지만 말이다).[15] 확실한 것은 피라미드를 건설할 때 수갱이 함께 만들어진 것이지, 도굴범들이 침입하기 위해서 만든 것은 아니라는 점이다.[16] 그러나 도굴범들이 이 은폐된 통로를 발견하여 왕과 여왕의 보물을 훔친 것은 아닐까 하는 의문은 남는다.

이 가능성을 배제할 수는 없다. 그러나 남아 있는 기록을 보면 불가능하다는 것을 알게 된다.

예를 들면 옥스퍼드의 천문학자인 존 그리브스가 1638년에 대회랑 바로 앞에 있는 우물 같은 수갱 속으로 들어가보는데 18미터 정도밖에 내려가지 못했다. 또한 1765년에 다른 영국인인 너대니얼 데이비슨이 45미터까지 내려갔는데, 모래와 자갈에 막혀 더 이상 전진하지 못했다. 그 후 1830년대에 이탈리아의 탐험가 G. B. 카비글리아 대위가 같은 깊이까지 내려갔다가 역시 동일한 문제에 부딪쳤다. 앞의 사람들보다 적극적이었던 그는 아랍인 노동자를 고용해서 자갈을 파보았다. 그 아래에 뭔가 흥미로운 것이 있을지도 모른다고 생각했던 것이다. 폐쇄공포증에 걸릴 듯한 장소에서 며칠 동안 자갈을 파내자 아래로 내려가는 수갱이 발견되었다.[17]

도굴범들이 이렇게 험난하고 장애물로 덮여 있는 수갱을 지나 제4왕조의 가장 위대한 파라오 쿠푸 왕의 보물을 들고 나올 수 있었을까?

수갱이 자갈로 덮이지 않았고 아래의 출입구가 뚫려 있었다고 해도 전형적인 왕의 무덤들 중 극히 일부에서밖에 보물을 밖으로 빼내지 못했을 것이다. 왜냐하면 우물처럼 생긴 수갱의 직경은 91센티미터밖에 되지 않고, 거의 수직인 위험한 장소도 몇 군데 있기 때문이다.

따라서 마문과 그의 부하들이 820년에 왕의 방에 침입했을 때 묵직하고 커다란 보물이 남아 있으리라고 기대한 것도 무리는 아니다. 뿐만 아니라 쿠푸 왕의 것보다 열등하다고 여겨지는 나중 시기에 만들어진 투탕카멘 왕의 무덤에서는 많은 조각상과 성물이 발견되었다.[18] 그러나 쿠푸 왕의 피라미드에서는 아무것도 발견되지 않았다. 카프레 왕의 피라미드에서도 발견된 것이 없다. 결국 이것은 도굴범이 범행 현장에 아무런 흔적도 남기지 않았다고 하는, 이집트 역사에서 있을 수 없는 예가 되고 말았다. 찢어진 천도 없었고, 부서진 도자기도 없었으며, 필요없다고 남긴 것도 없었고, 실수로 흘린 보석류도 없었다. 남아 있는 것은 노출된 바닥과 벽, 뚜껑도 없이 입 벌리고 있는 빈 석관뿐이었다.

다른 무덤과의 차이

아침 6시가 지났다. 햇살은 쿠푸 왕과 카프레 왕의 피라미드 정상을 엷은 분홍색으로 물들이고 있었다. 다른 두 피라미드보다 60미터 이상 낮은 멘카우레 왕의 피라미드의 북서쪽 모서리를 따라 구불구불한 모래언덕 사이를 걸어가고 있을 때에도 산타와 나는 아직 피라미드의 그늘에 있었다.

나는 무덤의 도굴설에 대해서 아직 생각하고 있었다. 도굴설을 지탱하는 것은 미라와 매장품이 없었다는 사실뿐이다. 그러나 그 사실 역시 유물이 매장되어 있을 것이라고 제멋대로 상상한 결과에 지나지 않는다. 다른 모든 증거들이, 특히 대피라미드의 경우에는 도굴이 일어나지 않았음을 보여준다. 단순히, 우물처럼 생긴 수갱이 너무 좁아서 큰 보물을 운반하기에 적합하지 않았다는 것만이 문제가 되는 것은 아니다. 쿠푸 왕의 피라미드에서 중요한 다른 점은 거대한 네트워크를 형성하고 있는 대회랑이나 통로 또는 방에 비문이나 장식이 전혀 없다는 것이다. 카프레 왕과 멘카우레 왕의 피라미드도 마찬가지이다. 이 놀랄 만한 건축물들 속에 잠들어 있는 파라오를 칭송하는 비문이 하나도 적혀 있지 않다.

이것은 예외적인 일이다. 이제까지 장식이 없는 이집트 왕의 무덤은 없었다. 이집트에서는 나라가 생긴 이래 줄곧 파라오의 무덤은 철저하게 장식되었고 위에서 아래까지 아름답게 도장되었다(예를 들면, 룩소르 왕들의 계곡이 그렇다). 또한 벽에는 죽은 자가 영원한 생명을 얻는 여행에 필요한 의식문(儀式文)과 신에 대한 기원이 주도면밀하게 새겨져 있었다(기자에서 남쪽으로 32킬로미터 떨어진 사카라에 있는 제5왕조의 피라미드가 좋은 예이다).[19]

왜 쿠푸와 카프레와 멘카우레의 "무덤"만 예외일까? 이 유적들은 무덤이 아니지 않을까? 다른 특별한 목적이 있었던 것은 아닐까? 아니면 아랍의 심원한 몇몇 전승들이 전하는 것처럼 기자의 피라미드는 제4왕조보다 훨씬 오래 전에 건설된 것일까? 아주 오래 전에 고도로 발달한 문명의 건설자가 건축한 것일까?

이런 가설들은 이집트학자들에게는 인기가 없는데, 그 이유는 쉽게 이해할 수 있다. 더욱이 제2피라미드와 제3피라미드 내부에는 아무것도 적혀 있지 않았고, 카프레와 멘카우레라는 이름도 발견되지 않았다. 학자들은 대피라미드의 내부에서 상형문자로 된 "채석장 마크(quarry mark)"(채석장에서 옮겨지기 전에 돌 블록 위에 새겨진 낙서)를 발견했는데 거기에 쿠푸라는 이름이 적혀 있었던 듯하다.

수상한 냄새

채성장 마크를 발견한 것은 하워드 바이스 대령이었다. 1837년에 기자에서 파괴적인 발굴이 행해지고 있을 때였다. 대령은 이미 존재하고 있던 좁은 굴을 넓혀, 연속하는 공동(空洞)까지 굴을 팠다. "중량이 줄어드는 방(relieving chamber)"이라고 불리는 그곳은 왕의 방 바로 위에 있었다. 채석장 마크는 공동들 중에서 위쪽에 있는 네 개의 공동의 벽과 천장에 새겨져 있었다. 내용은 다음과 같다.

> 장인-집단, 크눔-쿠푸의 하얀 왕관의 힘은 강력하다
> 쿠푸
> 크눔-쿠푸
> 17년[20]

이것은 매우 이용하기 편리한 상황이었다. 바이스 대령은 실속 없는 발굴이 끝나려고 하는 그때까지 사용한 막대한 비용을 정당화할 필요가 있었다. 그것을 위해서는 고고학적인 대발견이 필요했다. 바로 그런 때에 바이스는 우연히 10년에 하나 있을까 말까 한 대발견을 했다. 대피라미드의 건설자가 쿠푸 왕이라는 확실한 증거를 찾아낸 것이다.

이러한 발견을 이룩한 사람은 불가사의한 이 건축물이 건설된 목적과 건설자가 누구인지 등의 오랜 세월 동안 해결되지 않은 채로 남아 있던 의문에 해답을 내놓을 수 있다고 생각했을 것이다. 그러나 의문은 남았다. 왜냐하면 바이스가 발견한 증거는 처음부터 "수상한 냄새"를 풍기고 있었기 때문이다.

1. 이상하게도 대피라미드 내부에서 "쿠푸"라는 이름이 발견된 것은 그 당시뿐이다.[21]
2. 이상하게도 발견된 장소가 이 거대한 건축물 속에서도 가장 사람 눈

에 띄지 않는 외진 곳이다.

3. 이상하게도 그 어떤 비문도 존재하지 않는 건축물에서 앞의 낙서만 발견되었다.

4. 매우 이상하게도 채석장 마크는 다섯 개의 "중량이 줄어드는 방" 중에서 위쪽에 있는 네 개의 방에서만 발견되었다. 따라서 문제의식이 있는 사람이라면 다섯 개의 "중량이 줄어드는 방"의 가장 아래에 있는 방을 바이스 대령이 발견했다면(너대니얼 데이비슨이 70년 더 일찍 발견하지 않고), 그 방의 천장과 벽에도 채석장 마크가 있었던 것은 아닐까 하고 당연히 생각할 것이다.[22]

5. 이상하게도 "채석장 마크"의 상형문자 가운데 몇 개는 거꾸로 도장이 되어 있고, 또 몇 개는 판독이 불가능하며 어떤 것은 오자이거나 문법적으로 틀렸다.[23]

바이스는 사기꾼이었을까?

바이스가 증거를 훼손했다는 이야기가 있다.[24] 바이스가 채석장 마크를 위조했다는 결정적인 증거를 제시하는 일이 어렵기도 하겠지만, 그렇다고 해서 이집트학자들이 채석장 마크에 전혀 의심을 품지 않고 그 신빙성을 인정한 것은 경솔한 행동이었다. 특히 출처가 확실한 다른 상형문자가 적혀 있는 비문에, 쿠푸 왕은 피라미드를 건설할 수 없었다고 기록되어 있다는 점을 생각하면 더욱 그렇다. 바이스의 채석장 마크가 지니는 중요성을 강조하는 이집트학자들은 이상하게도 석공의 낙서와 서로 모순되는 내용이 기록되어 있는 상형문자 비문이 있음에도 불구하고 그 비문의 중요성을 인정하려고 하지 않는다. 카이로 박물관에 서 있는 직사각형의 석회암 비석에 그 비문이 새겨져 있다.[25]

인벤토리 비석(Inventory Stela)이라고 불리는 이 비석은 19세기의 프랑스 고고학자 오귀스트 마리에트가 기자에서 발견한 것이다. 이 비석에 적혀 있는 내용은 충격적이었다. 스핑크스와 대피라미드는 쿠푸 왕이 왕위에 오르기 오래 전부터 존재했다고 적혀 있다(몇 개의 다른 유적을 포함해서). 비문은 여신 이시스를 "피라미드의 여왕"이라고 밝히고 있다. 즉 피라미드는 마술의 여신 이시스에게 바쳐진 것으로서 쿠푸 왕을 위한 것이 아니라는 말이다. 또한 쿠푸 왕의 피라미드는 대피라미드가 아니라, 대피라미드의 동쪽 옆에 있는 세 개의 보조적 건축물들 가운데 하나임을 강하게 시사하고 있다.[26]

이 비석은 정통파 학자가 정리한 고대 이집트 연대사에 충격을 던지는 증거라고 생각된다. 또한 기자의 피라미드들은 왕의 무덤일 뿐 다른 그 무엇도 아니라는 정통파의 일치된 견해에도 의문을 던진다. 그러나 정통파 학자들은 중대한 사항이 기입되어 있는 인벤토리 비석을 조사하지 않고 역사적 가치가 낮은 것을 선택했다. 영향력이 강한 미국의 학자 제임스 헨리 브레스테드는 "만약 이 비석이 쿠푸 왕의 시대에 기록된 것이라면 매우 중요한 의미를 지닐 것이다. 그러나 철자를 보면 보다 나중에 기록된 것이 분명하다……"라고 말했다.[27]

브레스테드는 비문에 있는 상형문자의 철자를 보고 제4왕조의 것이 아니라 보다 최근의 것이라고 주장했다. 모든 이집트학자들은 이 견해와 그것으로부터 도출되는 결론에 동의했다. 즉 비석은 쿠푸 왕이 통치한 시대로부터 약 1,500년 후인 제21왕조 시대에 만들어진 것으로서 비석에 기록된 내용은 단순한 역사적 공상에 지나지 않는다고 말이다.[28]

상형문자의 철자만을 증거로 학계 전체가 인벤토리 비석이 시사하고 있는 충격적인 내용을 무시해왔다. 이 비석이 제4왕조에 기록된 비문을 원전으로 했을 가능성(신[新] 영역 성서가 오래된 원전을 바탕으로 쓰였듯이)조차 전혀 고려하지 않았다. 반면 수상한 "채석장 마크"에는 전혀 이의를 제기하지 않은 채 그 정통성을 인정하고, 철자와 그외의 다른 이상한 점에 대해서는 눈을 감았다.

왜 이와 같은 이중 기준이 존재하는 것일까? "채석장 마크"가 제공하는 정보는 대피라미드가 쿠푸 왕의 무덤이라는 정통파의 의견과 일치하고, 인벤토리 비석이 제공하는 정보는 정통파 학자들의 의견과 모순되기 때문일까?

개관(槪觀)

아침 7시에 산타와 나는 기자의 피라미드에서 남서쪽에 있는 사막으로 들어가 거대한 모래언덕 아래에 기분 좋게 앉아 있었다. 아무런 방해물 없이 유적 전체를 바라볼 수 있었다.

3월 16일이었다. 며칠만 지나면 세계 모든 지역에서 태양이 정동에서 떠오른다는 춘분이었다. 1년에 두 번밖에 없는 날이었다. 거대한 메트로놈의 진자처럼 하루의 시간을 째깍거리는 태양은 정동보다 약간 남쪽에서 지평선을 둘로 가르며 솟아오르더니, 곧바로 높이 떠올라 카이로 시를 덮은 어둠을 내쫓았다.

쿠푸, 카프레, 멘카우레……케오프스, 케프렌, 미케리노스. 이름을 이집트식으로 부르건 그리스식으로 부르건, 유명한 제4왕조의 파라오들은 세계에서 가장 화려하고, 가장 명예롭고, 가장 아름답고, 가장 거대한 건축물과 연관되어 축복을 받아왔다. 그들이 이 건축물과 밀접한 관계가 있음은 틀림없는 사실이다. 그것은 헤로도토스가 전한 전승(어느 정도의 증거가 있었을 것이다)에서뿐만 아니라, 쿠푸, 카프레, 멘카우레라는 이름이 세 개의 주요 피라미드에서가 아니더라도 기자 대지의 각지에서 발견되고 있는 것에서도 알 수 있다. 대피라미드의 동쪽에 있는 세 개의 보조적인 피라미드와, 멘카우레 왕의 피라미드의 남쪽에 있는 세 개의 보조적인 피라미드에서 특히 세 명의 이름이 많이 발견되었다.

보조적인 피라미드에서 발견된 증거는 애매하고 불확실한 것이 많다. 어째서 많은 이집트학자들이 위대한 세 피라미드가 "단순히 왕의 무덤일 뿐이다"라는 추론으로 만족하는지 이해할 수가 없다.

문제는 이 증거들은 정반대로 해석할 수 있는 근거로도 쓰일 수 있다는 것이다. 예를 하나 들어보자. 위대한 세 피라미드는 제4왕조의 파라오들이 자신의 무덤으로 건설했다고 한다. 그러나 이 기자 대지의 거대한 유적은 이집트 문명이라는 역사적 문명이 시작하기 전부터 지어져 있었고, 나중에 쿠푸 왕, 카프레 왕이 멘카우레 왕이 보조적인 건축물을 오래된 피라미드 주위에 건설했다고도 볼 수 있다. 파라오들이 이와 같은 일을 한 이유는 거대한 유적의 높은 명성이라는 은혜를 입을 수 있기 때문이었을 것이다(그렇게 하면 후손들이 그들을 대피라미드를 건설한 사람으로 간주하게 된다).

다른 가능성도 많다. 그러나 누가, 언제, 어떤 피라미드를, 왜 건설했는가라는 문제에 대해서 성통와 학사들의 "단순히 왕의 무덤일뿐이다"라는 독단적인 대답은 너무나 어설프다. 사실 피라미드가 누구에 의해서 건설되었는지는 확실하지 않고, 어느 시대에 건설되었는지도 확실하지 않으며, 어떤 기능을 담당했는지도 전혀 확실하지 않다.

위대한 피라미드는 이런 이유 때문에 사람을 매료시키는 깊고 불가사의한 분위기에 에워싸여 있는 것이다. 사막에서 물끄러미 바라보자 피라미드들이 모래언덕을 넘어 이쪽으로 달려오는 듯이 느껴졌다.

변칙성

기자 지구의 남서쪽에 있는 사막에서 바라보는 세 피라미드는 장엄하기도 했지만 기괴하기도 했다.

멘카우레 왕의 피라미드가 우리로부터 가장 가까운 곳에 있었고, 카프레 왕과 쿠푸 왕의 피라미드가 북동쪽으로 차례로 놓여 있었다. 이 두 피라미드는 거의 완벽하게 경사방향이 이어져 있었다. 카프레 왕의 피라미드의 남서쪽 모서리와 북동쪽 모서리를 연결하는 선을 연장하면 대피라미드의 남서쪽 모서리와 북동쪽 모서리를 연결하는 선이 되었다. 우연은 아닐 것이다. 그러나 같은 선을 남서쪽으로 연장해도 제3피라미드에는 닿지 않는다는 것을 우리가 있는 곳에서도 쉽게 알 수 있었다. 제3피라미드 전체가 연장선의 동쪽으로 크게 벗어나 있었기 때문이다.

이집트학자들은 이 변칙성을 인정하지 않는다. 이유가 무엇일까? 그들이 기자의 부지에 계획성 따위는 존재하지 않는다고 보는 한 그렇다. 즉 그들이 보기에 피라미드는 단지 세 명의 파라오를 위해서 75년 동안 지은 왕의 무덤에 지나지 않는다.[1] 각각의 파라오가 기념비를 통해서 그들의 개성을 보여준 것에 불과한 셈이다. 따라서 학자들에 의하면 멘카우레 왕의 피라미드는 그저 왕의 개성에 따라 "다른 쪽을 향하고 있는 것이다."

그러나 이집트학자들은 잘못을 범하고 있었다. 나는 1993년 3월의 어느 아침까지는 그들의 잘못을 알아차리지 못했다. 그러나 지금은 많은 연구를 통해서 기자 지구가 전체적인 계획에 따라 건설되었다는 것이 의심할 여지 없는 사실임을 알게 되었다. 그 전체적인 계획은 세 피라미드의 정확한 위치뿐만 아니라, 기자 대지에서 동쪽으로 몇 킬로미터나 떨어진 나일 강과의 위치 관계까지 고려한 것이었다. 이 거대하고 야심찬 배치는 신비하게도 하늘의 별자리를 모델로 한 것이다.[2] 발밑의 지하를 뒤진 것밖에 내세울 것이 없는 이집트학자들이 알아차리지 못한 것도 무리가 아니다. 다음 장에서 설명하겠지만 세 피라미드의 길이와 방위 등의 엄밀성은 이 거대하고 전체적인 배치에도 반영되었다.

기묘한 압박

이집트의 기자, 1993년 3월 16일, 오전 8시

60미터를 조금 넘는 제3피라미드의 높이(밑변의 한 변의 길이는 108미터)는 대피라미드의 절반에도 미치지 못하고 질량은 비교할 수 없을 만큼 작다. 그럼에도 불구하고 이 피라미드는 놀라울 정도로 당당했으며 위엄을 느끼게 했다. 사막의 햇살 속에서 거대한 기하학적 모양의 그림자로 들어갔을 때, 이라크의 작가 압둘 라티프가 12세기에 이 건축물을 보고 남긴 말이 생각났다. "다른 두 피라미드와 비교하면 작아 보인다. 그러나 다른 피라미드를 보지 않고 가까이에서 이 피라미드를 마주하면, 기묘한 압박에 가슴이 벅차고, 아픔 없이는 바라볼 수 없다……."[3]

하부의 16단에는 건축할 당시의 외벽이 아직 남아 있었다. 외벽의 돌은 붉은 현무암이었다("쇠로 만든 도구로 오랫동안 힘을 써도 흠집 내기가 어려울 정도로 매우 단단하다"라고 압둘 라티프는 기록해놓았다).[4] 몇 개의 돌들은 매우 크고 서로 밀착되어 있어서, 복잡하게 짜놓은 조각 그림처럼 보였다. 이 돌들은 이곳에서 멀리 떨어진 페루의 쿠스코와 마추 픽추

등의 거석건축을 연상시켰다.

제3피라미드의 입구는 다른 것들처럼 북면에 있었는데 지상에서 상당히 높은 곳에 있었다. 아래로 내려가는 통로는 이곳에서부터 26도 2분의 각도 지점에서 화살처럼 암흑 속으로 돌진하고 있었다.[5] 정확하게 북쪽에서 남쪽으로 향하는 이 통로는 장소에 따라서는 직사각형인데다가 매우 좁아서 몸을 완전히 숙여서 구부리지 않으면 들어갈 수 없을 정도였다. 피라미드의 내부에 있는 천장과 벽은 간격 없이 빽빽하게 쌓아올린 현무암으로 만들어져 있었다. 그러나 더욱 놀라운 사실은 땅속의 상당히 깊은 곳까지도 같은 모양의 돌로 이루어져 있다는 것이었다.

입구에서 21미터 정도 들어가자 통로는 고개를 들고 설 수 있는 수평통로로 바뀌었다. 그곳을 지나자 작은 대기실이 나타났다. 이곳에는 조각된 석판이 있었고, 벽에는 구덩이가 있었다. 구덩이는 석판을 끼워두기 위한 것인 듯했다. 방의 구석으로 가서 몸을 굽히고 다른 통로로 나왔다. 몸을 숙인 채 남쪽으로 12미터 정도 가자 세 개의 매장실 — 만약 이 방들이 매장실이라면 — 가운데 첫 번째 방이 나왔다.

침묵이 지배하는 우울한 이 방은 견고한 지반을 파내고 만든 것이었다. 첫 번째 방은 직사각형에 동서로 가로누워 있었다. 길이 9미터, 폭 4.5미터, 높이 4.5미터였다. 천장은 편평했고, 내부구조는 복잡했다. 서쪽 벽에는 사각형의 큰 구멍이 무질서하게 뚫려 있었고, 그 안쪽으로 어두운 동굴과도 같은 공간이 이어져 있었다. 바닥의 중앙에도 구멍이 있었다. 그 구멍에서 서쪽으로는 아래로 땅속 깊은 곳과 연결되어 있는 경사로가 나 있었다. 우리는 경사로로 들어갔지만 길은 곧바로 끝났다. 복도로 나와 오른쪽의 좁은 입구를 지나서 비어 있는 방으로 들어갔다. 벽에는 여섯 개의 작은 공간이 만들어져 있었는데, 중세 수도사들의 침실처럼 보였다. 작은 공간은 동쪽에 네 개, 북쪽에 두 개가 있었다. 이집트학자들의 추측에 따르면, 이 공간들은 "선반, 즉 죽은 왕이 근처에 두고 싶어하는 것을 놓는 장소"였

을 것이라고 한다.[6]

이 방에서 나오자 다시 오른쪽으로 휘어진 통로였다. 통로 끝에는 또다른 빈 방이 있었다.[7] 이집트의 다른 피라미드에서는 찾아볼 수 없는, 매우 독특하게 설계된 방이었다. 길이 3.6미터에 폭이 2.4미터로 남북으로 가로누워 있었고, 벽과 심하게 손상된 바닥은 초콜릿 색 화강암으로 특이하게도 매우 조밀하게 덮여 있었다. 빛과 소리를 흡수할 수 있을 듯한 바위였다. 천장은 열여덟 장의 동일 재질의 거대한 화강암판으로 이루어져 있었는데, 그 구조는 아홉 장의 석판들이 서로 마주 보는 맞배 형태였다. 화강암판은 아래쪽이 움푹 들어간 형태였기 때문에 천장은 완벽하게 둥글었다. 마치 로마네스크 양식으로 지은 대성당의 지하실인 듯했다.

아래에 있는 방을 나와 경사로를 따라 올라가자, 천장이 편평하고, 크기가 크고, 바위를 깎아서 만든 방이 다시 나왔다. 이 방의 서쪽 벽에 뚫린 틈새로 아래에 있는 방의 천장을 구성하고 있는 화강암판이 보였다. 이 위치에서 보자 끝이 뾰족한 맞배가 더욱 잘 보였다. 그러나 어떻게 열여덟 장의 화강암판을 이곳까지 가져올 수 있었는지는 도저히 이해하기 어려웠다. 게다가 화강암판은 완벽하게 설치되어 있었다. 판 하나가 몇 톤은 됨직했다. 판은 매우 무거웠을 것이고 어떤 환경에서도 다루기가 어려웠을 것이다. 게다가 이곳은 일반적인 장소도 아닌 땅속이다. 피라미드 건설자들이 마치 스스로 일을 더 복잡하게 만든 것처럼(아니면 그들에게는 매우 쉬운 일이었는지도 모른다), 지반과 천장의 석판 사이에 작업이 가능한 공간을 거의 두지 않았다. 그 사이로 기어들어가서 지반과 천장의 간격을 재보았다. 그 결과 남쪽 끝은 60센티미터 정도이고, 북쪽 끝은 겨우 몇 센티미터밖에 되지 않았다. 이렇게 좁은 장소에서 석판을 위에서 내려 현재의 위치에 설치하는 것은 불가능한 일이다. 따라서 아래에 있는 바닥에서 들어올렸다는 말이 되는데 어떻게 했던 것일까? 아래의 방은 좁아서 한 번에 몇 명밖에 움직이지 못한다. 사람의 팔로 석판을 들어올리기에는 사람이 너무 부족하다. 피라미드를 건설할 당시 도르래는 존재하지 않았다[8](존재했다고 하더라도 도르래를 장치할 수 있는 공간이 없다). 현대에 알려지지 않은 지레가 있었던 것일까? 그것도 아니라면 신관이나 마술사가 "주문"을 중얼거려 거대한 돌을 가볍게 들어올릴 수 있었다는 고대 이집트의 전승에 학자들이 생각하는 것보다 훨씬 더 신빙성이 있는 것일까?[9]

피라미드의 수수께끼에 직면하면 항상 느끼게 되는 것이 불가능한 공학이 사용되었다는 점이다. 게다가 그 수준은 매우 뛰어나며 정밀도도 높다. 이집트학자들의 말대로라면 이 건축공사는 문명의 새벽에 행해진 것이 된다. 그러나 당시의 사람들은 거대한 공사를 해본 경험이 없었을 것이다.

이것은 모순이다. 그러나 정통파 학자들은 이 모순을 전혀 설명해주지 않는다.

움직이는 손가락이 계속해서 쓰고 있다

제3피라미드의 중심에 있어서 괴수 리바이던의 심장이 뛰고 있는 것처럼 느껴지는 지하의 "매장실"을 벗어나 입구가 좁은 통로를 빠져나와 바깥 공기를 마셨다.

다음 목표는 제2피라미드였다. 피라미드의 서면을 따라 걷다가(길이는 215.7미터 정도), 오른쪽으로 돌아 북면으로 나왔다. 남북을 잇는 주축에서 동쪽으로 12미터 떨어진 곳에 커다란 입구가 있었다. 다른 입구는 지상에서 지반을 직접 파서 만든 것으로 피라미드에서 9미터 정도 떨어져 있었다. 또다른 입구는 북면 바닥에서 15미터 정도 올라간 곳에 입을 크게 벌리고 있었다. 이 입구에서 25도 55분 각도 지점에 통로가 아래로 나 있었다.[10] 피라미드에서 떨어져 있는 입구로 들어가자 지하 깊숙한 곳까지 통로가 계속되다가 짧은 수평통로가 나왔는데, 그곳에 지하의 방이 있었다. 그곳을 지나자 통로는 심하게 급경사를 이루다가 다시 정남으로 향하

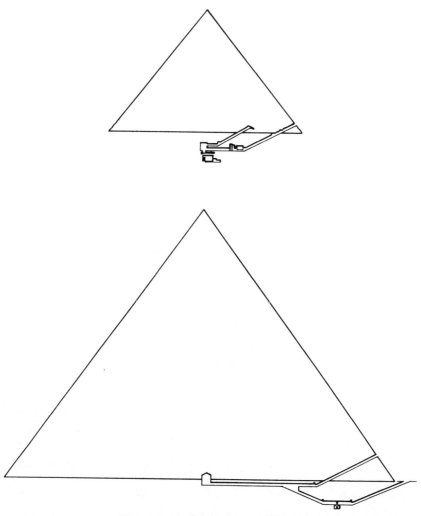

위 : 멘카우레 왕의 피라미드에 있는 방과 통로체계.
아래 : 카프레 왕의 피라미드에 있는 방과 통로체계.

는 수평통로가 나왔다(정북에서 내려오는 상부의 통로와 연결되어 있다).

이 수평통로에서는 고개를 들고 걸을 수 있었다. 처음에는 화강암이었
지만 갈수록 매끄럽게 다듬어진 석회암 통로로 바뀌었다. 거의 지면 높이
에 있는 이 통로는 피라미드의 가장 아래에 있는 돌 밑을 지나고 있었다.
매우 긴 통로였다. 60미터 정도를 곧바로 걸어가자 피라미드의 중앙에 있

는 "매장실"이 보였다.

앞에서 말한 것처럼, 이 방에서는 미라가 발견되지 않았고 비문도 존재하지 않았다. 따라서 카프레 왕의 피라미드라고 부르는 이 건축물의 건설자에 대해서는 아무것도 알려진 것이 없다. 벽에는 탐험가들이 남긴 이름이 있었다. 예를 들면 서커스 곡예사였던 조반니 바티스타 벨초니(1778-1823)는 1818년에 있는 힘을 다해서 이 유적에 들어왔다. 벨초니가 검은 페인트로 쓴 거대하고 멋있는 서명이 방의 남쪽에 남아 있었는데, 이것은 모든 사람에게 인정받고 기억되고 싶어하는 인간의 본성을 보여준다는 생각이 들었다. 카프레 왕도 예외가 아니었을 것이다. 피라미드의 주변에 있는 묘지에서 카프레 왕과 관련된 것이 출토되었다(초상을 포함해서).[11] 만약 카프레 왕이 무덤으로 쓰기 위해서 피라미드를 건설했다면 건축물 내부의 어딘가에 자기 이름을 남기려고 하지 않았을까? 왜 이집트학자들은 피라미드의 주위에 있는 묘지를 카프레 왕이 지은 것이고, 제2피라미드는 다른 사람이 건축했다고 생각하지 않는지 정말 이상한 일이다.

그러나 다른 사람은 누구인가?

이것이 최대의 문제이다. 건설자의 이름이 남아 있지 않은 것은 아니다. 다만 쿠푸, 카프레, 멘카우레 이전의 파라오들 가운데 피라미드를 건설했다고 볼 수 있는 후보자는 없다. 제4왕조 최초의 파라오인 쿠푸의 아버지 스네프루가 다슈르(기자에서 서쪽으로 48킬로미터 떨어진 곳)에 있는 "굴절" 피라미드와 "붉은" 피라미드라고 부르는 피라미드를 건설했다고 전해지는데, 불가사의한 부분이 많다. 만약 피라미드가 왕의 무덤이라면 왜 두 개나 필요했을까? 이집트학자들 가운데에는 스네프루 왕이 메이둠에 있는 "무너진" 피라미드도 건설했다고 주장하는 사람이 있다(그러나 많은 전문가들은 제3왕조의 마지막 파라오 후니 왕의 무덤이라고 본다).[12] 고왕국 시대에 피라미드를 건설한 사람은 제3왕조의 두 번째 파라오 조세르밖에 없다. 이 왕은 사카라에 있는 "계단식" 피라미드를 건설했다고 한다.[13]

조세르 왕의 후계자였던 세켐케트도 사카라에 피라미드를 건설했다. 따라서 이를 근거로 비문이 없어도 기자에 있는 피라미드는 쿠푸, 카프레, 멘카우레의 무덤이라고 한다.

더 이상 "피라미드는 왕의 무덤일 뿐이다"라는 설의 결점에 대해서 지적하지 않겠다. 그러나 이 설은 단순히 기자에 있는 피라미드뿐만 아니라, 앞에서 서술한 제3과 제4 왕조 때에 만들어진 모든 다른 피라미드에 대해서도 많은 모순을 지니고 있다. 그 피라미드들에서 파라오의 유체가 발견되지도 않았고, 왕의 무덤이라는 증거도 나오지 않았다.[14] 메이둠에 있는 "무너진" 피라미드에서는 석관조차 발견되지 않았다. 사카라에 있는 세켐케트 왕의 피라미드에서는 석관이 발견되었는데(1954년에 이집트 고고학청이 처음으로 안에 들어갔다), 이 석관은 봉인되어 있었고 "무덤"에 들어간 이후에 그대로 보존된 것이 확실했다.[15] 도굴범들이 안으로 들어가는 길을 찾아내지 못했기 때문이다. 그러나 석관은 비어 있었다.[16]

이런 사실들을 어떻게 설명할 수 있을까? 기자, 다슈르, 메이둠, 사카라에 피라미드를 만들기 위해서 2,500만 톤의 돌을 쌓았다. 그런데 그 목적이 텅 빈 현실에 텅 빈 석관을 넣어두기 위해서였을까? 과대망상에 사로잡힌 한두 명의 파라오가 있었다는 가설은 고려할 수 있다. 그러나 그 시대를 살았던 모든 파라오들이 이와 같은 무모한 일에 찬성하지는 않았을 것이다.

판도라의 상자

500만 톤의 돌이 쌓여 있는 기자의 제2피라미드 밑에서 산타와 나는 넓은 현실(玄室) 속으로 들어갔다. 이곳이 무덤이었을지도 모르지만 아직 밝혀지지 않은 다른 목적으로 사용되었을지도 모른다. 동서가 14미터, 남북이 5미터인 이 횡뎅그렁한 방은 거대하고 견실한 맞배 천장으로 이루어져 있었다. 천장에서 가장 높은 곳은 그 높이가 6.8미터에 이른다. 맞배 천장을 구성하고 있는 석판들은 각각 20톤 정도의 거대한 석회암 덩어리들이다. 이 석판들의 각도는 53도 7분 28초로서 피라미드 본체의 각도와 정확하게 일치한다.[17] 이 천장 위에 "중량이 줄어드는 방"(대피라미드의 왕의 방 위에는 있다)은 존재하지 않는다. 4,000년 혹은 그 이상의 긴 세월 동안 맞배 천장은 세계 제2의 건축물의 중량을 지탱해왔다.

나는 방 안을 천천히 둘러보았다. 벽은 황색이 깃든 흰색으로 빛나고 있었다. 기반을 이루는 바위를 깎아서 만든 벽은 매끄럽게 다듬어졌을 것으로 생각했지만 그렇지 않았다. 표면은 보기에도 거칠고 불규칙했다. 바닥도 역시 달랐다. 동쪽과 서쪽은 30센티미터 정도 높이가 달랐다. 카프레의 석관으로 추측되는 돌 상자는 서쪽 벽 끝의 바닥에 묻혀 있었다. 길이가 1.8미터 정도의 이 상자는 매우 얕고 폭도 좁아서, 고귀한 파라오의 미라를 넣기에는 좁아 보였다. 붉은 화강암으로 만들어진 이 상자의 높이는 무릎까지밖에 오지 않았다.

어두운 실내를 바라보는 동안, 나는 다른 차원으로 통하는 문이 열리는 듯한 기분이 들었다.

37

신이 만들었다

대피라미드에 올라간 것은 전날 밤의 일이었다. 햇살이 빛나는 낮에 다시 대피라미드에 가까이 가보았지만 승리의 감격은 솟아나지 않았다. 피라미드의 토대 앞에 서자 오히려 내 자신이 영원히 솟아 있는 위대한 대건축물을 향하고 있는 파리처럼 느껴졌다. 이 건축물은 영원한 옛날부터 이곳에 존재하고 있었던 것은 아닐까 하는 생각이 들었다. 그리스의 역사가 디오도루스 시켈로스는 기원전 1세기에 이 건축물을 보고 "신에 의해서 만들어지고, 모래에 둘러싸인 채 형태를 갖추고 서 있다"라고 말했다.[1] 그러나 이집트인들이 오랜 세월 동안 피라미드와 연관지었던 신과 같은 왕인 쿠푸가 아니라면 어느 신이 만들었을까?

반나절도 지나지 않아서 나는 다시 이 역사적인 건축물에 오르기 시작했다. 지질학적 시간의 경과에 의한 침식에만 영향을 받을 뿐, 인간의 세상사에는 무관심한 바위산을 강렬한 태양의 빛 속에서 바라보자 위압적이고 두렵게 느껴졌다. 그러나 이번에는 다행스럽게도 대피라미드의 6번째 단까지만 올라가는 것으로 끝이 났다. 근대적인 계단을 걸어 올라가자 "마문의 굴"에 이르렀다. 현재는 이곳이 피라미드로 들어가는 주요 입구가 되었다.

9세기에 마문이 발굴을 거행했을 당시에는 발견되지 않았던 원래의 입구는 마문의 굴에서 10단 정도 더 올라간 곳에 있다. 지상에서 16미터쯤 되는 곳으로 남북을 잇는 주축에서 7미터 정도 동쪽에 위치하고 있다. 거대한 석회암의 맞배로 보호된 이 입구는 아래로 내려가는 통로와 이어져 있다. 그 각도는 26도 31분 23초였다. 이상하게도 이 통로의 크기는 폭이 1.04미터에 높이가 1.19미터밖에 되지 않는데도, 천장의 돌은 두께가 2.59미터에 폭이 3.65미터나 되고, 바닥의 돌(베이스먼트 시트〔Basement Sheet〕라고 부른다)은 두께가 0.76미터에 폭이 10미터나 된다.[2]

이와 같은 기묘한 구조는 대피라미드의 곳곳에서 찾아볼 수 있다. 믿을 수 없을 정도로 복잡한 동시에 의도도 파악할 수 없다. 이와 같은 큰 돌이 어떻게 배치되었는지는 아무도 모른다. 어떻게 다른 돌과의 사이에 삽입할 수 있었는지에 대해서도 모른다. 또한 정확한 각도는 어떻게 유지할 수 있었을까?(아래로 내려가는 통로의 기울기가 모두 26도라는 것을 독자들도 눈치챘을 것이다). 왜 이런 일을 했는지, 아무도 모른다.

봉화

"마문의 굴"을 통해서 피라미드로 들어가는 것은 부자연스러웠다. 가로로 난 산의 동굴로 들어가는 느낌이었다. 원래의 내려가는 통로에서 느낄 수 있는 충분히 고려된 기하학적인 의도가 느껴지지 않았다. 더욱 나쁜 것은 안으로 들어갈수록 어둡고 불길한 수평통로는 추하고 볼품이 없으며 벽에는 아직도 상흔이 남아 있다는 점이었다. 이 상흔은 마문의 부하인 아랍인 일꾼들이 돌을 뜨겁게 했다가 차갑게 식히기 위해서 맹렬한 열과 차가운 식초를 사용한 흔적과, 해머와 끌 또는 송곳과 공성 망치를 이용해서 피라미드를 파괴한 흔적이다.

이와 같은 난폭한 행위는 어떤 면에서는 조야하고 무책임한 짓이다. 그러나 다른 면도 고려할 수 있지 않을까? 즉 그것은 피라미드의 설계 자체가 지적이고 호기심이 왕성한 사람들을 유인해서 수수께끼를 풀게 한다는 것이다. 만약 여러분이 파라오이고, 유체가 손상되는 일 없이 영원히 남기고 싶다면 주위 사람들이나 후손들에게 자신의 무덤이 어느 곳에 있다고 선언했을까? 오히려 아무도 모르는 장소를 비밀리에 찾아서 발견되지 않도록 숨기지 않을까?

대답은 명확하다. 비밀스러운 장소를 선택할 것이다. 고대 이집트의 대부분의 파라오가 이 방법을 택했다.[3]

만약 대피라미드가 정말로 왕의 무덤이라면, 왜 이렇게 눈에 띄게 만들었을까? 왜 13에이커나 되는 땅을 점유하고 있는 것일까? 왜 이것의 높이는 152미터나 될까? 만약 피라미드의 목적이 쿠푸 왕의 유체를 보호하는 것이었다면, 왜 이렇게 주목하지 않을 수 없게 설계했을까? 이 피라미드는 독특함 덕분에 모든 시대에 걸쳐 도굴범이나 탐험가, 탐색하기 좋아하고 상상력이 풍부한 지식인들의 관심의 표적이 되어왔다.

대피라미드를 건설한 재기 넘치는 건축가와 석공, 측량사, 기술자가 인간의 기본적인 심리에 무지했다고 생각하기는 어렵다. 매우 야심적이고 탁월하게 아름다우며, 힘과 예술적 감성이 넘쳐나는 이 작품은 세련된 기술과 깊은 통찰력을 지닌 사람들에 의해서 완성된 것이다. 또한 그들은 인간의 무의식적 욕구와 마음을 조종할 수 있는 기술을 완벽하게 이해하고 있었다. 따라서 태고에 피라미드를 건축한 사람들은 자신들이 나일 강 서안의 넓은 대지에 (믿을 수 없을 정도로 정확한) 어떤 불멸의 "봉화"를 만들려고 했는지 분명하게 이해하고 있었을 것이다.

간단히 말해서 건설자들은 이 위대한 건축물이 사람들을 영원히 매료시킬 것이라고 생각했을 것이다. 그들이 노린 것이 바로 이 점이다. 침입자가 나타나리라는 점도 예상했을 것이다. 몇 번이고 정밀한 계측을 했을 것이다. 인류의 상상력을 계속해서 자극할 수 있다고 생각했을 것이다. 그리고 오래 전에 잊혀진 깊은 비밀이 있음을 알려주기 위해서 집요하게 나타나는 망령처럼, 사람들의 마음을 사로잡고 놓아주지 않으리라는 점도 고려했을 것이다.

피라미드 건설자의 두뇌 게임

마문이 파놓은 통로와 26도의 각도로 내려가는 통로가 만나는 지점에는 두 개의 통로를 분리시키는 근대적인 철문이 있다. 문의 북쪽에는 맞배로 된 원래의 입구까지 이어지는 오르막길이 있다. 남쪽에는 내리막길이 있는데, 그 길을 따라 106미터 정도 지반 속으로 들어가면 넓은 지하의 방이 나온다. 그곳에서 피라미드 정상까지는 182미터 정도이다. 이 통로의 정밀도는 경이로웠다. 이 통로를 직선으로 볼 때, 위에서 아래까지의 평균 오차는 옆면에서는 6밀리미터 이하이고 천장은 7.6밀리미터 이하이다.[4]

철문 옆을 지나 마문의 굴로 계속해서 걸어갔다. 고대의 공기를 마시며 통로를 비추는 어두운 전등에 눈을 익혔다. 기울기가 급하고 좁은 몇몇 지점에서는 몸을 굽히고 기어 올라갔다. 아랍인 일꾼들이 올라가는 통로를 막고 있는 화강암을 피하기 위해서 무던히도 애쓰며 뚫어놓은 통로였다. 통로 끝에 두 개의 화강암 마개가 보였다. 지금도 원래의 위치에 있지만, 일부는 발굴할 때 움직였다. 이집트학자들은 이 마개들이 위에서 끌려내려와 지금의 위치에 놓였을 것으로 추측했다.[5] 즉 대회랑이 있는 곳에서 39미터나 이동했다는 말이다.[6] 그러나 보다 현실적으로 사고하는 건설업자나 건축가라면 이런 방법은 물리적으로 불가능하다고 지적했다. 왜냐하면 마개와 벽 사이의 간격이 거의 없기 때문이다. 지금의 상태라면 2-3센티미터 움직이는 것도 어렵고, 30미터 이상 움직이는 것은 도저히 불가능하다고 말한다.[7]

그렇다면 올라가는 통로에 화강암 마개를 막은 것은 피라미드를 건축할 당시였다는 말이 된다. 그런데 건축 초기에 주요 통로를 일부러 막을 필요가 있었을까(통로는 내부의 방을 넓히거나 마무리하기 위해서 사용된 듯하다)? 침입자 방지가 마개의 목적이라면, 북면 입구에서부터 올라가는 통로가 시작되는 곳까지만 내려가는 통로의 입구를 막는 것이 보다 간단하고 효율적이지 않았을까? 이것이 피라미드를 봉쇄하는 보다 합리적인 방법이다. 이렇게 하면 올라가는 통로에 마개를 막을 필요가 없다.

이것 하나만은 확실하다. 역사 이래로 이 화강암 마개가 수행한 역할은 침입자를 막는 것이 아니었다. 오히려 푸른 수염의 사나이의 이야기에 나오는 철문처럼, 마문의 호기심을 더욱 부채질하여 굴을 파서 통로 위로 나아가도록 만드는 역할을 했다. 마문에게 상상하지도 못한 소중한 것이 있으리라는 확신을 심어준 것이다.

피라미드를 건설한 사람들이 의도적으로 노린 것은 이런 효과가 아니었을까? 이렇게 생각하는 것은 조금 이상하고 확신할 수는 없는 것이지만 그렇다고 그럴 가능성을 부정하기에는 조금 이르다. 여하튼 마문 덕분에 (그리고 오랜 시간이 지나도 변하지 않는 인간의 본성 덕분에) 막혀 있지 않은 원래의 올라가는 통로의 상부를 뚫을 수 있었다. 매끄럽게 파놓은 공간은 폭 1.04미터에 높이 1.19미터(내려가는 통로와 동일하다), 26도 2분 30초 각도로 위와 연결되어 있다[8](내려가는 통로는 26도 31분 23초이다).[9]

왜 이렇게 26도라는 각도에 집착했을까? 이것이 피라미드의 경사각도인 52도의 절반인 것은 우연일까?[10]

독자들은 이 각도에 특별한 의미가 있음을 잊지 않았을 것이다. 이 각도는 대피라미드의 설계에서 고도로 세련된 공식의 열쇠를 쥐고 있으며, 지구의 형태에 대응하고 있다. 원래의 높이(146.7미터)와 네 밑변을 합한 길이(921.44미터)는 각각 지구의 반지름과 주변 길이의 비율과 일치한다. 그 비율은 $2\pi(2 \times 3.14)$로서, 피라미드를 건설한 사람들은 이 숫자를 나타내기 위해서 경사면의 각도를 의도적으로 특이한 52도로 정한 것이다(이 각도 이외의 경사면에서는 높이와 주변의 비율이 2π가 되지 않는다).

제23장에서 설명한 대로, 멕시코의 테오티우아칸에 있는 태양의 피라미드라고 부르는 유적 역시 의식적으로 원주율(π)을 사용했다. 이 경우에 높이(71.17미터)와 네 밑변을 합한 길이(894미터)의 비율이 4π가 된다.[11]

여기서 중요한 것은 고대 이집트와 고대 멕시코의 가장 위대한 피라미드에 원주율이 사용되었다는 점이다. 이 건축물들이 건설된 것은 공식적으로 원주율이 발견된 그리스 시대보다 훨씬 오래 전이다.[12] 이 사실은 설계에 원주율을 삽입해서 무엇인가를 전달하려고 했음을 의미한다. 또한 이집트와 멕시코 두 경우 모두 동일한 메시지를 전달하려고 했을 것이다.

이것이 처음도 아니었고 마지막도 아니었지만, 태고의 지성과 만났다는 생각이 들어 당혹스러웠다. 그 태고의 지성이 반드시 이집트인과 멕시코인의 것일 필요는 없지만, 시대를 초월해서 "봉화"처럼 사람들을 끌어들이는 방법을 알고 있는 지성이다. 사람들은 재물을 찾기 위해서 모여들었거나, 손쉽게 원주율을 사용한 고대 설계자들의 놀라운 지성에 매료되어 모여들기도 했고, 수학적 발견이 없을까 해서 찾아오기도 했다.

나는 이런 것을 생각하면서 26도의 각도로 유지되는 통로를 오르기 시작했다. 몸을 완전히 구부려도 등이 석회암 천정에 닿았다. 이 통로는 삼각법을 응용한 장치처럼 거대한 600만 톤의 건축물 안을 지나고 있었다. 몇 번이고 머리를 천장에 부딪치면서 생각했다. 이와 같이 정교한 건물을 설계한 사람들은 왜 천장의 높이를 60센티미터에서 1미터 정도로 했을까? 이런 거대한 건축물을 지을 수 있는 사람들이라면 통로를 지을 때에도 서서 걸어다닐 수 있도록 천장을 높게 만들 능력이 있었을 것이다. 그렇다면 피라미드를 건설한 사람들이 의식적으로 천장을 낮은 구조로 지었다는 결론이 나온다. 그들이 올라가는 통로를 이와 같이 지은 것은 그렇게 하기를 원했기 때문이다(이렇게밖에 설계할 수 없었던 것이 아니라).

이처럼 정상적이라고 할 수 없는 고대의 두뇌 게임에 어떤 목적이 있었던 것일까?

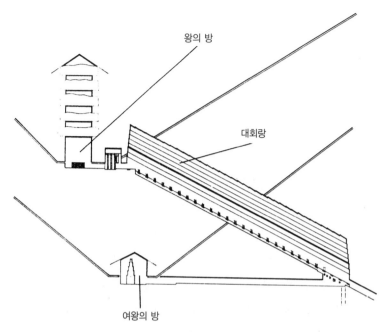

대회랑과 남쪽과 북쪽에 환기 구멍이 있는 왕의 방과 여왕의 방

알려지지 않은 암흑의 저쪽

통로를 다 올라갔을 때, 나는 다시 설명할 수 없는 피라미드의 수수께끼와 부딪쳤다. "고왕국 시기부터 살아남은 가장 유명한 건축물"의 대회랑이었다.[13] 위로 이어져 있는 회랑은 26도의 각도를 그대로 유지하고 있었다. 영원히 계속되는 암흑 속으로 사라져가는 것처럼 넓은 까치발을 댄 둥근 천장에서 깊은 인상을 받았다.

그러나 아직 대회랑으로 들어가고 싶지 않았다. 여왕의 방으로 가는 통로가 여기서 갈라지기 때문이다. 남쪽으로 수평인 이 통로는 높이가 113센티미터, 여왕의 방까지의 거리가 39미터였다.[14] 몇 년 전에 대피라미드를 처음 찾아온 이후로 나는 언제나 여왕의 방이 풍기는 위엄과 아름다움에 감동을 받았다. 그러나 이날은 화가 치밀었다. 출입이 금지되었기 때문이다.

그때는 출입금지 이유를 몰랐지만, 나중에 독일의 로봇 과학자인 루돌프 간텐브링크가 여왕의 방에서 진행 중인 작업 때문이었다는 것을 알게 되었다. 간텐브링크는 여왕의 방 남쪽에 있는 좁은 환기구 속에 25만 달러짜리 로봇을 넣고 신중하게 조작하고 있었다. 이집트 고고학청으로부터 대피라미드의 통풍을 좋게 해달라는 의뢰를 받은 간텐브링크는 곧바로 고도의 하이테크 로봇을 이용하여 왕의 방 남쪽에 있는 "환기 구멍"(이집트 학자들에 의해서 구멍이라고 믿어지게 되었다)에서 자갈을 떼어내고 전동 팬을 입구에 달았다. 1993년 3월 초에 간텐브링크는 여왕의 방에서 작업을 시작했다. 우푸아우트라고 부르는 원격제어 로봇 카메라를 조작해서 남쪽에 있는 환기구의 급경사면을 탐색했다. 3월 22일, 급경사면(39.5도의 각도에 높이 20센티미터, 폭 22센티미터의 구멍)[15]을 로봇이 60미터 정도 올라갔을 때 바닥과 벽이 갑자기 매끄러워졌다. 우푸아우트가 투라 석회암으로 만들어진 곳에 들어간 것이다. 아름다운 투라 석회암이 사용되는 곳은 예배당과 왕의 무덤과 같이 신성한 곳이다. 이것만으로도 흥미로운데, 이 통로의 끝에 방이 있다는 것을 알게 되었다. 피라미드의 돌더미 깊숙이에 단단한 석회암 문이 있고 금속이 매달려 있는 것이 발견되었다.

여왕의 방의 남쪽 환기 구멍과 북쪽 환기 구멍이 대피라미드의 바깥까지 통하는지 어떤지는 밝혀지지 않았다. 더욱 이상한 것은 원래 양쪽 환기 구멍의 입구는 열려 있지 않았다는 점이다. 피라미드의 건설자들은 환기 구멍의 입구에서 마지막 돌을 떼어내지 않고 12센티미터 두께로 남겨두었다. 그러므로 이 방에 침입한 사람은 환기 구멍의 입구를 볼 수 없었다.

왜일까? 왜 환기 구멍이 발견되지 않도록 했을까? 혹은 미리 상정된 올바른 상황에서만 발견되도록 한 것일까?

왕의 방에서는 처음부터 눈에 잘 띄도록 두 개의 환기 구멍의 입구가 열려 있었고, 피라미드의 남쪽과 북쪽의 벽과 연결되어 있었다. 피라미드를 건설한 사람들은 호기심이 강한 누군가가 여왕의 방에도 환기 구멍이 있지 않을까라고 생각하고 찾아나서리라고 예측했을 것이다. 칼리프 마문이 820년에 유적의 문을 열고부터 1,000년 동안 아무도 환기 구멍을 찾으려고 하지 않았다. 1872년에야 프리메이슨의 단원인 영국 기술자 웨인만 딕슨이 "왕의 방에 환기 구멍이 있으니, 여왕의 방에도 틀림없이 있을 것이다"라고 생각하고 벽을 두들기기 시작해서 결국 환기 구멍을 찾아냈다.[16] 처음에 찾은 것은 남쪽 환기 구멍이었다. "목수이자 무슨 일이든 할 수 있는 빌 그런디에게 해머와 끌로 구멍을 열도록 시켰다. 빌 그런디는 성실하게 작업에 임했고, 부드러운 돌[석회암]이 있는 곳을 발견했다. 그런데 놀랍게도 몇 번 두들기자 끌이 안으로 들어갔다."[17]

빌 그런디의 끌이 들어간 곳은 "사각형 모양에 통처럼 옆으로 뻗은 굴이었다. 폭 22센티미터에 높이 20센티미터인 그 굴을 따라 벽 속으로 2미터 정도 들어가서, 급경사를 이루며 알려지지 않은 암흑의 저쪽 세계로 이어졌다."[18]

그로부터 121년이 지나서, "암흑의 저쪽으로 계속되는" 급경사 속으로 루돌프 간텐브링크의 로봇이 들어갔다. 마침내 기술의 진보가 들여다보고 싶은 강렬한 본능에 부응한 것이다. 1872년의 들여다보고 싶은 본능은 1993년이 되어서도 변함없이 강렬했다. 원격제어 로봇이 여왕의 방에 있는 환기 구멍 속으로 들어가 흥미로운 영상을 촬영하는 데에 성공했다. 촬영된 것들 가운데 19세기에 만들어진 긴 금속 막대가 있었다. 이것은 기술자인 웨인만 딕슨과 그의 충실한 부하인 빌 그런디가 몰래 이 흥미로운 환기 구멍을 찾아낸 증거이다.[19] 그들은 당연히 피라미드를 건설한 사람들이 환기 구멍을 만들면서 일부러 그것을 감추었기 때문에 그 속에 무엇인가 중요한 것이 숨겨져 있다고 생각했을 것이다.

피라미드 건설자들이 처음부터 이런 조사를 시키려는 의도가 있었던 것은 아닐까라는 생각은, 환기 구멍을 탐색해서 끝이 막혀 있고 아무것도 없다면 잘못된 것이 된다. 그러나 이미 살펴본 대로 그곳에서 문이 발견되었다. 미닫이 문이 있었고 그 문에는 흥미로운 금속이 달려 있었으며 문 아래에는 흥미를 끄는 구덩이가 있었다. 간텐브링크의 로봇이 살펴본 대로 그 앞에는 영원히 계속될 듯한 깊은 암흑이 이어져 있었다…….

우리가 그 앞으로 초대를 받았음이 분명하다는 생각이 들었다. 일련의 초대장 가운데 가장 새로운 것이 나타난 셈이다. 초대받은 칼리프 마문과 그의 인부들이 벽을 깨고 중앙에 있는 현실로 찾아갔다. 다음에 기술자 웨인만 딕슨이 여왕의 방에 환기 구멍이 있다는 가설을 세웠다. 그 다음에 루돌프 간텐브링크의 하이테크 로봇이 은폐된 문이 있다는 것을 발견했다. 그 문 뒤에는 비밀이 있을지도 모르지만 실망이 기다리고 있을지도 모른다. 아니면 다음 초대장이 기다리고 있을지도…….

여왕의 방

루돌프 간텐브링크와 그의 로봇 우푸아우트에 대해서는 다음에 다시 다루겠다. 1993년 3월 16일에는 그 사실을 몰랐기 때문에 나는 여왕의 방으로 가는 통로를 막고 있는 금속철책을 분노의 눈초리로 노려보았었다.

이 통로의 높이는 1.14미터이지만 일정하지 않았다. 서 있는 곳에서 정남으로 33미터 정도 걸어갔다. 여왕의 방으로 들어가기 4.5미터 정도 앞에서 갑자기 급격한 단차가 생겨 천장까지의 높이가 1.72미터가 되었다.[20] 이 독특한 구조에 대해서 설명할 수 있는 사람은 아무도 없다.

여왕의 방은 건설할 당시부터 비워놓은 듯했다. 남북 길이가 5.23미터에 동서 길이가 5.74미터이다. 천장은 우아한 맞배 구조이고, 높이가 6.22미터이며, 정확하게 피라미드의 동서 축과 동일한 방향을 바라보고 있다.[21] 바닥은 우아함과는 거리가 멀어서 아직 미완성인 것처럼 보였다. 거칠게 다듬은 파르스름한 벽에서 염분이 검출되어 다양한 추측이 난무했지만, 별다른 성과는 거두지 못했다.

남쪽과 북쪽 벽에는 전설이 시작된 1872년에 그런디가 남긴 끌의 흔적이 남아 있다. 그곳에 딕슨이 발견한 사각형 입을 지닌 어두운 환기 구멍이 깊숙하게 이어져 있다. 서쪽 벽에는 아무것도 없었다. 동쪽 벽에는 중앙에서 60센티미터 남쪽 지점에 위로 올라갈수록 좁아지는 선반이 만들어져 있었다. 이것은 돔 형태로 움푹 들어가 있으며, 높이가 4.6미터에 토대의 폭은 1.57미터이고 깊이는 1.04미터이다. 중세 아랍인들이 보물을 찾기 위해서 숨겨진 방을 찾으려고 더 깊이 파내려갔지만 아무것도 찾아내지 못했다.[22]

이집트학자들은 이 움푹 들어간 선반과 여왕의 방이 만들어진 목적에 대해서 설득력 있는 해답을 내놓지 못하고 있다.

모든 것이 혼란스럽다. 모든 것이 모순을 내재하고 있다. 모든 것이 수수께끼이다.

장치

대회랑도 수수께끼로 가득 차 있었다. 대회랑은 피라미드 내부에서도 가장 수수께끼가 많은 곳이다. 바닥 폭이 2.05미터이고, 벽은 2.28미터까지 수직으로 이어져 있다. 벽 위로는 7단의 돌이 채워져 있는데 점차로 폭이 좁아지고(7센티미터씩 내부로 좁아진다), 높이 8.53미터에 천장 폭은 1.04미터가 된다.[23]

구조적으로 대회랑은 지구상에 건설된 돌 건축물 가운데 가장 크고 가장 무거운 건축물의 상부 3분의 2의 중량을 지금까지도 지탱하고 있다는 사실을 잊어서는 안 된다. "원시적인 기술"을 지닌 것으로 알려진 사람들이 4,500년 전에 이와 같은 건축물을 구상하고 설계해서 멋지게 지어냈단 말인가?

길이가 6미터인 대회랑을 편평한 땅에 건설하는 것도 당시의 사람들에게는 매우 곤란하고 어려운 일이었을 것이다. 그러나 그들은 26도의 경사면에 아치 형의 천장을 가진 대회랑을 지었다. 그것도 길이가 46미터나 되는 대회랑을 말이다.[24] 게다가 완벽한 형태로 잘라낸 큰 석회암을 매끄럽게 다듬어서 평행사변형으로 만들어 촘촘하게 쌓아놓았기 때문에 육안으로는 접합부분을 확인할 수 없다.

피라미드를 건설한 사람들은 이 장소에 매우 흥미로운 대칭성을 부여했다. 예를 들면, 대회랑의 최고로 높은 천장 폭은 1.04미터이고 바닥 폭은 2.05미터이다. 바닥 중심에는 깊이 60센티미터, 폭 1.04미터의 홈이 패여 있다. 이 홈은 대회랑의 위에서 아래까지 이어져 있고, 홈의 좌우에는 50센티미터의 편평한 돌로 만든 경사로가 있다. 이 홈은 무엇을 위한 것일까? 왜 천장 폭과 동일한 폭으로 홈을 파서 상하가 대칭으로 보이게 만든 것일까? 천장도 바닥에 만들어놓은 홈과 동일해 보이게 하려는 것이었을까?

대회랑의 입구에 서서 "뭔가 거대한 장치의 내부에 있는 듯한 느낌에 사로잡힌" 사람은 내가 처음은 아니다.[25] 누가 그런 직감을 틀리다고 혹은 맞다고 할 수 있을까? 대회랑의 기능에 대한 기록은 없다. 고대 이집트인의 전례(典禮)를 기록한 텍스트에 무엇인가를 상징하는 듯한 불가사의한 내용이 적혀 있을 뿐이다. 그 텍스트에 따르면 피라미드는 죽은 인간을 불멸의 존재로 승화시키기 위해서 설계한 장치인 듯하다. "하늘의 문을 크게 열고 길을 만들면" 죽은 파라오가 "신의 동료로 승천하는" 것이다.[26]

이런 신앙형태의 존재를 수용하는 데에 이견은 없다. 또한 신앙이 모든 일에 동기를 제공했다는 점도 명확하다. 그럼에도 불구하고 왜 신비적, 정신적, 상징적 목적을 달성하기 위해서 600만 톤이나 되는 **물리적** 장치가 필요했으며, 복잡한 통로와 굴, 회랑, 현실이 필요했을까라는 의문은 남는다.

대회랑에 있으면 거대한 장치의 내부에 있는 듯한 기분이 든다. 강력한 아름다움이 느껴지지만(묵직하고 위압적이지만), 장식과 같은 것은 아무 것도 없다. 종교적인 신앙을 보여주는 것(예를 들면, 신의 조각상이나 전례의 글이 적혀 있는 부조 등)도 전혀 없다. 이곳은 어떤 다른 기능과 목적이 있는 듯하다. 흡사 어떤 일을 하기 위해서 만들어진 듯하다. 동시에 전체에서 빚어내는 장엄하고 무거운 분위기가 있으며, 그것이 완벽한 주의력과 진지한 자세를 요구하고 있다는 것도 느낄 수 있다.

나는 대회랑의 중간 지점까지 천천히 올라갔다. 전등 빛에 의한 그림자가 주위의 석벽 위에서 춤을 추었다. 그 자리에 멈추어서서 어슴푸레한 암흑 사이로 대피라미드의 압도적인 무게를 지탱하고 있는 천장을 올려다보았다.

갑자기 이곳이 얼마나 압도적이고, 곤혹스러울 정도로 오래된 건축물인가라는 생각에 사로잡혔다. 또한 나의 생명 역시 고대 기술자들에 의해서 지켜지고 있음도 느꼈다. 높은 천장을 덮고 있는 거대한 돌들은 그들이 지니고 있던 뛰어난 기술이 낳은 산물 가운데 하나인 것이다. 하나하나가 대회랑보다 조금 급한 각도로 쌓여 있었다. 위대한 고고학자이자 측량기사이기도 한 플린더스 피트리는 대회랑을 다음과 같이 묘사했다.

천장의 돌은 아래쪽 끝이 손톱처럼 튀어나와 벽 위쪽의 깊숙한 곳에 끼워지도록 되어 있다. 따라서 천장의 돌은 바로 아래에 있는 돌에 전혀 압력을 주지 않는다. 즉 천장에 압력이 집중되지 않도록 고안되어 있다. 각각의 돌은 교차하는 측벽에 의해서 따로따로 지탱된다.[27]

이것이 신석기 시대의 수렵생활에서 막 빠져나온 사람들이 할 수 있는 일이란 말인가?

나는 중앙에 있는 60센티미터 깊이의 홈 속을 걸어서 대회랑을 다시 올라가기 시작했다. 바닥에는 근대적인 목제 가로대가 달려 있고 손잡이도 있어서 올라가기 쉽게 되어 있었다. 그러나 원래 바닥은 매끄럽게 다듬어진 석회암인데다가 26도의 각도 때문에 너무 미끄러워서 올라가는 것이 거의 불가능할 것 같았다.

그렇다면 그들은 어떻게 올라갔을까? 아니면 올라가지 않았던 것일까?

대회랑 끝에 어슴푸레하게 보이는 것은 왕의 방으로 들어가는 어두운 입구였다. 가슴에 의문을 담은 순례자들을 불러들이는 수수께끼의 중심부였다.

38

쌍방향 3차원 게임

대회랑의 꼭대기에 도달한 나는 높이 90센티미터 정도되는 묵직한 단을 올라가야 했다. 이 단은 여왕의 방에 있는 천장처럼 정확하게 대피라미드의 동서 축을 따라 설치되어 있었다. 따라서 이 단은 유적의 남쪽과 북쪽을 균등하게 나누는 경계가 된다.[1] 제단처럼도 보이는 이 단은 왕의 방으로 들어가는 낮은 사각형 굴 앞에서 완벽한 수평대를 형성하고 있었다.

잠깐 그 자리에 멈추어서서 대회랑을 돌아보았다. 다시 한 번 장식이 없을뿐더러 종교적인 초상도 없다는 것을 확인했다. 고대 이집트의 신앙체계에 반드시 붙어다니는 상징 같은 것도 전혀 없었다. 길이가 46미터나 되는 기하학적인 공간인 대회랑을 바라보며 느낀 것은 냉랭한 단조로움과 엄격한 기계처럼 꾸밈이 없다는 것이었다.

위를 보자, 동쪽 벽 위에 입을 벌리고 있는 어두운 굴이 나의 눈에 들어왔다. 누가, 언제 이 굴을 팠는지는 아무도 모른다. 원래 어느 정도 깊이의 굴이었는지도 모른다. 그곳에서 왕의 방 위에 있는 다섯 개의 "중량이 줄어드는 방들" 중 첫 번째 방으로 갈 수 있었다. 이 굴은 1837년에 벽을 부숴서 위의 네 개의 방에 들어간 하워드 바이스에 의해서 넓혀졌다. 다시 아래를 보자 대회랑의 아래 서쪽 벽에 있는 수갱(垂坑)의 입구가 보였다. 그곳에는 48미터를 거의 수직으로 피라미드의 내부를 관통하는 수갱이 있는데, 지면의 높이에 있는 내리막 통로와 연결되어 있다.

왜 이렇게 복잡한 구조의 수갱과 통로가 필요했을까? 처음에는 전혀 이해할 수 없었다. 대피라미드는 깊은 관심을 가지고 상당한 시간을 할애할 각오가 없으면 아무것도 알아낼 수 없다. 그러나 시간을 투자하면 생각지도 못한 형태로 투자에 대한 대가를 얻을 수 있다.

예를 들면 숫자에 강한 사람이라면 지금까지 살펴본 대로 피라미드의 높이와 주변의 길이가 원주율과 관계가 있음을 주목할 것이다. 다른 사람보다 탐구심이 강한 사람이라면 나중에 살펴보게 될 더욱 재미있는 수학적 발견을 할 수 있을 것이다. 그 발견은 앞의 것보다 조금 복잡하고 난해하다.

이 각각의 모든 과정은 프로그램의 일부라는 생각이 들었다. 누군가가 주의 깊게 장치를 해놓은 듯싶었다. 이번이 처음은 아니지만, 피라미드는 거대한 게임용 또는 교육용 장치가 아닐까 하는 생각이 떠올랐다. 아니면 인류를 위해서 사막에 건설한 쌍방향 3차원 퍼즐일지도 모른다.

대기실

왕의 방으로 들어가는 입구는 1.06미터 정도의 높이밖에 되지 않아 보통 키의 사람은 몸을 숙이지 않으면 들어갈 수 없었다. 입구에서 1.2미터 정도 들어가자 "대기실"에 닿았다. 갑자기 천장 높이가 3.65미터로 높아졌다. 동쪽과 서쪽 벽은 붉은 현무암으로 만들어졌고, 벽에는 각각 세로로 네 개의 넓은 홈이 패여 있었다. 이집트학자들은 두꺼운 돌로 만든 내리닫이 문을 넣는 곳이라고 주장했다.[2] 이 홈들 가운데 세 개는 바닥까지 파인 채 비어 있었다. 네 번째 홈(가장 북쪽에 위치한다)은 입구의 천장 높이까지만 파여 있는데, 큰 현무암 판이 끼워져 있었다. 판의 두께는 23센티미터, 높이가 1.82미터 정도였다. 이 현무암 판과 내가 들어온 입구 사이에

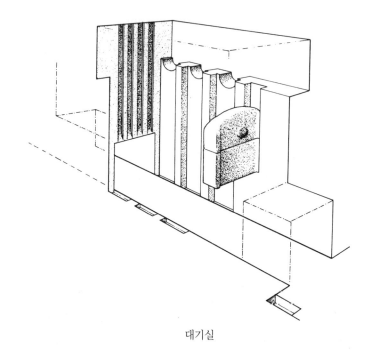

대기실

는 53센티미터의 간격밖에 없었다. 이 판의 상단과 천장 사이의 간격도 1.2미터밖에 되지 않는다. 이 장치의 기능이 무엇이든 간에 도굴범들의 침입을 막기 위한 장치라는 이집트학자들의 의견에 찬성하기는 어렵다.

의문을 느끼면서, 두꺼운 판의 아래로 몸을 구부리고 지나가 대기실의 남쪽에 섰다. 그곳은 길이가 3미터 정도에 천장 높이가 3.65미터였다. 상당히 마모되었지만 내리닫이 돌 문을 끼우는 홈은 서쪽 벽과 동쪽 벽에 확실하게 남아 있었다. 그러나 내리닫이에 쓸 석판은 보이지 않았다. 또한 이처럼 좁은 장소에서 석판을 끼우는 일은 매우 어려운 작업일 것이라는 생각이 들었다.

19세기 후반에 기자 묘지를 체계적으로 조사한 플린더스 피트리는 제2 피라미드에 관해서 비슷한 의문을 제기했다. "아래 통로의 내리닫이 현무암 문은 커다랗고 무거운 것을 움직일 수 있는 뛰어난 기술이 존재했음을 보여준다. 왜냐하면 문을 움직이려면 30~40명의 노동력이 필요한데, 이 좁은 통로에서는 몇 명밖에 일할 수 없기 때문이다."[3] 대피라미드의 내리닫이 돌 문에 대해서도, 그것이 올리고 내릴 수 있는 문이라면 동일하게 말할 수 있다.

내리닫이 문을 올리고 내리려면 문 길이가 대기실의 천장 높이보다 짧아야 한다. 또 이 무덤을 완성시키기 전에 드나드는 사람들을 위해서 이 문은 위로 올려놓을 필요가 있다. 그렇다면 문을 바닥까지 내릴 경우 천장과 문 사이에 간격이 생기게 된다. 그런 간격이 있었다면 도굴범이 쉽게 침입할 수 있었을 것이다.

대기실에서 나가는 출구는 남쪽 벽에 있는데 들어오는 입구와 높이와 폭이 같았다. 또한 붉은 화강암으로 테두리를 둘렀다(벽도 화강암이지만 최상부의 30센티미터는 석회암 층으로 되어 있다). 2.7미터 정도 걸어 굴을 빠져나오자 넓은 왕의 방이 나왔다. 넓고 우울한 느낌을 주는 붉은 방으로 모두가 화강암으로 만들어졌고, 불가사의한 힘과 에너지를 발산하는 것처럼 생각되었다.

돌의 수수께끼

나는 왕의 방의 중앙까지 왔다. 이 방의 세로 축은 완벽하게 동서를 향하고, 가로 축은 완벽하게 남북을 향한다. 방은 높이가 5.8미터, 길이가 10.5미터, 폭이 5.25미터로서 2대 1의 비율로 이루어진 직육면체 방이다. 바닥에는 열다섯 장의 두꺼운 화강암 판이 깔려 있다. 벽은 100개의 거대한 화강암으로 구성되어 있는데, 돌 하나의 무게가 70톤 혹은 그 이상이며 5단으로 쌓여 있다. 천장은 각각의 무게가 50톤 정도 나가는 아홉 장의 화강암 판으로 구성되어 있다.[4] 위압하는 듯한 돌이 강한 압박감을 주었다.

왕의 방 서쪽에는 대피라미드의 건설 목적물이 있었다(이집트학자의 말을 믿는다면 말이다). 쿠푸 왕의 석관이라고 추정되는 그것은 어두운 초콜릿 색 화강암을 파낸 것으로서 안에는 장석, 석영, 운모의 딱딱한 입자가 들어 있었고 뚜껑은 없었다.[5] 석관 안쪽의 크기는 길이 1.99미터, 깊이 87센티미터, 폭 68센티미터이고, 바깥쪽의 크기는 길이 2.27미터, 깊이 1.05미터, 폭 98센티미터이다.[6] 이 크기라면 통로보다 2.5센티미터 정도 크기 때문에 아래 통로에서 올라오는 통로(현재 마개로 막혀 있다)를 빠져나올 수 없다.[7]

이 석관의 크기에는 일종의 수학적 게임이 들어 있다. 예를 들면 안쪽 용적은 1,166.4리터이고 바깥쪽 용적은 2,332.8리터로서 정확히 두 배이다.[8] 이와 같은 정확한 계산이 우연히 생기지는 않았을 것이다. 게다가 플린더스 피트리가 대피라미드를 정밀히 조사한 후에 인정한 것처럼 태고의 기술자들이 사용한 도구는 "바로 얼마 전에 우리가 재발견한 도구"와 비슷했을 것이라는 생각이 들었다.[9]

플린더스 피트리는 특히 석관을 상세히 조사한 후, 화강암 바깥쪽은 "2.4미터가 넘는" 곧바른 톱에 의해서 잘려졌다고 보고했다. 화강암은 매우 강한 돌이기 때문에 톱은 철제(당시 사용되던 가장 강한 금속)였을 것이고, 톱날에는 강한 보석이 달려 있었을 것이다. "화강암을 자르기 위해서는 다이아몬드를 사용해야 했을 것 같다. 그런데 이 보석의 희귀성과 이집트에 존재하지 않는다는 점을 생각하면 이 결론도 수상쩍다……."[10]

석관 속을 어떻게 파냈는지는 더욱 큰 수수께끼이다. 이 작업이 암반에서 바위를 잘라내는 것보다 훨씬 더 어렵다. 피트리는 이집트인이 다음과 같이 작업했을 것으로 추측했다.

직선이 아닌 원형 톱을 사용했을 것이다. 원형의 통 안쪽에 가공한 칼날을 넣고 그것을 회전시켜 둥글게 파고들었을 것이다. 그리고 나서 내부의 돌을 깨뜨렸을 것이다. 이렇게 해서 최소한의 노력으로 큰 구멍을 파냈을 것이다. 원통형 드릴의 지름은 6밀리미터에서 12센티미터 사이였을 것이고 칼날의

두께는 1밀리미터에서 5밀리미터 정도……. [11]

피트리가 추측한 보석이 달린 드릴이나 톱은 발견되지 않았다. [12] 피트리는 완성된 석관을 보고 보석이 달린 드릴이나 톱이 있었을 것이라는 추론 이외에 달리 추측할 수가 없었던 것이다. 피트리는 석관에 특히 관심이 많았다. 그래서 그는 왕의 방에 있는 석관뿐만 아니라, 기자에서 볼 수 있는 화강암으로 만들어진 공예품들과 "드릴에 의해서 잘려진 돌들"을 조사했다. 그러나 조사를 거듭할수록 고대 이집트인의 돌 가공기술에 대한 의문은 더욱 깊어질 뿐이었다.

드릴이나 톱을 매우 빠른 속도로 움직여 단단한 돌에 자리를 내는 데에는 상당한 압력이 필요하다. 10센티미터의 드릴로 화강암을 자르기 위해서는 적어도 1톤이나 2톤의 하중을 걸었을 것이다. 화강암 제7번 석에는 원주 15센티미터의 나선형 톱날 자리가 2.5센티미터 깊이로 나 있는데 그렇게 하려면 상당한 힘이 필요했을 것이다. ……이처럼 화강암에 나선형의 구멍을 내기 위해서는 드릴에 강력한 압력을 거는 방법밖에 없다. [13]

이상하지 않은가. 인류 문명의 새벽이라고 말하는 4,500년 전에 고대 이집트인들이 공업시대의 드릴을 소유했던 듯하니 말이다. 그들은 몇 톤의 압력을 걸어서 버터 나이프로 버터를 자르듯이 돌을 자를 수 있었다.

피트리는 이 어려운 문제에 답을 제시하지 못했다. 또한 기자에서 발견된 제4왕조 시대의 섬록암(閃綠岩) 쟁반의 상형문자가 어떻게 새겨졌는지도 의문이다. "상형문자는 끝이 매우 예리한 도구로 새겨졌다. 이 문자는 끌로 깎아서 기록한 것이 아니라 날로 새긴 것이다……." [14]

이것은 이론파인 피트리를 고민하게 만들었다. 왜냐하면 섬록암은 지구상에서 가장 단단한 돌의 하나로 쇠보다 강하기 때문이다. [15] 그러나 고대 이집트에서는 믿기 어려운 힘과 정밀도로 아직도 발견되지 않은 도구를 사용해서 섬록암을 잘랐던 것이다.

이 선의 폭이 0.17밀리미터밖에 되지 않는 것을 보아 절단도구는 수정보다 딱딱했을 것이다. 또한 사용해도 부서지지 않을 정도로 강했을 것이다. 절단 도구의 폭은 아마 0.12밀리미터 이하였을 것이다. 나란하게 새겨진 선의 중심선이 0. 8밀리미터밖에 떨어져 있지 않다.[16]

다시 말해서 도구는 침처럼 가늘고 놀랄 만큼 단단해서, 어렵지 않게 섬록암에 구멍을 뚫을 수 있었고 홈을 팔 수 있었다. 뿐만 아니라 강력한 압력에 견딜 수 있는 것이기도 했다. 어떤 도구였을까? 어떻게 압력을 걸었을까? 어떻게 해서 간격이 0.8밀리미터밖에 되지 않는 평행선을 정밀하게 그릴 수 있었을까?

피트리의 말처럼 왕의 방에 있는 석관을 파낸 도구는 보석이 날린 원형 드릴이라고 상상할 수 있다. 그러나 기원전 2500년에 섬록암에 상형문자를 새긴 도구는 어떤 것인지 상상조차 할 수 없다. 이집트학자들이 인정하는 것보다 훨씬 오래 전에 고도의 기술이 존재했다고 생각하기 전에는 설명할 수 없다.

이것은 몇 개의 상형문자와 섬록암의 이야기에서 끝나지 않는다. 나는 이집트를 여행하는 동안 돌로 만든 많은 용기들을 조사했다. 그것들 가운데 몇 개는 선왕조 시대의 것으로서 섬록암과 현무암, 수정, 편암을 파내서 만든 것들이었는데, 돌을 파낸 방법은 불가사의하다.[17]

또한 사카라에 있는 제3왕조 시대의 조세르 왕이 만들었다는 계단식 피라미드의 아랫부분에 있는 방에서 그런 용기가 3만 개 이상 발견되었다.[18] 그렇다면 이 용기들은 적어도 조세르 왕의 시대(기원전 2650년경[19])와 비슷한 시대적 기원을 지니게 된다. 그러나 논리적으로는 보다 오래되었을지도 모른다. 왜냐하면 똑같은 용기가 기원전 4000년 또는 그 이전의 선왕조 시대의 유적에서도 발견되었고,[20] 가보로 자손대대로 전하는 것은 태고부터 이어져온 이집트 전통이기 때문이다.

이 용기들이 기원전 2500년경에 만들어졌든, 기원전 4000년경에 만들어졌든 혹은 보다 이전에 만들어졌든 간에 여하튼 뛰어난 솜씨로 아직 우리가 알지 못하는 도구로 만든 것들임에는 틀림없다(상상조차 할 수 없다).

어째서 상상조차 할 수 없을까? 그 까닭은 이렇다. 돌로 만든 용기의 대부분이 키가 크고, 목이 길고 가늘며 우아하고, 내부가 풍성하게 부풀어 있는 꽃병이기 때문이다. 그중에는 어깨 부분이 불룩하고 굴처럼 생긴 것도 있다. 이와 같은 꽃병을 만들 수 있는 도구는 아직 발명되지 않았다. 이 도구는 병의 가는 목 속으로 들어갈 수 있도록 폭이 좁아야 하고 둥근 내부와 어깨 부분을 깎을 수 있는 견고함(그리고 그것에 어울리는 형태)을 지니고 있어야만 한다. 어떻게 꽃병 내부에서 위로 그리고 바깥쪽으로 압력을 줄 수 있었을까?

조세르 왕의 피라미드와 다른 고대 유적에서 발견된 불가사의한 용기는 키가 큰 꽃병만이 아니다. 돌 한덩어리로 만든 항아리가 있는데, 그 항아리에는 섬세한 장식이 있는 손잡이가 만들어져 있다. 또한 주둥이가 꽃병처럼 좁고 아래쪽이 크게 불룩해지는 둥근 용기도 있다. 주둥이가 큰 밥공기도 있다. 현미경으로 보면서 만든 듯한 유리병도 있다. 또 기묘한 바퀴 형태의 편암은 끝이 안쪽으로 휘어져 있고 매우 얇아서 투명해 보인다.[21] 모든 용기들이 당혹스러울 정도로, 용기의 안쪽과 바깥쪽이 매우 정밀하게 만들어져 있고, 서로 만나는 곡선과 곡선이 정확하게 형태가 맞으며, 표면이 매끄럽고 완벽하게 다듬어져 있기 때문에 도구를 사용한 흔적이 전혀 남아 있지 않다.

고대 이집트에는 이와 같은 것들을 만들 수 있는 기술이 없었을 것이다. 뿐만 아니라 현대의 석공도 이와 같은 것을 만들지 못한다. 최고급의 탄화 텅스텐 용구를 사용해도 무리가 따른다. 따라서 앞의 사실은 고대 이집트에서 아직 알려지지 않은 불가사의한 기술이 사용되었음을 의미한다.

석관의 의식

나는 왕의 방에서 서쪽을 바라보고 서 있었다. 고대 이집트 문명과 마야 문명은 서쪽을 죽음의 방향이라고 생각했다. 나는 이집트학자들이 쿠푸 왕의 유체를 넣었다고 주장하는 석관의 테두리 위에 두 손을 가볍게 올려 놓았다. 관의 어두운 바닥을 바라보았지만 방의 어두운 전등 빛은 바닥까지 이르지 않고, 황금 구름처럼 소용돌이치는 먼지 입자만 보였다.

이것은 빛과 그림자의 장난이었다. 그러나 왕의 방은 이런 환상으로 가득 차 있었다. 나폴레옹 보나파르트가 18세기에 이집트를 정복했을 때 이 방에서 혼자 밤을 보냈다고 한다. 나폴레옹은 다음 날 아침 파랗게 실린 얼굴로 떨면서 나왔다. 지독히 곤혹스러운 일을 경험한 모습이었다. 나폴레옹은 그 후 그 밤에 대해서 함구했다.[22]

나폴레옹은 석관 속에서 자려고 했을까?

나는 충동에 사로잡혀 석관 속으로 들어가 누웠다. 머리를 북쪽에 두었다. 나폴레옹은 키가 작았기 때문에 적당한 크기였을 것이다. 나도 충분했다. 그럼 쿠푸 왕은 이곳에 누워 있었을까?

몸에서 힘을 빼고, 피라미드의 경비원이 들어와서 석관에 누워 있는 내 모습을 발견할지도 모른다는 걱정은 버렸다. 발견되면 비록 나쁜 짓을 한 것은 아니지만 불법행위일 것이다. 몇 분 동안 방해받지 않기를 기원하면서 팔짱을 끼고 낮은 소리를 내기 시작했다. 이것은 전부터 왕의 방 여기 저기서 몇 번이고 시도해보았던 일이다. 왕의 방 중앙에서 소리를 내면, 벽과 천장에서 소리가 모아져 확대되어 소리를 낸 사람에게 되돌아온다. 돌아오는 소리의 강한 진동은 발에서부터 전해져 두피와 온몸의 피부로 퍼져나간다.

석관 속에서도 같은 효과가 있었다. 그러나 소리는 몇 배나 증폭되어 집중되는 모양이었다. 흡사 하나의 음만 반사되도록 설계된 거대한 악기의 공명부의 내부처럼 생각되었다. 음이 강렬했기 때문에 당혹스러웠다. 소리가 석관에서 퍼져나가 왕의 방의 붉은 천장과 벽에 부딪치고, 남쪽과 북쪽에 있는 환기 구멍으로 퍼져나가 기자 대지에 음파의 메아리 구름으로 확산되는 것은 아닐까 하고 생각했다.

낮은 소리는 귀에 메아리치고, 석관이 몸 주위에서 진동하는 가운데 마음속으로는 대담한 상상을 하면서 나는 눈을 감았다. 몇 분 후에 눈을 떴을 때 나는 궁지에 몰렸음을 깨달았다. 6명의 일본인 관광객이 석관 속의 나를 둘러싸고 있었기 때문이다. 나이가 제각각인 일본인 남녀는 석관을 들여다보고 있었다. 동쪽에 2명, 서쪽에 2명, 남북에 각각 1명씩이었다.

모두 눈을 크게 뜨고 놀란 표정을 짓고 있었다. 나도 그들을 보고 놀랐다. 왜냐하면 최근에 일어난 이슬람 원리주의자들의 무장 공격으로 기자를 찾아오는 관광객은 거의 없었고, 그래서 왕의 방을 독점할 수 있으리라고 생각했기 때문이다.

이런 상황에서는 어떻게 해야 할까?

가능한 한 위엄을 내보이며 일어나 미소를 짓고 먼지를 털었다. 일본인들이 뒷걸음질했다. 나는 석관 밖으로 나왔다. 그리고 나서는 언제나 이런 일을 한다는 듯이 태연한 태도로 왕의 방의 북쪽 벽을 따라 3분의 2 지점에 있는 — 이집트학자들이 "북쪽 환기 구멍"이라고 부르는 — 구멍으로 가서 조사를 시작했다.

폭 20센티미터에 높이 23센티미터의 환기 구멍은 길이가 60미터도 넘었고, 피라미드의 103번째 단에 해당되는 곳에 입을 벌리고 있었다. 우연이 아니라 계획적으로, 북반구의 하늘을 32도 30분의 각도에서 가리키도록 만든 것이 분명했다. 즉 피라미드 시대인 기원전 2500년경에 이 환기 구멍은 용자리의 알파 별을 가리켰다.[23]

다행스럽게도 일본인 관광객들은 왕의 방을 재빨리 구경한 후 뒤도 돌아보지 않고 떠났다. 그들이 떠나자 곧바로 방을 가로질러서 남쪽 환기 구멍을 조사했다. 몇 달 전에 왔을 때에는 구멍의 겉모습이 흉하게 변해 있었다. 구멍 입구에 루돌프 간텐브링크가 설치한 전기 환풍기가 있었기 때문이다. 그때 간텐브링크는 여왕의 방에 있는 잊혀진 환기 구멍을 점검하고 있었다.

이집트학자들은 왕의 방에 있는 환기 구멍의 목적이 환기에 있다는 견해에 만족하고, 근대 기술을 구사해서 환기능력을 고양시키는 이상의 성가신 일은 하려고 하지 않았다. 그러나 환기가 목적이었다면 수평 환기 구멍이 경사가 진 환기 구멍보다 효과적이었을 것이고 건설도 간단하지 않았을까?[24] 따라서 남쪽 환기 구멍이 45도 각도로 남쪽 하늘을 가리키고 있는 것은 우연이 아닐 것이다. 이 환기 구멍은 피라미드 시대에 오리온자리의 세 번째 별인 제타 별을 가리켰다.[25] 나중에 알게 된 사실이지만, 이것은 피라미드 조사에서 중요한 의미가 있었다.

게임의 거장

나는 다시 왕의 방을 독점하게 되었다. 이번에는 서쪽 벽으로 가서 석관 뒤에 서서 동쪽을 향했다.

이 넓은 방은 수학적 게임의 보고였다. 예를 들면 높이(5.8미터)는 바닥의 대각선의 길이(11.6미터)의 절반이었다.[26] 또한 정확히 2대 1의 비율을 지닌 직사각형 방으로 "황금분할"이 이루어져 있는데, 피라미드를 건설한 사람들이 이것을 몰랐다고는 생각되지 않았다.

파이(Φ)로 알려져 있는 "황금분할"은 원주율(π)과 마찬가지로 산술에 의해서는 나눌 수 없는 숫자이다. 파이의 값은 5의 제곱근에 1을 더한 후에 2로 나눈 것으로서 약 1.61803이 된다.[27] 이 수치는 "피보나치의 수열과 같은 종류의 숫자로 만드는 분수의 값과 근삿값이다. 피보나치의 수열은 0, 1, 1, 2, 3, 5, 8, 13으로 시작하고, 각 항은 선행하는 두 항을 더한 값이 된다."[28]

파이의 값은 그림으로 이해할 수 있다. 선분 AB를 C점에서 분할하는데, 선분 AB는 선분 AC보다 길고, 선분 AC는 선분 CB보다 길며, 선분 AB 대 선분 AC와 선분 AC 대 선분 CB의 각각의 길이의 비율이 같아지는 곳을 C점으로 한다.[29] 이 비율은 매우 조화롭고 눈에 아름답게 보이는데, 파르테논 신전에 이 비율이 사용되었다. 이 비율은 그리스의 피타고라스 학파가 발견했다고 한다. 그러나 틀림없이 파르테논 신전을 지은 시대보다 2,000년 전에 이미 기자의 대피라미드에 있는 왕의 방에 파이가 사용되었다.

이것을 이해하기 위해서는 방의 직사각형 바닥을 두 개의 정사각형으로 분할했다고 상상하면 좋다. 그 정사각형의 한 변의 값을 1로 하자. 두 개의 정사각형 가운데 하나를 다시 절반으로 분할한다. 그러면 새로운 직사각형이 두 개 생기게 된다. 이 직사각형의 대각선 위의 점들 중에서 방의 중앙선에 가까운 쪽의 점을 밑변까지 내리면 밑변에 닿는 점까지의 길이는 정사각형의 한 변의 길이의 파이 배, 즉 1.618배의 길이에 해당된다(다음의 왕의 방 그림 참조).[30]

이집트학자들은 이런 모든 것을 우연의 산물로 치부하고 있다. 그러나 피라미드를 건설한 사람들은 **계획적으로** 일을 한 사람들이다. 그들이 누구이든 간에 조직적이고 수학적인 의식을 가진 사람들이었음에 틀림없다.

하루의 수학 게임은 이것으로 충분했다. 그러나 왕의 방을 떠날 때 이 방이 대피라미드의 50번째 단에 있고 지상에서 45미터의 높이에 있다는 것을 생각하지 않을 수 없었다.[31] 플린더스 피트리가 경탄하며 다음과 같이 지적했다. "건설자들은 이 방을 피라미드를 절반으로 나누는 단에 만들어놓았으며, 이 지점에서 수평으로 자르면 수평면의 면적은 피라미드의

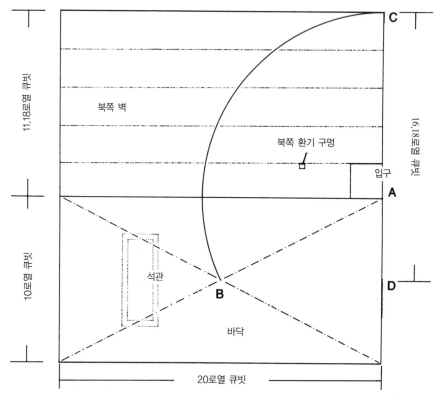

왕조의 역사가 시작된 초기에 이집트는 알려지지 않은 사람들로부터 계측 시스템을 물려받았다. 고대 계측법에 의한 왕의 방 바닥의 면적(10.50미터×5.25미터)은 20×10 "로열 큐빗"이 된다. 그리고 양쪽 벽의 천장까지의 높이는 정확히 11.18로열 큐빗이며, 이 선분을 그대로 천장으로 들어올리면 방의 높이 C가 된다. 파이(Φ)의 값은($\sqrt{5}+1$)÷2=1.618……이 된다. 선분 CD의 거리(왕의 방 벽의 높이에 바닥 폭의 절반 값을 더한 길이)가 16.18로열 큐빗으로 파이의 값이 나오는데, 이것은 우연일까?

밑변 면적의 꼭 절반이 된다. 또 이 위치에서는 각에서 각으로의 대각선 길이가 피라미드의 밑변 길이와 같다. 수평면의 폭은 파리마드의 밑변의 대각선 길이의 절반이다."[32]

그들은 600만 개 이상의 돌을 자신 있게 능률적으로 다루어, 대회랑과 방과 환기 구멍과 통로를 원하는 대로 만들어놓았다. 대칭과 직각과 방위 역시 거의 완벽하다. 뿐만 아니라 이 거대한 기념비의 크기를 사용해서 여러 가지 많은 장치를 만들 정도의 여유도 있었다.

왜 고대 이집트인들은 이 수수께기투성이의 피라미드를 지었을까? 피라미드를 건설해서 무엇을 전달하려고 했을까? 무엇을 이루려고 했을까? 그리고 왜 피라미드는 건설되고 몇천 년이 흐르는 동안 자신을 본 모든 사람들의 마음을 사로잡고 놓아주지 않을까?

바로 옆에는 스핑크스가 있다. 나는 스핑크스에게 수수께끼를 내볼 참이다.

39

시작되는 곳

이집트의 기자, 1993년 3월 16일, 오후 3시 30분

내가 대피라미드를 떠난 것은 오후였다. 산타와 나는 피라미드에 가기 위해서 전날 밤에 갔던 길을 되돌아 농쏙을 향해서 북면 아래를 걸어갔다. 계속해서 동면을 따라 남쪽으로 가다가 자갈과 오래된 무덤을 지나 갔다. 이 주변에는 고분이 밀집해 있었다. 이곳을 지나자 모래로 덮여 있는 기자 대지의 석회암 지반이 나왔다. 그곳은 남쪽과 동쪽이 완만한 비탈을 이루고 있었다.

길고 완만한 비탈을 내려가면 대피라미드의 남동쪽 모서리에서 500미터 떨어진 곳의 바위를 깎아 우묵해진 자리에 스핑크스가 웅크리고 앉아 있다. 높이가 20미터, 길이가 73미터, 머리의 폭이 4미터가 넘는 스핑크스[1]는 세계 최대의 그리고 세계에서 가장 유명한 석상이라고 해도 과언이 아니다.

사자의 몸에 인간의 머리
허공을 노려보는 눈에 태양처럼 무정한 마음.[2]

나는 제2피라미드와 카프레 왕의 밸리 신전이라고 부르는 신전 사이를 연결하는 오래된 둑길을 가로질러 북서쪽으로 걸어갔다. 매우 독특한 건

축물인 이 신전은 스핑크스로부터 남쪽으로 15미터 떨어져 있고, 기자 묘지의 동쪽 끝에 있다.

이 신전은 카프레 왕의 시대보다 훨씬 오래 전에 지어진 건물로 알려져 있다. 19세기 학자들은 이 신전이 지어진 때가 역사가 시작되기 훨씬 전이어서 이집트 왕조와는 아무런 관계가 없다는 의견에 동의했다.[3] 이 정설이 뒤집어진 때는 신전 내에서 카프레 왕이라고 명기된 조각상이 차례로 출토된 후이다. 조각상의 대부분은 부서져 있었다. 그러나 대기실의 깊은 구멍에서 거꾸로 뒤집어진 채 발굴된 석상은 거의 완벽한 상태로 보존되어 있었다. 보석처럼 보이는 검은 섬록암으로 만들어진 실물 크기의 파라오 석상이었다. 제4왕조의 파라오가 왕좌에 앉아 무한한 시간을 온화하고 무관심하게 응시하고 있었다.

이 시점에 이집트학자들 사이에서 면도날처럼 예리한 논쟁이 벌어져 외경심을 불러일으키는 해결책이 제시되었다. 그것은 신전에서 카프레 왕의 석상이 발견되었기 때문에 신전은 카프레 왕에 의해서 건설되었다는 결론이었다. 평소에 매우 신중하던 플린더스 피트리까지 "이 신전에서 연대를 나타내는 것은 카프레 왕의 석상밖에 발견되지 않았기 때문에, 이 건축물은 카프레 왕의 시대에 건설된 것으로 보아야 한다. 보다 이전에 지어진 건축물을 당시의 사람들이 제멋대로 이용했다는 생각은 가당치 않다"라고 말했다.[4]

그러나 왜 가당치 않단 말인가?

살펴보면 이집트 왕조의 역사 속에서 많은 파라오들이 선인들의 건축물을 도용했다. 때로는 최초 건축자의 카르투슈(cartouche : 고대 이집트의 기념비 등에서 왕이나 신의 이름 등을 적은 상형문자를 둘러싼 타원형의 장식 테두리 / 역주)를 지우고 자신의 카르투슈로 바꾸기도 했다.[5] 따라서 카프레 왕과 밸리 신전과의 연관을 결정 짓는 증거는 아무것도 없다. 특히 이 신전이 역사상의 어느 지배자와도 관계없이, 고대 이집트인들이 최초의 때라고 이야기하는 먼 신화시대에 나일 강 유역에 문명을 전파한 "최초의 신들"과 연관될 뿐이라고 한다면 더욱 그렇다.[6] 고대의 불가사의한 힘과 특별한 관계가 없었던 카프레 왕이 아름다운 등신대의 석상을 설치해서 영원히 남기려고 했다고 해도 이상할 것은 없다. 이 밸리 신전이 많은 신들 가운데에서, 특히 오시리스(모든 파라오의 목적은 죽은 뒤에 오시리스와 함께 지내는 것이었다)와 연관이 깊었다고 한다면,[7] 카프레 왕이 석상을 위조해서 상징적으로 자신과의 강한 관련성을 나타내려고 했다고도 이해할 수 있을 것이다.

거인의 신전

둑길을 가로질러 밸리 신전에 가까이 가기 위해서 선택한 길은 "마스타바" 분(墳)의 자갈 속으로 난 길이었다. 마스타바는 제4왕조의 하위 귀족과 신관의 무덤으로서, 벤치와 같은 형태의 토대 아래의 지하에 무덤이 있다(마스타바[mastaba]는 근대 아라비아어로 벤치라는 뜻이어서 마스타바 분[墳]이라고 부른다). 나는 신전의 남쪽 벽을 따라 걸었다. 이 태고의 건물은 대피라미드와 마찬가지로 완벽하게 남북을 향하고 있다(오차는 원호로 12분).[8]

신전은 한 변이 44미터인 정사각형으로 설계되어 있다. 대지의 비탈에 지어져 있어서 서쪽이 동쪽보다 높다. 동쪽 벽의 높이는 12미터를 넘고, 서쪽 벽은 6미터 정도이다.[9]

남쪽에서 보면 이 신전은 쐐기 형태의 건축물이라는 인상을 주는데, 강한 지반에 가로누워 있는 것처럼 보인다. 그러나 가까이 다가가서 보면 현대인의 눈에는 이상해 보이는 설명할 수 없는 특징들이 있음을 알게 된다. 이 특징들은 고대 이집트인들에게도 매우 이질적이어서 설명이 불가능했을 것이다. 우선 이 건축물은 안이나 바깥에 비문이나 장식이 전혀 없다.

이 점에 대해서는 독자들도 이미 알아차렸을 것으로 생각된다. 밸리 신전은 기자 대지의 다른 몇 개의 건설자를 알 수 없는, 보다 분명하게 말하면 지어진 연대를 알 수 없는 대피라미드 등의 건축물과 비슷하다(아비도스에 있는 불가사의한 건축물인 오시레이온도 마찬가지이다. 이 건축물에 대해서는 다음에 살펴보겠다). 그러나 고대 이집트의 전형적인 예술이나 건축과는 전혀 다르다. 고대 이집트의 건축물이라면 많은 비문이 조각되어 있고 다채롭게 장식되어 있었을 것이다.[10]

밸리 신전에서 눈에 띄는 또다른 특징은 구석구석까지 예외 없이 거대한 석회암 거석으로 만들어졌다는 것이다. 돌의 대부분은 길이가 5.4미터, 폭이 3미터, 높이가 2.4미터인데, 큰 것들 중에는 길이가 9미터, 폭이 3.6미터, 높이가 3미터나 되는 것도 있다.[11] 대개가 200톤 이상이어서 돌 하나하나가 디젤 기관차보다도 무겁다. 그런 것이 몇백 개나 있다.[12]

이상한 일이 아닌가?

이집트학자들은 이상하다고 생각하지 않는 모양이었다. 이 점에 대해서 언급한 이집트학자는 거의 없다. 돌의 크기와 이 돌들을 어떻게 조립했는지에 대한 표면적인 견해를 빼놓고는 거의 언급하지 않았다. 앞에서 살펴본 대로 무게가 70톤인 돌이 대피라미드에 있는 왕의 방까지 운반되었다. 70톤은 소형차 100대 분량의 무게이다. 그러나 이집트학자들 사이에서는 이런 사실조차 거의 거론되지 않고 있다. 따라서 학자들이 밸리 신전에 대해서 무관심한 것도 놀랄 일이 아니다. 그러나 밸리 신전의 돌의 크기는 이상하다. 단순히 다른 시대의 것이라고 말하기에는 다른 가치관이 반영되어 있다. 즉 현대를 살아가는 우리들이 전혀 이해할 수 없는 심미안과 구조상의 관심이 반영되어 있고, 규모의 감각도 우리 시대의 것과는 전혀 다른 건축물이다. 다루기 힘든 200톤짜리 돌을 사용한 이유는 무엇일까? 10톤이나 20톤 혹은 40톤이나 80톤 정도로 돌을 절단하는 것이 다루기에 쉽지 않았을까? 보다 간단한 공법으로 비슷한 외관을 얻을 수도 있었는데

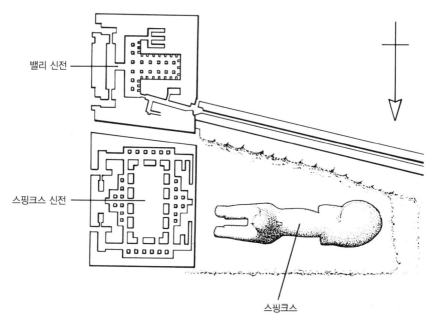

밸리 신전

스핑크스 신전

스핑크스

스핑크스와 스핑크스 신전 및 카프레 왕의 밸리 신전

굳이 어려운 방법을 택한 이유는 무엇일까?

밸리 신전을 건설한 사람들은 어떻게 초대형 돌을 12미터나 들어올릴 수 있었을까?

이 정도의 무게를 들어올릴 수 있는 크레인은 현재 지구상에 두 대밖에 없다. 건설기술의 최첨단 산업기계인 크레인들은 붐이 지상에서 67미터 높이에 있어야 하고, 뒤집히지 않도록 160톤의 무게를 장치의 반대쪽에 설치해야 한다. 이 크레인으로 하나의 돌을 들어올리기 위해서는 대략 6주일간의 준비와 20명의 숙련된 전문가들이 필요하다.[13]

즉 현대의 하이테크 기술로도 200톤의 돌을 들어올리는 것이 고작이다. 따라서 고대의 기자에 살았던 건축가들이 손쉽게 무거운 돌을 들어올릴 수 있었다는 것은 놀랄 만한 일이 아닌가?

앞길을 가로막고 서 있는 신전의 남쪽 벽으로 다가갔다. 그곳에서 석회암 이외에 새로운 것을 발견했다. 벽은 기가 죽을 정도로 거대한 돌로 구성되어 있었을 뿐만 아니라, 놀랍게도 돌들은 다양한 각도로 조각 그림처럼 짜맞추어져 있었다. 이런 패턴은 페루의 마추 픽추나 사크샤우아만의 건축물에서 본 것과 비슷했다(제2부 참조).

또한 이 신전은 2단계에 걸쳐 지어졌다. 첫 번째 단계에서 지어진 것은 대부분 현존하고 있고(심하게 마모되었다), 200톤의 무거운 거대한 석회암으로 구성되어 있다. 이 돌의 표면에는 다듬어진 화강암이 접합되어 있다. 이 화강암은 건물 안 벽에서는 아직도 확고하게 석회암을 덮고 있는데에 반해 바깥 벽에서는 대부분이 벗겨졌다. 벗겨지지 않고 남아 있는 화강암을 상세하게 조사해보고 재미있는 사실을 알게 되었다. 화강암으로 석회암을 덮을 때, 석회암 위에 남아 있던 기후에 의한 마모의 흔적에 맞추어 화강암을 깎았다는 점이다. 이 흔적을 보면 중심이 되는 석회암이 매우 오랜 세월에 걸쳐 자연의 풍진에 시달렸기 때문에 나중에 화강암을 덮었다는 것을 알 수 있다.

로스타우의 지배자

나는 신전의 입구 쪽으로 갔다. 입구는 높이가 13미터인 동쪽 벽의 북쪽 끝과 가까운 곳에 있었다. 주변의 화강암은 아직 완전한 상태로 남아 있었다. 화강암의 거대한 판은 하나의 무게가 70톤에서 80톤이며 갑옷처럼 석회암을 감싸고 있었다. 이 어둡고 당당한 정면 입구에 있는, 지붕도 없고 높고 좁은 회랑은 동쪽에서 서쪽으로 이어져 있었다. 그로부터 직각으로 남쪽으로 돌자 거대한 대기실이 나왔다. 카프레 왕의 실물 크기의 섬록암 석상은 분명히 어떤 의식에 따라 깊은 굴 속에 뒤집혀 매장된 채로, 이곳에서 발견되었다.

대기실 내부 전체를 장식하고 있는 것은 매끄럽게 다듬어진 화강암으로 구성된 훌륭한 조각 그림이다(건물 전체와 마찬가지로). 페루의 잉카 제국 이전의 유적에서 발견할 수 있는 것과 매우 비슷한 이 조각 그림은 말끔하게 절단된 몇 개의 귀퉁이가 서로 접합되어 있고, 복잡한 양식을 보여준다. 특히 주목을 끄는 것은 다른 돌을 파낸 면에 정확하게 박혀 있는 돌들이다.

대기실에서 우아한 회랑을 따라 서쪽으로 가자 넓은 T자형 홀이 나왔다. T의 머리 부분에 서자, 서쪽 방향으로 당당히 서 있는 기둥들이 보였다. 높이가 4.5미터, 폭이 각각 1미터 정도 되는 기둥들 위에는 화강암으로 만든 대들보들이 가로놓여 있는데 그것들의 폭도 사방이 1미터이다. T의 남북을 가로지르는 축에 해당하는 부분에도 여섯 개의 기둥이 서 있는데, 마찬가지로 대들보를 바치고 있다. 이 구조가 홀 전체를 장대하고 간결하며 세련된 분위기로 연출한다.

무엇을 위한 건물일까? 이 신전을 카프레 왕이 지었다고 말하는 이집트 학자들에 의하면 밸리 신전을 건축한 목적은 분명하다고 한다. 그 견해에 따르면 이 건물은 파라오의 장례에 필요한 세정(洗淨)과 신생(新生) 의식의 장소로서 설계되었다고 한다. 그러나 고대 이집트인들은 이것을 확인할 수 있는 비문 등을 전혀 남기지 않았다. 오히려 현재까지 남아 있는 비문에 의하면 원래 밸리 신전은 카프레 왕과 전혀 관계가 없다. 그 이유는 단순하다. 이 건물이 지어진 시기는 카프레 왕의 통치기보다 훨씬 오래 전이기 때문이다. 그 증거를 보여주는 것이 "인벤토리 비석"(제35장을 참조)인데, 이 비문에 따르면 스핑크스도 보다 오래된 태고의 것이 된다.

"인벤토리 비석"에 의하면 밸리 신전은 쿠푸 왕의 시대에도 이미 존재했을 뿐만 아니라, 그 당시에 이미 태고로부터 전해져오는 건축물로 간주되었다. 비문의 문맥에서 확실하게 읽어낼 수 있는 것은 이 건축물을 파라오가 아니라, "최초의 때"에 나일 강 유역으로 이주한 오랜 옛날의 "신들"이 지었다는 점이다. 이 비문에는 밸리 신전이 "로스타우의 지배자인 오시리스의 집"이라고 확실히 적혀 있다[14](로스타우는 기자 묘지를 가리키

는 옛 이름이다).[15]

　제7부에서 상세하게 살펴보겠지만, 오시리스는 많은 면에서 안데스와 중앙 아메리카에 문명을 전파한 반신반인인 비라코차와 케찰코아틀의 이집트 판이라고 할 수 있다. 따라서 현명한 교사이자 법을 가르쳐준 자의 "집"(혹은 성지나 신전)이 대피라미드와 스핑크스가 있는 기자에 세워진 것도 이상한 일이 아니다.

아주 먼, 믿을 수 없을 만큼 오래된 고대

"인벤토리 비석"에 스핑크스는 "오시리스의 집 북서쪽에 있다"라고 새겨져 있다.[16] 나는 신전의 T자형 홀을 에워싸고 있는 서쪽 벽의 북쪽 끝까지 걸었다. 한 덩어리의 바위로 만들어진 출입구를 빠져나가 길게 경사진 바닥 위를 계속 걷자 줄무늬 대리석으로 만들어진 회랑이 나왔다(이 회랑도 북서쪽을 향하고 있다). 이 회랑을 나가면 제2피라미드로 향하는 둑길 아래에 이른다.

　둑길 끝에서 북쪽으로 스핑크스의 전체 모습이 보였다. 도시의 한 구획 정도의 길이에 높이는 6층 건물 정도인 스핑크스는 완벽하게 정동을 향하고 있었다. 따라서 춘분과 추분에는 떠오르는 태양과 정면에서 마주 보게 된다. 머리는 인간이고 몸은 사자였다. 웅크리고는 있지만 몇천 년 이상의 정적에서 깨어나 막 움직일 채비를 마친 듯이 보였다. 몸은 석회암 산을 깎아 만들었는데, 일반적인 석회암 기반보다 9미터나 높은 곳에 있다. 스핑크스의 머리와 목은 단단한 바위산을 깎아 만든 것이다. 아래쪽의 직사각형 석회암이 몸통으로 조각되었고, 주위의 기반에서 그 모습이 떠오르게 만들었다. 건설자는 스핑크스의 주위에 폭 5미터, 깊이 7.6미터의 가늘고 긴 홈을 파서 하나의 독립된 석상으로 만들었다.

　지금까지도 내 마음속에 남아 있는, 스핑크스와 그 주위에서 느낀 가장 강한 인상은 스핑크스가 매우 오래되었다는 것이다. 이집트 제4왕조의 파라오의 유산처럼 몇천 년이라는 단위가 적용될 수 없을 것 같았다. 아주 먼, 믿을 수 없을 만큼 오래된 고대의 것인 듯했다. 오랜 역사를 통해서 고대 이집트인들은 스핑크스를 "모든 것이 시작되는 곳"으로 믿었고, "모든 종교를 초월하는 불가사의한 힘의 총체"로서 숭배했다.[17]

이미 살펴본 대로 이것이 "인벤토리 비석"의 일반적인 메시지이다. 기원전 1400년경에 제18왕조의 파라오인 투트모세 4세가 건립한 "스핑크스의 비석"에도 보다 구체적으로 동일한 메시지가 남아 있다. 스핑크스의 발 사이에 지금도 남아 있는 화강암 판에는 투트모세 4세가 통치했을 때 스핑크스는 머리까지 모래 속에 묻혀 있었다는 기록이 남아 있다. 투트모세 4세는 모래를 모두 제거하고 그 일을 마친 기념으로 비석을 세웠다.[18]

과거 5,000년 동안 기자의 풍토는 그다지 변하지 않았다.[19] 따라서 그동안 스핑크스와 그 주변은 투트모세 4세가 모래를 제거했을 때처럼 언제나 모래의 영향을 받기 쉬웠을 것이다. 그리고 아직도 모래의 영향에서 벗어나지 못하고 있다. 최근의 역사를 보더라도 스핑크스를 방치해두면 바로 모래에 파묻히게 되리라는 것을 알 수 있다. 1818년에 카비글리아 대령은 스핑크스를 발굴하기 위해서 모래를 제거했다. 1886년에는 가스통 마스페로가 유적을 파내기 위해서 다시 모래를 제거했다. 그로부터 39년 후인 1925년까지 모래가 다시 불어닥쳐 스핑크스는 목까지 잠겼다. 1925년에 이집트 고고학청이 모래를 제거하고 본래의 모습으로 복원시켰다.[20]

이 사실은 스핑크스가 만들어졌을 때의 이집트 기후가 현재와는 매우 달랐음을 시사하는 것은 아닐까? 이와 같은 거대한 석상을 만들어도 바로 사하라 사막의 모래로 덮인다면 무슨 목적으로 만들었을까? 그러나 사하라 사막은 비교적 새로운 사막으로 1만1,000년 전에서 1만5,000년 전의 기자는 지금보다 습기가 많고 비교적 풍요로운 땅이었다는 사실이 밝혀졌으므로, 다른 각본을 생각해볼 필요가 있지 않을까? 스핑크스는 먼 옛날의 초록이 있던 시대 — 오늘날 바람 때문에 모래가 휘몰아치는 사막이 된 이곳이 아직 풀과 관목이 자라고 상부의 지층이 안정되어 있으며 현재의 케냐나 탄자니아를 연상하게 하는 장소였던 시대 — 에 조각된 것은 아닐까?

만약 쾌적한 환경이었다면, 반쯤 땅속에 묻히는 스핑크스와 같은 석상을 만드는 일이 상식에 어긋나지는 않았을 것이다. 건설자는 대지가 건조해져서 사막화된다는 점을 예측하지 못했던 것이다.

스핑크스가 조각된 시기를 기자에 아직 초록이 있을 때 — 멀고 먼 옛날 — 로 상상하는 것이 이치에 맞는 일일까?

지금부터 살펴보겠지만 이집트학자들은 이와 같은 생각을 무척 싫어한다. 그럼에도 불구하고 그들도(기자 지도 작성계획의 책임자인 마크 레너 박사의 말에 따르면) "스핑크스의 건설연대를 직접적으로 알 수 있는 방법이 없다. 왜냐하면 스핑크스가 자연을 직접 조각한 것이기 때문이다"라고 인정했다.[21] 레너 박사는 다음과 같이 덧붙였다. "객관적인 조사가 불가능하기 때문에 고고학자는 연대를 전후관계에 의해서 판단할 수밖에 없다. 스핑크스에 관한 기술은 기자 묘지에 있고, 이곳은 유명한 제4왕조의 유적이 있는 곳이다. 그러므로 스핑크스는 제4왕조에 속하는 것이 분명하다."[22]

그러나 레너와 입장이 다른 19세기의 고고학자들은 이런 추측을 당연하다고 생각하지 않았다. 그들은 스핑크스가 제4왕조보다 훨씬 오래 전에 만들어졌다고 확신한 첫 번째 사람들이다.

누가 스핑크스를 만들었을까?

투트모세 4세가 세운 스핑크스 비석을 상세하게 연구한 이집트학자 가스통 마스페로는 1900년에 출판한 「과거의 제국(*Passing of Empires*)」에 다음과 같은 기록을 남겼다.

스핑크스 비석 가운데 13번째 공란에 카프레 왕의 카르투슈가 나온다. ……
이것은 카프레 왕의 시대에도 스핑크스의 모래가 제거〔그리고 복원〕되었음
을 의미한다고 생각한다. 따라서 스핑크스는 쿠푸 왕 시대와 그 이전 왕의
시대에 이미 모래에 묻혀 있었던 것이다.[23]

마스페로만큼이나 저명한 오귀스트 마리에트도 이 의견에 동의했다. 마
리에트는 "인벤토리 비석"의 발견자이기 때문에 충분히 그럴 수 있다(이
비석에는 스핑크스가 쿠푸 왕의 시대보다 훨씬 오래 전부터 기자에 세워
져 있었다고 기록되어 있다).[24] 또한 브루그슈(「파라오 통치하의 이집트
〔Egypt under the Pharaohs〕」 런던, 1891년), 피트리, 세이스 같은 당시
의 유명한 학자들도 앞의 의견에 동의했다.[25] 존 워드 같은 여행작가도
"스핑크스는 피라미드보다 훨씬 오래된 것이 틀림없다"라고 말했다. 또한
1904년까지 영국박물관 고대 이집트 유적의 관리자를 지냈고 존경을 한
몸에 받은 월리스 버지는 망설임 없이 다음과 같이 단언했다.

인간의 머리와 사자의 몸을 한 가장 오래되고 훌륭한 조각상은 기자의 "스
핑크스"이다. 이 훌륭한 석상은 제2피라미드를 건설한 쿠푸 왕의 시대에 이
미 존재했고, 그 당시에도 오래된 것으로 간주되었다.……스핑크스는 외국
인 혹은 외국의 종교와 연관된 것으로 생각된다.[26]

20세기 초에서 말로 넘어오면서 스핑크스의 기원에 대한 이집트학자들
의 견해가 급격하게 변했다. 현대의 정통파 이집트학자들 가운데 이 점에
대해서 논의하거나 진지하게 생각하는 사람은 아무도 없다. 스핑크스가
카프레 왕의 통치시대보다 몇천 년 전에 조각되지 않았을까라는 견해가
예전에는 상식이었지만 지금은 대담하고 무책임한 의견으로 치부된다.

예를 들면, 이집트 고고학청의 기자와 사카라의 책임자인 자히 하와스
박사에 의하면 이와 같은 이론은 지금까지 몇 번이고 제기되었지만, "바

람과 함께 사라졌다"고 한다. 왜냐하면 "우리 이집트학자들은 스핑크스의 연대가 카프레 왕의 시대였다는 확고한 증거를 가지고 있기" 때문이라고 말한다.[27]

마찬가지로 캘리포니아 대학교의 버클리 캠퍼스의 캐럴 레드먼트도 "스핑크스는 카프레 왕의 통치시대보다 몇천 년 전에 만들어지지 않았을까?"라는 견해에 부정적이었다. "그것이 진실일 가능성은 없다. 카프레 왕의 통치시대보다 몇천 년 전에 살았던 사람들은 스핑크스를 만들 수 있는 기술과 관리조직 또는 의지마저도 가지고 있지 않았다."[28]

나는 이 문제를 조사하기 시작했을 때에는 하와스 박사의 주장처럼 부정할 수 없는 새로운 발견이 이루어져서 스핑크스의 건설자가 누구인가라는 문제에 대한 결말이 내려진 것으로 추측했었다. 그러나 그 추측은 틀린 것이었다. 건설자도 모르고 비문도 없는 불가사의한 스핑크스를 카프레 왕이 건설했다고 주장하는 배경에는 "전후관계"에서 끄집어낸 세 가지 이유밖에 없었다.

1. 투트모세 4세가 건립한 스핑크스 비석의 13번째 줄에 카프레 왕의 카르투슈가 있기 때문이다 : 마스페로는 이 카르투슈의 존재를 훌륭하게 설명했다. 즉 투트모세 4세가 스핑크스를 복원할 때 자신과 동일한 일을 한 파라오에게 경의를 표시한 것이라고 말이다. 그 파라오가 제4왕조의 카프레 왕이다. 이 견해에 따르면, 카프레 왕의 시대에 이미 스핑크스는 오래된 건축물이었다는 말이 된다. 그러나 이 견해는 현대의 이집트학자들로부터 거부당했다. 텔레파시가 통하는지 같은 견해를 피력한 이집트학자들의 말에 의하면, 투트모세 4세가 카프레 왕의 카르투슈를 비석에 새긴 것은 석상의 건설자를 칭송하기 위함이라고 한다(단순한 복원자가 아니라).

비석에 남은 것은 카르투슈뿐으로 전후 문장은 사라지고 없다. 따라서 서둘러 이런 확고한 결론을 내리는 것은 시기상조가 아닐까? 도대체 어떤 "학문"이 (제18왕조의 파라오가 건립한 비석에) 제4왕조 파라오의 카르투슈가 존재한다는 것만으로 건설자를 알 수 없는 건축물의 건설자를 결정할 수 있단 말인가? 게다가 현재는 카르투슈조차 지워지고 없는데…….

2. 근처에 있는 밸리 신전도 카프레 왕이 건설했기 때문이다 : 카프레 왕이 신전을 건설했다는 근거는 희박하다(석상이 발견되었기 때문이라고 하지만 나중에 그곳에 넣은 것일 수도 있다). 그러나 이 견해는 이집트학자들로부터 전면적인 지지를 받았다. 그들은 결국 스핑크스도 카프레 왕이 건설한 것으로 인정했다(스핑크스와 밸리 신전 사이에는 확실한 연관이 있기 때문이다).

3. 스핑크스의 얼굴이 밸리 신전의 굴에서 발견된 카프레 왕 석상의 얼굴과 매우 비슷하기 때문이다 : 이것은 전적으로 개인적인 견해의 문제에 속한다. 나는 두 얼굴이 닮았다고 생각해본 적이 한번도 없다. 이 일에 관해서는 뉴욕 경찰의 법정화가가 몽타주식 얼굴 사진을 이용해서 스핑크스와 카프레 왕의 얼굴을 비교했는데, 이 화가 역시 닮지 않았다고 말했다(이것은 제7부에서 살펴보겠다).[29]

1993년 3월 16일 오후 늦게 스핑크스를 바라보면서 나는 결론적으로 아직 판결이 나지 않았다고 생각했다. 배심원들은 이 건축물의 건설자에 대해서 아직도 검토 중인 것이다. 카프레 왕일까 아니면 역사가 시작되기 전의 아직 알려지지 않은 고도의 문명을 지닌 사람들의 작품일까?[30] 이집트학자들의 현재의 기호가 어떤 것이든 간에, 확실한 것은 양쪽의 각본이 각각 그럴듯해 보인다는 것이다. 따라서 이 시점에서 필요한 것은 매우 강력한 의문의 여지가 없는 증거이다. 그 증거에 따라 어느 쪽인지를 판정해야 한다.

| 제7부 |
불멸의 지배자 : 이집트 2

이집트에 아직 비밀이 남아 있을까?

1922년 11월 26일 이른 저녁에 영국의 고고학자 하워드 카터와 그에게 자금을 제공한 카나번 경은 기원전 1352-1343년에 제18왕조를 통치한 젊은 파라오의 무덤으로 들어갔다. 그 파라오는 세계적으로 유명해진 투탕카멘이었다.

이틀 뒤인 11월 28일 밤에는 왕의 무덤에 있는 "보물 창고"가 파괴되었다. 그곳은 거대한 황금 사당으로서 더 깊은 곳에 방이 있었다. 이상하게도 그 방에는 눈부시게 찬란하고 고귀한 아름다운 공예품들은 많았지만 문은 없었다. 살아 있는 듯한 자칼의 머리를 가진 사자(死者)의 신 아누비스의 조각상이 방의 입구를 지키고 있었다. 귀를 쫑긋 세운 신은 개처럼 쭈그리고 앉아 앞발을 앞으로 내민 채 금으로 장식된 나무 상자 뚜껑 위에 놓여 있었다. 상자의 크기는 길이 1.2미터, 높이 91센티미터, 폭이 60센티미터 정도였다.

카이로 시, 이집트 박물관, 1993년 12월
사자의 신 아누비스는 지금도 작은 상자 위에서 앞발을 내밀고 있지만 왕의 무덤에 있는 방의 입구가 아니라 유리로 된 전시 상자 속에 들어 있다. 나는 오랫동안 가만히 아누비스를 바라보았다. 조각상은 치장벽토를 바른 목재였다. 전체에 검은 도료가 발라져 있고, 금과 설화석고, 방해석, 흑요석, 은 등이 뿌려져 있으며 공들여 상감세공을 해놓았다. 은이 눈에 사용되어 특별한 효과를 냈다. 반짝반짝 빛나는 눈은 용의주도했고 강렬함을 감추고 있었으며 명확한 지성을 느끼게 했다. 또한 확실히 묘사되어 있는 늑골과 유연해 보이는 근육은 내재된 강인함과 에너지와 우아함이 깃든 영적인 기운을 내뿜고 있었다.

신비하고 강렬한 힘을 느끼게 하는 조각상에 매료되면서 나의 머릿속에는 세계 각지에서 볼 수 있는 세차운동의 신화가 떠올랐다. 나는 세차운동과 관련된 신화에 대해서 몇 년 동안 연구를 계속해왔다. 신화 가운데에는 개와 비슷한 존재가 자주 등장하는데, 이 이야기들의 배후에는 어떤 의도 하에 구성된 줄거리가 존재하는 듯하다. 나는 개나 이리, 자칼 등의 상징을 번 옛날의 신화를 만든 삭자가 사라진 과학적 지식의 복잡하고 비밀스러운 저장장소로 안내하기 위해서 의도적으로 사용한 것이 아닌가 하는 생각이 들었다.

비밀스러운 저장장소에는 오시리스에 대한 신화가 남아 있다. 이것은 단순한 신화가 아니다. 고대 이집트에서는 그 내용이 극으로 만들어져서 해마다 공연되었다. 역사가 시작되기 전부터 존재한 중요한 전승을 전해주는 "줄거리가 있는" 문예작품이었다.[1] 제5부에서 살펴보았듯이 이 전승은 세차운동을 나타내는 숫자를 포함하고 있다. 이 숫자는 매우 정확하기 때문에 우연의 일치라고 보기는 어렵다. 또한 자칼 신이 극에서 중심적인 역할을 담당하며 오시리스의 정신적 안내인이 되어 명계(冥界)를 여행하는 것도 우연이 아닌 듯하다.[2] 또한 고대에 아누비스가 이집트의 신관으로부터 "성스러운 비밀의 책을 지키는 자"로 간주되어온 것은 무엇인가 중요한 의미를 가지고 있다고 생각된다.[3] 조각상이 앞발을 얹은 황금 상자의 끝에 있는 홈에는 "비밀을 전달한다"라고 적혀 있다.[4] 이 그림 문자를 다르게 번역하면, "비밀 위에 앉아 있는 자"라든지 "비밀을 수

호하는 자"가 된다.[5]

이집트에 어떤 비밀들이 남아 있는 것일까?

이 땅에서는 100년 넘게 고고학적 발굴이 진행되어왔다. 이 고대의 땅을 덮고 있는 모래는 아직도 뭔가 깜짝 놀랄 만한 비밀을 그 아래에 숨기고 있을까?

보발의 별과 웨스트의 돌

1993년에 고대 이집트에서 아직도 배울 것이 있음을 깨닫게 해준, 놀랄 만한 새로운 발견이 있었다. 더욱이 세월만 낭비하는 고고학자가 아니라 일반인에 의해서 발견되었다. 천문학에 밝은 벨기에 건축기사인 로버트 보발이 하늘과 기자의 피라미드와의 상관관계를 밝힌 것이다. 지면에만 관심을 가졌던 전문가들이 놓친 분야이다.

보발의 발견은 다음과 같은 것이다. 오리온자리의 세 별은 기자의 남쪽 하늘에서 볼 수 있는데, 일직선이 아닌 것으로 알려져 있다. 아래쪽 두 개의 별인 알 니탁과 알 닐람을 직선으로 연결하면 세 번째 별인 민타카는 그 선에서 왼쪽, 즉 동쪽 방향으로 어긋나 있는 듯이 보인다.

흥미롭게도(제36장에서 살펴본 대로) 이것은 기자의 세 피라미드와 배치가 동일하다. 보발은 하늘에서 기자 묘지를 살펴본 후에 쿠푸 왕의 피라미드는 알 니탁의 위치에, 카프레 왕의 제2피라미드는 알 닐람의 위치에, 멘카우레 왕의 제3피라미드는 이 두 피라미드를 연결하는 선의 동쪽에 있음을 알게 되었다. 이것으로 별의 장엄한 구도가 완성되었다.

정말로 기자의 세 피라미드는 이처럼 배치되었던 것일까? 보발이 그 후에 제시한 연구 성과는 수학자들과 천문학자들로부터 전면적인 지지를 받았다. 보발의 천재적인 직감이 옳다는 것이 증명된 셈이다. 그의 증거(제49장에서 상세하게 살펴보겠다)는 세 피라미드가 믿기 어려울 정도로 정확

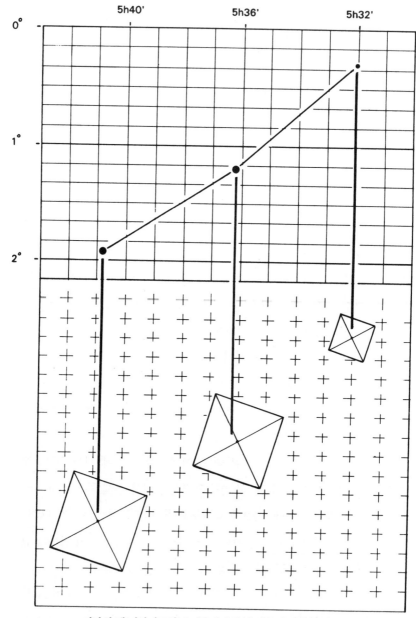

기자의 세 피라미드와 오리온자리의 세 별들의 대치(對置)

하게 오리온자리의 세 별과 대응되고 있음을 보여주었을 뿐만 아니라, 별들의 상호 위치관계와 광도까지도(건축물의 대소를 통해서) 나타내고 있음을 증명했다.[6] 게다가 이 천체도(天體圖)는 남북으로 퍼져나가서 기자 대지의 다른 건축물들도 포함하고 있으며, 다른 건축물들 역시 천체의 위치를 나타내고 있다.[7] 그러나 보발의 천문학적 계산이 초래한 경이로움은 다른 곳에 있다. 보발에 의하면 대피라미드가 천문학적으로 "피라미드 시대"와의 관련성을 보여주고 있음에도 불구하고, 기자의 건축물 전체의 배치를 보면 그들이 나타내고 있는 천체도는 기원전 2500년의 제4왕조가 아니라 기원전 1만450년경의 것이라고 한다.[8]

이번에 내가 이집트에 온 이유는 로버트 보발과 함께 기자를 찾아가 천체와 일련의 건축물과의 관계에 관한 그의 의견을 듣기 위해서였다. 또한 그토록 오래 전에 과학적 지식으로 정확하게 별의 위치를 계측해서 기자 묘지라는 수학적이고 야심적인 계획을 수행한 이들은 어떤 사람들이었는지에 대한 보발의 견해를 알고 싶었다.

이번 여행의 또다른 목적은 고대 이집트의 정통파 연대학에 도전한 다른 연구자를 만나는 것이었다. 그는 근거가 확실한 증거를 제시하며, 나일 강 유역에는 기원전 1만 년 전이나 아니면 그보다도 이전에 고도의 문명이 있었다고 주장했다. 보발의 천문학적 자료와 비슷한 그 증거는 항상 존재했지만 권위주의적인 이집트학자들의 관심을 불러일으키지는 못했다. 그 확실한 증거를 일반인들에게 알린 것은 미국의 학자 존 앤서니 웨스트였다. 웨스트는 전문가들이 그 증거를 정당하게 평가하지 못했다고 주장했는데, 그 이유는 그들이 증거를 찾지 못해서가 아니라 발견한 증거를 틀리게 해석했기 때문이라는 것이다.[9]

웨스트가 제시한 증거는 몇 개의 주요 건축물들에 초점을 맞춘 것이다. 그것은 기자의 스핑크스와 밸리 신전, 거기에서 좀더 남쪽에 자리한 아비도스의 오시레이온이다. 웨스트는 이 사막의 건축물들에는 과학적으로

부인할 수 없을 정도로 확실하게 강우에 의한 마모의 흔적이 남아 있다고 주장했다. 돌을 마모시킬 정도로 대량의 비가 내린 때는 마지막 빙하기가 끝날 무렵의 "강우기", 즉 기원전 1만1000년~기원전 1만 년경이라고 한다.[10] 이 특이하고 아주 또렷한 형태를 남긴 "강우에 의한" 침식현상의 흔적이 오시레이온, 스핑크스 그리고 그외의 건축물들에도 남아 있다. 이러한 사실은 그 건축물들이 기원전 1만 년 이전에 지어졌다는 것을 의미한다.[11]

영국의 한 학구적인 저널리스트는 다음과 같이 정리했다.

학자들에게 웨스트의 존재는 악몽과도 같다. 왜냐하면 그는 생각지도 못한 곳에서 나타나서 주도면밀하게 고찰하여 정리한 논리적인 이론을 제시했기 때문이다. 그의 풍부한 사료에는 반론의 여지가 없다. 그의 이론은 이집트학자들을 궁지에 몰아넣었다. 학자들은 웨스트의 주장에 어떻게 대응할 것인가? 그들은 무시하면서 사라지기를 바란다. ······그러나 웨스트가 제시한 증거는 사라지지 않는다.[12]

이 새로운 이론은 "뛰어난 이집트학자들"의 반발을 초래했지만 어떠한 상황에서도 사라지지 않는다. 왜냐하면 다른 분야의 학자들로부터 압도적인 지지를 받고 있기 때문이다. 그 학자들은 바로 지질학자들이다. 보스턴 대학교의 지질학자인 로버트 쇼크 박사는 웨스트가 추정한 스핑크스의 건설시대가 옳다는 것을 확정하는 데에 중요한 역할을 했다. 로버트 쇼크 박사의 견해는 1992년 미국 지질학회 총회에서 300명의 동료들로부터 지지를 받았다.[13]

그 후로 지질학자들과 이집트학자들 사이에 격렬한 논쟁이 벌어졌는데, 대부분이 공개석상에서 행해졌다.[14] 존 웨스트를 제외하면 이 문제에 대해서 확실한 의견을 피력할 수 있는 사람은 극히 드물다. 그러나 이 논쟁에서 중요한 부분은 인류 문명의 진화에 관한 정설에 대폭적인 수정이 가해져야 한다는 것이다.

웨스트는 다음과 같이 말했다.

인류 문명의 진화는 직선적이었다고 한다. 그리하여 우둔한 동굴인에서 출발한 인류는 현대에 이르러서는 영리한 우리가 되어 원자폭탄을 가지게 되었고 줄무늬가 있는 치약을 사용하게 되었다. 그러나 스핑크스는 고고학자들이 생각하는 것보다 몇천 년 이상 더 오래되었다는 증거가 있다. 이집트 왕조보다도 몇천 년 이상 오래된 것이다. 이 말은 모든 전설 속에서 확인할 수 있듯이 태고에 고도로 세련된 문명이 존재했다는 것을 의미한다.[15]

나도 과거 4년 동안 돌아다니며 조사하고 연구한 결과 전설들이 사실일 수도 있다는 경이로운 가능성을 깨닫게 되었다. 그래서 이집트로 돌아가 보발과 웨스트를 만나기로 한 것이다. 그런데 나는 이제까지 서로 연관이 없다고 생각했던 여러 가지 조사 내용들이[16] 완전하게 연결되고 천문학적 또는 지질학적으로 사라진 지문이 떠오르는 것을 보고 충격을 받았다. 나일 강 유역이 본거지가 아닐지도 모르지만, 기원전 11세기경에 사라진 문명이 이 땅에 존재했던 것 같다.

자칼의 길

아누비스, 비밀의 수호자, 매장실의 신, 자칼의 머리를 한 죽은 자의 길을 여는 자, 오시리스의 안내인 겸 동료…….

카이로 박물관의 폐관 시간인 오후 5시경이었다. 산타가 검고 기분 나쁜 조각상의 사진을 모두 찍었을 때, 아래 계단에서는 경비원이 호각을 불고 손뼉을 치면서 마지막 관람객을 홀에서 내몰았다. 그러나 100년 전에 지어진 이 건물 2층에서 고대의 아누비스는 몇천 년 동안 그래왔듯이 변함없이 쭈그리고 앉은 채로 경계심을 풀지 않았다. 조용하고 모든 것이 정지되어 있었다.

산타와 나는 어두워진 박물관을 나와 아직 햇살이 눈부신 카이로의 타하리르 광장의 소란스러움 속으로 들어갔다.

아누비스는 영혼의 안내자이고 비밀스러운 책의 수호자였는데, 그 일을 다른 신과 함께 맡고 있었다. 그 신의 이름은 "길을 여는 자"라는 의미를 지닌 우푸아우트로 아누비스와 마찬가지로 자칼이 상징이다.[17] 두 신은 태고로부터 이집트의 오래된 도시인 아비도스와 연관을 맺어왔다. 아비도스의 신 켄티-아멘티우("첫 번째 서양인"이라는 이상한 의미의 이름) 역시 두 신의 일족으로서 평소에는 검은 지주(支柱)에 가로누워 있다.[18]

아비도스에서는 불가사의하고 상징적인 이 신들이 자주 발견되는데, 어떤 의미가 있을까? 밝혀지기를 기다리는 중요한 비밀이 숨어 있는 것은 아닐까? 이것은 밝혀볼 만한 가치가 있는 듯하나. 아비도스의 내규모 유적들 중에는 존 웨스트의 지질학적인 조사 결과에 의해서 고고학자가 생각한 것보다 훨씬 오래된 것으로 밝혀진 오시레이온이라는 건축물이 있기 때문이다. 며칠 후에 웨스트와 상이집트에 있는 도시 룩소르에서 만날 약속을 했다. 룩소르는 아비도스에서 남쪽으로 200킬로미터 정도 떨어져 있다. 처음에는 카이로에서 룩소르로 가는 비행기를 탈 계획이었지만 자동차로도 갈 수 있다는 것을 알게 되었다. 그렇게 하면 아비도스를 비롯한 다른 유적지도 들를 수 있다.

운전수인 무하마드 와릴리는 타하리르 광장 옆에 있는 주차장에서 우리를 기다리고 있었다. 나이가 조금 들었고 덩치가 크며 사람들에게 친근감을 주는 얼굴의 와릴리는 오래된 하얀색 푸조 택시를 가지고 있었다. 와릴리는 보통 때에는 기자에 있는 메나 하우스 호텔 앞에서 승객을 기다린다. 최근 몇 년 동안 카이로에 조사여행을 몇 번 오면서 와릴리와 알게 되었다. 이제 카이로에 오면 반드시 와릴리의 택시를 이용한다. 잠시 동안 아비도스와 룩소르까지의 긴 여행에 드는 요금에 대해서 이야기를 나누었다. 많은 것을 고려해야 했다. 우리가 지나갈 길에는 이슬람 과격파의 공격 목표지점도 있었다. 결국 합의를 보고, 우리는 다음 날 아침 일찍 출발하기로 했다.

태양의 도시, 자칼의 방

무하마드 와릴리는 아직 어슴프레한 아침 6시에 우리가 묵고 있는 헬리오폴리스의 호텔로 우리를 데리러 왔다.

도로변에 있는 가게에서 진한 커피를 마신 후, 서쪽에 있는 나일 강을 향해서 인기척이 없는 먼지투성이의 도로를 달렸다. 나는 무하마드에게 미단 알-마살라 광장을 지나도록 부탁했다. 가장 오래되고 온전히 보존된 이집트의 오벨리스크가 이 광장을 내려다보고 있다.[1] 무게가 350톤인 이 오벨리스크는 분홍색 화강암으로 만들어졌고, 높이가 32.6미터나 된다. 파라오 세누스레트 1세(기원전 1971-기원전 1928년)가 이것을 만들었다. 이 오벨리스크는 원래 헬리오폴리스 태양 신전의 입구 옆에 세워졌던 것이다. 4,000년이 지난 현재 신전은 완전히 소멸되었고 한 쌍이었던 오벨리스크도 하나만 남아 있다. 고대 헬리오폴리스 유적의 대부분이 사라졌으며, 몇 세기에 걸쳐서 카이로 시민들이 아름다운 치장석과 건축재료를 약탈해서 지금은 남은 것이 없다.[2]

헬리오폴리스(태양의 도시)는 성서 속에서는 온(On)이라고 부르는데, 원래는 이집트 언어로 이누 또는 이누 메레트라고 불렀다. 각각 "기둥" 또는 "북쪽의 기둥"을 의미한다.[3] 이 일대는 매우 신성한 장소로서 기이한 9명의 태양과 별의 신들과 관계가 있다. 이곳은 세누스레트 1세가 오벨리스크를 세웠을 때에 이미 매우 오래된 역사를 가진 땅이었다. 사람들은 기자와 마찬가지로(먼 남쪽에 있는 아비도스도) 이누 또는 헬리오폴리스는 창조 때에 생긴 최초의 땅의 일부였다고 믿고 있다. 태고의 물에서 창조 때에 출현한 "최초의 때" 의 땅으로서 신들이 지상을 지배하기 시작한 장소라고 한다.[4]

헬리오폴리스를 둘러싼 창조의 신화에는 독특하고 흥미로운 특색이 있다. 신화에 따르면 최초의 때에 우주는 어둡고 물 이외에는 아무것도 없었으며, 우주는 눈(Nun)이라고 불렸다. 이 완만한 우주의 대양("형태가 없고, 검고, 가장 어두운 밤보다 검은" 이라고 표현되어 있다) 속에서 마른 땅이 나타났다. 태양신 라는 자신의 화신으로 아툼(때때로 지팡이에 의지하고 있는 턱수염을 기른 남자로 묘사된다)을 창조했다.[5]

하늘은 창조되지 않았고 땅도 창조되지 않았다. 그곳에 지구의 아이들과 파충류는 없었다.……나 아툼뿐이었다.……함께 일할 사람도 없었다…….[6]

혼자라는 것을 느낀 이 축복받은 불멸의 신은 신성한 자손을 창조했다. 공기와 건조의 남신 슈와 습기의 여신 테프누트였다. "남근을 마주잡은 두 손 사이에 넣었다. 손 위로 내 씨앗이 뿌려졌다. 그것을 내 입에 넣었다. 배설하자 그것은 슈가 되었고, 방뇨하자 테프누트가 되었다."[7]

탄생은 그다지 행복하지 않았지만 슈와 테프누트(거의 쌍둥이로 묘사되지만 때로는 사자로도 묘사된다)는 성인이 되어 자손을 만들었다. 그것이 땅의 신 게브와 하늘의 여신 누트였다. 게브와 누트는 오시리스와 이시스, 세트와 네프티스를 만들었다. 이로써 헬리오폴리스의 9신들이 탄생했다. 9신 가운데 라, 슈, 게브, 오시리스는 왕이 되어 이집트를 지배했다고 한다. 그 후 호루스가 왕이 되었고 마지막으로 황새의 머리를 가진 지혜의 신 토트가 3,226년 동안 이집트를 통치했다.[8]

이 사람들 — 혹은 생물 아니면 신들은 과연 누구일까? 신관들의 상상력이 빚어낸 산물일까, 상징일까, 암호일까? 이 이야기는 몇천 년 전에 실제로 일어난 일을 신화로 변용시킨 기억일까? 아니면 태고로부터 부호화된 메시지로서 시대를 초월해서 전해지도록 창조된 것의 일부일까? 최근에 와서야 이해되고 해독되기 시작한 메시지일까?

이와 같은 생각은 공상적이다. 그러나 헬리오폴리스의 전승 가운데 세차운동의 정확한 계산이 비밀리에 삽입되어 있는 오시리스와 이시스의 신화가 있다는 것을 잊어서는 안 된다.

또한 이누의 신관이 담당했던 책임은 이 전승들을 보호하고 지키는 것이었다. 그들은 이집트에서 뛰어난 지혜를 가진 자들로서 예언, 천문학, 수학, 건축, 마술에 통달했던 것으로 유명하다. 또한 그들이 벤벤(Benben)이라고 부르는 강력한 힘을 가진 신성한 물체를 지니고 있었다는 것도 알려져 있다.[9]

이집트인은 헬리오폴리스를 이누, 즉 기둥이라고 불렀다. 전승에 의하면 아주 먼 태고로부터 보관되어온 벤벤이 처음에는 거칠게 잘라낸 돌 기둥 위에 얹혀 있었기 때문이다.

이집트인은 벤벤이 하늘에서 떨어졌다고 믿고 있다. 안타깝게도 벤벤은 아주 오래 전에 분실되었다. 기원전 1971년에 세누스레트 1세가 즉위했을 때 벤벤의 모양은 이미 기억에서 사라졌다. 이 시기(제12왕조)에 분명하게 기억된 내용은 벤벤이 피라미드처럼 생겼다는 것이었고, 그것이 그 후에 세워진 모든 오벨리스크 형태의 원형(벤벤이 얹혀 있던 기둥을 포함해서)으로 작용했다. 그리하여 벤벤이라는 이름은 피라미드 형태로 만드는 것 또는 피라미드의 정상에 얹혀 있는 돌을 의미하게 되었다.[10] 상징적인 의미로 보면 벤벤은 태양신 라-아툼과 직접적인 관계가 있다. 고대문헌에 "당신은 고귀해졌다. 불사조가 사는 저택의 벤벤의 높이까지 올라갔다……"라고 적혀 있다.[11]

불사조가 사는 저택은 헬리오폴리스에 있었던 신전을 의미하는데 그곳에 벤벤이 있었다. 이것을 보면 이 불가사의한 돌은 신화에 나오는 불사조인 성스러운 새 베누를 상징하기도 했음을 알 수 있다. 베누가 나타나거나 사라지는 것은 우주의 큰 주기 및 세계의 붕괴와 재생과 관련되어 있다고 여겨졌다.[12]

연관과 유사

아침 6시 30분에 헬리오폴리스의 교외로 이동하면서 신화의 시대는 어떤 풍경이었을지를 눈을 감고 상상해보았다. 최초의 때에 창조의 섬[13] — 태양신 라-아툼의 작은 산 — 이 눈(Nun)의 홍수에서 얼굴을 내밀었을 때이다. 이 상상 속의 풍경과, 안데스 산맥 사람들의 전승에 있는 문명을 전파한 신 비라코차가 지상을 멸망시킨 홍수가 끝난 뒤에 티티카카 호수에 모습을 나타낸 것과 연관시켜 생각해보았다. 또한 오시리스라는 인물에 대해서 생각할 필요도 있었다. 오시리스는 특징적인 턱수염을 기른 신으로서 비라코차나 케찰코아틀과 매우 비슷하다. 오시리스도 이집트인들에게 식인풍습을 금지시키고, 농업을 가르쳤으며, 가축사육과 문자, 건축, 음악을 비롯한 예술을 가르쳐주었다.[14]

신대륙과 구대륙의 전승이 서로 비슷하다는 것은 이미 눈치채고 있었지만 어떻게 해석해야 하는지가 어려웠다. 단순히 우연이 중첩된 결과라고도 말할 수 있다. 그러나 한편으로는 아직 발견되지 않은 태고의 문명이 쌍방에 남긴 지문이라고도 말할 수 있다. 중앙 아메리카의 신화에서도 안데스 산맥과 이집트의 신화에서도 같은 지문이 발견된 것이다. 헬리오폴리스의 신관은 창조에 대해서 사람들에게 이야기해주었다. 그러나 누가 신관에게 그것을 가르쳐주었을까? 그 이야기들은 갑자기 나타났을까? 아니면 그들의 교양과 복잡한 상징은 오랜 세월 동안 발전되어온 종교적 사상일까?

만약 후자라고 한다면 언제 이런 사상이 발전했을까?

밖을 바라보자 이미 헬리오폴리스는 뒤로 물러났고, 우리는 카이로의 혼잡한 번화가를 지나고 있었다. 나일 강에 있는 "10월 6일 다리"를 건너 서쪽을 따라 바로 기자로 들어갔다. 15분 후에는 육중하고 거대한 대피라미드를 오른쪽으로 스쳐보면서 그곳에서 방향을 남쪽으로 돌려 상이집트로 향하는 길로 들어섰다. 세계에서 가장 긴 강의 남쪽을 따라 달리는 길이다. 종려나무가 우거진 들판과 푸른 평야 주변을 냉혹한 붉은 모래가 에워싸고 있었다.

헬리오폴리스 신관들의 사상은 고대 이집트의 일반생활과 종교생활의 모든 면에 영향을 미쳤다. 그 관념은 이 지역에서 발전했을까? 아니면 다른 지역에서 나일 강 유역으로 전파되었을까? 이집트인의 전승은 이 질문에 내해서 명확하게 대답하고 있다. 헬리오폴리스의 모든 지혜는 신들이 인간에게 전해준 것이라고 한다.

신들의 선물?

우리는 대피라미드로부터 남쪽으로 16킬로미터 지점에서 간선도로를 벗어나 사카라의 묘지를 찾아갔다. 제3왕조의 파라오 조세르 왕의 6단짜리 계단식 피라미드가 사막의 끝에 우뚝 솟은 채 주위를 압도하고 있었다. 높이가 60미터가 넘는 이 위압적인 피라미드는 기원전 2650년경의 것으로 추정되고 있다. 이 피라미드는 우아한 벽으로 둘러싸인 부지 내에 세워져 있는데, 고고학자들에 의하면 거대한 석조건물들 가운데 인류 역사에서 가장 오래된 것이라고 한다.[15] 전승에 의하면 이 건축물은 전설적인 인물인 임호테프에 의해서 건설되었다고 한다. "마술의 거장"으로 알려진 임호테프는 헬리오폴리스의 신관이었다. 또한 현인, 마술사, 천문학자, 의사였다고 한다.[16]

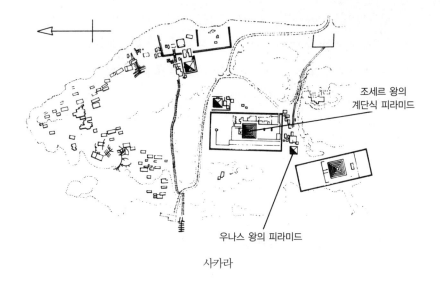

조세르 왕의
계단식 피라미드

우나스 왕의 피라미드

사카라

　계단식 피라미드와 그 건설자에 대해서는 나중에 다시 살펴보겠다. 그러나 이번에 사카라를 방문한 유일한 목적은 우나스 왕의 피라미드 지하에 있는 방에서 시간을 보내기 위해서였다. 우나스 왕은 제5왕조의 파라오로서 기원전 2356년에서 기원전 2323년까지 통치했다.[17] 이 방의 벽에는 바닥에서 천정에 이르기까지 가장 오래된 피라미드 텍스트가 새겨져 있다. 이 호화찬란한 상형문자 조각은 흥미로운 사실을 많이 알려준다. 기자에 있는 아무 말이 없는 제4왕조의 피라미드들과는 정반대이다.

　제5왕조와 제6왕조(기원전 2465년에서 기원전 2152년까지)의 피라미드에만 남아 있는 피라미드 텍스트는 신성한 문헌으로서 일부는 헬리오폴리스의 신관들이 기원전 3000년경에 기록한 것으로 보인다. 또한 그 내용의 일부는 신관들이 왕조시대가 시작되기 전에 계승해서 전하고 있던 것이라고 한다.[18] 나는 몇 달 전부터 피라미드 텍스트를 연구하기 시작했는데 특히 나의 흥미를 끄는 것은 유구한 태고로부터 전해졌다고 하는 부분이었다. 또한 19세기의 프랑스인 고고학자가 안내라도 받은 듯이 비밀스럽게 은닉되어 있던 피라미드 텍스트를 발견한 에피소드도 매우 흥미로웠다. 길을 안내한 것은 신화 속에서 "길을 여는" 역할을 하는 동물이었다. 어느 정도 신뢰할 수 있는 자료에 의하면 사카라를 발굴했던 이집트인 현장감독이 새벽에 일어나자 자신이 피라미드 근처에 있었고 그곳에는 호박색 눈빛의 자칼 한 마리가 있었다고 한다.

이 동물은 관찰하고 있는 사람을 조소하는 듯했다. ……그리고 당황스러워하는 남자에게 따라오라고 말하는 듯했다. 자칼은 천천히 피라미드의 북면 쪽으로 걸어갔다. 잠시 멈추었다가 북면의 굴 속으로 사라졌다. 호기심이 생긴 그 아랍인은 자칼의 뒤를 따라가기로 작정했다. 좁은 굴을 미끄러져 내려가자 피라미드의 어두운 내부가 나왔다. 그리고 방으로 들어갔다. 전등을 비춰보자 벽에는 위에서 아래까지 상형문자가 새겨져 있었다. 상형문자는 세련된 공예기술에 의해서 단단한 석회암에 새겨져 있었고 터기석과 황금으로 도장되어 있었다.[19]

오늘날에도 상형문자가 새겨진 지하실에 가기 위해서는 북면을 따라 긴 길을 내려가야 한다. 이 길은 아랍인 현장감독이 경이로운 발견을 한 후 프랑스 고고학자가 파낸 길이다. 지하실은 두 개의 사각형 방으로 구성되어 있다. 칸막이 벽으로 나뉘어 있고 낮은 출입구가 있다. 두 방의 천장은 맞배 천장이고, 많은 별이 도장되어 있다. 몸을 숙이고 낮은 통로를 빠져나온 산타와 나는 첫 번째 방으로 들어가서 출입구를 지나 두 번째 방으로 들어갔다. 그것은 분명히 왕의 매장실이었다. 우나스 왕의 거대한 화강암 석관이 서쪽 끝에 놓여 있었고, 주위 벽에는 피라미드 텍스트가 그 존재를 기묘할 정도로 과시하고 있었다.

직접 말을 걸어올 듯한(대피라미드의 새겨진 글이 없는 벽이 수수께끼나 수학적인 퍼즐 등을 통해서 말을 걸어오는 것과는 명확하게 다르다) 이 상형문자는 무엇을 의미하는 것일까? 그 대답은 참고로 사용하는 번역문에 따라 다르다. 왜냐하면 피라미드 텍스트에는 많은 고대문자가 사용되었고, 또한 아직 알려지지 않은 신화에서 인용된 것이 많아 명확하지 않은 부분은 학자들이 추측으로 메워놓았기 때문이다.[20] 그럼에도 불구하고 일반적으로는 런던 대학교의 고대 이집트 언어학의 교수였던 고(故) R. O. 포크너의 번역이 가장 권위 있는 것으로 인정받고 있다.[21]

포크너 교수의 번역을 한 줄씩 꼼꼼히 살펴보았다. 포크너 교수는 피라미드 텍스트에 대해서 "현존하는 이집트의 가장 오래된 종교와 장례에 관한 문헌으로서 다른 문헌보다 신뢰할 수 있어서 이집트의 종교를 배우는 사람에게 기초적인 자료가 된다……"라고 말했다.[22] (많은 학자들이 동의하고 있듯이) 이 문헌이 매우 중요한 이유는 인류의 기억에 남아 있는 그리 멀지 않은 과거와 이미 잊혀진 보다 오래된 과거를 연결하는 마지막 남은 완전히 개방된 길이기 때문이다. "이 텍스트는 사라진 세계의 사고와 언어를 완전하지는 않지만 밝혀주고 있다. 역사 이전의 인류가 아득한 과거에 그 생각과 언어를 지상에 남겼고, 마침내 현대를 살아가는 우리에게 그것을 전달하는 데에 성공한 것이다."[23]

피라미드 텍스트가 사라진 세계에 대해서 분명히 말하고 있다는 느낌에 동의할 수밖에 없다. 그러나 사라진 세계에 관한 것에서 가장 관심을 끄는 것은 당시에 야만적인 원시인뿐만 아니라 우주과학에 정통한 사람들도 존재했을 가능성이 있다는 사실이다(태고의 시대에는 야만인밖에 존재하지 않았다는 것이 상식이다). 전체적으로 보면 양쪽의 해석이 가능하다. 피라미드 텍스트에는 원시적인 요소도 많이 포함되어 있고 고상한 법칙에 따른 관념도 있다. 여하튼 이집트학자가 "고대의 주문"이라고 부르는 이 텍스트에 몰두하면, 이해 불가능한 두꺼운 층의 배후에서 갑자기 고도의 지성이 나타나는 기묘한 느낌이 들 때가 있어서 감명을 받게 된다. "태고의 인류"가 도저히 생각할 수 없다고 여겨지는 점들이 텍스트에 적혀 있다. 상형문자로 기록된 피라미드 텍스트에서 받은 인상과 대피라미드에 응용된 건축기술에서 받은 인상이 매우 비슷하다. 양쪽에서 느낀 압도적인 인상은 둘 다 시대착오적이라는 것이다. 즉 고도의 기술이 사용되었으며, 인류의 역사로 볼 때 그 시대에는 그런 기술이 전혀 존재하지 않았을 텐데도 그 기술에 관한 내용이 적혀 있다……

시대착오와 수수께끼

나는 우나스 왕의 방에 있는 회색 벽을 바라보았다. 위에서 아래까지 상형문자가 새겨져 있는데 이것을 피라미드 텍스트라고 부른다. 쓰인 언어는 이미 사라지고 존재하지 않는다. 이 문헌에서 되풀이해서 강조하는 것은 영원의 생명이다. 영원의 생명은 파라오가 오리온자리의 별에 다시 태어남으로써 성취된다. 제19장에서 이미 살펴본 대로(제19장에서는 이집트의 신앙과 고대 멕시코의 신앙을 비교했다), 피라미드 텍스트에는 이 희망이 확실하게 표현된 곳이 몇 군데 있다.

> 왕이시여, 위대한 별이 되고 위대한 오리온과 동료가 되어 오리온과 함께 여행하소서. ……동쪽 하늘에서 떠올라 예정된 계절에 신생하시고, 예정된 시간에 젊음을 되찾으소서…….[1]

의심할 여지가 없는 아름다운 문장으로서 특별하게 이상한 곳은 없다. 프랑스 고고학자 가스통 마스페로가 "반(半)야만적"이었다고 평한 사람들의 작품이라고 말하기는 어렵다.[2] 마스페로는 우나스 왕의 피라미드에 들어간 첫 번째 학자[3]로서 피라미드 텍스트에 대한 권위자이다. 따라서 그의 의견이 학회의 의견이 되고 말았다고 해서 놀랄 것은 없다. 마스페로는 1880년대부터 피라미드 텍스트를 번역하여 출판하기 시작했다.[4] 마스페로는 자칼의 도움을 받아서 피라미드 텍스트를 세계에 처음으로 소개한 사람이었다. 그 후 과거에 관한 마스페로의 색안경이 지식에 씌워진 필터의 역할을 담당하게 되었다. 그로 인해서 불투명한 수수께끼의 구절은 다양하게 해석되지 못하고 그 의미는 축소되었다. 불행한 일이었다. 그 결과로 기자에 있는 피라미드가 과학적이고 기술적인 수수께끼를 제공하는 것처럼 피라미드 텍스트에도 경이로운 사실을 시사하는 구절이 있음에도 불구하고, 학자들은 그것을 무시하게 되었다.

경이로운 사실을 시사하는 구절은 기술적이고 과학적인 복잡한 내용을 전혀 다른 말투로 표현하려고 했던 것으로 생각된다. 단순한 우연일지도 모르지만, 아인슈타인의 상대성 이론을 초서(?-1400년, 영국의 시인/역주) 풍의 영어로 표현하거나, 초음속 비행기를 12세기의 독일어로 표현해서 나오는 결과와 비슷했다.

사라진 과학기술의 변칙적인 묘사?

예를 들면 파라오가 영원한 장소를 찾아서 별 속으로 여행을 떠날 때 사용하는 이상한 도구와 부속품을 살펴보자.

하늘에 있는 신들이 내려온다. 지상에 있는 신들은 모여든다. 그들은 당신 아래에 손을 엮어 사닥다리를 만들어준다. 당신은 그것을 타고 하늘로 올라간다. 하늘의 문은 크게 열려 있다. 별이 반짝이는 하늘의 문이 크게 열려 있다.[5]

하늘로 올라가는 파라오는 "오시리스"와 연관되고 때로는 동일시된다. 오시리스는 이제까지 살펴본 것처럼 오리온자리와 깊은 연관을 맺고 있다. 오시리스-오리온은 신이 만든 사닥다리를 타고 올라간 최초의 인간이었다. 또한 몇 구절에서 확실히 하고 있는 것은 이 사닥다리가 지상에서 하늘로 뻗은 것이 아니라 하늘에서 땅으로 늘어졌다는 사실이다. 사다다리는 줄사닥다리라고 기록되어 있다.[6] 또한 사람들은 사닥다리가 하늘에 놓여 있는 "철판(鐵板)"으로부터 아래로 늘어졌다고 믿었다.[7]

우리는 간단히 반(半)야만적인 신관의 기묘한 상상의 산물이라고 취급해야 할까? 아니면 이 비유에 대해서 다른 설명을 할 수 있을까?

261절에는 "왕은 불꽃이다. 바람에 실려 하늘의 끝에서 땅의 끝까지 간다. 왕은 하늘을 여행하고 지상을 여행한다. 그에게는 하늘로 올라가게 해주는 것이 내려온다……"고 적혀 있다.[8]

310절은 다음과 같은 대화로 구성되어 있다.

"앞도 볼 수 있고 뒤도 볼 수 있는 자여, 이것을 내게 가져오라!"

"어떤 나룻배를 준비할까요?"

"'날고 착륙할 수 있는 것'으로 가져오라."[9]

332절은 왕의 말로 여겨지는데 다음과 같이 이야기하고 있다. "나야말로 또리를 튼 뱀으로부터 도망친 사람이다. 나는 방향을 바꾸어 불꽃이 폭발하는 곳으로 올라갔다. 두 개의 하늘이 나를 좇아왔다."[10]

669절에서, "왕은 무엇으로 날게 되나요?"라고 묻는다.

대답이 이어진다. "당신에게 하누 가죽〔하누는 의미불명〕과 헨 새〔헨은 의미불명〕의……〔텍스트 지워짐〕이 주어질 것이다. 당신은 그것으로써 날아올라……날다가 착륙할 것이다."[11]

다른 구절도 보다 상세하게 검토할 가치가 있다고 생각되는데 학자들은 주목하지 않는다. 몇 가지 예를 들어보겠다.

아버지시여, 위대한 왕이시여, 하늘의 창이 당신을 위해서 열려 있습니다.[12]

수평선에 있는 하늘의 문이 당신을 위해서 열려 있습니다. 신들은 당신을 만나기 위해서 기다리고 있습니다. ……이 철의 왕좌에 앉으소서. 헬리오폴리스에 있는 위대한 분처럼.[13]

오오 왕이시여. 올라가소서. ……하늘은 선회하고, 지상은 흔들리고, 소멸하는 일이 없는 별도 당신을 두려워합니다. 제가 당신을 위해서 왔습니다. 오오 당신의 자리는 숨겨져 있습니다만, 제가 하늘에서 당신을 맞이할 것입니다…….[14]

지상이 말을 하고, 지상의 신의 문이 열려 있습니다. 하늘의 신 게브의 문들이 당신을 위해서 열려 있습니다. ……하늘로 올라가서 철의 왕좌에 오르소서.[15]

나의 아버지 왕이시여, 당신은 신이 되어갑니다. 하늘의 존재가 되어 여행을 하는 것입니다. ……당신은 수평선의 비밀회의에 참석하고……신들이 놀라는 이 철의 왕좌에 앉아…….[16]

몇 번이고 "철"이라는 말이 나온다. 수수께끼이다. 고대 이집트에서 철은 희귀한 금속이었다. 특히 피라미드 시대에는 운석과 같은 형태 이외에는 철에 대해서 알지 못했다고 한다.[17] 그러나 피라미드 텍스트에는 철이 빈번하게 등장한다. 하늘의 철판이나 철의 왕좌 외에도 철의 홀(왕위를 나타내는 지팡이/역주)이 665C절에 나오고, 왕을 위한 철의 뼈가 325절과 684절 그리고 723절에 나온다.[18]

고대 이집트어로 철은 브자(bja)라고 했는데, "하늘의 금속" 또는 "신성한 금속"을 의미하는 말이었다.[19] 그렇다면 철에 대한 지식을 신의 또다른 선물로 생각했던 것일까…….

사라진 과학의 보고?

신들의 지문은 이 피라미드 텍스트 외에 다른 곳에도 남아 있을까?[20]

텍스트를 읽는 도중에 가장 오래된 구절에서 세차운동의 시간을 비유해놓은 것으로 생각되는 곳을 몇 군데 발견했다. 그 비유들은 다른 구절과는 두드러지게 구별된다. 왜냐하면 그 구절에는 친숙하고 명료한 용어가 사용되었기 때문이다. 그것은 고대의 과학적 언어로서 조르조 데 산틸라나와 헤르타 폰 데헨트가 「햄릿의 맷돌」에서 제시한 것이다.[21]

독자들도 기억하고 있을 것이다. 우주의 "그림"에서 우주를 지탱하고 있는 네 개의 기둥은 이 고대언어가 사용하는 기본적인 사고의 도구들 가운데 하나이다. 그 목적은 세차운동에 의한 세계의 연대를 나타내는 네 개의 가상선을 시각화하는 것이다. 천문학자들은 이것을 "춘분점과 추분점, 하지점과 동지점의 분지경선"이라고 부른다. 분지경선은 북극에서부터 네 개의 별자리를 가로지르며 내려온다. 태양은 2,160년 동안을 1주기로 해서 춘분점과 추분점 그리고 하지점과 동지점에서 변함없이 그 별자리들을 배경으로 떠오른다.[22]

피라미드 텍스트에는 이 천체상의 움직임을 표현하는 그림이 몇 종류 포함되어 있는 듯하다. 또한 실제로 일어났던 천문적 자료를 전달하는 듯한 고대신화에 자주 등장하는 것처럼 세차운동은 천체의 극적인 붕괴 이미지와 강하게 부합되고 있다. "하늘의 맷돌의 혼란"은 2,160년마다 황도대를 한 번 돌고 다시 돌게 되는 과도기를 의미하는데, 불길한 환경에 있을 때에는 천체의 이변과 관련된 대재해가 일어난 듯하다.

이런 기록이 있다.

그들을 창조한 신 라-아툼은 원래 신과 인간의 왕이었다. 그러나 인류는 라-아툼의 지배에 반항했다. 왜냐하면 라-아툼이 점점 나이를 먹어 뼈가 은색으로 변하고 육체는 금색으로 변했으며 머리카락이 군청색으로 변했기 때문이다.[23]

무슨 일이 벌어졌는지를 이해한 늙은 태양신 라(아스텍의 피를 요구하는 제5태양신 토나티우를 연상시킨다)는 인류를 멸망시켜서 반란에 대한 벌을 내리기로 작정했다. 인류를 멸망시키기 위해서 신이 사용한 방법은 때때로 사나운 암사자로 표현되었다. 때로는 무서운 사자의 머리를 가진 여신 세크메트가 나타나 "몸에서 불을 내뿜으며" 인류의 학살을 즐겼다.[24]

무서운 파괴는 오랜 세월 동안 계속되었다. 마침내 태양신 라가 개입하여 "살아남은 사람들"을 구원했다. 그때 살아남은 사람들이 현 인류의 선조이다. 그 방법은 홍수였다. 목이 마른 사자는 이 물을 마시고 나서 잠이 들었다. 눈을 뜬 사자는 이미 파괴된 것에 흥미를 잃었고, 황폐한 세계에 평화가 찾아왔다.[25]

라는 이 무렵 자신이 만든 인류에게서 "손을 떼기"로 마음먹었다. "나는 인류와 함께 있는 것에 넌덜머리가 났다. 〔대부분의〕 사람들을 죽이고 말았다. 따라서 〔소수의〕 살아남은 사람들에게는 흥미가 없다……."[26]

그 이후 태양신 라는 암소로 변신한 하늘의 여신 누트(세차운동의 비유를 위한 존재)의 등을 타고 하늘로 올라갔다. 그로부터 얼마 지나지 않아서 암소는 "현기증이 나고 떨리기 시작했다. 지상에서 너무 멀리 떨어져 있었기 때문이다."[27] 이것은 암로디의 거칠게 돌아가는 맷돌에서 "굴대"가 "흔들리는" 이야기와 매우 흡사하다. 암소가 라에게 이 불안정한 상태를 호소하자 라는 명령했다. "아들인 슈를 누트의 밑으로 보내 하늘의 기둥을 지키도록 하겠다. 기둥은 석양과 함께 물러난다. 너의 머리에 암소를 태우고 암소의 몸을 흔들리지 않도록 해라."[28] 슈가 암소의 밑으로 들어가서 몸을 안정시키자 바로 "위의 하늘과 아래의 지상이 존재하게 되었다." 동시에 이집트학자인 월리스 버지가 고전 「이집트의 신들(*The Gods of the Egyptians*)」에서 기술한 것처럼 "암소의 네 다리는 하늘의 네 방위를 지탱하는 네 기둥이 되었다."[29]

대부분의 학자들과 마찬가지로 버지는 이 고대 이집트의 전승에 나오는 "네 개의 방위"는 단순한 지구상의 현실을 나타내며, "하늘"이라는 것은 머리 위의 하늘 이외에는 없다고 지극히 당연하게 받아들였다. 또한 이 이야기에서 암소의 네 발은 동서남북의 방위를 나타내는 것에 불과하다고 생각했다. 버지는 "단순한 헬리오폴리스의 신관들은 실제로 하늘의 네 변에 네 기둥이 있어서 하늘을 받치고 있고, '하늘을 받치고 있는 뛰어난 자' 인 슈가 중앙에서 기둥이 되어 전체를 받치고 있다고 믿고 있었다"라고 생각했다. 오늘날에도 대부분의 이집트학자들은 이 의견에 동의한다.[30]

그러나 산틸라나와 폰 데헨트의 발견에 따라 이 전승을 재해석하면 슈와 하늘의 암소의 네 다리는 세차운동에 의한 연대의 단락을 표시하는 고대의 과학적 상징이며 극축(極軸, 슈)과 분지경선(네 다리 또는 기둥, 태양이 1년간 움직이는 동안의 춘분점, 추분점, 하지점, 동지점을 나타낸다)인 듯하다.

무엇보다 이 이야기가 어느 연대를 지칭하는지를 추측하고 싶은 유혹이 생긴다…….

암소가 등장하기 때문에 황소자리의 시대일지도 모르지만, 이집트인도 황소와 암소의 차이를 알고 있었다. 상징적인 의미에서 보다 유력한 후보는 사자자리의 시대로 기원전 1만970년부터 기원전 8810년이다.[31] 그 이유는 신화 속에서 인류를 멸망시킨 여신 세크메트가 사자의 모습을 하고 있기 때문이다. 고난에 찬 새로운 사자자리 시대의 시작을 상징하기 위해서 거친 사자를 묘사하는 것보다 더 좋은 방법이 있을까? 특히 사자자리의 시대는 마지막 빙하기에 해당되고 맹렬한 기세로 얼음이 녹기 시작한 시기였다. 이 시대에는 지구상의 많은 동물들이 갑자기 무참한 모습으로 멸종되었다.[32]

인류는 대홍수와 지진과 급격한 기후의 변화에서 살아남았지만 아마 인구는 대폭 감소하고 환경도 완전히 변했을 것이다.

태양의 종자와 시리우스의 거주자

세차운동에 대해서 알고 있었고 그것을 신화 속에서 설명할 수 있는 능력이 있었다고 한다면 고대 이집트인은 과거의 그 어떤 고대인보다 천체관측학을 상세하게 알고 있었고 태양계의 구조에 대해서 깊이 이해하고 있었다는 말이 된다.[33] 이 정도의 지식이 정말로 있었다면 고대 이집트인은 이런 지식을 중요시해서 세대를 되풀이하여 비전(秘傳)으로 전했을 것이다. 그것은 헬리오폴리스의 엘리트 신관이 보관한 가장 중요한 비밀로서 구전으로 입문 후의 전승을 통해서 전달되었을 것이다.[34] 만약 필요에 의해서 비전의 내용을 피라미드 텍스트에 기록해야 했다면, 그 형식은 은유나 우화의 형태를 취하지 않았을까?

나는 먼지가 잔뜩 묻어 있는 우나스 왕의 관이 있는 방의 바닥을 천천히 가로질렀다. 묵직하게 가라앉은 공기를 피부로 느끼면서 빛바랜 청색과 금색의 피라미드 텍스트에 눈길을 던졌다. 코페르니쿠스와 갈릴레이가 태어나기 수천 년 전에 암호로 기록된 이 문헌의 몇 군데는 지동설에 의해서 태양계를 설명하려고 했던 듯하다.

예를 들면 태양신 라는 철의 왕좌에 앉아 있었고 그 주위를 "종자(從者)"라고 불리는 하위의 신들이 에워싸고 주기적으로 이동했다.[35] 또한 다른 곳에서는 이런 것이 나온다. "죽은 파라오는 둘로 나뉜 두 하늘의 정점에 서서 신들의 말〔言〕의 무게를 잰다. 태양신 주위를 도는 늙은 신들의 말이다."[36]

"늙은 신들"과 "주위의 신들"이 라의 주위를 이동하는데 만약 그것이 태양계의 행성을 나타내는 것이라면 피라미드 텍스트의 저자들은 고도의 천문학적 자료를 가지고 있었다는 말이 된다. 그들은 지구와 다른 행성이 태양의 주위를 돌고 있고 그 반대가 아니라는 것을 알고 있었다는 의미이기 때문이다.[37] 여기서 문제가 되는 것은 고대 이집트인, 그 문명의 후계자인 그리스인, 또는 르네상스 전의 유럽인도 이런 수준의 천문학적 자료를 가지지 못했다는 점이다. 따라서 이러한 정보가 어떻게 이집트 문명이 막 새벽을 맞이한 시대에 존재했는지를 설명할 수 없게 된다.

또 하나의 수수께끼는 시리우스에 관계된 것이다. 이집트인은 이 별을 이시스와 연관시키고 있다. 이시스는 오시리스의 여동생이며 동시에 배우자이고 호루스의 어머니이다. 오시리스에게 한 말이라고 여겨지는 부분이 피라미드 텍스트에 있다.

그대의 여동생 이시스가 와서 기쁘게 사랑했다. 그녀는 위로 올라갔고 그대의 자손을 남기는 것이 그녀의 내부로 들어갔다. 이시스는 몸을 떨었고 세프트[시리우스, 늑대별]처럼 되었다. 호루스−세프트는 세프트의 거주자인 호루스의 모습으로 그대로부터 나왔다.[38]

이 문장은 다양하게 해석될 수 있다. 그러나 흥미를 끄는 부분은 시리우스가 "아이를 임신한" 여성과 같은 이중의 존재로 간주되고 있다는 것이다. 또한 호루스는 태어난 후 "세프트의 거주자"로 머물렀다는 것이 특별히 명기되어 있는데 이것은 어머니와 함께 있다는 의미인 듯하다.

시리우스라는 별은 불가사의한 별이다. 북반구에서는 특히 겨울 밤하늘에서 매우 밝게 빛나며 두 개의 별로 구성되어 있다. 피라미드 텍스트가 보여주고 있듯이 "이중의 존재"이다. 큰 쪽이 시리우스 A로 지구에서 보이는 것은 이 별이다. 다른 하나인 시리우스 B는 시리우스 A의 주위를 돌고 있는데 크기가 작아서 육안으로 볼 수는 없다. 이 별의 존재는 1862년에 미국의 천문학자인 앨빈 클라크가 그 당시의 최신형 천체 망원경을 사용해서 발견하기 전까지는 서양 세계에 알려지지 않았다.[39] 피라미드 텍스트의 저자는 어떻게 시리우스가 두 개의 별로 구성되어 있다는 정보를 얻을 수 있었을까?

1976년에 발행된 귀중한 책인 「시리우스의 수수께끼(*The Sirius*

Mystery)」에서 저자인 로버트 템플은 이 의문에 대해서 기발한 대답을 내놓았다.[40] 템플은 서아프리카의 도곤족의 전승을 중점적으로 다루었는데, 그들은 시리우스가 두 개의 별로 구성되어 있다는 것뿐만 아니라 시리우스 A의 주위를 도는 시리우스 B의 주기가 50년이라는 것도 알고 있었다고 한다.[41] 템플은 이 고도의 과학정보는 고대 이집트 문명에서 도곤족에게 전달되었다면서 시리우스의 수수께끼를 푸는 열쇠는 고대 이집트에 있었다고 설득력 있게 주장했다. 그는 고대 이집트인은 시리우스 부근에서 온 외계인으로부터 정보를 얻었다고 결론내렸다.[42]

템플과 마찬가지로 나 역시 이집트 과학에서 고도로 발달한 세련된 요소는 다른 문명의 유산으로 간주해야 비로소 이해가 된다고 느끼기 시작했다. 그러나 템플과는 달리 그 유산을 전파한 것이 외계인이라고 조급하게 결론 내릴 필요는 없다고 생각했다. 헬리오폴리스의 신관들은 별에 관해서 상세한 지식을 소유하고 있었다. 사라진 문명이 유구한 옛날에 고도의 기술을 발전시켰다고 하면 설명은 쉬워진다. 제1부에서 살펴본 태고의 지도를 작성한 과학자, 또는 탐험가들이라면 시리우스 B를 발견할 수 있는 장치를 개발하는 것도 가능하리라고 상상할 수 있다. 또 고대 마야에 놀랄 만큼 정밀한 마야 력을 유산으로 남긴 미지의 천문학자와 시간의 계측자들이라면 그런 장치를 개발하는 것은 어려운 일이 아니었을 것이다. 그들이 남긴 천체의 운행에 관한 자료는 몇천 년 동안 천체를 관측해서 정확한 기록을 축적하지 않으면 불가능한 것들이다. 이와 같은 천문학적 수치는 "원시적인" 중앙 아메리카 왕국에서보다는 좀더 복잡한 기술을 가진 사회의 필요에 부응한 것이었다는 생각이 든다.[43]

몇백만 년과 별들의 이동

피라미드 텍스트에는 또한 천문학적인 숫자도 나온다. 예를 들면 태양신

위 : 42. 남서쪽에서 본 이집트의 기자 묘지(고대 도시의 유적). 보조적인 세 피라미드 바로 뒤에 있는 것이 멘카우레 왕의 피라미드로서 주요한 세 피라미드 중에서 가장 작다. 그 바로 뒤에 있는 것이 카프레 왕의 피라미드로서 윗부분에 덧입힌 돌이 남아 있다. 그 뒤에 있는 윗부분이 없어진 피라미드가 쿠푸 왕의 대피라미드로서 고대 세계의 7대 불가사의 중의 하나이다. 이 세 피라미드를 제4왕조의 파라오들이 건축했다고 말하는데 확고한 증거는 하나도 없다.

아래 : 43. 기자의 스핑크스는 정동을 향하고 있어서 춘분과 추분의 일출을 정면으로 바라볼 수 있다. 새로운 지질학적, 천문학적 증거에 의하면 하나의 바위를 조각해서 만든 이 거대한 스핑크스는 고고학자들이 생각해온 것보다 몇천 년 전에 만들어졌다고 한다.

위 : 44. 대피라미드의 중심에 있는 왕의 방에 있는 저자. 벽은 100개의 돌 블록들을 쌓아서 만들었다. 돌 하나의 무게는 70톤 정도이다. 천장은 9개의 돌로 만들어졌는데 돌 하나의 무게는 50톤 정도이다. 이처럼 지상으로부터 45미터의 높이에 방을 건설하려면 상당히 뛰어난 기술력이 있어야 한다.

아래 : 45. 왕의 방에 있는 석관에 누워본 저자. 석관은 4,500년도 훨씬 더 전에 화강암을 파서 만든 것이다. 이와 같은 방법으로 석관을 만들려면 오늘날 사용되는 다이아몬드가 달린 파워 드릴보다 500배는 빠른 속도로 바위를 파내야 한다(석관을 만드는 데에 사용된 도구는 발견되지 않았다).

맞은편 : 46. 대회랑. 아래로 내려본 것일까, 위로 올려본 것일까? 길이가 46.6미터에 높이 8.53미터이다. 까치발을 댄 둥근 천장의 각도는 26도이다. 이 구조는 공학적으로나 건축학적으로나 거의 실현 불가능한 것이다.

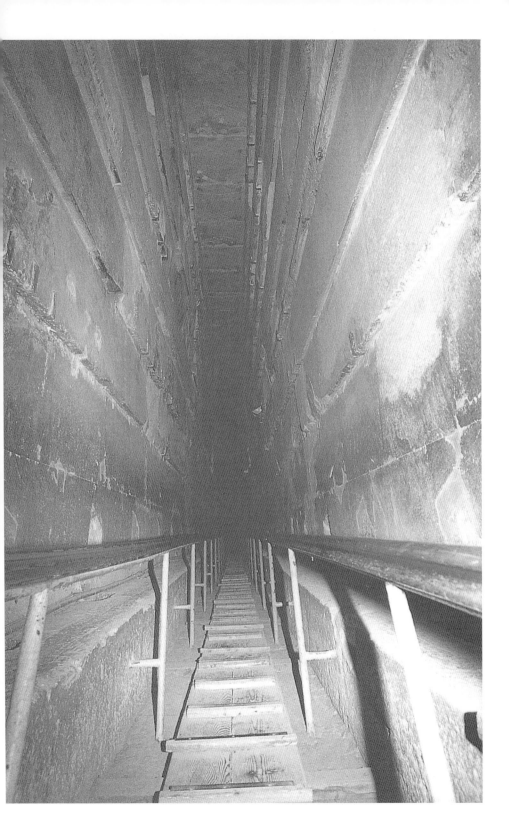

맞은편 위 왼쪽 : 47. 여왕의 방. 동쪽에 있는 움푹 안으로 들어간 벽과 남쪽 환기 구멍의 입구가 보인다. 이 환기 구멍은 위쪽으로 60미터를 급경사로 뻗어 있으며 그 끝에 내리닫이 문이 있다는 것이 1993년 3월 독일의 로봇 우푸아우트에 의해서 발견되었다.

맞은편 위 오른쪽 : 48. 멘카우레 왕의 피라미드의 세 방 가운데 가장 아래에 있는 방. 천장에 있는 낙서는 현대의 것이다. 18장의 두꺼운 화강암 판을 아래쪽에서 둥글게 잘라서 오목한 맞배 천장으로 마무리했다.

맞은편 아래 : 49. 가장 아래에 있는 방의 위에 있는 저자. 이 판이 천장을 형성하고 있다. 이렇게 좁은 공간에서 이런 거대한 판을 아래에서 들어올려 설치하는 방법은 알려져 있지 않다.

위 : 50. 쿠푸 왕의 현존하는 유일한 조각상. 쿠푸 왕은 대피라미드의 건설자로 알려져 있다.

가운데 : 51. 카프레 왕의 아름다운 조각상. 카프레 왕은 제2피라미드의 건설자로 알려져 있다.

아래 : 52. 카프레 왕의 피라미드에 있는 중요한 방. 벨초니가 쓴 낙서가 남아 있다.

맞은편 : 53. 4,500년 전에 만들어진 유선형 배. 원양을 항해할 수 있도록 설계되었다. 대피라미드 옆에 묻혀 있었다. 최근에 이것보다 훨씬 오래되고 형태가 매우 비슷한 배가 상이집트의 아비도스 교외의 사막에서 발견되었다.

위 : 54. 이집트 왕조시대 이전의 것으로서 가장 오래된 그래픽 아트. 현재 카이로 박물관에 있다. 세련된 회화는 아니지만 비슷한 배가 그려져 있다.

아래 : 55. 이 배의 형태는 "최초의 때"에 이집트에 문명을 전파했다는 신들인 "네테루"가 타던 배와 매우 비슷하다. 제1부의 사진 19와 20을 참조하기 바란다.

위 : 56. 대피라미드는 기하학적으로 뛰어나게 설계되었고, 높이는 150미터 정도이다. 기원전 2550년경에 제4왕조의 쿠푸 왕이 건설했다고 한다. 대피라미드는 특징이 다양한데, 그중의 하나가 축적이 4만3,200분의 1인, 북반구의 수학적 모형이라는 점이다.

아래 : 57. 기자 근처에 있는 기원전 2450년경에 군림한 제5왕조의 사후레 왕의 피라미드인데, 자갈의 폐허가 되고 말았다. 100년 만에 이처럼 극단적으로 건축기술 수준이 퇴보할 수 있을까?

위 : 58. 사카라에 있는 조세르 왕의 "계단식" 피라미드. 고고학자들은 이 피라미드를 가장 오래된 석조 건축물로 간주한다. 높이가 60미터이며, 기원전 2650년경의 제3왕조의 것이라고 한다.

아래 : 59. 사카라에 있는 제5왕조의 우나스 왕의 피라미드에 있는 매장실. 벽에 상형문자가 새겨져 있다. 불가사의한 피라미드 텍스트의 주요 보존장소이다. 천장은 대부분 별 장식으로 덮여 있다.

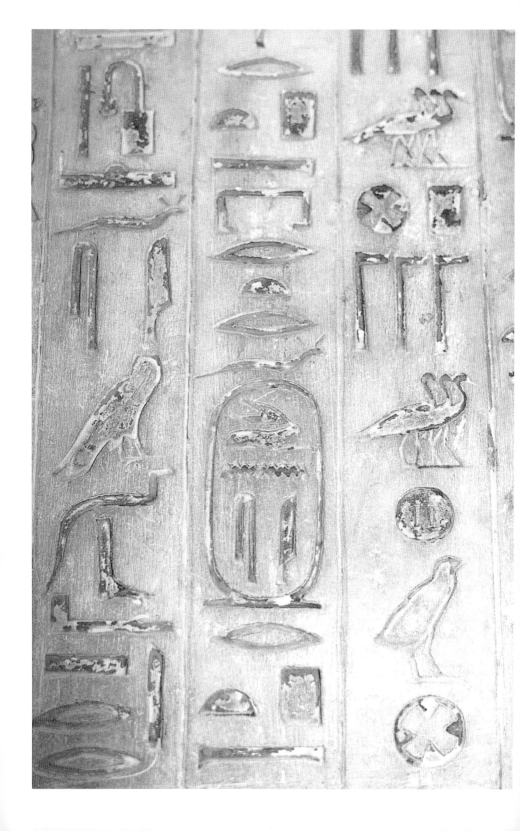

맞은편 : 60. 사카라의 우나스 왕의 매장실에 있는 피라미드 텍스트의 상세도. 중앙에 있는 타원형 형태의 상형 문자는 우나스 왕의 카르투슈이다. 텍스트는 죽은 왕의 운명을 말해준다. 왕의 영혼은 다시 태어나 오리온자리의 별이 된다고 한다. 과학기술인 듯한 것에 대해서 언급한 부분이 자주 등장한다.

위 : 61. 아비도스의 세티 1세의 신전에 있는 왕명표. 왼쪽 두 사람은 파라오 세티 1세(기원전 1306-기원전 1290년)와 아들(미래의 람세스 2세)이고, 그 오른쪽의 것은 세티 1세 전의 역대 76명의 파라오의 이름이다.

아래 : 62. 세티 1세의 신전은 "영원의 지배자"인 오시리스에게 바쳐졌다. 부조 중앙에 있는, 의자에 앉아 아테프관을 쓰고 있는 것이 오시리스이다. 특징적인 턱수염이 안데스의 비라코차와 중앙 아메리카의 케찰코아틀을 연상시킨다.

위 : 63. 오시레이온은 아비도스에 있는 세티 1세의 신전의 뒤쪽에 있는 건출물로 모래와 침적투에 문혀 있다가 발굴뇌었다. 이집트학자들은 세티 1세가 긴축한 것이라고 주장한다(기원전 13세기 초에). 그러나 지질학자들은 그 주장에 이의를 제기했다. 그들은 오시레이온의 바닥이 세티 1세의 신전보다 15미터 정도 낮은 곳에 위치하므로 세티 1세의 신전보다 1만 년 전에 지어졌으며 그 후 점차 주위에 흙이 퇴적되었을 것이라고 한다.

아래 : 64. 거대한 돌을 쌓아올린 오시레이온의 건축양식. 저자가 앞에 서 있는 이유는 건축물의 크기를 보여주기 위함이다. 세티 1세 시대의 건축물과 비슷한 점은 없다. 그러나 질박하고 치장이 없는 기자의 밸리 신전 및 죽음의 신전과 세티 1세의 신전은 매우 비슷하다. 기자의 밸리 신전과 죽음의 신전도 고고학자가 생각하는 이상으로 오래된 건축물이라는 증거가 제시되고 있다.

맞은편 : 65. 오시레이온으로 들어가는 주요 입구. 제1부의 사진 9와 다음의 밸리 신전의 사진과 비교해보기 바란다.

맞은편 위 왼쪽과 오른쪽 : 66-67. 기자에 있는 카프레 왕의 밸리 신전의 내부 모습. 화강암으로 치장된 석회암 거석에 기후에 의해서 마모된 흔적이 남아 있다. 석회암이 화강암보다 훨씬 오래 전부터 그 자리에 있었던 것일까?

맞은편 아래 왼쪽 : 68. 밸리 신전에 있는 조각 그림 양식은 페루에서 발견된 석공기술과 매우 비슷하지 않은가? 제1부의 사진 5, 6과 비교해보기 바란다.

맞은편 아래 오른쪽 : 69. 남쪽에서 본 스핑크스. 지질학자들은 스핑크스의 몸에 생긴 침식이 마지막 빙하기인 기원전 11세기에 내린 강우에 의해서 생긴 것이라고 지적한다.

위 : 70. 밸리 신전의 거대한 바깥 벽은 물에 의해서 침식된 돌 블록들로 이루어져 있다. 돌 블록 하나의 무게는 디젤 기관차보다 무겁다.

아래 : 71. 스핑크스의 몸에 나 있는 홈은 강우에 의해서 수직으로 갈라지고 조개껍질 무늬처럼 움푹 파였다는 사실을 보여준다. 또한 스핑크스의 엉덩이 부분이 근대에 와서 부분적으로 수리되었다는 것을 보여준다.

위 : 72. 새벽에 본 제2피라미드 정상이 새벽녘의 태양 빛에 빛나고 있다.
아래 : 73. 동지의 석양이 기자의 피라미드 위로 지고 있는 모습. 최근의 고고천문학적 조사에 의해서 거대한 세 피라미드와 스핑크스는 기원전 1만500년경의 천체도를 지상에 표현한 것이라고 판명되었다.

은 어둡고 공기도 없는 우주공간을 "몇백만 년의 배"를 타고 여행한다.[44] 지혜의 신 토트("하늘에서 별의 숫자를 헤아리고 지상을 관측하는 자"로 알려져 있다)에게는 죽은 파라오에게 몇백만 년의 생명을 부여하는 힘이 있다.[45] 오시리스는 "영원의 신, 영원의 지배자"인데 일생 동안 몇백만 년간 여행을 계속한다고 기록되어 있다.[46] 또한 "몇천만 년의 세월"(몇백만 년의 100만 배라는 끝없는 숫자도 나온다)[47]이라는 단어가 자주 등장하는 것을 보더라도 적어도 고대 이집트 문화의 일부분은 무한한 시간을 통찰한 과학적 사고를 지닌 사람들을 위해서 고안되었으리라고 생각된다.

그런 사람들이 복잡하고 정확한 계산이 가능한 뛰어난 역법을 필요로 한 것은 당연한 일이다. 따라서 마야의 것처럼 뛰어난 역법이 고대 이집트에 존재했다고 해도 이상한 일이 아니다. 그러나 고대 이집트인들의 역법에 대한 이해는 세월과 더불어 진보하지 못하고 오히려 후퇴하고 말았다.[48] 아주 먼 옛날에 상속받은 지식의 집대성이 시간의 경과와 함께 천천히 쇠퇴하고 말았다고 생각된다. 고대 이집트인들 스스로가 그렇게 생각했는데, 그들은 자신들의 역법이 "신들로부터" 받은 유산이라고 믿고 있었고, 그 사실은 비밀도 아니었다.

다음 장에서 신들의 실상에 대해서 가능한 상세하게 살펴보겠다. 그들이 누구였든지 간에 오랜 세월 동안 별을 관측했다는 것만은 확실하다. 특히 시리우스에 관해서는 특별한 지식을 집적한 듯하다. 그 증거는 신들이 이집트인에게 주었다고 하는 매우 편리한 역(曆)의 개념(시리우스 주기)이다.[49]

시리우스 주기는 "시리우스가 다시 태양과 동일한 곳에서 떠오를 때까지의 주기"이다. 이 별은 일정한 계절 동안 모습을 감추었다가 어느 날 동쪽 하늘에서 태양이 떠오르기 직전에 떠오른다.[50] 정확히 365.25일마다 이 현상이 일어난다. 소수점 이하의 수가 많지 않아 다루기 쉽고 태양력의 1년보다 12분이 길 뿐이다.[51]

시리우스에 관해서 흥미로운 점은 육안으로 보이는 2,000개의 별 가운데 정확하게 365일과 4분의 1일 만에 태양과 함께 떠오르는 별은 이 별 하나뿐이라는 것이다. 이것은 시리우스의 "적당한 움직임"(우주를 이동하는 이 별의 속도)과 세차운동의 효과가 합쳐져 나타난 결과이다.[52] 또한 시리우스가 태양에 앞서서 뜨는 날은 고대 이집트 력에서는 설날이 되는데 이 날은 피라미드 텍스트가 편찬된 헬리오폴리스에서 미리 계산되어 나일 강 유역의 주요한 신전에 알려졌다.[53]

피라미드 텍스트에서는 시리우스를 직접적으로 "새해의 이름"이라고 불렀다.[54] 다른 구절(669절[55])을 보아도 시리우스 주기를 바탕으로 한 역법은 적어도 피라미드 텍스트의 내용과 마찬가지로 오래되었다고 생각된다.[56] 따라서 그 기원은 유구한 태고의 안개 속에 파묻혀 있다. 무엇보다 불가사의한 점은 그렇게 오래 전에 누가 365.25일마다 시리우스가 반드시 태양과 함께 떠오른다는 것을 관찰해서 기록을 남길 수 있는 방법을 알고 있었는가이다. 프랑스의 수학자 R. A. 슈왈레 드 뤼비크에 의하면 시리우스 주기는 "완전히 예외적인 천체 현상"이라고 한다.[57]

이와 같은 우연의 현상을 발견할 수 있는 위대한 과학을 지니고 있었다는 것에 그저 감탄할 뿐이다. 시리우스의 두 별이 선택된 것은 무수한 별들 가운데 필요한 거리를 정확한 방향으로 움직이는 유일한 별이기 때문이다. 이 사실은 4,000년 전에는 알려져 있었지만 최근까지 잊혀져 있었다. 이 현상을 발견하기 위해서는 상당히 오랜 세월 동안의 천체관측이 필요하다.[58]

오랜 세월 동안의 정확한 천체관측과 과학적 기록 등은 역사의 새벽에 이집트가 물려받은 유산으로서 그것이 피라미드 텍스트에 반영되어 있는 듯하다.

여기에도 수수께끼가 있다…….

사본일까 번역일까?

영국박물관의 이집트 유적의 관리자로 권위 있는 상형문자의 사전을 만든 월리스 버지는 이 세상을 떠난 해인 1934년에 아래와 같은 솔직한 고백을 했다.[59]

> 피라미드 텍스트의 연구에는 모든 종류의 곤란이 뒤따른다. 그 속에 쓰여 있는 많은 언어의 의미는 아직 밝혀지지 않았다. ……문장의 구성은 번역하려고 하는 사람을 곤혹스럽게 만든다. 전혀 알 수 없는 말이 들어 있으면 해결할 수 없는 수수께끼가 되고 마는 것이다. 그 문장들이 장례에 사용되었다고 보는 것은 논리적인 추측이다. 그러나 그것들이 이집트에서 사용되었던 시기는 100년 정도뿐이었다. 왜 제5왕조에서 갑자기 사용하기 시작했다가 제6왕조 후기에는 사용하지 않게 되었는가에 대해서는 설명할 수 없다.[60]

피라미드 텍스트는 제5왕조의 마지막 파라오인 우나스 왕과 제6왕조의 후계자였던 몇 명의 파라오가 자신들의 피라미드에 새겨서 영원히 남기려고 했던 더 오래된 문헌의 사본이 아닐까? 버지는 그렇게 생각했고, 바탕이 된 문헌의 몇 부분은 굉장히 오래된 것이었다고 느꼈었다.

> 몇 개의 구절에서 알 수 있는 것은 피라미드 텍스트를 새길 때 바탕으로 한 사본을 만든 사람이 자신이 쓰고 있는 내용을 완전히 이해하지 못했다는 것이다. ……전체적인 인상은 이 사본을 쓴 신관은 서로 다른 시대에 쓰인, 내용도 다른 문헌에서 그 내용을 발췌했다는 것이다…….[61]

여기서 가정하고 있는 것은 원래의 문헌이 무엇이든 그것은 고대 이집트 언어의 고어로 기록되어 있었다는 것이다. 그러나 버지가 놓친 다른 가능성도 있다. 신관들은 단지 베낀 것이 아니라 다른 언어로 기록된 내용을 상형문자로 번역한 것은 아닐까? 그 다른 언어에 전문용어가 포함되어 있거나, 원문 속에 고대 이집트에는 없었던 도구나 생각이 적혀 있었다면 피라미드 텍스트에 나오는 몇 개의 구절에서 느낄 수 있는 기묘한 인상을 설명할 수 있다. 또한 원전의 번역, 또는 사본이 제6왕조의 후반에 완성되었다고 하면 그 이후에는 피라미드 텍스트가 새겨지지 않았던 사정도 이해하기 쉬워진다. 신성한 원래의 문헌은 우나스 왕이 통치를 시작한 기원전 2356년경에는 이미 오랜 세월이 지나 사라질 위기에 놓였을 것이다. 그것을 상형문자로 영구히 기록을 남기고자 하는 목적이 달성되자, 그 후에는 그 작업이 더 이상 이루어지지 않게 된 것이다.

최초의 때의 마지막 기록

산타와 나는 날이 저물기 전에 가능한 아비도스 근처까지 가고 싶었기 때문에 별 도리없이 여정을 재촉하기로 했다. 처음에는 몇 분 정도만 머무를 생각이었는데 우나스 왕의 관이 있는 방이 풍기는 엄숙한 암흑과 고대의 목소리에 이끌려 이미 2시간이 지났다. 등을 숙이고 그곳을 빠져나와서 급경사를 이룬 통로를 올라가 출구로 향했다. 출구에서 강한 오후의 햇살에 눈을 익히기 위해서 나는 잠시 서 있었다. 그동안에 피라미드의 전체모습을 볼 수가 있었다. 완전히 무너져 황폐해져서 원래의 모습을 떠올리는 것도 불가능했다. 그저 다량의 자갈이 되고 만 주요한 돌은 조야하게 만들어졌고 아직 남아 있는 치장석조차 더 오래된 기자의 피라미드와 비교하면 세심한 솜씨가 부족했다.

이것은 역사적 상식에서 보자면 설명하기가 어렵다. 일반적인 진화과정이 이집트의 건축기술 발달에도 적용된다고 하면 반대의 결과여야 한다. 즉 우나스 왕의 피라미드의 설계와 돌 세공, 건축기술이 정통 연대학에 따르면 그것보다 200년 앞서 지어졌다는 기자의 피라미드보다 뛰어나야 한다.[62]

그러나 현실은 그와는 반대로 기자의 피라미드가 우나스 왕의 피라미드보다 더 뛰어나다. 이 사실이 이집트학자들에게 어려운 문제를 안겨주었지만 만족할 만한 대답은 나와 있지 않다. 중심적인 문제를 다시 살펴보자. 기자의 경이로운 피라미드는 몇백 년, 몇천 년의 건축기술과 건축경험이 축적되어 건설되었을 것이다. 그러나 고고학적으로 보면 기자의 피라미드는 이집트에서 가장 처음에 만들어진 건축물이다. 즉 기자의 피라미드는 이 나라의 피라미드 건축기술에서 성숙한 시대의 작품이 아니라 걸음마 단계의 작품이라는 말이 된다.

풀어야 할 수수께끼가 또 있다. 제4왕조는 기자의 뛰어난 세 피라미드로 영원한 거대 건축물을 건설한 왕조가 되었다. 전례가 없을 정도로 거대한 돌을 사용해서 100미터가 넘는 높이로 쌓아올려 몇백만 톤이나 되는 피라미드를 만들었다. 게다가 매우 뛰어난 특징도 갖추고 있다. 그러나 그것에 필적할 피라미드는 그 후 건설되지 않았다. 얼마 지나지 않아서 작고 조야한 제5왕조와 제6왕조의 피라미드가 건설되었는데 고대문헌의 사본, 또는 번역을 영구히 남기기 위한 전시장이었던 듯하다. 피라미드 텍스트 역시 상형문자의 예술로서는 전례가 없는 최고의 수준으로, 그것을 능가하는 것은 그 이후에 나오지 않았다.

즉 기자의 피라미드와 마찬가지로 피라미드 텍스트는 전례가 없이 갑자기 나타나 무대의 중앙에서 약 100년간 주역을 맡다가 그 후 사라졌는데 이것을 능가하는 것은 만들어지지 않았다.

이것들을 만든 고대의 왕과 현인은 자신들이 무엇을 하고 있었는지 알고 있었을까? 만약 그렇다면 그들에게 계획이 있었을 것이다. 당연히 문서도 남아 있지 않은(그러나 건축기술이 뛰어나다) 기자의 피라미드와 훌륭한 비문이 남아 있는(그러나 건축기술은 열등하다) 제6왕조의 피라미드 사이에는 강한 연관이 드러나 있어야 한다.

나는 이 대답의 일부가 사카라에서 15분 정도 떨어진 곳에 있는 다슈르의 피라미드에 숨겨져 있는 것은 아닐까 하고 생각했다. 여기에는 "굴절"

피라미드와 "붉은" 피라미드가 있다. 이 두 피라미드(보존 상태는 좋다)는 쿠푸 왕의 아버지인 스네프루 왕에 의해서 건설되었다고 하는데 몇 년 전부터 일반인에게 공개되지 않고 있다. 근처에 군사기지가 생겨서 찾아갈 수가 없게 되었다. 무슨 사정이 있어도 결코······.

우리는 계속해서 남쪽으로 여행했다. 12월의 선연한 색채를 바라보면서 나는 나일 강 유역에서 인류에게 중대한 많은 일들이 일어났었음을 깨달았다. 그것도 인류의 역사가 기록되기 훨씬 오래 전부터이다. 이집트의 대부분의 고대문헌과 전승은 그 태고의 시대에 일어났던 사건을 다루었다. 그 시대에는 신들이 지상을 지배했다. 그 시대는 우화적으로 "최초의 때", 즉 제프 테피(Zep Tepi)라고 불렸다.[63] 다음 두 장에서 그 기록들을 찾아보자.

최초의 때를 찾아서

고대 이집트인은 신들이 통치하던 최초의 때인 제프 테피에 대해서 다음과 같이 말한다. 먼저 그때는 황금시대로[1] 혼돈스러운 세계를 덮고 있던 물이 빠지고 원시의 암흑이 사라졌으며 인류가 햇살을 받으며 문명의 선물을 받았다고 한다.[2] 또한 하위의 신으로 "파수꾼" 이라는 의미의 우르슈라는 존재가 신과 인간을 중개했다고 한다.[3] 그리고 신들과의 추억도 생생하게 보존되어 있다. 네테루라고 불리운 신들은 아름다운 힘으로 넘쳐흘렀고 인간과 함께 지상에서 생활하고 있었다. 그들은 헬리오폴리스와 그 외의 나일 강 유역의 성지에서 인류를 통치하기 시작했다. 어떤 네테루는 남성, 다른 네테루는 여성이었는데 그들 모두 초능력을 가지고 있었다. 마음먹은 대로 남과 여, 짐승과 새, 뱀과 나무, 풀의 모습으로 나타날 수 있었다. 그러나 그들의 언어와 행동에는 인간적인 감정과 관심사가 배어 있었다. 네테루는 인간보다 영리하고 강한 존재로 묘사되고 있는데 일정한 상황에서는 병에도 걸리고 죽거나 살해될 수도 있다고 믿었다.[4]

역사 이전의 기록

고고학자들은 고대 이집트인이 "최초의 때" 라고 부르는 신들의 시대의 이야기가 단순한 신화에 지나지 않는다고 완고하게 주장한다. 그러나 우리들보다도 자신들의 과거에 대해서 더 잘 알고 있었을 고대 이집트인은 그렇게 생각하지 않았다. 그들은 역사적 기록을 중요한 신전에 보관하고 있었는데 그 가운데에는 모든 왕조의 파라오들의 이름을 적어놓은 자료가 있었다. 그것들은 현대의 학자들도 인정한 것이다.[5] 그 기록들 중의 몇 개는 제1왕조를 넘어 그 이전으로 거슬러올라가 유구한 태고의 시대까지 이른다.

태고의 시대까지 포함하고 있는 기록이 시간의 흐름을 견디고 두 개가 남아 있는데 현재는 이집트를 떠나 유럽의 박물관에 보관되어 있다. 이 기록들에 대해서는 뒤에 상세하게 검토할 생각이다. 이 기록들은 팔레르모 돌(제5왕조, 즉 기원전 25세기의 것)과 투린 파피루스이다. 투린 파피루스는 제19왕조의 신전에 있던 자료로 신관문자(神官文字)로 알려진 흘려 쓴 상형문자로 기록되어 있는데 기원전 13세기의 것이다.[6]

여기에 헬리오폴리스의 신관이었던 마네토의 증언이 있다. 기원전 3세기에 신관 마네토는 높은 평가를 받고 있는 종합적인 이집트 역사를 편찬했다. 그 가운데 모든 왕조의 왕들의 이름이 망라되어 있다. 또한 마네토의 저서는 팔레르모 돌과 투린 파피루스와 마찬가지로 유구한 과거로 거슬러올라가 신들이 나일 강 유역을 지배했던 시대에 대해서도 언급하고 있다.

이 글의 사본은 기원후 9세기까지도 유포되었을 것으로 여겨지는데 마네토가 쓴 전체 문서는 전해지지 않는다.[7] 그러나 다행스럽게도 마네토가 쓴 글의 내용이 다른 사람들의 글에서 인용되었다. 유대인 연대기 기록자 요세푸스(60년), 기독교 신자인 아프리카누스(300년), 에우세비우스(340년), 조지 신셀루스(800년) 등의 책에서 인용되었다.[8] 사우스 캐롤라이나 대학교의 고(故) 마이클 호프먼 교수에 의하면 이 자료들은 "이집트의 과거를 연구하는 데에 틀"을 제공한다고 한다.[9]

이 말은 사실이다.[10] 이집트학자들은 이집트의 역사를 연구할 때 마네토의 저서에서 왕조시대의 부분은 수용하지만 역사 이전의 "최초의 때", 즉 황금시대를 언급한 기묘한 부분은 무시한다. 마네토를 신뢰한다면 왜 그런 태도를 취하는 것일까? 그리고 마네토의 저서들 가운데 왕조시대에 관해서는 이미 고고학적으로 증명되었다.[11] 그렇다면 왕조시대가 시작되기 전의 연대에 관해서 아직 발굴에 의한 증거가 없다는 이유만으로 마네토가 틀렸다고 추정하는 것은 섣부른 판단이 아닐까?[12]

신들, 반신들과 죽은 자들의 영혼

마네토의 생각을 알고 싶다면 그의 저작물이 단편적으로 남아 있는 책에 의존할 수밖에 없다. 그 가운데에서 가장 중요한 것은 에우세비우스가 쓴 「연대기(Chronica)」의 아르메니아 판이다. 이 책의 첫머리에 마네토의 저서에서 내용을 발췌했다는 것이 기록되어 있다. "마네토의 「이집트 역사」에서 내용을 발췌했다. 원본은 세 권이다. 이 책은 이집트를 지배했던 신들, 반신(半神)들, 죽은 자들의 영혼, 이 세상의 왕들에 대해서 기록하고 있다."[13] 에우세비우스는 마네토를 직접적으로 인용해서 신들의 이름을 열거했다. 주로 낯익은 헬리오폴리스의 9신, 즉 오시리스, 이시스, 호루스, 세트 등이다.[14]

> 이집트를 처음에 통치한 것은 그들이었다. 그 후 왕위는 끊어지는 일 없이 계승되었는데……1만3,900년 동안이었다. ……신들 이후에 반신들이 1,255년 동안 통치했다. 그리고 다른 계보의 왕들이 1,817년 동안 통치했다. 그로부터 30명의 왕이 1,790년 동안 통치했다. 그 후에 10명의 왕이 350년 동안 통치했다. 그로부터 죽은 자들의 영혼이 지배했는데……5,813년 동안이었다…….[15]

이 기간을 모두 합하면 2만4,925년이 된다. 이것은 성서에 나오는 천지

창조(기원전 5000-기원전 4000년경[16])보다 훨씬 오래된 시대로 거슬러올라간다. 다시 말해서 성서의 연대가 잘못된 것이 된다. 기독교 신학자였던 에우세비우스는 곤혹스러웠다. 그러나 에우세비우스는 잠시 생각한 후에 묘안을 생각해냈다. "1년이라는 것은 아마 달을 의미할 것이다. 즉 30일이다. 우리가 한 달이라고 부르는 것을 이집트인은 1년이라고 불렀을 것이다."[17]

물론 이집트인은 그런 셈을 하지 않았다.[18] 그러나 에우세비우스와 다른 학자들은 교묘한 수단을 이용해서 마네토가 기록한 왕조시대의 2만 5,000년을 2,000년 정도로 축소했다. 2,000년이라면 정통파 기독교 신학에서 인정하는 아담의 탄생에서 대홍수까지의 2,242년과 맞아떨어진다.[19]

그러나 마네토의 연대와 관련된 암시를 무의미한 것으로 만들 수 있는 방법이 또 있었다. 그것은 수도사 조지 신셀루스(800년경)의 방법이었다. 이 수도사는 마네토를 완전히 매도했다. "마네토는 이집트의 저주받은 신전의 고위 신관이었지만 존재도 하지 않는 신에 대해서 이야기하고 있다. 그에 의하면 그 신들이 1만1,895년 동안 이집트를 통치했다고 한다……."[20]

그 외에도 마네토의 글이 단편적으로 남아 있는 곳에서 모순되는 숫자가 나와 흥미를 끈다. 마네토가 특별히 되풀이해서 서술한 것은 신들부터 마지막 제30왕조의 인간 왕에 이르기까지 이집트 문명의 역사의 전체 기간이 3만6,525년이라는 것이다.[21] 이 숫자는 시리우스 주기의 1년인 365.25일을 반영한다(앞 장에서 살펴본 것으로 시리우스가 다시 태양이 뜨기 전에 하늘에 떠오를 때까지의 주기). 또한 3만6,525라는 숫자는 우연이 아니라 계산을 바탕으로 산출된 것으로 생각되는데 시리우스 년에서 1,460년 주기의 25주기째에 해당된다. 역년(曆年)에서는 1,461년 주기의 25주기째이다(고대 이집트 력에서는 정확히 365일의 "부정확한" 1년을 사용했다).[22]

이 사실은 무엇을 의미하는 것일까? 확실하게는 알 수 없다. 그러나 숫자와 해석의 혼돈 속에서 마네토가 틀림없이 전달한 것이 하나 있다. 마네토는 이제까지 우리가 배워온 역사 진행의 순서에 관계없이 기원전 3100년경에 제1왕조가 탄생하기 전의 유구한 태고의 시대에 문명인(신들, 또는 인간들)이 존재했음을 전해주었다.

디오도루스 시켈로스와 헤로도토스

이러한 주장에 대해서 고대의 학자들은 마네토를 지지했다.

예를 들면, 그리스의 역사가 디오도루스 시켈로스는 기원전 1세기에 이집트를 방문했다. 그의 작품을 최근에 번역한 C. H. 올드파더는 "자료를 모아서 뛰어난 원전에 따라 비판을 하지 않고 충실하게 재현했다"고 디오도루스 시켈로스를 칭찬했는데 그것은 사실이다.[23] 간단히 말해서 디오도루스는 수집한 자료에 자신의 편견이나 선입관을 덧입히지 않았다. 따라서 그의 자료에는 특별한 가치가 있다. 왜냐하면 그 가운데에는 이집트 신관이 이집트의 불가사의한 과거에 대해서 말한 부분이 있기 때문이다. 신관은 다음과 같이 말했다.

> 최초의 신들과 영웅들은 1만8,000년 가까이 이집트를 지배했다. 마지막에 통치한 신은 이시스의 아들 호루스였다. ……인간이 왕이 되고부터는 5,000년 정도 지났다고 그들은 말한다…….[24]

"비판을 가하지 않은" 이 숫자를 살펴보자. 합계를 내면 몇 년이 되는가? 디오도루스가 이것을 기록한 것은 기원전 1세기였다. 거기에서 인간인 왕이 지배했던 5,000년을 거슬러올라가면 기원전 5100년이 된다. 다시 "신들과 영웅들의 시대"까지 거슬러올라가면 빙하기의 전성기였던 기원전 2만3100년이 된다.

디오도루스보다 훨씬 전에 이집트를 방문한 다른 역사가가 있었다. 기원전 5세기에 태어난 그리스의 유명한 역사가 헤로도토스가 바로 그 사람이다. 헤로도토스 역시 신관과 만났고 유구한 과거에 나일 강 유역에 고도로 발달한 문명이 있었다는 전승에 대해서 물었다. 헤로도토스는 역사 이전의 훨씬 더 오래된 태고에 있었던 이집트 문명에 관한 전승에 대해서 「역사(*Historiae*)」의 제2권에 기록했다. 이 책 속에 헬리오폴리스의 신관에게서 얻은 귀중한 정보가 있다. 헤로도토스는 아무런 설명 없이 그대로 적어놓았다.

그들에 의하면 이 기간에 태양이 다른 장소에서 뜨는 일이 네 번 있었다고 한다. 두 번은 현재 지고 있는 곳에서 떴고 두 번은 현재 뜨고 있는 곳에서 졌다.[25]

이것은 무엇을 의미할까?

프랑스의 수학자 슈왈레 드 뤼비크에 의하면 헤로도토스가 전한 것은 (아마 그 자신도 깨닫지 못하고) 다르게 표현된 시간의 주기를 의미하는 것이라고 한다. 시간의 주기란 춘분의 일출이 별자리를 배경으로 황도대를 한 바퀴 반 정도 도는 기간이다.[26]

지금까지 살펴본 대로 밤과 낮이 같은 날(춘분 또는 추분)의 태양은 2,160년 동안 12궁의 별자리 하나를 지난다. 모두 12개이므로 일주하기 위해서는 2만6,000년(12×2,160)이 걸린다. 그것이 한 바퀴 반이라면 3만9,000년(18×2,160)이 된다.

헤로도토스의 시대에는 춘분의 태양이 새벽에 정동에서 양자리를 배경으로 떠올라서 12시간 후에는 정서에 있는 천칭자리에서 졌다. 세차운동의 시계를 절반 정도 돌려놓으면, 12궁 가운데 6개의 별자리가 움직여 1만3,000년 전으로 거슬러올라간다. 이때에는 태양이 뜨는 장소는 반대가 된다. 즉 춘분의 새벽에 태양은 천칭자리를 배경으로 정동에서 떠올라 정서에 있는 양자리를 배경으로 진다. 거기서 1만3,000년을 되돌아가면 이 위치는 역전된다. 춘분에 태양은 다시 양자리에서 떠오르고 천칭자리에서 진다.

따라서 헤로도토스의 시대로부터 2만6,000년을 거슬러올라간 것이다.

또다시 세차운동 주기의 절반인 1만3,000년을 거슬러올라가면 헤로도토스의 시대로부터 3만9,000년 이전이 된다. 이때의 춘분의 태양은 다시 천칭자리를 배경으로 뜨고 양자리를 배경으로 진다.

요점은 이렇다. 3만9,000년이라는 기간에 태양이 "지는 곳에서 떠오른" 적이 두 번 있었고(헤로도토스의 시대를 기준으로 1만3,000년 전과 3만9,000년 전에 천칭자리에서 해가 뜸), "뜨는 곳으로 진" 적이 두 번 있었다(헤로도토스의 시대를 기준으로 1만3,000년 전과 3만9,000년 전에 천칭자리에서 해가 짐).[27] 만약 슈왈레의 해석이 옳다고 하면 — 그럴 가능성은 충분하다 — 그리스 역사가가 얻은 신관의 정보는 적어도 3만9,000년 정도 전부터 있던 세차운동의 정확한 기록이라고 할 수 있다.

투린 파피루스와 팔레르모 돌

3만9,000년이라는 숫자는 투린 파피루스(제1왕조 전의 역사 이전으로 거슬러올라가는 현존하는 두 개의 이집트 왕명표[王名表] 중의 하나)의 증언과 경이로울 정도로 일치한다.

사르디니아 국왕이 소유하고 있던 이 부서지기 쉬운 3,000년 전의 파피루스 조각은 상자에 넣어 포장도 하지 않은 채 현재 보관 장소인 투린 박물관으로 보내졌다. 어린 학생이라도 예상할 수 있겠지만 파피루스는 무수한 조각으로 부서진 채로 도착했다. 학자들은 몇 년 동안 조각들을 맞춰서 어느 정도 의미가 통할 정도까지 복원시켰다. 그들은 훌륭한 일을 했다.[28] 그러나 이 귀중한 자료의 절반 이상은 재구성되지 못했다.[29]

투린 파피루스가 완전한 형태로 남아 있었다면 "최초의 때"에 대해서 무엇을 알 수 있었을까?

재생된 단편에 흥미로운 것이 있다. 예를 들면 어떤 기록에서는 10명의 네테루의 이름을 읽을 수 있다. 각각 카르투슈 안에 적혀 있는데, 그 카르투슈의 모양이 왕조시대의 것과 매우 비슷하다. 네테루가 통치한 기간도 기록되어 있는데 대부분의 숫자는 자료가 손상되어서 판독할 수 없다.[30]

다른 난에는 상이집트와 하이집트를 지배한 인간인 왕의 이름이 적혀 있는데, 신들의 지배 후에 기원전 3100년에 메네스 왕이 모든 왕국을 통일하기 전에 통치했던 왕들의 이름이다. 메네스 왕은 제1왕조의 첫 번째 파라오였다. 남아 있는 단편에는 왕조시대 이전의 9명의 파라오들의 이름이 적혀 있다. "멤피스의 훌륭한 왕", "북쪽의 훌륭한 왕", "셈스 호르(호루스의 동료 또는 종자라는 의미)" 등이다. "셈스 호르"의 통치는 메네스 왕의 시대 직전까지 계속되었다고 한다. 이 난의 마지막 두 행은 왕명표를 정리한 것으로 보이는데 매우 충격적이다. "……훌륭한 셈스 호르의 통치는 1만3,420년, 셈스 호르 이전의 왕의 통치는 2만3,200년, 합계 3만6,620년"이라고 적혀 있다.[31]

유사 이전의 시대에 대해서 언급하고 있는 다른 왕명표는 팔레르모 돌이다. 그러나 이 왕명표는 투린 파피루스만큼 오래된 시대를 다루지는 않는다. 현존하는 최고의 기록은 왕조시대 이전에 상이집트와 하이집트를 지배했던 120명의 왕들에 관한 것으로 기원전 3100년에 이 나라를 통일하기 직전까지의 기록이다.[32] 그러나 안타깝게도 이 돌에 그외에 다른 정보가 포함되어 있는지는 알 수 없다. 어쩌면 태고의 시대에 대해서도 이 불가사의한 검은 현무암 판에 기록이 새겨져 있었을지도 모른다. 이 돌 역시 전체가 남아 있지 않다. 1887년 이후 이 돌의 단편 가운데 가장 큰 것은 시칠리아 섬의 팔레르모 박물관에 소장되어 있다. 두 번째로 큰 단편은 이집트의 카이로 박물관에 전시되어 있고, 세 번째인 가장 작은 단편은 런던 대학교의 피트리 수집관에 있다.[33] 고고학자들의 생각으로는 이 단편들은 원래는 하나였으며 그 크기는 길이 2.1미터, 높이 60센티미터 정도라고 한다.[34] 한 전문가는 다음과 같이 말했다.

측정할 수 없을 만큼 귀중한 기념비의 단편이 아직 많이 남아 있을 가능성은 있다. 아마 남아 있을 것이다. 단지 어디를 찾으면 되는지를 모를 뿐이다. 현재 발견된 돌의 단편만으로도 충분히 흥미를 자아낸다. 고대에 존재한 모든 왕의 이름이 기록되어 있고 통치한 기간과 그 사이에 일어난 중요한 사건이 새겨져 있기 때문이다. 사건의 기록은 제5왕조 때에 편찬되었다. 모든 왕국이 통일되고부터 700년밖에 지나지 않은 때이다. 따라서 착오가 있을 확률은 매우 낮을 것이다…….[35]

이것은 고(故) 월터 에머리 교수의 말이다. 에머리 교수가 말하는 고대는 기원전 3200년부터 기원전 2900년을 가리킨다.[36] 이 시대가 에머리 교수의 전문분야였기 때문이다. 그러나 팔레르모 돌이 모두 한자리에 모인다면 보다 오래된 시대에 대해서 알 수 있을지도 모른다. 그 시대는 제프테피라고 불리는 신들의 황금시대이다.

이집트의 과거에 대한 기록과 신화에 깊숙이 파고들어 "최초의 때"에 가까이 다가갈수록 우리를 둘러싸는 풍경은 기묘해진다. ……이제 그것을 살펴볼 때이다.

최초의 때의 신들

헬리오폴리스의 신학에 의하면 이집트의 최초의 때에 나타난 9신은 라, 슈, 테프누트, 게브, 누트, 오시리스, 이시스, 네프티스 그리고 세트이다. 이 신들로부터 태어난 자손으로는 널리 알려진 호루스와 아누비스가 있다. 그 외에도 많은 신들이, 특히 멤피스와 헬리오폴리스에 알려져 있었다. 또한 그곳에서는 아주 오래 전부터 존재해온, 프타와 토트에 대한 숭배가 중요시되었다.[1] 최초의 때의 신들은 모두 창조신이었다. 성스러운 의지를 가지고 혼돈의 세계에 형태를 부여했다. 혼돈 속에서 성스러운 땅 이집트를 만들었고,[2] 인간사회를 만들었으며 수천 년 동안 인간들 사이에 성스러운 파라오로 군림했다.[3]

"혼돈"은 어떤 것이었을까?

헬리오폴리스의 신관은 기원전 1세기에 그리스의 역사가인 디오도루스 시켈로스에게 깊은 암시가 담긴 견해를 피력했다. "혼돈"은 홍수라는 것이다. 디오도루스는 이 홍수를 데우칼리온의 시대에 지구를 멸망시킨 대홍수와 동일시했다. 데우칼리온은 그리스 판 노아이다.[4]

일반적으로 그들은 데우칼리온의 시대에 발생한 홍수로 대부분의 인간이 죽었다고 한다. 그러나 이집트 남부에 살던 사람들은 비교적 많이 살아남은 듯하다. ……혹은 다른 사람들이 주장하는 것처럼 생물은 완전히 멸종되고 지상에는 새로운 동물이 나타났을지도 모른다. 그 어느 쪽이든 이 나라는 생물이 처음으로 발생하기에 적합한 곳이었다…….[5]

왜 이집트는 운이 좋았을까? 디오도루스의 설명에 따르면 이집트의 지리적 환경과 관련이 있다고 한다. 이집트 남부는 태양이 강하게 내리쬐는 곳이었고 또한 신화에 나오는 세계적인 홍수가 끝난 뒤에 큰 비가 내렸다고 한다. "사람들 위로 내린 다량의 비에서 발생한 습기가 이집트의 뜨거운 햇살과 뒤섞였다. ……그렇게 해서 모든 생물의 첫 세대가 성장하기에 매우 좋은 온도가 되었다……."[6]

흥미롭게도 이집트는 특히 유리한 지리적 환경에 자리하고 있었다. 잘 알려져 있듯이 대피라미드(북위 30도, 동경 31도)의 바로 옆을 교차하는 위도와 경도는 다른 곳보다 특히 건조한 땅을 지나간다.[7] 더욱 흥미로운 것은 마지막 빙하기가 끝날 무렵 북유럽의 몇백만 제곱킬로미터에 이르는 거대한 빙하가 녹으면서 세계의 해수면이 높아져 지구 곳곳의 해안에 홍수가 일어나고, 또 빙원이 녹으면서 발생한 다량의 수증기가 대기로 올라가서 비가 되어 내리는 동안 이집트는 몇천 년에 걸쳐 이례적인 습기와 생물의 생장에 좋은 기후의 혜택을 누렸다.[8] 이와 같은 기후가 "모든 생물의 첫 세대가 성장하기에 매우 좋은 온도가 되었다"고 기억되는 것도 이상한 일이 아니다.

여기에서 의문이 생긴다. 우리가 디오도루스로부터 얻은 이 과거에 대한 정보는 어디에서 온 것일까? 마지막 빙하기가 끝날 무렵에 이집트가 경험한 쾌적한 기후와 우연히 정확하게 일치하는 묘사일까? 아니면 태고로부터 전해진 전승 — 아마도 최초의 때에 대한 기억 — 일까?

신성한 뱀의 숨결

라는 최초의 때에 최초의 왕이었다고 전해진다. 고대신화에 의하면 라가 젊고 활력이 넘칠 때는 평화롭게 통치했다고 한다. 그러나 오랜 세월이 흐르자 젊음이 사라졌다. 치세의 마지막에는 주름투성이의 노인이 되어 걸음을 걸을 때에는 비틀거렸으며 떨리는 입에서 침이 끊임없이 흘러내렸다고 한다.[9]

라에 이어 슈가 지상의 왕위를 계승했는데 슈의 통치에도 책략과 분쟁 등의 문제가 많았다. 슈는 적을 멸망시켰지만 마지막에 병이 들어 난폭해졌으며 가장 충실한 부하까지 반역을 도모하게 되었다. "통치에 지친 슈는 왕위에서 물러나 아들인 게브에게 왕위를 물려주었다. 무서운 천재지변이 9일간 계속된 후 슈는 하늘로 피난했다……."[10]

세 번째 파라오인 게브는 순조롭게 슈의 뒤를 이어 왕이 되었다. 그러나 게브의 통치도 난항을 거듭했다. 몇 개의 신화에는 피라미드 텍스트에 나오는 것과 같은 기묘한 표현이 나온다. 즉 적당한 전문용어가 없기 때문에 복잡한 기술적이고 과학적인 이미지의 표현에 곤란을 겪은 듯이 보인다. 예를 들면, 어떤 특별히 인상적인 전승에는 "황금 상자"에 대한 언급이 있다. 라는 이 상자에 여러 가지 물건을 넣어두었다. "막대기"(혹은 지팡이), 머리카락을 모아놓은 것, 뱀 휘장(uraeus)(황금으로 만든 것으로 머리를 쳐들고 있는 코브라의 형태를 하고 있는데 왕관에 장식되었다) 등이 들어 있었다.[11]

강력하고 위험한 악마를 쫓는 부적인 이 상자는 라가 하늘로 사라진 후에 오랫동안 그 안에 든 기묘한 물건과 함께 이집트의 "동쪽 끝"에 있는 요새에 보관되었다. 게브가 권력을 쥐었을 때, 그는 "황금 상자"를 가져오도록 하여 눈앞에서 열도록 명령했다. 이 상자가 열리는 순간 번갯불("신성한 뱀의 숨결"이라고 묘사되어 있다)이 튀어나와 게브의 동료들에게 상

처를 입혔고 게브 역시 큰 화상을 입었다고 한다.[12]

이 모든 것은 인간이 만든 기계의 고장에 대한 변형된 묘사가 아닐까라는 의심이 생긴다. 사라진 문명의 과학에 의해서 만들어진 괴이한 장치에 느꼈던 경외감의 반영이 아닐까? 이처럼 지나친 것 같은 추측에 신빙성을 제공하는 것은 태고의 파괴적이고 예측 불가능한 기계로 추측되는 이 황금 상자 이외에도 존재한다. 황금 상자는 헤브라이인의 불가사의인 "계약의 궤"와 많은 면에서 매우 비슷하다. 많은 사람들이 궤에서 나온 번갯불의 에너지 때문에 살상되었다. 또한 "황금으로 장식"되어 있었고 두 장의 십계판뿐만 아니라 신성한 음식물인 "만나가 든 황금 항아리와 아론 제사장의 지팡이가 들어 있었다"고 한다.[13]

이 불가사의하고 훌륭한 상자의 의미를 고찰하는 것은 이 책의 범위를 넘어서는 일이다(고대의 전승에 나오는 다른 "기술적인" 물건에 대해서도 동일하다). 여기서는 헬리오폴리스의 9신들에게 기계와 같은, 불가사의하고 위험한 힘의 기묘한 분위기가 돈다는 점을 지적하는 것만으로도 충분할 것이다.

예를 들면 이시스(오시리스의 여동생이며 아내이자 호루스의 어머니)에게는 어떻게 보아도 과학자를 연상시키는 강한 분위기가 있다. 영국박물관에 있는 체스터 비티 파피루스에 의하면 이시스는 "현명한 여자……다른 많은 신들보다 지적이었다. ……하늘에 대한 것이든 지상에 대한 것이든 모르는 것이 없었다"고 한다.[14] 요술과 마술에 뛰어난 이시스는 특히 "언어에 강했다"라고 고대 이집트인에게 알려져 있었다. 이것은 힘이 있는 말을 자유자재로 구사했다는 의미이다. "정확한 발음을 알고 있었고 이야기에 막힘이 없었으며 명령을 할 때에도 말을 사용하는 데에 완벽했다."[15] 간단하게 말하면 이시스는 말만으로 현실을 바꿀 수도 있었고 물리법칙을 초월할 수 있었던 것이다.

또한 지혜의 신인 토트도 강력한 힘을 지니고 있었다고 한다. 토트는 헬리오폴리스의 9신 속에는 포함되지 않지만 투린 파피루스와 그 외의 고대 자료에는 이집트를 지배한 여섯 번째(때로는 일곱 번째)의 신성한 파라오로 기록되어 있다.[16] 신전과 무덤의 벽에 황새로 묘사되거나 황새의 머리를 가진 인간으로 묘사되는 토트는 하늘에 관한 계산과 해석의 책임자였고 지배자였으며 시간을 늘리는 능력을 가지고 있었다. 또한 문자를 발명했으며 마술의 보호자였다. 토트는 특히 천문학, 수학, 측량, 지리에 밝았고, "하늘을 계산했고 별의 숫자를 헤아렸으며 지상을 계측했다."[17] 또한 "큰 하늘에 은폐되어 있는 모든 것"의 불가사의를 이해하는 신으로 여겨졌으며 선택된 인간에게 지혜를 전하는 능력이 있었다. 토트는 자신이 가지고 있는 지식을 비밀의 책에 적어서 지상에 숨겼다고 한다. 그 책이 미래의 세대에게 발견될 것을 의도한 것으로, 특히 "가치가 있는 사람들"만 발견할 수 있도록 숨겼다고 한다. 그들은 발견한 것을 인류의 이익을 위해서 사용할 수 있는 사람들이다.[18]

토트에 관해서 확실한 것은 이 신이 고대의 과학자인 동시에 과학의 보호자이며 문명의 전파자라는 것이다.[19] 이 점에서는 피라미드 텍스트의 고위의 신으로 이집트 네 번째 파라오 오시리스와 매우 비슷하다. "(오시리스의) 이름은 사[오리온]가 되었다. 다리는 길고 보폭은 넓었으며 남쪽 땅의 주인이었다……."[20]

오시리스와 영원의 왕

문장 속에서 때때로 네브 템(neb tem)이나 "우주의 왕"[21]으로 불리는 오시리스는 인간, 또는 인간을 초월한 존재로서 고난을 헤쳐나가는 지도자였다. 무엇보다 그는 본질적으로 이원적인 존재였는데, 하늘을 지배했고(오리온자리로서) 역시 왕으로서 인간을 다스렸다. 아스텍의 비라코차와 중앙 아메리카의 케찰코아틀처럼 오시리스의 태도는 파악하기 어려운 불가사의로 가득 차 있다. 또한 그들과 마찬가지로 키가 매우 컸고 반드시 구불거리는 턱수염을 기른 모습으로 묘사되어 있다.[22] 초능력을 마음대로 사용할 수 있었지만 가능한 사용하지 않으려고 한 점도 비슷하다.[23]

제16장에서 멕시코의 신왕(神王)인 케찰코아틀이 뱀의 뗏목을 타고 중앙 아메리카에서 동쪽 바다로 떠났다는 전승에 대해서 설명했다. 따라서 이집트의 「사자의 서」를 읽으면서 한 번 본 듯한 느낌이 드는 것은 당연하다. 오시리스의 거처는 "물 위"에 있었으며 그 벽은 "살아 있는 뱀"으로 이루어져 있었다.[24] 지리적으로 멀리 떨어진 두 신의 상징이 일치한다는 것은 놀라운 일이다.

그 외에도 공통된 부분이 있다. 오시리스의 주된 이야기는 앞 장에서 상세하게 살펴보았기 때문에 여기서는 반복하지 않겠다. 독자들도 오시리스가 비라코차와 케찰코아틀처럼 인류에게 광명을 안겨주고 문명화에 힘쓴 인류의 보호자였다는 사실을 잊지 않았을 것이다.[25] 오시리스의 업적 가운데 식인풍습을 금지시킨 것이 있다. 또한 이집트에 농업을 전파했으며, 특히 밀과 보리의 재배를 가르쳤다. 게다가 농기구를 만드는 방법도 가르쳤다. 오시리스는 좋은 포도주를 무척 좋아했고(신화에는 어디서 포도주의 맛을 알았는지는 다루고 있지 않다) "인류에게 포도주를 전해주면서 포도를 재배하고 포도주를 보관하는 방법을 가르쳐주었다."[26] 사람들에게 좋은 생활을 가져다주었을 뿐만 아니라 사람들을 "비참하고 야만적인 생활태도"에서 벗어나게 만들었다. 법률을 알려주고 신에 대한 신앙을 깨우쳐주었다.[27]

디오도루스 시켈로스가 들은 것에 의하면 오시리스는 모든 일이 순조롭게 실행된 후 나라를 이시스에게 맡기고 이집트를 떠나 몇 년 동안 세계를 떠돌아다녔다. 그 목적은 하나였다고 한다.

사람들이 사는 곳을 방문해서 포도주를 만드는 방법과 밀과 보리를 재배하는 방법을 가르쳤다. 왜냐하면 사람들에게 야만적인 행동을 금지시키고 훌륭한 생활을 할 수 있도록 가르치면 큰 은혜를 베푸는 것이 되고 불후의 명예를 얻을 수 있기 때문이다······.[28]

오시리스는 먼저 에티오피아에 도착하여, 그곳에서 만난 원시적인 수렵민족에게 농경과 가축을 기르는 방법을 가르쳤다. 또한 대규모의 치수공사를 하도록 했다. "운하를 만들고 수문, 조정장치를 만들었다. 강가에 흙을 쌓아 나일 강이 범람하지 않도록 했다."[29] 그 후 아라비아를 거쳐 인도로 가서 많은 도시를 건설했다. 다음으로 고대 트라키아로 가서 자신의 통치체계에 따르지 않는 야만적인 왕을 살해했는데, 이것은 오시리스답지 않은 행동이다. 이집트인이 묘사한 오시리스의 인물상은 다음과 같기 때문이다.

그는 무슨 일이든 사람들에게 강요하는 법이 없었다. 부드럽게 설득하고 논리적으로 호소해서 그가 믿고 있는 것을 사람들이 하도록 만드는 데에 성공했다. 그의 많은 현명한 대신들은 듣는 사람들에게 시를 낭송하거나 노래를 불러주었는데 그때에는 악기의 반주가 뒤따랐다.[30]

여기서도 비라코차와 케찰코아틀과의 공통점이 드러난다. 암흑으로 혼란스러웠던 시대 — 홍수와 관계가 있을 가능성이 높다 — 에 턱수염을 기른 신 또는 인간이 이집트에 나타났다(볼리비아와 멕시코에도). 그는 실용적이고 과학적인 기술에 능통했다. 그것은 성숙한 고도로 발달한 문명이 지닌 기술이었는데 자비로운 마음으로 인류의 이익을 위해서 사용했다. 그는 원래 부드러운 성격을 가지고 있었지만 필요에 따라 엄해지기도 했다. 항상 지향하는 목적을 향해서 매진했으며 헬리오폴리스(또는 티아우아나코, 테오티우아칸)에 본거지를 정하고 나서 선발된 동료들과 세계를 돌면서 사라진 질서를 되돌려놓았다.[31]

여기에서 그들이 인간이었는지, 신이었는지, 또는 유치한 상상의 산물인 가공의 인물이었는지, 혹은 실재한 인물이었는지는 접어두자. 신화들은 한결같이 문명을 전파한 자에게는 **동료**가 있었다는 점에서 공통적이다. 비라코차에게도 동료가 있었고 케찰코아틀과 오시리스에게도 "동료"가 있었다. 때로는 동료들 사이에서 치열한 투쟁이 일어나기도 했다. 아마 권력투쟁이었을 것이다. 세트와 호루스의 투쟁, 케찰코아틀과 테스카틸포카의 투쟁 등이 그 명확한 예이다. 또한 이 사건들의 결과는 중앙 아메리카에서나 아스텍이나 이집트에서나 거의 동일하다. 문명을 전파한 쪽이 책략에 빠져서 추방되거나 살해되고 만다.

신화에서는 케찰코아틀과 비라코차는 돌아오지 않았다(앞에서 살펴본 대로 스페인이 정복한 시기에 그들이 돌아온 것으로 여겨졌다). 그러나 오시리스는 이집트로 돌아왔다. 세계를 돌면서 "인간의 야만행위를 금지시키는" 대사업을 끝낸 후 바로 세트에게 살해되었지만 오리온자리에 재생해서 강력한 저승의 왕으로 영원한 생명을 얻었다. 그 후 영혼을 심판하는 자로, 책임 있고 자애로운 왕의 영원한 모범으로 고대 이집트의 종교 및 문화를 지배했다. 그것은 이집트의 역사시대에도 계속되었다.

평화로운 안정

안데스와 멕시코의 문명도 이집트처럼 강력하고 상징적인 지속성의 혜택을 입었다면 무엇을 성취할 수 있었을까? 이러한 면에서 이집트는 독특하다. 물론 피라미드 텍스트와 고대의 문헌에는 혼란과 세트의 왕권 강탈(72명의 "세차운동적" 공모자들이 있었다) 등이 기록되어 있다. 그러나 호루스와 토트와 그 후의 파라오들에게는 비교적 원활하게 통치권 위양이 진행되었고 문제도 없었다.

이 왕위계승의 방식은 몇천 년 동안이나 인간인 왕들에 의해서 지속되었다. 파라오는 왕조의 시작부터 끝까지 신의 자손임을 자각하고 있었다. 파라오는 자신이 현세에 사는 호루스이며 오시리스의 아들이라고 생각했다. 세대에서 세대를 거쳐서 죽은 파라오는 하늘에서 다시 태어나 "오시리스"가 되고 새로 파라오가 되는 후계자는 "호루스"가 된다고 생각했던 것이다.[32]

이 소박하고 안정적인 생각은 제1왕조가 시작되는 기원전 3100년경에는 이미 완성되어 있었다.[33] 학자들도 이 점에 동의했으며 또한 대부분은 이 신앙이 고도로 진보했고 세련되었다는 것에도 동의했다.[34] 그러나 이상하게도 이집트학자들 가운데 이 신앙이 언제 어디에서 형태가 만들어졌는가에 대해서는 의문을 가지는 사람이 매우 적다.

오시리스 신앙처럼 잘 발달된 사회적이고 형이상학적인 사상이 기원전 3100년에 갑자기 완벽한 상태로 탄생했다는 것은 이치에 맞지 않는다. 그리고 왕조시대가 시작되기 이전 300년 동안 그와 같은 완벽한 모습으로 발전했다고 생각하는 이집트학자들도 있지만 이것 역시 이치에 맞지 않는다.[35] 그와 같은 것을 완성시키기 위해서는 그보다 훨씬 오랜 시간이 필요하다. 몇백 년이 아니라 몇천 년 단위의 시간이 필요하다. 이미 살펴본 대로 모든 현존하는 고대 이집트의 기록에서 그들의 과거에 대해서 말할 때, 고대 이집트인은 모두 그들의 문명이 "신들"로부터 물려받은 유산이며 신들이 "처음에 이집트를 지배했다"고 말한다.[36]

이 기록들을 꼼꼼하게 살펴보면 일관성이 없는 부분도 있다. 어떤 기록은 다른 기록보다 이집트 문명이 탄생한 시기가 더 오래되었다고 한다. 그러나 모든 기록은 분명히 보다 먼 과거의 시대 — 제1왕조가 시작되기 8,000년 전부터 4만 년 전의 시대 — 에 관심을 가질 것을 재촉하고 있다.

고고학자들은 그처럼 빠른 시기에 발달한 문명이 존재했음을 보여주는 공예품이 이집트에서는 아무것도 발견되지 않았다고 강조하는데 그것은 반드시 진실이라고 할 수 없다. 제4부에서 보았듯이 몇 가지의 물건과 건축물의 연대가 아직 과학적으로 확정되지 않았기 때문이다.

고대의 도시 아비도스에도 매우 독특한, 건축연대를 추정할 수 없는 불가사의한 건축물이 있다…….

45

사람과 신의 일

고대 이집트의 신전 유적들 가운데에 천정이 그대로 보존되어 있을(이것은 매우 드문 일이다) 뿐만 아니라 훌륭한 부조가 남아 있는 유적이 있다. 나일 강에서 서쪽으로 13킬로미터 떨어진 아비도스에 있는 이 유적은 세티 1세의 신전이다. 훌륭한 왕이었던 제19왕조의 세티 1세는 기원전 1306년에서 기원전 1290년까지 군림했다.[1]

세티 1세는 람세스 2세(기원전 1290-기원전 1224년, 성서의 이야기에서 이스라엘인이 출애굽을 결행했을 때의 파라오)[2]의 아버지로 유명하다. 그러나 그는 이집트의 국경 너머로 군대를 보낸 역사상의 중요한 사람이기도 하다. 몇 개의 훌륭한 건축물을 지었으며 많은 오래된 건축물을 주의 깊게 양심적으로 복원했다.[3] 아비도스에 있는 세티 1세의 신전은 "몇백만 년의 집"이라고 불리며, "영원의 지배자"인 오시리스에게 바쳐진 것이다.[4] 피라미드 텍스트에는 다음과 같이 적혀 있다.

당신은 사라졌다, 그러나 돌아온다. 당신은 잠들었다, 그러나 깨어난다. 당신은 죽었다, 그러나 살아난다. …… 수로를 따라서 상류로……신이 당신의 것으로 정해놓은 영혼의 모습으로 아비도스로 여행한다.[5]

아테프 왕관

아침 8시였다. 이 위도에서는 이미 밝고 활기찬 시간이었다. 그러나 세티 1세의 신전 안으로 들어가자 적막하고 어슴푸레했다. 벽의 일부는 바닥에 놓인 약한 전구의 빛을 받고 있었다. 전구가 없으면 파라오의 건축가가 설계한 대로 몇 가닥의 빛줄기가 바깥쪽의 석조 틈새로 성스러운 방사선처럼 스며들 뿐이었다. 빛줄기 속에는 먼지 입자가 춤을 추고 있을 뿐 내부에는 정적이 드리워져 있었다. 이 다주식(多柱式) 홀의 천정을 지탱하고 있는 듯한 거대한 기둥 사이로 걸어가자 오시리스의 영혼이 지금 여기에 있는 듯한 기분이 들었다. 이것은 환상이 아니다. 주위의 벽을 장식한 부조에 훌륭하게 조화를 이룬 다양한 모습의 오시리스가 실재하기 때문이다. 부조는 문명을 전파한 이 왕을 죽음의 신으로 묘사하고 있는데, 왕좌에 올라 아름답고 불가사의한 여동생 이시스를 거느리고 있다.

여기에 묘사된 오시리스는 다양한 형태의 공들여 만든 왕관을 쓰고 있다. 이 부조들을 하나하나 둘러보았다. 왕관은 고대 이집트의 파라오에게 매우 중요한 것이었다. 부조에 묘사되어 있는 것을 보면 그렇게 생각된다. 그런데 이상하게도 오랜 기간 동안 집중적으로 발굴을 시행했지만 왕관은 아니 그 조각조차 발견된 적이 없다. 물론 "최초의 때"의 신들이 사용했던 소용돌이 무늬가 새겨져 있는 의식용 머리 장식도 발견되지 않았다.[6]

특히 흥미를 끄는 것은 아테프 왕관이다. 왕가의 상징인 뱀 휘장(멕시코에서는 방울뱀이었는데 이집트에서는 당장이라도 달려들 것 같이 머리를 세운 코브라이다)이 달려 있는 이 기묘한 왕관의 중심부분은 상이집트의 원추형 하얀 투구(이것도 부조 이외에는 그 모습을 확인할 수 없다)의 한 예로 볼 수 있다. 중심의 양쪽으로는 두 개의 얇은 금속 조각이 나와 있다. 또한 정면에는 두 개의 굴곡진 칼날로 만든 장치가 달려 있다. 학자들은 그것을 한 쌍의 숫양의 뿔이라고 부른다.[7]

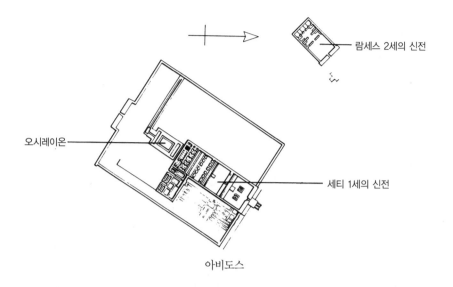

람세스 2세의 신전

오시레이온

세티 1세의 신전

아비도스

세티 1세의 신전에 있는 부조 가운데에는 아테프 왕관을 쓴 오시리스의 모습이 몇 군데 묘사되어 있다. 왕관의 높이는 60센티미터 정도이다. 고대 이집트의 「사자의 서」에 의하면 이 왕관은 라가 오시리스에게 준 것이라고 한다. "그러나 처음 이 왕관을 쓴 날 오시리스는 머리가 매우 아팠다. 저녁에 돌아온 태양신 라는 오시리스의 머리가 아테프 왕관의 열 때문에 부어오른 것을 발견했다. 라는 고름과 피를 뺐다."[8]

당연한 듯이 기록되어 있지만 한 번 생각해볼 만하다 — 열을 방사하고 피부에 염증을 생기게 하며 고름이 나오게 하는 왕관은 어떤 것이었을까?

17세기 동안의 왕들

나는 더욱 깊은 암흑 속으로 들어갔다. 왕들의 회랑으로 가는 길이었는데, 그곳은 신전 입구에서 60미터 내부에 있는 다주식 홀의 동쪽 끝에 있었다.

이 회랑을 지나가는 것은 시간 그 자체를 통과하는 것과 같았다. 왼쪽 벽에는 고대 이집트의 120명에 이르는 신들의 이름이 적혀 있었고, 주요한 성지가 기재되어 있었다. 오른쪽 벽에는 거의 폭이 3미터, 길이가 1.8 미터 정도되는 크기에 세티 1세 전까지 왕위에 오른 76명의 파라오의 이름이 있다. 각각의 이름은 타원형의 카르투슈 속에 상형문자로 새겨져 있었다.

이 목록은 "아비도스의 왕명표"로 알려져 있다. 뜨겁게 가열된 황금처럼 빛을 발하는 왕명표는 왼쪽에서 오른쪽으로 읽도록 배치되어 있다. 또한 세로 5단, 가로 3단으로 구분되어 있는 이 표는 1,700년이라는 긴 세월 동안 왕위에 오른 왕들을 망라하고 있다. 기원전 3000년경 제1왕조의 첫 번째 파라오인 메네스 왕부터 시작되어 세티 1세의 통치기간인 기원전 1300년경에서 끝난다. 왼쪽 맨끝에는 두 사람의 이름이 선명하게 새겨져 있는데 그것은 세티 1세와 어린 아들, 즉 미래의 람세스 2세이다.

지하 건축물

투린 파피루스와 팔레르모 돌과 마찬가지로 귀중한 역사자료인 이 왕명표는 전승이 계승되어왔다는 것을 웅변적으로 말하고 있다. 이 전승에 빠질 수 없는 것은 태고에 신들이 이집트를 지배했던 "최초의 때"의 신앙 혹은 기억이다. 신들의 중심은 오시리스였다. 따라서 왕들의 회랑 끝에 통로가 있고 그것이 신전의 뒤쪽에 있는 훌륭한 건축물인 오시레이온으로 연결된 것도 납득이 된다. 이 건축물은 이집트에 기록이 남겨지기 시작한 때부터 오시리스와 연결되어 있었다.[9] 그리스의 지리학자 스트라보(기원전 1세기에 아비도스를 방문했다)는 다음과 같은 기록을 남겼다. "단단한 돌로 만들어진 경이로운 건축물……〔그 속〕 깊은 곳에 샘이 있는데 그곳으로 가기 위해서는 거대한 돌로 훌륭하게 만든 둥근 천정의 회랑을 내려가야 한다. 그곳에는 나일 강에서 물을 끌어온 운하가 있다……."[10]

스트라보가 찾아오고 몇백 년 지났을 때 고대 이집트의 종교는 당시의 신흥종교인 기독교로 바뀌었고 강의 실트(모래보다 곱고 진흙보다 거친 침적토/역주)와 사막의 모래가 조금씩 오시레이온에 흘러들어 마침내 기둥과 거대한 상인방(창, 입구 따위 위에 댄 가로대/역주) 돌이 완전히 묻히고 이 장소는 잊혀지고 말았다. 그러나 20세기에 고고학자인 플린더스 피트리와 마거릿 머리가 발굴을 시작했다. 1903년의 발굴에서 홀과 통로의 일부가 모습을 드러냈다. 세티 1세의 신전으로부터 남서쪽으로 60미터 떨어진 사막에 묻혀 있었다. 이 홀과 통로는 제19왕조의 건축양식이었다. 동시에 그들은 이 홀과 신전의 뒤쪽 사이에는 "거대한 지하 건축물"이 숨겨져 있을 것이라는 분명한 흔적을 발견했다.[11] 마거릿 머리는 "피트리 교수는 이 지하 건축물이 스트라보의 샘으로 알려진, 스트라보가 언급한 장소일지도 모른다고 추측했다"라고 기록했다.[12] 피트리와 머리의 추측은 옳았다. 그러나 자금 부족 때문에 묻힌 건축물이 있다는 추측의 검증은 1912년부터 1913년의 발굴까지 연기해야만 했다. 이번에는 이집트 발굴재단의 나빌 교수의 지휘에 따라서 발굴이 행해져 가로가 긴 방이 모습을 드러냈는데 북동쪽 끝에서 화강암과 사암의 거석들로 만들어진 거대한 돌입구가 발견되었다.

나빌은 다음 발굴기간인 1913년부터 1914년에 현지에서 600명의 작업인부를 고용해서 꼼꼼하게 지하 건축물 전체를 파냈다. 그는 다음과 같은 기록을 남겼다.

발견된 것은 길이 30미터, 폭 18미터의 거대한 건축물로 이집트에서 볼 수 있는 최대의 돌이 사용되었다. 건물을 에워싸고 있는 사방의 벽에는 17개의 작은 방이 있는데 천정의 높이는 인간의 키 정도로 내부에는 장식이 전혀 없다. 건물 자체는 3개의 공간으로 나뉘어 있는데 가운데 것이 양 옆의 공간보다 넓다. 방들을 나누고 있는 것은 2열의 나란한 주랑(기둥을 여러 개 나란히 세운 복도/역주)이다. 이 주랑은 한 덩어리의 거대한 화강암들로 만들어

졌으며 같은 크기의 처마를 받치고 있다.[13]

나빌은 건물의 북쪽 공간의 모서리에 있는 길이가 7.6미터에 이르는 돌을 계측해보고는 감탄했다.[14] 그는 벽에 만들어져 있는 작은 방에 바닥이 없다는 것을 알고 또 한 번 감탄했다. 바닥 부분을 파내자 습한 모래와 흙이 나왔다.

작은 방들은 폭이 60센티미터에서 90센티미터인 좁은 선반으로 연결되어 있었다. 반대쪽의 작은 방들도 동일했다. 그러나 바닥이 전혀 없었다. 바닥 부분을 3.6미터 정도 파자 물이 새어 들어왔다. 거대한 입구 아래에도 바닥이 없었다. 추측하건대 예전에 이곳에는 물이 차 있어서 작은 배로 작은 방까지 들어갔을 것이다.[15]

이집트에서 가장 오래된 석조 건축물

물, 물, 물뿐이었다. 1914년에 나빌과 작업인부들이 발굴한 거대한 구멍 아래에 가로누워 있는 오시레이온의 건축 주제는 물인 것 같았다. 이 건축물은 세티 1세의 신전 바닥에서 15미터나 아래에 위치하고 있어 거의 지하수면과 같은 높이에 자리하고 있었다. 현재는 남서쪽에 근대적인 계단이 만들어져서 그곳으로 내려갈 수가 있다. 나는 계단을 내려가서 나빌과 스트라보가 기록했던 거대한 입구의 큰 상인방 돌을 지났다. 그곳을 빠져나가자 폭이 좁은 나무로 만든 다리를 통해서 거대한 사암의 주추(기둥 밑에 괴는 돌 따위의 물건/역주)로 건너갈 수 있었다.

길이 24미터, 폭 12미터의 이 주추는 포장(鋪裝)에 쓰이는 매우 커다란 돌로 구성되어 있었고 주위는 물로 둘러싸여 있었다. 주추의 긴 축의 중앙으로 두 개의 웅덩이가 만들어져 있었다. 하나는 직사각형이고 다른 하나는 정사각형이었다. 또한 축의 끝에는 계단이 달려 있었는데 수면에서 3.6

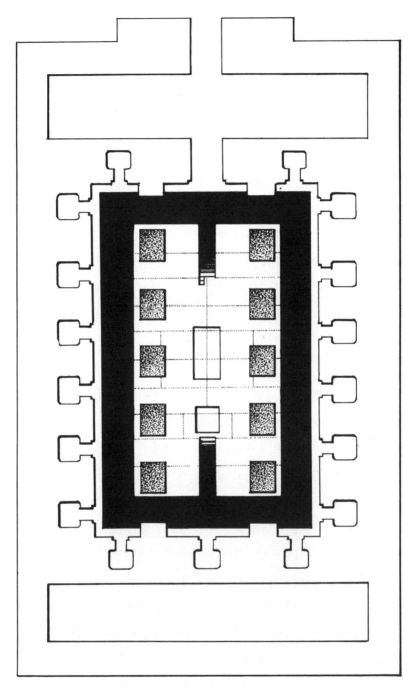

오시레이온의 평면도

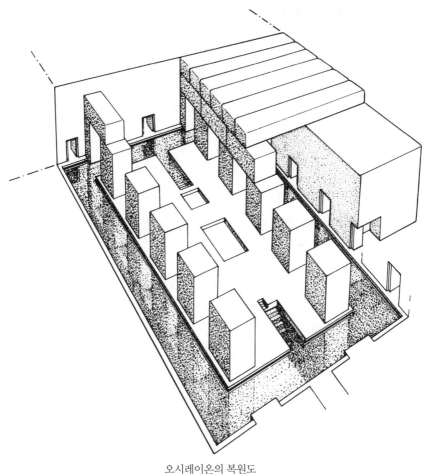

오시레이온의 복원도

미터나 아래에 있었다. 그 주추는 나빌이 자신의 보고서에서 언급했듯이 2
열의 대규모 주랑도 받치고 있었다. 하나의 주랑은 다섯 개의 짧고 굵은
장미색 화강암 기둥으로 구성되어 있었는데 기둥의 크기는 사면의 폭이
2.4미터, 높이가 3.6미터에 무게가 100톤 정도였다.[16] 이 장엄한 기둥들
위에는 화강암 상인방 돌이 가로로 놓여 있었다. 그리고 건물 전체에 거대
한 석판들로 된 지붕의 흔적이 남아 있었다.[17]

오시레이온의 구조를 정확하게 이해하기 위해서는 이 건물의 꼭대기에

서 아래를 내려본다고 상상하는 것이 좋다. 건축 당시의 지붕이 사라졌기 때문에 이 건물의 구조를 마음에 그리는 작업은 어렵지 않다. 현재는 건물의 웅덩이, 작은 방과 운하에 물이 차서 주추의 몇 센티미터 아래까지 물이 고여 있는 것도 도움이 된다. 이것으로 원래 설계자의 구상이 실현된 듯하다.[18]

이 각도에서 내려다보면 주추가 사면이 3미터 폭의 외호로 둘러싸인 사각형 섬이 된다는 것을 알 수 있다. 그 외호는 거대한 벽으로 에워싸여 있는데 벽의 두께는 6미터 정도이다.[19] 큰 붉은 사암을 쌓아올려 만든 벽은 다각형 그림 조각처럼 구성되어 있다. 두꺼운 이 벽에는 나빌의 보고서에 기록된 17개의 작은 방들이 설치되어 있다. 동쪽에 6개, 서쪽에 6개, 남쪽에 2개, 북쪽에 3개이다. 북쪽의 3개의 작은 방들 중 중앙에 있는 방에서 안으로 들어가면 긴 직사각형 방이 있는데 석회암 지붕으로 덮여 있다. 거대한 입구의 남쪽에도 비슷한 직사각형 방이 있지만 석회암 지붕은 이미 사라지고 없다. 이 건물 전체가 석회암으로 된 외벽으로 둘러싸여 있다. 따라서 바깥쪽부터 보면, 벽, 벽, 외호, 주추의 일련의 직사각형이 들어앉아 있는 것이 된다.

오시레이온의 또다른 독특한 점은 방위가 어긋나 있다는 것이다. 멕시코의 테오티우아칸의 죽은 자의 길처럼 정북을 기준으로 조금 동쪽을 향하고 있다. 고대 이집트 문명은 정확한 방위로 건물을 지을 수 있었고 또 그렇게 지은 것이 많다. 따라서 이처럼 어긋나게 지은 것은 이유가 있기 때문일 것이다. 또한 15미터 위에 있는 세티 1세의 신전도 오시레이온과 똑같은 방위로 건설되었는데 이것은 우연이 아닐 것이다. 문제는 어느 쪽이 오래되었는가이다. 오시레이온의 방위가 먼저 정해지고 거기에 맞춰서 신전이 지어졌을까, 아니면 그 반대일까? 이 문제는 지금은 완전히 잊혀졌지만 예전에는 대논쟁을 불러일으켰었다. 이 논쟁은 기자의 스핑크스와 밸리 신전의 건축연대와도 깊은 연관이 있다. 처음에 저명한 고고학자들은 오시레이온이 매우 오래된 건축물이라고 단정했다. 1914년 3월 17일에 런던의 「타임스(*Times*)」에 게재된 나빌 교수의 견해를 보도록 하자.

이 건축물은 몇 가지 중요한 의문을 일으킨다. 먼저 건축연대로 이 건축물은 스핑크스 신전(밸리 신전의 당시 이름)과 매우 비슷해서 같은 시기의 것으로 생각된다. 이 시대의 건축물은 거대한 돌로 만들어지고 장식이 전혀 없다는 특징을 가지고 있다. 이것이 이집트에서 가장 오래된 건축물의 특징이다. 이 건축물은 이집트에서 가장 오래된 석조 건축물이라고 해도 좋을 것이다.[20]

훌륭한 화강암 기둥으로 이루어진 중앙 홀의 "장엄함과 철저한 단순미" 그리고 "그토록 거대한 돌을 먼 곳으로부터 운반해온 고대인의 능력"에 깊은 감명을 받은 나빌 교수는 오시레이온의 기능에 대해서 이렇게 말했다. "이 건축물은 나일 강의 물이 넘칠 때 물을 저장해두는 거대한 저수지였을 것이다. ……건축의 역사에서 초기의 것으로 생각되는 건축물이 신전이나 무덤이 아니라 거대한 저수지, 혹은 급수시설이었다는 것은 매우 흥미롭다……."[21]

분명히 흥미로웠고 조사할 가치가 충분히 있었다. 나빌도 다음 기회에 조사를 실행할 예정이었다. 그러나 안타깝게도 제1차 세계대전이 발발해서 이집트에서의 고고학 발굴조사는 몇 년 동안 중단되었다. 그 결과 이집트 발굴재단이 조사단을 파견하는 것은 1925년이 되어서였다. 1925년의 조사단을 통솔한 것은 나빌 교수가 아니라 젊은 이집트학자로서 그의 이름은 헨리 프랭크퍼트였다.

프랭크퍼트의 사실

프랭크퍼트는 나중에 런던 대학교의 고대 이전의 시대를 전문으로 하는 고고학 교수로서 명성을 날리고 영향력을 행사하는 사람이 되었다. 그는

1925년에서 1930년에 걸쳐 오시레이온을 철저하게 발굴하고 재조사했다. 그는 발굴작업 중에 많은 발견을 했는데 "건물의 건축연대는 확정되었다"라고 생각했다.

1. 화강암으로 만든 열장장부촉이 중앙 홀로 들어가는 중앙 입구의 남단 위에 있는데 그곳에 세티 1세의 카르투슈가 새겨져 있었다.
2. 비슷한 열장장부촉이 중앙 홀의 동쪽 벽의 내부에서 발견되었다.
3. 건물 북쪽의 가로가 긴 방의 천정에 천문학적 광경이 묘사되어 있고 세티 1세의 비문이 부조되어 있었다.
4. 건물 남쪽의 가로가 긴 방에 남아 있던 유적에도 비슷한 광경이 묘사되어 있었다.
5. 문자가 새겨져 있는 도자기 파편이 입구의 통로에서 발견되었는데, "세티 1세는 오시리스를 섬긴다"라고 적혀 있었다.[22]

독자들은 스핑크스와 밸리 신전의 기원에 대한 학자들의 의견이 극적으로 반전된(몇 개의 석상과 카프레 왕과 연관된 것으로 여겨지는 카르투슈의 발견 때문에) 일을 기억하고 있을 것이다. 프랭크퍼트의 발견도 오시레이온의 기원에 대해서 극적인 **방향 전환**을 야기했다. 1914년에는 "이집트에서 가장 오래된 석조 건축물"이었던 것이 1933년에는 기원전 1300년경의 세티 1세의 통치기간에 만들어진 것이 되었다. 그에 따라 이 건축물은 세티 1세의 기념비라고 믿게 되었다.[23]

그 후 10년도 지나지 않아서 오시레이온의 건설은 세티 1세의 업적이라고 경험과 관찰에 기초한 사실처럼 이집트학 교과서에 실리게 되었다. 그러나 그것은 발견된 증거에 기초를 둔 프랭크퍼트의 개인적인 견해에 지나지 않는다.

오시레이온은 완전히 수수께끼에 싸여 있는 건축물이다. 다만 세티 1세에 의해서 남아 있는 몇 개의 비문과 장식이 발견되었을 뿐이다. 가장 그럴듯한 설명 가운데 하나가 프랭크퍼트가 제시한 것처럼 세티 1세에 의해서 지어졌다고 하는 것이다. 그러나 프랭크퍼트가 발견한 초라한 장식과 카르투슈, 비문이 오시레이온에 남겨진 것은 세티 1세의 시대에 보수, 복원이 행해졌기 때문일지도 모른다(그렇다면 나빌의 말처럼 이 건축물은 세티 1세의 시대에도 이미 오래된 것이다).

오시레이온의 기원에 대해서 (1) 이집트에서 가장 오래된 건축물, (2) 신왕국시대의 새로운 건축물이라는 상반된 두 개의 견해가 대립되고 있는데 어느 쪽이 사실일까?

이집트학자가 인정하는 것은 (2)의 세티 1세가 지은 기념비라는 견해뿐이다. 그러나 상세하게 검토해보면 이 견해는 카르투슈와 비문이라는 상황증거에만 기초하고 있을 뿐 아무것도 증명하지 못한다. 게다가 증거의 하나인 프랭크퍼트의 견해도 모순이다. 문자가 새겨져 있는 도자기 파편에는 "세티 1세는 오시리스를 섬긴다"라고 적혀 있었는데 이것은 건축자에 대한 칭찬이라기보다는 최초의 때에 이집트를 지배한 오시리스의 것으로 간주되는 태고의 건축물을 보수하거나 추가로 개축한 복원자에 대한 칭찬의 말이라고 생각된다. 그리고 또다른 이상한 점이 간과되었다. 그것은 세티 1세에 의한 장식과 비문이 있었던 북쪽과 남쪽의 "가로가 긴 방"이 건물의 장식이 없는 거대한 중심부를 에워싸고 있는 두께 6미터의 외벽에 있다는 것이다. 나빌이 이 사실에 의문을 품은 것은 당연한 일이다(그러나 프랭크퍼트는 무시했다). 나빌은 이 두 방이 "건물 전체와는 다른 시대의 것"으로 세티 1세의 시대에 증축했다고 생각했다. "아마 자신의 신전을 세울 때 함께 지었을 것이다"라고 보았다.[24]

요약을 하면, 견해 (2)는 나중에 첨가된 것일 수도 있는 여러 가지 단편적인 증거들을 거론한 프랭크퍼트의 꼭 그렇지 않을 수도 있는 해석을 기초로 하고 있다.

견해 (1)은 오시레이온의 중심적 건물이 세티 1세의 시대보다 몇천 년 전에 지어졌다는 것으로 건축양식에서 그 근거를 찾고 있다. 나빌의 말처럼 오시레이온은 기자의 밸리 신전과 유사점이 많은데 "거대한 돌로 건축이 행해진 사실은 동시대의 것임을 알려준다." 마찬가지로 마거릿 머리는 죽을 때까지 오시레이온은 죽은 자의 기념비가 아니다(적어도 세티 1세의 것은 아니다)라고 확신했다. 머리는 이렇게 말했다.

이 건축물은 오시리스의 비밀스러운 행적을 경축하기 위해서 지어진 것으로 이집트에 현존하는 건축물들 중에서도 매우 독특한 것이다. 연대가 오래되었다는 점은 명확하다. 큰 돌을 사용해서 짓는 것이 고왕국시대의 특징이기 때문이다. 건축물이 소박한 점도 고왕국시대의 것임을 의미한다. 장식은 세티 1세가 추가한 것이다. 세티 1세는 그때 이름을 남긴 것이다. 많은 파라오들이 선임자의 건축물에 자신의 이름을 쓰고 자신이 건축했다고 말했다. 따라서 이름이 있다는 것은 그다지 중요하지 않다. 이집트 건축물의 연대는 왕의 이름이 아니라 건축양식, 석조기술의 종류, 돌 세공의 상태를 통해서 파악할 수 있다.[25]

프랭크퍼트는 이 충고에 귀를 기울여야 했다. 왜냐하면 그 역시 죽은 자의 기념비라는 말에 곤혹스러움을 표했기 때문이다. "제19왕조의 건축물에는 비슷한 것이 존재하지 않는다는 점을 인정하지 않을 수 없다."[26]

실제로 이것은 제19왕조의 문제만은 아니다. 오시레이온과 비슷한 건축물은 이집트의 긴 역사 속에서 밸리 신전과 기자의 다른 거대한 건축물 이외에는 존재하지 않기 때문이다. 고왕국시대에 건축된 것으로 생각되는, 거대한 돌로 지은 몇 안 되는 건축물들은 특별한 부류에 속하는 듯하다. 이 건축물들은 서로 매우 비슷하지만 다른 건축양식과는 거리가 있다. 또한 이 건축물들은 누가, 언제, 왜 지었는가에 대해서 물음표가 찍혀 있다.

파라오의 시대가 아니라 역사 이전에 지어진 건축물이라고 해야 더 어울리지 않을까? 스핑크스와 밸리 신전도 그랬지만 오시레이온 역시 파라오의 이름(카프레와 세티 1세)과 애매하게 연관되어 있는데 이 또한 수수께끼가 아닐까? 게다가 파라오가 건설했음을 증명하는 증거가 하나도 없는데도 파라오의 이름과 연관되어 있다. 그런 애매한 연관은 원래의 건축자 ─ 누가 되었건, 어느 시대에 살았건 ─ 가 아니라, 태고에 뿌리를 둔 장엄한 건축물에 애착을 가진 복원자를 암시하는 것이 아닐까?

모래와 시간의 바다에 돛을 올린다

아비도스를 떠나기 전에 확인해야 할 또 하나의 수수께끼가 있었다. 그 수수께끼는 오시레이온에서 북서쪽으로 1킬로미터 정도 떨어진 사막에 묻혀 있다. 그곳은 무덤이 어지럽게 널려 있는 고대의 묘지이다.

대부분의 무덤은 왕조시대 초기 및 그 이전의 것이다. 전설적인 자칼의 신인 아누비스와 우푸아우트가 최고의 자리를 차지했던 시대이다. 길을 여는 자, 죽은 자의 영혼을 지키는 자들은 오시리스에 관한 불가사의한 이야기에서 중심적 역할을 담당하고 있으며 해마다 아비도스에서 이 이야기에 기초한 극이 공연되었다. 그것은 고대 이집트의 역사를 통해서 계속되었다.

어쩐지 죽은 자의 영혼을 지키는 자들은 여전히 그 불가사의를 보호하는 것처럼 느껴졌다. 오시레이온은 해결이 되지 않은 장엄한 불가사의로서 학자들이 보다 세밀하게 조사를 해야 하지 않을까? 또한 사막에 뱃머리가 높게 올라간 12척의 해양선이 묻혀 있는데 이것 역시 불가사의를 풀어주기를 초조하게 기다리고 있는 것은 아닐까?

나는 자칼 신의 묘지들을 지나서 배가 묻혀 있는 장소로 갔다.

「가디언(*The Guardian*)」, 런던, 1991년 12월 21일 : 5,000년 전의 왕의 함대가 나일 강에서 거의 13킬로미터 떨어진 내륙에서 발견되었다. 미국과 이집트의 고고학자들은 아비도스에서 12척의 거대한 목선들을 발견했다. ……전문가에 의하면 길이가 15미터에서 18미터인 이 배들은 5,000년 전에 건조된 것으로 보인다. 이집트에서 가장 오래된 왕의 배로 세계적으로도 가장 오래된 배에 속할 것이다. ……9월에 발견된 이 배들은 아마 장례와 관계가 있으며 파라오의 영혼을 옮기기 위한 것으로 추정된다. "이런 함대가 발견되리라고는 생각도 하지 못했다. 특히 나일 강에서 이렇게 멀리 떨어져 있는데……"라고 펜실베이니아 대학교 박물관의 이집트 부의 학예관이며 발굴 책임자인 데이비드 오코너는 말했다.[27]

그 배들이 묻혀 있었던 곳은 거대한 진흙 벽돌로 만든 울타리의 그늘이었다. 이 울타리는 기원전 27세기경에 이집트를 통치한 제2왕조의 파라오 카세켐위 왕의 장의(葬儀)신전으로 생각된다.[28] 그러니 오코너는 카세켐위 왕과는 직접적인 연관이 없고 "제1왕조 초기의 파라오인 제르 왕을 위해서 지어진 왕의 무덤(거의 붕괴되었다)"과 관련이 있다고 보았다. "배의 묘지는 이보다 이전에 만들어지지는 않았을 것이다. 제르 왕을 위해서 만들어진 듯한데 이것 역시 증명할 필요가 있다."[29]

갑자기 사막을 가로지르는 강풍이 불어와 모래가 날아올랐다. 나는 얼른 카세켐위 왕의 울타리 벽으로 피했다. 그곳은 펜실베이니아 대학교의 고고학자들이 1991년에 발견한 12척의 배를 보호한다는 이유로 다시 덮어놓은 장소의 바로 옆이었다. 그들은 1992년에 다시 와서 재발굴할 예정이었다. 그러나 이런저런 사정으로 재발굴은 연기되었다.

이 책을 집필하기 위해서 조사를 하고 있을 때 오코너는 1991년에 실시한 발굴의 공식 보고서를 보내주었다.[30] 그 가운데 몇 척의 배는 길이가 22미터 정도는 될 것이라고 가르쳐주었다.[31] 초기 왕조시대에는 배들이 주위의 사막 위로 올라와 있던, 각각 배의 형태를 한 벽돌 무덤에 들어가 있었을 것이고, 막 건조되었을 때에는 아마 장관을 이루었을 것이라고 오코너는 말했다.

각각의 무덤이 만들어졌을 때에는 진흙이 두껍게 덮이고 하얗게 도장되어 있었다. 따라서 마치 12척(그 이상일지도 모른다)의 거대한 배들이 사막에 정박한 듯했을 것이고 이집트의 빛나는 햇살 아래 빛을 발하고 있었을 것이다. 배를 정박시키는 의식은 매우 엄숙했던 모양으로 형태가 통일되어 있지 않은 둥근 돌들이 몇 개의 무덤의 "뱃머리"와 "고물" 아래에 놓여 있었다. 이 둥근 돌들은 원래 있었다거나 우연히 그곳에 놓았다고 생각하기 어렵다. 위치를 생각하면 의도적으로 그곳에 놓았다고 생각할 수밖에 없으며 아무렇게나 그곳에 놓은 것도 아니다. 배를 "정박" 시켜두기 위한 "닻"의 의미로 놓았다고 생각한다.[32]

기자의 대피라미드 근처에서 발견된 43미터의 고성능 해양선과 마찬가지로 (제33장 참조) 아비도스의 배에 대해서도 확실한 것이 하나 있다 — 먼 바다의 악천후에서도 견딜 수 있는 고도의 설계로 건조되었다는 것이다. 텍사스 A & M 대학교의 해양 고고학자인 셰릴 홀데인에 의하면 그 배들은 "고도의 기술이 사용되었고 그 모습도 우아하다"라고 한다.[33] 따라서 피라미드의 배와 마찬가지로(적어도 5,000년 정도 전의 것이지만) 아비도스의 함대가 시사하고 있는 것은 오랜 세월에 걸쳐 축적된 항해의 전통이 존재했고, 사람들은 그런 항해기술을 능숙하게 사용할 수 있었다는 것이다. 그것도 이집트의 3,000년에 걸친 역사 초기에 그러했다. 또한 나일 강 유역에서 발견된 가장 오래된 벽화는 아비도스 함대보다도 1,500년은 오래되었는데(기원전 4500년경) 그 벽화에 유선형의 성능이 뛰어난 대형 배가 물 위를 항해하는 모습이 그려져 있다.[34]

언제인지는 모르지만 공식적인 역사가 시작된 기원전 3000년 이전에 항해 경험이 풍부한 사람들과 나일 강 유역에 사는 토착민 사이에 접촉이 있었던 것은 아닐까? 그렇다면 이집트의 사막에 배가 존재하는 기묘한 광경과 모순이 설명되지 않을까(피라미드 텍스트에도 세련된 배와 같은 것이 묘사되어 있는데 그 길이가 610미터 이상이었다고 한다)?[35]

배가 파라오의 영혼을 옮기기 위해서 만들어진 것이 아닐까라고 이집트 학자들이 되풀이해서 지적했듯이 고대 이집트에 종교적 상징주의가 있었다는 것은 의심할 여지가 없다. 그러나 그러한 상징주의로는 고도의 기술로 만들어져서 매장된 배의 문제를 해결할 수 없다. 왜냐하면 그런 세련된 설계는 오랜 세월의 발전과정이 필요하기 때문이다. 따라서 기자와 아비도스의 배들이 고대 이집트인처럼 자신들의 땅을 사랑하고 강 주위에 정착해서 농업을 생업으로 삼은 사람들이 아닌, 고도로 발달한 항해민족이 만든 것일 가능성을 조사할 필요 ― 그런 가능성을 완전히 배제시키기 위해서라도 ― 가 있지 않을까?

그런 항해사들이라면 당연히 별을 보고 방위를 알 수 있었을 것이다. 또한 정확한 지도를 만드는 기술도 발전시켜서 항해하는 데에 필요한 지도도 만들었을 것이다.

동시에 건축가이며 석공이기도 했을 것이다. 그들의 건축의 특징은 밸리 신전이나 오시레이온처럼 다각형의 큰 돌을 사용하는 것이 아니었을까?

또한 그들은 어떤 형태로든 "최초의 때"에 이집트를 지배했던 신들과 관계가 있지 않았을까? 왜냐하면 신들은 이집트에 문명과 천문학, 건축학, 수학, 문자를 전파했을 뿐만 아니라 그 외에도 도움이 되는 많은 기술을 전파했다고 한다. 그 가운데 가장 중요한 것은 농업이라는 선물이었다.

나일 강 유역에서는 경이로울 정도로 오랜 시대부터 농업이 발전했고 재배 실험이 행해졌다는 증거가 남아 있다. 그 시기는 북반구에서 마지막 빙하기가 끝날 무렵에 해당된다. 이집트의 이 놀라운 "비약"의 이모저모는 아직 확인되지 않은 출처에서 유입된 새로운 지식의 결과였음을 암시하고 있다.

46

기원전 110세기

오시리스의 생생한 신화가 없었다면, 또한 사람들을 문명화시키고 과학과 법률을 전파한 이 신이 특히 먼 옛날 신화의 시대인 "최초의 때"에 나일 강 유역에 농업을 도입했다고 여겨지지 않았다면, 이집트에서 기원전 1만 3000년부터 기원전 1만 년에 걸쳐 "다른 곳보다 일찍 꽃피운 농업발전"이 이루어졌다고 해도 그렇게까지 흥미를 유발시키지는 않았을 것이다.[1] 이 농업발전은 역사학자들에 의해서 세계에서 가장 먼저 일어난 농업혁명으로 인정받고 있다.

앞의 장들에서 검토한 팔레르모 돌과 마네토의 자료, 투린 파피루스와 같은 자료들은 서로 다른 연대와 모순되는 시대를 보여주고 있다. 그러나 이 자료들의 연대에 공통되는 것은 오시리스의 최초의 때, 즉 신들이 이집트를 지배한 황금시대가 매우 오래되었다는 것이다. 또한 이 자료들은 기원전 110세기를 특히 중시한다는 점에서도 일치한다.[2] 세차운동으로 말하면 사자자리의 시대이고 북반구를 덮고 있던 거대한 빙하가 대규모로 용해되기 시작한 마지막 시대이다.

우연일지도 모르지만 1970년대부터 마이클 호프먼, 페크리 하산, 프레드 웬도르프 교수 등의 지리학자, 고고학자, 선사학자들이 발굴조사에서 확인한 것은 기원전 110세기가 이집트의 선사시대에서 매우 중요한 시기였다는 점이다. 이 시기에 나일 강 유역에서는 몇 번의 파괴적인 홍수가 대규모로 일어났다.[3] 페크리 하산은 오랫동안 계속된 재해가 기원전 1만500년경부터 점차로 맹위를 떨쳤기 때문에(재해는 그 후 기원전 9000년까지 주기적으로 되풀이되었다) 초기의 농업실험이 갑자기 끝난 것이 아닐까라고 추측했다.[4]

어쨌든 그 실험은 중단되었고 그 후 최소한 5,000년 동안은 시도되지 않은 듯하다.[5]

비약

이집트의 소위 "선사시대의 농업혁명"에 대해서는 불가사의한 점들이 있다. 다음은 권위 있는 저작에서 인용한 것으로(호프만 저 「파라오 전의 이집트[Egypt before The Pharaohs]」와 웬도르프와 실드 공저 「나일 강 유역의 선사시대[Prehistory of the Nile Valley]」) 마지막 빙하기가 끝날 무렵에 일어난 이해하기 어려운 비약에 관해서 알려진 얼마 되지 않는 내용 중에서 몇 가지 중요한 사실을 열거해보겠다.

1. 기원전 1만3000년에서 얼마 지나지 않은 시대의 돌 맷돌과 끝 부분이 빛나는(호미날에 묻어 있던 이물질로 인한 이산화규소 때문에) 호미날이 구석기시대 후기의 도구류 속에서 발견되었다. ……돌 맷돌은 채소를 이용한 요리를 준비하기 위한 것임이 틀림없다.[6]
2. 동일한 시기에 많은 강가에서 물고기가 주요한 식료원(食料源)에서 빠졌는데 그것은 물고기의 잔해가 거의 없다는 사실에서 확인할 수 있다. "물고기가 식료원에서 빠진 것은 지상의 곡물이라는 새로운 식료품이 등장했기 때문이다. 꽃가루를 조사하면 그 곡물은 보리일 가능성이 높다. 흥미로운 것은 보리의 꽃가루가 이 지역에서 정착민

이 나타나기 직전에 나타났다는 점이다……."[7]

3. 구석기시대 후기의 나일 강 유역에 최초로 농업이 융성해진 것도 극적이었지만 쇠퇴도 극적이었다. 여기서 드는 의문은 왜 기원전 1만 500년경에 그때까지 있었던 호미날과 돌 맷돌이 사라지고 그 이전의 것인 듯한 수렵과 어로와 채집에 사용했던 석기가 나타나기 시작했는가이다.[8]

증거가 충분하다고는 할 수 없지만 전체적으로 시사하는 것은 명확하다. 이집트는 기원전 1만3000년경에 곡물이 풍요로운 황금시대를 만끽했는데 기원전 1만500년경 갑자기 이 문화가 사라지고 말았다. 비약은 이미 재배식물화된 보리가 나일 강 유역으로 전파되어 일어난 듯하다. 그 후 많은 농경민이 정착하고 새로운 방법을 활용했다. 정착민들은 소박하지만 매우 효율적인 농기구를 사용하고 있었다. 그러나 기원전 110세기 이후에 그들은 보다 원시적인 생활로 돌아가고 말았다.

이와 같은 자료를 대하면 해답을 얻기 위해서 상상력을 발휘하게 된다. 그러나 그런 설명은 모두 추측에 불과할 뿐이다. 확실한 것은 구석기시대에 일어난 이집트의 "농업혁명"이 그 지역에 살았던 사람들에 의해서 시작되었다는 증거가 아무것도 없다는 것이다. 오히려 어딘가 다른 장소로부터 전파되었다는 느낌이 강하게 든다. 그 전파는 갑자기 시작되어 환경이 변하자 마찬가지로 갑자기 중지되었다. 고대 이집트의 정착농업이 기원전 110세기에 일어난 나일 강의 홍수 후에 사라진 것처럼 말이다.

기후변화

그 당시의 기후변화는 어떤 것이었을까?

앞의 장들에서 설명한 대로 사하라 사막은 비교적 최근에 생긴 사막으로 이 지역은 기원전 10세기 전까지는 녹색의 사바나였다. 이 사바나에는 호수가 있었고 수렵의 보고였으며 상이집트의 지역도 포함하고 있었다. 북쪽의 삼각주 지대는 습지였는데 크고 비옥한 섬이 많이 있었다. 기후는 전체적으로 지금보다 상당히 시원하고 구름이 자주 끼었으며 비가 많이 내렸다.[9] 실제로 기원전 1만500년을 기준으로 2,000년 또는 3,000년 전과 1,000년 후까지 비가 계속해서 내렸다. 그로부터 홍수가 발생해서 생태환경의 전환점이 찾아왔다. 홍수가 끝나고 이번에는 건조해졌다.[10] 이 건조한 시기는 기원전 7000년경까지 계속되었다. 그 후 1,000년에 걸쳐서 "신석기시대"의 다우기가 있었고 계속해서 3,000년 동안 적당한 비가 계속 내려 농사를 짓기에는 이상적인 환경이 되었다. "그 사이 사막에는 꽃이 피었고 그때까지 많은 인구가 살지 않았던 지역까지 인간사회가 형성되었다."[11]

그러나 기원전 3000년경에 이집트의 왕조시대가 탄생했을 무렵에 다시 기후가 변해서 건조해지기 시작하여 현재까지 계속되고 있다.

이것은 대략적으로 살펴본 이집트 문명의 불가사의가 연출된 무대의 환경이다. 기원전 1만3000년부터 기원전 9500년 사이는 비와 홍수의 시대였고, 기원전 7000년까지는 건조기였다. 그 후 기원전 3000년까지 비가 내렸지만(양은 증가되었으나 횟수는 줄어들었다) 점차로 강우량이 줄어들며 다시 건조기가 찾아와 현재에 이르고 있다.

엄청난 햇수를 고려해야겠지만 누군가가 신들의 황금시대가 펼쳐졌던 최초의 때가 언제였는지를 찾으려고 한다면, 당연히 모든 사람들이 이해하기 어려운 농업실험이 행해졌으나, 호우와 홍수로 인해서 기후가 변하자 오히려 쇠퇴한 기원전 1만3000년부터 기원전 1만500년의 시대에 주목하게 될 것이다.

보이지 않는 연관?

이 시대는 고대 이집트인뿐만 아니라 다른 여러 지역에 사는 많은 사람들에게도 중요한 시기였다. 제4부에서 살펴본 것처럼 이 시대에는 기후가 극적으로 변화해서 해면이 급상승했고, 지면이 움직였으며, 홍수가 발생했고, 화산이 폭발했고, 역청탄의 비가 내렸으며, 하늘이 어두워졌다. 세계에 존재하는 많은 대재해의 신화는 이 시대를 묘사하고 있다고 생각된다.

이 시기의 전설들이 말하고 있는 것처럼 정말로 "신들"이 인간들 사이를 걸어다녔을까?

볼리비아의 알티플라노 고원에서는 신들을 비라코차들이라고 부르며 장엄한 거석도시인 티아우아나코와 연관짓고 있다. 티아우아나코는 기원전 110세기경 대홍수가 일어나기 전에 건설되었을지도 모른다. 아르투르 포스난스키 교수에 의하면 대홍수가 끝나고 물이 빠졌지만 "고원의 문화는 두 번 다시 발전하지 못하고 전면적인 쇠퇴의 길을 걸었다"고 한다.[12]

물론 포스난스키 교수의 결론은 논쟁을 불러일으킬 만한 것으로 이론적으로 평가되고 검토되어야 할 것이다. 그러나 볼리비아의 알티플라노 고원과 이집트 양쪽에서 기원전 110세기경에 대홍수가 발생했다는 것은 흥미롭다. 게다가 두 지역 모두에서 기묘한 농업실험이 행해진 증거가 나왔다. 이 농업은 분명히 어딘가 다른 장소에서 도입된 것으로 실험이 시행되고 난 뒤에 사라졌다.[13] 또한 양쪽 다 유적의 연대에 의문이 있다. 티아우아나코에 있는 푸마 푼쿠와 칼라사사야는 기원전 1만5000년 전에 건축되었을 가능성이 있다고 포스난스키 교수는 주장했다.[14] 한편 이집트의 오시레이온과 기자의 대피라미드, 스핑크스와 밸리 신전 등은 존 웨스트와 보스턴 대학교의 지질학자 로버트 쇼크에 의하면 지질학적으로 볼 때 기원전 1만 년 이전의 것이라고 한다.

불가사의한 아름다운 건축물과 기원전 1만3000년경부터 기원전 1만 년경의 이례적인 농업실험 그리고 오시리스와 비라코차 같은 문명을 전파한 신들의 전설은 보이지 않는 끈으로 묶여 있는 것은 아닐까?

"그 문명의 다른 부분은 어디에 있는가?"

나와 산타는 아비도스에서 룩소르로 향했다. 룩소르에서 존 웨스트를 만나기로 했다. 나는 이런저런 생각을 하다가 유적의 기원만 알면 그 외의 것은 저절로 해결된다는 것을 깨달았다. 즉 존 웨스트의 지질학적 검증이 옳다면 인류 문명의 역사는 다시 써야 한다. 웨스트는 스핑크스가 만들어진 것이 1만2,000년 이전이라고 말했다. 그것만 증명이 되면 세계 각지에서 볼 수 있는 기묘하고 시대에 어울리지 않는 듯이 생각되는 "신들의 지문"과, 전혀 관계가 없어 보이는 문명을 연결하고 있는 것으로 생각되는 고대의 "인도하는 손"을 이해할 수 있게 될 것이다.

웨스트가 조사 결과를 발표한 것은 1992년으로 해마다 열리는 미국 첨단과학협회의 총회에서였다. 이때는 시카고 대학교의 이집트 학자로 기자의 지도 작성계획의 책임자인 마크 레너가 참석해서 공개토론이 벌어졌다. 그때 참석자 전원은 충격을 받았다. 왜냐하면 웨스트의 논문에 대해서 레너가 설득력 있는 반론을 제기하지 못했기 때문이었다. "당신이 스핑크스가 지어진 연대를 기원전 9000년이라든지 기원전 1만 년이라고 말한다면"라면서 레너는 아래와 같이 결론을 내렸다.

당시에 스핑크스를 만들 수 있는 고도로 발달한 문명이 있었다는 말이 된다. 여기서 고고학자들은 의문을 품을 것이다. 그때 스핑크스를 만들 수 있었다면 그 문명의 다른 부분은 어디에 있으며 그 문화의 다른 부분은 어디에 있는가라는 의문이다.[15]

그러나 레너는 논점을 놓치고 말았다.

스핑크스가 기원전 9000년이나 기원전 1만 년에 만들어졌다고 해도 고도의 문명이 있었음을 증명하는 것은 웨스트의 일이 아니다. 오히려 그것은 이집트학자들이나 고고학자들이 해야 할 일이다. 이집트학자나 고고학자는 어째서 이렇게 오랜 세월 동안 잘못된 생각을 고수해왔는지를 설명해야 한다.

그렇다면 웨스트는 스핑크스의 기원을 증명할 수 있을까?

스핑크스

존 웨스트는 "이집트학자만큼 예외를 인정하기 싫어하는 사람들은 없다"라고 말했다.

불론 이집트에는 많은 예외들이 존재한다. 웨스트가 여기서 말하는 예외는 제4왕조의 피라미드이다. 그것이 예외인 이유는 제3왕조, 제5왕조, 제6왕조의 피라미드와 건축방식이 다르기 때문이다. 사카라에 있는 조세르 왕(제3왕조)의 계단식 피라미드는 위용을 자랑하기는 하지만 사용된 돌이 비교적 작아서 대여섯 사람이면 충분히 다룰 수 있다. 또한 내부에 있는 방의 구조는 조야하다. 제5왕조와 제6왕조의 피라미드 내부에서는 훌륭한 피라미드 텍스트가 발견되었지만, 피라미드 전체가 너무나 조야하게 만들어져서 현재는 완전히 붕괴되어 별 볼일 없는 자갈 산이 되어 있다. 그러나 제4왕조의 피라미드는 훌륭하게 건축되어 몇천 년의 세월을 견뎌냈으며 현재에 이르기까지 거의 원형 그대로 보존되어 있다.

이 건축기술의 변천은 무엇을 의미하는가? 웨스트는 이집트학자들이 보다 관심을 기울여야 한다고 말했다. "이야기가 좀 이상하지 않아요? 조야한 잡동사니 같은 피라미드가 건설된 뒤에 갑자기 믿기지 않을 정도로 구조가 매우 뛰어난 피라미드가 건설되었습니다. 그 직후에 다시 구조적으로 조야한 피라미드가 건설되었습니다. 도저히 이해할 수 없어요. 자동차 산업을 예로 들어보면, 모델 T 포드를 발명해서 제조한 다음 갑자기 93년형 포르셰를 제조하기 시작해서 몇 대를 생산하고, 그 후 제조방법을 잊어버려 초기의 모델 T 포드를 다시 만들기 시작하는 것과 마찬가지입니다. 문명은 이런 식으로 변천하지 않습니다."

내가 물었다. "그렇다면 제4왕조의 피라미드는 제4왕조가 건설한 것이 아니라는 말인가요?"

"그렇습니다. 주위에 있는 고분들과는 전혀 다르다는 생각이 듭니다. 그뿐만 아니라 다른 제4왕조 시대의 것과도 전혀 다릅니다. 전혀 조화가 되지 않아요."

"스핑크스도 마찬가지일까요?"

"그렇기는 한데 큰 차이점이 있습니다. 스핑크스의 경우는 직관이 필요 없죠. 스핑크스는 제4왕조보다 훨씬 오래 전에 만들어졌다는 것을 입증할 수 있기 때문입니다……."

존 웨스트

이집트 여행을 시작한 이후 산타와 나는 존 웨스트의 팬이 되었다. 웨스트가 쓴 여행 안내서인 「여행자의 열쇠(*The Traveller's Key*)」는 이 고대의 땅에 있는 수수께끼를 알게 해주는 훌륭한 소개서로서 우리는 어디를 가든 가지고 다녔다. 동시에 웨스트의 학술서인 「하늘의 뱀(*Serpent in the Sky*)」을 읽고 이집트 문명이 나일 강 유역에서만 발달한 것이 아닐지도 모른다는 혁신적인 가능성에 눈을 뜨게 되었다. 이집트 문명의 유적에서 그 시대에 어울리지 않는다고 생각되는, 고도로 발달한 과학의 흔적과도 같은 것이 자주 발견되고 있다. 이것은 아직 알려져 있지 않은 "왕조시대의 이집트보다 훨씬 오래 전에 존재한, 현재 알려져 있는 모든 문명보다도 몇천 년 오래된" 뛰어난 문명의 유산일지도 모른다.[1]

키가 크고 체격이 단단한 웨스트는 60대 후반이었다. 하얀 턱수염을 멋지게 기른 그는 카키색 사파리를 입고 19세기적 특징을 보여주는 차양이 있는 모자를 쓰고 있었다. 웨스트의 태도는 젊음과 에너지로 넘쳤고 그의 눈에는 활기가 넘쳐났다.

우리 세 사람은 나일 강을 운행하는 배의 위쪽 갑판에 앉아 있었다. 배는 룩소르의 윈터 팰리스 호텔에서 몇 미터 떨어져 있는 강가에 정박해 있었다. 서쪽을 보자 강 건너편에는 공기의 굴절 때문에 크게 팽창되어 보이는 붉은 태양이 왕가의 계곡이 있는 절벽 사이로 지고 있었다. 동쪽으로는 붕괴되었지만 고귀함을 잃지 않은 룩소르의 유적과 카르낙 신전이 보였다. 발밑으로는 먼 하구의 삼각주를 향해서 흘러가는 강의 흐름이 배 밑바닥에서부터 전해져왔다.

웨스트가 처음으로 스핑크스라는 주제를 끄집어낸 것은 「하늘의 뱀」에서였다. 이 책은 프랑스의 수학자 R. A. 슈왈레 드 뤼비크의 업적을 상세하게 소개했다. 슈왈레 드 뤼비크는 1937년부터 1952년에 걸쳐 룩소르 신전을 조사했다. 그 조사에서 이집트의 과학과 문화가 그때까지 학자들이 인정하던 것 이상으로 고도로 세련되었음을 증명하는 수학적 증거가 발굴되었다. 그러나 그 증거는 웨스트의 말처럼, "매우 복잡하고 난해한 말로 적혀 있었기 때문에 그것을 쉽게 읽을 수 있는 독자는 매우 적었던 듯하다. 그것은 사전에 충분한 기초 지식을 배우지 않고 곧바로 고(高)에너지 물리학을 배우는 일과 같은" 것이었다.

프랑스어로 출간된 슈왈레의 주요한 저서 중 하나는 두꺼운 세 권으로 이루어진 「인간의 신전(Temple de l'Homme)」이고, 다른 하나는 일반인을 상대로 하는 「파라오의 신권정치(Roi de la théocratie Pharaonique)」로서 「성스러운 과학(Sacred Science)」이라는 영어 제목으로도 번역되었다. 슈왈레 드 뤼비크는 이 책 속에서 기원전 11세기에 무서운 홍수와 폭우로 인해서 이집트가 황폐해졌다는 내용을 다루면서 다음과 같이 말했다.

대홍수가 일어나기 전에 이집트에는 위대한 문명이 존재했을 것이다. 따라서 기자의 서쪽 절벽의 바위에 조각된 스핑크스는 그 당시에 이미 존재하고 있었다는 결론을 도출할 수 있다 — 스핑크스의 머리를 제외한 사자 모습의 몸은 물에 의한 침식의 흔적을 분명히 보여준다.[2]

웨스트는 「하늘의 뱀」을 쓰면서 이 문장에 충격을 받고 유적조사를 결심했다고 한다. "만약 슈왈레가 별 생각 없이 관찰한 것을 내가 직접 조사해서 옳다고 증명할 수 있다면, 그것은 아직 확인되지 않은 고도의 문명이 태고에 존재했다는 확실한 증거가 될 것이라고 생각했습니다."

"이유가 뭐죠?"

"스핑크스의 침식이 물에 의한 것이라는 사실이 확인되면 그 대답은 어린아이도 이해할 수 있을 정도로 간단합니다. 「내셔널 인콰이어러(*National Enquirer*)」나 「뉴스 오브 더 월드(*News of the World*)」 같은 잡지를 읽을 수 있는 사람이라면 누구라도 설명할 수 있어요. 아주 간단해요. 스핑크스는 지금까지 기원전 2500년경에 카프레 왕이 건립한 것으로 알려져왔습니다. 그러나 기원전 3000년경에 왕조시대가 시작되고부터 기자에는 비가 별로 내리지 않았죠. 그러나 스핑크스의 몸에는 다량의 비에 의한 침식의 흔적이 남아 있어요. 그 정도의 침식을 일으키려면 막대한 강우량이 필요한데 이집트의 기후가 그와 같았던 시기는 기원전 1만 년 전입니다. 따라서 스핑크스는 기원전 1만 년 전에 만들어진 것이 틀림없어요. 또한 그 장엄하고 세련된 예술작품들을 보면 고도의 문명을 이룩한 사람들에 의해서 건립된 것이 틀림없다고 생각됩니다."

"존, 그렇지만." 산타가 물었다. "어떻게 침식이 빗물에 의한 것이라고 확신하는 거죠? 사막의 바람에 의해서도 침식이 가능할 텐데요. 정통파 이집트학자조차 스핑크스가 5,000년 가까이 존재하고 있다는 점을 인정하고, 또 그 정도의 시간이 경과했다고 하면 바람에 의한 침식도 생각해야

하지 않을까요?"

"그 가능성은 첫 번째로 제외된 것 가운데 하나입니다. 바람에 의한 모래의 작용으로는 현재의 스핑크스처럼 되지 않습니다. 게다가 바람과 모래로 설명이 되었다면 처음부터 물에 의한 침식의 가능성은 생각하지도 않았을 거예요."

로버트 쇼크의 지질학 : 스핑크스의 수수께끼를 풀다

해결의 열쇠가 되는 것은 스핑크스의 몸 전체에 남아 있는 가늘고 긴 홈이다. "스핑크스는 그곳에 있는 바위를 파내서 만들었기 때문에 방치하면 몇십 년이 지나지 않아서 목까지 모래에 묻히게 됩니다"라고 웨스트가 말했다. "역사적으로 보아도 방치되었던 시대가 많았다는 것을 알 수 있어요. 카프레 왕이 건립한 시기로부터 4,500년이 지났는데 그 기간 중 3,300년 동안은 모래 속에 목까지 묻혀 있었다는 것을 문헌과 역사적 추정으로부터 증명할 수 있습니다.[3] 따라서 스핑크스가 바람과 모래에 의한 침식에 노출된 시기는 모두 합쳐도 1,200년 정도라는 말이 되죠. 그 이외의 시기는 모래에 묻혀서 사막의 바람으로부터 보호를 받았던 셈이지요. 만약 고왕국시대의 카프레 왕에 의해서 건립된 스핑크스가 바람에 그토록 급속하게 침식되었다면 석회암으로 만든 그 시대의 다른 건축물도 마찬가지로 침식되었을 것입니다. 그러나 아무 일도 일어나지 않았어요. 또한 상형문자와 비문이 많이 발견되어 확실히 고왕국시대의 무덤이라고 말할 수 있는 유적도 있는데 그 유적에는 스핑크스와 같은 침식의 흔적이 전혀 남아 있지 않아요."

확실히 어느 것에도 그런 흔적은 남아 있지 않았다. 보스턴 대학교의 로버트 쇼크 교수는 바위의 침식 분야의 전문가이며 지질학자로서 웨스트가 제시한 증거의 정당성을 입증하는 데에 중요한 역할을 담당했다. 쇼크 교수도 앞의 결론을 납득하고 있었다. 스핑크스와 주위를 둘러싼 석벽의 침식은 바람에 의한 것이 아니라 고왕국시대보다 훨씬 오래 전에 몇천 년 동안 내린 호우에 의한 것이었다.

1992년의 미국 지질학 총회[4]에서 전문가 동료들을 설득하는 데에 성공한 쇼크 교수는 같은 해에 열린 미국 첨단과학협회의 연례 총회에서 보다 다양하고 절충적인 청중(이집트학자들을 포함해서)을 앞에 두고 연구 성과를 설명했다. 이때 쇼크 교수가 참가자들에게 처음으로 지적한 것은 "스핑크스의 몸과 주변을 둘러싼 벽에는 비바람에 의해서 침식된 깊은 홈이 있다. ……몇 미터의 깊이로 침식된 곳도 있다. 적어도 벽은 그렇다. 이것은 매우 깊어서 내 의견으로는 아주 오래된 것이라고 생각된다. 그 홈으로 인해서 스핑크스는 물결 모양의 표면을 보여주고 있다……"라는 사실이었다.[5]

이런 물결 모양은 층위학자(層位學者)와 고생물학자에게는 친숙한 "비에 의한 침식"으로 일어난 결과였다. 산타가 찍은 스핑크스와 그 주위의 벽을 보면 알겠지만 이 침식은 세로로는 깊은 틈을, 수평으로는 물결 모양의 홈을 만들어놓았다. 이것에 대해서 쇼크 교수는 이렇게 말했다. "전형적이고 교과서적인 사례로서, 석회암이 몇천 년에 걸쳐 강한 비를 맞아서 생긴 것이다. ……이런 침식의 흔적은 분명히 비를 맞아서 생긴 것이다."[6]

바람과 모래에 의한 침식은 예리하게 도려낸 듯이 수평방향으로 금을 긋기 때문에 전혀 다른 겉모습을 만든다. 바위의 부드러운 층만이 마모되기 때문이다. 따라서 스핑크스를 에워싼 벽에 있는 것처럼 세로 형태의 틈을 만들 수는 없다. 세로 형태의 틈은 "물이 벽을 따라 흘러가며 만들어지는" 것이다.[7] 다량의 비가 기자 대지의 경사지를 폭포처럼 덮쳐서 스핑크스의 벽으로 흘러들었다. "그 물이 바위의 약한 부분만 침식시켰다. 그래서 이런 깊은 틈이 생겼다"라고 쇼크 교수는 말했다. "지질학자로서 볼 때 이 침식이 비에 의한 것이라는 증거는 명백하다."[8]

과거 몇천 년 동안 복원자가 덧입힌 블록 때문에 장소에 따라서는 판별하기가 어렵지만 스핑크스의 몸 부분에도 파인 곳과 물결 모양이 있으며, 부채 모양으로 움푹 들어간 곳이 있어서 동일한 현상을 관찰할 수 있다. 이것도 비에 의한 침식의 특징이다. 오랜 세월에 걸쳐 호우가 거대한 스핑크스의 상부에 쏟아진(그것이 양쪽 옆구리를 타고 폭포처럼 흘렀다) 결과 지금과 같은 형상이 된 것이다. 또한 스핑크스가 조각된 석회암 층에서도 확인할 수 있다. 단단한 곳이 침식을 덜 받는 곳인데도 불구하고 이 석회암 층에서는 단단한 부분이 덜 단단한 부분보다 더 깊게 파여 있다.[9] 이것은 바람에 의한 침식으로는 생기지 않는 현상이다(바람에 의해서는 부드러운 층만 깎이기 때문에). 그러나 "비에 의해서 물이 위로부터 흘러내려 침식되면 이런 현상이 생긴다. 상부의 바위는 단단해도 비의 영향을 받기 쉽기 때문에 깎여나가게 된다. 그러나 보다 아래에 있는 부드러운 층은 보호되기 때문에 침식되는 정도가 약하다."[10]

미국 첨단과학협회 총회에서 쇼크 교수는 이런 결론을 내렸다.

스핑크스의 벽이 곧 모래로 덮이는 일은 널리 알려진 사실이다. 사하라 사막 탓에 몇십 년만 지나면 모래에 묻히고 만다. 따라서 가끔씩 파내야 한다. 이것이 고대로부터 계속되어온 상황이다. ……그러나 스핑크스의 울타리 벽에는 침식에 의한 인상적인 물결 모양이 남아 있다. 따라서 스핑크스의 몸과 주위의 벽에서 볼 수 있는 물결 모양은 매우 오래 전부터 존재했다고 요약할 수 있다. 즉 기자 대지에 지금보다 비가 더 많이 내리고 보다 습도가 높았던 시대에 만들어진 것이다.[11]

쇼크 교수는 자신이 "스핑크스의 몸에 비에 의한 기묘한 침식의 흔적이 있다"는 것을 처음 발견한 지질학자는 아니라고 스스로 밝혔다.[12] 그러나 그는 이 침식이 암시하는 역사적 문제에 관해서 공개토론을 한 첫 번째 학자였다. 쇼크 교수의 입장은 어디까지나 지질학적 관점을 고수하는 것이었다.

왕조시대 전의 이집트인들은 스핑크스를 만들 수 있는 기술과 사회조직을 가지고 있지 않았을 것이라는 말을 몇 번이고 들어야 했다. ……그러나 나는 지질학자이기 때문에 그것을 문제삼으려는 생각은 없다. 짐을 다른 사람에게 전가하려는 뜻은 아니지만 누가 조각했는지를 찾아내는 것은 이집트학자나 고고학자의 책임이다. 만약 나의 발견이 그들이 주장하는 인류 문명의 기원과 맞지 않는다면 그 이론 자체를 재평가할 때가 온 것으로 생각된다. 나는 스핑크스를 아틀란티스인이 만들었다고도, 화성에서 온 사람들 혹은 외계인이 만들었다고도 말하지 않았다. 나는 과학을 추구하고 있을 뿐이고 과학적 사실이 이끄는 대로 나아갈 뿐이다. 그 결과로 도출된 결론은 스핑크스가 건립된 때가 지금까지 생각되어온 연대보다 훨씬 오래되었다는 것이다.[13]

전설의 문명

어느 정도 오래되었을까?

존 웨스트는 쇼크 교수와 함께 스핑크스의 기원에 대해서 "우호적인 논의를 계속하고 있다"고 했다. "쇼크 교수는 최소한 기원전 5000년에서 기원전 7000년〔신석기시대의 강우기〕 사이 정도로 생각하고 있습니다. 손에 넣을 수 있는 자료에서 도출된 가장 보수적인 결론이죠. 유명 대학교의 지질학 교수로서 보수적인 견해를 취하지 않을 수 없는 입장이기 때문입니다. 기원전 5000년에서 기원전 7000년 사이에 많은 비가 내린 것은 사실입니다. 그러나 나는 과학적으로나 직감으로나 그보다 더 오래되었을 것이라고 생각합니다. 스핑크스가 침식된 흔적은 기원전 1만 년 전의 강우기 때 생기지 않았을까 합니다. 솔직히 말해서, 만약 기원전 5000년에서 기원전 7000년 사이 정도에 생긴 것이라면 스핑크스를 조각한 문명의 다른 증거가 이미 발견되었을 것이라고 생각합니다. 이집트에서는 그 시대의 유품이 많이 발견되었거든요. 그 가운데에는 예외적인 것도 있지만,[14]

대개는 치졸한 것입니다."

"왕조시대 이전의 이집트인이 아니라면 누가 스핑크스를 건립했을까요?"

"이것은 추측인데, 모든 수수께끼는 세계의 많은 신화에서 이야기되고 있는 전설의 문명과 연결되어 있다고 생각합니다. 대재해가 일어나서 극히 소수의 사람만 살아남아 세계를 유랑하며 약간의 지식을 여기저기에 남겼다는 이야기 말입니다. ⋯⋯직감적으로 볼 때 스핑크스는 앞의 이야기와 연관이 있습니다. 언제 건립되었는지 내기를 한다면 빙하기가 끝나기 전에 걸겠습니다. 아마 기원전 1만 년 이전이겠지요. 아니, 기원전 1만 5000년 이전일지도 모릅니다. 나는 스핑크스가 대단히 오래되었다고 확신합니다."

나는 점차 이 확신에 동의하게 되었다. 19세기의 대부분의 이집트학자들도 이와 같은 확신을 품었다. 그러나 스핑크스의 모습은 이 직감에 방해가 되었다. 머리 부분이 틀림없는 파라오의 것처럼 보였기 때문이다. 그래서 웨스트에게 물어보았다. "만약 그렇게 오래된 것이라면 조각가는 어째서 머리 부분에 왕조시대의 머리 장식과 뱀 휘장을 새겼을까요?"

"그 부분에는 별로 신경쓰지 않습니다. 사실 이집트학자들은 스핑크스의 얼굴이 카프레 왕의 얼굴과 비슷하다고 주장합니다. 그것을 근거의 하나로 삼아 카프레 왕이 스핑크스를 만들었다고 말합니다. 쇼크와 나는 그점을 매우 주의 깊게 조사했습니다. 몸과 머리 크기의 비율로 볼 때 머리는 왕조시대에 재조각된 것입니다. 따라서 왕조시대의 것으로 보이는 거죠. 그러나 카프레 왕을 모델로 하지는 않았다고 생각합니다. 조사의 일환으로 뉴욕 경찰의 법정화가인 프랭크 도밍고를 이집트로 오게 해서 스핑크스의 얼굴과 카이로 박물관에 있는 카프레 왕의 석상에 있는 얼굴을 비교해보도록 했습니다. 그의 결론은 스핑크스의 얼굴은 카프레 왕의 얼굴과 비슷하게 만들어지지 않았다는 것이었습니다. 얼굴이 다를 뿐만 아니라 인종까지도 다르다는 것이었지요.[15] 따라서 이것은 훗날 다시 조각된, 아주 먼 옛날의 것입니다. 원래는 인간의 얼굴이 아니었을지도 모릅니다. 사자의 몸에 사자의 얼굴이었을지도 모르는 일이지요."

마젤란과 첫 번째 공룡의 뼈

기자를 방문한 뒤에 나는 웨스트가 다른 건축물의 연대에 대해서 정통파 이집트학자들의 견해를 어떻게 받아들이고 있는지 알고 싶었다. 특히 카프레 왕의 밸리 신전에 흥미가 있었다.

웨스트는 "스핑크스 이외에도 오래된 것은 아직 많다고 생각합니다"라고 말했다. "밸리 신전뿐만 아니라 언덕 위에 있는 죽음의 신전과 멘카우레 왕의 유적군(遺跡群)과 카프레 왕의 피라미드도 관계가 있는 듯한데……"

"멘카우레 왕의 유적군에는 어떤 것이 있습니까?"

"죽음의 신전이 있습니다. 한 가지 분명하게 짚고 넘어가야 할 것은 피라미드에 왕의 이름을 붙여놓았는데 그것은 편의를 위해서 그렇게 부를 뿐이라는 것입니다."

"알겠습니다. 그럼 기자의 피라미드는 스핑크스와 비슷한 시기에 건설되었다고 보아도 좋을까요?"

"간단하게 말할 수는 없지만 저는 피라미드의 위치에서 본 기하학적 관계를 고려하면 어떤 관계가 있다고 생각합니다. 스핑크스는 전체 계획의 일부였기 때문입니다. 그런 면에서 보면 카프레 왕의 피라미드가 흥미롭습니다. 왜냐하면 이 피라미드는 2단계로 건설되었기 때문입니다. 눈치챘는지 모르지만 토대의 몇 부분은 거대한 돌로 구성되어 있습니다. 이 돌은 밸리 신전의 거대한 돌과 동일합니다. 한편 그 토대 위에 쌓여 있는 돌은 모두 작고 형태도 정밀하지 못합니다. 조사해보면 피라미드가 2단계에 걸쳐서 건설되었다는 것을 확실하게 알 수 있습니다. 토대 부분의 거대한 돌이 보다 오래된 시기에 만들어졌다는 생각이 듭니다. 게다가 스핑크스와 동일한 시기에 건설되었을 것으로 생각됩니다. 그 후 상부구조가 건설된 듯한데 그 역시 카프레 왕의 시대를 고집할 필요는 없습니다. 이 문제는 조사하면 할수록 복잡해집니다. 어쩌면 중간적인 문명이 존재했는지도 모르지요. 그렇다면 이집트의 고대문헌과 이야기가 일치합니다. 그들은 두 개의 긴 시기가 있었다고 말하니까요. 첫째는 신들인 네테루가 통치한 시대이고, 둘째는 호루스와 그의 동료들이 통치한 시대입니다. 따라서 문제는 점점 더 복잡해집니다. 그러나 다행스럽게도 확실한 것이 하나 있습니다. 스핑크스는 카프레 왕이 건설한 것이 아니라는 점입니다. 지질학이 그것을 증명하지요. 스핑크스는 보다 오래된 것입니다."

"그러나 이집트학자들은 아직 인정하려고 하지 않습니다. 당신에 대한 여러 반론들 중에 하나가 마크 레너가 제기한 것입니다. 그는 '스핑크스가 기원전 1만 년 전에 건립되었다면 그것을 건립한 문명의 흔적을 보여달라'고 말합니다. 즉 기자에 있는 몇 개의 건축물들 이외에 전설에서 전하는 사라진 문명의 증거를 보여달라는 말인데요. 이 점에는 어떻게 대답할 생각입니까?"

"기자 말고도 그런 건축물이 있습니다. 당신이 지나온 아비도스의 오시레이온이 한 예입니다. 나는 그 경이로운 건축물이 스핑크스와 관계가 있다고 생각합니다. 만약 오시레이온이 없고 다른 증거도 없다고 해도 별로 걱정할 일은 아닙니다. 달리 확증이 될 만한 증거가 아직 발견되지 않았다는 것을 과장되게 다루어 스핑크스의 기원에 관한 논쟁을 회피하려는 것은 아주 비논리적인 태도입니다. 비유해서 말한다면, 역사상 최초로 세계를 일주한 마젤란에게 '세계를 일주한 사람은 달리 아무도 없다. 따라서 지구는 편평하다'라고 말하는 것과 다를 바가 없습니다. 또는 1838년에 처음으로 공룡의 뼈가 발견되었을 때 '물론 거대한 동물이 멸종된 것은 있을 수 있는 일이다. 그럼 다른 뼈는 어디에 있지? 하나밖에 발견하지 못했잖아?'라고 말했던 것과도 같습니다. 그러나 몇 명의 사람이 그 뼈가 멸종된 동물의 뼈라는 것을 알아차렸고, 20년 후에는 세계 각지의 박물관이 완전한 모습을 갖춘 공룡의 뼈로 가득 찼습니다. 이런 사실과 비슷합니다. 아직 아무도 정확한 장소를 찾아내지 못했을 뿐이죠. 예를 들면 고대의 나일 강 주변에서 정확한 장소를 찾아내면 바로 여러 가지 증거가 틀림없이 발견될 것입니다. 예전의 나일 강은 현재의 위치에서 몇 킬로미터 떨어져 있었죠. 어쩌면 마지막 빙하기에는 육지였던 지중해의 바닥에 뭔가가 있을지도 모릅니다."

전달의 문제

나는 존 웨스트에게 이집트학자와 고고학자는 왜 스핑크스가 인류 역사에서 사라진 부분의 수수께끼를 푸는 열쇠라고 생각하지 않는지 물어보았다.

"그 점은 그들이 문명은 일직선으로 진화해왔다라는 생각을 고집하기 때문이라고 생각합니다. 따라서 1만2,000년 이전에 현대인보다 세련된 사람들이 있었을지도 모른다는 생각에 익숙하지 않은 것입니다. 지질학은 스핑크스의 기원을 증명했습니다. 또한 스핑크스를 만든 기술에는 현대인도 흉내낼 수 없는 것이 있습니다. 그렇다면 문명과 기술이 일직선으로 진화해왔다는 신념이 부정됩니다. 현대의 최신기술을 구사해도 스핑크스를 만드는 데에 필요한 몇 가지 일은 불가능합니다. 스핑크스뿐이라면 그다지 어려운 일이 아닙니다. 조각가들만 많이 있으면 몇 킬로미터에 이르는 석상도 만들 수 있겠지요. 필요한 것은 돌을 잘라내서 스핑크스를 기반에서 분리하고, 잘라낸 돌을 몇 킬로미터 옮겨서 밸리 신전을 건설하는 기술입니다……."

이것은 처음 듣는 이야기였다. "밸리 신전의 벽에 사용된 200톤이나 되는 돌이 스핑크스에서 잘라낸 돌이란 말인가요?"

"의심할 여지가 없습니다. 지질학적으로 동일한 층에서 잘라진 돌입니다. 돌을 잘라서 신전의 부근까지 옮긴 다음 — 방법은 신만이 알고 있는 셈이지요 — 12미터 높이까지 벽을 쌓았는데, 역시 방법은 알 수 없습니다. 지금 말하는 내용은 중심부에 있는 거대한 석회암에 대한 것이지 겉에 입힌 화강암에 대한 것이 아닙니다. 화강암은 그 후에 설치한 것입니다. 카프레 왕이 했을 수도 있습니다. 그러나 중심부에 있는 석회암을 보면 스핑크스에서 볼 수 있는 비에 의한 침식 흔적이 있습니다. 따라서 스핑크스와 밸리 신전의 중심부는 동일한 사람들에 의해서 건설된 것입니다. 그들이 누군지는 모르지만."

"그 사람들이 왕조시대에 살았던 이집트인과는 어떤 형태로 연결되어 있을까요? 「하늘의 뱀」 속에서 유산이 계승되었을지도 모른다고 시사되어 있습니다만."

"유산 이야기는 아직도 가정에 불과합니다. 스핑크스를 조사해보고 확실히 말할 수 있게 된 것은 고도의 기술을 가진 매우 세련된 문명이 태고에 존재했고, 그 문명이 이 거대한 계획을 수행했다는 것뿐입니다. 그리고 큰 비가 내렸지요. 그로부터 수천 년이 지나고 동일한 장소에 완전한 양식과 지식을 갖춘 왕조시대가 갑자기 시작되었는데, 그 지식과 양식이 어디에서 왔는지는 모릅니다. 여기까지는 확실합니다. 그러나 고대 이집트가 소유했던 지식이 스핑크스를 만든 지식과 동일한 것인지에 대해서는 아직 모릅니다."

"이렇게 생각해보면 어떨까요?"라고 추론을 제시해보았다. "스핑크스를 만든 문명의 본거지는 여기가 아니었다. 적어도 그 발상지는 이집트가 아니었던 것이다. 이정표 내지 전초지점을 나타내는 표시로서 스핑크스를 이곳에 만들었다고 말입니다……."

"그럴 가능성은 충분합니다. 그 문명에게 스핑크스는 왕조시대의 아부

심벨〔누비아 지방에 있다〕이었다는 말이죠."

"그 고도의 문명은 어떤 대규모의 재해를 입어 멸망했고 그때 고도의 지식이라는 유산이 상속된 것은 아닐까요? 그들은 여기에 스핑크스를 만들었고, 이집트에 대해서 잘 알고 있었으며, 장소는 물론이고 토지의 상태까지 알고 있었습니다. 이곳과 어떤 관계가 있었기 때문에 이집트에 유산을 남겼을 것이라는 말이죠. 문명이 멸망할 때 살아남은 사람들이 이곳으로 오지 않았을까요? 제 의견에 대해서 어떻게 생각하십니까?"

"가능성이 있다고 생각합니다. 다시 세계의 신화와 전설로 돌아가봅시다. 그것들 중 대부분은 대재해에서 살아남은 사람들에 대해서 이야기합니다. 노아의 이야기는 수많은 지역에서 전해지고 있지 않습니까? 누군가가 지식을 가지고 그것을 전달한 것입니다. 그러나 내 생각으로 최대의 문제는 전달의 과정에 있다고 생각합니다. 스핑크스가 만들어진 시대부터 몇천 년이 지나 왕조시대가 꽃필 때까지 그 지식이 어떻게 전달되어왔느냐 하는 것이지요. 이론적으로는 막다른 길목에 이른 것이지요. 그렇지 않습니까? 지식은 오랜 세월 동안 보존되고 전달되어야만 했습니다. 이것은 간단한 일이 아닙니다. 한편 전설은 수많은 세대를 거쳐 입에서 입으로 전달되어왔습니다. 사실 구전(口傳)이 기록보다 확실합니다. 왜냐하면 시대가 변해서 언어가 바뀌어도 말은 그 시대에 맞게 표현되기 때문이지요. 따라서 5,000년이 지나도 처음의 형태는 보존됩니다. 방법이 있을 수도 있습니다. 예를 들면 비밀결사라든지 종교의 일파라든지 혹은 신화를 사용해서 지식을 보존하고 다시 한 번 꽃을 피울 때까지 유지시켰을 수도 있었겠지요. 중요한 것은 이렇게 복잡하고 중요한 문제에 관해서 모든 가능성의 문을 열어두는 것입니다. 그것이 처음에는 바보스러운 듯이 보일 수도 있지만 엄밀하게, 아주 엄밀하게 조사를 행하기 전까지는 결코 부정해서는 안 되는 것입니다……"

제2의 견해

존 웨스트는 룩소르에서 이집트 성지를 연구하는 그룹을 인솔하고 있었다. 웨스트는 다음 날 아침 학생들을 데리고 아스완과 아부 심벨로 향했다. 산타와 나는 불가사의한 스핑크스와 피라미드의 땅인 기자로 향했다. 기자에서 고고천문학자인 로버트 보발과 만나기로 약속했기 때문이다. 이제부터 살펴보겠지만 보발의 별자리에 관한 연구는 기자의 망망한 기원에 대한 경탄할 만한 지질학적 증거를 제공할 것이다.

48

지구의 계측

다음과 같이 주의 깊게 선을 그려보면 좋겠다.

먼저 백지에 세로로 두 줄의 평행선을 긋는다. 이때 길이는 18센티미터, 두 줄의 간격은 7.6센티미터가 되게 긋는다. 그리고 또 하나의 세로 줄을 두 줄의 중앙에 같은 길이로 평행하게 긋는다. 다음에 세 평행선의 위 (종이의 상단)에 "남"이라고 쓰고, 하단에 "북"이라고 쓴다. 양 옆에도 "동"과 "서"를 적어넣는다. 왼쪽이 동쪽이고 오른쪽이 서쪽이다.

이것은 이집트의 기하학적인 지도로서 현대의 지도와는 달리 위쪽이 "남쪽"이다. 위쪽을 남쪽으로 하는 지도를 그린 사람들은 태고의 지도 작성자들로서 그들은 지구의 크기와 형태를 과학적으로 파악한 듯하다.

이 지도를 완성하기 위해서는 중앙선의 아래 끝에서 2.5센티미터 지점에 점을 찍는다. 또 이 점과 양쪽 두 선의 아래쪽 끝과 연결한다. 즉 북서와 북동을 향해서 사선을 긋는다.

이렇게 하여 길이 18센티미터에 폭 7.6센티미터인 남북으로 긴 직사각형이 만들어졌다. 그리고 그 북쪽(아래쪽)에는 삼각형이 만들어졌다. 이 삼각형은 나일 강의 삼각주를 의미하고 삼각형의 정점에 해당되는 위치는 북위 30도 6분에 동경 31도 14분으로서 대피라미드의 위치와 매우 가깝다.

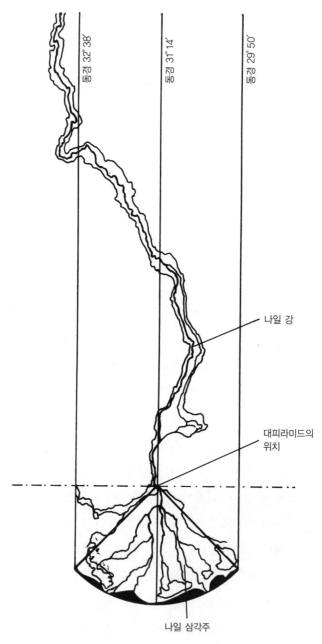

동경 32° 38′

동경 31° 14′

동경 29° 50′

나일 강

대피라미드의
위치

나일 삼각주

이집트의 기하학적인 지도. 대피라미드는 나일 삼각주의 정점에 있다. 이집트인들은 전통적으로 남쪽을 "위로" 생각했다.

측지 거점

옛부터 많은 수학자와 지리학자들은 대피라미드의 기능 가운데 하나가 측지(測地) 거점이라고 생각했다(측지학은 지구의 정확한 크기와 형태를 계측하는 학문이다[1]). 이 사실이 알려진 것은 18세기 후반에 나폴레옹 보나파르트가 프랑스 혁명군을 거느리고 이집트를 침략했을 때의 일이다. 나폴레옹은 피라미드의 수수께끼에 깊은 관심을 가지고 있어서 175명의 학자들을 데리고 이집트 원정을 했다. 그들은 다양한 대학교 출신으로 "고대 이집트에 관한 깊은 지식"을 가졌다고 인정받는 학자들로 구성되었으며, 실제적인 도움을 줄 수 있는 수학자, 지도 작성자, 측량사가 포함되어 있었다.[2]

학자들의 임무 가운데 하나가 이집트를 점령한 후에 상세한 이집트 지도를 작성하는 것이었다. 이 작업 도중에 대피라미드가 정확하게 동서남북을 향하고 있음이 발견되었다(제6부에서 살펴보았다). 그 결과로 대피라미드는 삼각측량에 매우 편리한 거점이 되었다. 그래서 모든 계측은 대피라미드의 정점을 지나는 자오선을 기준으로 하여 행해졌다. 그렇게 해서 근대에 들어와서 처음으로 정확한 이집트 지도가 작성되었다. 학자들은 지도를 완성하고 나서 대피라미드의 자오선이 나일 삼각주의 중앙을 통과하며 반으로 분할하고 있다는 것에 흥미를 가졌다. 그리고 대피라미드의 정점에서 북서와 북동으로 향하는 선을 그대로 연장시키면 지중해에 도달한다는 사실과 그로 인해서 생기는 삼각형이 정확히 삼각주를 덮는다는 사실도 발견했다.[3]

그럼 우리가 만든 지도로 돌아가자. 이 지도에도 삼각주를 나타내는 삼각형이 있다. 평행하는 세 줄은 다름 아닌 자오선이다. 동쪽 자오선은 동경 32도 38분을 나타내는 선으로 고대 이집트의 왕조시대 초기부터 공식적인 국경선이었다. 서쪽 자오선은 동경 29도 50분을 나타내는데 역시 고대 이집트의 왕조시대의 공식적인 국경선이었다. 중앙의 자오선은 동경 31도 14분에 위치하여 좌우 선의 거의 중앙에 있다(1도 24분 정도씩 차이가 난다).[4]

이렇게 해서 지구 표면에 2도 48분의 폭을 가지는 긴 땅이 그려졌다. 그렇다면 그것의 길이는 얼마나 될까? 고대 이집트의 "공식적인" 남북 국경선은 북위 31도 6분과 북위 24도 6분이었다.[5] 북쪽 국경인 북위 31도 6분은 나일 강의 바깥쪽 두 개의 하구를 연결한다. 남쪽 국경인 북위 24도 6분은 아스완의 엘레판티네 섬의 위를 지나간다. 아스완에는 이집트 역사가 시작된 이래 천체관측소가 설치되어 있었다.[6] 신들이 창조하여 살았던 성스러운 땅은 지구상에 7도의 길이를 가진 직사각형의 기하학적인 구조인 듯싶다.

이 구상에서 대피라미드는 삼각주 성섬에 위치하는 측지 거점으로서 신중하게 선택된 듯하다. 삼각주의 정점은 북위 30도 6분, 동경 31도 14분에 위치하는데 카이로를 지나는 북쪽 나일 강의 가운데에 있다. 한편 대피라미드의 위치는 북위 30도(대기의 굴절을 조정했을 때), 동경 31도 9분이다. 따라서 삼각주의 정점에서 어긋나 있다. 그러나 이 "어긋남"은 피라미드 건축자가 일을 적당히 했기 때문이 아니다. 이 부근의 지형을 잘 살펴보면 장소에 문제가 있다는 것을 알 수 있다. 천문학적 관측을 위해서는 정확한 설계가 필요하며 지질적으로도 높이 150미터에 무게가 600만 톤에 이르는 건축물을 세울 수 있는 13에이커 정도 되는 땅이 필요하다.

기자 대지는 모든 면에서 적합했다. 삼각주의 정점에 가깝고 나일 강 유역보다 높은 곳에 있으며 단단한 석회암으로 이루어진 훌륭한 지반이 있었다.

서서히 진행한다

우리는 룩소르에서 기자로 향했다. 무하마드가 운전하는 푸조 504는 위도로 볼 때 북위 25도 42분에서 북위 30도까지 4도 이상을 여행하는 셈이었다. 아슈트에서 미니아 사이에서는 분쟁이 일어나 몇 달 동안 이슬람 교도 과격파와 이집트 정부군이 전투를 벌이고 있었다. 그래서 정부군 무장병사가 우리를 호위해주기로 했다. 무하마드의 조수석에는 사복을 입은 군인이 앉아 권총을 만지작거렸다. 12명 정도의 다른 병사들이 AK47 소총으로 무장한 채 두 대의 소형 트럭에 나누어 타고 푸조의 뒤를 따라왔다.

아슈트에서 조수석의 군인이 차를 세우고 호위병을 기다리라고 말했을 때 무하마드는 "위험한 무리가 있어서요"라고 우리에게 말했다. 그 다음에는 호위병이 탄 차가 속도를 냈기 때문에 무하마드는 사이렌을 울리고 라이트를 번쩍거리면서 간선도로를 달리는 차들을 추월하여 눈에 잘 띄는 호위병이 탄 차를 따라잡았다. 무하마드는 자랑스럽다는 듯이 기쁜 표정을 지었다.

차창으로 나일 강의 변하지 않는 풍경을 바라보았다. 녹색 강가에서 몇 킬로미터 떨어진 곳에 사막이 보였다. 이것이 옛부터 변하지 않고 유지되어온 본질적인 이집트였으며, 지도상에서 볼 때 정확히 7도의 길이를 가진 가공의 직사각형 형태의 "공식적인" 이집트와 중첩되어 있었다(현재는 보다 넓어졌다).

19세기의 저명한 이집트학자인 루트비히 보르하르트는 "고대인이 경도와 위도의 개념을 이용했을 가능성은 완전히 배제되어야 한다"라고 했다.[7] 이 의견은 현대의 이집트학자에 의해서도 지지를 받고 있다. 그러나 그 판단은 점점 더 타당성이 없어 보였다. 기자의 거대한 묘지를 설계하고 만든 사람들이 누구든지 간에, 그들은 우리들과 마찬가지로 지구가 둥글다는 사실을 알고 있었고 오늘날 우리들이 하는 것처럼 지구를 360도로 분할했다.

그 증거로 상징적인 "국가"의 국경선이 위도상으로 정확히 7도의 길이가 되게 구획되어 있는 것과, 대피라미드가 측지 거점이 되어 정확한 방위로 위치한다는 것을 들 수 있다. 또한 제23장에서 살펴본 대로 대피라미드의 밑면의 둘레는 높이와 2π의 관계에 있고, 이 건축물 자체가 4만3,200분의 1로 축소한 북반구의 투영도로 추정된다는 것도 증거의 하나이다.

대피라미드는 네 개의 삼각면을 가진 투영도이다. 정상은 북극이고 밑변은 적도를 의미한다. 이것이 밑면의 둘레가 높이와 2π의 관계를 이루고 있는 이유이다.[8]

피라미드와 지구의 비율

피라미드에 원주율(π)이 사용되었다는 것은 이미 살펴보았기 때문에 되풀이하지 않겠다.[9] 그러나 정통파 이집트학자들은 그 사실을 우연이라고 간주하기 때문에 논쟁도 하지 않으려고 한다.[10] 그렇다면 이 건축물이 4만3,200분의 1로 축소된 북반구의 투영도라는 것을 정말로 신뢰할 수 있을까? 숫자를 검토해보자.

최신 계측값은 인공위성을 사용해서 얻은 것으로서 적도의 둘레는 4만68.04킬로미터이고, 북극으로부터의 반지름은 6,355.42킬로미터이다.[11] 한편 대피라미드는 밑면의 둘레가 921.46미터, 높이가 146.73미터이다.[12] 이들의 비율을 조사하면 완벽한 숫자는 얻을 수 없지만 근삿값은 얻을 수 있다. 지구가 적도에서 불룩 튀어나와 있는 사실을 고려하면 4만3,200분의 1이라는 축척에 매우 가까워진다.

어느 정도 가까워질까?

적도 주위의 길이인 4만68.04킬로미터를 4만3,200으로 나누면 927.5미터가 된다. 대피라미드의 밑면의 둘레는 921.46미터이기 때문에 오차는 불과 6미터에 불과하다. 0.75퍼센트의 오차이다. 그러나 지금까지 살펴본 피라미드의 건축가들의 정밀도는 더욱 높았다. 이 오차는 어디에서 생긴 것일까? 적도 둘레의 길이를 262킬로미터나 짧게 계산한 것이 되는데 이 것은 피라미드를 건축할 때 생긴 잘못이라기보다는 아마도 불룩 튀어나와 있는 적도를 과소평가했기 때문일 것이다.

다음에 북극으로부터의 반지름 6,355.42킬로미터를 검토해보자. 이 숫자를 4만3,200으로 나누면 147.11미터가 된다. 이것을 대피라미드의 높이인 146.73미터와 비교하면 38센티미터 정도 차이가 난다. 0.2퍼센트의 오차이다.

이 정도의 오차라면 대피라미드의 밑면의 둘레는 적도 둘레의 4만3,200분의 1이라고 말할 수 있다. 마찬가지로 대피라미드의 높이도 북극에서 지구의 중심까지의 반지름의 4만3,200분의 1이라고 말할 수 있다. 말하자면 근대문명은 오랫동안 지구의 크기를 알지 못했는데 사실은 잊고 있었던 것이다. 그 지식을 기억해내기 위해서는 대피라미드의 밑면의 둘레와 높이에 4만3,200배를 하면 되었다.

어떻게 이와 같은 일이 고대에 가능할 수 있었을까?

상식적으로 생각할 때 "우연"은 아닐 것이다. 이성이 있는 사람이라면 이것이 의식적으로 주의 깊게 계산되고 계획된 결과에 기초한다는 것을 알 수 있을 것이다. 그러나 이집트학자들에게는 높게 평가받지 못했다. 따라서 4만3,200분의 1이라는 비율은 단순한 우연에서 생긴 것이 아니라 지성과 지식에 기초한, 목적을 가진 표현이라는 것을 증명할 필요가 있다.

비율만으로도 이미 증명된 것과 다름없다. 4만3,200은 적당히 선택된 숫자가 아니기 때문이다. 이것은 세차운동과 관계가 있으며 세계 각지에 널려 있는 고대신화에 교묘하게 삽입되어 있는 숫자들 가운데 하나이기도 하다. 제5부에서 살펴본 대로 피라미드와 지구의 비율은 신화 속에 자주 나타난다. 때로는 그대로 4만3,200으로 나타나기도 하고, 아니면 432나 4,320, 43만2,000, 432만으로 나타나기도 한다.

두 가지가 명백해졌다. 하나는 대피라미드가 북반구의 정확한 축소 모델이라는 것이다. 더욱 놀라운 것은 지구의 세차운동의 열쇠를 쥐고 있는 숫자를 축척으로 사용했다는 점이다. 세차운동은 지축이 황도의 극을 중심으로 회전하는 데서 생긴다. 그 결과로 춘분점의 위치가 황도대를 따라 이동하게 된다. 1도 지나가는 데에 72년이 걸리고 30도를 지나가는 데에 2,160년이 걸리며, 60도를 지나가는 데에 4,320년이 걸린다.[13]

고대신화에 이와 같은 세차운동의 숫자가 되풀이해서 나오는 것을 우연이라고 생각하기는 어렵다. 피라미드와 지구의 비율인 4만3,200도 이 숫자만을 본다면 우연일지도 모른다(물론 그 확률은 매우 낮다). 그러나 세차운동의 숫자를 고대신화와 고대건축물이라는 서로 다른 분야에서 발견하게 되면, 이것들을 모두 우연이라고 가볍게 말할 수 없게 된다. 게다가 북유럽 신화의 발할라(최고신 오딘의 신전/역주)의 벽에는 "이리와 싸우는" 전사가 묘사되어 있는데, 그것에서 세차운동의 43만2,000이라는 숫자가 도출된다(제33장에서 본 대로 500에 40을 더해서 800을 곱한다). 마찬가지로 대피라미드에서도 원주율의 수치가 지구 북반구의 크기와 관계가 있지 않을까라고 추리하게 만들어 세차운동의 숫자 4만3,200을 산출할 수 있게 한다.

지문은 맞을까?

미니아에서 호위하는 차는 떠났고 사복을 입은 군인은 그대로 카이로까지 동행했다. 도중에 떠들썩한 마을에서 아랍풍의 샌드위치로 늦은 점심을 먹고 다시 북으로 향했다.

나는 계속해서 피라미드에 대해서 생각했다. 피라미드처럼 크게 눈에 잘 띄는 건축물이 지리적, 측지적으로 중요한 위치에, 그것도 위도 7도의 길이에 걸쳐 "기하학적" 직사각형으로 구획지어져 있는 장소에 있는 것은 우연으로 생각하기 어렵다. 그러나 더욱 흥미를 끄는 것은 피라미드가 북반구를 나타내는 3차원 투영도라는 점이었다. 왜냐하면 제1부에서 살펴본 고도의 기술을 구사한 고대지도들과 한 "쌍"을 이루기 때문이다. 고대지도들에는 구형삼각법과 몇 가지의 세련된 투영도법이 사용되었다. 이 지도들을 연구한 찰스 햅굿은 구체적인 자료를 제시하며 지구에 관한 깊은 지식을 가진 고도로 발달한 문명이 마지막 빙하기에 번영했다고 주장했다. 여기에는 북반구 지도의 기능을 가지고 있는 훌륭한 투영도인 대피라미가 있다. 한 전문가는 다음과 같이 말했다.

> 피라미드의 편평한 각 면은 북반구의 4분의 1 곡면, 또는 구형에서 90도의 4분의 1 원을 나타내도록 설계되었다. 구형의 4분의 1 원을 편평한 삼각형으로 정확하게 투영하기 위해서는 4분의 1 원호를 삼각형의 밑변의 길이와 동일하게 해야 한다. 또한 동일한 높이를 가지고 있어야 한다. 이렇게 하기 위해서는 자오선이 피라미드를 둘로 나누는 정점이, 밑면의 둘레와 높이가 원주율의 관계를 가지는 경사면 각도에서 결정되어야만 한다…….[14]

그렇다면 살아남은 고대지도와 피리 레이스가 편집한 고대지도는 고대문명이 지구에 관한 지식을 대피라미드의 크기에(그리고 고대 이집트의 기하학적인 국경선에) 교묘하게 짜넣어 제작한 원지도였다는 말인가?

찰스 햅굿과 그의 연구 팀은 몇 달 동안 피리 레이스가 편집한 지도가 어느 곳을 기점으로 하고 있는지를 조사했다. 그 결론은 이집트였고 이집트에서도 아스완이었다.[15] 앞에서도 말했지만 아스완에는 중요한 천체관측소가 남쪽의 공식적인 국경인 북위 24도 6분에 설치되어 있었다.

말할 필요도 없이 지구의 둘레와 위도를 계산하려면 천체관측이 꼭 필요하다.[16] 그렇다면 고대 이집트인들과 그 선조들은 역사가 시작하기 얼마나 전부터 관측을 계속해온 것일까? 전승에서 자주 나타나는 것처럼 그들과 함께 생활했던 신들로부터 그 기술을 배운 것은 아닐까?

몇백만 년의 배를 조종하는 항해사

고대 이집트인들은 자신들의 선조에게 천문학 원리를 가르친 신은 토트라고 믿었다. "토트는 별을 헤아리는 자, 지상에서 일어나는 일을 조사하는 자, 지상을 계측하는 자였다."[17]

황새의 가면을 쓴 남자로 묘사되는 토트는 고대 이집트 문명이 시작되어 끝날 때까지 종교생활을 지배한, "최초의 때"의 신들 중에서도 고위의 신에 속했다. 그 신들을 네테루라고 했다. 고대 이집트인들은 네테루가 그들을 창조했다고 믿었다. 한편 네테루가 또다른 지역과 특별한 관계가 있다는 것도 알려져 있었다. 그 지역은 우화에 등장하는 듯한 멋진 나라로 먼 곳에 있는데, 고대문헌에서는 타—네테루(Ta-Neteru), 즉 "신들의 땅"이라고 불렀다.[18]

타—네테루는 지상에 실제로 존재했던 고대 이집트에서 남쪽으로 멀리 떨어진 곳으로 — 바다와 대양을 건너 — 향료로 유명한 펀트(아마 동아프리카의 소말리 해안에 있었던)보다도 멀리 있다고 생각되었다.[19] 그러나 펀트도 때때로 "성스러운 땅", "신들의 땅"으로 불렸기 때문에 혼란스럽다. 그곳은 신들이 좋아하는 달콤한 향기가 나는 몰약(沒藥)과 유향(乳香)의 산지였다.[20]

또한 네테루와 관련이 있다고 여겨지는 또다른 상상의 낙원이 있다. 그곳은 "성스러운 거주지"로서 뛰어난 인류가 때때로 그곳에 정착했다. 그곳은 "망망대해 너머 멀리 떨어진 장소"로 여겨졌다. 윌리스 버지는 「오시리스와 이집트의 부활(Osiris and the Egyptian Resurrection)」이라는 중요한 저작에서 다음과 같이 말했다. "이집트인들은 이 나라에 가기 위해서는 배를 타고 가거나, 아니면 마음에 드는 사람을 데리고 가는 신들의 개인적인 지원을 받아야 한다고 믿었다."[21] 그 나라에 갈 수 있게 된 운이 좋은 사람은 불가사의한 낙원에 도착했다. 그곳에는 "섬들이 있는데 그

522

섬들은 흐르는 물로 채워진 운하로 연결되어 있어서 땅은 항상 녹색으로 덮여 있다."[22] 그 섬들에서 자라는 "밀은 길이가 5큐빗 정도이다. 이삭이 2큐빗이고 줄기가 3큐빗이다. 보리는 7큐빗 정도의 길이로 이삭이 3큐빗, 줄기가 4큐빗이다."[23]

이집트에 농업을 전파한 오시리스는 이처럼 관개시설이 갖추어져 있고 과학적인 농경이 시행되고 있는 곳에서 온 것이 아닐까? 오시리스의 칭호는 "남쪽 땅의 우두머리"였는데,[24] 최초의 때에 바다를 건너 이집트로 온 것은 아닐까? 또한 황새의 가면을 쓴 토트도 배가 아니면 건널 수 없는 그와 같은 땅에서 대양을 건너 찾아와 역사가 시작되기 전에 나일 강 유역에서 원시적인 생활을 하며 살고 있던 사람들에게 천문학과 지구계측이라는 귀중한 선물을 준 것이 아닐까?

전승의 배후에 있는 진실은 차치하고 고대 이집트인은 수학, 천문학, 공학을 발명한 것이 토트라고 기억했으며 이 신을 숭배했다.[25] 월리스 버지에 의하면 "고대 이집트인은 토트의 의지와 힘으로 하늘과 땅의 균형이 유지된다고 믿었다. 우주의 근원을 유지하는 법칙을 운용하는 것은 토트의 위대한 하늘의 숫자에 관한 기술이었다."[26] 고대 이집트인은 토트가 그들의 선조에게 기하학과 측량과 의학, 식물학의 기술을 가르쳤다고 믿었고, 토트가 "수학과 문자와 알파벳을 읽고 쓰는 방법을 발명했다"고 믿었다.[27] 게다가 토트는 위대한 마술의 신으로서[28] 목소리의 힘으로 물건을 움직일 수 있었고 "신들과 인간들 사이의 모든 일과 모든 것을 알고 있는 지식의 창시자"였다.[29]

고대 이집트인이 세심한 주의를 기울여 신전에 숨겨놓은 것은 토트의 가르침이었다. 이것은 42권의 책 형태의 지침서로 세대에서 세대로 계승되어왔다고 한다.[30] 그들은 고대 이집트의 하늘에 대한 지식과 지혜가 이 지침서에 의한 것이라고 생각했다. 기원전 5세기 이후에 이집트를 찾아간 당시의 해설가들은 이 지식에 감탄했다.

초기 여행자들 중의 한 사람인 헤로도토스는 다음과 같이 적었다.

이집트인은 태양년을 처음으로 발견하여 그것을 열두 부분으로 구분했다. 별의 움직임을 관측한 결과, 이와 같은 구분을 할 수 있게 되었다고 한다.[31]

플라톤(기원전 4세기)은 이집트인이 "1만 년" 동안 계속해서 별을 관측했다고 기록했다.[32] 그 후 기원전 1세기에 디오도루스 시켈로스는 보다 상세한 기록을 남겼다.

별의 배치와 위치는 이집트인들의 중요한 관측대상이었다. 고대로부터 현재에 이르기까지 모든 별에 대한 기록을 보존하고 있는데 그것은 믿기 어려울 정도로 오랜 세월 동안의 기록이다.[33]

어째서 고대 이집트인은 강박관념에 사로잡힌 사람들처럼 오랜 세월에 걸쳐 별을 관찰했던 것일까? 어째서 별의 움직임을 "믿기 어려울 정도로 오랜 세월 동안" 기록해서 보존했던 것일까? 많은 학자들이 진지하게 주장하는 것처럼 단순히 농업을 위한 것이었다면 이러한 기록은 필요 없었을 것이다(농촌에서 자란 사람이면 누구나 계절의 변화를 파악할 수 있다). 다른 목적이 있었던 것이 틀림없다.

고대 이집트인은 어떻게 천문학을 시작했을까? 나일 강 유역의 육지로 둘러싸인 곳에 사는 사람들이 취미로 시작했다고는 생각되지 않는다. 아마 좀더 그들의 이야기에 귀를 기울여야 할 것이다. 그들의 선조는 신들로부터 별의 연구에 대해서 배웠을 것이다. 또한 피라미드 텍스트에서 볼 수 있는 해양에 대한 많은 언급에 대해서도 더욱 관심을 쏟을 필요가 있다.[34] 그리고 고대의 종교예술에서 새로운 추론을 도출할 수 있을지도 모른다. 그림 속에서 신들은 아름답고 성능이 뛰어난 유선형 배를 타고 여행하고 있다. 이 배의 구조는 기자에서 출토된 먼 바다를 항해할 수 있는 고도로 발달한 원양 항해선과 아비도스의 사막에 정박한 불가사의한 함대와 매우 비슷하다.

육지에 둘러싸여 살아가는 사람들에게는 기본적으로 천문학이 필요하지 않지만 항해하는 사람들에게는 없어서는 안 될 꼭 필요한 것이다. 고대 이집트의 항해 그림과 배의 설계, 별의 관찰에 몰두하는 태도는 역사가 시작되기 아주 오래 전에 바다와 친숙했던 수수께끼의 해양민족으로부터 이집트 선조에게 계승된 유산의 일부가 아닐까? 이처럼 태고에 사라진 해양민족이 가지고 있었던 것 같은 문명만이 마지막 빙하기가 끝날 무렵에 상세한 세계지도라는 형태로 지문을 남길 수 있었을 것이다. "1만 년 동안" 별을 관찰해서 항로를 결정한 문명만이 세차운동의 현상을 관찰하고 정확하게 계산해서 신화 속에 명백할 정도로 짜넣는 일을 할 수 있었을 것이다. 역시 가설에 불과하지만 이와 같은 문명만이 지구를 정확하게 계측해서 대피라미드에서 볼 수 있는 축척을 실현시킬 수 있었을 것이다.

태고의 서명

우리는 한밤중에야 기자에 도착했다. 우리는 시아그 호텔에 묵었는데 그곳에서 보는 피라미드는 장관이었다. 발코니에 앉아 하늘을 보자 오리온 자리의 세 별이 남쪽 하늘에서 천천히 이동하고 있었다.

고고천문학자인 로버트 보발은 이 세 별의 배치가 기자의 세 피라미드의 배치에도 사용되었다고 말했다. 이것만으로도 대단한 발견이었다. 고대 이집트인의 천문 관측법과 측량과 시공기술이 이제까지 학자들이 주장해온 것보다 훨씬 더 고도로 발전된 것이었음을 보여주기 때문이다. 그러나 보다 놀라운 발견은—보발과 다음 날 아침 기자에서 만나기로 한 이유이기도 하다—지상의 배치양식이(1,500만 톤의 돌 덩어리를 사용해서 홀

룡하게 만든 양식) 기원전 1만450년의 하늘의 모습과 정확하게 일치한다는 것이었다.

만약 보발이 옳다면 피라미드는 별의 이동을 이용해서 기원전 11세기경을 건축학적으로 서명해놓은 셈이다.

피라미드와 스핑크스의 힘

4만3,200분의 1의 축척으로 만들어진 대피라미드는 북반구의 모형이며 투영도이다. 이것이 우연일 수 없는 까닭은 축척의 비율이 행성으로서의 지구의 특징을 보여주는 세차운동의 중요한 숫자로 이루어져 있기 때문이다. 따라서 우리는 피라미드를 세운 데에는 분명히 의도된 무엇인가가 있다는 사실에 직면해 있다. 이 피라미드를 이해할 수 있는 문명은 두 가지 요소를 갖추어야 한다. (1) 지구의 정확한 크기에 대한 지식과 (2) 세차운동의 움직임에 관한 정확한 지식을 가지고 있어야 한다는 것이다.

로버트 보발의 연구 덕분에 대피라미드의 건축계획에는 지금까지 알려진 것 외에 다른 의도가 포함되어 있다는 것이 밝혀졌다(피라미드는 다양한 기능을 수행하기 위해서 건설되었다는 것이 점점 명확해진다). 이것은 제2피라미드와 제3피라미드도 포함한 대규모 계획으로서, 그 계획에는 대피라미드를 지구의 소형 모델로 한 태고의 건축가가 남긴 지문이 묻어 있다. 그 지문에 따르면 건축가들은 세차운동에 집착했다. 그 이유는 세차운동이 수학적으로 일정해서 예측이 가능했기 때문일 것이다. 또한 세차운동을 이용해서 여러 가지 계획을 수행한 것은 과학적으로 발전한 문명에 의해서 바르게 이해되고 싶었기 때문일 것이다.

현대 문명이 바로 그들의 계획을 이해할 수 있는 그 발전된 문명이고,

로버트 보발이 처음으로 피라미드의 건축계획에 깔려 있는 그 기본요소를 밝혀낸 것이다. 이 발견에 대해서 사람들은 환성을 질렀는데 시간이 지나면 과학의 세계에서도 틀림없이 인정받게 될 것이다.[1] 로버트 보발의 국적은 벨기에이지만 태어나고 자란 곳은 이집트의 알렉산드리아이다. 그는 키가 크고 말랐으며 수염을 말끔하게 깎은 얼굴에 정수리 부분이 벗겨지기 시작한 40대 남자이다. 얼굴에서 가장 먼저 눈에 띄는 것은 강인한 아래 턱으로 집착이 강한 성격임을 나타낸다. 그는 프랑스어와 이집트어 그리고 영어의 어투를 뒤섞어 말하는데 행동에는 동양적인 면이 배어 있다. 강한 문제의식을 가지고 있는 그의 뛰어난 두뇌는 끊임없이 새로운 자료를 모으고 분석해서 오래된 문제를 고찰하는 데에 필요한 새로운 방식을 찾으려고 한다. 그 과정에서 보발은 생각지도 않게 비밀의 지식을 밝히는 현대의 마술사와 같은 존재로 변신하게 된 것이다.

오리온자리의 불가사의

보발이 기자에서 이룬 새로운 발견은 1960년대에 뿌리를 두고 있다. 당시에 이집트학자이자 건축가였던 알렉산더 바다위와 미국의 천문학자인 버지니아 트림블은 대피라미드에 있는 왕의 방의 남쪽 환기 구멍이 피라미드 시대(기원전 2600년에서 기원전 2400년경)에 오리온자리의 세 별에 정확하게 조준되어 있었다는 것을 발견했다.[2]

보발은 바다위와 트림블이 조사하지 않았던 여왕의 방의 남쪽 환기 구멍(바깥과 연결되어 있지 않다)을 조사하기로 했다. 그 결과 피라미드 시대에 이 환기 구멍은 시리우스 별을 향해 있었다는 것을 확인했다. 이 증거의 기초가 된 것은 독일인 기술자 루돌프 간텐브링크가 1993년 3월에 로봇 우푸아우트를 사용해서 계측한, 환기 구멍의 정확한 각도였다. 로봇은 여왕의 방에서 60미터 정도 위로 올라가 환기 구멍이 끝나는 지점에 내리닫이 문이 있다는 대발견을 했다. 이 작은 로봇은 첨단의 경사계(傾斜計)를 휴대하고 있었기 때문에 정확한 환기 구멍의 기울기를 처음으로 계측할 수 있었다. 여왕의 방의 남쪽 환기 구멍의 각도는 39도 30분이다.[3]

보발은 이렇게 설명한다.

계산한 결과 환기 구멍은 기원전 2400년경에 시리우스 별에 조준되어 있었다는 것을 알게 되었다. 이것은 의심할 여지가 없는 것이다. 다음에 왕의 방의 환기 구멍이 오리온자리의 세 별에 조준되어 있었다는 바다위와 트림블의 조사 결과를 다시 계산해서 확인해보기로 했다. 간텐브링크가 환기 구멍의 각도를 계산해주었기 때문이다. 새로운 각도는 정확하게 45도였다. 바다위와 트림블이 사용한 숫자는 플린더스 피트리가 계측한 44도 30분으로 정밀도가 높지는 않았다. 새로운 자료는 바다위와 트림블의 자료에 정밀도를 높일 수 있게 해주었다. 즉 왕의 방의 환기 구멍이 세 별의 가장 아래쪽에 있는 알 니탁 별에 정확하게 조준되어 있었다는 것이다. 이 별이 남쪽 하늘에서 45도 각도의 지점에 나타난 것은 기원전 2475년경이다.[4]

이 시점까지 보발의 결론은 정통파 이집트학자들이 추측한 연대와 비슷했다. 이집트학자들은 기자 피라미드의 건설시기를 기원전 2520년경이라고 보기 때문이다.[5] 보발이 제시한 자료는 환기 구멍이 지금까지 제시된 때보다 더 이후에 건설되었다는 것을 시사할 뿐이었다.

그러나 독자들은 보발이 다른 놀라운 발견을 했다는 사실을 기억하고 있을 것이다. 이 발견 역시 오리온자리의 세 별과 관계가 있다.

세 별은 은하수를 축으로 해서 남서 방향으로 비스듬히 사선을 따라 줄지어 있다. 한편 피라미드는 나일 강을 축으로 해서 남서 방향으로 비스듬히 사선을 따라 줄지어 있다. 아주 맑은 날 오리온자리를 유심히 보면 세 별 가운데 맨 위에 있는 가장 작은 별(아랍인들은 민타카라고 부른다)이 사선의 동쪽으로 비껴나 있는 것을 알 수 있다. 그 모습이 지상에 복사되어 있다. 멘카우레 왕의 피라미드가 카프레 왕의 피라미드(가운데에 있는 알 닐람 별에 해당된다)와 대피라미드(아래쪽에 있는 알 니탁 별에 해당된다)가 이루고 있는 주요한 사선에서 정확하게 동쪽으로 비껴나 있는 것이다. 이 건축물들이 어떤 하나의 계획에 따라 건설되었다는 것은 분명한 일이다. 그 계획은 피라미드를 세 별과 놀라울 정도로 동일하게 배치해서 건설하는 것이었다. …… 그들이 기자에서 한 일은 오리온자리의 세 별을 지상에 재현하는 것이었다.[6]

이것뿐만이 아니다. 하늘에 보이는 모든 별들의 움직임과 그 위치를 계속해서 표시해주는 정밀한 컴퓨터 프로그램을 사용하여,[7] 보발은 피라미드와 세 별의 상관관계가 어느 시대에나 일반적으로 명백하게 존재했지만 어느 한 시대에만큼은 보다 특별하고 정확하게 존재했다는 것을 발견했다.

피라미드 양식이 기원전 1만450년의 하늘에 있는 별의 모습을 정확하게 재현한 것이라는 사실을 발견했는데, 이처럼 정확하게 합치한 적은 이 시기밖에 없다. 완벽한 일치를 보이고 있다. 오차가 전혀 없다. 또한 이것이 우연일 가능성도 전혀 없다. 왜냐하면 지상의 배치는 기원전 1만450년에만 나타난 두 개의 매우 독특한 하늘의 현상을 보여주고 있기 때문이다. 첫째는 기원전 1만450년에 기자에서 보인 은하수가 나일 강 유역과 완벽하게 중첩되었다는 것이며, 둘째는 이 시기에 은하수의 서쪽에 있는 오리온자리의 세 별이 세차주기에서 가장 낮은 위치에 있었고 대피라미드에 해당되는 알 니탁 별은 남쪽 하늘의 11도 8분에 있었다는 것이다.[8]

독자들은 이미 지구의 세차운동에 대해서 잘 알고 있을 것이다. 이 현상 때문에 춘분점에서 태양이 떠오를 때 보이는 별자리가 황도 12궁 사이에서 차례로 변하는데 그 주기는 2만6,000년이다. 이 현상은 보이는 모든 별

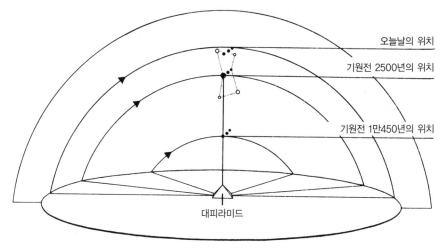

오늘날의 위치

기원전 2500년의 위치

기원전 1만450년의 위치

대피라미드

세차운동과 오리온자리의 세 별의 위치

의 움직임에도 영향을 미치는데, 오리온자리에서도 아주 서서히 위도를 변화시킨다. 또한 대피라미드에 해당되는 알 니탁 별이 자오선을 통과하는 곳에서 가장 높은 위도로부터(기자에서 볼 때에 남쪽 지평선에서 58도 11분) 가장 낮은 위도(11도 8분)에 도달하기까지는 약 1만3,000년이 걸린다. 그리고 다시 1만3,000년에 걸쳐 천천히 58도 11분의 위치까지 돌아간다. 1만3,000년 동안 떠오르고 1만3,000년 동안 내려갔다가 다시 1만3,000년 동안 떠오르고 1만3,000년 동안 내려가는 이러한 주기는 영원히 계속된다.[9]

기자와의 완벽한 일치는 기원전 1만450년에 일어났다. 마치 건축가가 이 시대에 기자로 와서 자연물과 인공물을 사용하여 지상에 거대한 지도를 그리기로 결정한 듯하다. 그 건축가는 나일 강 유역의 남부를 당시의 모습 그대로의 은하수로 간주했다. 다음에 세 별을 나타내는 세 피라미드를 건설했는데, 이것도 당시에 세 별이 보이는 대로 배치했다. 이때 세 피라미드와 나일 강 유역의 위치관계는 세 별과 은하수의 위치관계와 동일하게 설계되었다. 이것은 매우 지적이고 야심에 찬 시도로서 한 시대를 확실하게 드러낼 수 있

는 방법이었다. 건축물에 어느 특정한 연대를 새겨놓았다고도 말할 수 있다…….[10]

최초의 때

나는 오리온자리와 피라미드가 상관관계에 있다는 이야기에서 복잡하고 신비하다는 인상을 받았다.

한편, 대피라미드의 남쪽 환기 구멍은 "세차운동에 따라" 기원전 2475년부터 기원전 2400년경에 알 니탁 별과 시리우스 별에 조준되어 있었다. 이 연대는 이집트학자들이 주장하는 피라미드의 건설시기와 일치한다.

다른 한편으로는, 세 피라미드와 나일 강 유역의 위치관계는 기원전 1만450년이라는 보다 오래된 시기를 웅변적으로 이야기한다. 이것은 존 웨스트와 로버트 쇼크가 기자에서 이룬 큰 논란을 야기한 지질학적 발견들과 일치한다. 그들은 기원전 11세기에 이집트에 고도로 발달한 문명이 존재했음을 시사했다. 게다가 피라미드의 위치는 적당히 결정되거나 우연히 결정된 것이 아니라 의식적으로 선택된 듯하다. 왜냐하면 그 배치는 세차운동의 중요한 지점인 최저점에 맞추어졌기 때문이다. 이 최저점은 오리온자리가 1만3,000년에 걸쳐 정점까지 "올라가는" 주기의 최초의 때에 시작하는 출발점인 것이다.

보발은 이 천문학적 배치가 신화에 등장하는 최초의 때의 신인 오시리스와 상징적으로 관련이 있다고 생각했다. 최초의 때에 신들이 나일 강 유역에 문명을 전파했을 것으로 여겨지고, 고대 이집트 신화는 오시리스와 오리온자리를 직접적으로 연관지었기 때문이다(이시스는 시리우스 별과 연관되어 있다).[11]

오시리스와 이시스의 역사적인 원형이라고도 할 수 있는 사람들이 실제로 "최초의 때", 즉 1만2,500년 정도 전에 이 땅을 찾아온 것은 아닐까?[12]

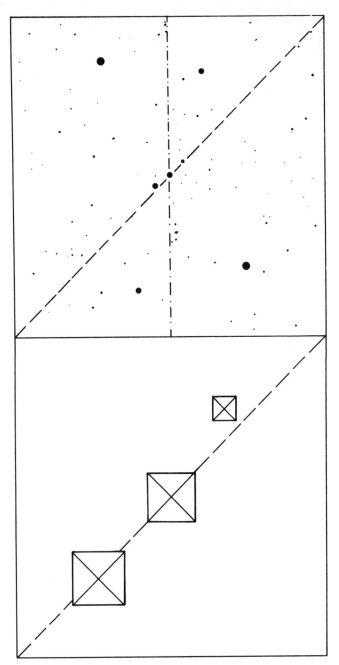

세 피라미드와 기원전 1만450년의 오리온자리의 세 별의 위치, 자오선.

빙하기의 신화를 조사한 결과, 어떤 사상과 기억이 몇천 년이라는 긴 세월 동안 인간의 심리에 남아서 세대에서 세대로 구전되어 전승되어왔다는 것을 알게 되었다. 따라서 기묘하게 성격이 변한 오시리스 신화가 기원전 1만450년이라는 태고에 탄생했다고 해서 이상할 것은 없다.

그러나 오시리스를 부활의 신으로 추앙한 것은 왕조시대의 이집트 문명이었고, 이보다 선행하는 문명에 대해서는 거의 알려진 것이 없다. 기원전 11세기라는 태고로 돌아가도 역시 알려진 것은 하나도 없다. 만약 오시리스 신화가 8,000년이라는 긴 세월을 뛰어넘어 전달되었다면 어떤 문명이 그것을 전했을까? 그리고 그 문명은 피라미드의 천문학적 배치가 나타내는 기원전 1만450년과 기원전 2450년이라는 연대 역시 남기려고 했을까?

보발에게 물어봐야겠다고 생각했다. 산타와 나는 새벽에 보발과 만날 약속을 했다. 약속 장소는 카프레 왕의 신전이었다. 그곳에서 세 명이 함께 스핑크스 위로 떠오르는 태양을 보기로 했다.

단

제2피라미드의 동면의 옆에 있는 거의 무너져내린 죽음의 신전은 이 시간쯤이면 유령이라도 나올 듯한 분위기를 풍기는 오싹오싹한 장소였다. 룩소르에서 존 웨스트가 말했듯이 이 죽음의 신전은 유명한 밸리 신전과 마찬가지로 간소하고 당당하며 장식이 없었다. 이곳에도 역시 200톤이 넘는 거대한 돌이 쌓여 있었다.[13] 뿐만 아니라 아직도 태고의 분위기가 감돌고 있었다. 지성이 깨어나고 신들이 가까이에서 그 모습을 나타내는 것처럼 느껴졌다. 이집트학자들이 죽음의 신전이라고 이름을 붙인 건축자 불명의 이 건축물은 지금처럼 붕괴된 상태에서도 태고의 시대로부터 에너지를 퍼올리고 있는 듯한 힘의 장소처럼 느껴졌다.

새벽녘의 엷은 어둠 속에서 바로 뒤에 있는 제2피라미드의 거대한 동면을 올려다보았다. 제2피라미드 역시 웨스트가 말한 것처럼 2단계에 걸쳐서 건설되었을 가능성이 충분함을 느꼈다. 죽음의 신전과 마찬가지로 지상에서 9미터 정도까지는 거대한 석회암으로 이루어져 있었다. 그러나 그 위는 2톤에서 3톤 정도의 비교적 작은 돌 블록들로 쌓여 있었다(대피라미드의 대부분의 돌 블록들처럼).

그렇다면 스핑크스의 서쪽에 있는 넓이가 12에이커에 높이가 9미터인 "기자의 언덕"이라고 불리는 거대한 단(platform)이 밸리 신전이나 죽음의 신전과 마찬가지로 그저 사각형 구조의 토대로만 존재했던 시대가 있었단 말인가? 즉 제2피라미드의 토대 부분만이 다른 피라미드보다 먼저 건설되었을 가능성이 있단 말인가? 그것도 아주 먼 태고에?

종파

로버트 보발이 도착했을 때 내 머릿속에는 앞의 의문이 여전히 남아 있었다. 차가운 사막의 바람이 대지를 지나가는 것을 느끼며 날씨에 대해서 사교적인 인사를 나누고 곧바로 질문으로 들어갔다. "상호의 위치관계에서 8,000년의 간격을 어떻게 생각하십니까?"

"간격이요?"

"환기 구멍은 기원전 2450년에 맞추어졌고, 별의 위치를 나타내는 부지의 계획은 기원전 1만450년을 나타내고 있습니다."

보발이 말했다. "설득력 있는 설명이 두 가지 있습니다. 진실은 둘 중의 하나이겠지요. 우선 피라미드가 기원전 2450년과 기원전 1만450년을 가리키는 '별의 시계'로서 건설되었을 경우입니다. 이 경우에 이 건축물들이 언제 건설되었는가를 말하는 것은 불가능합니다. 어느 정도의 시간이 걸렸는지도……."

"잠깐만요." 내가 말을 잘랐다. "별의 시계라는 것은 어떤 의미이지요?

어째서 언제 건설되었는지를 모른다는 거죠?"

"그럼 먼저 피라미드를 지은 사람들이 세차운동에 대해서 알고 있었다고 가정해봅시다. 또 우리가 컴퓨터를 사용해서 계산하는 것처럼 그들이 별의 위치가 앞뒤로 어느 정도 이동하는지 계산할 수 있었다고 해봅시다. ……그런 일을 할 수 있었다면 어느 시대에 살았던 사람들이든지 기원전 2450년과 기원전 1만450년에 기자의 밤 하늘에 어떤 별이 나타나는지를 우리들처럼 알 수 있었겠지요. 그렇다고 하면 그들이 기원전 1만450년에 피라미드를 지었다고 해도 각도를 계산해서 남쪽 환기 구멍을 기원전 2450년에 기자의 밤 하늘에 있는 오리온자리의 알 니탁 별과 시리우스 별에 조준하는 일은 간단히 할 수 있었을 것입니다. 마찬가지로 기원전 1만450년에 살았던 사람들이 현재의 우리들과 동일한 지식과 기술을 가지고 있었다면 당시에 기자의 밤 하늘에 떠 있는 오리온자리의 세 별에 대응하는 건축물을 간단히 지상에 배치할 수 있었을 것입니다. 그렇게 생각되지 않습니까?"

"그렇군요."

"이것이 하나의 설명입니다. 또다른 하나는 개인적으로는 이 설명을 좋아하는데, 그것은 기자 묘지를 건설하는 데 오랜 세월이 걸렸다는 생각입니다. 그 배치가 계획된 것은 기원전 1만450년 전이고 당연히 당시의 하늘을 반영했을 것입니다. 그러나 건설이 완료되어 대피라미드에 환기 구멍이 만들어진 것은 기원전 2450년이라는 말이 됩니다."

"그렇다면 피라미드의 지상계획은 기원전 1만450년에 수립되었다는 말인가요?"

"그렇죠. 그리고 배치의 중심은 지금 우리가 서 있는 제2피라미드의 앞이라고 생각합니다."

나는 거대한 건축물의 토대에 있는 거대한 돌 블록들을 손으로 가리켰다. "이 토대는 2단계로 지어졌다고 생각되는데요. 그것도 전혀 다른 문화에 의해서……."

보발은 어깨를 으쓱했다. "추론을 해봅시다. ……두 개의 서로 다른 문화가 아니었을지도 모르지요. 하나의 문화, 혹은 종파, 즉 오시리스 종파였을지도 모르지요. 오시리스를 숭배하는 매우 수명이 긴 종파가 기원전 1만450년에 존재했고 기원전 2450년에도 존재했을지 모릅니다. 또 이 종파의 방식이 시간의 흐름과 함께 변했을지도 모르는 일이지요. 기원전 1만450년에는 거대한 돌을 사용하다가 기원전 2450년에는 작은 돌을 사용했을 수도 있지요. 이곳에는 이 생각을 지지해주는 것이 많다고 생각합니다. 그들이 '매우 오래된 종파'임을 암시하는 것 말입니다. 단 많은 증거가 충분히 조사되지 않았어요."

"예를 들면 어떤 것이 있죠?"

"그 하나는 당연히 지상의 천문학적 배치입니다. 나는 이 배치에 대해서 진지하게 몰두했습니다. 지질학도 포함되어 있어요. 존 웨스트와 로버트 쇼크의 스핑크스에 관한 연구가 그것입니다. 그 연구에서 사용된 것은 천문학과 지질학입니다. 두 학문 모두 증거를 중요시합니다. 경험을 원칙으로 하는 엄밀한 학문이죠. 이전에는 이런 문제들에 천문학과 지질학이 적용된 적이 없었습니다. 그러나 천문학과 지질학을 이용하게 되면서부터 기자 묘지의 기원에 관한 새로운 발견이 이루어졌습니다. 그러나 솔직히 말해서 아직 표면을 긁고 있는 정도라고 생각합니다. 앞으로 천문학적이고 지질학적인 발견이 계속되겠지요. 다른 하나는 아무도 피라미드 텍스트에 대해서 상세한 연구를 하지 않았다는 것입니다. 이제까지의 연구는 '인류학적인' 관점에서만 행해졌어요. 게다가 그 관점에는 전제가 깔려 있었습니다. 헬리오폴리스의 신관들은 아직 충분히 문명화되지 않은, 영원한 생명을 원하는 주술사였을 뿐이라는 전제 말입니다. ……그러나 그들이 영원한 생명을 원한 것은 확실하지만 주술사는 아니었어요. ……그들은 고도로 문명화되고 독창적인 사람들로서 그 업적을 놓고 보면 독자적인 학문을 가진 과학자였다고 할 수 있습니다. 따라서 피라미드 텍스트는 과학적인, 적어도 과학을 내포하고 있는 문헌이지 주술 따위로 생각해서는 안 됩니다. 나는 피라미드 텍스트의 저자가 세차운동의 천문학에 능통했다고 확신합니다. 그 외에도 열쇠가 있겠지요. 수학과 기하학, 특히 기하학이 그렇습니다. 암호체계도 그렇구요. ……필요한 것은 피라미드 텍스트를 이해하기 위한 다각적인 접근입니다. 그것이 피라미드 자체를 이해하는 길이 되기도 합니다. 천문학자, 수학자, 지질학자, 기술자, 건축가 그리고 철학자도 암호체계에 관한 역할을 담당하고 있습니다. 이 중요한 문제에 새로운 견해, 새로운 해결법을 제시할 수 있다고 생각되는 사람들이 연구를 계속하도록 장려해야 합니다."

"어째서 이 문제를 그렇게까지 중요하다고 생각하는 거죠?"

"왜냐하면 인류의 과거를 이해할 수 있는 중대한 열쇠가 되기 때문입니다. 기원전 1만450년에 세심한 주의를 기울여서 엄밀하게 이 계획을 세우고 실시한 사람들의 문명은 고도로 진화한 기술을 가지고 있었을 것입니다."

"그러나 그 시대에는 지구상에 고도로 발달한 문명이 존재하지 않았는데……."

"그렇습니다. 그때는 석기시대였죠. 인류사회는 아직 원시적인 수준이었을 때……. 우리의 선조들은 짐승의 가죽을 몸에 두르고 동굴에서 살면서 수렵생활을 한 것으로 생각되고 있죠. 그래서 기원전 1만450년에 문명화된 사람들이 기자에 존재했다는 것을 발견한 일은 더욱 놀라운 것이지요. 그들은 세차운동이라는 눈에 보이지 않는 과학을 매우 잘 이해하고 있었고, 오리온자리의 세차주기에서 최저점을 계측할 수 있는 기술을 가지고 있었습니다. 그 지점이 1만3,000년이 걸리는 주기의 출발점이라는 것을 알고 있었다는 말이 됩니다. 그리고 이곳에 그때를 나타내는 영원한 건축물을 세웠습니다. 세 별에 대응되는 각 피라미드의 위치를 보면 그들 역시 특별한 때를 땅에 새겨놓았음을 알고 세운 것입니다."

기묘한 의문이 머릿속에 떠올랐다. "그들이 새겨놓은 연대가 기원전 1만450년이라고 단정지을 수 있는 근거가 있습니까? 오리온자리의 세 별은 은하수의 서쪽 수평선에서 11도 정도의 위치로 2만6,000년에 한 번 돌아옵니다. 그렇다면 기원전 3만6450년이나 1만450년으로부터의 2만6,000년 전을 나타내는 것인지도 모르잖습니까?"

보발은 분명한 대답을 준비하고 있었다. "고대문헌은 이집트 문명이 4만 년 정도 전부터 시작되었음을 암시하고 있습니다." 보발은 생각에 잠겼다. "헤로도토스도 기묘한 이야기를 남겼습니다. 태양은 지는 곳에서 뜨고, 뜨는 곳에서 진다."

"그 말 역시 세차운동을 상징하는 것이군요."

"그렇습니다. 헤로도토스의 말은 분명히 세차운동을 가리키는 것입니다. 이상한 사실은 언제나 세차운동이 등장한다는 것입니다. ……여하튼 당신의 말이 맞아요. 그들은 보다 이전의 세차주기를 남겼을지도 모르지요……."

"그렇다면 당신도 그렇게 생각합니까?"

"아니요. 기원전 1만450년일 가능성이 더 높다고 생각합니다. 호모 사피엔스의 진화과정을 보아도 이 시기가 현실적입니다. 기원전 3000년경에 왕조문명이 갑자기 나타날 때까지는 상당히 오랜 세월이 걸렸지만 그렇다고 너무 길었던 것은 아닙니다."

"오랜 세월이라니요?"

"지상의 건물배치와 환기 구멍의 배치에 8,000년의 간격이 있다는 당신의 질문에 대한 대답입니다. 8,000년은 분명히 오랜 세월이지만 헌신적이고 강한 동기를 가지고 있는 종파라면 그것이 그렇게 긴 세월은 아닙니다. 따라서 그들은 기원전 1만450년에 이 장소를 창조한 사람들의 고도로 발달한 지식을 보존하고 유지시켜서 충실히 전달했는지도 모르지요."[14]

기계

역사 이전에 존재했던 발명자들의 지식은 얼마나 높았을까?

"그들은 자신들의 시대를 알고 있었어요"라고 보발이 말했다. "또한 그들이 사용한 시계는 자연의 시계였습니다. 그들은 세차운동이라는 천문학적 언어를 사용했고, 이 건축물들은 그 언어를 분명하고 과학적인 방식으로 표현하고 있습니다. 또한 그들은 고도의 기술을 가진 측량사였습니다. 건축물을 세울 계획을 세우고 피라미드를 배치한 사람들입니다. 그들의 설계는 정밀했고 토대의 배치도 정확했습니다. 그들이 만든 것 가운데 방위에 어긋나는 것은 하나도 없습니다."

"그들은 피라미드의 위치가 북위 30도라는 것을 알고 있었을까요?"

보발은 웃었다. "물론 알고 있었지요. 그들은 지구의 형태에 대해서 모르는 것이 없었습니다. 천문학에도 정통했어요. 태양계에 대해서도 잘 알고 있었고 하늘의 구조에 대해서도 잘 알고 있었습니다. 그들의 일처리는 너무나 정밀했고 믿기 어려울 정도로 정확했습니다. 따라서 기자에서 행해진 모든 것은 우연의 산물이 아닙니다. 적어도 기원전 1만450년부터 기원전 2450년까지는 그렇게 말할 수 있습니다. 모든 것은 계획되었고 의도되었으며 주의 깊게 계산되었다는 생각이 듭니다. 오랜 세월 동안 어떤 목적을 달성하려고 했다는 것이 느껴져요. 그들은 기원전 3000년에서 기원전 2000년 사이에 계획이 열매를 맺도록 했지요."

"그럼, 완전히 완성된 피라미드는 세차운동과 관련하여 계획이 열매를 맺는 시기에 알 니탁 별과 시리우스 별에 맞추어져 있었다는 말인가요?"

"그렇죠. 피라미드 텍스트도 마찬가집니다. 내 추측으로는 피라미드 텍스트도 그 수수께끼의 일부예요."

"하드웨어인 피라미드의 소프트웨어라는 말인가요?"

"그럴 가능성이 높습니다. 그렇게 생각되지 않습니까? 어쨌든 관계가 있다는 것만은 확실합니다. 피라미드를 정확하게 해독하기 위해서는 피라미드 텍스트를 사용해야 합니다…….”

보발에게 물었다. “피라미드를 지은 사람들의 진정한 목적은 무엇이었을까요?”

“영원의 묘를 짓기 위한 것이 아니었다는 점만은 확실합니다”라고 보발은 단언했다. “나는 그들이 영원히 사는 것에 대해서 의심을 가지지 않았다고 생각합니다. 그들은 자신들의 사상을 전달하는 매개체에 의식적으로 모든 의미에서의 영원한 것을 사용했습니다. 그들은 자동적으로 작용하는 힘을 도출했는데 그것은 이해할 수 있는 사람에게만 제공되었어요. 그 힘은 사물을 찾게 만드는 질문입니다. 나는 그들이 인간성을 완벽하게 이해하고 있었다고 생각합니다. 또한 게임의 법칙도 알고 있었어요. ……그렇죠? 농담하는 것이 아닙니다. 그들은 자신들이 무엇을 하고 있는지를 알고 있었어요. 자신들의 모습이 사라지고 난 뒤에 먼 미래의 사람들을 자신들의 생각에 끌어들일 수 있다는 것을 알고 있었던 것입니다. 미래의 사람들을 끌어들이기 위해서는 영원히 움직이는 기계를 만들면 된다는 것도 알고 있었어요. 그것은 질문을 산출하는 기계이지요.”

이때 나는 분명히 곤혹스러운 표정을 짓고 있었을 것이다.

“그 기계는 바로 피라미드입니다!” 보발은 외치듯이 말했다. “거기에 기자 전체도 포함되죠. 우리를 봐요. 우리가 지금 뭘 하고 있죠? 질문을 하고 있습니다. 이런 시간에 추위에 벌벌 떨면서 태양이 뜨는 것을 기다리면서 질문을 하고 있습니다. 끝없는 질문을 하고 있는데 그것은 기계의 프로그램에 계획되어 있는 대로 행동하고 있는 것에 지나지 않습니다. 진정한 마술사의 손 위에 있는 셈이지요. 진정한 마술사는 적절한 상징과 질문만으로도 인간이 스스로 깨달을 수 있게 해줍니다. 피라미드에 대해 질문을 시작해서 많은 대답을 얻고, 다시 질문이 생기고……그렇게 계속해서 질문이 이어지고 결국은 끌려들어가게 되는 거죠.”

"그렇다면 씨를 뿌린 셈이군요."

"그렇습니다. 그들은 씨를 뿌린 것이지요. 틀림없이 그들은 마술사예요. 또한 사고가 가진 힘을 알고 있었죠. 어떻게 사고를 성장시키고 사람들의 마음에서 발전시킬 수 있는지를 알고 있었어요. 그래서 만약 생각하기 시작하고 이유를 찾는 과정을 통과하면 나처럼 오리온자리나 기원전 1만450년에 도착하게 됩니다. 즉 이것은 자동적인 진행과정인 셈입니다. 그 씨앗을 먹거나 씨앗이 잠재의식 속에 들어오면 혼자서 성장하기 시작합니다. 그렇게 되면 이미 저항할 수 없게 되죠."

"당신은 기자의 종파가 무엇이었건, 세차운동, 구조, 피라미드, 피라미드 텍스트와 더불어 종파 역시 현존하고 있다는 듯이 말하는군요?"

"어떤 의미에서는 현재도 존재하고 있습니다. 기계를 다루는 기술자가 핸들만 돌리지 않는다면 기자 보지는 시금도 질문을 만들어내는 기계입니다." 보발은 잠시 침묵하다가 대피라미드의 정상을 손가락으로 가리켰다. 그리고 보니 산타와 함께 한밤중에 대피라미드에 올라간 지도 벌써 아홉 달이 지났다. "저 힘을 봐요"라고 보발은 계속해서 말했다. "5,000년이나 지났는데도 끌어당기고 있어요. 좋고 싫고 관계없이 사람을 끌어들이고 있습니다. 사고의 과정 속으로 밀어넣고 마는 것입니다. 그 힘은 또한 배우게 합니다. 하나의 질문을 던진 순간 기술적인 것에 관한 질문에서부터 기하학적인 배치와 천문학에 관한 질문까지 생깁니다. 그래서 공학과 기하학, 천문학에 대해서 배울 필요가 생기죠. 그렇게 되면 얼마나 세련된 건축물인지를 알게 되고, 건설한 사람들이 얼마나 현명하며 기술적으로 뛰어났는지와 지식이 풍부했는지를 알게 됩니다. 그 다음에는 인류에 대한 물음이 생기고 인류의 역사에 대한 물음이 생깁니다. 그리고 결국에는 자신에 대한 물음이 생기게 되죠. 진실을 발견하고 싶다고 생각하게 되는 것입니다. 이것이 힘의 원천입니다."

제2의 서명

1993년 12월의 어느 추운 아침, 우리는 기자 대지에 앉아서 떠오르는 태양을 바라보고 있었다. 동지에 가까운 때여서 겨울의 태양은 스핑크스의 오른쪽 어깨에서 떠올랐다. 태양이 지나가는 길은 남쪽에 근접해 있었는데 얼마 지나지 않아 방향을 바꾸어 북쪽으로 돌아가기 시작할 것이었다.

스핑크스는 춘분점에서 태양이 뜨는 정확한 방향을 향해서 앉아 있다. 따라서 스핑크스는 춘분과 추분을 알려주는 표식이다. 역시 "대계획"의 일환이었을까?

역사가 시작된 후부터 혹은 시작되기 전부터 스핑크스는 항상 정동을 바라보며 춘분과 추분에 태양이 뜨는 것을 지켜보았다. 그러나 제5부에서 살펴본 것처럼 고대인들은 춘분점을 통해서 천문학적 연대를 나타냈다. 산틸라나와 폰 데헨트는 다음과 같이 말했다.

> 태양이 뜨기 직전에 동쪽에서 떠오르는 별자리는 태양이 안주하는 "장소"였다. 별자리는 태양을 "운반하는 것"으로 여겨졌고 춘분점을 "시스템"의 기점으로 삼았다. 이 기점이 태양의 1년 주기의 첫 번째 위치가 된다……[15]

그런데 춘분과 추분을 알려주는 이 표식이 어째서 거대한 사자의 형태를 하고 있는 것일까?

지금은 기원후 2000년대이고 누군가가 이와 같은 표식을 만든다면 물고기 형태가 어울린다. 왜냐하면 춘분에 떠오르는 태양은 물고기자리를 배경으로 하기 때문이다. 이 상태는 지난 2,000년 동안 계속되었다. 천문학적으로 물고기자리의 시대는 그리스도 시대부터 시작되었다.[16] 초기 기독교 신자는 십자가가 아니라 물고기를 중요한 상징으로 삼았는데 이것이 우연인지 어떤지는 독자들이 판단하기 바란다.[17]

그 이전은 대충 따져서 기원전 1-2세기경이 되는데, 그 시기는 양자리였다. 그 당시에는 양자리가 태양을 옮기는 영예를 차지했다. 그리고 이 시대의 종교적 상징의 중심은 양이었다.[18] 이 점 역시 판단은 독자들에게 맡긴다. 예를 들면 다음과 같은 이야기가 과연 우연일까? 구약성서에서 이스라엘의 신 야훼는 아브라함의 아들 이삭 대신 숫양을 제물로 바치게 했다.[19] (성서학자와 고고학자는 아브라함과 이삭이 기원전 2세기 초에 실재했다고 한다.[20]) 또한 숫양은 구약성서(모든 이야기가 양자리의 시대에 생겼다)에서 다양한 형태로 여러 장소에서 자주 등장하지만 신약성서에는 거의 나오지 않는데 이것도 우연일까?[21] 고대 이집트에서도 기원전 2세기 초에 양자리의 시대로 들어서자마자 소용돌이치는 뿔을 가진 숫양을 상징으로 하는 아몬 신에 대한 신앙이 크게 융성했는데 이것도 우연일까?[22] 아몬의 중요 성지는 상이집트의 룩소르에 있는 카르낙 신전이었는데, 기원전 2000년경에 건설이 시작되었다.[23] 이 신전에 가보면 주요 우상은 숫양으로서 입구에 긴 열을 지어 신전을 보호하고 있다.

양자리의 바로 전 별자리는 황소자리였다. 기간은 기원전 4380년에서 기원전 2200년 사이였다.[24] 이 시대에는 춘분에 태양이 황소자리에서 떠올랐고 미노아 문명의 황소를 숭배하는 종파가 융성했다.[25] 또한 역사적인 관점에서 말한다면 이 무렵에 아무런 징후도 없이 갑자기 완성된 모습의 고대 이집트 왕조시대가 시작되었다. 고대 이집트인은 왕조시대가 시작되고부터 이미 성스러운 황소 신(神)들인 아피스와 므네비스를 숭배했는데 이것도 우연인지 어떤지는 독자들의 판단에 맡긴다. 고대 이집트인은 아피스를 오시리스의 화신으로 생각했고, 므네비스를 헬리오폴리스의 성스러운 동물이자 라의 화신으로 생각했다.[26]

춘분과 추분을 알려주는 표식이 왜 사자의 모습을 하고 있을까?

나는 기자 대지에 있는 스핑크스의 거대한 사자의 몸을 내려다보았다.

이집트학자들은 제4왕조의 파라오인 카프레 왕이 기원전 2500년에 이 석상을 만들었다고 믿고 있는데 그때는 황소자리의 시대였다. 카프레 왕

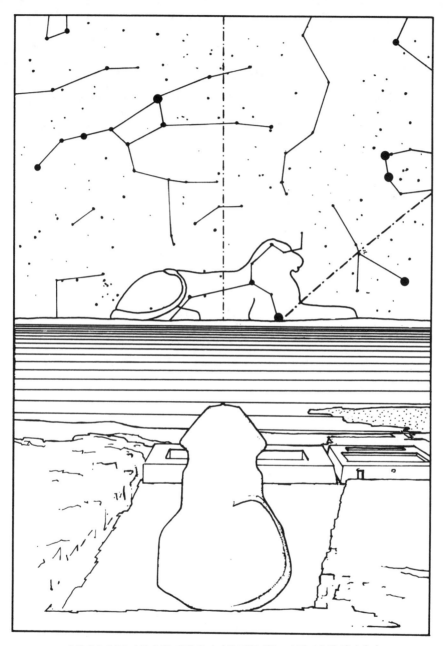

기원전 1만450년의 춘분 새벽에 바라본 정동 하늘. 스핑크스와 사자자리.

이 통치하기 거의 1,800년 전부터 태양은 황소자리에서 떠올라 카프레 왕의 시대가 끝난 후에도 300년 동안 계속되었다. 그렇다면 파라오가 기자에 춘분과 추분의 표식을 새긴다고 할 때 사자가 아닌 황소의 형태를 취하는 것이 자연스러웠을 것이다. 결국 사자의 형태가 된 것은 당시가 사자자리였다는 말이 되는데, 태양이 춘분에 사자자리를 배경으로 떠오른 시기는 기원전 1만970년부터 기원전 8810년까지이다.[27]

그렇다면 왜 사자로 했을까? 그것은 만든 시기가 사자자리였기 때문이다. 이때 태양은 춘분에 사자자리를 배경으로 떠올랐다. 그로부터 2만6,000년이 지나지 않으면 다시 사자자리의 시대가 오지 않는다.

기원전 1만450년에 오리온자리의 세 별은 세차운동의 주기에서 최저점에 와 있었는데, 은하수의 서쪽인 남쪽 하늘의 수평선에서 11도 8분의 높이에 있었다. 나일 강의 서쪽 땅에는 이 모습이 세 피라미드의 형태로 반영되어 있다. 이 배치는 틀림없이 세차운동 주기의 전환점을 나타낸 것이다.

또한 기원전 1만450년경에 태양은 춘분에 사자자리를 배경으로 떠올랐다. 기자의 땅에서는 이 현상이 스핑크스라는 사자의 형태를 한 건축물에 의해서 기록으로 남겨졌다. 이 사실은 스핑크스의 제작연대를 증명하는 공식적인 제2의 서명인 듯하다.

즉 기원전 11세기는 "하늘의 맷돌"이 부서진 후에 춘분의 별자리도 처녀자리에서 사자자리로 변해서, 기자에 만들어진 스핑크스가 춘분에 태양이 떠오를 때 자기의 별자리와 대면할 수 있는 유일한 시기였다는 말이 된다.

새로운 물음

"지상과 하늘의 배치가 기원전 1만450년에 이와 같이 완전하게 일치하는 것은 우연이 아닙니다. 우연이라는 것은 더 이상 논의의 대상이 아닙니다"라고 보발이 말했다. "지금 우리 앞에 있는 참된 문제는 왜일까입니다. 왜 이런 일을 했을까요? 왜 이토록 집요하게 기원전 11세기로 눈 돌리게 만드는 것일까요?"

"그들에게 중요한 시기였기 때문은 아닐까요?"라고 산타가 물었다.

"틀림없이 매우 중요한 시기였을 것입니다. 보통 이런 일은 하지 않습니다. 그런데 스핑크스를 만들고 합계 1,500만 톤이 넘는 세 피라미드를 만들었어요. 아주 중요한 이유가 있었겠지요. 따라서 질문은 무슨 이유에서였을까에 초점을 맞춰야 합니다. 이 질문을 던지게 하려고 그들은 기원전 1만450년에 강한 인상을 남긴 것입니다. 그들은 질문을 강요하고 있습니다. 기원전 1만450년으로 우리의 주의를 모으려고 하고 있습니다. 그 이유를 찾아낼 수 있을지 어떨지는 우리가 하기 나름입니다."

세 사람 모두 긴 침묵에 빠져들었다. 어느 사이엔가 태양은 스핑크스의 남동쪽에 떠 있었다.

| 제8부 |

결론 : 지구의 미래는?

50

헛수고를 한 것이 아니다

이 조사를 시작하고 몇 개월 지나지 않아서 자료조사를 맡은 조수가 나에게 편지를 보내왔다. 15장에 이르는 그 편지는 왜 자신이 이 일을 그만두어야 하는가에 대한 설명이 적혀 있었다. 그때 나는 아직 그림 조각 맞추기를 완성시키지도 못했고 확실한 증거보다는 직감에 의존하고 있었다. 나는 여러 가지의 수수께끼와 변칙성, 불가사의함에 사로잡혀 있어서 가능한 많은 것을 알아내려고 했다. 그 사이 조수는 이미 알려져 있는 문명들이 세계사에 등장하는 유구한 과정을 조사하고 있었다.

그 결과 문명이 발달하기 위해서는 일정한 경제적, 기후적, 지형적, 지리적 조건이 충족될 필요가 있다고 그는 말했다.

만약 아직 알려지지 않은 독자적인 문명을 구축한 위대한 사람들을 찾으려고 한다면 건초더미 속에서 바늘을 찾는 헛수고를 할 필요가 없습니다. 오지에서 풍요로운 도시를 찾고 있는 격이지요. 선생님이 찾고 있는 것은 적어도 수천 킬로미터 이상의 영역을 차지하고 있는 광대한 육지입니다. 그런 땅이라면 멕시코 만 정도의 크기이거나 마다가스카르 섬의 두 배 정도는 되어야 합니다. 거대한 산맥이나 큰 강의 수계(水系)가 있고 기후는 지중해성 기후나 아열대 기후라고 생각됩니다. 또한 비교적 평온한 기후가 1만 년 이상 계속될 필요가 있습니다. ……그러면 당시 그곳에 몇십만 명의 문명화된 사람들이 있었을 텐데 갑자기 물질적 흔적을 거의 남기지 않고 사라졌다는 말이 됩니다. 게다가 살고 있었던 땅 자체도 사라지고 살아남은 극소수의 생존자들은 현명하게도 종말이 다가온다는 것을 알고 계속 살아갈 수 있는 풍요로운 땅에서 대재해를 피할 수 있는 물자를 가지고 있었다는 말이 됩니다.

이런 이유로 나는 조수를 잃었다. 내 추론은 가정부터가 불가능하다는 이유였다. 사라진 고도의 문명 따위는 존재하지 않을 것이다. 왜냐하면 그런 문명을 지탱할 수 있는 육지는 너무 커서 사라질 수가 없기 때문이다.

지구물리학적으로 불가능하다

이 문제는 중대한 것으로 조사 중이나 여행 중에 항상 마음에 걸렸다. 플라톤의 아틀란티스 대륙에 대한 의견이 학자들 사이에서 진지하게 다루어지지 않은 원인도 여기에 있었다. 사라진 대륙에 대해서 어떤 전문가는 이렇게 말했다.

세계에 인류가 출현한 이후 대서양 육교 따위는 존재하지 않았다. 대서양에는 가라앉은 대륙이 존재하지 않는다. 대서양은 적어도 100만 년은 현재의 형태로 존재했다. 플라톤이 말한 것처럼 아틀란티스 대륙이 존재했다는 것은 지구물리학적으로 불가능하다.[1]

이와 같은 단정적 논조는 예전부터 보아온 것으로 이치에 맞는 말이다. 현대의 해양학자들은 대서양의 해저를 완전히 파악하고 있는데 그곳에 사라진 대륙은 존재하지 않는다.

그러나 내가 수집한 증거가 분명히 사라진 문명의 지문을 나타내는 것이라고 한다면 대륙은 어디론가 사라졌을 것이다.

그곳은 어디인가? 나는 얼마 동안은 대서양이 아니라면 다른 대양의 아래에 있지 않을까라는 지극히 당연하게 머릿속으로 찾아드는 가설을 생각했다. 태평양은 매우 넓지만 인도양 쪽이 가능성이 높다고 생각했다. 왜냐하면 세계에서 가장 오래된 문명이 기원전 3000년경에 갑자기 나타난 중동의 비옥한 초승달 지대와 비교적 가깝기 때문이다. 몰디브 제도에 있다고 하는 고대 피라미드의 소문을 쫓아서 동아프리카의 소말리 해안에 갈 계획도 세웠었다. 또 고대에 사라진 낙원의 실마리를 찾기 위해서 세이셸 제도로 여행을 하려고까지 생각했다.

그러나 문제는 역시 해양학자들이었다. 대서양과 마찬가지로 인도양의 해저도 지도화되어 있는데 사라진 대륙은 하나도 발견되지 않았다. 다른 바다도 마찬가지였다. 바다 밑에는 고도의 문명을 키워낸 거대한 육지가 없는 듯했다.

그러나 조사를 계속하면서 예전에 고도로 발달한 문명이 존재했었다는 증거는 계속 늘어났다. 나는 그 문명이 해양 문명으로 항해자들의 국가였음이 틀림없다고 추측하기 시작했다. 이 가설을 지지해주는 것이 몇 가지 있다. 경이로운 고대의 세계지도, 이집트의 "피라미드의 배", 마야의 놀라운 역법체계에서 볼 수 있는 천문학적 지식, 케찰코아틀과 비라코차처럼 바다를 항해하는 신의 전설 등이 그 예이다.

항해자들의 국가는 건축가들의 국가이기도 했다. 티아우아나코의 건축가들, 테오티우아칸의 건축가들, 피라미드의 건축가들, 스핑크스의 건축가들, 200톤이나 되는 석회암을 가볍게 들어올려 쌓을 수 있는 건축가들, 거대한 건축물의 방위를 정확하게 맞춘 건축가들. 이 건축가들이 누구인지는 모르지만 그들은 특징적인 지문을 세계 각지에 남겨놓은 듯하다. 그 지문은 거대한 다각형 돌의 배치와 천문학적 배치를 포함한 유적, 인간의 모습을 한 신들의 신화 등의 형태로 남아 있다. 그러나 이와 같은 건축물을 건설할 수 있었던 고도로 발달한 문명, 풍요로운 문명, 북극에서 남극까지 세계를 탐험하고 지도를 작성할 수 있었던 문명, 충분히 조직화되고 성숙된 문명, 지구의 크기를 계산할 수 있었던 문명은 작은 육지 위에서는 발달할 수 없다. 조수가 정확하게 지적한 대로 이 문명의 본거지에는 대규모의 산맥, 큰 강의 수계, 쾌적한 기후, 고도로 번영한 경제가 발전하기 위해서 필요한 환경조건, 즉 농업에 필요한 토지, 광물자원, 삼림 등이 있었을 것이다.

바다 밑바닥이 아니라면, 그런 육지는 어디에 존재하는 것일까?

도서관의 천사

그곳은 어디에 있었고 언제 사라졌을까? 만약 사라졌다면(그럴지도 모른다) 왜, 어떻게, 어떤 상황에서 사라진 것일까?

도대체 어떻게 대륙이 사라질 수 있을까?

상식적으로 생각해보면 대재해가 일어났던 모양이다. 그것도 전 세계를 뒤덮은 대재해로 거대한 문명의 흔적을 형태도 없이 소멸시킬 수 있을 정도의 규모일 것이다. 그렇다고 한다면 왜 그 대재해의 기록이 존재하지 않는 것일까? 아니면 존재하고 있을까?

나는 조사를 진행하면서 세계 각지에 세대에서 세대로 계승되어온 홍수와 불, 지진과 얼음에 대한 위대한 신화를 많이 알게 되었다. 제4부에서 살펴본 대로 세계의 신화는 지질과 기후에 영향을 미친 대사건을 묘사하고 있다. 이 대사건이 초래한 영향은 지역마다 다르게 묘사되어 있는 듯하다.

인류가 이 행성 위에 존재한 짧은 역사 동안에 앞의 묘사에 어울리는 알려진 대재해는 딱 한 번 있었다. 그것은 기원전 1만5000년에서 기원전 8000년 사이인 마지막 빙하기 도중에 발생한 파괴적인 해빙이었다. 무엇보다 테오티우아칸의 건축 유적과 이집트의 피라미드와 마찬가지로 그것과 관련된 신화들의 대부분은 암호화된 과학적 정보를 전하는 전달수단으로 설계된 듯하다. 역시 "신들의 지문"을 나타내는 것이다.

그 당시에 나는 그 의미를 정확히 알아채지는 못했지만, 빙하기의 종언과 더불어 발생한 혼란과 전승으로 전해져온 고대 문명의 소멸 사이에 강한 연관이 존재할 수 있다는 가능성에 매우 민감했다.

바로 그때 도서관의 천사가 나타났……

퍼즐에서 부족한 한 조각

공시성(共時性)에 큰 관심을 가졌던 작가 아서 케스틀러는 "도서관의 천사"라는 말을 만들어냈다. 도서관의 천사라는 말은 조사를 하고 있으면 필요한 정보가 바로 그 순간에 발견되는 매우 운이 좋은 경우가 있는데, 그 운을 가져오는 미지의 힘을 가리키는 것이다.[2]

나에게도 바로 그 순간에 행운이 하나 찾아들었다. 그것은 1993년 여름이었다. 몇 달 동안의 계속된 여행에서 돌아온 후로 대륙 규모의 육지가 사라진 것은 지구물리학적으로 불가능하다는 생각이 들자 자신감이 사라져 육체적으로나 정신적으로 상태가 좋지 않은 시기였다. 그때 나에게 캐나다의 브리티시 컬럼비아 주의 너나이모라는 도시에서 편지가 왔다. 편지는 나의 책 「신의 암호(The Sign and the Seal)」와 관계된 것이었다. 그 책에서 나는 아틀란티스 대륙과 문명을 전파한 영웅들에 대해서, 또 그 영웅들은 "물에서 구원되었다"라는 가설에 대해서도 다루었다.

친애하는 핸콕 씨

나와 아내는 아틀란티스 대륙의 운명에 관한 17년간의 조사 끝에 「하늘이 떨어진 때(When the Sky Fell)」라는 제목으로 원고를 완성시켰습니다. 이 원고를 본 몇몇 출판사는 이 책의 접근방식에 관해서는 호의적인 반응을 보여

주었지만 아틀란티스 대륙에 대해서 다루었다는 이유로 결국 출판을 거절했습니다.[3]

당신은 「신의 암호」에서 "홍수에서 살아남은 사람들이 시작한 비밀스러운 지혜의 전승"에 대해서 기술하셨습니다. 우리는 살아남은 자들이 이주했을지도 모르는 장소를 조사했습니다. 아틀란티스 대륙의 생존자들에게 고지에 있는 맑은 호수는 대홍수가 끝난 후의 이상적인 거점이 되었습니다. 티티카카 호수와 에티오피아의 타나 호수(「신의 암호」의 대부분은 이곳이 무대)는 기후조건에 아주 적합했습니다. 이 지역의 안정된 환경은 농업을 재개할 수 있는 기본조건을 구비하고 있었습니다.

「하늘이 떨어진 때」의 개요를 동봉했습니다. 만약 흥미가 있으시다면 기쁜 마음으로 원고의 사본을 보내드리겠습니다.

안녕히 계십시오.

1993년 7월 19일
랜드 플럼-애스

동봉한 책의 개요를 채 몇 단락도 읽지 않은 상태에서 내가 찾아헤매던 사라진 그림 조각을 발견했다. 그것은 그때까지 연구해온 **남극대륙의 빙원 아래의 지형**을 정확하게 묘사한 고대의 세계지도와 완전히 일치하는 것이었다(제1부 참조). 그것은 대홍수와 지구 규모의 재해가 환경에 미친 영향과 그 이야기를 전하는 세계 각지에 분포되어 있는 위대한 신화와도 완전히 통하고 있었다. "순식간에 얼어붙은" 맘모스가 시베리아 북부와 알래스카에서 다수 발견되었다는 수수께끼를 설명했으며 지금은 아무것도 자라고 있지 않은 북극권의 영구 동토층 속에 키가 27미터나 되는 과일 나무가 묻혀 있는 수수께끼를 설명했다. 또한 북반구의 마지막 빙하기, 즉 기원전 1만5000년 이후에 얼음이 급격하게 녹아내린 이유에 대해서도 해답을 제공했다. 게다가 빙하의 해빙과 함께 세계 각지에서 일어난 화산활동에 대한 의문점과 "어떻게 대륙이 사라졌을까"라는 물음에도 대답하고 있었다. 그것은 찰스 햅굿이 주창하는 "지각이동설"에 뿌리를 두고 있었는데, 나는 이 지질학상의 혁신적인 가설에는 이미 친숙했다. 플럼-애스 부부는 개요에 다음과 같이 적어놓았다.

남극대륙은 가장 이해되지 않는 대륙이다. 대부분의 사람들은 이 거대한 섬이 몇백만 년 동안 얼음으로 뒤덮여 있었다고 생각한다. 그러나 새로운 발견에 의하면 남극대륙의 일부는 지질학적으로 보아 최근이라고 할 수 있는 몇 천 년 전에는 얼음으로 덮여 있지 않았다. "지각이동설"은 남극대륙에 급격하게 두꺼운 빙원이 생긴 수수께끼를 설명한다.

이 캐나다의 연구자들이 다루고 있는 것은 마지막 빙하기가 끝날 무렵 — 거의 기원전 11세기 — 까지 남극대륙은 현재의 위치보다 3,200킬로미터 정도 북쪽(쾌적한 온대의 기후)에 있었고, 지각이 대규모로 어긋나서 현재의 위치로 이동하게 되었다는 햅굿의 이론이었다.[4] 계속해서 플럼-애스 부부의 말을 들어보자.

지각이동이 있었다는 또다른 증거는 지구를 에워싸고 있는 죽음의 원(알래스카, 시베리아 일대/역주)이다. 많은 종류의 동물이 급속하게 대량으로 멸종된 대륙(특히 남북 아메리카와 시베리아)은 위도의 급격하고 대폭적인 변동을 경험했던 것이다.
지각이동이 초래한 결과는 엄청난 것이었다. 지각은 지구의 내부 위에서 물결쳤고 세계는 격심한 지진과 홍수에 시달렸다. 대륙이 요란한 소리를 내면서 위치를 바꾸었고 하늘은 떨어질 듯이 보였다. 깊은 바다 밑에서 발생한 지진으로 대규모의 해일이 발생해서 해안으로 밀려들었고 육지를 덮쳤다. 어느 곳은 온화한 곳으로 이동했고 또 어느 곳은 극지방으로 밀려나 겨울의 비참함을 맛보게 되었다. 만년설이 녹으면서 해면은 점점 상승하기 시작했

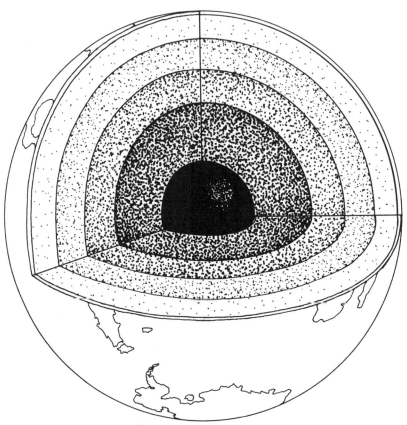

지구의 내부구조. 지각이동설에 의하면 지각 전체가 한 덩어리가 되어 주기적으로 이동할 가능성이 있다. 두께가 48킬로미터밖에 되지 않는 지각은 윤활제의 역할을 하는 암류권(巖流圈)이라는 층 위에 있다.

고, 모든 생물은 적응을 하든지, 이주를 하든지, 그도 아니면 죽을 수밖에 없었다.

이 끔찍한 지각이동이 만약 현재에 일어난다면 수천 년에 걸친 문명의 진보는 거미집처럼 산산조각 나서 지구상에서 사라지고 말 것이다. 높은 산 근처에 사는 사람은 해일을 피할 수 있을지도 모른다. 그러나 서서히 쌓아올린 문명의 성과를 저지대에 남겨두고 떠나야 할 것이다. 배와 잠수함 등이 문명의 증거로 남게 될지도 모른다. 배와 잠수함의 선체는 녹이 슬고 마침내 사라지게 될 것이다. 그러나 배 속에 있는 지도는 살아남은 사람들에 의해서 몇백 년, 몇천 년에 걸쳐 보존될 것이다. 인류가 그 지도를 이용해서 사라진 땅을 찾아 세계의 바다를 다시 한 번 항해할 수 있게 될 때까지…….

나는 이 글을 읽는 동안에 찰스 햅굿의 가설을 생각했다. 이것은 지질학자가 지각(얇고 딱딱한 지구의 겉껍질)이라고 부르는 지구의 표층 전체가 "내부의 부드러운 부분은 그대로 두고, 몇 번에 걸쳐 이동한 것이다. 이것은 마치 오렌지 껍질이 알맹이와 떨어져 헐거워지면 껍질 전체의 위치가 한 번에 바뀔 수 있는 것과 같다."[5]

이제까지는 이미 알고 있는 의견이었다. 그러나 캐나다의 연구자들은 내가 놓친 다른 중대한 사실을 두 가지 제시했다.

인력의 영향

그 첫 번째는 인력의 영향이(제5부에서 설명한 지구의 공전궤도 형태의 변화뿐만 아니라) 지각이동이라는 메커니즘을 통해서 빙하기의 시작과 쇠퇴에 일정한 역할을 담당했다는 가능성이다.

박물학자이며 지질학자이기도 한 루이 아가시가 1837년에 빙하기라는 개념을 학계에 제시했을 때 많은 사람들은 회의적이었다. 그러나 아가시를 지지하는 증거가 늘어남에 따라 회의적이었던 사람들도 지구가 끔찍한 겨울에 사로잡혀 있었다는 것을 수용할 수밖에 없었다. 그러나 모든 것을 정체시키는 빙하기가 어떻게 일어났는지는 여전히 수수께끼였다. 1976년까지는 빙하기의 연대를 확정하는 확실한 증거가 나타나지 않았다. 빙하기는 지구 공전궤도의 다양한 천문학적 특징 및 지축의 기울기에 의해서 설명된다. 천문학적 요소는 확실히 빙하기의 발생과 연관이 있다. 그러나 이것은 원인들 가운데 하나에 불과하다. 그만큼 중요한 것이 바로 빙하의 지형이다. 지각이동설이 수수께끼를 풀어서 밝힌 것은 이 점에 관해서이다.

알베르트 아인슈타인은 극지의 주위에 불균형하게 분포되어 있는 만년설의 무게가 지각이동을 일으켰을 가능성에 대해서 연구했다. 아인슈타인은 "지구의 자전이 불균등하게 퇴적된 얼음 덩어리에 작용하는 원심력이 발생해서 그것이 지구의 단단한 지각에 전달된다. 이렇게 계속 증가되는 원심력은 어느 지점에 도달하면 지구의 내부구조 위를 덮고 있는 지각을 이동시키게 되고 그 결과로 극지대는 적도 방향으로 이동한다"고 주장했다.

아인슈타인이 이것을 기록한 때〔1953년〕에는 빙하기가 천문학적 원인으로 일어났다는 생각은 아직 이해되지 않았다. 지구 공전궤도의 형태가 원에서 1퍼센트 이상 변하면 태양이 지니고 있는 인력의 영향이 증가되어 지구와 그 위에 있는 거대한 빙원을 강하게 당기게 된다. 빙원의 묵직한 무게는 지각을 밀어내고 지구의 기울기〔공전궤도의 형태에 영향을 미치는 또 하나의 변화하는 요소〕가 커지는 것도 원인이 되어 지각을 이동시킨다.

인력의 영향이 빙하기의 시작과 쇠퇴에 연관이 있을까?

말하자면 그렇다.

지각의 이동에 의해서 북극과 남극에 위치하고 있는 지각(현재의 남극대륙처럼 완전히 얼음으로 덮여 있었다)은 갑자기 온난한 위도로 이동해서 얼음이 급속도로 녹기 시작했다. 그 반대로 그때까지 온난한 위도에 위치하고 있던 땅은 갑자기 극지대로 이동해서 급격한 기후의 변화를 겪으며 급속히 확장되는 만년설 아래로 사라졌다.

즉 북유럽과 북아메리카의 대부분이 두꺼운 얼음으로 뒤덮여 있던 이유는 서서히 작용한 기후 때문이 아니라 현재보다도 북극에 훨씬 더 가까운 위치에 있었기 때문이다. 마찬가지로 제4부에서 다룬 위스콘신 빙기와 뷔름 빙기의 빙하가 기원전 1만5000년경에 녹기 시작한 것은 기후의 변화 때문이 아니라 만년설이 온난한 위도로 이동했기 때문이다.

다시 말해서 빙하기는 북극권 내와 **남극대륙**에서 현재에도 진행 중이다.

사라진 대륙

플럼-애스 부부가 지적한 다른 하나는 지금 서술한 것에서 결론적으로 도출되는 것이다. 만약 지각이동처럼 주기적인 지질학적 현상이 일어나서 마지막 이동이 남극대륙이라고 불리는 거대한 육지를 온난한 위도에서 남극권으로 옮겨놓았다면 고대의 사라진 문명의 많은 유적이 남극의 3킬로미터가 넘는 얼음 밑에서 잠자고 있을 가능성이 있다.

갑자기 눈앞이 탁 트였다. 몇천 년 동안 풍요로운 사회의 거점이었던 대륙이 어떻게 흔적도 없이 사라졌는지 알게 된 것이다. 플럼-애스 부부가 결론내린 것처럼 "문명의 기원에 대한 해답을 얻기 위해서는 얼음으로 덮여 있는 남극대륙에 주목해야 한다. 지금 사라진 대륙의 깊은 얼음 속에 그 대답이 잠들어 있을지도 모른다."

조수의 사임 이유가 적혀 있던 편지를 파일에서 꺼내서 그곳에 열거되어 있는 고도의 문명이 출현하기 위한 전제조건을 다시 조사해보았다. "거대한 산맥"이 필요했다. "큰 강의 수계"가 필요했다. "적어도 수천 킬로미터의 영역을 차지하고 있는 광대한 육지"가 필요했다. 또한 문명이 발달하기 위해서는 1만 년간의 안정되고 쾌적한 기후가 필요했다.

남극대륙은 건초더미 속의 바늘이 아니다. 거대한 육지로 멕시코 만보다 훨씬 더 크다. 또한 마다가스카르 섬의 약 7배이고 미국의 크기와 거의 비슷하다. 또한 지진파 측정에 의한 조사에서 남극대륙에 거대한 산맥이 있다는 것이 확인되었다. 그리고 몇 개의 고지도를 보면, 위도와 경도를 알고 있었다고 추정되는 고지도 작성자들은 만년설 밑으로 사라지기 전의 거대한 산맥을 그려놓았다. 고지도에는 "큰 강의 수계"와 산에서 흘러나와 광대한 계곡과 평야를 적시고 바다로 흘러들어가는 강을 그려놓았다.

그 강의 존재는 남극에 있는 로스 해[6]의 바다 밑바닥에서 채취한 지층 자료를 통해서도 증명되었다.

마지막으로 지각이동설은 안정된 기후가 1만 년 동안 계속되었다는 필요조건과 모순되지 않는다. 지각의 돌연한 이동이 일어나기 전에 마지막 빙하기가 끝날 무렵 남극대륙의 기후는 안정되어 있었을 것으로 생각되고, 아마 1만 년 이상의 오랜 세월 동안 그 상태가 계속되었을 것이다. 그리고 그 시대의 남극대륙의 위도는 현재보다 약 3,200킬로미터 북쪽(30도)이었다는 이 이론의 지적이 옳다면, 남극대륙의 최북단은 남위 30도 부근이었을 것이고 그 땅의 사람들은 지중해성 기후, 또는 아열대 기후를 향유했을 것이다.

지각은 정말로 이동했을까? 사라진 문명의 폐허가 남극대륙의 얼음 아래에 삼들어 있는 것일까?

다음 장들에서 살펴보겠지만 그럴 가능성은 존재한다. ……충분히 존재한다.

51

해머와 진자

지각이동설에 대해서는 랜드 플럼-애스와 로즈 플럼-애스가 지은 「하늘이 떨어진 때」(캐나다 스토다트 출판사, 1995년)에 상세하게 설명되어 있다.

앞에서도 말했지만 이 지질학상의 학설은 찰스 햅굿 교수가 주창했고 알베르트 아인슈타인의 지지를 받았다. 이 학설이 제시하는 것은 간단히 말해서 지구의 48킬로미터 두께의 지각이 1만2,900킬로미터 정도 두께의 중심핵 위를 미끌어져 서반구의 대부분이 적도를 향해 남쪽으로, 남극권을 향해서 이동했다는 것이다. 이 움직임은 남북의 자오선을 따라 일어난 것이 아니라 현재의 미국 중앙 평원을 축으로 선회해서 일어났다고 보고 있다. 그 결과로 북아메리카의 북동부(북극은 예전에 이 지역의 허드슨 만에 위치하고 있었다)는 북극권에서 남쪽으로 밀려 내려와서 보다 온난한 위도로 이동했다. 한편 북서부(알래스카와 유콘)는 북시베리아의 대부분과 함께 북으로 선회하면서 이동해서 북극권으로 들어갔다.

햅굿의 모델에 의하면, 남반구에서는 현재 남극대륙이라고 불리는 육지는 대부분이 온대, 또는 그보다 따뜻한 위도에 있었는데 지각이 이동한 결과로 전체가 남극권으로 들어갔다. 이것은 전체적으로 볼 때 약 30도(거의 3,200킬로미터)의 이동인데 주로 기원전 1만4500년부터 기원전 1만2500년에 걸쳐 집중적으로 일어났다. 이 변동은 행성 규모의 거대한 여파와 함

지각이동설에 의하면 남극대륙의 대부분은 기원전 1만5000년까지는 남극권 바깥에 위치했다. 따라서 그때까지는 사람이 거주했을 가능성이 있으며, 기후적으로나 자원적으로 문명이 발달하는 데에 필요한 조건이 갖추어져 있었을 가능성이 있다. 그러다가 남극대륙은 지각이 미끌어지는 대변동으로 남극권의 한가운데로 이동했다.

께 오랜 간격을 두면서 기원전 9500년경까지 계속된 것으로 보인다.

지각이 이동하기 전까지 녹색의 쾌적한 위도에 남극대륙의 대부분이 있었을 때 위대한 문명이 그곳에서 성장하고 있었다면 어떻게 되었을까? 만약 그렇다면 이 문명은 지각이동의 영향으로 파괴되었을지도 모른다. 지각이동에 의해서 대해일, 허리케인과도 같은 폭풍, 격렬한 뇌우, 화산의 분화가 일어나고, 지진이 일어나고, 가는 곳마다 단층이 입을 벌리고, 하

564

늘은 어두워지고, 만년설이 끊임없이 확장되었을 것이다. 그 상태로 1,000년만 지나면 버려진 도시, 건축물, 대도서관 등 파괴된 문명의 유적은 영원히 두꺼운 얼음 아래에 깊이 덮이고 말았을 것이다.

만약 지각이동설이 옳다면 세계 각지에 남아 있는 것은 얼마 되지 않는 신들의 지문뿐이라고 해도 이상할 것이 없다. 이것들은 남극대륙에 있었던 문명의 소수의 생존자들이 실행한 일의 흔적이며 잘못 이해되고 있는 가르침, 기하학적인 건축물일 것이다. 그들은 거대한 배를 타고 거친 바다를 건너 먼 땅으로 가서 정착했다. 그곳은 나일 강 유역(아마 처음에는 청〔靑〕나일 강의 수원인 타나 호수 근처)이나 멕시코의 계곡, 안데스의 티티카카 호수 근처였을 것이고 다른 몇 군데 장소에도 도착했을 것이다.

즉 세계의 여기저기에 사라진 문명의 지문이 희미하게 남아 있는 것이다. 그러나 본체는 두께가 3킬로미터 이상인 얼음 속에 묻혀 있어서 그 모습이 보이지 않는다. 그곳은 달의 뒷면과도 같아서 고고학자들도 거의 접근할 수 없는 곳이다.

이것은 사실일까?

만들어낸 이야기일까?

있을 수 있는 일일까?

있을 수 없는 일일까?

세계에서 다섯 번째로 큰 대륙(면적이 약 1,420만 제곱킬로미터)인 남극대륙이 (1) 옛날에는 보다 온난한 위치에 있었고, (2) 지금부터 2만 년 사이에 그 지대에서 밀려나 남극권으로 이동했다는 것이 지구물리학에서 볼 때 가능할까, 가능하지 않을까?

남극대륙은 이동할 수 있을까?

생명이 없는 극지의 사막

"대륙이동" 및 "판구조론(plate-tectonics)"은 지질학상의 중요한 이론을 설명할 때 사용되어온 핵심용어로서 1950년대부터 일반대중들 사이에서 서서히 이해되었다. 여기에서 그 기본적인 메커니즘을 설명할 필요는 없을 것이다. 대륙이 지구의 표면을 어떤 의미에서 "떠다니고 있으며" 이동하고, 위치를 바꾼다는 것을 모르는 사람은 없다. 예를 들면 지도 위에서 아프리카의 서해안과 남아메리카의 동해안을 비교해보면 예전에 이 두 대륙이 합쳐져 있었다는 것을 알 수 있다. 그러나 "대륙이동"은 매우 오랜 시간에 걸쳐서 일어나는 것이다. 대륙이 떨어지거나 다가가면서 이동하는 거리는 일반적으로 말해서 약 2억 년 동안에 3,200킬로미터에 지나지 않는다. 말하자면 아주 느리게 진행된다.[1]

판구조론 및 찰스 햅굿의 지각이동설은 서로 모순되는 것이 아니다. 햅굿은 두 가지가 모두 일어날 수 있다고 생각했다. 지각은 지질학자들이 주장하는 것처럼 몇억 년에 걸쳐서 천천히 이동하고 있다. 그러나 지구는 지각의 급격한 이동도 경험했다고 한다. 이 이동은 대륙 간의 관계에는 영향을 미치지 않고 대륙 전체(또는 일부)를 지구에 두 군데 있는 고정된 극지대(지축 주위의 북극과 남극을 에워싸고 있는 1년 내내 얼음으로 덮여 있는 지역) 속으로, 또는 바깥으로 이동시켰다.

대륙이동일까?

지각이동일까?

두 가지가 모두 일어났을까?

다른 원인이 있었을까?

솔직히 말해서 모른다. 그러나 남극대륙과 관련이 있는 몇 가지 사실은 매우 기묘해서 지질학적으로 최근에 갑자기 일어난 대변동이라는 개념을 도입하지 않으면 설명하기가 어렵다.

이 사실들을 검토하기 전에 다음과 같은 내용을 기억해주었으면 좋겠다. 지금 화제로 삼고 있는 육지는 현재 태양이 겨울 6개월 동안 한 번도 뜨지 않고 여름 6개월 동안은 한 번도 지지 않는(남극에서 보면 태양은 지평선 낮은 곳에 24시간 낮이 계속되는 동안 하늘에 원형궤도를 그리고 있는 것처럼 느껴진다) 장소라는 사실을 말이다.

남극대륙은 세계에서 가장 추운 대륙이기도 하다. 극점의 온도가 영하 89.2도까지 내려간 적이 있다. 해안지대는 조금 따뜻해서(영하 60도 정도) 엄청난 수의 바닷새의 군생지가 존재하는데 자생 육지 포유동물은 존재하지 않고 거의 완전한 암흑이 지속되는 긴 겨울을 견딜 수 있는 내한성 식물류의 작은 군락이 있을 뿐이다. 「브리태니커 백과사전」은 그 내한성 식물류를 간결하게 열거해놓았다. "지의류, 솔이끼류, 우산이끼류, 곰팡이, 효모균과 다른 균류, 조류(藻類), 박테리아……."[2]

다시 말해서 남극대륙은 지구의 끝에 있는 크고 넓은 광대한 대륙이지만 얼어붙어 있다. 거의 생명이 존재하지 않는 가혹한 얼음의 사막이다. 이 상태는 인류가 5,000년의 역사를 이어오는 동안 계속되었다.

과거에도 그랬을까?

증거 1

「디스커버 더 월드 오브 사이언스 매거진(*Discover the World of Science Magazine*)」, 1993년 2월호, p. 17.

"2억6,000만 년 정도 전의 페름기에는 온대기후에서 자라는 낙엽수가 남극대륙에서 무성하게 자라고 있었다. 이 사실은 고식물학자가 남극 트랜선탁틱 산맥에 있는 아케르나르 산의 고도 2,133미터 지점에서 발견된 화석화한 한 더미의 나뭇가지를 보고 내린 결론이다. 그 장소는 남위 84도 22분으로 남극점에서 800킬로미터 정도 북쪽에 있다."

"'이 발견에서 흥미로운 사실은 그것이 살아 있는 것이든, 화석이든 간에 남위 80도 내지는 85도의 지역에서 발견된 삼림은 이것뿐이라는 것이다'라고 나무의 화석을 조사한 오하이오 주립 대학교의 고식물학자인 이디스 테일러는 말한다. '고식물학자들이 처음으로 한 것은 현대의 기록과 비교하는 것이었다. 오늘날 이 위도에는 삼림이 전혀 없다. 온대지방에서 자라는 나무가 열대지방에서 발견되는 경우는 있다. 그러나 여름에는 24시간 동안 해가 들고 겨울에는 24시간 동안 암흑 속에 덮여 있는 환경에서 자라는 나무를 발견할 가능성은 없다.'"[3]

증거 2

지질학자들은 에오세(약 6,000만 년 전) 이전에 남극대륙에 빙하가 있었다는 증거를 하나도 찾아내지 못했다.[4] 또한 캄브리아기(약 5억5,000만 년 전)까지 거슬러올라간 시기에는 따뜻한 바다가 남극대륙을 완전히, 또는 거의 완전히 에워싸고 있었다는 증거가 발견되었다. 암초를 형성하는 캄브리아기의 멸종된 해양 무척추동물을 다량으로 포함한 두꺼운 석회암이 그 증거이다. "몇백만 년이 지나서 이 바다의 형성물이 해면 위에 나타난 후 온난한 기후가 남극대륙에 풍요로운 번식을 북돋았다. 그것을 증명이라도 하듯이 어니스트 섀클턴 경은 남극점에서 320킬로미터 이내의 장소에서 탄층을 발견했다. 그 후에 1935년의 버드 남극 탐험대의 활동기간 중에 지질학자들은 남위 86도 58분에 있는 위버 산의 경사면에서 많은 화석을 발견했다. 위버 산은 남극점에서 거의 320킬로미터 거리에 있는 해발 3,200미터 높이의 산인데, 거기서 발견된 화석들은 잎과 줄기의 흔적, 화석화한 나무 등이었다. 1952년에 워싱턴에 있는 카네기 연구소의 리먼 H. 도허티 박사는 화석의 조사를 끝내고 그 가운데 두 종류의 양치류가 포함되어 있음을 밝혔다. 하나는 글로소프테리스로 다른 남쪽의 대륙(아프리카, 남아메리카, 오스트레일리아)에 널리 분포하는 것이다. 또 하나는 다른 종류의 거대한 양치류 나무이다……."[5]

증거 3

버드 제독은 위버 산의 중요성에 대해서 언급을 했다. "남극점에서 불과 320킬로미터밖에 떨어져 있지 않은 최남단의 산으로 남극의 기후가 온대, 또는 아열대성이었던 땅이었다는 증거가 발견되었다."[6]

증거 4

"구소련 과학자들은 신생대 제3기 초기(아마 팔레오세나 에오세)의 열대 식물의 흔적을 남극대륙의 그레이엄 랜드에서 발견했다고 보고했다. 또한 영국의 지질학자들은 남극대륙에서 2,000만 년 전에 미국의 태평양 연안에서 무성하게 자라던 것과 동일한 종류의 삼림의 화석을 발견했다. 이 사실은 남극대륙의 첫 번째 빙하기가 있었다고 여겨지는 에오세(6,000만 년 전) 이후에 남극대륙이 계속해서 얼음으로 뒤덮여 있었던 것이 아니라 몇 번의 온난한 기후가 있었다는 것을 보여주고 있다."[7]

증거 5

"1990년 12월 25일 지질학자인 배리 매켈비와 데이비드 하우드는 남극대륙에서 작업을 하고 있었다. 그곳은 남극점에서 400킬로미터 떨어진 해발 1,830미터에 해당하는 지점이었다. 두 사람은 그곳에서 200-300만 년 전에 존재했던 남쪽 연안의 낙엽수 삼림의 흔적인 화석을 발견했다."[8]

증거 6

1986년에 화석화된 식물이 발견되어 남극대륙의 일부가 250만 년 전에는 얼음으로 덮여 있지 않았다는 점을 보여주었다. 더 많은 발견으로 남극대륙의 일부는 10만 년 전에도 얼음으로 덮여 있지 않았다는 것이 밝혀졌다.[9]

증거 7

제1부에서 본 것처럼 버드 남극 탐험대가 로스 해의 해저에서 채집한 퇴적물을 조사함으로써 "고운 입자가 모여 있는 퇴적물을 하류로 옮기는 큰 강"이 기원전 4000년에 이르기까지 남극대륙의 그 지역을 흐르고 있었다는 확증을 얻었다. 일리노이 대학교의 잭 허프 박사의 보고에 의하면 "코어 N-5의 기록은 현재로부터 6,000년 전까지의 해저 퇴적물이 빙하에 의한 것임을 보여준다. 6,000년 전부터 1만5,000년 전까지의 퇴적물은 고운 입자로 이루어져 있는데 예외는 1만2,000년 전쯤의 가는 자갈이다. 이 사실은 1만2,000년 전에는 떠다니는 빙산 이외에 이 지역에 얼음이 존재하지 않았다는 것을 보여준다."[10]

증거 8

제1부에서 본 오론테우스 피나에우스의 세계지도에는 얼음이 없는 상태의 로스 해가 정확하게 그려져 있다. 게다가 남극대륙의 연안지방에 몇 개의 높은 산맥과 그곳에서 흘러나오는 몇 개의 큰 강이 그려져 있다. 현재 그곳에는 두께가 1킬로미터 이상인 빙하밖에 보이지 않는다.[11]

「극지의 궤적(*The Path of The Pole*)」, 찰스 햅굿, 1970년, p. 3 이후.

"지질학의 조사에서 고고학으로부터 중요한 확증을 얻는 것은 매우 드문 일이다. 그러나 이 경우에 로스 해에 얼음이 없었다는 의문은 몇천 년 동안 살아남은 고지도에 의해서 확인될 수 있을 듯하다. 이 지도는 1531년에 프랑스의 지리학자인 오론스 피네〔오론테우스 피나에우스〕에 의해서 발견되어 출판되었는데, 그것은 그가 만든 세계지도의 일부였다…….

이 지도의 정확성은 입증할 수 있다. 몇 년간의 조사로 지도의 투영도법이 밝혀졌는데, 이 지도는 세련된 투영도법으로 그려졌고 구형삼각법이 사용되었으며 남극대륙의 50군데 이상의 지점이 정확하게 그려져 있는 과학적인 것이었다. 그 정확성은 19세기까지도 지도 작성에서 불가능했던 수준이었다. 당연히 이 지도가 처음으로 출판된 1531년에는 남극대륙에 대해서 전혀 알지 못했다. 이 대륙은 1818년까지 발견되지 않았고, 1920년 이후에야 완전한 형태로 지도에 실리게 되었다……."[12]

증거 9

제1부에 본 부아슈의 지도는 남극대륙의 빙원 아래에 있는 지형을 정확하게 그려놓았다.[13] 이것은 우연의 산물일까? 아니면 사라진 문명의 지도 작성자가 대륙의 지도를 그린 시기까지도 남극대륙은 얼음으로 뒤덮여 있지 않았던 것일까?

증거 10

다른 식으로 생각해보자. 만약 현재의 남극권에 있는 땅이 옛날에는 온대, 또는 열대에 있었다고 하면 현재 북극권에 있는 땅은 어떠했을까? 마찬가지로 극적인 기후변화의 영향을 받지 않았을까?

◆ "스피츠베르겐(스발바르) 섬에서 3미터에서 3.6미터 길이의 야자 잎 화석이 열대 해안에서만 사는 갑각류 화석과 함께 발견되었다. 이 사실은 어느 시기인가에 북극해의 온도가 현재의 벵골 만이나 카리브 해의 온도와 비슷했었다는 것을 의미한다. 스피츠베르겐은 노르웨이 북단과 북극점의 중간에 위치하고 있고, 북위 80도이다. 현재 그곳은 1년에 두 달, 길어야 석 달 정도 배가 얼음 사이로 갈 수 있는 장소이다."[14]

◆ 마이오세(2,000만 년 전에서 600만 년 전)에 북극점에서 800킬로미터 이내에 있는 지점에 습지에서 자라는 삼나무가 무성했고, 동일한 시기에 스피츠베르겐에도 수련이 있었다는 사실이 화석을 통해서 밝혀졌다. "그린넬 랜드와 그린랜드, 스피츠베르겐에 살았던 마이오세

식물은 모두 습도가 높고 기후가 온난한 곳에서만 서식하는 것들이다. 스피츠베르겐에서 발견된 수련이 자라기 위해서는 거의 1년 내내 흐르는 물이 있어야 한다. 스피츠베르겐의 식물에 관해서는 이 섬이 현재 1년 가운데 절반은 암흑 속에 있다는 사실을 생각해야 한다. 이 섬은 북극권에 있고 래브라도보다 훨씬 북쪽에 위치하고 있는데 래브라도와의 거리는 버뮤다와 래브라도 사이의 거리와 동일하다."[15]

◆ 북극해의 섬들 중 몇 개는 마지막 빙하기에 얼음으로 덮여 있지 않았다. 예를 들면 북극점에서 1,448킬로미터 떨어진 곳에 있는 배핀 섬의 토탄 속에서 오리나무, 자작나무의 화석이 발견되었는데, 이것은 3만 년 전쯤에 그곳의 기후가 현재보다 훨씬 온난했다는 것을 보여준다. 그 상태는 1만7,000년 전까지 계속되었다. "위스콘신 빙기가 진행되는 동안 북극해에는 기후가 온난한 지역이 있었고, 그곳은 당시 캐나다나 미국에 존재할 수 없던 식물과 동물을 위한 피난처가 되었다."[16]

◆ 북극해는 마지막 빙하기 내내 따뜻했다고 구소련의 학자들은 결론을 내렸다. 사크스와 벨로흐, 라피나 등의 해양학자들은 다채로운 연구를 통한 기록을 남겼는데, 특히 약 3만2,000년 전부터 약 1만8,000년 전까지 온난한 상태가 계속되었음을 강조했다.[17]

◆ 제4부에서 살펴본 것처럼 온대에 적응한 많은 포유류가 순간적으로 얼어붙어 영구 동토층에 보존되었다. 그 광대한 죽음의 지역은 유콘에서 알래스카를 지나 북시베리아의 오지에까지 이른다. 이 멸종은 대부분이 기원전 11세기에 일어난 것으로 추정되는데 거기에 앞서 기원전 1만3500년쯤에도 규모가 큰 멸종의 시기가 있었다.[18]

◆ 이 역시 앞에서 살펴본 것으로(제27장) 마지막 빙하기는 기원전 1만 5000년에서 기원전 8000년 사이, 특히 기원전 1만4500년부터 기원전 1만2500년 사이에 끝났다. 그 이후에 기원전 11세기에는 매우 급격한 변동이 일어났다. 지질학적으로 형성되는 데에 4만 년이나 걸린 두께

가 3킬로미터 이상의 얼음이 짧은 기간 동안에 녹고 말았다. "빙하기의 서서히 변하는 기후가 원인이 아닌 것만은 분명하다. ……빙하의 쇠퇴는 급속하게 이루어졌는데 무엇인가 심상치 않은 요소가 기후에 영향을 미친 듯하다……"[19]

얼음의 사형 집행자

무엇인가 심상치 않은 요소가 기후에 영향을 미쳤다…….

북반구의 빙하기가 갑자기 끝난 것은 지각이 30도 이동했기 때문일까(얼음이 가장 두껍게 덮여 있었던 지역이 북극에서 남쪽으로 이동함으로써 빙하기가 끝나게 되었을까)? 만약 그렇다면 지각의 30도 이동이 거의 얼음으로 덮여 있지 않았던 1,420만 제곱킬로미터의 **남반구**의 대륙을 온난한 위도에서 남극으로 이동시킨 것은 아닐까?

남극대륙은 이동할 수 있으며, 또한 이동해왔다는 사실은 분명하다. 왜냐하면 한때 남극대륙에서 나무가 자라고 있었는데 어떤 나무도 6개월 동안 암흑이 계속되는 위도에서는 자랄 수 없기 때문이다.

남극대륙의 이동이 지각이동으로 생긴 결과인지 대륙이동, 아니면 다른 요인으로 인해서 생긴 결과인지는 모른다(결코 확실하게는 알 수 없을지도 모른다).

이쯤에서 남극대륙에 대해서 생각해보자.

남극대륙이 크다는 것은 앞에서 살펴보았다. 1,420만 제곱킬로미터의 면적에 2,920만세제곱킬로미터가 넘는 양의 얼음으로 덮여 있다. 얼음의 총중량은 1경9,000조 톤(19뒤에 영이 15개)으로 추정되고 있다.[20] 지각이동설을 지지하는 사람들의 걱정은 거대한 만년설의 크기와 무게가 증가하고 있다는 냉혹한 사실이다. "얼음은 해마다 1,220세제곱킬로미터나 증가하고 있다. 해마다 온타리오 호수와 동일한 용적의 얼음이 얼어서 남극대류의 만년설에 더해지는 것이다."[21]

무서운 것은 세차운동과 황도경사, 공전궤도의 이심률, 자전에 의해서 발생하는 원심력, 태양과 달과 다른 행성의 인력 등의 영향이 동시에 미치게 되면 남극대륙에 확장되고 있는 빙하의 무게가 지각의 대규모 이동을 유발시키는 최후의 결정적 요인이 될 수 있다는 것이다.

〔휴 오친클로스 브라운은 1967년에 다음과 같이 좀 과장되게 기술했다.〕 증가하고 있는 남극의 만년설은 조용히 비밀리에 가혹한 자연의 힘이 되었다. 그것은 기울어진 회전에서 생겨나는 에너지이다. 만년설이야말로 숨죽이고 다가오는 위험이며 치명적인 위협이고 문명의 사형 집행자이다.[22]

이 "사형 집행자"가 기원전 1만5000년부터 기원진 8000년 사이에 7,000년 동안 지각의 이동을 유발시켜서 북반구의 마지막 빙하기에 종지부를 찍게 한 것일까? 이 이동이 가장 급격하고 파괴적인 효과를 초래했다고 생각되는 시기는 기원전 1만4500년부터 1만 년 사이이다.[23] 아니면 그 당시 북반구에서 갑자기 일어난 극적인 기후변화는 다른 대변동의 결과였을까? 그렇다면 그 대변동은 몇백만 세제곱킬로미터가 넘는 얼음을 녹이고, 그와 동시에 해빙을 동반한 세계적인 화산활동을 유발시킨 것이어야 한다.[24]

현대의 지질학자들은 대변동이 일어났다는 생각, 즉 천재지변설에 반대하며 "균일설(均一說)"을 선호한다. 균일설이란 "현재 진행되고 있는 작용으로 모든 지질학적 변화를 설명"하려는 것이다. 한편 천재지변설은 "지각의 변동은 일반적으로 물리적인 힘에 의해서 갑자기 일어난다"고 보는 것이다.[25] 그러나 마지막 빙하기가 끝날 무렵에 일어난 지구의 충격적인 변화의 메커니즘은 두 가지 설을 다 포함한 것이 아닐까?

위대한 생물학자인 토머스 헉슬리 경은 19세기에 다음과 같이 말했다.

나는 천재지변설과 균일설 사이에 사상적인 대립이 존재한다고 생각하지 않는다. 돌연한 변동은 일관된 움직임의 본질적인 일부일지도 모른다고 생각한다. 이 견해를 비유로 설명하면 이렇다. 시계의 동작은 일관된 움직임의 모델이다. 시계가 정확하다는 것은 움직임이 일관되어 있다는 것을 의미한다. 그러나 시계가 해머로 시간을 알리는 행위는 본질적으로는 돌연한 변동이다. 해머는 총신의 화약을 폭발시키는 장치일지도 모르고 다량의 물을 내뿜게 만드는 것일지도 모른다. 적당히 세공을 하면 시계가 불규칙적인 간격으로 그때마다 다른 강도에 다른 횟수로 종을 쳐서 시간을 알릴 수 있게 할 수 있다. 그러나 불규칙해 보이는 이러한 모든 변동은 완전히 일관된 움직임의 결과이기도 하다. 그리고 시계의 움직임을 연구하는 학파가 생긴다면 두 가지 학파가 생길 수 있다. 하나는 해머를 연구하는 학파이고 다른 하나는 진자를 연구하는 학파이다.[26]

대륙이동은 진자였을까?
지각이동은 해머였을까?

화성과 지구

지각의 이동은 다른 행성에서도 일어난 듯하다. 「사이언티픽 아메리칸(*Scientific American*)」 1985년 12월호에서 피터 H. 슐츠는 사람들의 관심을 운석의 낙하로 화성의 표면에 생긴 운석 구멍에 집중시켰다. 화성의 극지방에 있는 운석 구멍은 특유의 "특징"을 가지고 있다. 그 지역에 쌓여 있던 먼지와 얼음의 두꺼운 퇴적물 한가운데에 운석이 충돌한 흔적이다. 슐츠는 화성의 현재의 극권 바깥쪽에서 그런 특징을 가진 지역을 두 군데 발견했다. "이 두 지대는 각각 행성의 정반대에 존재한다. 그 지대의 퇴적물은 현재의 극에서 볼 수 있는 퇴적물과 동일한 특징을 지니고 있는데 그곳은 현재의 적도 근처이다······."

왜 이런 결과가 발생했을까? 슐츠는 앞의 증거를 근거로 그것을 발생시킨 메커니즘은 "한 장의 플레이트로 구성되어 있는 행성의 바깥쪽에 있는 단단한 부분, 즉 지각의 전체적인 이동이다. ······ [이 움직임은 급격했는데] 그 이후 오랫동안 일어나지 않았다"라고 했다.[27]

만약 지각의 이동이 화성에서 일어났다면 지구에서도 일어나지 말라는 법은 없다. 또한 지각의 이동이 지구에서 일어나지 않았다면 설명될 수 없는 것이 있다. 그것은 현재의 두 극지대에 마지막 빙하기에는 만년설이 형성되어 있지 않았다는 것이다(그 주변에도 형성되지 않았다).[28] 그 반대로 빙하의 흔적이 남은 땅은 세계의 광범위한 지역에 분포되어 있다. 만약 지각의 이동이 없었다고 한다면 열대 가까이에 있는 세 대륙(아시아, 아프리카, 오스트레일리아)에 만년설이 덮여 있었다는 것을 설명할 다른 방법을 생각해야만 한다.[29]

이 문제에 대한 찰스 햅굿의 훌륭한 해법은 단순하며 상식에도 어긋나지 않는다.

정상적으로 설명할 수 있는 유일한 빙하기는 남극대륙에서 현재 진행되고 있는 빙하기이다. 빙하가 존재하는 것은 남극대륙이 극지에 있기 때문으로 다른 이유는 없다. 태양열의 변화 때문도 아니고, 은하수의 먼지 때문도 아니고, 분화에 의한 것도 아니고, 지각 아래의 움직임에 의한 것도 아니고, 땅의 높이 때문도 아니고, 해류에 의한 것도 아니다. 따라서 빙하기를 설명하는 가장 좋은 이론은 "문제의 지역이 극에 위치하고 있었다"라는 것이다. 현재는 아열대 지방에 속하는 인도나 아프리카에도 예전에 빙원이 있었다는 점도 해결된다. 대륙 규모의 모든 빙원에 대해서 동일한 설명을 할 수 있다.[30]

이 이론은 거의 완벽하다. 남극대륙의 만년설은 극지에 위치한 **최초**이며 최후의 대륙 규모의 빙원이라고 해야 할지(그럴듯하지 않다), 아니면 지각이동 내지는 동일한 메커니즘이 작용한 결과라고 해야 할지 둘 중의 하나이다.

극지의 새벽의 기억?

우리들의 선조는 오래된 전승 속에 지각이동의 기억을 남겨놓았을지도 모른다. 제4부에서 몇 가지 그런 기억들을 살펴보았다. 대변동의 신화는 북반구에서 마지막 빙하기가 끝날 무렵에 발생한 천재지변의 목격담을 증언하고 있는 듯하다.[31] 이러한 신화는 기원전 1만5000년부터 1만 년 사이의 어느 때부터인가 계승되어왔다. 그 가운데 몇 개는 신들의 땅과 낙원에 대해서 말하고 있는데 고대인들은 그 땅이 남쪽에 존재했다고 믿었다(예를 들면 이집트인의 타-네테루). 또한 많은 전승은 극지의 환경을 경험했음을 시사하고 있다.

인도의 위대한 서사시인 「마하바라타(*Mahabaratha*)」는 신들의 땅인 메루 산에 대해서 말하고 있다.

> 메루에서는 태양과 달이 매일 왼쪽에서 오른쪽으로 돌고 별도 마찬가지이다. 메루 산은 빛이 나며 어두운 암흑을 압도하기 때문에 밤은 낮과 거의 구별할 수 없다. ……낮과 밤을 합치면 여기에 사는 사람의 1년과 같은 길이가 된다.[32]

제25장을 생각해보자. 이란의 아베스타계 아리아인의 신화에 등장하는 그들의 고향이었던 에어야나 바에조는 갑자기 얼음으로 덮이고 사람이 살 수 없게 되었다. 에어야나 바에조는 다음과 같은 장소였다고 전해진다. "별과 달, 태양은 1년에 한 번만 뜨고 지는 것처럼 보인다. 1년은 하루와도 같다."[33]

고대 인도의 문헌인 「수르야 시단타(*Surya Siddhanta*)」에 다음과 같은 말이 있다. "신들은 태양이 한 번 뜨면 반 년간 그것을 본다."[34] 「리그베다」의 일곱 번째 만다라에는 다수의 "새벽" 시가(詩歌)가 포함되어 있다. 그 시가의 하나(VII, 76)에는 새벽은 언제나 지평선을 끊임없이 물들이고 있다고 기록되어 있으며, 같은 시가의 제3독창 부분은 새벽의 징후가 보이고부터 해가 뜰 때까지 며칠이 걸렸다고 전한다.[35] 다른 절에는 "최초의 새벽 빛이 있고 나서 해가 뜰 때까지 많은 날이 흘렀다"고 한다.[36]

앞의 것들은 극지의 환경을 증언하고 있는 것이 아닐까?

인도의 전승인 베다는 신이 내린 계시의 말들로서 신들의 시대로부터 계승되었다고 여겨지는 것도 연관이 있는 듯하다.[37] 역시 모든 전승이 구전된 과정을 이야기하는 중간에 세계를 덮친 프랄라야(대재해)에 대해서 다루는데, 대재해가 일어날 때마다 기록되어 있던 문헌이 모두 소실되었다고 주장하는 것도 연관이 있는 듯하다. 그러나 그 후에 언제나 몇 명의 리시(현자)가 살아남았다.

새로운 시대의 시작에 앞 시대의 선조들로부터 받은 성스러운 유산으로 계승된 지식을 현자가 다시 세계에 전파했다. ……따라서 각각의 만반타라(시대)에는 저마다의 베다가 존재하는데 태고의 베다와 비교하면 표현이 차이가 날 뿐 의미는 다르지 않다.[38]

혼란과 암흑의 시대

정북(북극)이 자북극(나침반의 지침이 가리키는 방향)과 동일하지 않다는 것은 학교에서 막 지리를 배우기 시작한 학생도 알고 있는 것이다. 자북극은 현재 북캐나다에 있는, 북극에서 약 11도 떨어진 곳에 있다.[39] 고지자기학(古地磁氣學) 연구의 진보에 의해서 지구의 자기 극성(極性)이 과거

8,000만 년 동안 170번 이상 반전했다는 것이 밝혀졌다······.[40]

이 자장의 반전은 어떤 원인으로 생기는 것일까?

지질학자인 S. K. 런콘은 케임브리지 대학교에 있을 때, 「사이언티픽 아메리칸」에 논문을 발표해서 다음과 같이 주장했다.

지구의 자장(磁場)은 지구의 자전과 어떤 식으로든 연관되어 있다. 이 사실은 지구의 자전 그 자체에 대한 놀라운 발견과 연결된다. ······〔피할 수 없는 결론은〕 지구의 자전도 역시 변화했다는 것이다. 다른 말로 표현하면 지구는 지리상의 극의 위치를 바꾸면서 회전해왔다는 것이다.[41]

런콘이 상정하고 있는 것은 극이 완전히 180도 회전해서 말 그대로 뒤집어진 상태이다. 한편 지각이 지리적인 극의 위를 이동하는 경우에도 비슷한 고지자기학적인 측정 결과를 얻을 수 있을 것이다. 이러한 변동은 모든 문명과 모든 생명체에게 상상도 할 수 없는 무서운 결과를 안겨줄 수 있다.

물론 런콘이 틀렸을 수도 있다. 자장의 반전은 다른 대변동 없이도 일어날 수 있을지도 모른다.

그러나 런콘이 옳을 수도 있다.

「네이처(Nature)」와 「뉴 사이언티스트(New Scientist)」에 발표된 논문에 의하면 마지막 자장의 반전은 1만2,400년 전에 일어났다고 한다 — 이 역시 기원전 11세기에 해당한다.[42]

이 시기는 안데스의 고대 티아우아나코의 문명이 파괴되었다고 생각되는 시기이다. 기자 대지에 있는 거대한 천문학적 건축물의 배치와 설계도 이 시기를 나타내고 있으며 스핑크스에서 볼 수 있는 침식의 양식도 마찬가지이다. 또한 이집트에서의 "때 이른 농업실험"이 갑자기 실패한 시기이기도 하다. 마찬가지로 대형 포유류가 대량으로 멸종된 것도 이 시기이다. 그리고 해면의 돌연한 상승, 허리케인 같은 폭풍, 뇌우, 화산활동에 의한 혼란 등이 이 시기에 발생했다.

과학자들의 예측으로는 2030년경에 다음 자장의 반전이 일어날 것이라고 한다.[43]

이것은 지구 규모의 재난 예고하는 것일까? 1만2,500년간 진자가 시계를 째깍거리며 가게 한 후에, 해머가 다시 내려치려는 것일까?

증거 11

파리 대학의 이학부 교수인 이브 로카르에 의하면 "현대의 지진계는 정밀도가 높아서 지구 각지에서 일어나는 진동의 '잡음'을 탐지하는데 지진파가 발생하지 않을 때조차도 반응한다. 인공진동(예를 들면 4킬로미터 떨어진 곳에 있는 전차, 또는 10킬로미터 떨어진 대도시에서 발생하는 것)을 감지할 수도 있고 대기의 움직임(바람이 지면에 주는 압력의 변화)을 감지할 수 있다. 때로는 멀리 떨어진 거대한 태풍의 영향에도 반응한다. 그러나 현재 어떤 원인에도 해당되지 않는 소리가 지구 속에서 불꽃이 터지는 것처럼 끊임없이 파도처럼 계속되고 있다……."[44]

증거 12

"북극은 1900년부터 1960년까지 서경 45도의 자오선을 따라서 해마다 6센티미터씩 그린랜드 방향으로 3미터 정도 이동했다. [그러나 1900년부터 1968년까지를 보면] 6미터나 이동했다. 따라서 북극은 1960년부터 1968년까지 3미터나 이동한 셈이 되고, 이것은 60년간 해마다 10센티미터씩 이동한 것이 된다. 만약 이 관측이 정확하다면(저명한 과학자들이 관측에 참여한 만큼) 지각은 현재에도 움직이고 있을 것이고 게다가 그 움직임은 점점 빨라지고 있을 것이다……."[45]

증거 13

「유에스에이 투데이(*USA Today*)」 1994년 11월 23일 수요일, p. 9D :

"남극대륙과의 대화 : 학생과 남극의 과학자 사이의 교신"

"남극으로부터의 위성방송이 1월 10일에 행해질 예정으로 그 방송에는 시카고 고등학교의 졸업생인 엘리자베스 펠턴(17세)이 출연한다. 펠턴은 미국 지질조사부의 자료를 이용해서 지리상의 남극의 위치를 나타내는 구리로 만든 표식의 위치를 수정할 예정이다. 그것은 빙원이 해마다 이동하기 때문에 생기는 차이를 수정하기 위한 것이다."[46]

움직이고 있는 것은 빙원뿐일까? 아니면 지구의 지각 전체가 움직이고 있을까? 그리고 1995년 1월 10일에 행해진 것은 단순한 "특별 쌍방향 대화교육 계획"이었을까? 아니면 엘리자베스 펠턴은 자신도 의식하지 못한 채 지금도 계속 가속화되고 있는 지각의 움직임을 기록한 것일까?

학자들은 그렇게 생각하지 않는다. 그러나 마지막 장에서 보게 되겠지만 고대의 예언과 전통적인 신앙은 경이로울 정도로 일치하고 있으며, 둘 다 다음 세기는 전례 없는 혼란과 암흑의 시대가 될 것임을 예고하고 있다. 악한 행위가 비밀리에 행해지고 제5태양과 네 번째의 세계가 종말을 맞이한다고 한다…….

증거 14

일본 고베, 1995년 1월 17일 화요일

"갑자기 세상을 덮친 지진은 잔혹했다. 사람들이 깊이 잠들어 있는 순간에 바닥뿐만 아니라 건물 전체가 젤리처럼 변했다. 그러나 이것은 서서히 물결치는 액체의 움직임이 아니었다. 덜컹거리며 진동했고 뱃속이 뒤집히는 듯했고, 전율을 느꼈으며 부들부들 떨리는 것처럼 흔들렸다……."

"침대에 누워 있었다. 그곳은 세계에서 가장 안락한 장소라고 생각되었다. 침대는 바닥 위에 있었고 바닥은 단단한 기반이라고 생각해왔다. 그런데 아무런 경고도 없이 그곳은 구토를 느낄 것 같은 롤러 코스터로 변했고 그곳에서 벗어나고 싶었다."

"가장 공포를 불러일으키는 것은 소리였다. 그것은 천둥의 낮게 신음하는 소리와 달랐다. 귀를 찢을 듯한 굉음이 사방에서 들려와서 세상의 종말을 알리는 소리처럼 들렸다"(「가디언(*Guardian*)」, 런던, 1995년 1월 18일, 데니스 케슬러에 의한 고베 대지진의 체험 리포트. 진동은 20초 동안 계속되었고 리히터 규모 7.2를 기록했고 5,000명 이상이 사망했다).

52

밤의 도둑처럼

세계에는 불가사의한 건축물, 불가사의한 생각, 불가사의한 지적 재산이 존재한다. 인류는 그 의미를 생각도 하지 않고 스스로를 중대한 위험 속으로 몰아가고 있을지도 모른다.

우리 인간은 동물계에서 유일하게 선조의 경험을 배울 수 있는 능력을 가지고 있는 존재이다. 예를 들면 히로시마와 나가사키에 원자폭탄을 투하하고 나서 이미 두 세대가 태어나 핵무기가 초래하는 무서운 파괴력을 인식하고 어른으로 자랐다. 아이들도 역시 직접적인 체험은 하지 않았지만, 핵무기의 위험성을 알고 있으며 다음에 태어날 아이들에게 전해줄 것이다. 이렇게 원자폭탄이 가져다준 지식은 영원히 남을 역사적 유산의 일부가 되었다. 이 유산을 활용할 것인지 그렇지 않을지는 우리가 하기 나름이다. 게다가 그 지식은 멀리 떨어져 있지 않다. 문자에 의한 기록과 기록영화, 비유적인 회화, 전쟁기념관 등에 보존되어 있기 때문이다.

과거로부터 전해져온 모든 증언이 히로시마와 나가사키의 기록과 마찬가지로 중요하게 다루어져야 한다. 반면에 성서처럼 "역사"라고 불리는 지식의 총체는 인간의 손에 의해서 편집된 문화적 소산으로 거기에는 많은 것이 제외되어 있다. 특히 문자가 발명되기 전인 약 5,000년 이전에 인류가 경험한 것은 완전히 삭제되었고 신화라는 말은 망상과 동의어로 간주되어왔다.

만약 망상이 아니라면 어떻게 해야 할까?

무서운 대재해가 오늘날 전 지구를 덮쳐서 우리의 문명을 말살하고 대부분의 사람들이 사라졌다고 하자. 플라톤의 말을 빌리면 이 대재해에 의해서 "과거에 어떤 일이 있었는지를 모르고 아이처럼 다시 모든 것을 시작"해야만 할 것이다.[1] 그런 상태로 1만 년이나 1만2,000년 후에는(기록과 기록영화는 모두 사라졌다고 할 때) 1945년 8월에 일본의 히로시마와 나가사키에서 일어난 일에 대해서 우리의 후손들은 어떤 증언을 기억하고 있을까?

후손들이 이 폭발에 대해서 신화적인 말로 어떻게 이야기할지 상상할 수 있다. "끔찍한 섬광"과 "엄청나게 뜨거운 열"이 덮쳤다고 말할 것이다.[2] 또한 나음과 같은 "신화적" 설명을 그들이 창작했다고 해도 놀랄 일은 아닐 것이다.

> 브라흐마스트라의 명령을 받은 미사일의 불꽃은 서로 뒤섞였고 불화살에 에워싸였으며 지구와 하늘과 그 사이의 공간을 뒤덮었다. 불꽃은 강해졌고 세계 종말의 태양처럼 되었다. ……모든 것이 브라흐마스트라에 의해서 불타고, 그 미사일의 무서운 불꽃을 본 자는 세계를 모두 태우는 프랄라야〔대재해〕의 불꽃처럼 느꼈다.[3]

다음으로 히로시마와 나가사키에 원자폭탄을 투하한 에놀라 게이는 어떻게 될까? 20세기에 지구의 하늘을 무리 지어서 날아다닌 이 기묘한 비행기와 그것과 비슷한 비행기 편대에 대해서 우리 후손들은 어떻게 기억할까? "하늘의 차"나 "하늘의 전차", "하늘을 나는 거대한 기계" 그리고 "하늘의 도시"로 불리며[4] 전승되고 기억되는 것은 충분히 있을 수 있는 일이 아닐까? 만약 그렇다면 후손들은 아마도 신화적인 표현으로 그 놀라움을 이야기할 것이다. 예를 들면 다음과 같은 표현이다.

◆ "아, 우파리카라 바수여. 하늘을 나는 거대한 기계가 네가 있는 곳에 나타날 것이다. 그리고 모든 죽어야 할 자들 가운데 그것에 앉은 너만이 신처럼 보일 것이다."[5]

◆ "신들 가운데 건축가인 비스바카르마가 신들을 위해서 하늘을 나는 것을 만들었다."[6]

◆ "쿠루족의 자손, 그 사악한 사람이 자동조종으로 어디든지 날아서 갈 수 있는 사우브하푸라라고 부르는 탈것을 타고 와서 무기로 나를 찔렀다."[7]

◆ "그는 좋아하는 인드라 신전으로 들어가 신들을 위해서 준비된 하늘을 나는 탈것이 몇천 개가 있는 것을 보았다."[8]

◆ "신들이 하늘을 나는 탈것을 타고 크리파카르야와 아르주나와의 싸움을 보러 왔다. 하늘의 지배자인 인드라도 33명의 신이 탈 수 있는 하늘을 나는 탈것을 타고 왔다."[9]

이것은 모두 「바가바타 푸라나(Bhagavata Purana)」와 「마하바라타」에서 인용한 것이다. 이 둘은 인도 아대륙의 고대로부터 전해지는 지혜를 기록한 문헌 가운데 일부이다. 그리고 이와 같은 이미지는 다른 많은 고대 전승 속에서도 되풀이해서 나타난다. 예를 들면(제42장에서 본 것처럼) 피라미드 텍스트는 시대에 어울리지 않게 "하늘을 나는" 이미지로 가득 차 있다.

왕은 불꽃이고 바람의 앞에 서서 하늘 끝까지, 지구 끝까지 날아간다. …… 왕은 하늘을 여행하고 지구를 가로지른다. ……왕은 하늘에 올라가는 수단을 가지고 있었다.[10]

고대문헌에서 하늘을 나는 무엇인가가 항상 등장하는 것은 잊혀진 먼 옛날에 존재했던 기술시대의 역사적인 증언이 아닐까?

대답을 찾으려고 하지 않으면 결코 알 수 없다. 현대를 살아가는 우리는 지금까지 그 대답을 찾으려고 하지 않았다. 왜냐하면 합리적이고 과학적인 문화는 신화와 전승을 "비역사적"인 것으로 간주했기 때문이다.

신화와 전승 가운데에는 역사적인 중요성을 가지지 않는 것도 많이 포함되어 있다. 그러나 이 책을 위한 조사의 마지막 단계에서 말할 수 있는 것은 그중에는 진정한 역사를 이야기하고 있는 것이 많다는 사실이다.

미래세대의 이익을 위해서

이것은 하나의 각본이다.

예를 들면 정확한 증거에 기초해서 우리의 문명이 지질학적인 대재해에 의해서 곧 멸망할 것임을 예측했다고 하자. 이 대재해는 30도에 이르는 지각의 이동일지도 모르고, 우주적인 속도로 다가오는 니켈과 철로 만들어진 폭이 16킬로미터 이상인 작은 행성과의 정면충돌일지도 모른다.

처음에는 당연히 엄청난 공포와 절망에 사로잡힐 것이다. 그러나 사전에 충분한 경고가 있다면 인류의 일부는 생존을 위한 방도를 모색할 것이고 고도로 발달한 과학적 지식 가운데 특히 중요한 것을 미래세대에게 남기려고 할 것이다.

기묘하게도 1세기에 살았던 유대인 역사가인 요세푸스는 먼 옛날에 번영한 사회를 구축한 지적인 사람들이 동일한 것을 생각했다고 기록해놓았다. 그들은 대홍수가 있기 전에는 "아무런 재난도 없이 행복하게" 살고 있었다고 한다.[11]

그들은 천체와 그 질서에 관한 독특한 지식을 창출한 사람들이기도 했다. 그 지식은 사라지지 않았을 수도 있다. 세계는 한 번 불의 힘에 의해서 파괴되었는데 다시 대량의 물로 파괴될 것이라는 아담의 예언을 듣고 그들은 두 개의 기둥을 세웠다. 하나는 벽돌로, 다른 하나는 바위로 만들었다. 그들은 자신들의 발견을 두 기둥에 새겼다. 그렇게 하면 벽돌 기둥이 물에 의해서 파괴되어도 바위 기둥은 남아서 다음 인류에게 그 발견들을 알릴 수 있을 것이다. 그리고 벽돌 기둥이 세워져 있었다는 것도 사람들에게 알릴 수가 있다……[12]

옥스퍼드 대학교의 천문학자 존 그리브스는 17세기에 이집트를 방문했을 때 고대로부터 전해지는 그 지역의 전승을 수집했다. 그가 수집한 이야기에 의하면 기자의 세 피라미드를 건설한 것은 오래된 신화 속에 나오는 왕이라고 한다.

피라미드를 건설한 것은 왕이 꿈을 꾸었기 때문이었다. 그것은 모든 땅이 뒤집혀 지상에 사는 사람들은 모두 바닥에 엎드리고, 별이 떨어져 큰 소리와 함께 서로 충돌하는 꿈이었다. ……왕은 잠에서 깨어나 너무나 걱정이 되어 이집트 전역에 있는 최고의 신관들을 한자리에 모았다. ……왕은 꿈에서 본 것을 신관들에게 말했다. 신관들은 별의 고도를 재고, 미래를 점치고, 대홍수를 예언했다. 왕이 물었다. 대홍수가 우리 나라에도 밀려들까? 신관들은 대홍수가 나라를 파괴할 것이라고 대답했다. 대홍수까지는 얼마의 시간이 남아 있었고 왕은 그 사이에 피라미드를 세우라고 명령했다. ……왕은 피라미드에 현자가 알린 모든 것과 모든 심원한 과학, 점성술과 수학, 기하학, 의학의 지식을 새겼다. 이 모든 것은 그 문자와 언어를 아는 자에 의해서 해독될 것이다.[13]

있는 그대로 본다면 두 신화가 전하려고 하는 이미지는 너무나 명확한 것이다. 세계 각지에 흩어져 있는 불가사의한 건축물은 천재지변에 의해서 파괴된, 태고의 고도로 발달된 문명의 지식을 보존하고 전달하기 위해서 지어진 것이라는 말이 된다.

이런 일이 가능할까? 또한 역사 이전부터 전해진 다른 기묘한 전승에서는 어떤 것을 이끌어낼 수 있을까?

예를 들면 「포폴 부」에서 무엇을 이끌어낼 수 있을까? 「포폴 부」는 분명하지 않은 말을 사용해서 인류가 겪은 과거의 큰 비밀에 대해서 말하고 있다. 이 시대는 잊혀진 황금시대로서 불가능한 일이 없었다. 과학의 진보와 계몽으로 충만된 마법의 시대였고 지성을 지닌 "최초의 인간들"이 "지구의 둥근 표면을 측정했고" 그뿐만 아니라 "하늘에 아치를 그리고 있는 네 점을 조사했다"고 한다.

독자들은 신들이 인류의 급속한 발전을 질투했었다는 내용을 기억할 것이다. 빠르게 힘을 가지게 된 인간들은 "세계에 있는 모든 것을 볼 수 있게 되었고 모든 것을 알게 되었다."[14] 인간들은 바로 하늘의 벌을 받게 되었다. "신들은 인간들의 눈에 안개를 불어넣었다. ……이렇게 해서 최초의 인간들은 그들이 지닌 모든 지혜와 지식, 〔자신들의〕 기원과 최초의 때에 대한 기억을 모두 잃었다."[15]

어떤 일이 일어났는지에 대한 비밀은 완전히 잊혀지지 않았다. 왜냐하면 먼 최초의 때에 대한 기록은 스페인인들이 오기 전까지 성스러운 책인 「포폴 부」에 남아 있었기 때문이다. 이 문헌은 정복과 함께 귀중한 문화유산이 파괴되는 과정에서 비전(秘傳)에 정통한 현자들을 제외하고는 아는 사람이 사라졌고 "기독교의 법 아래에서" 쓰인 문헌으로 대치되었다.[16] "먼 옛날 왕에서 왕으로 전해지던 「포폴 부」는 이제 볼 수가 없다. ……원서는 먼 옛날에 기록되었고 분명히 존재하고 있었다. 그러나 지금은 연구자나 사상가가 읽을 수 없게 되었다."[17]

세계의 반대쪽에 있는 인도 아대륙의 신화와 전승 가운데에도 숨겨진 비밀을 나타내는 기록이 존재한다. 「푸라나」 속에 보이는 세계적인 홍수 이야기에서 대홍수가 일어나기 조금 전에 물고기의 신 비슈누는 자신을 보호해준 인간에게 경고를 하고는, "성스러운 문헌을 안전한 장소로 숨겨" 먼 옛날부터 전해져 내려온 종족의 지식을 파괴로부터 지키도록 했다.[18] 마찬가지로 메소포타미아 판 노아인 우트나피쉬팀은 신 에아에게 "기록된 것을 모두 시파라에 있는 태양의 도시에 묻어라"라는 지시를 받았다.[19] 홍수가 끝나고 살아남은 사람들은 신의 명령에 따라 태양의 도시에 있는 유적으로 가서 "기록된 것을 찾아냈는데" 그 속에는 미래세대를 위한 지식이 기록되어 있었다.[20]

이상하게도 이집트의 태양의 도시 이누(그리스인들은 헬리오폴리스라고 불렀다)는 왕조시대에 신들의 시대로부터 전해져온 지식의 중심지로 간주되었다. 피라미드 텍스트를 정리한 곳도 헬리오폴리스였고 기자의 공동묘지의 유적을 관리한 것도 헬리오폴리스의 신관들 — 오히려 종교집단이라는 말이 어울린다 — 이었다.

"킬로이 다녀가다" 그 이상으로

각본으로 돌아가자.

1. 우리는 20세기 후반의 탈공업화 문명이 우주의 어떤 원인에 의해서, 혹은 지상에서 일어나는 피할 수 없는 재해에 의해서 파괴될 것을 알고 있다.

2. 우리는 뛰어난 과학에 의해서 파괴가 철저할 것이라는 예측도 하고 있다.

3. 기술적 자원을 대량으로 투입하고 최고의 지성을 이용해서 적어도 인류의 일부는 대재해에서 살아남아 과학과 의학, 천문학과 지리학, 건축학과 수학의 지식을 남기려고 한다.

4. 물론 목표를 달성할 가능성이 매우 낮다는 사실을 알고 있다. 그러나 절멸이라는 예측에 쫓기는 우리는 초인적인 노력으로 방주 또는 성, 혹은 튼튼한 건축물을 지으려고 한다. 그리고 인류의 지혜를 모아서 5,000년 동안 축적된 지식의 핵심부분을 전달할 수 있는 방법을 생각

해내려고 한다.

시작은 최악을 대비하는 것에서 출발한다. 살아남았다고 해도 인류는 대재해로 인해서 다시 석기시대로 돌아갈 것임을 가정한다. 현재의 문명과 비슷한 고도의 문명이 폐허에서 불사조처럼 일어서기 위해서는 1만 년에서 1만2,000년 정도가 걸린다는 것을 알고 있는 우리가 가장 먼저 해야 할 일은 미래의 문명에게 메시지를 전달하는 방법을 찾아내는 것이다. 미래의 문명에 전달하고 싶은 것은 "킬로이 다녀가다"(제2차 세계대전 때 미군이 각지에 남겨놓은 낙서 문구/역주)는 아닐 것이다. 미래의 인류가 어떤 언어를 사용한다고 해도 어떤 윤리, 종교, 관념, 형이상학, 철학을 가진다고 해도 메시지가 전달되기를 바랄 것이다.

그러나 가능하다면 단순히 "킬로이 다녀가다"가 아닌 그 이상의 것을 전달하고 싶을 것이다. 예를 들면 먼 미래의 후손에게 우리가 언제 살고 있었는지 말해주고 싶을 것이다.

그것을 어떻게 할 수 있을까? 예를 들면 기원후 2012년이라는 연호를 지금부터 1만2,000년 후의 문명에게 설명하기 위해서는 그들이 해독하고 이해할 수 있도록 보편적인 언어로 설명해야 한다. 기원후에 대해서도, 다른 역법에 대해서도 모르는 상대에게 어떻게 설명할 수 있을까?

확실한 해결법 가운데 하나는 지축의 세차운동이 가진 예측 가능성을 이용하는 것이다. 세차운동은 어떤 정해진 장소에 있는 관측자가 본 천체 전체를 서서히 주기적으로 변화시키고, 또한 황도 12궁을 따라 춘분점 등을 서서히 주기적으로 변화시킨다. 이 움직임은 예측이 가능하기 때문에 다음과 같이 말할 수 있다. "춘분점이 물고기자리에 있는 시대에 살고 있었다"라고 말할 수 있는 방법이 있다면, 우리 시대를 표시하는 수단을 손에 넣은 셈이 된다. 2만5,920년이라는 세차운동의 대(大)주기 속의 특정한 2,160년간의 우리의 시대를 알릴 수 있는 것이다.

이 계획의 유일한 결점은 현재의 문명과 같은 수준의 문명이 나타나려면 대재해가 일어난 후부터 1만2,000년, 또는 2만 년이 아니라 보다 오랜 시간이 걸려서 어떤 때에는 3만 년이 넘게 걸리는 경우도 있다. 이러한 경우에 "우리는 춘분점이 물고기자리에 있는 시대에 살고 있었다"라고 전하는 건축물, 또는 역법 등의 장치도 확실한 수단이 될 수 없다. 그 건축물이 막 궁수자리의 시대가 시작된 고도의 문화에 의해서 해독된다면, "당신들의 시대보다 4,320년(물고기자리에서 2개〔물병자리와 염소자리〕의 별자리를 지나는 데에 걸리는 시간) 전에 살고 있었다"라는 의미가 되거나, 세차운동의 1주기가 지나서 "당신들의 시대보다 3만240년(2만5,920년에 2개의 별자리를 지나는 데에 걸리는 4,320년을 더해서) 전에 살고 있었다"라는 의미로 해독될 가능성이 있다. 궁수자리 시대의 고고학자는 지혜를 짜내서 메시지(우리는 춘분점이 물고기자리에 있는 시대에 살고 있었다)를 해독해야 할 뿐만 아니라 우리가 어떤 물고기자리에 살고 있었는지를 다른 실마리에서 찾아내야 할 필요가 생긴다. 최근의 것인지, 세차운동의 1주기 전의 것인지 경우에 따라서는 더 이전의 주기에 해당되는지를 생각해야 할 것이다.

이렇게 복잡한 추측을 하기 위해서는 지질학도 당연히 도움이 될 것이다…….

문명을 전파하는 사람

만약 "우리는 물고기자리의 시대에 살고 있었다"라는 것을 나타낼 수 있는 방법을 찾아냈고 지평선으로부터 눈에 잘 띄는 별(예를 들면 오리온자리의 세 별)의 고도를 특정하는 것이 가능하다면, 우리들의 시대를 미래의 시대에 보다 정밀하게 알릴 수가 있게 된다. 혹은 기자의 세 피라미드를 건설한 사람들이 시도한 것처럼 현대의 하늘에서 볼 수 있는 별의 배치를 정확하게 반영할 수 있는 양식으로 지상에 건축물을 짓는 것도 좋은 방법일 것이다.

또다른 선택과 선택들의 조합이 몇 가지 있을 것이다. 어떤 것을 취할 것인지는 우리의 상황에 따라 달라진다. 이용 가능한 기술수준, 우리에게 내린 징조의 내용, 어느 연대의 사실을 전달할 것인가 등에 따라 다르다.

예를 들면 대재해가 덮치기 전에 충분한 준비를 할 시간이 없다고 하자. 성서에 있는 「베드로의 둘째 편지」 3장에 나오는 "주의 날"과 같은 재난이 "밤의 도둑처럼 몰래" 다가온다고 하자.[21] 인류는 어떤 상황에 직면하게 될까?

대재해는 행성의 충돌에 의해서 일어나거나, 지각의 이동, 또는 다른 우주적, 지질적 원인에 의해서 일어날 수도 있다. 다음과 같은 것을 가정해보자.

1. 세계 각지에서 일어나는 대규모의 파괴.
2. 비교적 소수의 사람들만 살아남는다. 그리고 그 대다수는 급속하게 미개의 상태로 역행한다.
3. 살아남은 사람들 가운데 미래에 대한 비전을 가진 조직화된 소수의 사람들이 존재한다. 숙련된 건축가와 과학자, 기술자, 지도 작성자, 수학자, 의사 등이 포함되어 있다. 그들은 사라진 문명을 되찾기 위해서 몸을 바치고 미래에 지식을 전달할 방법을 찾는다. 그것을 이해할 수 있는 미래의 사람들을 위해서이다.

이 가정 속의 집단을 "문명을 전파하는 사람"이라고 부르도록 하자. 그들은 단결한다. 처음에는 살기 위해서, 나중에는 지식을 가르치고 나누기 위해서이다. 사명감과 일체감을 공유하기 위해서 종교적 의식이나 신앙의 체계를 만들지도 모른다. 이 집단은 쉽게 식별이 가능한 상징을 이용해서 공통의 목적에 대한 의식을 고양시킬 것이다. 예를 들면 턱수염을 기를 수도 있고 머리를 깎을 수도 있다. 십자나 뱀, 개와 같은 이미지를 사용할 수도 있다. 이런 이미지가 구성원을 단결시켜줄 것이다. 또한 문명을 전파할 사명으로 여행을 떠나 지식의 램프를 밝히며 세상을 떠돌 수도 있다.

대재해가 끝난 뒤의 상황이 매우 좋지 않으면 문명을 전파하는 사람들 대다수는 실패하거나 한정된 성공밖에 거두지 못할 것이다. 그러나 소수의 집단이 충분한 기술과 열의를 가지고 영속할 만한 단단한 발판을 구축하는 데에 성공했다고 하자. 그것은 아마 비교적 피해가 적었던 지역에 구축되었을 것이다. 그런데 아마도 그 이전에 있었던 대재해의 여파로 그곳에 예기치 못한 재해가 발생했다고 하자. 그 재해는 계속 되풀이될 수도 있다. 결국 구축한 발판은 거의 완전히 소멸된다.

다음에 어떤 일이 생길까? 이미 어려운 난국을 헤쳐나갔던 이 지식 집단은 새로운 난국에 어떻게 대처할까?

정수의 전달

상황에 따라서는 굳은 결의를 가진 남녀가 핵심이 되어 이 집단의 정수(精髓)를 보존하여 계승할 수도 있다. 또한 적절한 동기 부여와 교화의 기술을 가지고 있어서, 반원시적인 주민들 가운데에서 새로운 구성원이 생기면 이와 같은 집단은 영원히 지속될 것이다. 그러나 구성원(구세주를 기다리는 유대인처럼)들은 자신들의 정체를 드러낼 때가 왔다라는 확신을 가지기까지 몇천 년, 몇만 년을 기다려야 한다.

만약 그들에게 그것이 가능하고 그들의 성스러운 목적이 지식을 보존하여 진화된 미래의 문명에 전달하는 것이라면, 그 구성원들은 이집트의 지혜의 신인 토트를 설명하기 위해서 사용한 말로써 묘사될 것이다. 사람들은 토트를 이렇게 묘사했다.

토트는 하늘의 수수께끼를 이해하는 데에 성공했는데, 이 수수께끼의 비밀을 몇 권의 성스러운 책에 기록해서 밝혔다. 토트는 이 책들을 지상에 숨겼다. 이 책들이 장래에 나타날 세대에 의해서 연구될 수 있도록 그러나 충분히 가치가 있는 자들에 의해서만 발견될 수 있도록 의도한 것이다…….[22]

이 불가사의한 "토트의 책"은 어떤 것이었을까? 보존하고자 했던 모든 정보가 책의 형태로 전달되었다고 가정할 필요가 있을까?

예를 들면 산틸라나와 폰 데헨트가 세계적인 신화에 삽입되어 있는 세차운동의 고도의 과학적 언어를 해독했을 때, 그들은 "충분히 가치가 있는 자"의 자리를 차지했다라고 생각해볼 수 있지 않을까? 그리고 두 사람이 신화를 해독함으로써 토트의 은유적인 "책"의 하나와 만난 것이며 지면에 적혀 있던 고대의 과학을 읽었다고 말할 수 있지 않을까?

그렇다면 포스난스키가 티아우아나코에서 발견한 것과 햅굿의 지도는? 기자에 있는 스핑크스의 지질학적 기원에 관한 새로운 시식은? 밸리 신전과 죽음의 신전의 건축에 사용된 큰 돌이 제시한 문제는? 피라미드의 천문학적 배치와 크기, 숨겨진 방 등 현재 밝혀지려고 하는 문제는?

만약 이것들이 토트의 은유적인 책이라면, "충분히 가치가 있는 자"의 수는 점점 증가할 것이고 깜짝 놀랄 만한 새로운 사실이 밝혀질 것이다…….

우리가 전개시킨 각본을 마지막으로 간략히 살펴보자.

1. 21세기 초반, 물고기자리의 시대에서 물병자리의 시대로 이행될 때 우리의 문명은 파괴된다.

2. 파괴 속에서 살아남은 사람들 중 몇백, 또는 몇천 명의 사람들이 단결해서 과학적 지식의 성과를 보존하고 언제인지는 모르지만 아주 먼 미래에 전달하려고 한다.

3. 문명을 전파하는 사람들은 작은 집단으로 나뉘어 지구의 여기저기로 흩어진다.

4. 그 대부분은 실패해서 죽는다. 그러나 어느 지역에서는 성공을 거둔 사람이 있어서 영속하는 문명의 지문을 남긴다.

5. 몇천 년 후—아마 몇 번이고 시행착오가 있을 것으로 생각되는데—
지식 집단의 일파가 충분히 진화된 문명의 탄생에 영향을 미친다.

이 마지막 각본에 어울리는 곳은 물론 이집트이다. 여기서 몇 가지 가설을 제시하고 싶다. 이 가설들은 앞으로 검증되어야 할 것이다. 먼저 과학적 지식을 가진 집단이 있었다고 하자. 그 구성원은 사라진 위대한 해상 문명의 생존자로 빠르면 기원전 14세기경에 나일 강 유역에 살고 있었다. 이 집단은 헬리오폴리스, 기자, 아비도스 등을 중심지로 해서 초기의 농업 혁명을 주도했다. 그러나 최초의 성공은 기원전 11세기에 일어난 대홍수와 그 외의 재해로 파괴되었다. 이 지식 집단은 실패를 인정하고 빙하기의 혼돈이 끝날 때까지 철수하기로 한다. 이때는 앞으로 다가올 암흑의 시대에 지식을 남길 수 있다는 확신이 없었을 것이다.

이와 같은 상황에서—이 가설에 의하면—거대하고 야심에 찬 건축계획을 실행하는 것은 이 집단이 가진 과학적 지식을 보존하고 전달하는 하나의 방법이다. 건축물이 있으면 구성원이 살아남지 못하더라도 미래에 지식을 남길 수 있다. 즉 건축물이 충분히 크고 내구력이 뛰어나며 집단의 메시지를 암호화할 수 있다면, 그 지식 집단이 존재하지 않게 되더라도 메시지는 언젠가 해독이 될 것이다.

다음은 기자의 피라미드가 어떻게 건설되었는가라는 물음에 대답하는 가설이다.

1. 스핑크스는 앞의 장들에서 살펴본 대로 사자자리의 시대에 춘분점을 나타내는 표식이었다. 스핑크스가 나타내는 연대는 우리의 역법대로라면 기원전 1만970년에서 기원전 8810년 사이이다.
2. 중요한 세 피라미드는 오리온자리의 세 별과 은하수의 배치관계를 나일 강 유역의 위치와 관련하여 지상에 정확하게 재현하기 위해서 기원전 1만450년에 계획된 것이다.

이것은 기원전 11세기라는 시대를 "표시하는" 효과적인 수단이다. 왜냐하면 "우리의 행성에서 유일하게 정확한 시계"인 세차운동이라는 현상을 이용하고 있기 때문이다.[23] 그러나 혼란스러운 사실이 있다. 대피라미드에는 환기 구멍이 있는데, 그것은 기원전 2450년경의 오리온자리의 세별과 시리우스에 조준되어 있다.[24] 두 연대 사이에 사라진 세월이 있게 되는 이상함을 해결하기 위해서, 기원전 1만450년에 기자의 기본계획을 세우고 그 후 오랫동안 존속한 동일한 집단이 환기 구멍을 만들었다는 가설을 세워보자. 물론 이것은 8,000년에 이르는 사라진 세월의 마지막에 세련된 문명인 이집트 왕조를 갑자기 "완전히 조직화된 형태로" 출현시킨 것도 동일한 집단이라는 말이 된다.

피라미드를 건설한 사람들의 동기를 추측해볼 필요가 있다. 그들은 북반구에서 마지막 빙하기가 끝날 무렵에 세계지도를 만든 지도 작성자들과 동일한 사람으로 추측된다. 만약 그렇다면 무슨 이유로 고도로 발달된 문명을 가지고 있었던, 기술적으로 숙련된 건축가이자 항해자인 그들이 서서히 얼음으로 뒤덮이던 남쪽의 남극대륙을 지도화하는 일에 매달렸을까? 그들이 남극대륙을 지도화한 기간은 기원전 14세기(필립 부아슈가 참고한 원지도가 그려진 연대를 햅굿이 추정한 것)부터 기원전 5세기의 끝 무렵으로 생각된다.

그들은 고향이 서서히 소멸되어가는 과정을 지도로 영원히 남기려고 했던 것일까? 그리고 미래에 메시지를 전달하기 위해서 다양한 매체― 신화와 지도, 건축물, 역법, 수학적 조화 ―를 사용한 그들의 강한 열정은 대재해, 지구의 대변동과 결부되어 있는 것일까?

긴급한 사명

의식적이고 체계화된 역사를 가지고 있다는 것은 인간과 동물의 차이점 가운데 하나이다. 예를 들면 쥐와 양, 소, 꿩 등과 달리 인류는 과거를 가지고 있고 그 과거는 우리로부터 독립되어 있다. 따라서 앞에서 말한 것처럼 인간은 선조의 경험을 배울 수가 있다.

마음이 비뚤어져 있든지, 잘못 알고 있든지, 아니면 그저 바보이기 때문인지 우리는 경험이 "역사적 기록"의 형태로 전해지지 않으면 그것을 인정하지 않는다. 그리고 지금부터 약 5,000년 전의 시점에서 제멋대로 "역사"와 "역사 이전"으로 나누는 것은 오만하기 때문일까, 아니면 무지하기 때문일까? "역사"의 기록은 유력한 증거이지만 "역사 이전"의 기록은 원시적인 망상이라고 치부하는 것은 과연 옳은 일일까?

여기까지 조사를 해오면서 내가 직감적으로 느끼게 된 것은 신화라는 형태로 다가와 있는 혼란스러운 울림을 지닌 선조의 목소리에 오랫동안 귀를 막고 있었기 때문에 스스로를 위험에 빠뜨리고 있는 것일 수도 있다는 점이다. 이것은 합리적인 사고라기보다는 직감적인 것인데 그렇다고 비현실적이지는 않다. 조사를 하는 도중에 고대의 천재들이 지니고 있었던 논리적 사고와 고도로 발달된 과학, 깊은 심리적인 통찰 그리고 우주의 구조에 관한 광범위한 지식에 대해서 경의를 품게 되었다. 또한 지금까지 살펴본 신화를 창조한 것은 그들이며, 그들은 사라진 문명의 생존자이며, 지도 작성자이자 피라미드 건설자, 항해자, 천문학자, 지구의 측정자임에 틀림없다. 이제까지 대륙과 바다를 돌아다니며 찾은 것은 그들의 지문이다.

오랫동안 잊혀졌으나 지금까지 희미하게나마 모습이 남아 있는, 마지막 빙하기의 뉴턴, 셰익스피어, 아인슈타인들에게 나는 경의를 품게 되었고, 그들이 전하려고 했던 내용을 무시하는 것은 어리석은 일이라고 생각하게 되었다. 그들이 전달하려고 했던 것은 다음과 같은 것이다. 주기적으로 되풀이되며 인류를 거의 완전하게 파괴시키는 대재해는 이 행성에서 살고 있는 이상 필연적인 일로 그것은 이전에도 몇 번이고 일어났으며 또한 반드시 일어난다.

마야의 경이로운 역법체계는 이 메시지를 전달하는 매체가 아니었을까? 오랜 태고로부터 남북 아메리카에 전해지는 네 개의 "태양"(또는 이미 존재했던 세 개의 '세계')의 전승 역시 나쁜 소식을 전달하려는 수단이 아니었을까? 또한 세차운동의 위대한 신화는 단순히 이전의 대변동뿐만 아니라 앞으로 닥쳐올 대변동에 대해서도 말하고 있으며(우주의 맷돌이라는 비유를 통해서) 그리고 지구 규모의 재해와 "하늘의 혼란"과 연관되어 있는데 이 신화들의 기능은 무엇일까? 또한 피라미드 건설자들은 어떤 열렬한 동기를 가지고 그처럼 세밀한 주의를 기울여서 기자 대지에 피라미드를 건설한 것일까?

그들은 "킬로이 다녀가다"라고 말했다.

그들은 자신들이 언제 존재했는지를 전할 수 있는 교묘한 방법도 찾아냈다.

여기에 대해서는 의문의 여지가 없다.

나는 그들이 남겨놓은 과학적인 고도의 문명을 가지고 있었다는 확실한 증거들에도 감명을 받았다. 그리고 중대한 사명을 수행하고 있다는 그 절박함에도 깊은 감명을 받았다. 그 절박함이 그들이 위업을 남긴 동기에 다름 아니다.

다시 직감에 따라 살펴보자. 증거에 기초를 둔 것이 아니다.

내가 추측하기에는 그들의 목적은 미래에 경고를 전하려는 것이었다. 이 경고는 지구의 대변동에 관한 것으로 마지막 빙하기가 끝날 무렵에 인류를 덮친 대변동이 다시 발생하리라고 예고하는 것이다. "노아는 지상이 기울어진 것을 보고 파괴의 때가 가까이 다가왔음을 알았다. 비참한 목소리로 외쳤다. '지상에 어떤 일이 일어날 것인지 가르쳐주십시오. 지상은 매우 고통스럽고 격렬하게 흔들리고 있습니다'……."[25] 이것은 유대인의 에녹서에서 인용한 것이다. 이 고통과 흔들림은 세계의 종말을 이야기하는 중앙 아메리카의 모든 전승 속에서 예언되어왔다. 독자들도 기억하고 있을 것이다. "노인들은 말한다. 땅이 움직이고 우리는 모두 죽음을 면할 수 없다."[26]

독자들은 고대 마야 력이 산출한 세계가 종말을 맞는 날짜를 잊지 않았을 것이다.

그날은 4아하우 3칸킨[2012년 12월 23일에 해당된다]으로, 그날은 태양신, 제9의 밤의 신에 의해서 다스려지고 있을 것이다. 월령(月齡)으로 8일이고 6이 연속하는 가운데 세 번째 태음일이 될 것이다.[27]

기독교에서도 종말이 가까이 다가왔다고 한다. 펜실베이니아의 와치 타워 성서협회에 따르면 "이 세계는 소멸한다. 대홍수가 있기 전의 세계가 소멸한 것처럼 소멸하는 것은 확실하다. ……종말에는 많은 것이 일어난다고 예언되어 있는데 그 모든 것이 현재 일어나고 있다. 이 사실은 세계의 종말이 가까이 다가왔음을 의미한다……."[28]

기독교 신자이며 영매인 에드가 케이시는 1934년에 예언을 했다. 2000년경에 "극이 이동한다. 북극과 남극에서 대변동이 일어나고 열대에서는 화산이 분화한다. 유럽 북부는 순식간에 변화한다. ……지구는 미국 서부에서 분열한다. 일본의 대부분이 바다에 가라앉는다."[29]

이상하게도 기독교의 예언이 실현되는 2000년이라는 시기는 오리온자리의 세 별이 상승하는 긴 주기의 마지막 때(최고점)와도 일치한다. 그것은 기원전 11세기라는 시기가 이 주기의 최초의 때(최저점)와 일치했던 것과 비슷하다.

이상한 것이 또 하나 있는데, 우리는 이것을 제28장에서 살펴보았다.

다섯 행성의 연합은 인력의 영향을 강하게 불러일으킬 것으로 생각되는데 그것은 2000년 5월 5일에 일어난다. 이때 해왕성, 천왕성, 금성, 수성, 화성이 지구에서 볼 때 태양의 반대쪽에 정렬해서 우주의 줄다리기를 하는 듯한 배치가 된다.[30]

인력이라는 눈에 보이지 않는 영향은 지축의 세차운동에 의한 동요와 자전에 의한 비틀림 효과, 남극대륙에 있는 만년설의 급속히 증대하는 체적 및 중량 등의 요인이 중첩될 때 전면적인 지각의 이동을 유발할 수 있지 않을까?

어떻게 될지는 일어나기 전까지는 모른다. 한편 고대 이집트의 신관이었던 마네토가 가혹하고 파괴적인 우주의 힘이 작용하고 있다고 기록한 것은 있는 그대로를 표현한 것임에 틀림없다.

철은 자석에 끌려가기 쉬운데 때때로 반대방향으로 반발할 때가 있다. 그것과 마찬가지로 세계의 건전하고 정상적인 움직임이 때때로 가혹한 힘을 끌어당겨 무마해서 진정시키지만, 그 힘이 회복될 때에는 세계가 전복되고 무력한 상태로 몰리게 된다……[31]

즉 고대인은 상징과 비유를 이용해서 정확하게 언제, 왜 세계를 파괴하는 해머가 다시 내려치는가를 다양한 방법을 통해서 알리려고 한 것이 아닐까? 따라서 지금은 1만2,500년 동안 진자가 시계를 째깍거린 뒤이기 때문에 기억에 없는 어둡고 무서운 시대(역사 이전이라고 불리는 시대)로부터 전해온 징후와 메시지의 연구에 보다 관심을 쏟는 것이 현명한 일이 아닐까?

기자 대지에서 하고 있는 유적조사의 속도를 높일 필요가 있다. 기존의 학설을 위협하는 것을 단호하게 거부하는 이집트학자들뿐만 아니라 각 분야를 망라한 연구 그룹을 참여시키는 것도 필요하다. 그렇게 하면 보다 새로운 과학의 성과를 도입할 수도 있고 수수께끼로 가득 찬 유적이 던져놓은 어려운 문제에도 대응할 수 있게 될 것이다. 예를 들면 제6장에서 다룬 염소-36으로 바위의 노출시간을 추정하는 연대 측정법은 피라미드와 스핑크스의 기원에 관한 문제를 해결할 타당성 있는 수단으로 생각된다.[32] 그리고 대피라미드의 여왕의 방에 있는 환기 구멍에서 60미터 위에 있는 숨겨진 작은 문으로 들어갈 수 있는 방법을 찾아야 할 것이다. 또한 스핑크스의 발치에 있는 기반암의 깊은 곳에 만들어진 빈 공간에 무엇이 있는지 진지하게 조사해야 할 것이다. 그 빈 공간은 1993년에 지진파 측정에 의한 조사에서 발견된 것이다.[33]

마지막으로 기자에서 멀리 떨어진 남극대륙의 빙원 아래에 있는 지형에 대한 엄밀한 조사를 통해서 많은 성과를 얻을 수 있을 것으로 생각된다. 사라진 문명의 완전한 유적이 숨겨져 있을 가능성이 가장 높은 곳이 남극대륙이기 때문이다. 만약 이 문명을 파괴한 것이 무엇이었는지를 확실하게 알아낼 수 있다면 동일한 대변동에 의해서 초래될 파멸의 운명에서 인류를 구할 수 있는 방법을 찾는 데에 도움이 될 것이다.

이런 나의 제안이 많은 이들의 비웃음을 사리라는 것을 알고 있다. "만물은 창조의 처음부터 그랬던 그대로 앞으로도 지속될 것이다"라는 균일론적인 주장을 하는 사람도 많이 있을 것이다.[34] 그러나 그런 "종말의 때를 조소하는 자들"[35]은 어떤 이유가 있다고 해도 이미 사라진 선조들의 증언에 귀를 기울이지 않는 사람들이다. 앞에서 살펴본 대로 선조들의 증언은 끔찍한 대재해가 때때로 인류에게 닥쳐왔다는 것을 전하고 있다. 재해는 갑자기, 예고도 없이, 용서 없이, 밤의 도둑처럼 비밀리에 찾아왔다. 그것은 미래의 어느 때에 반드시 다시 일어난다. 충분한 대비가 없으면 인류는 고아처럼 진정한 유산을 완전히 잃은 채 원시시대로부터 다시 시작해야만 한다.

최후의 나날을 살아간다

호피족 인디언 보호 거주지, 1994년 5월

애리조나 주의 고원 일대에는 날마다 황량한 바람이 분다. 나는 그 고원을 차로 달려서 순고포비라는 작은 마을로 향했다. 마을을 향해 달려가면서 5

년 동안 본 것들, 해온 일들을 돌이켜보았다. 여행, 조사, 잘못된 출발, 막다른 길, 행운, 모든 것이 한꺼번에 닥쳐온 순간들, 모든 것이 갈기갈기 찢어질 것 같던 순간들을 말이다.

나는 호피족의 땅으로 오기 위해서 긴 여행을 했다. 주도(州都)인 피닉스에서 순고포비로 가는 거친 길이 480킬로미터의 고속도로보다 훨씬 더 길게 느껴졌다. 그곳에서 수확을 거둘 수 있으리라는 보장도 없었다.

그럼에도 불구하고 여행을 떠난 것은 예언의 과학이 지금은 호피족 속에서 살아 있다고 믿었기 때문이다. 호피족은 푸에블로 인디언으로 멕시코의 아스텍족과 먼 친척이다. 현재 호피족의 수는 자연 감소와 궁핍 때문에 1만 명으로 줄어들었다.[36] 유카탄 반도 일대에 있는 마야족이 세계의 종말은 2000년경에 찾아온다고 확신하듯이,[37] 호피족도 인류는 최후의 나날을 살아가고 있으며 다모클레스의 칼(행복의 절정에 있을 때에도 생명을 위협하는 위험이 따른다는 뜻의 말/역주)이 우리 위에 걸려 있다고 믿고 있다.[38] 제24장에서 살펴본 대로 호피족의 신화는 다음과 같은 것이다.

최초의 세계는 인류의 잘못 때문에 하늘과 땅에서 나온 불이 모든 것을 태워서 파괴되었다. 두 번째 세계는 지구의 축이 뒤집어져 모두가 얼음으로 뒤덮였다. 세 번째 세계는 대홍수로 끝이 났다. 현재는 네 번째 세계이다. 이 시대의 운명은 인류가 창조주의 계획대로 행동하는가 그렇지 않은가에 따라서 결정된다……[39]

애리조나에 온 것은 호피족은 인류가 창조주의 계획대로 행동하고 있다고 생각하는지 알기 위해서이다…….

세계의 종말

황량한 바람이 고원을 지나가면서 우리가 있는 트레일러 하우스의 벽을 덜컹거리며 흔들어놓는다. 내 옆에는 산타가 있었다. 모든 곳을 함께 다니며 위험과 모험, 기쁨과 슬픔을 함께 했다. 맞은편에는 친구인 에드 포니스트가 앉아 있었는데, 에드는 미시간 주의 랜싱에서 온 간호사였다. 그는 몇 년 전 인디언 거주지에서 일을 한 적이 있었다. 내가 여기에 있는 것은 에드 덕분이다. 나의 오른쪽에 앉아 있는 사람은 폴 시프키라는 노인이다. 그는 호피족 가운데 스파이더 일족의 노인으로 나이는 아흔여섯이다. 이 노인은 일족의 전승을 전하는 역할을 맡은 사람이었다. 그의 옆에는 손녀딸인 멜자 시프키가 앉아 있었다. 멜자는 단정한 용모의 중년부인으로 통역을 해주었다.

"호피족은 세계의 종말을 믿고 있다고 들었는데 사실입니까?"라고 내가 물었다.

몸집이 작은 폴 시프키는 주름이 눈에 띄는 갈색 피부를 지니고 있었는데 청바지와 케임브릭(흰 삼베 옷/역주)을 입고 있었다. 그는 대화를 나누는 동안 한번도 나를 보지 않고 앞을 바라보고 있었는데 먼 구름 속에서 친숙한 얼굴을 찾고 있는 듯이 보였다.

멜자가 질문을 폴에게 전달한 뒤 그의 대답을 통역했다. "'왜 알고 싶은 거지?'라고 물으시는데요."

많은 이유가 있다고 설명했다. 가장 중요한 것은 사태가 긴박하다고 느끼고 있기 때문이었다. "조사를 한 결과 멀고 먼 옛날, 고도의 문명이 존재했었다고 확신하게 되었는데 그 문명은 대재해로 파괴되었습니다. 우리의 문명도 그와 마찬가지로 대재해로 파괴되지 않을까 생각합니다……."

호피어로 한참 동안 이야기가 오고가다가 멜자가 말했다. "할아버지가 말씀하시기를, 어릴 때 1900년대에 폭발한 별이 있었는데 그 별은 오랫동안 하늘에 있었답니다. ……할아버지가 당신의 할아버지에게 가서 그 징조의 의미를 설명해달라고 부탁하자, '이렇게 우리의 세계도 끝나는 거야. 불꽃에 휘말려서……. 만약 사람들이 방법을 바꾸지 않으면 세계를 지키는 정령은 우리에게 화를 내게 되고, 세계를 불로 벌해서 그 별이 최후를 맞이한 것처럼 세계는 끝이 날 거야'라면서 할아버지에게 말씀하셨다고 합니다. 지구는 폭발한 별처럼 폭발할 것이다라고……."

"세계는 화염에 휩싸여 끝이 난다는 말이군요. ……그럼 90년간 세계를 보면서 인류의 행동이 좋아졌다고 생각하는지 나빠졌다고 생각하는지 그것을 알고 싶은데요."

"좋아지지 않았다고 말씀하시네요. 나빠졌다고."

"그렇다면 종말이 가까워졌다는 말이군요?"

"할아버지는 징조가 이미 눈에 보이고 있다. ……지금은 바람만 불 뿐이고, 우리는 서로 무기를 들이대고 있다라고 말씀하십니다. 그것을 보면 얼마나 길에서 벗어나 있고 서로에게 무엇을 느끼고 있는지를 알 수 있다고요. 이미 가치관이 사라졌다. 전혀 없다. 사람들은 자기 마음대로 살고 있다. 도덕도 법도 없다. 이것이 종말의 때가 왔다는 징조라고 하시네요……."

멜자는 통역을 하면서 한숨을 깊이 내쉬고는 자신의 의견을 말했다. "이 지독한 바람, 모든 것을 건조하게 만들어요. 습기가 없어요. 이런 기후는 사람들의 생활방식이 초래한 결과라고 생각해요. 우리뿐만 아니라 당신들도 포함해서."

이야기를 하면서 그녀의 눈에 눈물이 차오르는 것을 보았다. "내게는 옥수수 밭이 있는데, 바싹 말랐어요. 하늘을 보며 비를 내려달라고 기원합니다. 그러나 비는 한방울도 내리지 않고 구름조차 없어요. 이럴 때는 내가 누구인지도 모르겠어요." 긴 침묵이 흘렀다. 바람이 트레일러를 흔들고 끊임없이 암석대지 위로 강하게 불고 있는 사이에 우리는 암흑 속에 갇히기 시작했다.

나는 조용히 물었다. "할아버지에게 물어보세요. 호피족과 다른 인류를 위해서 지금 무엇을 할 수 있을까요?"

그의 답을 듣고 멜자가 말했다. "할아버지가 알고 있는 유일한 것은 호피족이 전승을 버리지 않는 한 자신들뿐만 아니라 다른 사람들도 구할 수 있다고 합니다. 과거에 믿고 있었던 것을 유지하고 존속시키고 기억을 지켜야 합니다. 이것이 가장 중요한 것입니다. 할아버지는 당신에게 전하고 싶은 것이 있는데 이해해주면 좋겠다고 말합니다. 그것은 이런 것입니다. 이 세계를 창조한 것은 지적인 존재로, 창조적이고 지적인 정령이 모든 것을 계획하고 만들었습니다. 할아버지는 우연히 존재하는 것은 하나도 없으며, 무엇 하나 우연히 일어나는 일은 없다고 합니다. 좋은 일이든 나쁜 일이든……모든 일에는 이유가 있습니다……."

맷돌이 돌고 있다

세계 각지의 서로 다른 많은 문화를 가진 사람들이 대재해가 닥쳐왔다는 저항할 수 없는 직감을 공유하고 있을지라도 우리에게는 그것을 무시할 권리가 있다. 또한 신화와 건축물을 통해서 전해온 선조들의 목소리가 먼 옛날의 위대한 문명이 소멸했다는 것을 이야기하고 있는 경우에도(그리고 현대 문명 역시 위험에 처해 있다는 것을 말하고 있다고 해도) 원한다면 귀를 막을 수 있다.

대홍수가 일어나기 전의 세계도 그러했다고 성서는 말한다.

"홍수 이전의 사람들은 노아가 방주에 들어가던 날까지도 먹고 마시고 장가들고 시집가고 하다가 홍수를 만나 모두 휩쓸려갔다. 그들은 이렇게 아무것도 모르고 있다가 홍수를 만났는데……"[40]

마찬가지로 앞으로 지구 규모의 파멸이 갑자기 우리에게 닥쳐올 것이라고 예언되어 있다.

"(아무도 모르게) 동쪽에서 번개가 치면 서쪽까지 번쩍이듯이……그런 재난의 기간이 지나면 곧 해가 어두워지고, 달은 빛을 잃을 것이며 별들은 하늘에서 떨어지고 모든 천체가 흔들릴 것이다. ……그때에 두 사람이 밭에 있으면 하나는 데려가고 하나는 버려둘 것이다. 또 두 여자가 맷돌을 갈고 있다면 하나는 데려가고 하나는 버려둘 것이다."[41]

전에 일어난 일이 다시 일어난다. 전에 행해진 일이 다시 행해진다.
태양 아래에서 새로운 것은 하나도 없다…….

주

제1부 서론 : 지도의 불가사의

제1장 숨겨진 장소의 지도

1 Charles H. Hapgood FRGS, *Maps of the Ancient Sea Kings*, Chilton Books, Philadelphia and New York, 1966, p. 243에 수록된 편지.

2 같은 책, pp. 93-98, 235. 워싱턴 DC에 있는 카네기 협회 전문가들의 지원을 받은 Jack Hough 박사(일리노이 대학교)의 발견에 의하면, 남극대륙이 얼음으로 뒤덮이지 않은 시기는 기원전 1만3000년부터 기원전 4000년까지 지속되었다. 지진학, 중력과 행성 지질학 전문가인 콜로라도 대학교의 John G. Weiphaupt 박사도 남극의 일부가 후기 동안 얼음으로 덮여 있지 않았다는 의견을 지지한다. 다수의 지질학자들과 동조하여 그는 휴 박사보다 조금 늦은 기원전 7000-기원전 4000년을 제시한다.

3 같은 책, 서문, pp. 1, 209-11.

4 *Encyclopaedia Britannica*, 1991, I : 440.

5 *Maps of The Ancient Sea Kings*, p. 235.

6 같은 책.

7 역사가들은 기원전 4000년 전에 그와 같은 "문명"이 있었다는 사실을 인정하지 않는다.

8 *Maps of the Ancient Sea Kings*, pp. 220-4.

9 같은 책, p. 222.

10 같은 책, p. 193.

11 *Maps of the Ancient Sea Kings*(개정판), Turnstone Books, London, 1979, 서문.

12 같은 책.

13 같은 책, 머리말. 또한 F. N. Earll, foreword to C. H. Hapgood, *Path of the Pole*, Chilton Books, New York, 1970, p. viii 참조.

14 Charles H. Hapgood, *Earth's Shifting Crust:A Key to Some Basic Problems of Earth Science*, Pantheon Books, New York, 1958에 수록된 아인슈타인의 서문(1953년에 씀), pp. 1-2.

15 *Maps of the Ancient Sea Kings*, 1966 end., p. 189.

16 같은 책, p. 187.

17 같은 책, p. 189.

18 *Earth's Shifing Crust*에 부친 아인슈타인의 서문, p. 1.

19 *Maps of the Ancient Sea Kings*, pp. 209-11.

20 같은 책, p. 1.

21 같은 책, pp. 76-77, 231-32.

제2장 남쪽 대륙에 있는 강

1 *Maps of the Ancient Sea Kings* (이하 Maps로 함), p. 79.

2 같은 책, p. 233.

3 같은 책, p. 89.

4 같은 책, p. 90. 이 지도들은 1958년 국제 지구물리관측년에 여러 나라의 조사단에 의해서 작성되었다.

5 같은 책, p. 149.

6 같은 책, pp. 93-96.

7 같은 책, p. 97.

8 이 방법의 상세한 점은 *Maps*, p. 96 참조.

9 같은 책, p. 98.

10 그는 자신의 서명을 그곳에 남겼다. Peter Tompkins, *Secrets of the Great Pyramid*, Harper & Row Publishers, New York, p. 38, 285 참조.

11 Maps, p. 102.

12 같은 책, pp. 103-04.

13 같은 책, p. 93.

14 이 이론의 증거에 관한 더 본격적인 논쟁에 대해서는 이 책의 제8부 및 Hapgood의 *Earth's Shifting Crust* 참조.

15 *Maps*, p. 222.

16 같은 책, p. 222.

17 같은 책, pp. 64-65.

18 같은 책, p. 64.

19 같은 책, p. 65.

20 같은 책, p. 69.

21 같은 책, p. 72.

22 같은 책, p. 65.

23 같은 책, p. 99.

24 같은 책.

25 같은 책, p. 164.

26 같은 책, p. 159.

27 Luciano Canfora, *The Vanished Library*, Hutchinson Radius, London, 1989 참조.

28 *Maps*, p. 159.

29 같은 책, p. 164.

30 같은 책, p. 171.

31 같은 책, pp. 171-72.

32 같은 책.

33 같은 책, pp. 176-77.

제3장 사라진 과학의 지문

1 *Maps*, p. 107.

2 같은 책.

3 Simon Bethon and Andrew Robinson, *The Shape of the World : The Mapping and*

Discovery of the Earth, Guild Publishing, London, 1991, p. 117.
4 같은 책, p. 121.
5 같은 책, p. 120.
6 *Encyclopaedia Britannica*, 1991, 3 : 289.
7 *Shape of the World*, pp. 123-24.
8 같은 책, p. 125.
9 같은 책, p. 131.
10 같은 책.
11 *Maps*, pp. 1, 41.
12 같은 책, p. 116.
13 같은 책.
14 같은 책, pp. 149-58.
15 같은 책, p. 152.
16 같은 책.
17 같은 책, p. 98.
18 같은 책, p. 170.
19 같은 책, p. 173.
20 같은 책, p. 225ff.
21 같은 책, p. 228.
22 같은 책, p. 244-45.
23 같은 책, p. 135.
24 같은 책, p. 139.
25 같은 책, pp. 139, 145.

제2부 바다의 거품 : 페루와 볼리비아

제4장 콘도르의 비상

1 Tony Morrison with Professor Gerald S. Hawkins, *Pathways to the Gods*, Book Clup Associates, London, 1979, p. 21. 또한 *The Atlas of Mysterious Places*, (ed Jennifer Westwood), Guild Publishing, London, 1987, p. 100 참조.
2 *Pathways to the Gods*, p. 21.
3 Personal communications with Dr Pitluga.
4 나스카 지상 그림의 거리가 틀림없이 "리치눌레이"라는 것을 처음으로 확인한 것은 제럴드 S. 호킨스 교수이다. Gerald S. Hawkins, *Beyond Stonehenge*, Arrow Books, London, 1977, p. 143-44 참조.
5 같은 책.
6 같은 책, p. 144.
7 Maria, Reiche, *Mystery on the Desert*, Nazca, Peru, 1989, p. 58.
8 루이스 데 몬존(Luis de Monzon)은 1586년에 나스카 부근에 있는 루카나와 소라의 행정관이었다. *Pathways to the Gods*, p. 36 ; *Atlas of Mysterious Places*, p. 100.

제5장 과거로 인도하는 잉카

1 Father Pablo Jeseph, *The Extirpation of Idolatry in Peru*(L. Clark Keating이 스페인어 판을 옮김), University of Kentucky Press, 1968 참조.

2 Fernando Montesinos가 17세기에 그의 저서 *Memorias Antiguas Historiales del Peru*에서 피력한 것. 영어 판(Hakluyt Society, London, 1920)은 P. A. Mean이 옮김.

3 *Encyclopaedia Britannica*, 1991, 6:276-77.

4 Paul Devereux, *Secrets of Ancient and Sacred Places*, Blandford Books, London, 1992, p. 76. 또한 *Peru*, Lonely Planet Publications, Hawthorne, Australia, 1991, p. 168 참조.

5 *The Facts on File Encyclopaedia of World Mythology and Legend*, London and Oxford, 1988, p. 657.

6 Giorgio de Santillana and Hertha von Dechend, *Hamlet's Mill*, David R. Godine, Publisher, Boston, 1992, p. 134에서 Macrobius를 인용. 또한 A. R. Hope Moncreiff, *The Ilustrated Guide to Classical Mythology*, BCA, London, 1992, p. 153 참조.

7 *Peru*, p. 181.

8 *Tan*. Terumah, XI ; 또한 약간의 다른 점이 있는 *Yama* 39b 참조. *The Jewish Encyclopaedia*, Funk and Wagnell, New York, 1925, vol. II, p. 105에서 인용.

9 *Peru*, p. 182.

10 *The Facts on File Encyclopaedia*……, p. 658.

11 예를 들면 Ho. Osborne, *South American Mythology*, Paul Hamlyn, London, 1968, p. 65.

12 이것에 관한 그 이상의 증거와 논의는 Constance Irwin, *Fair Gods and Stone Faces*, W. H. Allen, London, 1964, pp. 31-32 참조.

13 J. Alden Mason, *The Ancient Civilizations of Peru*, Penguin Books, London, 1991, p. 135. 또한 Garcilaso de la Vega, *The Royal Commentaries of the Incas*, Orion Press, New York, 1961, pp. 132-33, 147-48 참조.

제6장 혼란의 시대에 나타난 남자

1 *South American Mythology*, p. 74.

2 같은 책.

3 Arthur Cotterell, *The Illustrated Encyclopaedia of Myths and Legends*, Guild Publishing, London, 1989, p. 174. 또한 *South American Mythology*, pp. 69-88 참조.

4 Francisco de Avila, "A Narrative of the Errors, False Gods, and Other Superstitions and Diabolical Rites in Which the Indians of the Province of Huarochiri Lived in Ancient Times", in *Narratives of the Rites and Laws of the Yncas*(trans. and ed. Clemens R. Markhem), Hakluyt Society, London, 1873, vol. XLVIII, p. 124.

5 *South American Mythology*, p. 74.

6 같은 책, pp. 74-76.

7 같은 책, p. 78.

8 같은 책, p. 81.

9 John Hemming, *The Conquest of the Incas*, Macmillan, London, 1993, p. 97.

10 *South American Mythology*, p. 87.

11 같은 책, p. 72.

12 *Encyclopaedia Britannica*, 1991, 26 : 42.

13 Ignatius Donnelly, *Atlantis : The Antediluvian World*, Harper & Brothers, New York, 1882, p. 394.

14 *The Facts on File Encyclopaedia*······, p. 657에 수록된 "Relacion anonyma de los costumbres antiquos de los naturales del Piru"에서 발췌.

15 *Pears Encyclopaedia of Myths and Legends:Oceania, Australia and the Americas*, (ed. Shelia Savill), Pelham Books, London, 1978, pp. 179-80.

16 *South American Mythology*, p. 76.

17 같은 책.

18 *The Conquest of the Incas*, p. 191.

19 *Royal Commentaries of the Incas*, p. 233.

20 같은 책, p. 237.

제7장 그렇다면 거인이 있었단 말인가?

1 José de Acosta, *The Natural and Moral History of the Indies*, Book I, Chapter four, in *South American Mythology*, p. 61.

2 같은 책, p. 82.

3 D. Gifford and J. Sibbick, *Warriors, Gods and Spirits from South American Mythology*, Eurobook Limited, 1983, p. 54.

4 *Genesis* 6 : 4

5 Fr Molina, "Relacion de las fabulas y ritos de los Yngas", in *South American Mythology*, p. 61.

6 *Royal Commentaries of the Incas*.

7 *The Ancient Civilizations of Peru*, p. 237.

8 Juan de Batanzos, "Suma y Narracion de los Incas", in *South American Mythology*, p. 79.

9 *The Ancient Civilizations of Peru*, p. 163.

10 Zecharia Sitchin, *The Lost Realms*, Avon Books, New York, 1990, p. 164에서 인용.

11 다른 학자인 마리아 슐텐 데 데브네스(Maria Schulten de D'Ebneth)도 수학적 방법(추론과 해석에 무게를 두는 역사적 방법과는 대조적)으로 연구했다. 그녀의 목적은 고대 바둑판 눈금을 재발견하는 것이었다. 바둑판 눈금은 방위에 기초해서 마추 픽추에 있는 유적의 배치를 결정하는 데에 사용되었다. 일단 그녀는 중앙의 45도 선의 존재를 확립하고 또다른 사실을 발견했다. "중앙의 45도 선과 그곳에서 떨어져 위치하는 유적과의 사이의 각도를 계산해본 결과······이 바둑판 눈금이 설정된 시기의 지구의 기울기(황도경사)는 거의 24도 0분이었다. 이것은 이 바둑판 눈금이 측정했을 때(1953년)보다 5,125년 전에 계획되어 있었다는 것을 의미한다. 즉 기원전 3172년이다." *The Last Realms*, pp. 204-205.

제8장 세계의 지붕에 있는 호수

1 Professor Arthur Posnansky, *Tiahuanacu : The Cradle of American Man*, Ministry of Education, La Paz, Bolivia, 1957, volume III p. 182. 또한 Immanuel Velikovsky, *Earth in Upheaval*, Pocket Books, New York, 1977. pp. 77-78 : "안데스의 지형 및 티티카카 호수의 동물 분포에 관한 조사와, 이 호수와 동일한 고원에 위치한 호수들의 화학적 성분에 관한 조사를 한 결과, 이 고원은 예전에 해면과 동일한 높이로 현재보다 3,810미터 낮은 위치에 있었다는 것이 밝혀졌다. 또한 이 호수들은 원래 만(灣)의 일부였다는 것도 밝혀졌다.

과거 어느 시기에 고원 전체가 호수와 함께 바다 밑바닥에서 융기한 것이다."

2 1993년 9월 17일, 영국 지질조사단(BGS)의 리처드 엘리슨(Richard Ellison)과의 사적인 대담. 엘리슨은 *The Geology of the Western Corriera and Altiplanao*의 저자이기도 하다.
3 *Tiahuanacu*, III, p. 192.
4 *Tiahuanacu*, J. J. Augustin, New York, 1945, volume I, p. 28.
5 같은 책.
6 예를 들면 H. S. Bellamy, *Built Before the Flood:The Probliem of the Tiahuanaco Ruins*, Faber & Faber, London, 1943, p. 57 참조.
7 같은 책, p. 59.
8 *Tiahuanacu*, III, pp. 192-96. 또한 *Bolivia*, Lonely Planet Publications, Hawthorne, Australia, 1992, p. 156 참조.
9 같은 책. 또한 Harold Osborne, *Indians of the Andes : Aymaras and Quechuas*, Routledge and Kegan Paul, London, 1952, p. 55 참조.
10 *Earth In Upheaval*, p. 76 : "진화론자 및 지질학자의 보수적인 의견으로는 조산운동이 서서히 진행되었기 때문에 미세한 변화만이 감지된다고 한다. 또한 이 운동은 연속적으로 진행되었으므로 대규모로 자연융기하는 일은 일어날 수 없다고 한다. 그러나 티아우아나코의 경우에, 고도가 변화한 것은 이 도시가 만들어진 다음의 일이었고 이것은 서서히 변화된 과정의 결과라는 볼 수 없다."
11 예를 들면 Ian Cameron, *Kingdom of the Sun God : A History of the Andes and Their People*, Guild Publishing, London, 1990, pp. 48-49.
12 *Tiahuanacu II*, p. 91과 I, p. 39.

제9장 과거 그리고 미래의 왕

1 *South American Mythology*, p. 87.
2 같은 책, p. 44.
3 Antonio de la Calancha, *Cronica Moralizada del Orden de San Augustin en el Peru*, 1638, in South American Mythology, p. 87.
4 플루타르크에 관한 권할 만한 요약은 M. V. Seton-Williams, *Egyptian Legends and Stories*, Rubicon Press, London, 1990, pp. 24-29 ; E. A. Wallis Budge, *From Fetish to God in Ancient Egypt*, Oxford University Press, 1934, pp. 178-83 참조.
5 *From Fetish to God in Ancient Egypt*, p. 180.
6 Thor Heyerdahl, *The Ra Expeditions*, Book Club Associates, London, 1972. pp. 43, 295.
7 같은 책, p. 43.
8 같은 책, p. 295.

제10장 태양의 문이 있는 도시

1 Pedro Cieza de Leon, *Chronicle of Peru*, Hakluyt Society, London, 1864 and 1883, Part I, Chapter 87.
2 *Indians of the Andes:Aymaras and Quechuas*, p. 64. 또한 *Feats and Wisdom of the Ancients*, Time-Life Books, Alexandria, Virginia, 1990, p. 55 참조.
3 *Royal Commentaries of the Incas*, Book Three, Chapter one. 프랑스어판(Alain Gheerbrant)의 번역본으로서, pp. 49-50.

4 *Bolivia*, p. 156(지도).

5 H. S. Bellamy and P. Allan, *The Calendar of Tiahuanaco:The Measuring System of the Oldest Civilization*, Faber & Faber, London, 1956, p. 16.

6 아카파나의 유압장치에 관한 자세한 논의는 *Tiahuanacu*: II, pp. 69-79 참조.

7 같은 책, I, p. 78.

8 *The Lost Realms*, p. 215.

9 *Tiahuanacu*, II, pp. 44-105.

10 *The Calendar of Tiahuanaco*, pp. 17-18.

제11장 태고의 암시

1 *Tiahuanacu*, II, p. 89.

2 게다가, 영국 천문학회의 존 메이슨(John Mason) 박사는 1993년 10월 7일의 전화 인터뷰에서 황도경사를 정의해주었다. "지구는 지축을 중심으로 회전하고 지축은 지구의 중심 및 북극과 남극을 관통하고 있다. 지축은 지구의 공전궤도면에 대하여 기울어져 있고 이 기울기가 황도경사인 것이다. 현재 황도경사의 값은 23.44도이다."

3 J. D. Hays, John Imbrie, N. J. Shackleton, "Variations in the Earth's Orbit: Pacemaker of the Ice Ages", in *Science*, vol. 194, No. 4270, 10 December 1976, p. 1125.

4 Anthony F. Aveni, *Skywatchers of Ancient Mexico*, University of Texas Press, Iago, p. 103.

5 *Tiahuanacu*, II, pp. 90-91.

6 *Tiahunancu*, II, p. 47.

7 같은 책, p. 91.

8 같은 책, I, p. 119.

9 같은 책, II, p. 183.

10 *Myths from Mesopotamia*, (trans. and ed. Stephanie Dalley), Oxford University Press, 1990, p. 326.

11 Fragments of Berossus, from Alexander Polyhistor, reprited as Appendix 2 in Robert K. G. Temple, *The Sirius Mystery*, Destiny Books, Rochester, Vermont, 1987, pp. 250-51.

12 같은 책.

13 Jeremy Black and Anthony Green, *Gods, Demons and Symbols of Ancient Mespotamia*, British Museum Press, 1992, pp. 46, 82-83.

14 *The Ancient Civilizations of Peru*, p. 92에 나온 수치들.

15 같은 책.

16 같은 책.

17 Joseph Campbell, *The Hero with a Thousand Faces*, Paladin Books, London, 1988, p. 145 참조.

18 같은 책, p. 146.

19 태양의 문에 새겨진 달력의 기능은 Posnansky, *Tiahuanacu: The Cradle of American Man*, volumes I-IV에 묘사, 분석되어 있다.

20 *Quaternary Extinctions: A Prehistoric Revolution*, Paul S. Martin, Richard G. Klein, eds. The University of Arizona Press, 1984, p. 85.

21 같은 책.

22 *The Calender of Tiahuanaco*, p. 47 참조. 포스난스키의 글에도 톡소돈에 관한 충분한 설명이 있다.

23 *Encyclopaedia Britannica*, 1991, 11 : 878.

24 같은 책, 9 : 516. 또한 *Quaternary Extinctions*, pp. 64–65 참조.

25 *The Calendar of Tiahuanaco*, pp. 47–48.

26 *Tiahuanacu*, III, pp. 57, 133–34, and plate XCII.

27 같은 책, I, pp. 137–39 ; *Quaternary Extinctions*, pp. 64–65.

28 *Tiahuanacu*, II, p. 4.

제12장 비라코차의 최후

1 *Tiahuanacu*, II, p. 156ff ; III, p. 196.

2 같은 책, I, p. 39 : "수력을 이용하는 설비와 운하가 길게 연결되어 있고 현재는 말라 있지만 원래의 호수 바닥과 연결되어 있다. 이 흔적 역시 이 시대에 호수면이 티아우아나코와 맞닿아 있었다는 증거이다."

3 같은 책, II, p. 156.

4 *Bolivia*, p. 158.

5 *The Ancient Civilizations of Peru*, p. 93.

6 같은 책.

7 예를 들면 아스완의 엘레판티네 섬에 있는, 나일 강 수위계 위의 포장용 벽돌에서 볼 수 있는 유사점을 나에게 지적해준 사람은 미국의 영화 제작자인 로버트 가드너(Robert Gardner)였다.

8 *The Encyclopedia of Ancient Egypt* ed. Margaret Burson, Facts on File, New York and Oxford, 1991, p. 23.

9 *Tiahuanacu*, I, p. 55.

10 같은 책, I, p. 39.

11 같은 책, III, pp. 142–43.

12 같은 책, I, p. 57.

13 같은 책, I, p. 56, and II, p. 96.

14 클레멘스 마크햄(Clemens Markham) 경을 언급하면서 *Earth in Upheaval*, pp. 75–76에 인용된 것.

15 *Tiahuanacu*, III, p. 147.

16 같은 책.

17 David L. Browman, "New Light on Andean Tiahuanaco", in *American Scientist*, volume 69, 1981, pp. 410–12.

18 같은 책, p. 410. 브라우먼에 의하면, "고원에서 야생식물을 재배식물로 바꾸기 위해서는 해독(解毒)기술을 개발할 필요가 있었다. 〔고대 티아우아나코에서 주식으로 한〕 대부분의 식물은 독소를 가지고 있었다. 예를 들면, 어떤 감자는 서리에 강하고 고원에서 잘 자라지만 그와 동시에 알카로이드 배당체(配糖體)인 솔라닌을 많이 함유하고 있다. 또 단백질 분해에 필요한 소화효소를 저해하는 물질도 함유하고 있다. 이것은 고지에서 특히 좋지 않다. 왜냐하면 고지에서는 대기압이 달라서 단백질을 분해하는 화학반응을 방해하기 때문이다"라고 한다.

　　독소가 든 감자를 먹을 수 있게 만들기 위해서 티아우아나코에서 개발된 해독기술은 보존에도 도움이 되었다. 사실 해독과 보존은 서로의 부산물이라고 브라우먼은 설명한다. "고원의 농민은 동결건조한 감자 또는 츄노라고 부르는 것을 몇천 년 동안 만들었다. 그 방법은 냉동했다가 물로 녹여서 햇볕에 말리는 것이었다. 이 방법에 대해서 처음에는 긴 기간(6년 또는 그 이상) 동안 보존하기 위해서라고 추측했다. 그러나 지금은 다른 근거를 제시할 수 있다. 물로 녹이고 햇볕에 건조시키는 것은 솔라닌을 제거하고 과도한 질산염을 줄이기 위한 것으로 동결건조한 감자를 조리하면 소화효소의 저해물질이 파괴된다. 동결건조는 안전하게 식료품을 보존하는 것뿐만 아니라 감자를 영향의 보급원으로서 이용하는 데에 필수적인 것이라고 할 수 있다. 두 가지 요소가 확실히 존재하고 있는 셈이다."

"티티카카 호수의 유적 부근에서 조기에 재배되었다고 생각되는 다른 식물도 비슷한 양의 독소를 함유하고 있고, 그 모두는 다양한 해독기술이 없다면 식용으로 적합하지 않다. 오카는 수산염(蓚酸鹽)을 다량으로 함유하고 있다. 키노아와 카니와는 시안화수소와 알칼리성 사포닌을 다량으로 함유하고 있다. 아마란스는 질산염과 수산염을 함유하고 있다. 타위는 유독한 알칼리성 루피닌을 함유하고 있다. 콩과(科) 식물은 각각 시안화 생성물인 글리코시드 파세올루나틴을 함유하고 있다. 다른 것도 마찬가지이다. 이런 식물들은 해독함으로써 보존할 수 있는 음식물이 된다. 해독함으로써 보존이라는 부산물이 생기는 셈이다. 이런 부산물이 없는 경우에(예를 들면 키노아와 아마란스, 타위) 원래부터 탁월한 보존력을 지니고 있는 것이 많다. 이러한 해독기술의 발달에 대해서 만족할 만한 설명은 아직 없다." "New Light on Andean Tiahuanaco."

19 이 구조의 중심에는 "흙더미가 있다. 그 높이는 약 1미터 정도이고, 길이는 9미터에서 90미터, 폭은 3미터에서 9미터 정도이다. 그것은 동일한 크기의 운하에 의해서 나뉘어 있고 파낸 흙으로 쌓아놓았다. 오랫동안 그 흙더미에는 정기적으로 비료가 뿌려졌다. 그 비료에는 유기적으로 침전된 진흙과 질소가 풍부하게 함유된 조류(藻類)가 섞여 있었다. 이 조류는 건기에 운하의 바닥에서 걷어낸 것이다. 현재에도 오래된 운하의 침전물은 부근에 있는 평야의 토양보다 훨씬 비옥하다."

"그러나 이 흙더미-운하 구조는 단순히 마른 땅을 비옥하게 만드는 것만은 아니었다. 이 구조는 어떤 이점이 있는 환경을 만든 듯하다. 그 이점은 고지에서의 생육기간을 연장시키고 작물이 혹독한 시기에도 견딜 수 있도록 도와주는 것이다. 예를 들면, 이 지역에서는 빈번하게 한발이 발생하는데 그 기간에 운하는 작물의 생육에 필요한 습도를 제공한다. 한편 흙더미는 작물을 들어올리는 역할도 하는데 이 지역에서 자주 볼 수 있는 홍수에 의한 피해를 줄여준다. 게다가 운하의 물은 열을 집적하는 일종의 배터리 역할을 했을 수도 있다. 즉 낮에는 태양열을 흡수했다가 추운 밤에는 그것을 내보내게 되는데 비교적 따뜻한 공기층을 만들어 생육상태에 있는 작물을 덮게 된다. *Feats and Wisdom of the Ancients*, pp. 56-57.

20 같은 책.

21 Evan Hadingham, *Lines to the Mountain Gods*, Harrap, London, 1987, p. 34.

22 "아이마라어는 비교적 단순하다. 구문규칙이 항상 적용되기 때문에 컴퓨터가 이해할 수 있는 일종의 대수적인 기법으로 간단하게 기술할 수 있다. 실제로 아이마라어는 매우 규칙적이어서 다른 언어처럼 진화한 것이 아니라 처음부터 만들어졌다고 생각하는 역사가도 있다." *Sunday Times*, London, 4 November 1984.

23 M. Betts, "Ancient Language may Prove Key to Translation System", *Computerworld*, vol IX, No. 8, 25 February 1985, p. 30.

제3부 깃털 달린 뱀 : 중앙 아메리카

제13장 인류 생존을 위한 피와 인류 종말의 날

1 *Mexico*, Lonely Planet Publications, Hawthorne, Australia, 1992, p. 839.

2 Ronald Wright, *Time Among the Maya*, Futura Publications, London, 1991, p. 343.

3 Friar Diego de Landa, *Yucatan before and after the Conquest* (trans. with notes by William Gates), Producción Editorial Dante, Merida, Mexico, 1990. p. 71.

4 Joyce Milton, Robert A. Orsi and Norman Harrison, *The Feathered Serpent and the Cross : The Pre-Colombian God-Kings and the Papal States*, Cassell, London, 1980, p. 64.

5 *Aztecs : Reign of Blood and Splendour*, Time-Life Books, Alexandria, Virginia, 1992, p. 105에 수록.

6 같은 책, p. 103.

7 *The Feathered Serpent and the Cross*, p. 55.

8 Mary Miller and Karl Taube, *The Gods and Symbols of Ancient Mexico and the Maya*, Thames & Hudson, London, 1993, pp. 96.

9 Adela Fernandez, *Pre-Hispanic Gods of Mexico*, Panorama Editorial, Mexico City, 1993, pp. 21–22에 인용된 *Vaticano-Latin Codex* 3738에서 발췌.

10 Eric S. Thompson, *Maya History and Religion*, University of Oklahoma Press, 1990, p. 332. 또한 *Aztec Calendar : History and Symbolism*, Garciay Valades, Editores, Mexico City, 1992 참조.

11 같은 책.

12 *Pre-Hispanic Gods of Mexico*, p. 24.

13 Peter Tompkins, *Mysteries of the Mexican Pyramids*, Thames & Hudson, London, 1987, p. 286.

14 John Bierhorst, *The Mythology of Mexico and Central America*, William Morrow & Co., New York, 1990, p. 134.

15 *World Mythology*, (ed. Roy Willis), BCA, London, 1993, p. 243.

16 Stuart J. Fiedel, *The Prehistory of the Americas*, (second edition), Cambridge University Press, 1992, pp. 312–13.

17 Professor Michael D. Coe, *Breaking the Maya Code*, Thames & Hudson, London, 1992, pp. 275–76. Herbert Joseph Spinden은 약간 이른 날짜인 2011년 12월 24일을 제시한다. *Mysteries of the Mexican Pyramids*, p. 286 참조.

18 *Mysteries of the Mexcian Pyramids*, p. 286.

19 *World Mythology*, p. 240. 또한 *Encyclopaedia Britannica*, 1991, 9 : 855 그리고 Lewis Spence, *The Magic and Mysteries of Mexico*, Rider, London, 1992, pp. 49–50 참조.

제14장 뱀의 사람들

1 Juan de Torquemada, *Monarchichia indiana*, volume I, *Fair Gods and Stone Faces*, pp. 37–38에서 인용.

2 *North America of Antiquity*, p. 268, *Atlantis : The Antediluvian World*, p. 165에서 인용.

3 *The Mythology of Mexico and Central America*, p. 161.

4 Nigel Davis, *The Ancient Kingdoms of Mexico*, Penguin Books, London, 1990, p. 152 ;

The Gods and Symbols of Ancient Mexico and the Maya, pp. 141-42 참조.

5 *Fair Gods and Stone Faces*, pp. 98-99.

6 같은 책, p. 100.

7 Sylvanus Griswold Morley, *An Introduction to the Study of Maya Hieroglyphs* (introduction by Eric S. Thompson), Dover Publications Inc., New York, 1975, pp. 16-17.

8 *New Larousse Encyclopaedia of Mythology*, Paul Hamlyn, London, 1989, pp. 437, 439.

9 같은 책, p. 437.

10 *Fair Gods and Stone Faces*, p. 62.

11 가족관계만 있는 것이 아니라 특별히 규정된 것도 있다. 예를 들면, 보탄은 몇 번이고 케찰코아틀의 손자라고 불렸다. 정복 후 얼마 지나지 않아 스페인 연대기 편찬자들에게 전설을 전한 인디오들은 이참나와 쿠쿨칸을 때때로 혼동했다. *Fair Gods and Stone Faces*, p. 100 참조.

12 *Mysteries of the Mexican Pyramids*, p. 347.

13 *New Larousse Encyclopaedia of Mythology*, p. 439.

14 James Bailey, *The God-Kings and the Titans*, Hodder and Stoughton, London, 1972, p. 206.

15 *Fair Gods and Stone Faces*, pp. 37-38.

16 16세기의 연대기 편찬자인 Bernardino de Sahagun에 의하면 "케찰코아틀은 문명을 전파한 위대한 자이다. 그는 기묘한 집단을 거느리고 멕시코에 왔다. 케찰코아틀은 멕시코에 기술을 도입했는데 특히 농업을 육성했다. 이 시대의 옥수수는 열매가 커서 한 번에 하나밖에 들지 못했으며, 면화는 모든 색깔의 것이 재배되었기 때문에 염색할 필요가 없었다. 케찰코아틀은 넓고 우아한 집을 몇 채 지었다. 그리고 평화라는 종교의 가르침을 전했다."

17 *The God-Kings and the Titans*, p. 57.

18 *Mexico*, pp. 194-95.

19 *The Gods and Symbols of Ancient Mexico and the Maya*, pp. 185, 188.

20 같은 책.

21 *New Larousse Encyclopaedia of Mythology*, p. 437.

22 *The Feathered Serpent and the Cross*, pp. 52-53.

23 *New Larousse Encyclopaedia of Mythology*, p. 436.

24 *The Magic and Mysteries of Mexico*, p. 51.

25 *World Mythology*, p. 237.

26 *New Larousse Encyclopaedia of Mythology*, p. 437.

27 같은 책.

28 *Fair Gods and Stone Faces*, pp. 139-40.

29 *The Feathered Serpent and the Cross*, pp. 35, 66.

제15장 멕시코의 바벨탑

1 Figures from *Fair Gods and Stone Faces*, p. 56.

2 같은 책, p. 12.

3 같은 책, pp. 3-4.

4 *Mysteries to the Mexican Pyramids*, p. 6.

5 *Mexico*, p. 224.

6 *Mysteries of the Mexican Pyramids*, p. 6에 인용된 최근의 보고.

7 *The Magic and Mysteries of Mexico*, pp. 228–29.

8 같은 책.

9 *Mysteries of the Mexican Pyramids*, p. 7.

10 *Yucatan before and after the Conquest*, p. 9. 또한 *Mysteries of the Mexican Pyramids*, p. 20 참조.

11 *Yucatan before and after the Conquest*, p. 104.

12 *Mysteries of the Mexican Pyramids*, p. 21.

13 *Fair Gods and Stone Faces*, p. 34.

14 같은 책.

15 *Mysteries of the Mexican Pyramids*, p. 23.

16 *Yucatan before and after the Conquest*.

17 *Mysteries of the Mexican Pyramids*, p. 24.

18 Diego de Duran, "Historia antiqua de la Nueve Espana", (1585), in Ignatius Donelly, *Atlantis : The Antediluvian World*, p. 200.

19 창세기 11 : 1–9.

20 *Maps of the Ancient Sea Kings*, p. 199에 수록. 또한 *The God-Kings and the Titans*, p. 54, *Mysteries of the Mexican pyramids*, p. 207 참조.

21 Byron S. Cummings, "*Cuicuilco and the Archaic Culture of Mexico*", *University of Arizona Bulletin*, volume IV : 8, 15 November 1933.

22 *Mexico*, p. 223. 또한 Kurt Mendelssohn, *The Riddle of Pyramids*, Thames & Hudson, London, 1986, p. 190 참조.

23 *The Riddle of the Pyramids*, p. 190.

24 같은 책.

제16장 뱀의 성지

1 *The Gods and Symbols of Ancient Mexico and the Maya*, p. 126.

2 *Aztecs : Reign of Blood and Splendour*, p. 50.

3 *Fair Gods and Stone Faces*, pp. 139–40.

4 같은 책, p. 125.

5 *Mexico*, p. 637. 또한 *The Ancient Kingdoms of Mexico*, p. 24 참조.

6 같은 책.

7 *Mexico*, p. 638.

8 Matthew W. Stirling, "Discovering the New World's Oldest Dated Work of Man", *National Geographic Magazine*, volume 76, August 1939, pp. 183-218 외에 여러 곳.

9 Matthew W. Stirling, "Great Stone Faces of the Mexican Jungle", *National Geographic Magazine*, volume 78, September 1940, p. 310.

제17장 올멕의 수수께끼

1 *The Prehistory of the Americas*, pp. 268-71. Jeremy A. Sablofff, *The Cities of Ancient Mexico : Reconstructing a Lost World*, Thames and Hudson, London, 1990, p. 35.

Breaking the Maya Code, p. 61 참조.

2 *The Prehistory of the Americas*, p. 268.

3 *Aztecs : Reign of Blood and Splendour*, p. 158.

4 "올멕의 돌 조각품들은 매우 뛰어난 자연주의적 입체감을 이루고 있는데 그 원형은 남아 있지 않다. 자연적이고 추상적인 강한 표현력은 이 오래된 문명의 독자적인 것으로 보인다." *The Gods and Symbols of Ancient Mexico and the Maya*, p. 15 ; *The Ancient Kingdoms of Mexico*, p. 55 : 올멕의 원형에 관한 것은 수수께끼로 남아 있다. 올멕 문화가 언제 어디서 시작되었는지는 알려져 있지 않다.

5 *The Ancient Kingdoms of Mexico*, p. 36.

6 *The Prehistory of the Americas*, p. 268.

7 같은 책, pp. 267-68. *The Ancient Kingdoms of Mexico*, p. 55.

8 *The Ancient Kingdoms of Mexico*, p. 30.

9 같은 책, p. 31.

10 *The Prehistory of the Americas*, pp. 268-69.

11 같은 책, p. 269.

12 *The Ancient Kingdoms of Mexico*, p. 28.

13 *The Cities of Ancient Mexico*, p. 37.

14 *The Prehistory of the Americas*, p. 270.

제18장 눈길을 끄는 이방인

1 *Fair Gods and Stone Faces*, p. 144.

2 같은 책, pp. 141-42.

3 *Fair Gods and Stone Faces*의 여기저기. 또한 Cyrus H. Gordon, *Before Columbus : Links Between the Old World and Ancient America*, Crown Publishers Inc, New York, 1971.

4 예를 들면 Maria Eugenia Aubet, *The Phoenicians and the West*, Cambridge University Press, 1993 ; Gerhard Herm, *The Phoenicians*, BCA, London, 1975 ; Sabatino Moscati, *The World of the Phoenicians*, Cardinal, London, 1973 참조.

5 이 사실은 앞의 주 4)에서 열거한 모든 책에서도 확인할 수 있다.

6 W. B. Emery, *Archaic Egypt*, Penguin Books, London, 1987, p. 192.

7 같은 책, p. 38. 또한 *The Egyptian Book of the Dead*(trans. E. A. Wallis Budge), British Museum, 1895, 서론, pp. xii, xiii 참조.

8 John Anthony West, *Serpent in the Sky*, Harper and Row, New York, 1979, p. 13.

9 *Archaic Egypt*, p. 38.

10 같은 책, pp. 175-91.

11 같은 책, pp. 31, 177.

12 같은 책, p. 126.

13 E. A. Wallis Budge, *From Fetish to God in Ancient Egypt*, Oxford University Press, 1934, p. 155.

제19장 저승으로의 모험, 별로의 여행

1 예를 들면 *The Encyclopaedia of Ancient Egypt*, pp. 69-70 ; Jean-Pierre Hallet, *Pygmy Kitabu*, BCA, London, 1974, pp. 84-106 참조.

2 *The Gods and Symbols of Ancient Mexico and the Maya*, p. 82.
3 같은 책, *The Encyclopaedia of Ancient Egypt*, pp. 69–70 그리고 *Pygmy Kitabu*, pp. 84–106.
4 같은 책.
5 *The Encyclopaedia of Ancient Egypt*, p. 85.
6 *The Mythology of Mexico and Central America*, p. 148.
7 *Popol Vuh : The Sacred Book of the Ancient Quiche Maya* (Adrian Recinos의 번역을 Delia Goetz와 Sylvanus G. Morley가 영어로 옮김), University of Oklahoma Press, 1991, p. 163.
8 같은 책, p. 164.
9 같은 책, p. 181 ; *The Mythology of Mexico and Central America*, p. 147.
10 *The Ancient Egyptian Pyramid Texts*, (trans. R. O. Faulkner), Oxford University Press, 1969. 많은 곳에서 왕이 별로 다시 태어난다고 직접적으로 서술하고 있다. 예를 들면 pp. 248, 264, 265, 268, 570("나는 하늘에서 빛나는 별이다)" 등
11 같은 책, Utt. 466, p. 155.
12 *The Ancient Egyptian Book of the Dead*, (trans. R. O. Faulkner), British Museum Publications, 1989.
13 *Pre-Hispanic Gods of Mexico*, p. 37.
14 *The Gods and Symbols of Ancient Mexico and the Maya*, pp. 128–29.
15 *National Geographic Megazine*, volume 176, Number 4, Washington DC, October 1989, p. 468에 다시 수록. "더블 콤은 '카누를 젓는 쌍둥이'가 인도하는 카누를 타고 명계로 인도된다. 이 신들은 마야 신화 속에서 독특한 존재이다. 다른 것들(이구아나, 원숭이, 앵무새, 개)은 죽은 신을 수행한다." 개가 가진 신화적 중요성에 대해서는 이 책 제5부에서 다시 거론한다.
16 자세한 사항은 John Romer, *Valley of the King*, Michael O'Mara Books Limited, London, 1988, p. 167과 J. A. West, *The Traveller's Key to Ancient Egypt*, Harrap Columbus, London, 1989, pp. 282–97에 수록.
17 고대 이집트에서 개는 "길을 여는 자"인 우푸아우트를 나타내고 새(매)는 호루스를 나타내고 원숭이는 토트를 나타낸다. *The Traveller's Key to Ancient Egypt*, p. 284와 *The Ancient Egyptian Book of the Dead*, pp. 116–30 참조. 고대 중앙 아메리카에 대해서는 주 15) 참조.
18 *Pre-Hispanic Gods of Mexico*, p. 40.
19 *The Egyptian Book of the Dead* (trans. E. A. Wallis Budge), Arkana, London and New York, 1986, p. 21.
20 예를 들면 R. T. Rundle-Clark, *Myth and Symbol in Ancient Egypt*, Thames & Hudson, London, 1991, p. 29 참조.
21 Henri Frankfort, *Kingship and the Gods*, University of Chicago Press, 1978, p. 134. *The Ancient Egyptian Pyramid Texts*, e. g. Utts. 20, 21.
22 Robert Bauval and Adrian Gilbert, *The Orion Mystery*, Wm. Heinemann, London, 1994, pp. 208–10, 270.
23 *The Gods and Symbols of Ancient Mexico and the Maya*, pp. 40, 177.
24 *Maya History and Religion*, p. 175.

25 Stehanie Dalley, *Myths from Mesopotamia*, Oxford University Press, 1990, p. 326 ; Jeremy Black and Anthoy Green, *Gods, Demons and Symbols of Ancient Mesopotamia*, British Museum Press, 1992, pp. 163−64.

26 *Gods, Demons and Symbols of Ancient Mesopotamia*, p. 41.

27 *Mysteries of the Mexican Pyramids*, p. 169 ; *The God-Kings and the Titans*, p. 234.

28 *New Larousse Encyclopaedia of Mythology*, pp. 53−54.

29 같은 책, p. 54.

30 같은 책, 또한 *Gods, Demons and Symbols of Ancient Mesopotamia*, p. 177 참조.

31 *Pre-Hispanic Gods of Mexico*, p. 59 ; Inga Glendinnen, *Aztecs*, Cambridge University Press, 1991, p. 177. 또한 *The Gods and Symbols of Ancient Mexico and the Maya*, p. 144 참조.

32 *Mexico*, p. 669.

33 *The Cities of Ancient Mexico*, p. 53.

34 *The Ancient Kingdoms of Mexico*, p. 53 ; *Mexico*, p. 671.

35 *The Ancient Kingdoms of Mexico*, pp. 53−54 ; *The Cities of Ancient Mexico*, p. 50.

36 *The Ancient Kingdoms of Mexico*, p. 54

37 *Mexico*, pp. 669−71.

38 더 자세한 사항은 *The Gods and Symbols of Ancient Mexico and the Maya*, p. 17 참조 : "이 건축물들은 별에 관한 풍부한 지식이 존재했다는 것을 확인해줄 것이다."

39 *The Ancient Kingdoms of Mexico*, p. 53.

40 *Mysteries of the Mexican Pyramids*, p. 350.

41 *The Ancient Kingdoms of Mexico*, pp. 44−45.

42 J. Eric Thompson, *Maya Hieroglyphic Writing*, Carnegie Institution, Washington DC, 1950, p. 155.

제20장 최초의 인간들의 아이들

1 *The Atlas of Mysterious Places* (ed. Jennifer Westwood), Guild Publishing, London, 1987, p. 87.

2 *The Times*, London, 4 June 1994.

3 *The Atlas of Mysterious Places*, pp. 68−69에서 인용.

4 같은 책. Michael D. Coe, *The Maya*, Thames and Hudson, London, 1991, pp. 108−09.

5 *Fair Gods and Stone Faces*, pp. 94−95.

6 *The Atlas of Mysterious Places*, p. 70.

7 *Time Among the Maya*, p. 298.

8 *Fair Gods and Stone Faces*, pp. 95−96.

9 *Mexico : Rough Guide*, Harrap-Columbus, London, 1989, p. 354.

10 *The Mythology of Mexico and Central America*, p. 8. *Maya History and Religion*, p. 340.

11 제10장 참조.

12 E. A. Wallis Budge, *Osiris and the Egyptian Resurrection*, The Medici Society Ltd., 1911, volume II, p. 180.

13 John. L. Stephens, *Incidents of Travel in Central America, Chiapas and Yucatan*, Harper and Brothers, New York, 1841, vol II, p. 422.

14 제12장 참조.

제21장 세계의 종말을 계산하는 컴퓨터

1 *Popol Vuh*, p. 167.

2 같은 책, pp. 168-69.

3 같은 책, p. 169.

4 같은 책.

5 창세기, 3:22-23.

6 *Popol Vuh*, 서론, p. 16. *The Magic and Mysteries of Mexico*, p. 250ff도 참조.

7 *Popol Vuh*, pp. 168-69.

8 같은 책.

9 J. Eric Thompson, *The Rise and Fall of Maya Civilization*, Pimlico, London, 1993, p. 13.

10 Diego de Landa의 *Yucatan before and after the Conquest*에 부치는 William Gates의 글.

11 이것은 드레스덴 코덱스에서 나온 증거이다. *An Introduction to the Study of Maya Hieroglyphs*, p. 32 참조.

12 *The Maya*, p. 176; *Mysteries of the Mexican Pyramids*, p. 291; *The Rise and Fall of Maya Civilization*, p. 173.

13 *Mysteries of the Mexican Pyramids*, p. 287.

14 *The Maya*, p. 173.

15 *The Rise and Fall of Maya Civilization*, pp. 178-79.

16 *The Maya*, p. 173에 인용.

17 *World Mythology*, p. 241.

18 *The Maya*, p. 176.

19 *The Rise and Fall of Maya Civilization*, p. 170; *Mysteries of the Mexican Pyramids*, p. 290.

20 *The Rise and Fall of Maya Civilization*, p. 170.

21 같은 책, pp. 170-71.

22 같은 책, p. 169.

23 *Breaking The Maya Code*, p. 275.

24 같은 책, pp. 9, 275.

25 José Arguelles, *The Mayan Factor : Path Beyond Technology*, Bear and Co., Santa Fe, New Mexico, 1987, pp. 26 ; *The Gods and Symbols of Ancient Mexico and the Maya*, p. 50.

26 *The Rise and Fall of Maya Civilization*, pp. 13-14, 165.

27 *Encyclopaedia Britannica*, 12:214.

28 *The Rise and Fall of Maya Civilization*, p. 168.

제22장 신들의 도시

1 *Pre-Hispanic Gods of Mexico*, pp. 25-26.

2 같은 책, pp. 26-27.

3 *Ancient America*, Time-Life International, 1970, p. 45 ; *Aztecs : Reign of Blood and Splendour*, p. 54 ; *Pre-Hispanic Gods of Mexico*, p. 24.

4 *The Ancient Kingdoms of Mexico*, p. 67.

5 *Beyond stonehenge*, pp. 187-88.

6 *Mysteries of the Mexican Pyramids*, pp. 220-21에서 인용.

7 같은 책.

8 Hugh Harleston Jr, "A Mathematical Analysis of Teotihuacan", XLI International Congress of Americanists, 3 October 1974.

9 Richard Bloomgarden, *The Pyramids of Teotihuacan*, Editur S. A. Mexico, 1993, p. 14.

10 *Mysteries of the Mexican Pyramids*, p. 215.

11 같은책, pp. 266-69.

12 *The Ancient Kingdoms of Mexico*, p. 67.

13 *Mysteries of the Mexican Pyramids*, p. 221.

14 *The Orion Mystery*.

15 같은 책.

16 Bernardino de Sahagun, *Mysteries of the Mexican Pyramids*, p. 23에서 인용.

17 *Mexico : Rough Guide*, p. 216.

18 *The Atlas of Mysterious Places*, p. 158.

19 *Pre-Hispanic Gods of Mexico*, p. 24.

20 *The Ancient Egyptian Pyramid Texts*, Utt. 667A, p. 281.

21 *The Ancient Kingdoms of Mexico*, p. 74 ; *The Traveller's Key to Ancient Egypt*, pp. 110-35.

22 예를 들면 Ahmed Fakhry, *The Pyramids*, University of Chicago Press, 1969.

23 *Mysteries of the Mexican Pyramids*, pp. 230-33.

24 같은 책.

25 *The Prehistory of the Americas*, p. 282.

26 *Mysteries of the Mexican Pyramids*, pp. 11-12.

27 같은 책.

28 같은 책, p. 213.

29 같은 책.

30 *The Ancient Kindoms of Mexico*, p. 72.

31 *Mysteries of the Mexican Pyramids*, pp. 271-72.

32 같은 책, p. 232.

33 같은 책, p. 272.

34 같은 책.

제23장 태양과 달과 죽은 자의 길

1 *Mysteries of the Mexican Pyramids*, p. 202.

2 같은 책, *The Pyramids of Teotihuacan*, p. 16.

3 *The Pyramids of Teotihuacan*, p. 16.

4 *Encyclopaedia Britannica*, 8 : 90 그리고 *The Lost Realms*, p. 53.

5 *The Pyramids of Teotihuacan*, p. 16.

6 *Mexico : Rough Guide*, p. 217.

7 *Mysteries of the Mexican Pyramids*, p. 252.

8 *Encyclopaedia Britannica*, p. 9 : 415.

9 I. E. S. Edwards, *The Pyramids of Egypt*, Penguin, London, 1949, p. 87.

10 같은 책.

11 같은 책, p. 219.

12 *Mysteries of the Mexican Pyramids*, p. 55.

13 *The Pyramids of Egypt*, pp. 87, 219.

14 *The Ancient Kingdoms of Mexico*, p. 74.

15 *Mexico*, p. 201 ; *The Atlas of Mysterious Places*, p. 156.

16 가장 손쉽게 구해볼 수 있는 Stecchini의 글은 그가 Peter Tompkins를 위해서 써준 부록에 수록된 글이다. *Secrets of the Great Pyramid*, pp. 287-382.

17 *The Traveller's Key to Ancient Egypt*, p. 95 참조.

18 Stecchini, *Secrets of the Great Pyramid*의 부록에 부쳐, p. 378. 대피라미드의 둘레는 북반구의 0.5분과 정확히 일치한다. *Mysteries of the Mexican Pyramids*, p. 279 참조.

19 *The Pyramids of Teotihuacan*, p. 20.

20 *Mysteries of the Mexican Pyramids*, pp. 335-39.

21 같은 책.

22 *The Riddle of the Pyramids*, pp. 188-93.

23 *The Prehistory of the Americas*, p. 281. *The Cities of Ancient Mexico*, p. 178과 *Mysteries of the Mexican Pyramids*, pp. 226-36도 참조.

제4부 신화의 불가사의 1 : 기억을 상실한 인류

제24장 꿈의 메아리

1 *The Epic of Gilgamesh*, Penguin Classics, London, 1988, p. 61.

2 같은 책, p. 108.

3 같은 책 그리고 *Myths from Mesopotamia*, p. 110.

4 *Myths from Mesopotamia*, pp. 112-13 ; *Gilgamesh*, pp. 109-11 ; Edmund Sollberger, *The Babylonian Legend of the Flood*, British Museum Publicaions, 1984, p. 26.

5 *Gilgamesh*, p. 111.

6 같은 책.

7 창세기의 제6장, 제7장, 제8장에서 발췌.

야훼께서는 세상이 사람의 죄악으로 가득 차고 사람마다 못된 생각만 하는 것을 보시고 왜 사람을 만들었던가 싶으시어 마음이 아프셨다. ······"세상은 이제 막판에 이르렀다. 땅 위는 그야말로 무법천지가 되었고 그래서 나는 저것들을 땅에서 다 쓸어 버리기로 하였다. ······내가 이제 땅 위에 폭우를 쏟으리라. 홍수를 내어 하늘 아래 숨 쉬는 동물은 다 쓸어버리리라. 땅 위에 사는 것은 하나도 살아 남지 못할 것이다······."

신은 노아와 그의 가족만을 구원하려고 했다(신은 그들을 살리기 위해서 큰 배를 만들도록 명령했다. 그 크기는 길이가 137미터, 폭이 23미터, 높이가 14미터이다). 그리고 이 헤브라이인의 시조에게 모든 생물을 한 쌍씩 모으도록 명령했다. 이 생물들도 함께 살리려는 뜻에서였다. 그리고 신은 홍수를 일으켰다.

바로 그날 노아는 자기 아내와 세 아들 셈, 함, 야벳과 세 며느리를 배에 들여 보냈다. 그리고 그들과 함께 각종 들짐승과 집짐승, 땅 위를 기는 각종 파충류와 날개를 가지고 날으는 각종 새들을 들여 보냈다. 몸을 가지고 호흡하는 모든 것이 한 쌍씩 노아와 함께 배에 올랐다. 그리하여 하느님께서 노아에게 분부하신 대로 모든 짐승의 암컷과 수컷이 짝을 지어 들어갔다. 그리고 노아가 들어가자 야훼께서 문을 닫으셨다. 땅 위에 사십 일 동안이나 폭우가 쏟아져 배를 띄울 만큼 물이 불어났다. 그리하여 배는 땅에서 높이 떠올랐다. 물이 불어나 땅은 온통 물에 잠기고 배는 물 위를 떠다녔다. 물은 점점 불어나 하늘 높이 치솟은 산이 다 잠겼다.……야훼께서는 사람을 비롯하여 모든 짐승들, 길짐승과 새에 이르기까지 땅 위에서 살던 모든 생물을 쓸어버리셨다. 노아와 함께 배에 있던 사람과 짐승만은 살아남았다.

마침내 "7월 17일에 방주는 아라라트 산에 이르렀다. 물은 10월까지 점차로 줄어들었다."

사십 일 뒤에 노아는 자기가 만든 배의 창을 열고 까마귀 한 마리를 내보내었다. 그 까마귀는 땅에서 물이 다 마를 때까지 이리저리 날아다녔다. 노아가 다시 지면에서 물이 얼마나 빠졌는지 알아 보려고 비둘기 한 마리를 내보내었다. 그 비둘기는 발을 붙이고 앉을 곳을 찾지 못하고 그냥 돌아왔다. 물이 아직 온 땅에 뒤덮여 있었던 것이다. 노아는 이레를 더 기다리다가 그 비둘기를 다시 배에서 내보내었다. 비둘기는 저녁 때가 되어 되돌아왔는데 부리에 금방 딴 올리브 이파리를 물고 있었다. 그제야 노아는 물이 줄었다는 것을 알았다.……노아는 배에서 나왔다……노아는 야훼 앞에 재단을 쌓고 번제물을 골라 그 제단 위에 바쳤다. 야훼께서 그 향긋한 냄새를 맡으시고 속으로 다짐하셨다…….

8 *Maya History and Religion*, p. 332.

9 Sir J. G. Frazer, *Folklore in the Old Testament : Studies in Comparative Religion*, *Legend and Law* (Abridged Edition), Macmillan, London, 1923, p. 107.

10 *Atlantis : The Antediluvian World*에 인용된 Lenormant의 *Contemporary Review* 중의 글, p. 99.

11 *Popol Vuh*, p. 90.

12 같은 책, p. 93.

13 *New Larousse Encyclopaedia of the Mythology*, p. 440 ; Atlantis : the Antediluvian World, p. 105.

14 *Folklore in the Old Testament*, p. 104.

15 *New Larousse Encyclopaedia of Mychology*, p. 445.

16 *Folklore in the Old Testament*, p. 105.

17 같은 책, p. 101.

18 John Biehorst, *The Mythology of South America*, William Morrow & Co., New York, 1988, p. 165.

19 같은 책, pp. 165-66.

20 *New Larousse Encyclopaedia of Mythology*, p. 426.

21 *Folklore in the Old Testament*, pp. 111-12.

22 *New Larousse Encyclopaedia of Mythology*, p. 431.

23 같은 책, pp. 428-29 ; *Folklore in the Old Testament*, p. 115. 이 책에서 미차보는 메소로 불린다.

24 Lynd, *History of the Dakotas*에서, *Atlantis : the Antediluvian World*, p. 117에서 인용.

25 Frederick A. Filby, *The Flood Reconsidered ; A Riview of the Evidences of Geology, Achaeology, ancient Literature and the Bible*, Pickering and Inglis Ltd., London, 1970, p.

58. Andree는 저명한 독일의 지리학자이자 인류학자이다. 홍수의 전설에 대한 Andree의 논문은 J. G. Frazer(*Folklore in the Old Testament* pp. 46-47)에 의해서 다음과 같이 평가되어 있다. "건전한 학식과 뛰어난 감각의 모델이며 최고의 명료함과 간결함으로 기술되어 있다."

26 Charles Berlitz, *The Lost Ship of Noah*, W. H. Allen, London, 1989, p. 126에 수록.
27 *World Mythology*, pp. 26-27.
28 같은 책, p. 305.
29 *Folklore in the Old Testament*, p. 81.
30 같은 책.
31 *World Mythology*, p. 280.
32 E. Sykes, *Dictionary Of NonClassical Mythology*, London, 1961, p. 119.
33 *New Larousse Encyclopaedia of Mythology*, pp. 460, 466.
34 C. Kerenyi, *The Gods of the Greeks*, Thames & Hudson, London, 1974, pp. 226-29.
35 같은 책.
36 *World Mythology*, pp. 130-31.
37 *The Gods of the Greeks*, pp. 226-29.
38 *World Mythology*, pp. 130-31.
39 *New Larousse Encyclopaedia of Mythology*, p. 362.
40 같은 책, *Satapatha Brahmana*, (Max Muller 옮김), *Atlantis : the Antediluvian World*, p. 87 에서 인용.
41 같은 책, *Folklore in the Old Testament*, pp. 78-79도 참조.
42 *Encyclopaedia Britannica*, 1991, 7 : 798. *The Rig Veda*, Penguin Classics, London, 1981, pp. 100-01.
43 *The Encyclopaedia of Ancient Egypt*, p. 48.
44 *The Egyptian Book of the Dead*의 테베 교정본에서. *From Fetish to God in Ancient Egypt*, p. 198에서 인용.
45 창세기 6 : 11-13.
46 베드로의 두 번째 편지 3 : 3-10.
47 H. Murray, J. Crawford et al., *An Historical and Descriptive Account of China*, 2nd edition, 1836, volume I, p. 40. G. Schlegel, *Uranographie chinoise*, 1875, p. 740도 참조.
48 Warren, *Buddhism in Translations*, p. 322.
49 같은 책.
50 Dixon, *Oceanic Mythology*, p. 178.
51 *Worlds in Collision*, p. 35.
52 *Encyclopaedia Britannica*, 6 : 53.
53 *World Mythology*, p. 26. 호피족이 전하는 세계 파괴 신화에 대한 상세한 내용은 Frank Waters, *The Book of the Hopi*, Penguin, London, 1977 참조.

제25장 종말론의 다양한 가면

1 *The Bundahish* Chapters I, XXXI, XXXIV, William F. Warren, *Paradise Found : The Cradle of the Human Race at the North Pole*, Houghton, Mifflin and Co., Boston, 1885,

p. 282에서 인용.

2 *Vendidad*, Fargard I, 그리고 Lokamanya Bal Gangadhar Tilak, *The Arctic Home in the Vedas*, Tilak Publishers, Poona, 1956, pp. 340−41에서 인용.

3 *Vendidad*, Fargard II, *The Arctic Home in the Vedas*, pp. 300, 353−54에서 인용.

4 *New Larousse Encyclopaedia of Mythology*, p. 320.

5 West, *Pahlavi Texts* Part I, p. 17, London, 1880.

6 같은 책; Justi, *Der Bundahish*, Leipzig, 1868, p. 5.

7 *The Arctic Home in the Vedas*, p. 390ff.

8 *The Mythology of South America*, pp. 143−44.

9 같은 책, p. 144.

10 *Popol Vuh*, p. 178.

11 같은 책, p. 93.

12 *The Mythology of Mexico and Central America*, p. 41.

13 *Maya History and Religion*, p. 333.

14 제24장 참조.

15 같은 책.

16 *National Geographic Magazine*, June 1962, p. 87.

17 *The Mychology of Mexico and Central America*, p. 79.

18 *New Larousse Encyclopaedia of Mythology*, p. 481.

19 *The Mythology of all Races*, Cooper Square Publishers Inc., New York 1964, volume X, p. 222.

20 특히 *Paradise Found*, p. 195에 인용된 Hyginus의 글 참조. *The Gods of the Greeks*, p. 195 도 참조.

21 *The Illustrated Guide to Classical Mythology*, pp. 15−17.

22 이란의 「분다히슨」 경전은 다음과 같이 말하고 있다. "행성은 하늘과 충돌하고 우주 전체에 혼란이 일어났다."

23 *The Illustrated Guide to Classical Mythology*, p. 17.

24 *Folklore in the Old Testament*, p. 101.

25 *Maya History and Religion*, p. 336.

26 *The Mythology of South America*, pp. 140−42.

27 *New Larousse Encyclopaedia of Mythology*, pp. 275−77.

28 *Maya History and Religion*, p. 332.

제26장 지구의 긴 겨울에 태어난 인류

1 Roger Lewin, *Human Evolution*, Blackwell Scientific Publications, Oxford, 1984. p. 74.

2 Donald C. Johanson and Maitland C. Eddy, *Lucy : The Beginnings of Humankind*, Paladin, London, 1982, 특히 pp. 28, 259−310 참조.

3 Roger Lewin, *Human Evolution*, pp. 47−49, 53−56; *Encyclopaedia Britannica*, 6:27−28.

4 *Human Evolution*, p. 76.

5 *Encyclopaedia Britannica*, 1991, 18:831.

6 *Human Evolution*, p. 76.

7 같은 책, p. 72.

8 같은 책, p. 73.

9 같은 책, pp. 73, 77.

10 *Encyclopaedia Britannica*, 1991, 12:712.

11 *Path of the Pole*, p. 146.

12 같은 책, p. 152; *Encyclopaedia Britannia*, 12:712.

13 John Imbrie and Katherine Palmer Imbrie, *Ice Ages : Solving the Mystery*, Enslow Publishers, New Jersey, 1979, p. 11.

14 같은 책, p. 120; *Encyclopaedia Britannica*, 12:783 ; Human Evolution, p. 73.

제27장 지표는 암흑으로 뒤덮이고 검은 비가 내리기 시작했다

1 Charles Darwin, *The Origin of Species*, Penguin, London, 1985, p. 322.

2 *Quaternary Extinctions*, pp. 360–61, 394.

3 Charles Darwin, *Journal of Researches into the Natural History and Geology of Countries Visited during the Voyage of HMS Beagle Round the World*; entry for 9 January 1834.

4 *Quaternary Extinctions*, pp. 360–61, 394.

5 같은 책, pp. 360–1; *The Path of the Pole*, p. 250.

6 *Quaternary Extinctions*, pp. 360–61.

7 같은 책, p. 358.

8 Donald W. Patten, *The Biblical Flood and the Ice Epoch : A Study in Scientific History*, Pacific Meridian Publishing Co., Seattle, 1966, p. 194.

9 *The Path of the Pole*, p. 258.

10 David M. Hopkins et al., *The Palaeoecology of Beringia*, Academic Press, New York, 1982, p. 309.

11 Professor Frank C. Hibben, *The Lost Americans*, The Path of the Pole, p. 275ff에서 인용.

12 F. Rainey, "Archaeological Investigations in Central Alaska", *American Antiquity*, volume V, 1940, p. 307.

13 *Path of the Pole*, p. 275ff.

14 *The Biblical Flood and the Ice Epoch*, pp. 107–08.

15 A. P. Okladnikov, "Excavations in the North" in *Vestiges of Ancient Cultures*, Soviet Union, 1951.

16 *The Path of the Pole*, p. 255.

17 A. P. Okladnikov, *Yakutia before its Incorporation into the Russian State*, McGillQueens University Press, Montreal, 1970.

18 *The Path of the Pole*, p. 250.

19 *The Biblical Flood and the Ice Epoch*, p. 107. 탐험가인 Wragnell은 베어 섬(Medvizhi Ostrova)의 흙에는 모래와 얼음과 맘모스의 유골밖에 없었고, 대량의 맘모스 뼈가 있는 것으로 보아 이 섬의 중요한 존재는 맘모스였다고 생각했다. 시베리아 본토의 툰드라 지역에는 극지의 저목보다 맘모스의 상아가 많이 점재하고 있다고 한다.

20 Georges Cuvier, *Revolutions and Catastrophes in the History of the Earth*, 1829.

21 *Path of the Pole*, p. 256에서 인용.

22 Ivan T. Sanderson "Riddle of the Quick-Frozen Giants", *Saturday Evening Post*, 16

January 1960, p. 82.

23 *Path of the Pole*, p. 256.

24 같은 책, p. 256. 겨울 기온은 영하 56도까지 내려간다.

25 같은 책, p. 277.

26 같은 책, p. 132.

27 R. S. Luss, *Fossils*, 1931, p. 28.

28 G. M. Price, *The New Geology*, 1923, p. 579.

29 같은 책.

30 *Earth In Upheaval*, p. 63.

31 *Path of the Pole*, pp. 133, 176.

32 *The Evolving Earth*, Guild Publishing, London, 1989, p. 30.

33 *Ice Ages : Solving the Mystery*, p. 64.

34 *Path of the Pole*, pp. 132-35.

35 같은 책, p. 137. 빙하기에서 간빙기로의 대변동이 약 1만1,000년 전에 일어났다. 이 기온의 변화는 "급격하고 돌연한" 것이었다(*Polar Wandering and Continental Drift*, Society of Economic Paleontologists and Mineralogists, Special Publication No. 10. Tulsa, 1953, p. 159). 약 1만2,000년 전에 일어난 극적인 기후의 변화는 C. C. Langway and B. Lyle Hansen, *The Frozen Future : A Prophetic Report from Antarctica*, Quadrangle, New York, 1973. p. 202에도 보고되었다. 또한 *Ice Ages*, pp. 129, 142 ; *Quaternary Extinctions*, p. 357 참조. "대서양과 적도 부근의 태평양 해저에서 채취된 지층자료로 산소 동위체의 비율을 분석하자 빙하가 확대된 마지막 10만 년은 약 1만2,000년 전에 '갑자기' 끝났다는 것이 밝혀졌다. 얼음이 급속도로 녹아 해면은 급격하게 상승했다. 내륙 화석은 당시의 식물과 동물이 대규모로, 특히 이전에 빙하지대였던 곳으로 이동했다는 사실을 알려준다. 급격한 기후변화 때문에 아메리카 대륙에서는 많은 종류의 동물이 멸종했는데 이것은 꽃가루와 작은 동물의 화석에서 밝혀진 사실이다."

36 *Ice Ages*, p. 129.

37 *Path of the Pole*, p. 137.

38 "상대적인 변화는 차가운 물에 사는 플랑크톤 종류의 유공충(有孔蟲)과 따뜻한 물에 사는 플랑크톤 종류의 유공충의 상대적인 양의 변화에 의해서 알 수 있다. 절대적인 변화는 산소 동위체의 비율에 의해서 동물상을 결정하는 것으로 알 수 있다."

39 이 시기까지 뉴시베리아 제도는 불가사의하게도 따뜻한 기후였다는 것을 독자는 기억할 것이다. 주목할 가치가 있는 것은 북극해의 다른 많은 섬들도 빙하에 의해서 오랫동안 영향을 받지 않지 않았다는 것이다 (예를 들면 배핀 섬에는 오리나무와 자작나무의 화석이 토탄 속에 남아 있어서 비교적 따뜻한 기후가 적어도 3만 년에서 1만7,000년 전까지 계속되었다는 것을 알려준다. 또한 그린랜드의 대부분은 빙하기 동안 얼음에 덮여 있지 않았다는 것이 알려져 있다). *Path of the Pole*, pp. 93, 96.

40 *The Biblical Flood and the Ice Epoch*, p. 114 ; *Path of the Pole*, pp. 47-48.

41 *Ice Ages*, p. 11. *Biblical Flood and the Ice Epoch*, p. 117 ; *Path of the Pole*, p. 47.

42 *Ice Ages*, p. 11 ; *Biblical Flood and the Ice Epoch*, p. 114.

43 *Path of the Pole*, p. 150.

44 *Path of the Pole*, pp. 148-49, 152, 162-63. 북아메리카에서 빙하가 최대로 확대된 것은 1만7,000년 전부터 1만6,500년 전 사이이다. 지질학자들은 다음과 같은 발견을 했다. "활엽

수, 침엽수, 유실수"가 약 1만5,300년 전에 매사추세츠 주에서 자라고 있었다. "뉴저지 주에서 빙하의 퇴적물 위에 늪지가 발달한 것은 적어도 1만6,280년 전이다. 이것은 빙하의 전진이 멈춘 바로 뒤이다." "오하이오 주에서는 약 1만4,000년 전의 것으로 추정되는 빙하기 이후의 표본이 존재한다. 이것은 가문비나무 숲이 존재했다는 것을 알려준다. 이런 숲이 형성되기 위해서는 적어도 몇천 년이 걸렸을 것이다. 그렇다면 이 사실은 무엇을 의미하는가? 전성기 때에 최대한 2킬로미터의 두께에 이르렀을 것으로 추정되는 만년설이 오하이오 주의 델라웨어에서 단 몇 세기 만에 사라졌다는 말인가?"

마찬가지로 "구소련의 이르쿠츠크 지방에서는 1만4,500년 전경에 얼음이 녹고 생명이 정착했다. 리투아니아에서는 1만5,620년 전에 새로운 늪지가 발달했다. 앞의 두 시기를 합쳐서 생각해보면 이 시기들이 시사하는 바가 크다. 늪지는 숲보다 먼저 발달한다. 그러나 우선 얼음이 사라져야 한다. 그런데 당시에 상당한 양의 얼음이 있었음을 염두에 두어야 한다."

45 *Ice Ages*, p. 11, *Biblical Flood and the Ice Epoch*, p. 117, *Path of the Pole*, p. 47.

46 R. F. Flint, *Glacial Geology and the Pleistocene Epoch*, 1947, p. 294.

47 같은 책, p. 362.

48 *Earth in Upheaval*, p. 43 ; 대체적으로 pp. 42-44.

49 같은 책, p. 47. Joseph Prestwich, *On Certain Phenomena Belonging to the Close of the Last Geological Period and on their Bearing upon the Tradition of the Flood*, Macmillan, London, 1895, p. 36.

50 *On Certain Phenomena*, p. 48.

51 같은 책, pp. 25-26.

52 같은 책, p. 50.

53 같은 책, pp. 51-52.

54 J. S. Lee, *The Geology of China*, London, 1939, p. 370.

55 *Polar Wandering*, p. 165.

56 J. B. Delair and E. F. Oppe, "The Evidence of Violent Extinction in South America", *Path of the Pole* p. 292.

57 *Encyclopaedia Britannica*, 1 : 141.

58 Warren Upham, *The Glacial Lake Agassiz*, 1895, p. 240.

59 *Human Evolution*, p. 92.

60 같은 책 ; 또한 *Quaternary Extinctions*, p. 375 참조.

61 Human Evolution, p. 92.

제5부 신화의 불가사의 2 : 세차운동의 암호

제28장 하늘의 기계

1 *Hamlet's Mill*, pp. 57-58.

2 *Encyclopaedia Britannica*, 1991, 27 : 530에 따른 숫자.

3 같은 책.

4 J. D. Hays, John Imbrie, N. J. Shackleton, "Variations in the Earth's Orbit, Pacemaker of the Ice Ages", *Science*, volume 194, No. 4270, 10 December 1976, p. 1125.

5 *The Biblical Flood and the Ice Epoch*, pp. 288-89. 24조 킬로미터는 24억 킬로미터의 1만 배에 해당한다.

6 *Ice Ages*, pp. 80-81.

7 *Earth in Upheaval*, p. 266.

8 *New York Times*, 15 April 1951.

9 Berossus, Fragments.

10 Skyglobe 3. 6.

11 Roberta S. Sklower, "Predicting Planetary Positions", Frank Waters, *Mexico Mystique*, Sage Books, Chicago, 1975에 부치는 부록, p. 285ff.

12 *Earth in Upheaval*, p. 138.

13 *Biblical Flood and the Ice Epoch*, p. 49.

14 *Encyclopaedia Britannica*, 1991, 27 : 530에 따른 숫자.

15 같은 책.

16 *Path of the Pole*, p. 3.

17 Jane B. Sellers, *The Death of Gods in Ancient Egypt*, Penguin, London, 1992, p. 205.

18 Skyglobe 3. 6.

19 이 숫자는 *The Death of Gods in Ancient Egypt*, p. 205를 출처로 한다.

제29장 고대 암호 속의 첫 번째 실마리

1 *Hamlet's Mill*, p. 59.

2 같은 책, p. 58.

3 *Encyclopaedia Britannica*, 1991, 5 : 937-38. 숫자 50.274의 출처인 *The Death of Gods in Ancient Egypt*, p. 205도 참조.

4 *Hamlet's Mill*, p. 7.

5 같은 책 ; *Death of Gods in Ancient Egypt*.

6 *Hamlet's Mill*, p. 65.

7 같은 책, p. 345.

8 같은 책, p. 418.

9 같은 책, p. 245.

10 같은 책, p. 132.

11 같은 책, pp. 4-5, 348.

12 같은 책, p. 5.

제30장 우주의 나무와 신의 맷돌

1 Livio Catullo Stecchini, "Notes on the Relation of Ancient Measures to the Great Pyramid", in *Secrets of the Great Pyramid*, pp. 381-82.

2 Martin Bernal, *Black Athena : The Afroasiatic Roots of Classical Civilization*, Vintage Books, London, 1991, p. 276.

3 제25장에서 이미 다음과 같은 것을 살펴보았다. 세계수(世界樹) 이그드라실이 파괴되지 않았기 때문에 인류의 선조들은 그 줄기 속에 몸을 숨기고 옛 세계의 폐허에서 새로운 세계가 나타나기를 기다렸다는 내용이 중앙 아메리카의 신화 가운데 세계적인 대홍수에 대한 몇몇 이야기에서도 동일한 방법으로 살아남은 예가 나오는데 이것이 단순히 "우연"일 가능성은 얼마나 될까? 이처럼 신화의 연관과 중복은 세차운동의 주제와 세계적인 대재해와 사이에 빈번하게 등장한다.

4 *Hamlet's Mill*, p. 7.

5 *Grimnismol* 23, the Poetic *Edda*, p. 93, *Death of Gods in Ancient Egypt*, p. 199에서 인용; *Hamlet's Mill*, p. 162; Elsa Brita Titchenell, *The Masks of Odin*, Theosophical University Press, Pasadena, 1988, p. 168.

6 *Hamlet's Mill*, pp. 232-33.

7 같은 책, p. 231.

8 *Yucatan before and after the Conquest*, p. 82.

9 예를 들면 *The GodKings and the Tians*, p. 64 참조. 다음의 것도 연관이 있을지 모른다. 다른 "바카브" 신화는 "바카브들이 조금만 움직여도 지구는 흔들리고 지진이 일어난다"라고 말하고 있다(*Maya History and Religion*, p. 346).

10 *Hamlet's Mill*, p. 2.

11 같은 책.

12 *Grottasongr*, "The Song of the Mill", in *The Masks of Odin*, p. 198.

13 같은 책, p. 201.

14 *Grottasongr*이 *Hamlet's Mill*, pp. 89-90에서 인용.

15 같은 책, p. 2.

16 같은 책.

17 같은 책, p. 232.

18 같은 책, p. 204.

19 *Odyssey* (trans. Rouse), 20:103-19.

20 Trimalcho in Petronius, *Hamelt's Mill*, p. 137에서 인용.

21 John Milton, *Samson Agonistes*, 1:41.

22 사사기, 16:25-30.

23 일본의 신화에서는 삼손에 해당되는 사람을 스사노오라고 부른다. Post Wheeler, *The Sacred Scriptures of the Japanese*, New York, 1952, p. 44ff 참조.

24 *Popol Vuh*에 조금 다른 형태로 쌍둥이와 400명의 시종에 대한 설명이 나온다(제19장 참고). 부쿠브-카킥스의 아들인 지프카나는 400명의 젊은이가 집의 대들보로 쓰려고 큰 통나무를 끌고 오는 것을 본다. 지프카나는 어려움 없이 그 통나무를 대들보를 지탱할 기둥을 위해서 파놓은 구덩이까지 들고 간다. 젊은이들은 지프카나를 구덩이에 빠뜨려 죽이려고 하지만 지프카나는 도망치고 집을 무너뜨린다. 집은 젊은이들의 머리 위에 무너져 모두 죽는다. *Popol Vuh*, pp. 99-101.

25 마오리족의 전승에서는 삼손이 와카투로 알려져 있다. Sir George Grey, *Polynesian Mythology*, London, 1956(1st ed. 1858), p. 97ff 참조.

26 *Mamlet's Mill*, pp. 104-08에서 인용.

27 같은 책, p. 111.

28 같은 책, p. 233.

29 같은 책, p. 312.

30 James Mooney, "Myths of the Cherokee", Washington, 1900, *Hamlet's Mill*, pp. 249, 389에서 인용; Jean Guard Monroe and Ray A. Williamson, *They Dance in the Sky: Native American Star Myths*, Houghton Mifflin Co., Boston, 1987, pp. 117-18.

31 *The Gods and Symbols of Ancient Mexico and the Maya*, p. 70.

32 *Hamlet's Mill*, p. 33에서 인용.

33 Homer, *The Odyssey*, Book 17.

34 *Judges*, 15:4.

35 Saxo Grammaticus, *Hamlet's Mill*, p. 13.

36 같은 책, p. 31.

37 같은 책, pp. 7, 31.

38 *World Mythology*, p. 139. 다음의 사실에도 주목해야 할 것이다. "삼손과 마찬가지로 오리온은 맹인이었다. 별자리 신화에서 유일한 맹인으로 등장한다." *Hamlet's Mill*, pp. 177-78 참조.

39 Mercer, *The Religion of Ancient Egypt*, London, 1946, pp. 25, 112.

40 같은 책, *Death of Gods in Ancient Egypt*, p. 39: "고대 이집트인이 오리온과 오시리스를 동일시했다는 것이 알려져 있다."

41 또는 와프웨웨트 아프-우아우트로 알려져 있다. 예를 들면 E. A. Wallis Budge, *Gods of the Egyptians*, Methuen and Co., London, 1904, vol II, pp. 366-67 참조.

42 *The Egyptian Book of the Dead*, 서론, p. L.

43 같은 책. 이처럼 맷돌은 어디에도 모습을 드러내고 있지 않지만 고대 이집트의 많은 부조에는 오시리스 신화의 두 중요한 인물(호루스와 세트)이 함께 거대한 "드릴"을 돌리고 있는 것이 묘사되어 있다. 드릴 역시 세차운동의 고전적인 상징이다. *Hamlet's Mill*, p. 162: "이 모습은 돌리는 주체가 호루스와 세트이건 나일 신(Nile God)들이건 '두 나라의 합병'을 상징하는 것으로 잘못 해석되고 있다."

제31장 오시리스 숫자

1 *The Death of Gods in Ancient Egypt*, author biography.

2 예를 들면 Robert Bauval이 *The Orion Mystery*, pp. 144-45에서 주장했다.

3 *The Death of Gods in Ancient Egypt*, p. 174.

4 이 용어는 Jane Sellers가 만든 것이다. 셀러스는 오시리스 신화 속에 삽입되어 있는 세차운동의 계산을 발견한 사람이기도 하다.

5 *The Egyptian Book of the Dead*, Introduction, page XLIX.

6 *The Death of Gods in Ancient Egypt*, p. 204에서 인용.

7 같은 책.

8 같은 책, pp. 125-6ff; *The Ancient Egyptian Pyamid Tests*도 참조.

9 *Death of Gods in Ancient Egypt*, p. 205.

10 같은 책.

11 같은 책.

12 같은 책, p. 196.

13 *Skywacthers of Ancient Mexico*, p. 143.

14 *Hamlet's Mill*, pp. 162-63; *Atlas of Mysterious Places*, pp. 168-70도 참조.

15 예를 들면 *Feats and Wisdom of the Ancients*, Time-Life Books, 1990, p. 65 참조.

16 Ananda K. Coomaraswamy and Sister Nivedita, *Myths of the Hindus and Buddhists*, George G. Harrap and Company, London, 1913, p. 384.

17 *Hamet's Mill*, p. 162.

18 *Rig Veda*, I:164, *The Arctic Home in the Vedas*, p. 168에서 인용.

19 Frances A. Yates, *Girodano Bruno and the Hermetic Tradition*, the University of Chicago

Press, 1991, p. 93.

20 캘리포니아의 산 호세에 있는 AMORC에서의 개인통신, 1994년 11월.
21 Leon Comber, *The Traditional Mysteries of the Chinese Secret Societies in Malaya*, Eastern Universities Press, Singapore, 1961, p. 52.
22 같은 책, p. 53.
23 Gustav Schlegel, *The Hung League*, Tynron Press, Scotland, 1991(first published 1866), Introduction, p. XXXVII.
24 자세한 사항은 *The Hung League* and J. S. M. Ward, *The Hung Society*, Baskerville Press, London, 1925(in three volumes) 참조.
25 W. J. Wilkins, *Hindu Mythology : Vedic and Puranic*, Heritage Publishers, New Delhi, 1991, p. 353.
26 같은 책.
27 같은 책.
28 같은 책.
29 같은 책, pp. 353-54.
30 같은 책, p. 354.
31 같은 책, p. 247.
32 이 복잡한 가족관계에 대해서는 *Egyptian Book of the Dead*, Introduction, p. XLVIIIff 참조.
33 *The Gods of the Egyptians*, volume II, p. 366.
34 *The Traveller's Key to Ancient Egypt*, p. 71.
35 *Gods of the Egyptians*, II, p. 367.
36 *Hamlet's Mill*, p. 2.
37 *Egyptian Book of the Dead*, Introduction, pp. XLIX-LI.
38 같은 책.
39 *Hamlet's Mill*, pp. 32-34.
40 같은 책, p. 33.
41 같은 책, p. 119.

제32장 아직 태어나지 않은 세대에게 하는 말

1 상세한 홍수신화에 대해서는 제24장을 참조. 연관이 없을 듯한 신화에도 세차운동에 관한 여러 일치가 나타난다. 맷돌을 소유하거나, 맷돌을 돌리거나, 맷돌을 파괴하는 등장인물들, 형제이면서 조카와 숙부의 관계, 복수와 근친상간이라는 소재, 이야기에서 이야기로 소리 없이 옮겨다니는 개, 세차운동의 움직임을 계산하는 데에 필요한 정확한 "숫자". 이것들 모두는 모든 장소에서 모습을 드러내고, 문화를 초월하고, 시대를 초월하고, 시간의 급속한 흐름을 타고 널리 퍼져 있다.
2 *Diodorus Siculus*, Book I, 14 : 1-15, translated by C. H. Oldfather, Loeb Classical Library, London, 1989, pp. 47-49.
3 *Galileo, Hamlet's Mill*, p. 10에서 인용.
4 *Ice Ages* ; John Imbrie et al., "Variations in the Earth's Orbit : Pacemaker of the Ice Ages" in *Science*, volume 194, No. 4270, 10 December 1976.
5 *Hamlet's Mill*, pp. 138-39.
6 "Variations in the Earth's Orbit : Pacemaker of the Ice Ages."

제6부 기자로의 초대 : 이집트 1

제33장 방위

1 *The Pyramids of Egypt*, p. 208.
2 J. H. Cole, *Survey of Egypt*, 논문 no. 39 : "The Determination of the Exact Size and Orientation of the Great Pyramid of Giza", Cairo, 1925.
3 예를 들면 *The Pyramids of Egypt*에 제시되어 있는 종래의 설명도 전적으로 불충분하다. 에드워즈 본인도 인정하는 바이다 ; pp. 85-87, 206-41 참조.
4 같은 책, p. 87.
5 Lionel Casson, *Ships and Seafaring in Ancient Times*, University of Texas Press, 1994, p. 17 ; The Ra Expeditions, p. 15 참조.
6 *The Ra Expeditions*, p. 17.
7 *Traveller's Key to Ancient Egypt*, pp. 132-33.
8 *The Ra Expeditions*, p. 16.
9 예를 들면 Christine Desroches-Noblecourt, *Tutankhamen*, Penguin Books, London, 1989, pp. 89, 108, 113, 283.
10 A. J. Spencer, *The Great Pyramid Fact Sheet*, P. J. Publications, 1989.

제34장 불멸의 저택

1 *The Pyramids of Egypt*, p. 8.
2 Peter Lemesurier, *The Great Pyramid : Your Personal Guide*, Element Books, Shaftesbury, 1987, p. 225.
3 Dr Joseph Davidovits and Margie Morris, *The Pyramids : An Enigma Solved*, Dorset Press, New York, 1988, pp. 39-40.
4 같은 책, p. 37.
5 John Baines and Jaromir Malek, *Atlas of Ancient Egypt*, TimeLife Books, Virginia, 1990, p. 160 ; *The Pyramids of Egypt*, pp. 229-30.
6 *The Pyramids of Egypt*, p. 229.
7 같은 책, p. 85.
8 같은 책, p. 220.
9 *Atlas of Ancient Egypt*, p. 139.
10 Peter Hodges and Julian Keable, *How the Pyramids Were Built*, Element Books, Shaftesbury, 1989, p. 123.
11 같은 책, p. 11.
12 같은 책, p. 13.
13 같은 책, pp. 125-26. 정상에 도달할 수 없는 이유는 나선형의 경사로와 거기에 필요한 발판이 중첩되어 정상에 도달하기 오래 전에 공간이 없어지기 때문일 것이다.
14 같은 책, p. 126.
15 제23장 참조 ; *The Pyramids of Egypt*, p. 219 ; *Atlas of Ancient Egypt*, p. 139.
16 Piazzi Smyth, *The Great Pyramid : Its Secrets and Mysteries Revealed*, Bell Publishing Company, New York, 1990, p. 80.
17 *The Pyramids of Egypt*, p. 125.

18 같은 책, p. 87.

19 Gustave Flabert는 저서 *Letters From Egypt*에서 "어떤 사람은 그곳에 적혀 있는 어리석은 이름들의 개수에 화를 냈다"라고 말했다. "대피라미드의 정상에는 검은 글자로 이렇게 적혀 있었다. Buffard, 79 rue St Martin, wallpaper manufacturer(뷰퍼드, 성 마틴 가[街], 79 번지, 벽지 제조업)"

20 Skyglobe 3. 6.

21 *How the Pyramids Were Built*, p. 4-5.

22 *Secrets of the Great Pyramid*, pp. 232, 244.

23 같은 책, p. 17.

24 *Traveller's Key to Ancient Egypt*, p. 90에서 인용.

25 같은 책, p. 40. 샹플리옹은 로제타 석을 번역한 사람이다.

제35장 단순히 왕의 무덤에 지나지 않을까?

1 Herodotos, *The History*(trans. David Grene), University of Chicago Press, 1987, pp. 187-89.

2 *The Riddle of the Pyramids*, p. 54.

3 같은 책, p. 55.

4 George Hart, *Pharaohs and Pyramids*, Guild Publishing, London, 1991, p. 91.

5 *Atlas of Ancient Egypt*, p. 36.

6 *The Pyramids of Egypt*, pp. 94-95.

7 I. E. S. Edwards 교수의 *The Pyramids of Egypt*는 피라미드학 교과서의 표준으로 알려져 있다.

8 W. M. Flinders Petrie, *The Pyramids and Temples of Gizeh*(개정판), Histories and Mysteries of Man Ltd., London, 1990, p. 21.

9 John Greaves, *Pyramidographia, Serpent in the Sky*, p. 230에서 인용.

10 *Secrets of the Great Pyramid*, p. 11.

11 *The Traveller's Key to Ancient Egypt*, p. 120.

12 *Secrets of the Great Pyramid*, p. 58.

13 *The Geography of Strabo*, (trans. H. L. Jones), Wm. Heinemann, London, 1982, volume VIII, pp. 91-93.

14 *Secrets of the Great Pyramid*, p. 58.

15 일반적으로 이 수갱은 올라가는 통로를 막은 돌 때문에 윗부분에 갇힌 노동자들이 빠져나오기 위해서 사용되었을 것으로 추측하고 있다.

16 왜냐하면 이 수갱은 견고한 석조건물 속을 몇십 미터나 지나서 좁은 회랑 두 개를 연결하고 있기 때문이다. 우연히 생길 수 없는 일이다.

17 *Secrets of the Great Pyramid*, pp. 56-58.

18 Nicholas Reeves, *The Complete Tutankhamen*, Thames & Hudson, London, 1990 참조.

19 *Valley of the Kings*; 사카라(제5, 제6 왕조)에 관해서는 *Traveller's Key to Ancient Egypt*, pp. 163-67 참조.

20 *The Pyramids of Egypt*, pp. 211-12 ; *The Great Pyramid : Your Personal Guide*, p. 71.

21 *Pyramids of Egypt*, p. 96.

22 *Secrets of the Great Pyramid*, pp. 35-36.

23 Zecharia Sitchin, *The Stairway To Heaven*, Avon Books, New York, 1983, pp. 253-82.

24 같은 책.

25 James Henry Breasted, *Ancient Records of Egypt:Historical Documents from the Earliest Times to the Persian Conquest*, Histories and Mysteries of Man Ltd., London, 1988, pp. 83-85.

26 같은 책, p. 85.

27 같은 책, p. 84.

28 같은 책, 그리고 *Travellers Key to Ancient Egypt*, p. 139.

제36장 변칙성

1 *Atlas of Ancient Egypt*, p. 36.

2 *The Orion Mystery*.

3 Abdul Latif, *The Eastern Key, Traveller's Key to Ancient Egypt*, p. 126에서 인용.

4 같은 책.

5 *Blue Guide : Egypt*, A & C Black, London, 1988, p. 433.

6 *The Pyramids of Egypt*, p. 127.

7 이 방에서 Vyse는 도굴당한 무덤(몇 개의 뼈와 목제 관 두껑)을 발견했다. 이 사실은 제35장에서 살펴본 것이다. Vyse는 그 외에도 현무암으로 만든 관을 발견했는데(나중에 바다에 가라앉았다) 이 역시 침입을 받은 무덤의 일부로 제26왕조보다 오래되지 않았다고 믿고 있다. 예를 들면 *Blue Guide : Egypt*, p. 433 참조.

8 *The Pyramids of Egypt*, p. 220.

9 예를 들면 *Osiris and the Egyptian Resurrection*, volume II, p. 180 참조.

10 *The Pyramids of Egypt*, p. 117.

11 *Traveller's Key to Ancient Egypt*, p. 123.

12 *The Riddle of the Pyramids*, p. 49.

13 같은 책, pp. 36-39.

14 같은 책, p. 74.

15 같은 책, p. 42.

16 같은 책.

17 *The Traveller's Key to Ancient Egypt*, p. 123 ; *The Pyramids of Egypt*, p. 118.

제37장 신이 만들었다

1 *Diodoros Sikelos*, Harvard University Press, 1989, p. 217.

2 *The Pyramids of Egypt*, p. 88 ; *The Great Pyramid :Your Personal Guide*, pp. 30-31.

3 예를 들면 상이집트 룩소르에 있는 왕가의 계곡처럼 멀리 떨어진 장소.

4 *The Pyramids and Temples of Gizeh*, p. 19.

5 *Secrets of the Great Pyramid*, p. 236ff에서 논의.

6 *The Traveller's Key to Ancient Egypt*, p. 114를 근거로 하는 수치들.

7 *Secrets of the Great Pyramid*, p. 236ff.

8 *The Pyramids of Egypt*, p. 91.

9 같은 책, p. 88.

10 또는 정확히 51도 50분 35초, 같은 책, p. 87 ; *Traveller's Key to Ancient Egypt*, p. 112.

11 제23장 참조.

12 같은 책.

13 *The Pyramids of Egypt*, p. 93.

14 *Traveller's Key to Ancient Egypt*, p. 121, 그리고 *The Pyramids of Egypt*, p. 93을 근거로 하는 수치들.

15 *The Pyramids and Temples of Gizeh*, p. 24.

16 *The Pyramids of Egypt*, p. 92.

17 *The Great Pyramid: Its Secrets and Mysteries Revealed*, p. 428.

18 같은 책.

19 로봇 카메라인 우푸아우트가 환기 구멍 속에서 촬영한 사진은 루돌프 간텐브링크에 의해서 1993년 11월 22일에 영국박물관에서 전시되었다.

20 *The Pyramids of Egypt*, pp. 92-93.

21 같은 책, p. 92 ; *The Pyramids and Temples of Gizeh*, p. 23.

22 *The Pyramids of Egypt*, p. 92.

23 같은 책, p. 93 ; *Traveller's Key to Ancient Egypt*, p. 115.

24 *The Pyramids of Egypt*, p. 93.

25 *Traveller's Key to Ancient Egypt*, p. 115.

26 *The Ancient Egyptian Pyramid Texts*, p. 281, Utt. 667A.

27 *The Pyramids and Temples of Gizeh*, p. 25.

제38장 쌍방향 3차원 게임

1 *The Pyramids and Temples of Gizeh*, p. 25.

2 *The Pyramids of Egypt*, p. 94.

3 *The Pyramids and Temples of Gizeh*, p. 36.

4 *The Pyramids of Egypt*, pp. 94-95 ; *The Great Pyramid: Your Personal Guide*, p. 64.

5 *The Pyramids of Egypt*, pp. 94-95.

6 *The Pyramids and Temples of Gizeh*, p. 30.

7 같은 책, p. 95.

8 Livio Catullo Stecchini, *Secrets of the Great Pyramid*, p. 322. 스텍치니는 피라미드의 내부와 외부의 크기에 관해서 피트리가 측정한 수치(인용된 것)보다 조금 더 정확한 값을 제시하고 있다.

9 *Secrets of the Great Pyramid*, p. 103.

10 *The Pyramids and Temples of Gizeh*, p. 74.

11 같은 책, p. 76.

12 같은 책, p. 78.

13 같은 책.

14 같은 책, pp. 74-75.

15 *The Pyramids: An Enigma Solved*, p. 8.

16 *The Pyramids and Temples of Gizeh*, p. 75.

17 *The Pyramids: And Enigma Solved*, p. 118.

18 *Egypt: Land of the Pharaohs*, TimeLife Books, 1992, p. 51.

19 *Atlas of Ancient Egypt*, p. 36.

20 예를 들면 Cyril Aldred, *Egypt to the End of the Old Kingdom*, Thames & Hudson, London, 1988, p. 25 참조.

21 같은 책, p. 57. 이와 관련된 유물은 카이로 박물관에 있다.

22 P. W. Roberts, *River in the Desert : Modern Travels in Ancient Egypt*, Random House, New York and Toronto, 1993, p. 115에 보고.

23 Robert Bauval, *Discussions in Egyptology*, No. 29, 1994.

24 같은 책.

25 같은 책. *The Orion Mystery*, p. 172도 참조.

26 *Traveller's Key to Ancient Egypt*, p. 117 ; *The Great Pyramid : Your Personal Guide*, p. 64.

27 John Ivimy, *The Sphinx and the Megaliths*, Abacus, London, 1976, p. 118.

28 같은 책.

29 *Secrets of the Great Pyramid*, p. 191.

30 같은 책. *Traveller's Key to Ancient Egypt*, pp. 117-19도 참조.

31 *The Great Pyramid : Your Personal Guide*, p. 64.

32 *The Pyramids and Temples of Gizeh*, p. 93.

제39장 시작되는 곳

1 *The Pyramids of Egypt*, p. 106을 근거로 하는 수치들.

2 W. B. Yeats, "The Second Coming".

3 *The Pyramids and Temples of Gizeh*, p. 48.

4 같은 책, p. 50.

5 Margaret A. Murray, *The Splendour that was Egypt*, Sidgwick & Jackson, London, 1987, pp. 160-61.

6 "최초의 때"에 관한 상세한 내용은 제7부 참조.

7 제7부에서 다루고 있다. 오시리스의 재생 신앙과 고대 멕시코의 재생 신앙 사이의 비교에 대해서는 제3부 참조.

8 *The Pyramids and Temples of Gizeh*, p. 47.

9 *The Pyramids and Temples of Egypt*, p. 48, 그리고 *The Pyramids of Egypt*, p. 108을 근거로 하는 수치들.

10 기자의 세 피라미드 외에도 카프레 왕의 피라미드와 멘카우레 왕의 피라미드에 있는 죽음의 신전은 장식이 없다는 점과 200톤 이상의 돌을 사용하고 있다는 점에서 밸리 신전과 유사하다.

11 *Serpent in the Sky*, p. 211 ; 또한 *Mystery of the Sphinx*, NBC-TV, 1993.

12 벽돌의 무게에 관해서는 *The Pyramids of Egypt*, p. 215 ; *Serpent in the Sky*, p. 242 ; *The Traveller's Key to Ancient Egypt*, p. 144 ; *The Pyramids : An Enigma Solved*, p. 51 ; *Mystery of the Sphinx*, NBC-TV, 1993 참조.

13 존 앤서니 웨스트와의 사적인 대담. *Mystery of the Sphinx*, NBC-TV도 참조.

14 *Ancient Records of Egypt*, volume I, p. 85.

15 예를 들면 Miriam Lichtheim, *Ancient Egyptian Literature*, University of California. Press, 1976, volume II, pp. 85-86.

16 *Ancient Records of Egypt*, volume I, p. 85.

17 *A History of Egypt*, 1902, volume 4, p. 80ff, "Stela of the Sphinx".

18 같은 책.

19 Karl W. Butzer, *Early Hydraulic Civilization in Egypt : A Study in Cultural Ecology*, University of Chicago Press, 1976.

20 *The Pyramids of Egypt*, pp. 106-07.

21 Mark Lehner, 1992 AAAS 연례 학술회의, 논의 : 스핑크스의 역사는 얼마나 오래되었는가?

22 같은 책.

23 Gaston Maspero, *The Passing of Empires*, New York, 1900.

24 제35장 참조.

25 이러한 견해의 요약은 John Ward, *Pyramids and Progress*, London, 1900, pp. 38-42 참조.

26 *The Gods of the Egyptians*, volume I, pp. 471-72, 그리고 volume II, p. 361.

27 *Mystery of the Sphinx*, NBC-TV, 1993에서의 인터뷰.

28 *Serpent In The Sky*, p. 230에서 인용.

29 같은 책, pp. 230-32 ; *Mystery of the Sphinx*, NBC-TV.

30 정통파 이집트학자의 한 사람인 셀림 하산은 이 문제에 대해서 아직 결론이 내려져 있지 않다는 것을 인정했다. 하산은 기자에서 20년 동안 발굴이 이루어졌지만 "투트모세 4세가 세운 비석에 남아 있는 깎여져서 불완전한 문장(이것은 아무것도 증명하지 못한다) 이외에는 스핑크스와 카프레 왕을 연결할 수 있는 고대의 비문은 하나도 존재하지 않는다. 따라서 신중해 보일지도 모르지만 운좋은 발굴에 의해서 스핑크스의 기원을 확실하게 증명할 수 있기까지는 우리는 이것을 정황증거로 취급해야 한다"고 말했다. *Conde Nast Traveller*, Febuary 1993, pp. 168-69에서 인용.

제7부 불멸의 지배자 : 이집트 2

제40장 이집트에 아직 비밀이 남아 있을까?

1 예를 들면 Rosalie David, *A Guide to Religious Ritual at Abydos*, Aris and Phillips, Warminster, 1981, 특히 p. 121 참조.

2 *The Gods of the Egyptians*, volume II, pp. 262-66.

3 Lucy Lamy, *Egyptian Mysteries*, Thames & Hudson, London, 1986, p. 93.

4 Jean-Pierre Corteggiani, *The Egypt of the Pharaohs at the Cairo Museum*, Scala Publications, London, 1987, p. 118.

5 같은 책, R. A. Schwaller de Lubicz, *Sacred Science : The King of Pharaonic Theocracy*, Inner Traditions International, Rochester, 1988, pp. 182-83도 참조.

6 *The Orion Mystery*.

7 같은 책.

8 같은 책.

9 *Serpent in the Sky*, pp. 184-242.

10 같은 책, pp. 186-87.

11 같은 책.

12 *Mystery of the Sphinx*, NBC-TV, 1993.

13 *Conde Nast Traveller*, February 1993, p. 176.

14 American Association for the Advancement of Science, Chicago, 1992, 논의 : 스핑크스의 역사는 얼마나 오래되었는가?

15 *Mystery of the Sphinx*.

16 존 웨스트와 로버트 보발은 각자 조사를 진행했으며, 필자가 소개하기 전까지 서로의 발견에 대해서 알지 못했다.

17 *The Gods of the Egyptians*, volume II, p. 264.

18 *Blue Guide, Egypt*, p. 506 ; *From Fetish to God in Ancient Egypt*, pp. 211–15 ; *Osiris and the Egyptian Resurrection*, volume I, p. 31ff ; *The Encyclopaedia of Ancient Egypt*, p. 197도 참조.

제41장 태양의 도시, 자칼의 방

1 "이집트, 사카라 : 녹색 석회암으로 만든 오벨리스크가 고고학자들에 의해서 발견되었다. 이것은 완전한 오벨리스크 중에 세계에서 가장 오래된 것으로 약 4,300년 전의 이집트의 왕 페피 1세의 아내 인티에게 바쳐진 것이다. 인티는 죽은 뒤에 여신으로 숭배를 받았다." *Times*, London, 9 May 1992 ; *Daily Telegraph*, London, 9 May 1992도 참조.

2 *Atlas of Ancient Egypt*, pp. 173–74 ; Rosalie and Anthony E. David, *A Biographical Dictionary of Ancient Egypt*, Seaby, London, 1992, pp. 133–34 ; *Blue Guide : Egypt*, p. 413.

3 *The Encyclopaedia of Ancient Egypt*, p. 110.

4 George Hart, *Egyptian Myths*, British Museum Publications, 1990, p. 11.

5 *The Encyclopaedia of the Ancient Egypt*, p. 110 ; *Traveller's key to Ancient Egypt*, p. 66 ; *From Fetish to God in Ancient Egypt*, p. 140.

6 Papyrus of Nesiamsu, *Sacred Science : The King of Pharaonic Theocracy*, pp. 188–89에서 인용 ; *From Fetish to God in Ancient Egypt*, pp. 141–43도 참조.

7 *From Fetish to God in Ancient Egypt*, p. 142. 다른 해석에서는 슈와 테프누트는 라–아툼의 입에서 튀어나왔다고 한다.

8 *New Larousse Encyclopaedia of Mythology*, p. 27. 다른 설명에서는 3,126년이라고도 한다.

9 *The Pyramids : An Enigma Solved*, p. 13 ; C. Jacq, *Egyptian Magic*, Aris and Phillips, Warminster, 1985, p. 8 : *The Death of Gods in Ancient Egypt*, p. 36.

10 *Kingship and the Gods*, p. 153.

11 *The Ancient Egyptian Pyramid Texts*, p. 246.

12 상세한 내용은 *The Orion Mystery*, p. 17을 참조. 보발은 벤벤이 운석이었을 가능성이 있다고 시사하고 있다 : "벤벤에 관한 묘사에 의하면 이 운석은 무게가 6톤에서 15톤 정도였을 것으로 생각된다. ……불에 타면서 떨어지는 무서운 광경은 인상적이었을 것이다", p. 204.

13 *The Penguin Dictionary of Religions*, Penguin Books, London, 1988, p. 166.

14 예를 들면 *The Egyptian Book of the Dead*, Introduction, p. XLIX ; *Osiris And The Egyptian Resurrection*, volume II, pp. 1–11.

15 *Traveller's Key to Ancient Egypt*, p. 159.

16 같은 책, p. 158.

17 *Atlas of Ancient Egypt*, p. 36.

18 *From Fetish to God in Ancient Egypt*, p. 147 : "피라미드 텍스트로 판단하건대 헬리오폴리스의 신관들은 선왕조시대의 이집트인의 신앙에서 많은 부분을 계승하고 있다." *The Ancient Egyptian Book of the Dead*, p. 11도 참조.

19 *The Orion Mystery*, pp. 57–58.

20 *Traveller's Key to Ancient Egypt*, p. 166 ; *The Ancient Egyptian Pyramid Texts*, p. v : "피라미드 텍스트는……유구한 고대의 문장을 포함하고 있다. ……신화적 암시 또는 다양한 암시를 지니고 있는 부분이 많이 있는데 그 의도는 명확하지 않다……."

21 *The Ancient Egyptian Pyramid Texts*.

22 같은 책, p. v.

23 James Henry Breasted, *The Dawn of Conscience*, Charles Scribner's Sons, New York, 1944, p. 69.

제42장 시대착오와 수수께끼

1 *The Ancient Egyptian Pyramid Texts*, 882, 883행; 그중에서 2115, 2116행도 참조.

2 *The Gods of the Egyptians*, volume I, p. 117.

3 그는 1881년 2월 28일에 피라미드 안에 들어갔다. *The Orion Mystery*, p. 59 참조.

4 *The Ancient Egyptian Pyramid Texts*, p. v.

5 같은 책, p. 227, Utt. 572.

6 같은 책, p. 297, Utt. 688 : "아툼은 왕을 위해서 하겠다고 말한 것을 했다. 아툼은 왕을 위해서 줄사닥다리를 묶었다."

7 *The Gods of the Egyptians*, volume II, p. 241.

8 *The Ancient Egyptian Pyramid Texts*, p. 70, Utt. 261.

9 같은 책, p. 97.

10 같은 책, p. 107.

11 같은 책, p. 284.

12 같은 책, p. 249, Utt. 604.

13 같은 책, pp. 253–54, Utt. 610.

14 같은 책, p. 280, Utt. 667.

15 같은 책, p. 170, Utt. 483.

16 같은 책, p. 287, Utt. 673.

17 B. Scheel, *Egyptian Metalworking and Tools*, Shire Egyptology, Aylesbury, 1989 ; G. A. Wainwright, "Iron in Egypt", *Journal of Egyptian Archaeology*, vol. 18, 1931.

18 *The Ancient Egyptian Pyramid Texts*, pp. 276, 105, 294, 311.

19 *Egyptian Metalworking and Tools*, p. 17 ; "Iron in Egypt", p. 6ff.

20 피라미드 텍스트에는 불가사의한 측면이 많이 있는데, 그 가운데 무시할 수 없는 하나는 "길을 여는 자"가 등장하는 것이다. "하늘의 문이 당신에게 열려 있다. 별이 빛나는 하늘이 당신을 위해서 열려 있다. 상이집트의 자칼이 아누비스로서 당신의 곁에 나타난다."(*The Ancient Egyptian Pyramid Texts*, pp. 288–89, Utt. 675.) 다른 글에서도 개와 비슷한 존재의 역할은 "안내자"인 것으로 보인다. 그들이 인도하는 곳은 심원한 정보가 있는 비밀스런 보물창고이다. 그 정보는 대개 수학과 천문학과 관련되어 있다.

21 자세한 사항은 제5부 참조.

22 같은 책.

23 *Myth and Symbol in Ancient Egypt*, p. 181.

24 불을 내뿜는다는 언급은 Jean-Pierre Hallet, *Pygmy Kitabu*, p. 185에 있다.

25 *Myth and Symbol in Ancient Egypt*, pp. 181-85.

26 같은 책, p. 184.

27 같은 책, p. 185.

28 *The Gods of the Egyptians*, volume II, p. 94.

29 같은 책, pp. 92-94.

30 같은 책, p. 93.

31 Skyglobe 3. 6.

32 제4부 참조.

33 더 자세한 논의는 *Sacred Science : The King of Pharaonic Theocracy* 참조.

34 신관의 비밀과 구술의 전승에 관해서는 *From Fetish to God in Ancient Egypt*에서 상세하게 논의되어 있다. 예를 들면 p. 43 : "세심한 주의를 기울여 지켜온 심원한 지식은 틀림없이 최고의 지위에 있는 신관이 가지고 있었을 것이다. 신관은 각각……영지(靈知), 즉 '최고의 지식'을 가지고 있었고 그들은 그것을 결코 글로 쓰지 않았다. ……따라서 신관이 가졌던 심원한 지식의 비밀이 이집트의 고문서에서 발견되기를 기대하는 것은 어리석은 일이다." 그리고 *Sacred Science*, pp. 273-74도 참조.

35 *The Gods of the Egyptians*, volume I, p. 158에서 인용한 피라미드 텍스트.

36 *Osiris and the Egyptian Resurrection*, volume I, p. 146.

37 *Sacred Science*, pp. 22-25, 29.

38 *Osiris and the Egyptian Resurrection*, volume I, p. 93.

39 *Encyclopaedia Britannica*, 1991, 10 : 845.

40 *The Sirius Mystery*.

41 같은 책, p. 3.

42 같은 책, p. 1.

43 제3부 참조.

44 *The Egyptian Book of the Dead*, p. cxi.

45 같은 책, p. cxviii. *The Gods of the Egyptians*, volume I, p. 400도 참조.

46 *The Egyptian Book of the Dead*, p. 8.

47 *Osiris and the Egyptian Resurrection*, volume II, p. 248.

48 더 상세한 논의를 위해서는 *Death of Gods in Ancient Egypt*, 특히 pp. 328-30 참조.

49 *Sacred Science*, p. 27.

50 *Death of Gods in Ancient Egypt*, p. 27.

51 *Sacred Science*, p. 172.

52 같은 책, pp. 26-27. 육안으로 보이는 별의 수에 관해서는 Ian Ridpath and Wil Tirion, *Collins Guide to Stars and Planets*, London, 1984, p. 4 참조.

53 *Sacred Science*, p. 173.

54 *The Ancient Egyptian Pyramid Texts*, p. 165, 964행. *Sacred Science*, p. 287.

55 *The Ancient Egyptian Pyramid Texts*, pp. 165, 284 ; *Sacred Science*, 특히 p. 287ff.

56 고고학적으로 확립되어 있는 역법의 기원은 보다 과거로 거슬러올라갈 수 있다. 왜냐하면 최근에 상이집트의 제1왕조의 무덤 속에서 비문이 발견되었는데 그곳에 "시리우스, 새해

의 사자"라고 적혀 있기 때문이다(*Death of Gods in Ancient Egypt*, p. 40에 보고).

57 *Sacred Science*, p. 290.

58 같은 책, p. 27.

59 E. A. Wallis Budge, *An Egyptian Hieroglyphic Dictionary*, (2 volumes), John Murray, London, 1920.

60 *From Fetish to God In Ancient Egypt*, pp. 321-22.

61 같은 책, p. 322.

62 *Atlas of Ancient Egypt*, p. 36.

63 *Myth and Symbol in Ancient Egypt*, p. 263.

제43장 최초의 때를 찾아서

1 *Myth and Symbol in Ancient Egypt*, pp. 263-64 ; Nicolas Grimal, *A History of Ancient Egypt*, Blackwell, Cambridge, 1992, p. 46도 참조.

2 *New Larousse Encyclopaedia of Mythology*, p. 16.

3 *The Gods of the Egyptians*, volume I, pp. 84, 161 ; *The Ancient Egyptian Pyramid Texts*, pp. 124, 308.

4 *Osiris And The Egyption Resurrection*, volume I, p. 352.

5 Michael Hoffman, *Egypt before the Pharaohs*, Michael O'Mara Books, 1991, pp. 12-13 ; *Archaic Egypt*, pp. 21-23 ; *The Encyclopaedia of Ancient Egypt*, pp. 138-39.

6 *Egypt before the Pharaohs*, pp. 12-13 ; *The Encyclopaedia of Ancient Egypt*, pp. 200, 268.

7 *Egypt before the Pharaohs*, p. 12.

8 *Archaic Egypt*, p. 23 ; *Manetho*, (trans. W. G. Waddell), William Heinemann, London, 1940, Introduction pp. xvi-xvii.

9 *Egypt before the Pharaohs*, p. 11.

10 같은 책, p. 11-13 ; *Archaic Egypt*, pp. 5, 23 참조.

11 예를 들면 *Egypt before the Pharaohs*, pp. 11-13 참조.

12 이 사실은 이집트학과 같은 분야에서 특히 염두에 두어야 할 중요한 점이다. 왜냐하면 과거의 기록이 다양한 원인으로 인해서 사라졌기 때문이다. 그 원인은 약탈, 시간의 경과에 의한 손상, 고고학자 및 도굴범의 활동 등이다. 게다가 많은 수의 고대 이집트 유적이 아직 조사조차 이루어지지 않고 있으며 많은 유적이 손이 닿지 않는 곳에 잠들어 있을지도 모른다. 예를 들면 나일 강 삼각주에 퇴적된 흙 아래, 카이로 교외의 지하 등이 그렇다. 또한 기자의 네크로폴리스처럼 많이 연구된 장소조차 발굴이 되지 않은 지역이 있다. 스핑크스의 아래에 있는 기반이 그 예로서 여전히 발굴되기를 기다리고 있다.

13 *Manetho*, p. 3.

14 같은 책, pp. 3-5.

15 같은 책, p. 5.

16 *Encyclopaedia Britannica*, 1991, 12 : 214-15.

17 *Manetho*, p. 5.

18 고대 이집트인이 해[年]와 달[月]을 혼동했다거나 명칭을 바꿔서 불렀다는 증거는 없다 ; 같은 책, p. 4, 주 2.

19 같은 책, p. 7.

20 같은 책, p. 15.

21 같은 책, p. 213 ; *The Splendour that was Egypt*, p. 12도 참조.

22 마야족과 마찬가지로(제3부 참조) 고대 이집트인은 행정상의 목적 때문에 365일 역년(曆年)(또는 부정확한 년)을 사용했다. 상세한 마야의 부정확한 년에 대해서는 *Skywatchers of Ancient Mexico*, p. 151을 참조. 고대 이집트의 역년은 시리우스 년과 1461년에 한 번 같은 날 같은 달이 되도록 시리우스 년에 맞춰 조정되었다.

23 *Diodoros Sikelos*, translated by C. H. Oldfather, Harvard University Press, 1989, Jacket text.

24 같은 책, volume I, p. 157.

25 *The History*, pp. 193–94. 1세기에 비슷한 전설이 로마 학자인 Pomponious Mela에 의해서 기록되었다 : "이집트인은 세계에서 가장 오래된 인류라는 것을 자랑한다. 연대기에 따르면, 이집트인이 출현한 이후 별이 진행하는 궤도가 네 번 방향을 바꾸었고 태양은 현재 뜨는 장소에서 두 번 졌다."(Pomponious Mela, *De Situ Orbis*.)

26 *Sacred Science*, p. 87.

27 다음의 표를 보면 명확해질 것이다.

춘분점	일출	일출의 반대측(정서)
기원전 5세기(헤로도토스의 시대)	양자리	천칭자리
헤로도토스보다 약 1만3,000년 전	천칭자리	양자리
헤로도토스보다 약 2만6,000년 전	양자리	천칭자리
헤로도토스보다 약 3만9,000년 전	천칭자리	양자리

28 예를 들면 Sir A. H. Gardner, *The Royal Cannon of Turin*, Griffith Institute, Oxford 참조.

29 *Archaic Egypt*, p. 4.

30 자세한 사항은 *Sacred Science*, p. 86 참조.

31 같은 책, p. 86. *Egyptian Mysteries*, p. 68도 참조.

32 *Archaic Egypt*, p. 5 ; *Encyclopaedia of Ancient Egypt*, p. 200.

33 *Archaic Egypt*, p. 5 ; *Encyclopaedia Britannica*, 1991, 9 : 81.

34 *Encyclopaedia of Ancient Egypt*, p. 200.

35 *Archaic Egypt*, 1991, p. 5.

36 *Egypt to the End of the Old Kingdom*, p. 12.

제44장 최초의 때의 신들

1 *Kingship and the Gods*, pp. 181–82 ; *The Encyclopaedia of the Ancient Egypt*, pp. 209, 264 ; *Egyptian Myths*, pp. 18–22. T. G. H. James, *An Introduction to Ancient Egypt*, British Museum Publications, London, 1979, p. 145ff도 참조.

2 Cyril Aldred, *Akabenaton*, Abacus, London, 1968, p. 25 : "이집트인들은 신들이 처음에 이집트를 완전한 국가의 형태로 만들고 나서 이집트를 다스리기 시작했다고 믿고 있었다."

3 *Kingship and the Gods*, pp. 153–55 ; *Egyptian Myths*, pp. 18–22 ; *Egyptian Mysteries*, pp. 8–11 ; *New Larousse Encyclopaedia of Mythology*, pp. 10–28.

4 제4장 참조.

5 *Diodoros Sikelos*, volume I, p. 37.

6 같은 책.

7 *Mystic Places*, TimeLife Books, 1987, p. 62.

8 *Early Hydraulic Civilization in Egypt*, p. 13 ; *Egypt before the Pharaohs*, pp. 27, 261.

9 *New Larousse Encyclopaedia of Mythology*, p. 11.

10 같은 책, p. 13.

11 같은 책, pp. 14−15.

12 같은 책.

13 히브리인들에게 보낸 편지 9:4. "계약의 궤"의 불길한 힘에 관해서는 Graham Hancock, *The Sign and the Seal*, Mandarin, London, 1993, 제12장, p. 273ff 참조.

14 *Egyptian Myths*, p. 44에서 인용.

15 Sir E. A. Wallis Budge, *Egyptian Magic*, Kegan Paul, Trench, London, 1901, p. 5 ; *The Gods of the Egyptians*, volume II, p. 214.

16 *New Larousse Encyclopaedia of Mythology*, p. 27. 만약 세트의 왕위찬탈이 통치기간에 들어간다면 신성한 파라오는 토트를 포함해서 7인이 된다(즉 라, 슈, 게브, 오시리스, 세트, 호루스, 토트).

17 *The Gods of the Egyptians*, volume I, p. 400 ; Garth Fowden, *The Egyptian Hermes*, Cambridge University Press, 1987, pp. 22−23. 또한 *From Fetish to God in Ancient Egypt*, pp. 121−22 ; *Egyptian Magic*, pp. 128 29 ; *New Larousse Encyclopaedia of Mythology*, pp. 27−28.

18 신플라톤주의자인 Iamblichus가 Maneto를 인용. Peter Lemesurier, *The Great Pyramid Decoded*, Element Books, 1989, p. 15 ; *The Egyptian Hermes*, p. 33 참조.

19 예를 들면 *Diodoros Sikelos*, volume I, p. 53에서 토트는(그리스 이름으로 헤르메스) "뛰어난 발명의 재주가 있었고 사람들의 생활을 향상시키는 물건을 고안했다"고 묘사되어 있다.

20 *Osiris and the Egyptian Resurrection*, volume II, p. 307.

21 *Myth and Symbol in Ancien Egypt*, p. 179 ; *New Larousse Encyclopaedia of Mythology*, p. 16.

22 *New Larousse Encyclopaedia of Mythology*, pp. 9−10, 16 ; *Encyclopaedia of Ancient Egypt*, p. 44 ; *The Gods of the Egyptians*, volume II, pp. 130−31 ; *From Fetish to God in Ancient Egypt*, p. 190 ; *Myth and Symbol in Ancient Egypt*, p. 230.

23 *Osiris and the Egyptian Resurrection*, volume I, p. 2.

24 같은 책, volume II, 제125장, p. 81에서 인용.

25 케찰코아틀과 비라코차에 대해서는 제2부와 제3부를 참조. 오시리스가 지닌 문명 전파자로서의 성격이 잘 정리되어 있는 것은 *New Larousse Encyclopaedia of Mythology*, p. 16. *Diodoros Sikelos*, pp. 47−49 ; *Osiris and the Egyptian Resurrection*, volume I, pp. 1−12 도 참조.

26 *Diodoros Sikelos*, p. 53.

27 같은 책 ; *Osiris and the Egyptian Resurrection*, volume I, p. 2.

28 *Diodoros Sikelos*, p. 55.

29 *Osiris and the Egyptian Resurrection*, volume I, p. 11.

30 같은 책, p. 2.

31 같은 책, pp. 2−11. 케찰코아틀과 비라코차에 대해서는 제2부와 제3부를 참조. 흥미롭게도 문명을 전파하는 오시리스의 여행에 두 명의 "길을 여는 자"가 수행했다고 한다(*Diodoros*

Sikelos, p. 57). "그것은 아누비스와 마세도이다. 아누비스는 개의 가죽을 둘렀고 마세도는 이리의 상반신을 뒤집어쓰고 있었다⋯⋯."

32 *Osiris and the Egyptian Resurrection*, volume II, p. 273. 대략적으로 *The Ancient Egyptian Pyramid Texts*도 참조.

33 *Archaic Egypt*, p. 122 ; *Myth and Symbol in Ancient Egypt*, p. 98.

34 *Kingship and the Gods ; Osiris and the Egyptian Resurrection ; The Gods of the Egyptians* 참조.

35 *Archaic Egypt*, p. 38.

36 *Manetho*, p. 5.

제45장 사람과 신의 일

1 *Atlas of Ancient Egypt*, p. 36.

2 *Atlas of Ancient Egypt*에 근거한 날짜. 출애굽 당시의 왕인 람세스 2세에 관해서는 Profuses K. A. Kitchen, *Pharaoh Triumphant : The Life and Times of Ramesses II*, Aris and Phillips, Warminster, 1982, pp. 70−71 참조.

3 예를 들면 *A Biographical Dictionary of Ancient Egypt*, pp. 135−37 참조.

4 *Traveller's Key to Ancient Egypt*, p. 384.

5 *The Ancient Egyptian Pyramid Texts*, pp. 285, 253.

6 *Traveller's Key to Ancient Egypt*, p. 386.

7 *The Encyclopaedia of Ancient Egypt*, p. 59.

8 *Ancient Egyptian Book of the Dead*의 제175장, *Myth and Symbol in Ancient Egypt*, p. 137에서 인용.

9 Henry Frankfort, *The Cenotaph of Seti I at Abydos*, 39th Memoir of the Egypt Exploration Society, London, 1933, p. 25.

10 *The Geography of Strabo*, volume VIII, pp. 111−13.

11 Margaret A. Murray, *The Osireion at Abydos*, Egyptian Research Account, ninth year (1903), Bernard Quaritch, London, 1904, p. 2.

12 같은 책.

13 *The Times*, London, 17 March 1914.

14 같은 책.

15 같은 책.

16 *Traveller's Key to Ancient Egypt*, p. 391.

17 *The Cenotaph of Seti I at Abydos*, p. 18.

18 같은 책, pp. 28−29.

19 E. Naville, "Excavations at Abydos : The Great Pool and the Tomb of Osiris", *Journal of Egyptian Archaeology*, volume I, 1914, p. 160.

20 *The Times*, London, 17 March 1914.

21 같은 책.

22 *The Cenotaph of Seti I at Abydos*, pp. 4, 25, 68−80.

23 같은 책.

24 "Excavations at Abydos", pp. 164−65.

25 *The Splendour that was Egypt*, pp. 160−61.

26 *The Cenotaph of Seti I at Abydos*, p. 23.

27 *Guardian*, London, 21 December 1991.

28 David O'Connor, "Boat Graves and Pyramid Origins", *Expedition*, volume 33, No. 3, 1991, p. 7ff.

29 같은 책, pp. 9-10.

30 1993년 1월 27일에 팩스로 필자에게 보내주었다.

31 David O'Connor, "Boat Graves and Pyramid Origins", p. 12.

32 같은 책, pp. 11-12.

33 *Guardian*, 21 December 1991.

34 카이로 박물관 갤러리 54에 있는 배를 그린 벽화를 참조. 이것은 기원전 4500년경의 바다리 문화기의 것이다.

35 *The Ancient Egyptian Pyramid Texts*, p. 192, Utt. 519 : "아 아침의 별, 명부의 호루스여……영혼을 지니고 당신의 770큐빗의 배 앞에 나타나서……그 배에 태워 나를 데리고 가소서."

제46장 기원전 11세기

1 *Egypt before the Pharaohs*, pp. 29, 88.

2 또다른 예를 들어보자. 디오도루스 시켈로스(기원전 1세기)는 이집트의 신관이 말한 것을 전했다. "그들이 말하기를 오시리스와 이시스의 시대로부터 알렉산드로스(이집트에 도시를 세웠고 그 도시 이름은 그의 이름을 땄다)의 치세[기원전 4세기]까지는 햇수로 1만 년이 넘는다……." *Diodoros Sikelos*, volume I, p. 73.

3 *Egypt before The Pharaohs*, p. 85.

4 같은 책, p. 90.

5 *A History of Ancient Egypt*, p. 21.

6 *Egypt before The Pharaohs*, p. 88.

7 Fred Wendorff and Romuald Schild, *Prehistory of the Nile Valley*, Academic Press, New York, 1976, p. 291.

8 *Egypt before the Pharaohs*, pp. 89-90.

9 같은 책, p. 86.

10 같은 책, pp. 97-98.

11 같은 책, p. 161.

12 제12장 참조.

13 같은 책.

14 같은 책.

15 AAAS 연례 학술회의, 1992, 논의 : 스핑크스의 역사는 얼마나 오래되었는가?

제47장 스핑크스

1 *Traveller's Key to Ancient Egypt; Serpent the the Sky*, p. 20.

2 *Sacred Science*, p. 96.

3 웨스트가 제시한 상세한 증거는 *Serpent in the Sky*, pp. 184-200에 설명되어 있다. 스핑크스가 모래에 뒤덮여 있었던 시기에 대해서 웨스트는 아래와 같은 표로 정리했다.

스핑크스가 묻혀 있던 기간

카프레-투트모세 4세(약 1,300년간)	1,000년간
투트모세 4세-프톨레마이오스 왕조(약 1,100년간)	800년간
프톨레마이오스 왕조-초기 기독교 시대(약 600년간)	0년간
초기 기독교 시대-현재(약 1,700년간)	1,500년간
카프레-현재(약 4,700년간)	3,300년간

4 "우리 팀이 작성한 논문의 개요를 미국 지질학회에 제출하자 우리의 연구 성과를 지질학 총회에서 발표해달라는 요청을 받았다. 샌디에이고에서 열리는 이 총회는 지질학계의 슈 퍼볼과 같은 것이다. 세계 각지에서 온 많은 지질학자들이 몰려들었다. 연구와 관련된 분 야의 전문가 몇십 명이 도움을 주었고 조언도 해주었다. 증거를 본 대부분의 지질학자들은 〔쇼크 교수가 처음에 그랬던 것처럼〕 웃기만 하다가 놀라게 되었다. 2세기에 걸친 조사에 도 불구하고 지질학자들, 이집트학자들이 누구 하나 스핑크스가 물에 의해서 침식되었다 는 것을 알아차리지 못했기 때문이다." *Serpent in the Sky*, p. 229 ; *Mystery of the Sphinx*, NBC-TV, 1993. 275명의 지질학자가 쇼크 교수의 의견을 지지했다.

5 AAAS 연례 학술회의, 1992, 논의 : 스핑크스의 역사는 얼마나 오래되었는가?

6 *Mystery of the Sphinx*.

7 같은 책.

8 같은 책.

9 같은 책.

10 같은 책.

11 AAAS 연례 학술회의, 1992.

12 같은 책. Farouk El Baz, Roth와 Raffai도 같은 의견을 가진 지질학자들이다.

13 *Mystery of the Sphinx*와 AAAS 회의 내용에서 발췌.

14 예외적인 것으로 웨스트가 거론한 것은 섬록암 및 다른 딱딱한 돌을 새겨서 만든 도자기이 다. 이것은 제6부에서 이미 다루었다.

15 "다양한 데생과 도해, 측정치를 조사해본 결과 최종 결론은 내가 처음에 받은 인상과 일치 했다. 이 두 작품은 두 명의 서로 다른 사람을 표현한 것이다. 정면에서 볼 때의 각 부분의 비례, 특히 측면의 각도와 얼굴의 돌출 정도를 보면서 스핑크스는 카프레 왕이 아니라는 확신을 가졌다. 만약 고대의 이집트인이 뛰어난 기능을 가졌고 실제와 똑같은 모습을 재현 할 수 있었다면 이 두 작품은 동일한 사람을 표현하고 있는 것이 아니다"라고 Frank Domingo가 말했다(*Serpent in the Sky*, p. 232에서 인용). 스핑크스의 머리가 다시 조각되 었다는 쇼크의 견해는 AAAS 1992 참조.

제48장 지구의 계측

1 *Collins English Dictionary*, p. 608.

2 *Secrets of the Great Pyramid*, p. 38. 이 장의 대부분의 자료는 Peter Tompkins와 Livio Catullo Stecchini 교수의 연구를 바탕으로 함.

3 같은 책, p. 46.

4 같은 책, p. 181.

5 같은 책, p. 299.

6 같은 책, pp. 179-81.

7 같은 책, p. 333에서 인용.

8 제23장, 그리고 Stecchini, *Secrets of the Great Pyramid*, p. 378 참조.

9 제23장 참조.

10 Edwards, Petrie, Baines, Malek, 그 외에 여러 학자들이 인정한 바이다.

11 *Encyclopaedia Britannica*, 1991, 27:530.

12 *The Pyramids of Egypt*, p. 87.

13 제5부 참조.

14 *Secrets of the Great Pyramid*, p. 189.

15 *Maps of the Ancient Sea Kings*, p. 17ff.

16 예를 들면 *The Shape of the World*, p. 23.

17 *The Gods of the Egyptians*, volume I, p. 400.

18 같은 책, volume I, p. 443 ; volume II, pp. 7, 287.

19 같은 책, volume II, p. 7. 여기서는 신인 아멘-라가 성가 속에 노래되어 있다. "신들은 당신이 푼트에서 처음 왔을 때의 그 향기를 사랑한다. 당신은 이슬로부터 가장 먼저 태어났으며 신의 땅(타-네테루)에서 왔다." volume II, p. 287도 참조. 많은 학자들은 푼트가 동아프리카의 유향과 몰약("신들의 음식")을 생산하는 나무가 지금도 자라고 있는 소말리 해안에 위치한다고 생각하고 있다.

20 같은 책.

21 *Osiris and the Egyptian Resurrection*, volume I, p. 98 ; 같은 책, volume II, p. 316에 번역되어 있는 페피 1세, 메르 엔-라, 페피 2세의 피라미드 텍스트 참조. 여기서는 축복받은 사들의 땅과 바다의 관계가 분명히 드러난다.

22 같은 책, volume I, p. 97.

23 같은 책, pp. 97-98.

24 같은 책, volume II, p. 307.

25 Veronica Ions, *Egyptian Mythology*, Newnes Books, London, 1986, p. 84.

26 *The Gods of the Egyptians*, volume I, pp. 407-08.

27 같은 책, volume I, p. 414.

28 *Egyptian Mythology*, p. 85.

29 *The Gods of the Egyptians*, volume I, p. 414.

30 같은 책, pp. 414-15.

31 *The History*, 2:4.

32 E. M. Antoniadi, *L'Astronomie egyptienne*, Paris, 1934, pp. 3-4에 보고 ; Schwaller, p. 279도 참조.

33 *Diodoros Sikelos*, volume I, pp. 279-80.

34 *The Ancient Egyptian Pyramid Texts*, pp. 78, 170, 171, 290.

제49장 피라미드와 스핑크스의 힘

1 로버트 보발의 *The Orion Mystery*(Heinemann, London ; Crown, New York ; Doubleday, Canada ; List, Germany ; Planeta, Spain ; Pygmalion, France, etc.)는 1994년에 출판되자 세계적인 베스트셀러가 되었다. 이집트학자들은 단결해서 이 책이 주장하는 것에 대해서 반대입장을 취했고 논의하는 것을 거부했다. 그러나 많은 저명한 천문학자들은 보발의 연구성과가 큰 진전이라고 높이 평가했다.

2 Virginia Trimble, *The Orion Mystery*, p. 241에서 인용.

3 같은 책, p. 172.

4 사적인 대담/인터뷰, 1993–94.

5 *Atlas of Ancient Egypt*, p. 36.

6 사적인 대담/인터뷰.

7 Skyglobe 3.6.

8 사적인 대담/인터뷰.

9 Skyglobe 3.6.

10 사적인 대담/인터뷰.

11 제42장부터 제44장까지 참조.

12 "이집트인은……자신들이 성스러운 민족이며 신이 인간으로 모습을 바꾼 왕에 의해서 다스려지고 있다고 믿었다. 최초의 왕들은 정말로 신이었고 기꺼이 지상에 살았으며 하늘과 땅을 왔다갔다하면서 인간과 교류했다고 한다." *The Gods of the Egyptians*, volume I, p. 3.

13 죽음의 신전은 von Sieglin이 1910년에 발굴했으며, 무게가 100톤 내지 300톤 정도의 다양한 크기의 돌로 구성되어 있다. *Blue Guide : Egypt*, p. 431.

14 기독교의 대성당은 그것이 아무리 새로운 것이라고 해도(예를 들면 20세기에 샌프란시스코의 노브 힐에 지어진 고딕 양식의 대성당) 유대-기독교의 "종파"가 지니고 있는 사고와 상징성, 도해법을 표현하고 있으며, 그것은 적어도 4,000년이라는 기원을 가지고 있다. 이와 마찬가지로 고대 이집트에서 "종파"가 8,000년간 계속되어 기원전 1만450년이라는 시기와 기원전 2450년이라는 시기를 연결하고 있다고 충분히 상상할 수 있다. 따라서 그 시기에 완성한 피라미드는 현대에 완성한 대성당처럼 고대의 양식을 반영하는 구조물이 되었을 수도 있다. 고대 이집트의 전설 가운데에는 고대의 양식이 존재하고 보존되어 있음을 보여주는 증거가 많이 있다. 예를 들면 "(제13왕조의) 네페르에텝 왕은 오시리스를 마음속 깊이 숭배하고 있었다. [아비도스에 있는] 그 신전이 황폐해져서 새로운 조각상이 필요하다는 이야기를 들은 왕은 헬리오폴리스에 있는 라-아톰의 신전으로 가서 도서관에서 책을 뒤지며 어떻게 하면 오시리스의 조각상을 태고에 존재하던 대로 만들 수 있는지 조사했다……" (*Osiris and the Egyptian Resurrection*, volume II. p. 14.) 또한 *Sacred Science*, pp. 103–04에도 프톨레마이오스 왕조시대, 혹은 이집트 역사시대의 후기에 신전의 건설이 고대의 설계양식을 따랐다는 것이 기록되어 있다 : "모든 계획에서 '성스러운 책'이 참고되었다. 예를 들면 프톨레마이오스 왕조시대에 에드푸 신전이 재건되었는데 그것은 하늘로부터 멤피스의 북쪽에 내려온 '임호테프'에 의해서 기록된 창건의 서에 기초한 것이다. 덴데라 신전은 '호루스의 동시대부터 전해지는 오래된 책에 기록된 계획'에 따랐다."

15 *Hamlet's Mill*, p. 59.

16 같은 책 ; *Sacred Science*, p. 179.

17 *Oxford Dictionary of the Christian Church*, Oxford University Press, 1988, p. 514.

18 *Sacred Science*, p. 177.

19 창세기 22 : 13.

20 *Jerusalem Bible*, 연표, p. 343.

21 *King James Bible*, Franklin, 컴퓨터로 처리한 초판.

22 *The Encyclopaedia of Ancient Egypt*, p. 20.

23 같은 책, p. 133.

24 *Sacred Science*, p. 177.

25 기원전 3000년경. *Encyclopaedia Britannica*, 1991, 3 : 731 참조.

26 *Encyclopaedia of Ancient Egypt*, pp. 27, 171.
27 Skyglobe 3.6.

제8부 결론 : 지구의 미래는?

제50장 헛수고를 한 것이 아니다

1 Galanopoulos and Bacon, *Lost Atlantis*, p. 75.
2 예를 들면 Brian Inglis, *Coincidence*, Hutchinson, London, 1990, p. 48ff 참조.
3 *When the Sky Fell*, 서론은 콜린 윌슨이 쓰고 후기는 존 앤서니 웨스트가 씀, Stoddart, Canada, 1995.
4 제1부 참조.
5 같은 책.
6 같은 책, 자세한 사항은 제1부와 제51장 참조.

제51장 해머와 진자

1 *Encyclopaedia Britannica*, 1991, 3 : 584.
2 *Encyclopaedia Britannica*, 1991, 1 : 440.
3 이 광물화한 15개의 나무 그루터기는 거대한 삼림이 흔적이리고 생긱된다. 줄기의 직경은 약 9센티미터에서 18센티미터 정도이다. 이 나무는 잘 알려진 소철 양치식물로 글로소프테리아(남반구의 석탄층에서 많이 발견된다)의 묘목이었다. 양치와 다른 소철 양치식물은 포자가 아닌 종자를 가지고 있어 나무에 가까운데 현재는 멸종되었다. ……아케르나르 산 주위의 나무 그루터기에서도 테일러의 동료는 혀 모양을 한 글로소프테리아의 낙엽의 흔적을 발견했다.

낙엽수는 따뜻한 기후의 표식이며 그곳에는 "서리의 나이테"가 보이지 않는다. 테일러가 나무 그루터기에서 채집한 표본의 나이테를 조사한 결과 얼음으로 팽창한 세포와 나무의 생장이 추위에 의해서 방해받은 시기에 생겨난 세포 사이의 틈이 하나도 없었다. 그것이 발견되지 않았다는 것은 그 시기에 남극대륙에는 혹독한 추위가 존재하지 않았다는 의미이다.

"우리 기억으로는 남극은 언제나 혹한의 땅이었다. 화석이 된 식물상을 보는 것 이외에는 식물의 군락이 어떤 환경에 있었는지 알 수 없다. 위도 85도의 지점에서 자라고 있었던 삼림의 화석은 파괴적인 기후의 변화에 의해서 어떤 영향을 받았는지를 암시해준다"라고 테일러가 말했다. 이 나무들은 홍수나 진흙탕에 휩쓸려 고사했다. 이 역시 현재의 남극대륙에서는 불가능한 일 가운데 하나이다.
4 *The Path of the Pole*, p. 61.
5 같은 책, pp. 62-63.
6 In Dolph Earl Hooker, *Those Astounding Ice Ages*, Exposition Press, New York, 1958, p. 44, *National Geographic Magazine*, October 1935.
7 *Path of the Pole*, p. 62.
8 Rand Flem-Ath, *Does the Earth's Crust Shift?* (MS.).
9 Daniel Grotta, "Antarctica : Whose Continent Is It Anyway?", *Popular Science*, January 1992, p. 64.
10 *Path of the Pole*, p. 107.

11 제1부 참조.
12 *Path of the Pole*, p. 111ff.
13 자세한 사항은 제1부 참조.
14 *The Biblical Flood and the Ice Epoch*, pp. 109-10.
15 *Path of the Pole*, p. 66.
16 같은 책, pp. 93, 96.
17 같은 책, p. 99.
18 제4부 참조.
19 같은 책.
20 *Encyclopaedia Britannica*, 1991, I : 440 ; John White, *Pole Shift*, A.R.E. Press, Virginia Beach, 1994, p. 65.
21 *Pole Shift*, p. 77 : 해마다 남극대륙에는 200억 톤의 얼음이 증가한다.
22 H. A. Brown, *Cataclysms of the Earth*, pp. 10-11.
23 제4부 참조.
24 같은 책.
25 *Biblical Flood and the Ice Epoch*, p. 228.
26 Thomas Huxley, *Path of the Pole*, p. 294에서 인용.
27 *Scientific American*, December 1985.
28 *Path of the Pole*, pp. 47-49.
29 같은 책, p. 49.
30 같은 책, p. 58.
31 제4부 참조.
32 *The Mahabaratha*, *The Arctic Home in the Vedas*, pp. 64-65에서 인용.
33 같은 책, pp. 66-67.
34 *Paradise Found : The Cradle of the Human Race at the North Pole*, p. 199에서 인용.
35 *Arctic Home in the Vedas*, p. 81.
36 같은 책, p. 85.
37 같은 책, pp. 414, 417.
38 같은 책, p. 420.
39 *Pole Shift*, p. 9.
40 같은 책.
41 같은 책, p. 61.
42 *Nature*, volume 234, 27 December 1971, pp. 173-74 ; *New Scientist*, 6 January 1972, p. 7.
43 J. M. Harwood와 S. C. R. Malin의 글, *Nature*, 12 February 1976.
44 *The Path of the Pole*, 앞의 책, 부록, pp. 325-26.
45 같은 책, p. 44.
46 *USA Today*, 23 November 1994, p. 9D.

제52장 밤의 도둑처럼

1 Plato, *Timaeus and Critias*, Penguin Classics, 1977, p. 36.
2 *The Bhagavata Purana*, Motilal Banardass, Delhi, 1986, Part I, pp. 59, 95.

3 같은 책, p. 60.

4 Dileep Kumar Kanjilal, *Vimana in Ancient India*, Sanskrit Pustak Bhandar, Clacutta, 1985, p. 16.

5 같은 책, p. 17.

6 같은 책, p. 18.

7 같은 책.

8 같은 책.

9 같은 책, p. 19.

10 *The Ancient Egyptian Pyramid Texts*, p. 70, Utt. 261.

11 *The Complete Works Of Josephus*, Kregel Publications, Grand Rapids, Michigan, 1991, p. 27.

12 같은 책.

13 John Greaves, *Pyramidographia, Serpent in the Sky*, p. 230에서 인용.

14 *Popol Vuh*, p. 168.

15 같은 책, p. 169.

16 같은 책, p. 79.

17 같은 책, pp. 79-80.

18 *The Bhagavata Purana, Atlantis: The Antediluvian World*, p. 88에서 인용.

19 Berossus의 글, *The Sirius Mystery*, p. 249에서 인용.

20 같은 책.

21 베드로의 두 번째 편지 3 : 10.

22 *The Egyptian Hermes*, p. 33.

23 로버트 보발과의 사적인 대담.

24 제7부 참조.

25 I *Enoch*, LXV, *The Apocryphal Old Testament*(ed. H. F. D. Sparks), Clarendon Press, Oxford, 1989, p. 247.

26 *Pre-Hispanic Gods of Mexico*, p. 24.

27 *Breaking the Maya Code*, p. 275.

28 *Will The World Survive?* Watch Tower Bible and Tract Society, 1992.

29 소책자, *Earth Changes*, Edgar Cayce Readings, Edgar Cayce Foundation, Virginia Beach, 1994, p. 36에서 발췌.

30 제5부 참조.

31 *Manetho*, pp. 191-93.

32 염소-36에 의한 바위의 노출시간을 측정하는 연대 측정법은 웨일스 대학교의 지구과학부 데이비드 보웬 교수에 의해 개발되었다. 1994년 12월 1일 런던의 「타임스」에서 보웬 교수는 자신의 견해를 밝혔다 : "스핑크스와 피라미드의 연대를 둘러싼 논쟁을 해결하는 하나의 방법은 염소-36에 의한 측정법을 적용하는 것이다. 이 방법으로 바위가 최초로 대기에 노출되고부터 얼마만큼의 시간이 경과했는지를 측정할 수 있다. 스핑크스와 피라미드의 경우 바위를 잘라내고 최초로 대기에 노출시킨 연대를 알아낼 수 있을 것이다……"

1994년에 보웬은 영국에 있는 유명한 스톤헨지인 "블루스톤"으로 예비실험을 했다. 스톤헨지는 이제까지 기원전 2250년의 것으로 간주되어왔는데, 실험 결과 123개 4톤의 거석들은 마지막 빙하기에 (아마 기원전 1만2000년에) 잘라냈을 가능성이 있다는 사실이 밝혀졌다. *The Times*, London, 5 December 참조.

33 *Mystery of the Sphinx*, NBC-TV, 1993.
34 베드로의 둘째 편지 3 : 4.
35 베드로의 둘째 편지 3 : 3.
36 *Community Profile : Hopi Indian Reservation*, Arizona Department of Commerce.
37 *Breaking the Maya Code*, p. 275.
38 *Book of the Hopi*.
39 *World Mythology*, p. 26.
40 마태오의 복음서, 24 : 38-39.
41 마태오의 복음서, 24 : 27-41.

참고 문헌

Aldred, Cyril, *Akhenaton*, Abacus, London, 1968.

_____ Egypt to the End of the Old Kingdom, Thames & Hudson, London, 1988.

Ancient America, Time-Life International, 1970.

Ancient Egyptian Book of the Dead(trans. R. O. Faulkner), British Museum Publications, 1989.

Ancient Egyptian Pyramid Texts(trans. R. O. Faulkner), Oxford University Press, 1969.

Antoniadi, E. M., *L' Astronomie egyptienne*, Paris, 1934.

Apocryphal Old Testament(ed. H. F. D. Sparks), Clarendon Press, Oxford, 1989.

Arguelles, José, *The Mayan Factor: Path Beyond Technology*, Bear & Co., Santa Fe, New Mexico, 1987.

Atlas of Mysterious Places(ed. Jennifer Westwood), Guild Publishing, London, 1987.

Aubet, Maria Eugenia, *The Phoenicians and the West*, Cambridge University Press, 1993.

Aveni, Anthony F., *Skywatchers of Ancient Mexico*, University of Texas Press, 1990.

Aztec Calendar: History and Symbolism, Garcia y Valades Editores, Mexico City, 1992.

Aztecs: Reign of Blood and Splendour, Time-Life Books, Virginia, 1992.

Bailey, James, *The God-Kings and the Titans*, Hodder & Stoughton, London, 1972.

Baines, John and Malek, Jaromir, *Atlas of Ancient Egypt*, Time-Life Books, Virginia, 1990.

Bauval, Robert and Gilbert, Adrian, *The Orion Mystery*, Wm. Heinemann, London, 1994.

Bellamy, H. S., *Built Before the Flood: The Problem of the Tiahuanaco Ruins*, Faber & Faber, London, 1943.

_____ and Allan, P., *The Calendar of Tiahuanaco: The Measuring System of the Oldest Civilization*, Faber & Faber, London, 1956.

Berlitz, Charles, *The Lost Ship of Noah*, W. H. Allen, London, 1989.

Bernal, Martin, *Black Athena: The Afroasiatic Roots of Classical Civilization*, Vintage Books, London, 1991.

Bethon, Simon and Robinson, Andrew, *The Shape of the World: The Mapping and Discovery of the Earth*, Guilt Publishing, London, 1991.

Bhagavata Purana, Motilal Banardess, Delhi, 1986.

Bierhorst, John, *The Mythology of South America*, Wm. Morrow & Co., New York, 1990.

_____ *The Mythology of Mexico and Central America*, Wm. Morrow & Co., New York, 1990.

Black, Jeremy and Green, Anthony, *Gods, Demons and Symbols of Ancient Mesopotamia*, British Museum Press, 1992.

Bloomgarden, Richard, *The Pyramids of Teotihuacan*, Editur S. A., Mexico, 1993.

Blue Guide: Egypt, A & C Black, London, 1988.

Bolivia, Lonely Planet Publications, Hawthorne, Australia, 1992.

Breasted, J. H., *Ancient Records of Egypt: Historical Documents from the Earliest Times to the Persian Conquest*, Histories and Mysteries of Man, London, 1988.

_____ *The Dawn of Conscience*, Charles Scribners Sons, New York, 1944.

Butzer, Karl W., *Early Hydraulic Civilization in Egypt: A Study in Cultural Ecology*, University of Chicago Press, 1976.

Cameron, Ian, *Kingdom of the Sun God: A History of the Andes and Their People*, Guild Publishing, London, 1990.

Campbell, Joseph, *The Hero with a Thousand Faces*, Paladin Books, London, 1988.

Canfora, Luciano, *The Vanished Library*, Hutchinson Radius, London, 1989.

Casson, Lionel, *Ships and Seafaring in Ancient Times*, University of Texas Press, 1994.

Cieza de Leon, Pedro, *Chronicle of Peru*, Hakluyt Society, London, 1864 and 1883.

Coe, Michael D., *The Maya*, Thames & Hudson, 1991.

_____ *Breaking the Maya Code*, Thames & Hudson, 1992.

Cole, J. H., *Survey of Egypt*, Cairo, 1925.

Comber, Leon, *The Traditional Mysteries of the Chinese Secret Societies in Malaya*, Eastern University Press, Singapore, 1961.

Community Profile: Hopi Indian Reservation, Arizona Department of Commerce.

Complete Works of Josephus, Kriegel Publications, Grand Rapids, Michigan, 1991.

Cooraswamy, Ananda K. and Sister Nivedita, *Myths of the Hindus and Buddhists*, George G. Harrap & Co., London, 1913.

Corteggiani, Jean-Pierre, *The Egypt of the Pharoahs at the Cairo Museum*, Scala Publications, London, 1987.

Cotterell, Arthur, *The Illustrated Encyclopaedia of Myths and Legends*, Guild Publishing, London, 1989.

Cuvier, Georges, *Revolutions and Catastrophes in the History of the Earth*, 1829.

Darwin, Charles, *Journal of Researches into the Natural History of Countries Visited during the Voyage of HMS Beagle Round the World*.

_____ *The Origin of Species*, Penguin, London, 1985.

David, Rosalie, *A Guide to Religious Ritual at Abydos*, Aris and Phillips, Warminster, 1981.

_____ and David, Anthony E., *A Biographical Dictionary of Ancient Egypt*, Seaby,

London, 1992.

Davidovits, Joseph and Morris, Margie, *The Pyramids: An Enigma Solved*, Dorset Press, New York, 1988.

Davis, Nigel, *The Ancient Kingdoms of Mexico*, Penguin Books, London, 1990.

Desroches-Noblecourt, Christine, *Tutunkhamen*, Penguin Books, London, 1989.

Devereux, Paul, *Secrets of Ancient and Sacred Places*, Blandford Books, London, 1992.

Diodorus Siculus(trans. C. H. Oldfather), Leob Classical Library, London, 1989; Harvard University Press, 1989.

Donnelly, Ignatius, *Atlantis: The Antediluvian World*, Harper & Brothers, New York, 1882.

Edwards, I. E. S., *The Pyramids of Egypt*, Penguin, London, 1949.

Egypt: Land of the Pharaohs, Time-Life Books, Virginia, 1992.

Egyptian Book of the Dead(trans. E. A. Wallis Budge), British Museum, 1895; Arkana, London and New York, 1986.

Emery, W. B., *Archaic Egypt*, Penguin Books, London, 1987.

Encyclopaedia of Ancient Egypt(ed. Margaret Bunson), Facts on File, New York and Oxford, 1991.

Encyclopaedia Britannica, 1991 edition.

Epic of Gilgamesh, Penguin Classics, London, 1988.

Evolving Earth, Guild Publishing, London, 1989.

Facts on File Encyclopaedia of World Mythology and Legend, New York and Oxford, 1988.

Fakhry, Ahmed, *The Pyramids*, University of Chicago Press, 1969.

Feats and Wisdom of the Ancients, Time-Life Books, Virginia, 1990.

Fernandez, Adela, *Pre-Hispanic Gods of Mexico*, Panorama Editorial, Mexico City, 1992.

Fiedel, Stuart J., *The Prehistory of the Americas*, Cambridge University Press, 1992.

Filby, Frederick A., *The Flood Reconsidered: A Review of the Evidences of Geology, Archaeology, Ancient Literature and the Bible*, Pickering & Inglis, London, 1970.

Flem-Ath, Rand and Rose, *When the Sky Fell*, Stoddart, Canada, 1995.

Flint, R. F., *Glacial Geology and the Pleistocene Epoch*, 1947.

Fowden, Garth, *The Egyptian Hermes*, Cambridge University Press, 1978.

Frankfort, Henry, *The Cenotaph of Seti I at Abydos*, 39th memoir of the Egypt Exploration Society, London, 1933.

———— *Kingship and the Gods*, University of Chicago Press, 1978.

Frazer, J. G., *Folklore in the Old Testament: Studies in Comparative Religion, Legend and Law*, Macmillan, London, 1923.

Gardner, A. H., *The Royal Canon of Turin*, Griffith Institute, Oxford.

Geography of Strabo(trans. H. L. Jones), Wm. Heinemann, London, 1982.

Gifford, D. and Sibbick, J., Warriors, *Gods and Spirits from South American Mythology*, Eurobook Ltd., 1983.

Gleninnen, Inga, *Aztecs*, Cambridge University Press, 1991.

Gordon, Cyrus H., *Before Columbus: Links between the Old World and Ancient America*, Crown Publishers, New York, 1971.

Grey, George, *Polynesian Mythology*, London, 1956.

Grimal, Nicholas, *A History of Ancient Egypt*, Blackwell, Cambridge, 1992.

Hadigham, Evan, *Lines to the Mountain Gods*, Harrap, London, 1987.

Hallet, Jean-Pierre, *Pygmy Kitabu*, BCA, London, 1974.

Hancock, Graham, *The Sign and the Seal*, Mandarin, London, 1993.

Hapgood, Charles H., *Earth's Shifting Crust: A Key to Some Basic Problems of Earth Science*, Pantheon Books, New York, 1958.

_____ *Maps of the Ancient Sea Kings*, Chilton Books, Philadelphia and New York, 1966; Turnstone Books, London, 1979.

_____ *The Path of the Pole*, Chilton Books, New York, 1970.

Hart, George, *Egyptian Myths*, British Museum Publications, 1990.

_____ *Pharoahs and Pyramids*, Guild Publishing, London, 1991.

Hawkins, Gerald S., *Beyond Stonehenge*, Arrow Books, London, 1977.

Hemming, John, *The Conquest of the Incas*, Macmillan, London, 1993.

Herm, Gerard, *The Phoenicians*, BCA, London, 1975.

Herodotus, *The History*(trans. David Grene), University of Chicago Press, 1987.

Heyerdahl, Thor, *The Ra Expeditions*, BCA, London, 1972.

Hodges, Peter and Keable, Julian, *How the Pyramids Were Built*, Element Books, Shaftesbury, 1989.

Hoffmann, Michael, *Egypt before the Pharoahs*, Michael O' Mara Books, London, 1991.

Homer, Odyssey(Rouse translation).

Hooker, Dolph Earl, *Those Astrounding Ice Age*, Exposition Press, New York, 1958.

Hopkins, David M. et al., *The Paleoecology of Beringia*, Academic Press, New York, 1982.

Imbre, John and Imbrie, Katherine Palmer, *Ice Ages: Solving the Mystery*, Enslow Publishers, New Jersey, 1979.

Inglis, Brian, *Coincidence*, Hutchinson, London, 1990.

Ions, Veronica, *Egyptian Mythology*, Newnes Books, London, 1986.

Irwin, Constance, *Fair Gods and Stone Faces*, W. H. Allen, London, 1964.

Ivimy, John, *The Sphinx and the Megaliths*, Abacus, London, 1976.

Jacq, C., *Egyptian Magic*, Aris and Phillips, Warminster, 1985.

Jewish Encyclopaedia, Funk and Wagnell, New York, 1925.

Johanson, Danald C. and Eddy, Maitland C., *Lucy: The Beginnings of Mankind*, Paladin,

London, 1982.

Joseph, Pablo, *The Extirpation of Idolatry in Peru*(trans. L. Clark Keating), University of Kentucky Press, 1968.

Kanjilal, Dileep Kumar, *Vimana in Ancient India*, Sanskrit Pustak Bhandar, Calcutta, 1985.

Kerenyi, C., *The Gods of the Greeks*, Thames & Hudson, London, 1974.

Kitchen, K. A., *Pharaoh Triumphant: The Life and Times of Ramesses II*, Aris and Phillipe, Warminster, 1982.

Lamy, Lucy, *Egyptian Mysteries*, Thames & Hudson, London, 1986.

Landa, Diego de, *Yucatan before and after the Conquest*(trans. William Gates), Producción Editorial Dante, Merida, Maxico, 1990.

Langway, C. C. and Hansen, B. Lyle, *The Frozen Future: A Prophetic Report from Antarctica*, Quadrangle, New York, 1973.

Lee, J. S., *The Geology of China*, London, 1939.

Lemesurier, Peter, *The Great Pyramid: Your Personal Guide*, Element Books, Shaftesbury, 1987.

_____ *The Great Pyramid Decoded*, Element Books, Shaftesbury, 1989.

Lewin, Roger, *Human Evolution*, Blackwell Scientific, Oxford, 1984.

Lichtheim, Miriam, *Ancient Egyptian Literature*, University of California Press, 1976.

Luss, R. S., *Fossils*, London, 1931.

Mantheo(trans. W. G. Waddell), Wm. Heinemann, London, 1940.

Mason, J. Alden, *The Ancient Civilizations of Peru*, Penguin Books, London, 1991.

Maspero, Gaston, *The Passing of Empires*, 1902.

Mendelssohn, Kurt, *The Riddle of the Pyramids*, Thames & Hudson, London, 1986.

Mexico, Lonely Planet Publications, Hawthorne, Australia, 1992.

Mexico: Rough Guide, Harrap-Columbus, London, 1989.

Miller, Mary and Taube, Karl, *The Gods and Symbols of Ancient Mexico and the Maya*, Thames & Hudson, London, 1993.

Milton, Joyce; Orsi, Robert, and Harrison, Norman, *The Feathered Serpent and the Cross: The Pre-Colombian God-Kings and the Papal States*, Cassell, London, 1980.

Moncrieff, A. R. Hope, *The Illustrated Guide to Classical Mythology*, BCA, London, 1992.

Monroe, Jean Guard and Williamson, Ray, A., *They Dance in the Sky: Native American Star Myths*, Houghton Mifflen Company, Boston, 1987.

Montesinos, Fernando, *Memorias Antiguas Historiales del Peru*(trans. and ed. P. A. Means), Hakluyt Society, London, 1920.

Morley, S. G., *An Introduction to the Study of Maya Hieroglyphics*, Dover Publications, New York, 1975.

Morrison, Tony, with Hawkins, Gerald S., *Pathways to the Gods*, BCA, London, 1979.

Moscati, Sabatino, *The World of the Phoenicians*, Cardinal, London, 1973.

Murray, H., Crawford, J. et al., *An Historical and Descriptive Account of China*, London, 1836.

Murray, Margaret A., *The Splendour that was Egypt*, Sidgwick & Jackson, London, 1987.

_____ *The Osireion at Abydos*, Bernard Quaritch, London, 1994.

Mystic Places, Time-Life Books, Virginia, 1987.

Mythology of All Races, Cooper Square Publishers, New York, 1964.

Myths from Mesopotamia(trans. and ed. Stephanie Dalley), Oxford University Press, 1990.

Narratives of the Rights and Laws of the Yncas(trans. and ed. Clemens R. Markham), Hakluyt Society, London, 1873.

New Larousse Encyclopaedia of Mythology, Paul Hamlyn, London, 1989.

Okladnikov, A. P., *Yakutia before Its Incorporation into the Russian State*, McGill-Queens University Press, Montreal, 1970.

Osborne, H., *Indians of the Andes: Aymaras and Quechuas*, Routledge and Kegan Paul, London, 1952.

_____ *South American Mythology*, Paul Hamlyn, London, 1968.

Oxford Dictionary of the Christian Church, Oxford University Press, 1988.

Patten, Donald W., *The Biblical Flood and the Ice Epoch: A Study in Scientific History*, Pacific Merdian Publishing Co., Seattle, 1966.

Pears Encyclopaedia of Myths and Legends: Oceania, Australia and the Americas(ed. Sheila Savill), Pelham Books, London, 1978.

Penguin Dictionary of Religions, Penguin Books, London, 1988.

Peru, Lonely Planet Publications, Hawthorne, Australia, 1991.

Petrie, W. M. Flinders, *The Pyramids and Temples of Gizeh*, (Revised Edition), Histories and Mysteries of Man, London, 1990.

Plato, *Timaeus and Critias*, Penguin Classics, London, 1977.

Popol Vuh: The Sacred Book of the Ancient Quiche Maya, (English version by Delia Goetz and S. G. Morley from the translation by Adrian Recinos), University of Oklahoma Press, 1991.

Posnansky, Arthur, *Tiahuanacu: The Cradle of American Man*, (4 volumes), J. J. Augustin, New York, 1945.

Prestwich, Joseph, *On Certain Phenomena Belonging to the Close of the Last Geological Period and on their Bearing upon the Tradition of the Flood*, Macmillan, London, 1895.

Quarternary Extinctions: A Prehistoric Revolution(eds. Paul S. Martin and R. G. Kline), University of Arizona Press, 1984.

Reeves, Nicholas, *The Complete Tutankhamen*, Thames & Hudson, London, 1990.

Reiche, Maria, *Mystery on the Desert*, Nazca, Peru, 1989.

Ridpath, Ian and Tirion, Wil, *Collins Guide to Stars and Planets*, London, 1984.

Rig Veda, Penguin Classics, London, 1981.

Roberts, P. W., *River in the Desert: Modern Travels in Ancient Egypt*, Random House, New York and Toronto, 1993.

Romer, John, *Valley of the Kings*, Michael O' Mara Books, London, 1988.

Rundle-Clark, R. T., *Myth and Symbol in Ancient Egypt*, Thames & Hudson, London, 1991.

Sabloff, Jeremy A., *The Cities of Mexico: Reconstructing a Lost World*, Thames & Hudson, London, 1990.

Santillana, Giorgio de and von Dechend, Hertha, *Hamlet's Mill*, David R. Godine, Boston, 1992.

Scheel, B., *Egyptian Metalworking and Tools*, Shire Egyptology, Aylesbury, 1989.

Schlegel, Gustav, Uranographie chinoise, 1875.

_____ *The Hung League*, Tynron Press, Scotland, 1991.

Schwaller de Lubicz, R. A., *Sacred Science: The King of Pharaonic Theocracy*, Inner Traditions International, Rochester, Vermont, 1988.

Sellers, Jane B., *The Death of Gods in Ancient Egypt*, Penguin, London, 1992.

Seton-Watson, M. V., *Egyptian Legends and Stories*, Rubicon Press, London, 1990.

Sitchin, Zecharia, *The Stairway to Heaven*, Avon Books, New York, 1983.

_____ *The Lost Realms*, Avon Books, New York, 1990.

Smyth, Piazzi, *The Great Pyramid: Its Secrets and Mysteries Revealed*, Bell Publishing Co., New York, 1990.

Sollberger, Edmund, *The Babylonian Legend of the Flood*, British Museum Publications, 1984.

Spence, Lewis, *The Magic and Mysteries of Mexico*, Rider, London, 1922.

Spencer, A. J., *The Great Pyramid Fact Sheet*, P. J. Publications, 1989.

Stephens, John L., *Incidents of Travel in Central America, Chiapas and Yucatan*, Harper and Brothers, New York, 1841.

Sykes, E., *Dictionary of Non-Classical Mythology*, London, 1961.

Temple, Robert K. G., *The Sirius Mystery*, Destiny Books, Rochester, Vermont, 1987.

Thompson, J. Eric, *Maya Hieroglyphic Writing*, Carnegie Institution, Washington DC, 1950.

_____ *Maya History and Religion*, University of Oklahoma Press, 1990.

_____ *The Rise and Fall of Maya Civilization*, Pimlico, London, 1993.

Tilak, Lokamanya Bal Gangadhar, *The Arctic Home in the Vedas*, Tilak Bros., Poona, 1956.

Titchenell, Elsa B., *The Masks of Odin*, Theosophical University Press, Pasadena, 1988.

Tompkins, Peter, *Secrets of the Great Pyramid*, Harper & Row, New York, 1978.

_____ *Mysteries of the Mexican Pyramids*, Thames & Hudson, London, 1987.

Upham, Warren, *The Glacial Lake Agassiz*, 1895.

Vega, Garcilaso de la, *The Royal Commentaries of the Incas*, Orion Press, New York, 1961.

Velikovsky, Immanuel, *Earth in Upheaval*, Pocket Books, New York, 1977.

Wallis Budge, E. A., *Egyptian Magic*, Kegan Paul, London, 1901.

_____ *A History of Egypt*, 1902.

_____ *Gods of the Egyptians*, Methuen & Co., London, 1994.

_____ *Osiris and the Egyptian Resurrections*, Medici Society, London, 1911.

_____ *An Egyptian Hieroglyphic Dictionary*, (2 volumes), John Murray, London, 1920.

_____ *From Fetish to God in Ancient Egypt*, Oxford University Press, 1934.

Ward, John, *Pyramids and Progress*, London, 1900.

Ward, J. S. M., *The Hung Society*, (3 volumes), Baskerville Press, London, 1925.

Warren, William F., *Paradise Found: The Cradle of the Human Race at the North Pole*, Houghton, Mifflin & Co., Boston, 1885.

Waters, Frank, *Mexico Mystique*, Sage Books, Chicago, 1975.

_____ *The Book of the Hopi*, Penguin, London, 1977.

Wendorff, Fred and Schild, Romuald, *Prehistory of the Nile Valley*, Academic Press, New York, 1976.

West, John Anthony, *Serpent in the Sky*, Harper & Row, New York, 1979.

_____ *The Traveller's Key to Ancient Egypt*, Harrap-Columbus, London, 1989.

Wheeler, Post, *The Sacred Scriptures of the Japanese*, New York, 1952.

White, John, *Pole Shift*, A. R. E. Press, Virginia Beach, 1994.

Wilkins, W. J., *Hindu Mythology: Vedic and Puranic*, Heritage Publishers, New Delhi, 1991.

World Mythology (ed. Roy Willis), BCA, London, 1993.

Wright, Ronald, *Time Among the Maya*, Futura Publications, London, 1991.

역자 후기

이 책의 저자인 그레이엄 핸콕은 「이코노미스트(*The Economist*)」 기자 출신이다. 책을 읽어보면 느낄 수 있겠지만 엄밀성과 사실성을 중요시하는 기자 정신이 책의 곳곳에 배어 있다. 따라서 이 책은 개인의 상상이나 억측에 의한 서술이 아니라 지극히 과학적인 접근을 시도하고 있다.

이와 같은 사실을 염두에 둔다면 이 책의 제1장은 매우 충격적이며 강한 호기심을 불러일으킨다. 다시 말해서 연대를 정확히 알 수 없는 태고의 지구가 상세하게 계측되어 지도로 그려졌다는 사실은 충격을 넘어 두려움마저 들게 한다.

핸콕은 지금까지의 과학적 사실을 거꾸로 뒤집어놓으면서 "사라진 문명", 곧 "초고대 문명"에로의 여행을 떠난다. 지도를 통해서 추론되는 태고 문명의 실체를 찾아서 떠나는 것이다. 나스카에서 시작된 여행은 페루, 멕시코, 이집트로 이어진다. 이 여행의 목적은 지금으로부터 1만 년 전에 고도로 발달한 문명이 존재했다는 것을 밝히는 데에 있다.

핸콕은 세계 각지에 널려 있는 수많은 신화를 조사하고 유적을 답사해가면서 태고에 존재했다고 여겨지는 문명에 대한 의문을 차례로 풀어낸다. 그에 따라 지금껏 정통파 학자들에 의해서 부정되어온 초고대 문명의 실존을 시사하는 증거들이 가을에 낙엽이 떨어지듯이 독자의 안뜰에 수북이 쌓이게 된다.

핸콕이 제시하는 과학적이고 결정적인 증거를 몇 가지 살펴보면 이렇다.

첫째, 2세기에서 16세기에 작성된 많은 세계지도에 남극대륙이 그려져 있는데 당시에 남극대륙은 그 존재가 알려져 있지 않았다(남극대륙은 19세기에 발견되었다). 더욱 놀라운 점은 최근에 실시한 지진파 측정 결과와 그 지도들에 묘사된 남극대륙이 거의 비슷하다는 것이다. 따라서 이 지도들은 남극대륙이 얼음으로 뒤덮이기 전에 작성된 지도들을 바탕으로 제작되었고, 그 원본 지도들이 작성된 시기는 남극대륙이 빙결하기 전인 기원전 1만 년 전으로 거슬러올라가게 된다.

둘째, 지질학자들은 1993년에 스핑크스를 조사한 결과 스핑크스가 기원전 1만5000년에서 기원전 1만 년 사이에 만들어졌음을 밝혀냈다. 지질학자들은 강우에 의한 침식의 흔적을 결정적인 증거로 제시했다.

셋째, 1994년에 이집트 기자에 있는 세 피라미드가 1만500년경의 전체도에 맞추어 건설되었음이 밝혀졌다. 이집트뿐만 아니라 페루나 멕시코의 유적에서도 고도로 발달한 천문학의 흔적이 발견되었다.

넷째, 1991년에 이집트의 아비도스 근교 사막에서 12척의 배가 발견되었다. 조사 결과 그 배들이 사막에 묻힌 것은 기원전 4000년 전이고, 그 배들은 원양을 항해할 수 있도록 만들어졌다. 이 점이 수수께끼이다. 그때나 지금이나 이집트인들은 항해민족이 아닐 뿐만 아니라 이집트에는 배를 활용할 수 있는 공간이 없기 때문이다.

이 밖에도 이 책에는 세계에 공통적으로 존재하는 홍수 신화, 신화 속에 숨겨져 있는 세차운동에 대한 암시 그리고 지각이동설 등, 수많은 가설과 증거가 제시되어 있다.

마지막으로 결론에서 핸콕은 다시 남극대륙으로 돌아가서 태고에 존재했던 문명은 지금의 남극대륙을 본거지로 했을 것이라고 결론 짓는다. 즉 고대인에게 문명을 전파한 사람들이 ─ 신이기도 한 ─ 살았던 곳은 남극대륙인데, 지각이동에 의해서 남쪽으로 이동하여 얼음으로 뒤덮이고 말았다는 것이다. 그래서 핸콕은 남극대륙을 철저하게 심층적으로 조사하면 인류의 세계사를 뒤집을 수 있는 유적이 발견될 것이라고 말한다.

혹자는 아주 먼 과거에 존재했을지도 모르는 초고대 문명이 우리에게 어떤 의미가 있는가라고 물을 수도 있을 것이다. 설사 이 책에서 주장하는 문명이 있었다고 해도 현대를 살아가는 우리에게 과연 어떤 의미가 있을까라고 말이다. 이 물음에 대해서 핸콕은 다음과 같이 대답한다.

인류는 기억상실증에 걸려 있고 인류의 기원에 관한 중요한 정보는 망각의 저편으로 사라지고 말았다. 진화를 신봉하는 현대 과학자들 탓에 인류는 오만해졌고 역사가 헝클어졌다. 따라서 진실을 밝혀내고 그 과정에서 고대 인류가 멸망한 원인과 그들이 경고한 위험을 분석하고 대비해야 한다고.

실제로 마야인의 전승은 현재의 인류가 2012년 12월 23일에 멸망할 것임을 예언하고 있는데, 점성술을 연구하는 사람들도 그날 천체에 대규모의 변동이 있을 것임을 지적하여 그 예언을 뒷받침하고 있다. 핸콕은 인류의 멸망을 의식적으로 자세하게 다루고 있지 않지만, 신화 속에 숨겨져 있는 세차운동의 비밀이나 홍수 신화, 남극대륙의 이동과 같은 간접적인 접근을 통해서 그날의 위험을 지적한다.

비록 마야인이 예언한 그날이 아니더라도 인류의 종말은 예고되어 있다고 해야겠다. 학자들 사이에서도 그 시기가 분명하지는 않지만 빙하기의 도래가 예상되고 있고, 지각에 충격을 줄 수 있는 천체구조의 변동, 이를테면 본문에 나오는 것처럼 2000년 5월에 태양계의 행성이 일렬로 늘어서는 것 등이 예상되고 있기 때문이다.

물론 이 책은 미래의 길흉을 말하는 예언서는 결코 아니다. 방대한 자료와 과학적인 접근을 통해서 태고에 고도로 발달한 인류 문명이 있었다는 것을 증명하는 책이다. 그리고 알려지지 않은 지구의 역사를 알려주는 역사책이기도 하다. 예를 들면 북극에서 발견된 냉동상태의 초식동물과 그들을 먹이로 하는 육식동물 그리고 초식동물의 먹이가 되는 나무와 풀들은 북극이 과거에 동토(凍土)가 아니었음을 일깨워준다. 뿐만 아니라 오랜 세월의 풍파를 헤치고 굳건하게 서 있는 기자의 세 피라미드의 진실과 아메리카 대륙의 불가사의한 유적들의 진실을 만날 수 있다.

이 책을 옮기면서 처음에는 강한 호기심으로 책장을 넘겼지만 점차 깊이를 알 수 없는 시간의 심연에 침잠할 수밖에 없었다. 피라미드와 스핑크스가 건설된 것이 지금으로부터 1만 년 전, 태양이 황도 12궁 중의 별자리 하나를 지나가는 데에 걸리는 시간이 2,160년 그리고 12궁을 일주하는 데에 걸리는 시간이 4만3,000년……. 100년도 채 못 사는 우리들의 삶을 생각할 때 거의 영원에 가까운 세월이 질서 정연한 법칙에 따라 선개되고 있다는 사실에 새삼 놀라움을 느끼지 않을 수 없었다.

　지구의 공전 때문에 여름 햇살은 날로 뜨거워지고 있다. 그러나 더욱 뜨거운 것은 인류의 진실을 밝히려는 탐구열정이 아닌가 생각해본다. 이 책은 그 진실에 대한 최신 보고서라고 할 수 있다.

이경덕 씀

인명 및 신의 이름 색인